Jerzy Konikowski

Schnellkurs der Schacheröffnungen

Theorie

Joachim Beyer Verlag

ISBN 978-3-95920-131-5

9. überarbeitete und ergänzte Auflage 2023

Ein Imprint des Schachverlag Ullrich, Zur Wallfahrtskirche 5, 97483 Eltmann

Inhaltsverzeichnis

Zeichenerklärung

!	ein sehr guter Zug
!!	ein ausgezeichneter Zug
?	ein schwacher Zug
??	ein grober Fehler
!?	ein beachtenswerter Zug
?!	ein Zug von zweifelhaftem Wert
+ −	Weiß hat entscheidenden Vorteil
− +	Schwarz hat entscheidenden Vorteil
±	Weiß steht besser
∓	Schwarz steht besser
⩲	Weiß steht etwas besser
⩱	Schwarz steht etwas besser
=	ausgeglichen
∞	unklar, mit beiderseitigen Chancen
=∞	mit Kompensation für den materiellen Nachteil
↑	mit Initiative
→	mit Angriff
⇄	mit Gegenspiel
Δ	mit der Idee
⌓	besser ist
x	schlagen
+	Schach
#	matt

Geleitwort

Jedem Abschnitt einer Schachpartie – Eröffnung, Mittelspiel und Endspiel – kommt eine besondere Bedeutung zu. Wenn man schon zu Beginn des Kampfes materiell oder positionell in Nachteil gerät, ist es nicht leicht, das Mittelspiel zu bewältigen, und meist kommt es dann gar nicht bis zum Endspiel. Ohne überzeugendes Spiel in der Eröffnung wird man also im Schach keinen Erfolg haben.

Aus diesem Grund erfreuen sich Eröffnungsbücher und Enzyklopädien großer Beliebtheit, und zwar nicht allein bei Großmeistern und Meistern, sondern auch bei Schachfreunden mit geringerer Spielstärke. Da sich Theorie und Praxis der Eröffnungen ständig erneuern und weiter entwickeln, ist der Partiebeginn der Abschnitt, den ein Schachspieler ein Leben lang immer aufs Neue studieren muss.

Lässt man in seinem Forschungsdrang auch nur ein wenig nach, wird es schwer, auf dem aktuellen Stand der Theorie zu bleiben. Selbst einem so großartigen Schachmeister wie Robert Fischer gelang es nicht, das Versäumte nachzuholen, als er nach langer Pause sein zweites Match gegen Boris Spasski austrug. Der Amerikaner vermied prinzipielle Auseinandersetzungen in der Eröffnung und ging deshalb ohne den gewohnten Druck zu Werke, der ihn früher auszeichnete.

Eröffnungsbücher und ähnliche Standardwerke bestehen heutzutage meist aus mehreren Bänden. Die dreimal erneuerte jugoslawische „Enzyklopädie der Schacheröffnungen“ umfasst fünf Bücher, ein seit 1994 in Russland herausgegebenes Lexikon mit dem Titel „Moderne Schacheröffnung“ ist auf insgesamt sieben Bände angelegt. Und wenn der letzte von ihnen erscheint, wird der erste schon wieder veraltet sein...

Das vorliegende Buch vereint alle Eröffnungen in einem Band und hat somit einen ganz speziellen Wert. Aktualität und bequeme Lesbarkeit sind dem heutigen Leser genauso wichtig wie ein fundamentaler Wissensspeicher. Ich wünsche Ihnen viel Erfolg beim Studium!

Anatoli Karpow
Weltmeister 1975 – 1985
FIDE-Weltmeister 1993 – 1999

Einführung

Schacheröffnungen werden allgemein in drei Gruppen eingeteilt: Offene Spiele, Halboffene Spiele und Geschlossene Spiele. Diese heutzutage fast durchgehend verwendete Klassifikation hat den Vorzug, dass jede Eröffnung eindeutig zugeordnet werden kann. Ältere Bezeichnungen wie *Flankeneröffnungen* oder *Unregelmäßige Eröffnungen* sind weniger klar und werden darum nur noch selten benutzt.

I. Offene Spiele

Wenn Weiß 1.e2–e4 zieht und Schwarz 1...e7–e5 antwortet, bekommt das Spiel einen offenen Charakter. Der Kampf dreht sich oft (und gelegentlich sogar über längere Zeit) um den Punkt e5, den Weiß zum Beispiel mit 2.♘g1–f3, 2.d2–d4 oder 2.f2–f4 unter Druck setzen kann. Daraufhin kann Schwarz den Bauern e5 mit 2...d7–d6 oder 2...♘b8–c6 verteidigen oder seinerseits mit 2...♘g8–f6, 2...f7–f5 oder 2...d7–d5 das Zentrum angreifen. Im ersten und üblicheren Fall setzt Weiß konsequent mit 3.d2–d4 (Schottische Partie) oder 3.♗f1–b5 fort.

Der Läuferzug führt zur berühmten 'Spanischen Partie', die seit nicht weniger als fünfhundert Jahren unverändert gern gespielt wird. Der geniale Kubaner Jose Raul Capablanca (Weltmeister 1921–1927) sah in der Spanischen Partie sogar den Grundstein zum Verständnis des Positionsspiels, also der gesamten langfristig–strategisch angelegten Spielführung. Dennoch ist diese Eröffnung auch reich an taktischen Elementen. Ich empfehle sie allen jungen und ehrgeizigen Spielern, die höhere Ziele als nur eine durchschnittliche Spielstärke anstreben.

Allgemein führen die Offenen Spiele zu lebendigen und höchst interessanten Partien, die kaum eine Facette des Schachspiels vermissen lassen. Der Zug 1.e2–e4 ist vor allem wenig erfahrenen Spielern zu empfehlen, denn damit können sie am ehesten ein Gefühl für die freie Kraftentfaltung der Figuren und für scharfes Kombinationsspiel entwickeln. Diese Spielweise fällt zunächst auch leichter als andere Eröffnungen, in denen es häufig erforderlich ist, tiefgründige strategische Pläne zu entwerfen.

II. Halboffene Spiele

Beantwortet Schwarz 1.e2–e4 mit anderen Zügen als 1...e7–e5, gelangen wir zu den Halboffenen Spielen. Diese führen zwangsläufig zu asymmetrischen Stellungen, was es beiden Seiten ermöglicht (ja sie meistens sogar dazu zwingt), in verschiedenen Brettabschnitten aktiv werden. In der Folge entsteht überwiegend scharfes und kompliziertes Spiel, bei dem die beiderseitigen Chancen stark davon abhängen, wer an seinem jeweiligen Flügel kraftvoller und schneller zu Werke geht.

Die populärste Erwiderung ist 1...c7–c5 (Sizilianische Partie), die vor allem von taktisch versierten Spielern gewählt wird, die sich ungern auf reine Verteidigung einschränken lassen. Zwei weitere häufig anzutreffende Eröffnungen in dieser Gruppe sind 1...e7–e6 (Französische Verteidigung) und 1...c7–c6 (Caro–Kann–Verteidigung). In beiden Fällen gestattet Schwarz dem Gegner, mit 2.d2–d4 ein starkes Bauernvollzentrum zu errichten, um dieses sofort mit 2...d7–d5 nebst anschließendem Figurendruck energisch anzugreifen.

III. Geschlossene Spiele

Alle Eröffnungen, die nicht mit 1.e2–e4 beginnen, werden als 'Geschlossene Spiele' zusammengefasst. Dazu gehören insbesondere das Damengambit, die Königsindische Verteidigung, die Nimzowitsch–Verteidigung und die Englische Partie. Gemeinsam ist den hier behandelten Systemen, dass das Spiel in der Regel zu eher geschlossenen Stellungen führt, in denen die Kontrahenten vor allem ihr technisches Können und ihr positionelles Gefühl unter Beweis stellen müssen. Bei diesen Eröffnungen kommt dem Tempospiel verhältnismäßig weniger Bedeutung als dem längeren Manövrieren einzelner Figuren zu. Auch werden Fragen wichtig wie etwa, ob in einem gegebenen Stellungstyp einzelne Figuren auf Dauer nützlich sind oder eher abgetauscht werden sollten. Dennoch gibt es auch in allen Geschlossenen Spielen mehr oder weniger zahlreiche Systeme und Varianten, die den Spielern ausgesprochenes taktisches Können abverlangen. Aus diesem Grund muss ein Spieler, der Züge wie 1.d2–d4, 1.c2–c4 usw. in sein Repertoire aufnimmt, insgesamt vielseitigere Kenntnisse und Fertigkeiten haben als einer, der sich zunächst auf 1.e2–e4 beschränkt.

I. Offene Spiele

Kapitel 1
Mittelgambit
1.e4 e5 2.d4

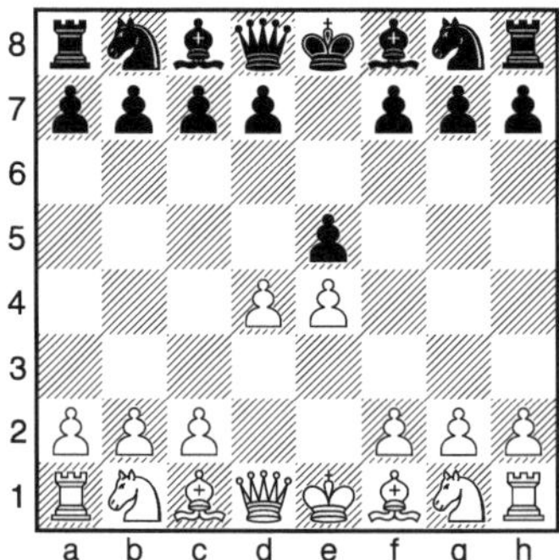

Mit diesem sofortigen Bauernvorstoß beschleunigt Weiß das Geschehen im Zentrum. Die Kehrseite ist, dass seine Dame dabei sehr früh ins Spiel gelangt, wodurch Schwarz mit ♘b8–c6 ein Tempo gewinnen wird. Allerdings kann Weiß schnell zur langen Rochade kommen und dann unter Umständen bald gegen den gegnerischen Königsflügel vorgehen. Deshalb muss Schwarz präzise spielen und darf sich keinesfalls passiv verhalten. Vor allem darf er aber den Befreiungsstoß d7–d5 nicht aus den Augen verlieren.

2...exd4 3.♕xd4

– Die scharfe Fortsetzung 3.c3 führt zum Nordischen Gambit – siehe **Kapitel 2**.

– Sehr riskant ist das Halasz-Gambit 3.f4; z.B. 3...♗c5 4.♘f3 ♘c6 5.a3 a5 6.♗d3 ♘f6 7.0–0 d5 8.e5 ♘g4

(Auch 8...♘e4!? 9.♘bd2 f5 10.exf6 ♘xf6 11.♖e1+ ♗e7 12.h3 0–0 13.♘b3 ♖e8 sollte günstig für Schwarz sein.)

9.♕e2 0–0 10.h3 ♘e3 11.♗xe3 dxe3 12.♘c3 ♗b6 mit schwarzem Vorteil.

3...♘c6

Schwarz bringt seinen Damenspringer mit Tempo ins Spiel. Die Dame muss nun ihre zentrale Position verlassen.

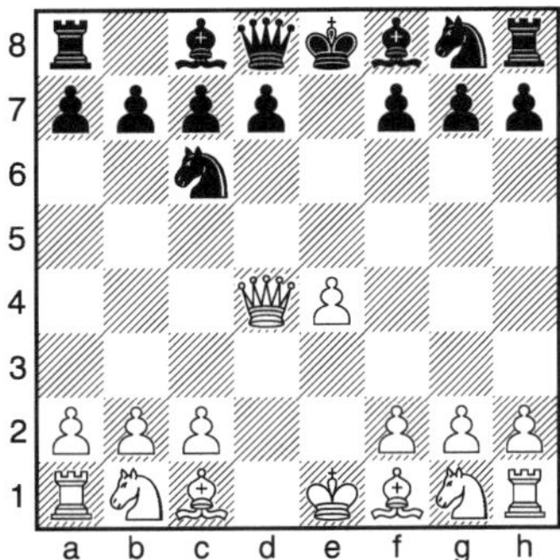

4.♕e3

Anzutreffen ist auch 4.♕a4, aber nach 4...♗c5 (4...♘f6 5.♗g5 ♗e7 6.♘c3 0–0 7.♘f3 d6 8.0–0–0 ♗d7=) 5.♘f3 ♘ge7 6.♘c3 0–0 7.♗g5 h6 8.♗h4 d6 9.0–0–0 ♕e8 10.♗b5 ♗d7 11.♘d5 ♘xd5 12.exd5 ♘e5 13.♗xd7 ♕xd7 14.♕xd7 ♘xd7 15.♖he1 ♖fe8 gleicht Schwarz das Spiel problemlos aus.

4...♘f6

Spielbar ist auch 4...♗b4+!? 5.♘c3.

(Oder 5.c3 ♗e7 6.♘f3 ♘f6 7.♗b5 0–0 8.0–0 d5! mit aktivem Spiel für Schwarz.)

5...♘ge7

(5...♘f6 führt zur Hauptvariante.)

6.♗d2 0–0 7.0–0–0 d6 8.♕g3 ♔h8 9.f4 f5 mit annähernd gleichen Chancen.

5.♘c3

Weiß setzt die Entwicklung des Damenflügels fort und strebt die für das Mittelgambit typische lange Rochade an.

Zu kompliziertem Spiel führt dagegen 5.e5!? ♘g4 6.♕e4 d5!

(6...♘gxe5? 7.f4 d5 8.♕e2 mit Springergewinn)

7.exd6+ ♗e6 8.♗a6 ♕xd6 9.♗xb7 ♕b4+ 10.♕xb4 ♘xb4 11.♘a3 ♗c5!∞ usw.

Diese Variante zeigt, dass es in dieser Eröffnung noch viele interessante und wenig erforschte Möglichkeiten gibt.

5...♗b4

Das ist die ehrgeizigste Fortsetzung.

Zu gleichem Spiel führt 5...♗e7 6.♗d2 d5 usw.

6.♗d2 0–0 7.0–0–0

So hat Weiß die Entwicklung seines Damenflügels abgeschlossen und seinen König gesichert. Sein Plan besteht nun darin, mit ♗f1-c4 und ♕e3-g3 eine Aktion auf der rechten Seite durchzuführen.

7...♖e8 8.♗c4

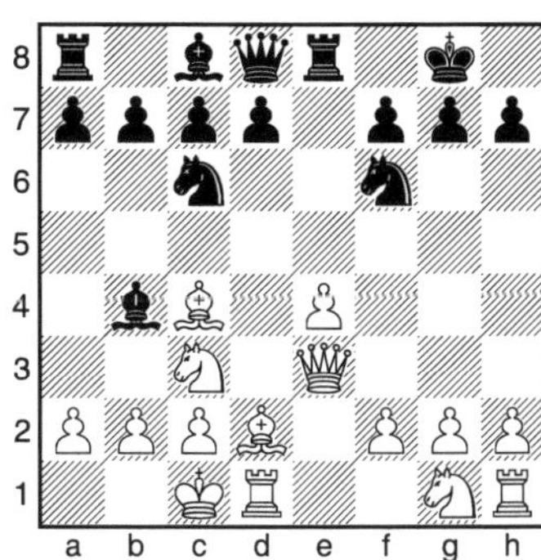

8...d6

Der Versuch, mit 8...♗xc3 einen Bauern zu gewinnen, kann sich als gefährlich erweisen. Nach 9.♗xc3 ♘xe4 (9...♖xe4 10.♗xf6+–) 10.♕f4 hat Weiß deutliche Initiative.

9.f3

Zur Verstärkung des Bauern e4.

9...♘e5

Der Angriff auf den Läufer zwingt diesen zu der Entscheidung, wohin er ziehen soll.

Aufmerksamkeit verdient auch 9...♘a5!? 10.♗b3

(Nach 10.♗d3 d5! hat Schwarz keine Probleme.)

10...♘xb3+ 11.axb3 a5 mit Gegenspiel am Damenflügel.

10.♗b3

Das Beste: Der Läufer sollte auf der Schräge a2-g8 bleiben.

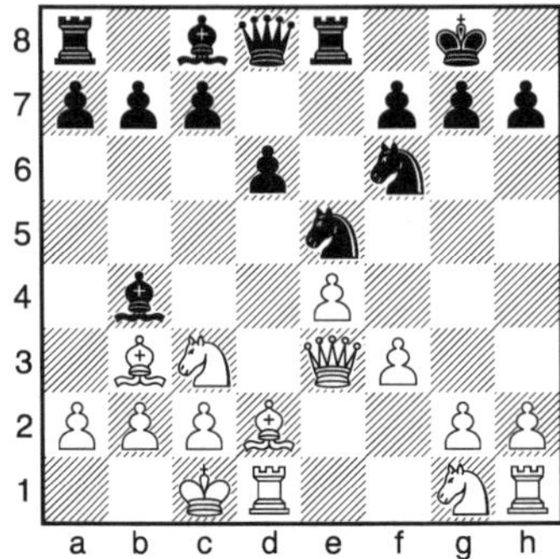

10...a5

Mit diesem aktiven Zug geht Schwarz sofort gegen den weißen Rochadeflügel vor.

Ebenfalls möglich ist 10...♗e6!? mit dem Ziel, die Wirkung des Gegenspielers auf b3 zu neutralisieren. Nun kann weiter folgen 11.♗xe6 ♖xe6

(Spielbar ist auch 11...fxe6!? 12.♗e1 ♕e7 13.f4 ♘c4 14.♕d3 d5 mit Gegenchancen.)

12.♘ge2 ♗c5 13.♕g5 ♘c4 mit beiderseitigen Chancen.

11.a3 ♗c5 12.♕e1

12.♕e2 c6 13.g4 b5 führt zu scharfem Spiel.

12...c6 mit etwa gleichen Chancen. Während Weiß mittels g2-g4 und h2-h4 am Königsflügel aktiv werden kann, findet Schwarz am gegenüberliegenden Flügel genügende Konterchancen mit b7-b5.

Zusammenfassung: Beide Seiten bringen ihre Könige an verschiedene Flügel und greifen dann dort an, wo der König des Gegners Schutz sucht. So greift Weiß mit Hilfe der g- und h-Bauern an, während Schwarz mit den a- und b-Bauern vorgeht. Dies führt zu scharfem Spiel mit gleichen Chancen. Es sollte beachtet werden, dass der schwarze d-Bauer gegebenenfalls auch mit d7-d5 oder d6-d5 zum Konterangriff vorstoßen kann, was Schwarz gutes Gegenspiel gibt.

Kapitel 2

Nordisches Gambit

1.e4 e5 2.d4 exd4 3.c3

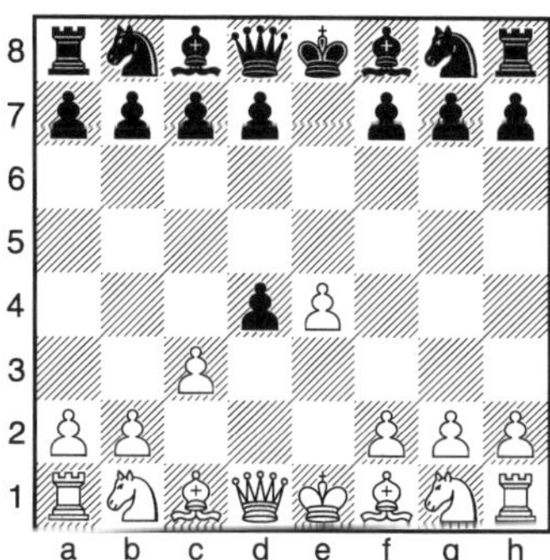

Weiß ist bereit, einen Bauern (oder sogar zwei) zu opfern, um so schnell wie möglich Linien und Diagonalen für die Initiative zu öffnen. Das Gambit ist allerdings mit einem Risiko verbunden, da Schwarz genügend Verteidigungsressourcen hat.

3...dxc3

Die prinzipiellste Antwort. Wie nicht selten bei Gambitspielen, würde die Ablehnung des Bauernopfers dem Gegner auch hier die etwas besseren Chancen einräumen.

Betrachten wir dazu zwei Beispiele.

I. 3...d5 4.exd5 ♘f6

(4...♕xd5 führt nach 5.♘f3 ♘c6 6.cxd4 zum Schottischen Gambit – siehe **Kapitel 15**.)

5.♗b5+ c6

(Ungünstig ist 5...♗d7 6.♗c4! dxc3 7.♘xc3 mit deutlichem weißem Raumvorteil.)

6.dxc6 bxc6 7.♗c4 ♗c5 8.♕e2+ ♕e7 9.♕xe7+ ♔xe7 10.cxd4 ♗xd4 11.♘f3 ♗b6 12.0–0 mit besseren Aussichten wegen der Schwäche der schwarzen Damenflügelbauern.

II. 3...♕e7 4.♕xd4

(Interessant ist 4.cxd4!? ♕xe4+ 5.♗e3 ♘f6 6.♘c3 ♗b4 7.♘f3, und wie die Turnierpraxis zeigt, hat Weiß genügend Kompensation für den Bauern.)

4...♘c6 5.♕a4 (5.♕e3!?) 5...♘f6 6.♗d3 d5 7.♗g5 dxe4 8.♗xf6 ♕xf6 9.♕xe4+ ♗e7 10.♘d2 ♗e6 11.♘gf3 (11.♗b5!?) 11...0–0–0 12.0–0 mit dem Plan ♖f1-c1, b2–b4, a2–a4 nebst Königsangriff am Damenflügel.

4.♗c4!?

Im Geiste des Gambits ist Weiß bereit, noch einen Bauern abzugeben.

Andernfalls kann er mit 4.♘xc3 ♘c6 5.♘f3 in das Schottische Gambit überleiten.

4...cxb2 5.♗xb2

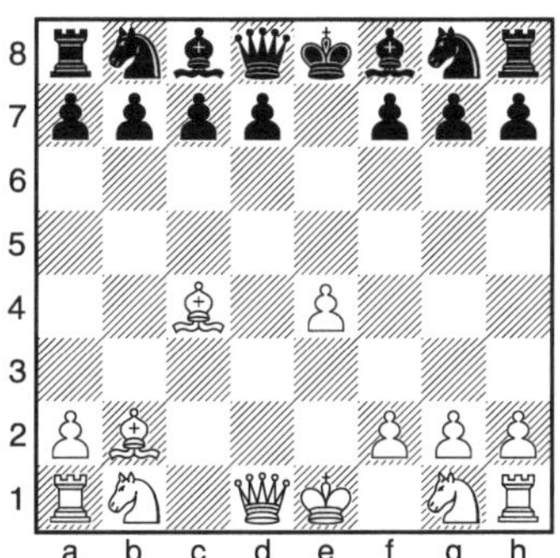

Bereits nach fünf Zügen haben wir die kritische Stellung des Nordischen Gambits erreicht. Für die geopferten Bauern hat Weiß immensen Entwicklungsvorsprung erhalten. Schwarz sollte sich nun tunlichst nicht an den Materialgewinn klammern, sondern die Beute bei geeigneter Gelegenheit zurückgeben. Nur so gelingt es ihm, seinen König zu sichern und die Entwicklung seiner Figuren zu beenden.

5...d5!

Laut Theorie die beste Antwort.

– Eine bedrohliche Initiative entwickelt Weiß nach 5...♗b4+ 6.♔f1!? ♘f6 7.e5 d5 8.♗b5+ ♘fd7 9.♕g4 ♗f8 10.e6 fxe6 11.♕h5+ g6 12.♕e5 mit großen Problemen für Schwarz.

– Kaum zu empfehlen ist auch 5...d6 6.f4

(Möglich ist auch 6.♘f3 ♘c6 7.0–0 ♗e6 8.♗xe6 fxe6 9.♕b3 ♕d7 10.♘g5 ♘d8 11.f4 mit weißem Angriff.)

6...♗e6 7.♗xe6 fxe6 8.♕b3 ♕c8 9.♘f3 ♘c6 10.♘g5 ♘d8 11.0–0 h6 12.♕h3 und die weiße Initiative ist das geopferte Material vollkommen wert.

6.♗xd5 ♘f6

Der Verteidigungsplan sieht vor, mittels Materialabtausch zu einem ausgeglichenen Endspiel abzuwickeln.

Ernste Beachtung verdient auch 6...♗b4+!? 7.♔f1

(– Nach 7.♘c3 ♗xc3+ 8.♗xc3 ♘f6 9.♕f3 ♘xd5 10.exd5 0–0 schätzt die Theorie die

Stellung als etwas günstiger für Schwarz ein.

– Es scheint, dass Weiß am besten mit 7.♘b1-d2 reagieren sollte. Vorteil erreicht er damit aber wohl kaum, und die Variante unterstreicht somit die guten schwarzen Chancen.)

7...♘f6 8.♕a4+ ♘c6

A) 9.♗xc6+ bxc6 10.♘c3 (10.♕xb4?? ♕d1+ 11.♕e1 ♗a6+ 12.♘e2 ♗xe2+ 13.♔g1 ♕xe1#) 10...♗xc3 11.♕xc6+ ♗d7

(Besser ist 11...♕d7! – siehe **B**.)

12.♕xc3 ♗b5+ 13.♔e1 0–0 14.f3 ♖e8 15.♘h3 und es sieht so aus, als garantiere die Batterie ♗b2–♕c3 gleiches Spiel.

B) 9.♘c3 ♗xc3 10.♗xc6+ bxc6 11.♕xc6+ ♕d7! 12.♕xc3 ♗a6+ 13.♘e2 0–0–0 14.f3 ♖he8 15.♖e1 (15.♖c1 ♘xe4!–+) 15...♘xe4! 16.fxe4 ♖xe4 mit entscheidendem Angriff.

7.♗xf7+

Diese Abwicklung führt zu der von Schwarz angestrebten Vereinfachung.

Mit 7.♘c3 kann Weiß die Spannung des Kampfes aufrechterhalten; z.B. 7...♗c5 8.♘f3 0–0 9.0–0 c6 10.♗b3 ♕xd1 11.♖axd1 ♗b4 12.e5 ♗xc3 13.♗xc3 ♘d5 14.♗xd5 cxd5 15.♖xd5 ♗e6 16.♖d2 ♘c6=.

7...♔xf7 8.♕xd8 ♗b4+ 9.♕d2 ♗xd2+ 10.♘xd2

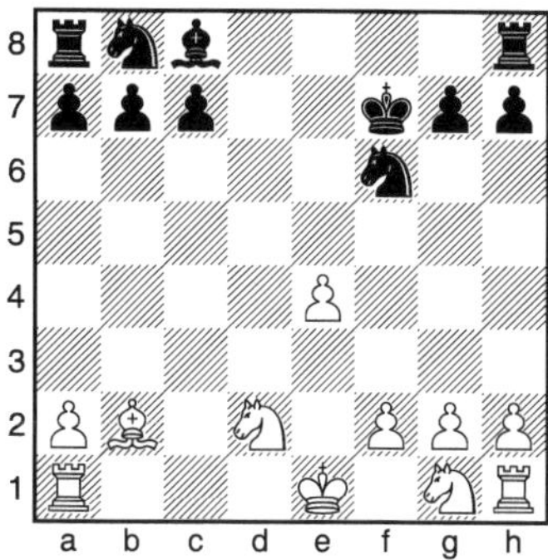

Die entstandene Stellung wird von der Theorie als ausgeglichen eingeschätzt. Hier ein Blick auf verschiedene denkbare Fortsetzungen.

I. 10...♖e8 11.e5

(Nach 11.♘gf3 ♘c6 12.0–0 ♗g4 13.♖fe1 ♖ad8 steht Schwarz ausgezeichnet.)

11...♘c6 12.♘gf3 ♘d5 (12...♘d7 13.♖c1!) 13.0–0 ♘f4 14.g3 ♘d3 15.♖ab1 ♔g8 16.♗c3 b6 und Weiß kann offensichtlich seinen f–Bauern nicht voranbringen, denn der Druck gegen dessen Kollegen auf e5 ist zu stark und dauerhaft. Schwarz darf diesen Druck nicht aufgeben und kann darum seinerseits nicht aktiv werden. Die Stellung befindet sich etwa in dynamischem Gleichgewicht.

II. 10...c5 11.♘gf3 ♘c6 12.e5

(Auch 12.0–0 mit der Folge 12...♖d8 13.h3 b6 14.a3 ♗a6 15.♖fe1 ♖ac8∞ wurde schon gespielt.)

12...♘d5 13.♘e4 b6 14.♘d6+ ♔e7 15.♘xc8+ ♖axc8 16.0–0 ♖he8 17.♖fe1 ♔f8 18.g3 c4 und die resultierende Stellung ist mehr oder weniger ausgeglichen. Weiß hat eine Bauernmehrheit in der Mitte und auf der rechten Flanke – Schwarz hingegen am Damenflügel. Daher müssen beide Seiten vorsichtig spielen, um dem Gegner nicht die Initiative zu überlassen.

Zusammenfassung: Das Nordische Gambit ist nicht zu unterschätzen. Bei ungenauem Spiel kann Weiß eine gefährliche Initiative entwickeln. Aber nach 3...dxc3 nebst 5...d5! sollte Schwarz Ausgleich erreichen.

Kapitel 3
Läuferspiel
1.e4 e5 2.♗c4

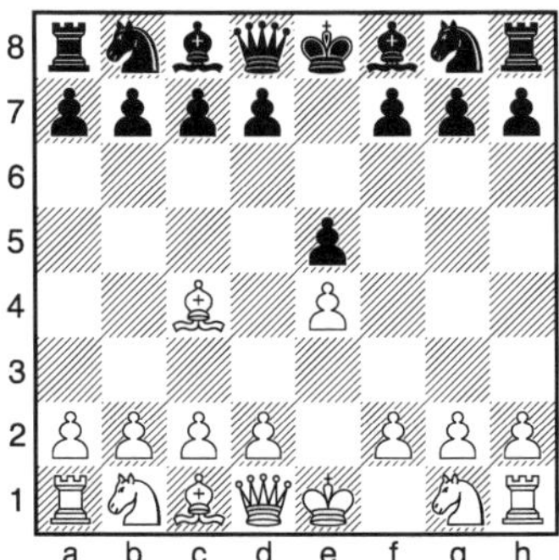

Von c4 aus nimmt der Läufer nicht nur den verwundbaren Punkt f7 ins Visier, sondern auch den Punkt d5. Den Befreiungsstoß d7–d5 wirklich verhindern und gleichzeitig einen aggressiven Aufbau mit f2–f4 ansteuern kann Weiß allerdings nicht, andernfalls hätte er den Gegner bereits strategisch geschlagen. Der Aufmarsch mit f2–f4, der normalerweise die Öffnung der f–Linie zum Ziel hat, bleibt jedoch eine für das Läuferspiel charakteristische Option, weil der weiße Königsspringer sich dem f-Bauern nicht in den Weg gestellt hat. Deshalb könnte man das Läuferspiel scherzhaft auch als 'Springer noch nicht-Spiel' bezeichnen.

Unter Umständen kann diese Eröffnung auch durch Zugumstellung zu Abspielen der Wiener Partie übergehen **(Kapitel 6)**, zum Zweispringerspiel im Nachzug **(Kapitel 16)**, zur Italienischen Eröffnung **(Kapitel 17)** oder (falls Weiß doch auf f2–f4 verzichtet) zur Philidor-Verteidigung **(Kapitel 7)**.

2...♘f6

Eine logische Antwort. Schwarz entwickelt seinen Springer und bereitet den Vorstoß d7–d5 vor, der ihm aktives Spiel garantieren soll.

Hier ein Blick auf andere Möglichkeiten.

I. 2...♗c5 3.c3

(Nach 3.♘f3 ♘c6 kann das Spiel zur Italienischen Partie übergehen – siehe **Kapitel 17**.)

A) 3...♘f6 4.d4 exd4 5.e5 d5 6.exf6 dxc4 7.♕h5 0–0 8.♕xc5 ♖e8+ 9.♘e2 (9.♔f1 dxc3 10.♘xc3 ♕d3+ 11.♘ge2 ♖xe2!–+) 9...d3 10.♗e3 dxe2 11.♘d2 ♘a6 12.♕xc4 ♕xf6 und die schwarzen Perspektiven sind mindestens so gut wie die weißen.

B) 3...d5!? 4.♗xd5

(Schwach ist 4.exd5? ♗xf2+! 5.♔xf2 ♕h4+ mit schwarzem Vorteil.)

4...♘f6 5.♕f3

(Nach 5.♕b3 ♘xd5 6.♕xd5 ♕xd5 7.exd5 ♗f5 hat Schwarz mit seinem Läuferpaar genug Kompensation für den Bauern.)

5...0–0 6.d4

(6.♗c4 ♗g4 7.♕d3 ♕e7 8.♘f3 ♘c6 9.0–0 ♘h5 mit aktivem Spiel.)

6...exd4 7.♗g5 dxc3 (7...♗e7!?) 8.♗xf6 (8.♘xc3 ♘bd7 9.0–0–0 c6 10.♗b3 ♕e7∞) 8...c2 9.♘c3 ♕xf6 10.♕xf6 gxf6 mit gleichen Chancen. Ein simp–

les Verteidigungsschema besteht nun in c7-c6 nebst f6-f5=.

II. 2...c6 3.d4

(Die Folge 3.♘f3 d6 4.♘c3 ♘f6 5.d4 ♗e7 führt unter Zugumstellung zur Philidor-Verteidigung – siehe **Kapitel 7**.)

A) 3...♘f6 4.dxe5 ♘xe4

(4...♕a5+ 5.♘c3 ♕xe5 6.♘f3 ♕c5 7.♕e2 ♗e7 8.e5 ♘d5 9.♘e4 ist klar günstiger für Weiß.)

5.♕e2 ♘c5 6.♘f3 ♗e7 7.0–0 0–0 8.♗f4 b5 9.♗b3 d5 10.exd6 ♗xd6 11.♖d1 ♕e7 12.♕d2 ♗xf4 13.♕xf4 ♘e6 14.♕e3 ♖e8 und wie die Turnierpraxis zeigt, kann Schwarz diese Stellung verteidigen.

B) 3...d5 4.exd5 cxd5 5.♗b5+ ♗d7 6.♗xd7+ ♘xd7 7.dxe5 ♘xe5 8.♘e2 ♘f6 9.0–0 ♗e7 10.♘bc3 0–0 11.♗g5 ♘c4 12.b3 ♘b6 13.♕d3

Schwarz kann Probleme mit seinem isolierten Bauern d5 bekommen, denn er ist schwach und muss verteidigt werden. Weiß hat die besseren Aussichten.

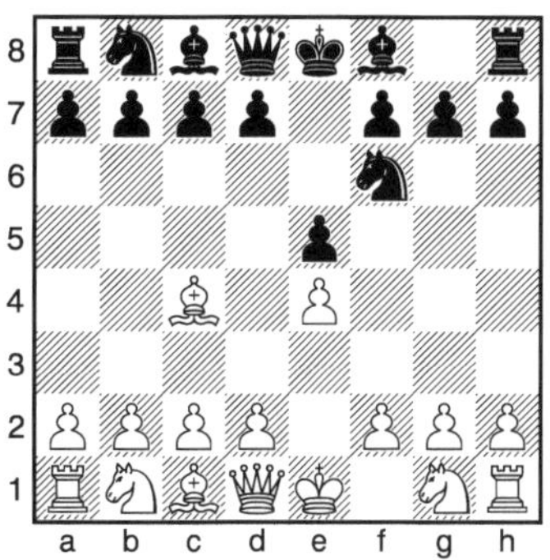

3.d3

Gegenwärtig ist dies der populärste Zug.

Hier ein Blick auf andere Möglichkeiten.

I. 3.♘c3 Δf2–f4 führt unter Zugumstellung zur Wiener Partie – siehe **Kapitel 6**.

II. 3.f4 ♘xe4 4.d3 ♘d6

(Zu riskant ist 4...♕h4+, denn nach 5.g3 ♘xg3 6.♘f3 ♕h5 7.♖g1 e4 8.dxe4 ♘xe4 9.♕e2 f5 10.♘bd2 hat Schwarz gewisse Schwierigkeiten mit der weiteren Entwicklung.)

5.♗b3 e4

(Beachtung verdient 5...♘c6!? 6.♘f3 exf4 7.♗xf4 ♗e7 8.0–0 0–0 mit guter Stellung für Schwarz. Der Damenläufer kann mit b7–b6 nebst ♗c8–b7 ins Spiel gebracht werden.)

6.dxe4 ♘xe4 7.♗xf7+ ♔xf7 8.♕d5+ ♔e8 9.♕xe4+ ♕e7 10.♕xe7+ ♗xe7 11.♘f3 d5 12.0–0 ♘c6 13.♖e1 ♗g4 mit etwas besserer Stellung für Schwarz. Sein Läuferpaar ist den weißen Leichtfiguren in dieser offenen Stellung überlegen, und auch die Disharmonie zwischen dem weißen Bauern f4 und dem Läufer auf c1 sticht ins Auge.

III. 3.d4 exd4

(Nach 3...♘xe4 4.dxe5 droht Weiß mit dem unangenehmen Einschlag auf f7.)

4.♘f3

(Mit 4.e5 erreicht Weiß gar nichts, denn es würde der typische Konter 4...d5! folgen.)

4...♘xe4

(Die Fortsetzung 4...♘c6 lenkt das Spiel in Richtung 'Zweispringerspiel im Nachzug' – siehe **Kapitel 16**.)

5.♕xd4 ♘f6 6.♗g5 ♗e7 7.♘c3 ♘c6 8.♕h4 d6 9.0–0–0 ♗e6 10.♗d3 h6 11.♖he1 ♕d7 12.♗b5 0–0–0 mit annähernd gleichen Chancen. Beide Seiten haben lang rochiert und können das Spiel auf beliebigen Flügeln fortführen.

3...c6

Auch mittels 3...♗c5 gleicht Schwarz das Spiel aus; z.B. 4.♘c3 d6 5.♗g5 ♗e6 6.♗b3 ♘c6 7.♘a4 ♗b4+ 8.c3 ♗a5 9.♗xe6 fxe6 10.♘e2 0–0=.

4.♘f3 d5 5.♗b3 ♗d6

Schwarz deckt seinen Bauern direkt, aber infrage kommt auch 5...a5!? mit der möglichen Folge 6.a4 ♗b4+ 7.c3 ♗d6 8.♗g5 dxe4 9.dxe4 0–0 10.0–0 ♕e7 11.♘bd2 ♘bd7 12.♖e1 ♘c5 13.♗c2 ♘e6 14.♗h4 ♘f4 15.♘c4 ♗c7 und etwa gleichen Chancen.

6.♘c3

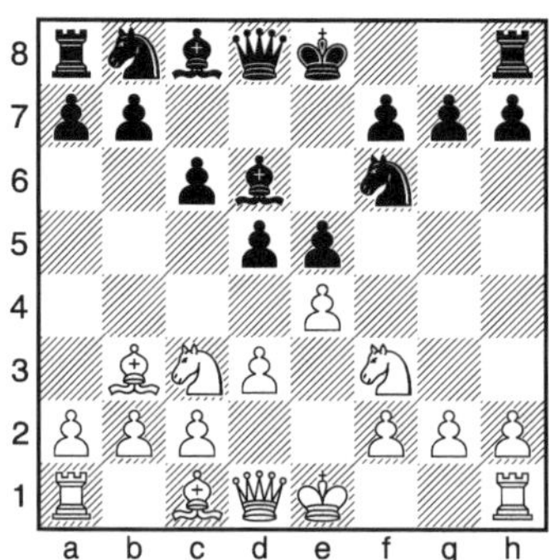

6...dxe4

Auf 6...d4 folgt 7.♘e2 mit dem Plan 0–0, ♘f3-e1 und f2-f4 und aktivem Spiel am Königsflügel.

7.♘g5

Es geht auch 7.dxe4 ♘a6 8.0–0 ♘c5 und Schwarz kann mit seiner Stellung zufrieden sein.

7...0–0 8.♘cxe4 ♘xe4 9.♘xe4 ♗f5 10.♕f3

Nach 10.0–0 ♗xe4 11.dxe4 ♘a6 12.♗e3 ♗c5 hat Schwarz keine Sorgen.

10...♗xe4 11.dxe4 ♘d7 12.c3 a5 13.a4 ♘c5 14.♗c2 b5 15.0–0 ♕c7 und die entstandene Stellung bietet beidseitige Chancen.

Zusammenfassung: Der Vorteil des Zuges 2.♗c4 liegt in seiner Flexibilität. Weiß kann unter Zugumstellung in verschiedene andere Eröffnungen überleiten, z.B. in die Wiener Partie, die Philidor-Verteidigung, das Zweispringerspiel im Nachzug oder die Italienische Partie. Und in sämtlichen anderen Abspielen kann Schwarz bei korrektem Spiel problemlos ausgleichen.

Kapitel 4

Alapin–Eröffnung

1.e4 e5 2.♘e2

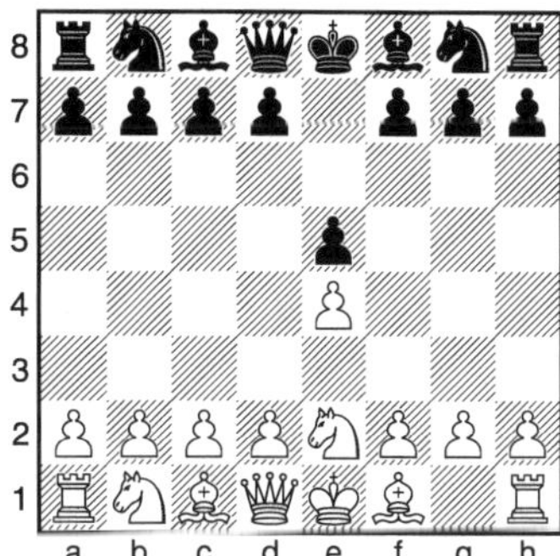

Dieser selten gespielte Zug wurde zur Mitte des 19. Jahrhunderts analysiert und später von dem russischen Meister Simon Alapin (1856-1923) in die Turnierpraxis eingeführt. Weiß plant unmittelbar den Vorstoß f2–f4 nebst Spiel am Königsflügel. Die schnelle Öffnung des Spiels passt jedoch nicht dazu, dass der weiße Läufer f1 verstellt wird und der störende Springer deshalb bald ein zweites Mal ziehen muss. Schwarz hat in dieser Eröffnung keine Schwierigkeiten und gleicht das Spiel praktisch sofort aus.

2...♘f6 3.f4

Die konsequente Fortführung von Alapins Idee.

Eine Alternative besteht in 3.♘bc3 ♘c6.

(Auch gut ist 3...d5!? mit der möglichen Folge 4.exd5 ♘xd5 5.♘xd5 ♕xd5 6.♘c3 ♕d8 7.♗c4 ♗c5 8.0–0 0–0=.)

4.f4 d5 (4...exf4 5.d4 d5 6.e5 ♘h5∞) 5.exd5 ♘xd5 6.♘xd5 ♕xd5 7.♘c3 ♕d6 und Schwarz hat keine Probleme mit dem Ausgleich.

3...exf4

Zwei andere Pläne sind ebenfalls möglich.

I. 3...♘xe4 4.d3 ♘c5 5.fxe5 d5 6.d4 ♘e4

(Eine gute Alternative ist 6...♘e6!? mit der Idee, schnellstens den Bauernvorstoß c7-c5 durchzusetzen; z.B. 7.♘f4 c5 8.♘c3 cxd4 9.♘cxd5 ♘c6=.)

7.♘d2 ♘xd2 8.♗xd2 c5 9.c3 ♘c6=

II. 3...d5 4.fxe5 ♘xe4 5.d3

(Oder 5.d4 ♗g4 6.♕d3 ♘c6 mit aktivem Spiel für Schwarz.)

5...♘g5 6.d4 ♗e7 7.♘f4 ♘e6

(7...♘e4 8.♗d3 ♗b4+ 9.c3 ♕h4+ 10.g3 ♘xg3 11.♘g2 ♕h3 12.♘f4 ♕h4 führt zum Remis durch Zugwiederholung.)

8.♘c3 ♘c6 9.♗e3 ♗g5 10.♘cxd5 ♘cxd4 11.♘xe6 ♘xe6 und Schwarz steht wegen des schwachen e-Bauern etwas besser.

4.♘xf4

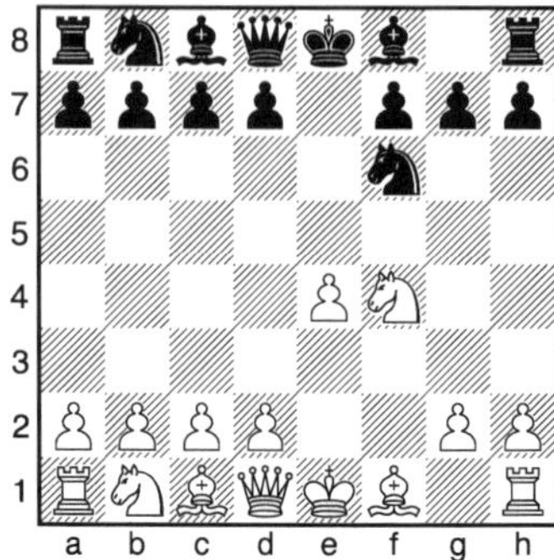

4...d5!

Es verbietet sich 4...♘xe4?? wegen 5.♕e2 ♕e7 6.♘d5 ♕e5 7.♘bc3 f5 8.d4 ♕xd4 9.♗e3 ♘xc3 10.♕h5+ g6 11.♘xc7+ ♔d8 12.♕g5+ ♗e7 13.♕xe7+ ♔xe7 14.♗xd4 und Weiß gewinnt Material.

5.♘xd5 ♘xd5

Zum Ausgleich reicht auch 5...♘xe4 6.♕e2 ♕xd5 7.♘c3 ♕e6 8.♕xe4 ♕xe4+ 9.♘xe4 ♗e7=.

6.exd5 ♕xd5 7.♘c3 ♕e5+ 8.♕e2 ♕xe2+ 9.♗xe2 c6 10.0–0 ♗c5+ 11.♔h1 0–0

Weiß hat keinerlei Eröffnungsvorteil erreicht und die Stellung ist etwa gleich.

Zusammenfassung: Der Plan Alapins mit 2.♘e2 ist ungefährlich für Schwarz. Aus diesem Grund ist diese Eröffnung heutzutage kaum anzutreffen.

Kapitel 5

Königsgambit

1.e4 e5 2.f4

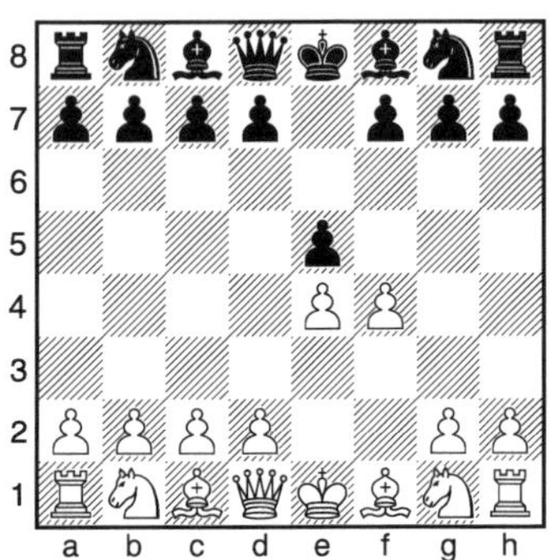

Dieser Zug charakterisiert das bekannte Königsgambit, das bereits im Jahre 1581 in einem Lehrbuch des spanischen Meisters Ruy Lopez erwähnt wird. Seitdem ist dieses Gambit eine der beliebtesten Eröffnungen bei Schachfreunden, die taktisches Spiel bevorzugen.

Das strategische Ziel des Angriffs auf den Bauern e5 mit f2–f4 besteht in der Öffnung der f-Linie, die sehr schnell einen Angriff auf den Punkt f7 zur Folge haben kann.

Nun stehen dem Schwarzen drei Hauptpläne zur Verfügung.

1. Das Schlagen auf f4 führt zum Angenommenen Königsgambit (**Abspiel 1**).

2. Nimmt Schwarz das Bauernopfer nicht an, sondern stützt seinen Bauern auf e5, gelangen wir zum Abgelehnten Königsgambit (**Abspiel 2**).

3. Und schließlich besteht auch die Möglichkeit, dass Schwarz selbst kompromisslos um die Initiative kämpft und seinerseits zu einem Bauernopfer greift – dem sogenannten Falkbeer-Gegengambit (**Abspiel 3**).

Abspiel 1

Angenommenes Königsgambit

(1.e4 e5 2.f4)

2...exf4

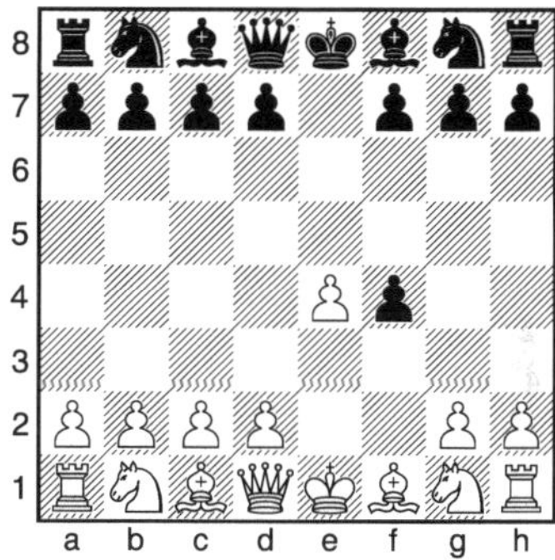

3.♘f3

Diese Fortsetzung, das sogenannte Königsspringergambit, ist am häufigsten anzutreffen. Indem Weiß sofort seinen Springer entwickelt, pariert er die gefährliche Drohung ♕d8–h4+ und bereitet die Eroberung des Zentrums mit d2–d4 vor.

Hier ein Blick auf andere Möglichkeiten.

I. Mit dem Königsläufergambit 3.♗c4 akzeptiert Weiß den Verlust des Rochaderechts, um d7–d5 zu verhindern und sofort f7 anzugreifen. Schwarz kann auf verschiedene Weise antworten.

A) 3...♘f6 4.♘c3

(Auf 4.e5 greift Schwarz zu dem typischen Gegenstoß im Zentrum 4...d5!.)

4...c6 5.♗b3

(5.♕f3 wird mit 5...d5! beantwortet und nach 6.exd5 ♗d6 7.dxc6 ♘xc6 hat Schwarz eine aktive Stellung.)

5...d5 6.exd5

(Nach 6.e5 ♘e4 7.♘f3 ♗g4 steht Schwarz gut.)

6...cxd5 7.d4 ♗b4

(Schwarz kann auch 7...♗d6 wählen und nach 8.♘ge2 0–0 9.0–0 g5 10.♘xd5 ♘c6 11.♘ec3 ♘xd5 12.♘xd5 ♗e6 entsteht eine dynamische Position mit beiderseitigen Chancen.)

8.♘f3 0–0 9.0–0 ♗xc3 10.bxc3 ♕c7 11.♕e1 ♘c6 12.♕h4 ♘e7 13.♗xf4 ♕xc3 14.♗d2 ♕c7 15.♘e5 ♘f5 16.♕f4 ♗e6 17.♗b4 ♖fc8 18.g4 ♘d6 19.♖ae1 a5 und Schwarz hat gute Aussichten; z.B. 20.♗xd6 ♕xd6 21.g5 ♘e8 mit der Drohung a5-a4.

B) 3...♕h4+ 4.♔f1 d6

(Zu beachten ist 4...d5!? 5.♗xd5 ♗d6 6.♘f3 ♕h5 7.♘c3 ♘e7 mit der Absicht ♗c8-g4.)

5.♘f3 ♕f6

(Der Plan 5...♕h5 6.d4 g5 7.♘c3 ♘e7 8.h4 h6 nebst ♗f8-g7 ist auch spielbar.)

6.♘c3 ♗e6 7.♕e2 ♘d7 8.d4 0–0–0 und Schwarz hat vollwertiges Spiel.

II. 3.♘c3 ♕h4+ 4.♔e2

A) 4...d5 5.♘xd5

(In der Variante 5.♘f3 ♕e7 6.e5 d4 7.♘d5 ♕d8 8.♘xf4 ♘c6 verliert Schwarz zwar einige Tempi mit der Dame, aber im Endeffekt kann er mit seiner Stellung zufrieden sein. Er plant ♗f5 oder ♗g4 nebst ♕d7 und 0–0–0 mit guten Aussichten.)

5...♗g4+ 6.♘f3 ♗d6 7.d4 ♘c6 8.e5 0–0–0! 9.♗xf4

(9.exd6 wäre waghalsig, denn danach erhält das schwarze Spiel gefährlichen Schwung; z.B. 9...♖xd6 10.c4 ♘f6 11.♗xf4 ♖e8+ 12.♔d3 ♘xd5 13.cxd5 ♗xf3 14.♕xf3 ♖xd5! mit starkem Angriff.)

9...♘ge7 10.c4 ♗b4 11.♗g3 ♕h5 12.a3

(Günstig für Schwarz ist 12.♘xe7+ ♗xe7, denn der Bauer d4 kann nicht verteidigt werden.)

12...♘xd5 13.cxd5 ♖xd5 14.axb4 ♖xd4 15.♕c1 ♖hd8

Die Position befindet sich in dynamischem Gleichgewicht, denn für die Figur hat Schwarz aktives Gegenspiel.

B) 4...d6 5.♘f3 ♗g4 6.♘d5

(Zweischneidig ist 6.d4 ♘c6 7.♗xf4 0–0–0 8.♔e3 ♕h5∞.)

6...♕d8 7.♘xf4

(Nach 7.d4 empfiehlt sich 7...♘f6 8.♗xf4 ♘xe4 9.♕d3 f5 usw.)

7...♘f6 8.d3

(Die Folgen von 8.h3 ♘xe4 9.hxg4 ♕e7 10.♘d5 ♘c3+ 11.♔d3 ♘xd1 12.♘xe7 ♘f2+ 13.♔e3 ♘xh1 14.♘d5 ♔d7 sind vorteilhaft für Schwarz.)

8...♘c6 9.h3 ♗xf3+ 10.gxf3 d5! mit guten Chancen.

III. 3.d4 ♕h4+ 4.♔e2 d5 (4...g5!? 5.♘f3 ♕h5) 5.♘f3 ♗g4 6.exd5 ♘f6

A) 7.♕e1 ♕xe1+ 8.♔xe1 ♗xf3 (8...♘xd5!?) 9.gxf3 ♘xd5 10.c4 ♘e3 11.♗xe3 fxe3 12.♔e2 ♘c6 13.♔xe3 0–0–0 14.d5 ♗c5+ 15.♔d2 ♘d4 mit schwarzem Vorteil.

B) 7.c4 ♗d6 8.♕e1

(Auf 8.♕b3 kann Schwarz mit 8...0–0 reagieren und danach wäre 9.♕xb7? schwach wegen 9...♖e8+ 10.♔d3 ♗f5+ 11.♔c3 ♕f2 mit starkem Königsangriff; z.B. 12.c5 ♕c2+ 13.♔b4 a5+ 14.♔a3 ♗xc5+! 15.dxc5 ♕xc5+ mit schnellem Matt.)

8...♕h5 9.♔d1+ ♔d8 10.♗e2 ♖e8 11.c5 ♗f8 12.♗xf4 ♘xd5 13.♗d2 ♗xf3 14.gxf3 ♘c6 und Schwarz kann mit seiner Stellung zufrieden sein.

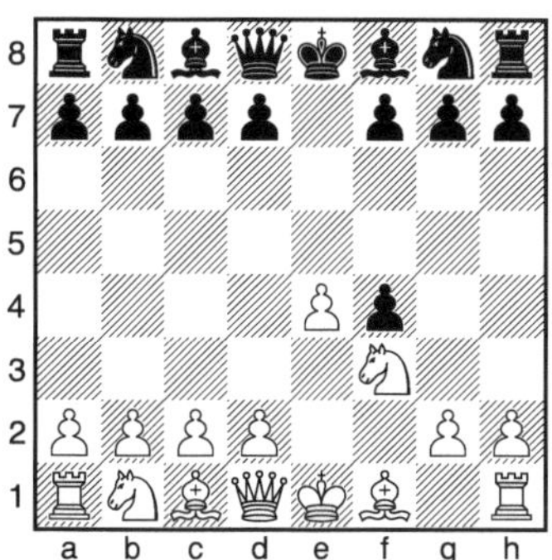

3...g5

Schwarz möchte seinen Materialvorteil sichern; gleichzeitig droht g5–g4 und (falls sich der ♘f3 bewegt) ♕d8–h4+.

Hier ein Blick auf die Alternativen.

I. 3...d5 4.exd5 (4.e5 g5!) 4...♘f6 5.♘c3

(– Nach 5.c4 c6!? 6.dxc6 ♘xc6 7.d4 ♗g4 8.d5 ♗xf3 9.♕xf3 ♘e5 10.♕xf4 ♗d6 hat Schwarz für den Bauern starke Initiative.

– Wenig erreicht Weiß auch mit 5.♗c4 ♘xd5 6.♗xd5 ♕xd5 7.♘c3 ♕d8 8.d4 ♗e7 9.♗xf4 0–0 10.0–0 c6 11.♕d3 ♘a6 12.a3 ♘c7 13.♘e5 ♘e6 mit etwa gleicher Stellung.)

5...♘xd5 6.♘xd5 ♕xd5 7.d4 ♗e7 (7...♗g4!?) 8.c4 ♕e4+ 9.♗e2 (9.♔f2 ♗f5!) 9...♘c6 10.0–0 ♗f5 11.♖e1 0–0–0 mit vollwertigem Spiel.

II. 3...d6 ist eine Idee des 11. Weltmeisters Robert Fischer.

4.d4

(Nach 4.♗c4 h6 5.d3 g5 6.h4 ♗g7 sind die schwarzen Chancen vorzuziehen.)

4...g5 5.h4 g4 6.♘g1

(Das mit 6.♘g5 eingeleitete Springeropfer ist nicht korrekt und entsprechend riskant.

– Nach 6...h6 7.♘xf7 ♔xf7 8.♗c4+ ♔e8 9.♗xf4 ♗g7 10.c3 ♘c6 steht Schwarz besser.

– Möglich ist übrigens auch 6...f6 mit guten Aussichten.)

6...♗h6 7.♘c3 c6 8.♘ge2 ♕f6 9.g3 f3 (9...fxg3 10.♘xg3 ♗xc1 11.♖xc1 ♘e7 12.♕d2 h5 13.♗c4 ♗e6∞) 10.♘f4 ♘d7 und dank des Mehrbauern hat Schwarz bessere Aussichten.

III. 3...♗e7 4.♗c4 ♘f6!

(Nach 4...♗h4+ 5.♔f1! stünde der Läufer auf h4 einfach schlecht.)

5.♘c3

(Oder 5.e5 ♘g4 6.♘c3 d6 mit Gegenspiel.)

5...♘xe4! 6.♘e5

(– Oder 6.♘xe4 d5 7.♗d3 dxe4 8.♗xe4 f5 9.♗d3 ♕d6 mit besseren Perspektiven.

– Ebenfalls unbefriedigend ist 6.♗xf7+ ♔xf7 7.♘xe4 ♖e8 8.0–0 d5, denn Weiß hat kein Äquivalent für den verlorenen Bauern.)

6...♘d6 7.♗b3 ♗h4+ 8.g3 fxg3 9.0–0 gxh2+ 10.♔h1 0–0 11.d4 ♗f6 12.♕h5 ♘c6 mit verwickeltem Spiel. Schwarz hat zwar vier Mehrbauern, aber Weiß hat konkrete Angriffschancen am Königsflügel, z.B. die unangenehme Drohung ♖f1-f3–h3 usw.

IV. 3...♘f6 führt zur sogenannten Schallop–Verteidigung.

4.e5 ♘h5 5.d4

(Nach 5.♘c3 d6 hat Schwarz gute Chancen.)

A) 5...d5 6.♗e2

(6.c4 sollte dem Schwarzen wenig Probleme bereiten; z.B. 6...♘c6 7.cxd5 ♕xd5 8.♘c3 ♗b4 9.♔f2 ♗xc3 10.bxc3 ♗g4 gefolgt von 0–0 oder 0–0–0.)

6...g5 (6...♗g4 7.0–0 g5∞) 7.0–0 ♖g8 8.c4 dxc4 9.♗xc4 ♘c6 10.♗b5 ♖g6 und diese Position hat Schwarz in der Praxis viele Male erfolgreich verteidigt.

B) 5...d6 6.♗c4 (6.♕e2 d5!) 6...♘c6 7.0–0 dxe5 8.♘xe5 ♘xe5 9.♖e1 ♗e7 10.♖xe5 g6 11.♘c3 0–0 und Schwarz hat nichts zu befürchten.

V. Nach 3...♘e7 strebt der Springer nach g6, um den Bauern f4 zu verteidigen.

A) 4.d4 d5 5.♘c3

(Nach 5.♕e2 ist 5...dxe4 unklar.

Deshalb kommt 5...♘g6!? ernsthaft in Frage; z.B. 6.h4 h5 7.♘c3 c6 8.exd5+ ♗e7 9.♘e5 cxd5 10.♘xg6 fxg6 11.♕e5 ♘c6 12.♕xg7 ♗xh4+ 13.♔d2 ♕f6 14.♕xf6 ♗xf6 15.♘xd5 0–0 16.♘xf6+ ♖xf6 17.d5 ♘e5 und Schwarz hält das Gleichgewicht.)

5...dxe4 6.♘xe4 ♘d5 7.♗d3 ♗e7 (7...♗g4 8.0–0 ♗e7 9.h3 ♗h5 10.♕e2 0–0∞) 8.c4 ♘e3 9.♕e2 ♗g4 10.♗xe3 fxe3 11.♕xe3 ♗xf3 12.gxf3 ♘c6 (12...♗h4+ 13.♘g3+ ♕e7 14.♕xe7+ ♗xe7 15.0–0–0 0–0∞) 13.d5 ♗h4+ 14.♔f1 ♘e7 15.d6 cxd6 16.♕f4 ♘c8 und viele Beispiele aus der Praxis zeigen, dass diese Stellung verteidigungsfähig ist.

B) 4.♗c4 d5 5.exd5 ♘xd5 6.0–0 ♗e7 7.d4 ♗e6 (7...c6 8.♘c3 0–0 9.♘e5 ♗e6∞) 8.♗b3 0–0 9.c4 ♘e3 10.♗xe3 fxe3 11.♕d3 ♗f6 12.♘c3 und auch diese komplizierte Variante wurde mit Erfolg praktisch erprobt; z.B. 12...c5! 13.d5 ♗g4 14.♕xe3 ♗xf3 15.♕xf3 ♘d7 16.♖ae1 ♕c7 17.♗c2 ♖ae8 mit ungefährem Ausgleich.

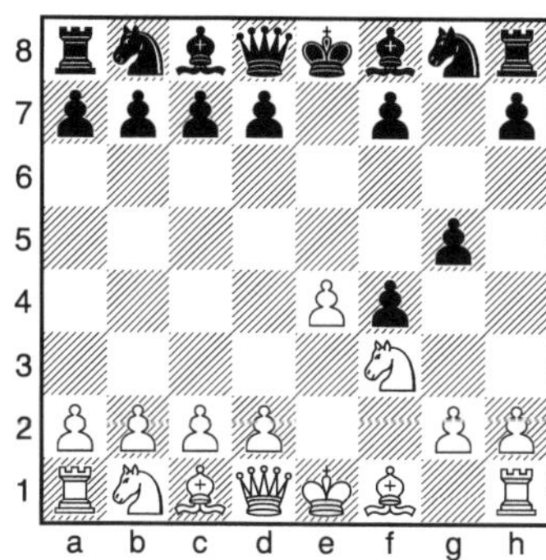

4.h4

Mit dieser energischsten Erwiderung will Weiß die gegnerische Bauernkette sofort zerstören.

Zu unklarem Spiel führt das sogenannte Polerio-Muzio-Gambit: 4.♗c4 g4

(Eine gute Fortsetzung ist auch hier 4...♗g7!?; z.B. 5.d4 d6 6.0-0 h6 7.c3 ♘c6 mit vollwertigem Spiel.)

5.0-0!? gxf3 6.♕xf3 ♕f6

A) 7.c3 ♘c6 8.d4 (8.♗b3 ♘e5 9.♕e2 ♗h6 10.d4 f3!-+) 8...♘xd4 9.♗xf7+ ♕xf7

(Zu prüfen ist 9...♔xf7 10.cxd4 ♗h6 11.e5 ♕f5 usw.)

10.cxd4 ♗g7 11.♕d3

(Nach 11.♘c3 ♗xd4+ 12.♔h1 c6 13.♗xf4 ♘e7 behält Schwarz seinen Materialvorteil.)

B) 7.e5 ♕xe5 8.d3

(Nach 8.♗xf7+ ♔xf7 9.d4 ♕f5 10.♗xf4 ♘f6 hat Weiß keinerlei Kompensation für das geopferte Material.)

8...♗h6 9.♘c3 ♘e7 10.♗d2 ♘bc6 11.♖ae1 ♕f5 12.♘d5 ♔d8 und Schwarz behauptet eine Mehrfigur.

4...g4

4...f6? verliert wegen 5.♘xg5! fxg5 6.♕h5+ ♔e7 7.♕xg5+ ♔e8 8.♕e5+ ♔f7 9.♗c4+ usw.

5.♘e5

Dieser Springerausfall kennzeichnet das sogenannte Kieseritzky-Gambit, welches dem Weißen die meisten Chancen bietet.

Weniger erreicht er mit dem alternativen Allgaier-Gambit 5.♘g5, denn nach 5...h6 6.♘xf7 ♔xf7 7.♗c4+ d5! 8.♗xd5+ ♔g7 9.d4 f3! 10.gxf3 ♘f6 11.♘c3 ♗b4 12.♗b3 ♘c6 13.♗e3 ♘a5 hat Schwarz ausgezeichnete Aussichten.

5...♘f6

Diese Verteidigung genießt den besten Ruf. Schwarz setzt die Entwicklung fort und attackiert zugleich den Bauern e4.

Auch spielbar ist 5...d6!? mit der möglichen Folge 6.♘xg4 ♘f6 7.♘xf6+ (7.♘f2 ♖g8 8.d4 ♗h6∞) 7...♕xf6 8.♘c3 ♘c6 9.♘d5 ♕g6 10.d3 (10.♘xc7+?? ♔d8 11.♘xa8 ♕g3+ 12.♔e2 ♗g4#) 10...♕g3+ 11.♔d2 ♘e7 12.♕e1 (12.♘xc7+ ♔d8 13.♘xa8 ♕e3+ 14.♔c3 ♕c5+ mit Dauerschach) 12...♘xd5 13.exd5+ ♕xe1+ 14.♔xe1 ♗h6 mit etwa gleichem Spiel.

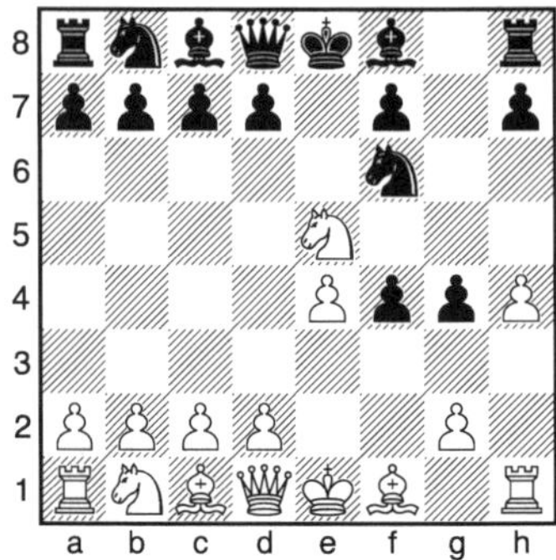

6.d4

– Auf 6.♗c4 folgt 6...d5! 7.exd5 ♗d6 (7...♗g7!?) 8.d4 ♘h5 9.♘c3 0–0 mit guten Perspektiven.

– Nach 6.♘xg4 rät die Theorie zu 6...♘xe4! mit der möglichen Folge 7.d3 ♘g3 8.♗xf4

– 8...♘xh1 9.♕e2+ ♕e7 10.♘f6+ ♔d8 11.♗xc7+ ♔xc7 12.♘d5+ ♔d8 13.♘xe7 ♗xe7 14.♕g4 d6 15.♕f4 ♖g8 mit zweischneidigem Spiel.

– Erprobt wurde außerdem 8...♕e7+ 9.♗e2 ♖g8 10.♗xg3 ♖xg4 11.♗f2 ♖xg2 12.♔f1 ♖g8 13.♘c3 c6 nebst d7-d5 mit guten Ausgleichschancen.

6...d6 7.♘d3 ♘xe4 8.♗xf4 ♕e7 9.♕e2

Nach 9.♗e2 ist 9...♘c6 beachtenswert und nach 10.c3 ♗f5 11.d5 kann Schwarz 11...♘e5 oder 11...♘b8 mit beiderseitigen Chancen wählen.

9...♘c6 10.c3 ♗f5 11.♘d2 0–0–0

In dieser komplizierten Position sind die Chancen verteilt. Schwarz besitzt einen Mehrbauern und kontrolliert das Feld e4. Weiß sollte nun am besten lang rochieren und danach mit g2–g3 und ♗f1–g2 den weißfeldrigen Läufer fianchettieren, um auf der Diagonale a8–h1 starken Druck auf die schwarze Königsstellung auszuüben.

Zusammenfassung: Das Angenommene Königsgambit 2...exf4 führt zu sehr scharfem und kompliziertem Spiel mit verteilten Chancen. Der Zug 3.♘f3 verhindert das Damenschach auf h4 und ist in der Turnierpraxis die Normalfortsetzung.

Hingegen kann 3.♘c3 zu Stellungen führen, die an die Wiener Partie erinnern (siehe **Kapitel 6**).

Abspiel 2

Abgelehntes Königsgambit (1.e4 e5 2.f4)

2...♗c5

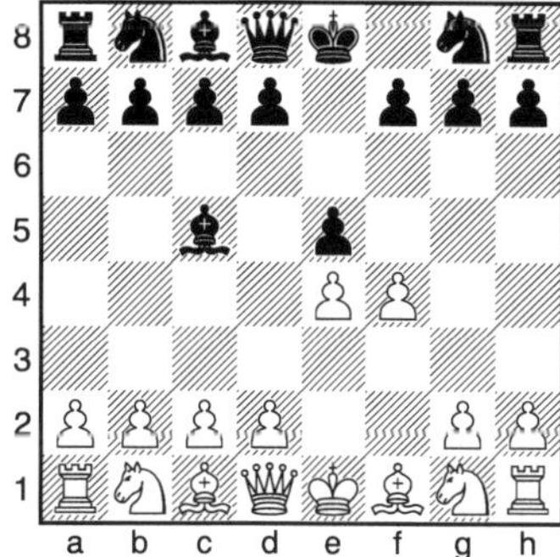

Schwarz verzichtet auf die Annahme des Gambitbauern und entwickelt stattdessen wirksam seinen Läufer, der nun die weiße Rochade verhindert und zugleich gewissen Druck auf das gegnerische Zentrum ausübt.

3.♘f3 d6

Jetzt sollte Schwarz doch seinen Bauern e5 verteidigen.

Problematisch ist 3...d5 wegen 4.♘xe5 dxe4 5.♕h5 ♕e7 (5...♗e6 6.♘xf7!) 6.♗c4 g6 7.♕e2 ♘h6 8.♘c3 mit aktiverem Spiel angesichts der Doppeldrohung ♘c3xe4 und ♘c3-d5 usw.

4.♘c3

Eine andere Idee ist 4.c3!?, um nach d2-d4 ein starkes Bauernzentrum zu errichten; z.B. 4...♘f6 5.fxe5

(Die Einschaltung dieses Zuges gilt hier als die beste Lösung. Nach 5.d4 exd4 6.cxd4 ♗b6 7.♘c3 0–0 mit der Absicht ♖f8-e8 bekommt Schwarz aktives Gegenspiel in der Mitte.)

5...dxe5 6.d4

(Anzutreffen ist auch 6.♘xe5 ♕e7 7.d4 ♗d6 8.♘f3 ♘xe4 9.♗e2 0–0 10.0–0 c5 mit schwarzem Gegenspiel.)

6...exd4 7.cxd4 ♗b4+ 8.♗d2 ♕e7 9.e5 ♗xd2+ 10.♕xd2 ♘d5 11.♘c3 ♗e6 12.♗d3 ♘d7 13.0–0 0–0–0 14.♖ac1

Der schwarze König steht unter Druck. Das schwarze Gegenspiel beruht auf f7-f6 zur Vorbereitung von g7-g5 usw.

4...♘f6

Nach 4...♘c6 kann Weiß den Springer mit 5.♗b5 fesseln; z.B. 5...♗g4 6.d3

(6.♗xc6+ bxc6 7.fxe5 dxe5 8.h3 ♗h5 9.♕e2 f6 10.d3 ♘e7∞)

6...♘ge7 7.h3 ♗xf3 8.♕xf3 0–0 und nachdem Schwarz seinen König gesichert hat, kann er einen Gegenangriff mit f7-f5 vorbereiten.

5.♗c4

Gefährlich ist 5.fxe5 dxe5 6.♘xe5 ♕d4 7.♘d3 ♗b6 mit dem Plan 0–0, ♖f8–e8 und andauernder Initiative.

5...♘c6

Schwarz kann auch erst mit 5...0–0 seinen König sichern; z.B. 6.d3 exf4 (6...a6 7.f5 b5 8.♗b3 c6 9.♗g5 ♘bd7 10.♕e2 ♗b7 11.0–0–0 a5 12.a4 ♕b6⇄) 7.♗xf4 ♘c6 8.♘a4 d5! 9.♘xc5 (9.exd5 ♖e8+ 10.♔f1 ♘xd5∓) 9...dxc4 10.0–0 ♕e7 11.♘a4 ♗g4 12.♘c3 ♖ad8 mit guten Aussichten.

6.d3 ♗g4

Der richtige Augenblick für diesen Läuferausfall, denn auf 6...0–0 folgt 7.f5.

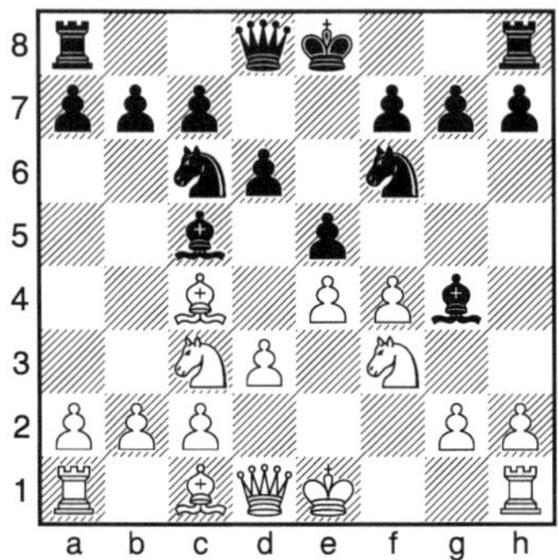

7.♘a4

Mit diesem Manöver will Weiß den gegnerischen Läufer abtauschen und dann mit seinem Läuferpaar um Initiative kämpfen.

Ein anderer Plan ist 7.h3 ♗xf3

(Nach 7...♗e6 8.♗xe6 fxe6 9.fxe5 ♘xe5 10.♘xe5 dxe5 11.♕e2 0–0 ist die Stellung trotz der schwachen Zentrumsbauern verteidigungsfähig.)

8.♕xf3 exf4 9.♗xf4 ♘d4 10.♕d1 c6 11.♘a4 ♗b6 12.c3 ♘e6 13.♘xb6 axb6 14.♗g3 d5 15.exd5 ♘xd5 16.♕f3 0–0 mit genügend Verteidigungsressourcen.

7...♗b6 8.♘xb6 axb6 9.c3 0–0 10.0–0 exf4 11.♗xf4 ♘h5 12.♗e3 ♘e5 13.♗b3 ♔h8 mit der Absicht f7-f5 und guten Ausgleichschancen.

Zusammenfassung: Die Idee des Plans mit der Läuferpostierung auf c5 ist klar. Schwarz will den Königsflügel schnell entwickeln und somit alle taktischen Komplikationen umgehen, die sich nach 2...exf4 ergeben. Für das weiße Spiel möchte ich auf den Zug 4.c3!? (statt 4.♘c3) hinweisen, der in der Turnierpraxis noch nicht gründlich untersucht wurde, obwohl er Weiß eine großartige Gelegenheit bietet, gefährliche Initiative zu entwickeln.

Abspiel 3

Falkbeer–Gegengambit

(1.e4 e5 2.f4)

3...d5

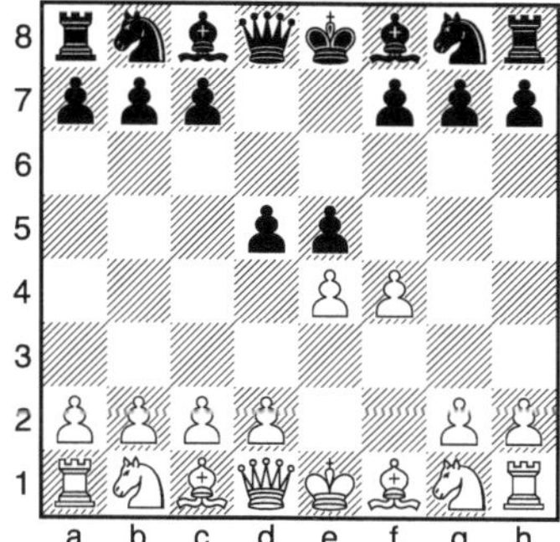

Mit diesem Gegengambit experimentierte der Österreicher Ernst Falkbeer (1819-1885) zum ersten Mal in seinem Wettkampf gegen Karl Hamppe, Wien 1850. Durch sein Bauernopfer und den momentanen Druck im Zentrum durchkreuzt Schwarz den weißen Plan, die f–Linie zu öffnen.

3.exd5 e4

– 3...exf4 ergäbe nachträglich eine Stellung aus dem Angenommenen Königsgambit.

– Hingegen folgt der Textzug dem Grundgedanken Falkbeers, nämlich den weißen f–Bauern ins Leere laufen zu lassen.

– Zu riskant ist statt dessen 3...c6 wegen 4.♘c3!

(Nach 4.dxc6? ♘xc6 5.d3 ♗c5 hätte Schwarz Entwicklungsvorsprung und gute Chancen, die Initiative zu übernehmen. Weiß ist viel besser beraten, schnell seine Kräfte zu mobilisieren.)

4...cxd5 5.fxe5 d4 6.♘e4 ♕d5 7.♗d3 ♘c6

(Aber nicht 7...♕xe5 8.♘f3 ♕d5 9.♕e2 ♗e7 10.♗c4 ♕d8 11.0–0 und Weiß droht mit einem fürchterlichen Angriff in der f–Linie.)

8.♕e2 ♘xe5 9.♗b5+ ♗d7 10.♗xd7+ ♕xd7 11.♘f3 ♘xf3+ 12.♕xf3 ♗e7 13.0–0 ♘f6 14.♘xf6+ ♗xf6 15.♖e1+ ♗e7 16.♕e4 und Schwarz müsste wohl notgedrungen mit ♔e8–f8, ♗e7–f6 und h7–h5 zu einer langwierigen künstlichen Rochade greifen.

4.d3

Dies ist der beste Zug, denn der lästige Bauer e4 wird sofort angegriffen.

Schwächer ist 4.♗b5+ c6 5.dxc6 bxc6

(Oder auch 5...♘xc6 mit Gegenchancen.)

6.♗c4 ♘f6 7.d4 ♗d6 8.♘e2 0–0 9.0 0 c5 mit aktivem Spiel für den geopferten Bauern.

♘f6

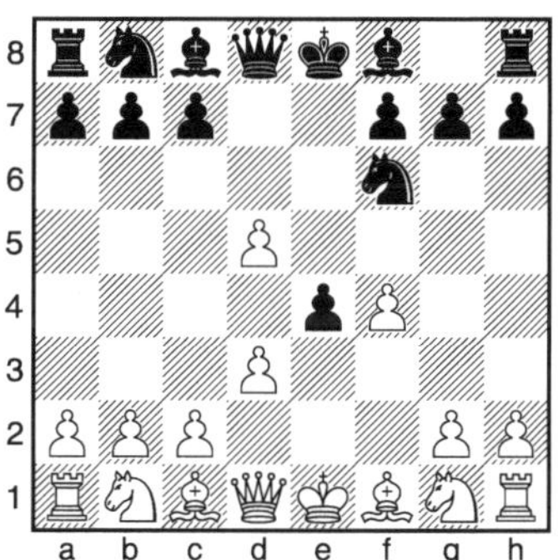

5.dxe4

Weiß beseitigt zwar den Bauern e4, aber dessen Platz wird nun von einem Springer eingenommen.

GM Paul Keres (1916–1975) empfahl darum, mittels 5.♘d2 zunächst den Druck auf den Punkt e4 zu verstärken. Doch nach 5...exd3 6.♗xd3 ♘xd5 7.♕e2+ ♗e7 nebst 0–0 erhält Schwarz gutes Spiel.

5...♘xe4 6.♘f3

Nicht zu empfehlen ist 6.♕e2, dann nach 8...♕xd5 7.♘d2 f5 hat Weiß nichts erreicht.

♗c5 7.♕e2 ♗f5

Verführerisch ist 7...♗f2+?, doch der Schein trügt: 8.♔d1 ♕xd5+ 9.♘fd2 f5 10.♘c3 ♕d4 11.♘cxe4 fxe4 12.c3 ♕e3 13.♕h5+ (13.♘xe4!?) 13...♔f8 14.♗c4 ♕xf4 15.♕d5 ♕g4+ (15...♘c6 16.♘xe4+–) 16.♔c2 ♕g6 17.♘xe4 ♗f5 18.♗d3 und Schwarz steht sehr bedenklich.

8.♘c3 ♕e7 9.♗e3 ♗xe3

Auf 9...♘xc3 folgt 10.♗xc5! ♘xe2 11.♗xe7 ♘xf4 12.♗a3 ♘xd5 13.0–0–0 c6 14.♗c4 ♗e6 15.♖he1.

Schwarz steht kritisch und hat sicher keinen Grund, sich über seinen Mehrbauern zu freuen.

10.♕xe3 ♘xc3 11.♕xe7+ ♔xe7 12.bxc3

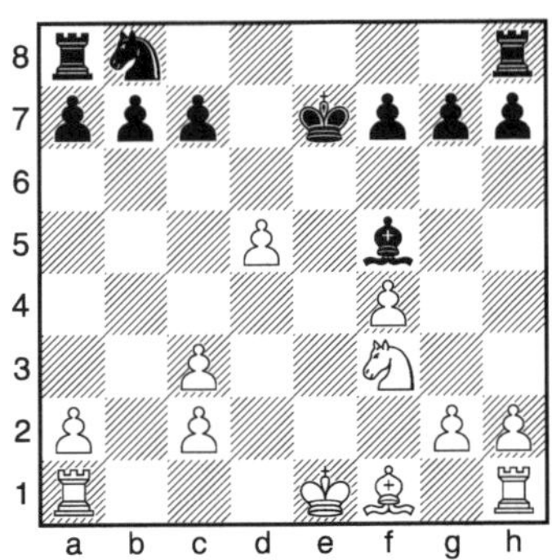

12...♗e4

Oder 12...♗xc2 13.♔d2 ♗a4

(Nach 13...♗g6 14.♖e1+ ♔d6 folgt stark 15.♘d4! und nun scheitert 15...♔xd5 an 16.f5 ♗h5 17.g4! ♗xg4 18.♗g2+ ♔d6 19.♗xb7, denn Weiß gewinnt Material.)

14.♖e1+ ♔d6 15.♘g5 ♗e8 (15...♔xd5 16.♖e4 ♗e8 17.♖d4+ ♔c6 18.♗e2 h6 19.♗f3+ ♔b6 20.♖b1+ ♔a5 21.♗xb7+–) 16.♖e5!+–

13.♘g5 ♗xd5

Nicht besser ist 13...♗xc2 14.♔d2 ♗g6.

(Nach dem Abzug 14...♗f5 folgt auch 15.♖e1+ ♔f8 16.♗c4 h6 17.♘f3 nebst ♘f3-d4 mit weißem Vorteil.)

15.♖e1+ ♔f8

(Oder 15...♔f6 16.g4 ♖d8 17.c4 c6 18.♗g2 mit klarem Vorteil.)

16.♗b5 (16.g4!?) 16...c6 17.f5! ♗h5

(– Auf 17...♗xf5 folgt 18.♖hf1!.

– Und nach 17...cxb5 18.fxg6 hxg6 19.♖hf1 f6 20.♘e6+ ♔f7 21.♘c7 geht der Turm a8 verloren.)

18.dxc6 ♘xc6

(Nach 18...bxc6 kann Weiß entweder 19.♗a4 oder 19.♗c4 wählen.)

19.♗xc6 bxc6 20.c4 h6

(Nach 20...g6 21.f6 h6 22.♘e4 ♗g4 23.♔c3 würde Weiß deutlichen Vorteil erreichen.)

21.♘e4 f6 22.♔c3 ♗f7 23.♘c5 und angesichts seines unentwickelten Königsflügels steht Schwarz hoffnungslos.

14.0–0–0 c6

Auf 14...♗xa2 folgt 15.c4 mit der Drohung ♔c1-b2 nebst Eroberung des Läufers.

15.♗d3

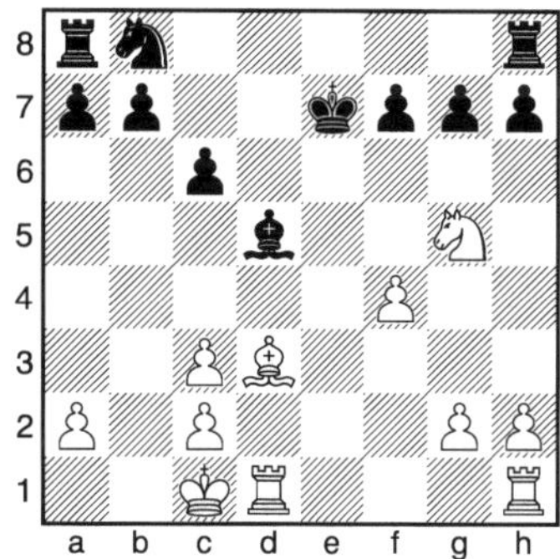

15...♘a6

Schwarz muss sich um seine Entwicklung kümmern.

Nach 15...h6 entscheidet schnell 16.♖he1+! ♔d6 (16...♔f6 17.♘h7+ ♖xh7 18.♗xh7+–) 17.♘xf7+! ♗xf7 18.♗a6+ +–.

16.♖he1+ ♔f6

Der Königsmarsch in die andere Richtung 16...♔f8 wäre auch nicht ausreichend wegen 17.c4 ♗xg2

(In dem Endspiel nach 17...♗e6 18.♘xe6+ fxe6 19.♖xe6 wäre Weiß mit einem Mehrbauern im Vorteil.)

18.♖d2 h6 19.♘h7+ ♖xh7 20.♗xh7 mit einer Qualität mehr für Weiß.

17.c4 ♗e6

Auf 17...♗xg2 folgt 18.♖d2 h6 19.♖xg2 und nun ist der Springer tabu wegen 19...hxg5 20.fxg5#.

18.♘e4+ ♔e7

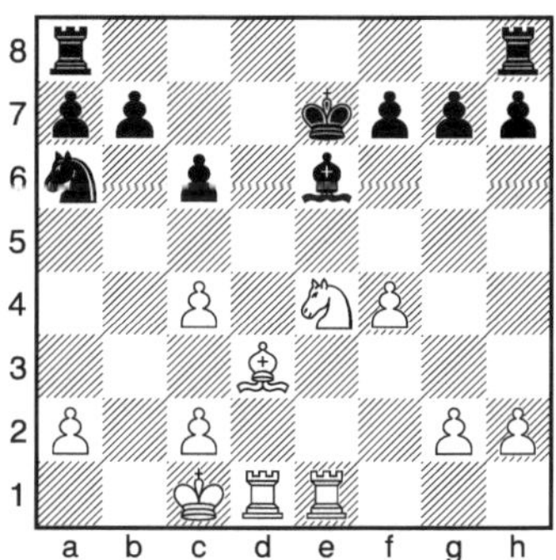

In der Diagrammstellung steht Weiß wegen der unsicheren Position des gegnerischen Königs in der Mitte besser. Er kann nun mittels 19.c5 oder auch 19.g4 einen Königsangriff inszenieren.

Zusammenfassung: Das Falkbeer-Gegengambit stellt dem Weißen normalerweise keine größeren Probleme. Allerdings darf er die schwarzen Angriffschancen nicht unterschätzen und muss entsprechend vorsichtig spielen.

Abschließend noch ein paar Bemerkungen zum Königsgambit an sich.

Wenn Anfänger die Partie mit 1.e4 beginnen und oft die Antwort 1...e5 vorgesetzt bekommen, empfehlen die Lehrbücher, sich auf den Kampf mit taktischen Varianten in offenen Stellungen einzulassen. Denn so entwickelt man ein Gespür für den relativen Wert der Figuren und die Bedeutung der Initiative. Und diesbezüglich bietet das Königsgambit zweifellos einen idealen Tummelplatz!

Kapitel 6

Wiener Partie

1.e4 e5 2.♘c3

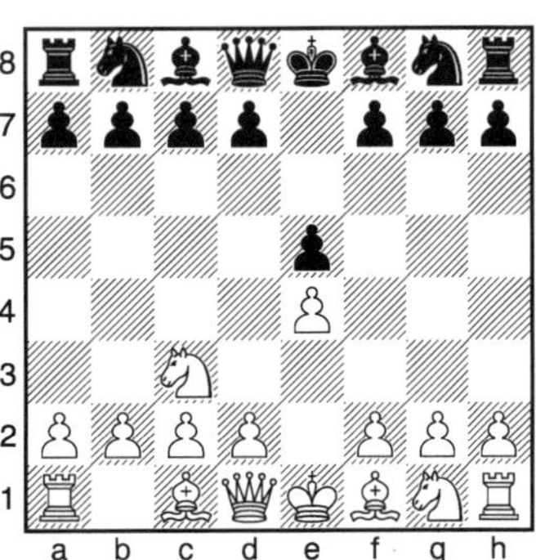

Die Wiener Partie gilt als ein solider Klassiker. Sie wird zwar nicht oft, aber nach wie vor regelmäßig gespielt. Wie auch in einigen anderen e4-Eröffnungen, in denen Weiß nicht sofort seinen Königsspringer entwickelt, plant er den Bauernaufzug f2-f4. Und dabei entbehrt es nicht einer gesunden strategischen Logik, zunächst mit dem anderen Springer die zentralen Punkte e4 und d5 unter Kontrolle zu nehmen. Dieser Plan ist allerdings im Vergleich (insbesondere zum Königsgambit) langsamer, so dass auch Schwarz seine Kräfte rasch mobilisieren und sich gute Aussichten auf gleichwertiges Spiel verschaffen kann.

2...♘f6

Die stärkste Erwiderung. Schwarz nimmt seinerseits die wichtigen Felder e4 und d5 aufs Korn, um sich für ein Gegenspiel im Zentrum zu wappnen.

– Ein alternativer Aufmarsch ist 2...♗c5 3.♘f3 d6 4.d4 exd4 5.♘xd4 ♘c6.

(Auch der Plan mit 5...♘f6 verdient Beachtung; z.B. 6.♗g5 h6 7.♗h4 0–0 8.♘b3 ♗b6 9.♗d3 ♖e8 10.0–0 ♗e6 nebst ♘b8-d7 mit guten Perspektiven.)

6.♗e3 ♗b6 7.♕d2 und nach 0–0–0 bekommt Weiß gute Angriffschancen.

– Eine bessere Alternative ist die symmetrische Variante nach 2...♘c6 mit drei möglichen Fortsetzungen für Weiß.

A) 3.g3 ♗c5

(Zu scharfem Spiel führt 3...h5!? 4.♘f3 h4 5.♘xh4 ♖xh4 6.gxh4 ♕xh4 7.♗g2 ♗c5 8.0–0 ♘f6 9.♕f3 d6 10.♕g3 ♕h7 mit der Absicht ♗c8-d7, 0–0–0 und schwarzer Initiative für die geopferte Qualität.)

4.♗g2 a6

(Um dem starken Läufer für den Fall von ♘c3-a4 ein Schlupfloch auf a7 zu schaffen.)

5.♘ge2 d6 6.d3 ♘ge7 7.0–0 0–0 8.♗e3

(Auf 8.h3 kann 8...f5 folgen.)

8...♗xe3 9.fxe3 f5⇄

B) 3.♗c4 ♘f6

(Auf 3...♗c5 4.♕g4 ♕f6 geschieht 5.♘d5! ♕xf2+ 6.♔d1 und Schwarz kann nicht gleichzeitig die Einschläge auf g7 und c7 abwehren.)

4.d3 ♗b4

(Oder 4...♘a5 5.♘ge2 ♘xc4 6.dxc4 ♗c5 7.0–0 d6 8.♕d3 c6 9.b3 ♗e6 10.♘a4 ♘d7 11.♘xc5 ♘xc5 12.♕e3 und Weiß könnte bei gesichertem Zentrum bequem mit f2-f4 am Flügel angreifen.)

5.♗g5 h6 6.♗xf6 (6.♗h4 g5 7.♗g3 d5 8.exd5 ♘xd5 9.♘ge2 ♗e6 10.♗b5 ♘f4⇄) 6...♗xc3+ 7.bxc3 ♕xf6 8.♘e2 d6 9.0–0

(Nach 9.d4 0–0 10.0–0 kann Schwarz sich für 10...g5!? mit zweischneidigem Spiel entscheiden.)

9...♗e6 10.♗b3 0–0 11.f4 exf4 12.♖xf4 ♕g5 13.♕d2

(Auf 13.♕f1 folgt 13...♘e7 nebst ♘e7-g6!.)

13...♘e5 14.♘g3 ♘g6 15.♖f2 ♕xd2 16.♖xd2 a5=

C) 3.f4 exf4 4.d4

Mit diesem Zug beginnt das scharfe Steinitz-Gambit.

4...♕h4+ 5.♔e2 d6

(Zu großen Verwicklungen führt 5...d5 6.exd5 ♗g4+ 7.♘f3 0–0–0 8.dxc6 ♗c5 usw.)

6.♘f3 ♗g4 7.♗xf4 0–0–0 8.♔e3 ♕h5 9.♗e2 g5 10.♘xg5 ♘f6 mit taktischen Komplikationen.

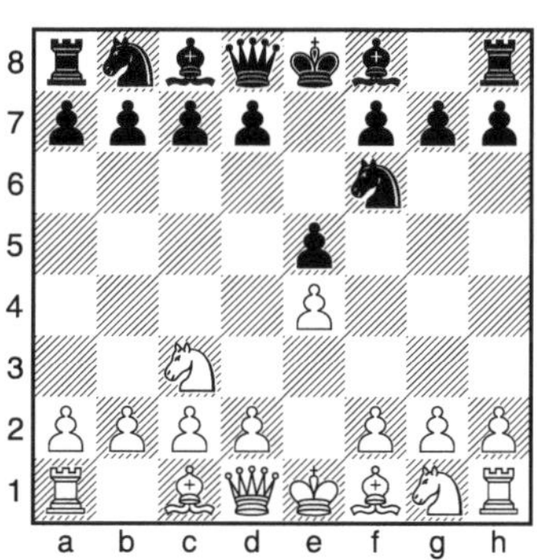

3.♗c4

Außerdem verfügt Weiß über die Züge 3.f4 und 3.g3.

I. 3.f4 d5!

(Energisches Handeln ist geboten. Nach 3...d6 4.♘f3 ♘c6 5.♗c4 ♗g4 6.d3 ♗e7 7.h3 ♗xf3 8.♕xf3 hat der starke Läufer auf c4 keinen Gegenspieler und Weiß könnte bald einen Angriff am Königsflügel starten.)

4.fxe5 ♘xe4 5.♘f3

(5.♕f3 f5 6.d3 ♘xc3 7.bxc3 d4 8.c4 ♘c6∞)

A) 5...♗e7 6.♕e2

(Nach 6.d4 0–0 7.♗d3 f5 8.exf6 ♗xf6 9.0–0 ♘c6 10.♘xe4 dxe4 11.♗xe4 ♘xd4 steht das Spiel etwa gleich.)

6...♘xc3 7.dxc3 (7.bxc3 0–0 8.d4 f6⇄) 7...c5 8.♗f4 ♘c6 9.0–0–0 ♗e6 10.h4 h6 11.g3 ♕d7 12.♗g2 0–0–0 und die beiderseitigen Chancen sind etwa gleich.

B) 5...♘c6 6.♗b5

(Auf 6.d3 ♘xc3 7.bxc3 folgt nun 7...d4! mit gutem Spiel für Schwarz.)

6...♗e7 7.♕e2 ♘xc3 8.dxc3 ♗g4

(Nach 8...0–0 9.♗f4 a6 10.♗d3 ♗e6 11.0–0–0 ♕d7 verspricht die Stellung mit entgegengesetzten Rochaden einen scharfen Kampf.)

9.♗f4 ♕d7 10.0–0–0 a6 11.♗d3 0–0–0 mit ungefähr gleichem Spiel.

II. 3.g3

A) 3...♗c5 4.♗g2 0–0

(Oder 4...♘c6 5.♘ge2 d6 6.♘a4 ♗g4 7.h3 ♗e6 8.0–0 ♕d7 mit dem Plan, durch die lange Rochade eine scharfe Stellung mit beiderseitigen Chancen herbeizuführen.)

5.d3 ♘c6 6.♘ge2 ♖e8 7.0–0 a6 8.h3 d6 9.♔h2

Weiß bereitet f2-f4 vor, wogegen Schwarz Gegenspiel am Damenflügel bzw. im Zentrum suchen sollte.

9...b5 10.f4 exf4 11.♘xf4 ♗b7 12.♗d2 ♘e5 und die schwarzen Perspektiven sind nicht schlechter.

B) 3...d5 4.exd5 ♘xd5 5.♗g2 ♘xc3 6.bxc3 ♗c5

(Möglich ist auch ein anderer Entwicklungsplan: 6...♗d6 7.♘f3 0–0 8.0–0 ♘c6 9.d4 ♗g4 10.♕d3 ♕f6 11.♗g5 ♕g6 12.♕xg6 hxg6 13.♖ab1 ♖ab8=.)

7.♘e2 ♘c6 8.0–0 0–0 9.d3 ♗e6 10.c4 ♕d7 und Schwarz hat die Mitte unter Kontrolle.

3...♘xe4!?

Dieses Scheinopfer gilt laut Theorie als die objektiv beste Erwiderung. Das weiße Bauernzentrum wird zerstört und Schwarz erhält freies Gegenspiel.

4.♕h5

– Auf 4.♘xe4 gewinnt 4...d5! die Figur natürlich ganz unproblematisch zurück.

– Auch nicht mehr erreicht Weiß mit 4.♗xf7+ ♔xf7 5.♘xe4 d5 6.♕f3+ ♔g8 7.♘g5 ♕d7! (7...♕xg5?? 8.♕xd5+ ♗e6 9.♕xe6#) 8.♘e2 h6.

Da Schwarz in beiden Fällen gutes Spiel hat, steuert Weiß mit dem Textzug in taktisches Fahrwasser.

4...♘d6 5.♗b3

Keinerlei Schwierigkeiten hat Schwarz nach 5.♕xe5+ ♕e7 6.♕xe7+ ♗xe7 7.♗b3 ♘f5 8.♘f3 c6 9.0–0 d5 10.♖e1 0–0 11.d3 ♗d6 und der schwarze Springer kommt über a6 oder d7 ins Spiel.

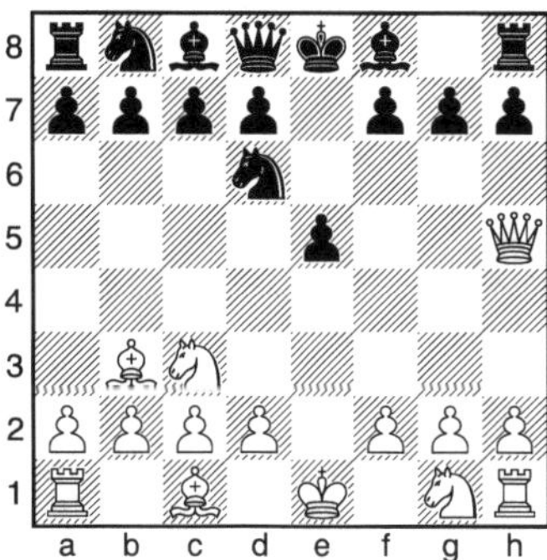

5...♘c6

Es ist nicht auszuschließen, dass Schwarz sich mit 5...♗e7!? bequemer verteidigen kann. Die Idee dieses Zuges ist offensichtlich die rasche Entwicklung des Königsflügels; z.B. 6.♘f3 ♘c6 7.♘xe5 g6 8.♘xc6 dxc6

(Wie die Praxis zeigt, ist auch 8...bxc6!? möglich; z.B. 9.♕f3 0–0 10.0–0 ♘f5 11.♘e2 d5 mit annehmbarem Spiel.)

9.♕f3 0–0 10.0–0 ♘f5 11.d3 ♘d4 12.♕d1 a5 13.♗e3 ♗f5 14.♖e1 ♗f6 mit fester Position.

6.♘b5!

Nun droht Matt in zwei Zügen und der Springer ist natürlich wegen des sofortigen Matts auf f7 tabu.

6... g6 7.♕f3 f5 8.♕d5 ♕e7

Es gibt noch die interessante Alternative 8...♕f6!? 9.♘xc7+ ♔d8 10.♘xa8 b6 11.d3 ♗b7 mit der Absicht ♘c6-e7!.

9.♘xc7+ ♔d8 10.♘xa8 b6

Dies ist die für die Beurteilung dieser scharfen Variante kritische Stellung. Weiß hat zwar zunächst einen ganzen Turm erobert, doch während sein Springer auf a8 in der Falle sitzt, droht Schwarz dank seines mächtigen Bauernzentrums vollends die Initiative zu ergreifen. Weiß muss sehr genau fortfahren, um nicht in ernste Schwierigkeiten zu geraten.

11.d3

Gespielt wird auch 11.♘xb6 axb6 12.♕f3 ♗b7 13.d3 ♘d4 14.♕h3 h5 15.f3 f4 16.♗d2 und nun ist 16...g5!? mit guten schwarzen Perspektiven zu beachten.

11...♗b7 12.h4 f4 13.♕f3 ♗h6

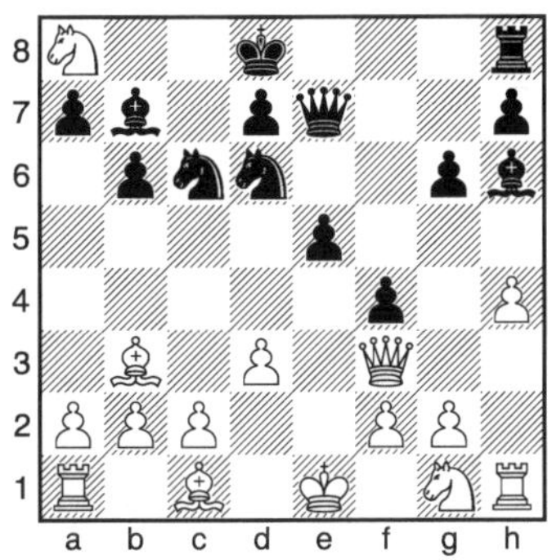

14.♗d2!

Weiß muss so schnell wie möglich seinen König aus der Gefahrenzone im Zentrum bringen.

Auf 14.♕g4 folgt stark 14...e4! 15.♗xf4 exd3+ 16.♔f1 ♗xf4 17.♕xf4 ♖f8 18.♕g3 ♘e4 19.♕c7+ ♔e8 20.♘h3 (20.♘f3 ♕c5−+) 20...♘xf2! mit entscheidendem Königsangriff.

14...♘d4 15.♕g4 e4 16.0−0−0 e3 17.fxe3 ♘xb3+ 18.axb3 fxe3 19.♗e1 e2+ 20.♖d2 ♗xd2+ 21.♔xd2 ♖e8

Die entstandene Position ist sehr kompliziert und bietet beiden Seiten gleiche Chancen.

Zusammenfassung: Die analysierten Beispiele zeigen, dass die gute alte Wiener Partie niemals wirklich in die Jahre gekommen ist und auf keinen Fall unterschätzt werden darf. Sie ist positionell gut fundiert und verspricht einen respektablen Eröffnungsvorteil mit einigen Gewinnchancen. Zum Schluss möchte ich noch einmal auf die beiden guten Möglichkeiten 5...♗e7!? (statt 5...♘c6) und 8...♕f6!? (statt 8...♕e7) aufmerksam machen.

Kapitel 7

Philidor−Verteidigung

1.e4 e5 2.♘f3

Dieser Springerzug wird uns während der nächsten Kapitel begleiten. Er rangiert in der Gunst der Weißspieler weit vor den Fortsetzungen, die wir bisher betrachtet haben, vielleicht ja deshalb, weil er so logisch erscheint. Mit 2.♘f3 entwickelt Weiß seinen Königsflügel, um schnellstmöglich die Rochade folgen zu lassen. Dabei greift der Springer nicht nur den Bauern e5 an, sondern er unterstützt auch den wichtigen Zug d2−d4. Alles in allem ist der weiße Aufbau so flexibel, dass sich erst in den nächsten Zügen entscheiden wird, welches Eröffnungssystem letztendlich aufs Brett kommt.

2...d6

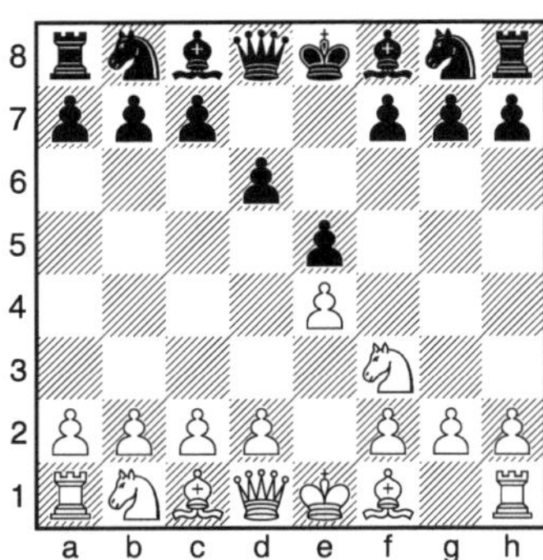

Mit diesem Bauernzug legt sich Schwarz eindeutig fest, und wir erreichen darum bereits hier eine klar umrissene Eröffnung − die Philidor−

Verteidigung. Deren Grundidee besteht darin, das Zentrum zuverlässig zu stützen, ohne den Damenspringer nach c6 zu entwickeln, weil er dort viel eher als auf d7 belästigt werden kann. Die Schattenseite des Aufbaus besteht darin, dass dem schwarzfeldrigen Läufer die Diagonale a3–f8 versperrt wird und Schwarz sich somit selbst zu ziemlich passivem Spiel verurteilt. Die Philidor–Verteidigung trägt ihren Namen in Erinnerung an den berühmten französischen Schachmeister Francois Andre Danican Philidor (1726-1795), der seine Zeitgenossen allesamt überragte und ein großer Verfechter des Zuges 2...d6 war.

Bevor wir diese Eröffnung weiter betrachten, wollen wir einen Hinweis auf den äußerst schwachen Zug 2...f6? nicht versäumen, weil dieser (wie auch 2...d6) das Zentrum stützt. Jedoch gerät Schwarz nach 3.♘xe5! im glimpflichsten Fall in eine ziemlich schlechte Stellung.

A) 3...♕e7 4.♘f3 ♕xe4+

(Oder 4...d5 5.d3 dxe4 6.dxe4 ♕xe4+ 7.♗e2 ♘c6 8.0–0 ♗d7 9.♘c3 ♕f5 10.♗d3 ♕h5 11.♘b5 0–0–0 12.♗f4 mit unangenehmem Druck auf die Königsstellung.)

5.♗e2 nebst 0–0, ♘b1-c3 usw. mit klarem Entwicklungsvorsprung.

B) 3...fxe5 4.♕h5+ ♔e7

(Nach 4...g6 5.♕xe5+ ginge der Turm h8 verloren.)

5.♕xe5+ ♔f7 6.♗c4+ d5 7.♗xd5+ ♔g6 8.h4 h5 9.♗xb7! ♗xb7 10.♕f5+ ♔h6 11.d4+ mit baldigem Matt.

3.d4 ♘f6

Schwarz beantwortet den Druck auf den Bauern e5 mit einem Gegenangriff auf e4.

– Alternativ kann er auch mit 3...exd4 nachgeben und das Zentrum frühzeitig aufgeben.

A) 4.♘xd4 g6 (4...♘f6 5.♘c3 ♗e7 6.♗f4 0–0 7.♕d2 a6 8.0–0–0±) 5.♘c3 ♗g7 6.♗e3 ♘f6 7.♕d2 0–0 8.0–0–0 ♖e8 9.f3 ♘c6 10.h4 ♘e5 11.♗e2 a6 12.g4 mit energischem Angriff am Königsflügel.

B) 4.♕xd4 ♘c6 5.♗b5 ♗d7 6.♗xc6 ♗xc6 7.♘c3 ♘f6 8.♗g5 ♗e7 9.0–0–0 und Weiß hat mehr Raum für künftige Aktionen.

– Sehr riskant ist Philidors alte Idee 3...f5, denn nach 4.♗c4 fxe4 5.♘xe5! gerät Schwarz so oder so in Nachteil.

A) 5...d5 6.♕h5+ g6 7.♘xg6 ♘f6 (7...hxg6 8.♕xh8+–) 8.♕e5+ ♗e7 9.♘xh8

(Oder 9.♘xe7!? ♕xe7 10.♗g5 ♕xe5 11.dxe5 dxc4 12.♗xf6 ♖g8 13.♘c3 ♖xg2 14.0–0–0 ♘d7 15.♘d5 mit weißem Übergewicht.)

9...dxc4 10.♘c3 ♘c6 11.♕g5 ♘xd4 12.0–0 mit klarem Vorteil.

B) 5...dxe5 6.♕h5+ ♔d7 7.♕f5+ ♔c6 8.♕xe5

(Es geht auch 8.♕xe4+ ♔b6 9.dxe5 a6 10.♗e3+ c5 11.♘c3 ♔a7 12.0–0 ♕c7 13.♖fd1 mit starkem Angriff.)

8...a6 9.d5+ ♔b6 10.♗e3+ c5

(Oder 10...♗c5 11.♗xc5+ ♔xc5 12.b4+! ♔xb4 13.♕d4 nebst ♘b1-d2 mit schnellem Matt.)

11.dxc6+ ♔xc6 12.♕xe4+ ♔c7 13.♗xg8 ♖xg8 14.♘c3 ♘c6 15.♖d1 ♗d7 16.♘d5+ ♔c8 17.♘b6+ +−

4.♘c3

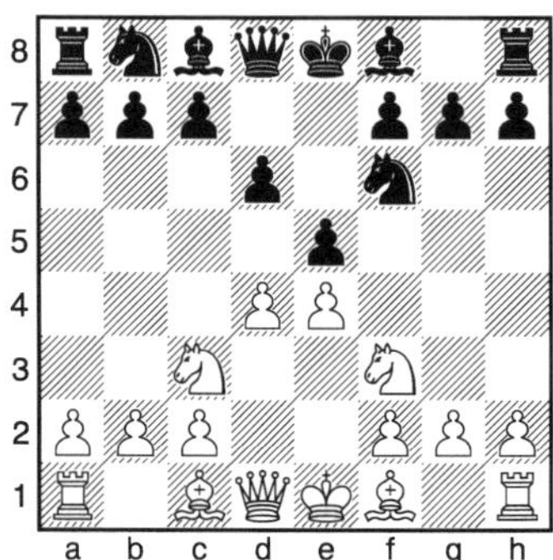

4...♘bd7

Schwarz hält die Spannung in der Mitte aufrecht.

Gespielt wird auch 4...exd4 5.♘xd4.

(Möglich ist auch 5.♕xd4, um nach eventuellem 5...♗e7 6.♗f4 0−0 lang zu rochieren oder mit 7.♗c4 nebst 0−0 die Entwicklung fortzusetzen.)

5...g6 6.♗g5

(Oder auch 6.♗e3!? ♗g7 7.♕d2 0−0 8.0−0−0 ♖e8 9.f3 a6 10.h4 mit weißen Angriffsmöglichkeiten.)

6...♗g7 7.♕d2 h6

Mit 7...0−0 gäbe Schwarz dem Gegner unnötigerweise eine Zielscheibe, weil sich nach 8.0−0−0 die weiße Initiative am rechten Flügel schneller entwickeln könnte.

8.♗h4 g5 9.♗g3 ♘h5 10.♗e2 ♘xg3 11.hxg3 ♘c6 12.♗b5 ♗d7 13.♘de2 ♕f6 14.0−0 0−0−0 mit verteilten Chancen, denn bei entgegengesetzten Rochaden hängt der Erfolg von der Schnelligkeit des Handelns ab.

5.♗c4

Die logische Entwicklung des Läufers geschieht in der Absicht, kurz zu rochieren.

5...♗e7 6.0−0 0−0 7.a4

Ein anderer Plan ist 7.♖e1 mit der weiteren Folge 7...c6 (Δb7-b5) 8.a4 (verhindert b7-b5) 8...b6

(Verfrüht wäre 8...a6 wegen 9.a5!.)

9.b3 a6 10.♗b2 ♖b8 11.♗d3 b5 mit Gegenspiel am Damenflügel.

7...a5

Auf 7...c6 kann 8.a5 folgen.

8.♖e1 b6

Schwarz muss endlich seinen Damenflügel entwickeln.

9.b3 ♗b7 10.♗b2 h6

Denn nach sofort 10...♖e8 11.♘g5 müsste der Turm nach f8 zurückkehren.

11.♕e2 ♖e8

Fehlerhaft ist 11...♘xe4? 12.♘xe4 d5 13.♗xd5! ♗xd5 14.dxe5 mit weißem Vorteil.

12.dxe5 dxe5

Beachtung verdient 12...♘xe5!? mit der möglichen Folge 13.♘xe5 dxe5 14.♖ad1 ♕c8 15.♖d3 ♗c5 und guten Chancen, die Stellung zu halten.

13.♖ed1 ♗d6 14.♘h4

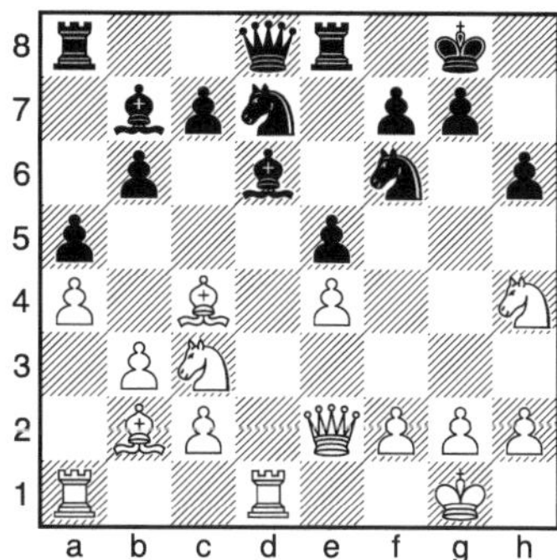

14...♘c5

Aber nicht 14...♘xe4? 15.♘xe4 ♕xh4 16.♘xd6 cxd6 17.♖xd6 mit weißem Vorteil.

15.♘f5

Nach 15.f3? ♘fxe4! 16.♘xe4 ♗xe4 17.fxe4 ♕xh4 18.♖f1 ♘e6 bleibt Schwarz mit einem Mehrbauern.

15...♘fxe4 16.♕g4 ♕f6 17.♘d5 ♗xd5 18.♗xd5 h5 19.♕xh5 g6 20.♘h6+ ♔g7 21.♕e2 ♔xh6 22.♗xe4 ♘xe4 23.♕xe4 ♗c5 mit etwa gleicher Stellung.

Zusammenfassung: Mit der Fortsetzung 2...d6 kann Schwarz viele komplizierte Abspiele vermeiden, die ihn nach 2...♘c6 erwarten. Andererseits fällt es ihm sehr schwer, um einen Vorteil zu kämpfen. Aus diesem Grund wird die Philidor-Verteidigung heutzutage relativ selten gespielt.

Kapitel 8
Lettisches Gambit
1.e4 e5 2.♘f3 f5

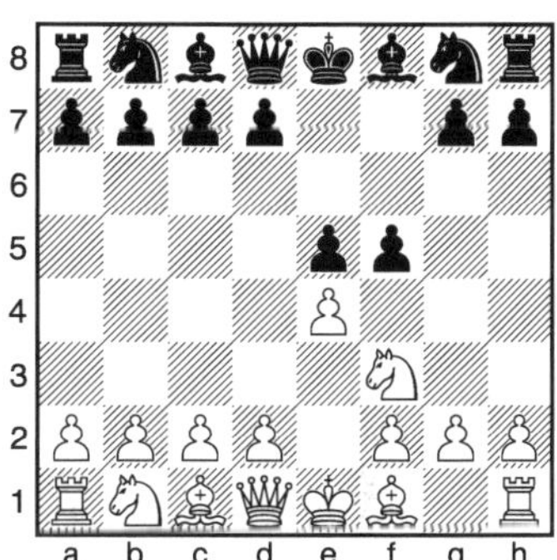

Dieser Gegenangriff im Zentrum erinnert an ein Königsgambit mit vertauschten Farben. Die Idee wurde zu Beginn des 20. Jahrhunderts von einigen Spielern aus Riga gründlich erforscht und trägt deshalb die Bezeichnung Lettisches Gambit. Weiß hat gleich mehrere gute Wege, eine bessere Stellung zu erhalten, weshalb diese Eröffnung heutzutage vergleichsweise selten anzutreffen ist.

3.♘xe5

Laut Eröffnungstheorie ist das der beste Zug, denn danach erzielt Weiß mit einfachen Mitteln das bessere Spiel.

Hingegen führt die Fortsetzung 3.♗c4 fxe4 4.♘xe5 zu großen Komplikationen.

A) Nach der besten Reaktion 4...♕g5! kann sich das Spiel wie folgt entwickeln.

5.d4 ♕xg2 6.♕h5+ g6 7.♗f7+ ♔d8! (7...♔e7?? 8.♗g5+ ♘f6 9.♕h4 ♕xh1+ 10.♔e2+–) 8.♗xg6

(Nach 8.♕g5+ ♕xg5 9.♗xg5+ ♗e7 10.♗b3 ♗xg5 11.♘f7+ ♔e8 12.♘xg5 ♘e7 13.♘c3 h6 14.♘gxe4 d6 ist Weiß besser entwickelt, aber es ist unklar, ob dies zum Gewinn ausreicht.)

8...♕xh1+ 9.♔e2 ♕xc1!

(Aber nicht 9...c6?? 10.♘c3 ♘f6 11.♕g5 ♗e7 12.♘f7+ ♔e8 13.♘xh8+ +–.)

10.♘f7+ ♔e8 11.♘xh8+ hxg6 12.♕xg6+ ♔d8∞

B) 4...d5 5.♕h5+ g6 6.♘xg6 ♘f6

(Die Stellung nach 6...hxg6 7.♕xh8 ♔f7 8.♕d4 ♗e6 9.♗e2 ist günstig für Weiß.)

7.♕e5+ ♗e7 8.♗b5+ c6 9.♘xe7 ♕xe7 10.♕xe7+ ♔xe7 11.♗e2 ♖g8 12.g3

Da Weiß zu guter Letzt einen Mehrbauern und das Läuferpaar hat, ist sein Vorteil offensichtlich.

3...♕f6 4.d4

4.♘c4!? fxe4 5.♘c3 ♕e6 ist ebenfalls empfehlenswert.

(Auf 5...♕g6 kann Weiß mit 6.♘e3 Δd2-d3! reagieren.)

6.d3!?

(Wenn Weiß keinen Bauern opfern möchte, kann er auch direkt 6.♘e3!? spielen.)

6...exd3+ 7.♘e3 dxc2 8.♕xc2 c6 9.♗d3 ♘f6 10.0–0

Für den geopferten Bauern hat Weiß mehr als nur Kompensation. Sein klarer Entwicklungsvorsprung und die ungünstige Aufstellung der schwarzen Dame garantieren ihm Vorteil.

4...d6

Nach 4...fxe4 gefolgt von 5.♗c4! diktiert Weiß das Geschehen; z.B. 5...♘e7 6.♘c3 d6 7.♗f7+ ♔d8 8.♗b3 und nun ist der Springer tabu, denn nach 8...dxe5?? 9.dxe5+ kann Schwarz aufgeben.

5.♘c4 fxe4 6.♘c3 ♕g6 7.f3 exf3 8.♕xf3

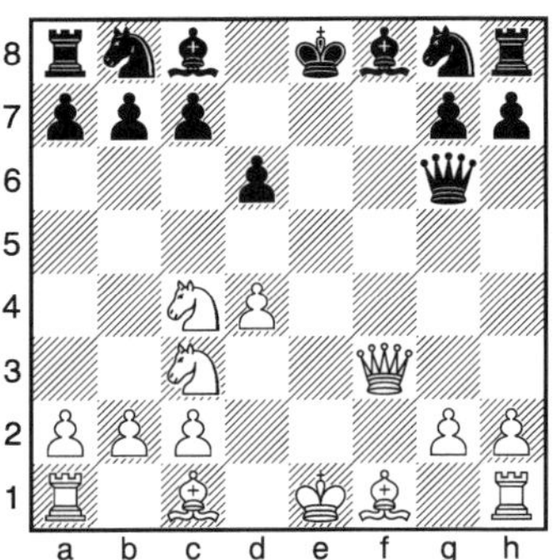

8...♘f6

Schwarz will schnell seinen König in Sicherheit bringen.

In der Variante nach 8...♘c6 9.♗d3 ♕g4 10.♕e3+ ♗e7 11.0–0! ♕xd4 12.♘b5 ♕xe3+ 13.♘xe3 ♔d8 14.♘d5 erobert Weiß den Bauern c7 und ist zudem besser entwickelt.

9.♗d3 ♕g4 10.♕e3+ ♗e7 11.0–0

Weiß hat Entwicklungsvorteil und steht somit besser.

Zusammenfassung: Das Lettische Gambit kann dem Weißen höchstens als Überraschungswaffe gefährlich werden. Deshalb lohnt es sich, den besten Spielplan zu kennen, um alle gegebenen Fallen zu umgehen. Weiß sollte offenbar 3.♘xe5 wählen, weil es ihm Vorteil garantiert.

Kapitel 9

Mittelgambit im Nachzug

1.e4 e5 2.♘f3 d5

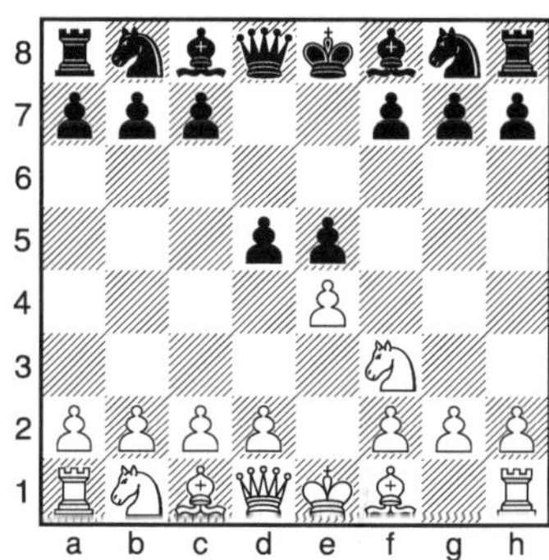

Beim 'Mittelgambit im Nachzug' opfert Schwarz in der Regel einen seiner beiden Zentrumsbauern. In Fernschachkreisen hat sich auch die Bezeichnung 'Elefantengambit' eingebürgert. Dieser befremdliche Name geht darauf zurück, dass ein Hauptzweck des kühnen Vormarsches beider Zentralbauern darin liegt, den Weg für die Läufer freizumachen, und diese hießen im *Tschaturanga*, dem Urahnen des modernen Schachspiels, *Elefanten*. Das Gambit gilt als zu kompromittierend und riskant und ist deshalb in der gegenwärtigen Praxis nur selten anzutreffen.

3.exd5

Dieser Abtausch wird von der Theorie empfohlen.

Nach 3.♘xe5 entwickelt sich der Kampf vollkommen anders, wie die folgenden beiden Beispiele zeigen.

A) 3...dxe4 4.♗c4 (4.d4 ♗d6 5.♘c4 ♘f6 6.♗e2 0–0 7.0–0 ♘c6∞) 4...♕g5 5.♗xf7+ ♔e7 6.d4 ♕xg2 7.♖f1 ♗h3 8.♗c4 ♘f6 9.♗f4 ♘bd7 10.♘c3 ♘b6 11.♗e2 ♘bd5 12.♘xd5+ ♘xd5 13.♕d2 und wie die Ergebnisse aus der Praxis zeigen, hat Weiß die besseren Aussichten.

B) 3...♘f6 4.exd5

(Auf 4.d4 folgt 4...♘xe4 und Schwarz hat keine Probleme. Nach ♗f8-e7 und 0–0 kann er einfach seine Entwicklung beenden und gute Aussichten erhalten.)

4...♕xd5 5.♘f3 ♗g4 6.♗e2 ♗d6 7.♘c3 ♕h5 8.d4 0–0 9.♗e3 ♘c6 10.♕d2 nebst 0–0–0 mit weißem Vorteil.

3...♗d6

Schwarz strebt eine rasche Entwicklung an und kümmert sich zunächst nicht um die Rückeroberung des Bauern d5.

Schauen wir uns zwei Alternativen an.

I. 3...e4 4.♕e2 ♘f6

A) 5.♘c3 ♗e7 6.♘xe4 ♘xd5

(Nach 6...0–0 7.d3 ♘xd5 8.♕d1 gefolgt von ♗f1-e2, 0–0 usw. bleibt Weiß materiell im Vorteil.)

7.d3 0–0 8.♕d1 ♘c6 9.♗e2 ♗f5 10.0–0 Δc2-c3, ♕d1-c2 und Weiß hat einen Mehrbauern.

B) 5.d3 ♗e7

Schwarz strebt die schnelle Mobilisierung seine Kräfte an.

(Nach 5...♕xd5 6.♘fd2 ♗e7 7.♘xe4 hat Weiß einen Bauern gewonnen.)

6.dxe4 0–0 7.♘c3 ♖e8 8.a3 ♘xe4 9.♘xe4 f5 10.♘c3 ♗d6 11.♗e3 f4 12.0–0–0 und Schwarz hat keinen Ersatz für den Bauern.

II. 3...♕xd5 4.♘c3

A) 4...♕a5 5.♗c4 ♗e7 6.0–0 ♘f6 7.♕e2 ♘bd7 8.♖e1 0–0

(Die Deckung des Bauern mit 8...♗d6 ist günstig für Weiß: 9.d4 0–0 10.dxe5 ♖e8 11.♗f4 mit Vorteil.)

9.♘xe5 ♘xe5 10.♕xe5 ♕xe5 11.♖xe5 mit materiellem Übergewicht.

B) 4...♕d6 5.♗c4 ♘c6

(Oder 5...♗e6 6.♗xe6 ♕xe6 7.0–0 ♗d6 8.d4 mit Entwicklungsvorsprung.)

6.0–0 a6

(Nach 6...♗f5 kann Weiß mit 7.d3 oder energisch mit 7.d4 fortsetzen. Angesichts seines Entwicklungsvorsprungs hat er die besseren Perspektiven.)

7.♖e1 ♗e7 8.♗d5 mit der Drohung ♗d5xc6 nebst ♘f3xe5.

4.♘c3

Mit diesem Entwicklungszug verhindert Weiß zunächst die Einengung durch e5–e4 und behält sich vor, mit d2–d3 oder d2–d4 fortzusetzen.

Möglich ist auch 4.♗b5+ ♗d7 (4...c6 5.dxc6 bxc6 6.♗c4 e4 7.♕e2 ♕e7 8.♘d4 ♘f6 9.d3 ♕e5 10.c3 0–0 11.♘d2 ♕g5 12.♘xe4 ♕xg2 13.♘xf6+ gxf6 14.♕f3 ♖e8+ 15.♗e3 ♕xf3 16.♘xf3+–) 5.♗xd7+ ♘xd7 6.d4 mit weißem Vorteil.

4...♘f6 5.d4

Weiß kann auch einen anderen Weg wählen: 5.♗b5+ ♘bd7 6.0–0 0–0 7.♖e1 a6 8.♗xd7 ♗xd7 9.d4 exd4 10.♕xd4 b6 11.♗g5±.

5...e4 6.♘e5 ♘bd7

6...0–0 läuft nach 7.♗g5 ♘bd7 8.♘xd7 ♗xd7 9.♕d2 usw. lediglich auf Zugumstellung hinaus

7.♘xd7 ♗xd7 8.♗g5 0–0

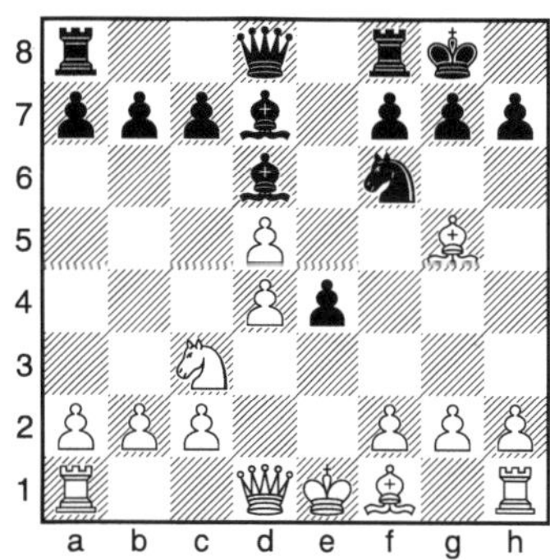

9.♕d2

Verhältnismäßig kraftlos wäre 9.♗c4 h6 10.♗h4 a6 11.0–0 (11.a4!?) 11...b5 12.♗b3 ♖e8 13.f3 (13.♗g3!?) 13...e3 14.♕d3 g5 15.♗g3 b4 16.♘e2 ♗b5 17.♗c4 ♗xc4 18.♕xc4 ♘xd5 und Schwarz hat keine Probleme.

9...♖e8 10.♗c4

10.0–0–0 h6 11.♗h4 a6 12.♗e2 ♗b4 ist harmlos für Schwarz.

10...h6 11.♗h4 a6 12.0–0

Mehr Schärfe hätte das Spiel nach 12.0–0–0!? mit entgegengesetzten Rochaden.

12...g5 13.♗g3 ♗f5

Ungünstig wäre 13...♗xg3 wegen 14.fxg3! mit Öffnung der f–Linie und guten Angriffsaussichten für Weiß.

14.♖ae1 b5 15.♗b3

Wegen der möglichen Hebel f2–f4 und h2–h4 ist die weiße Stellung vorzuziehen.

Zusammenfassung: Das Gambit kann Weiß nur dann echte Probleme bringen, wenn er ungenau spielt. Auf jeden Fall muss er den Kampf mit gutem Stellungsgefühl führen. Anstelle von 4.♘c3 kann er auch mit 4.♗b5+ um Vorteil kämpfen.

Kapitel 10
Russische Partie
1.e4 e5 2.♘f3 ♘f6

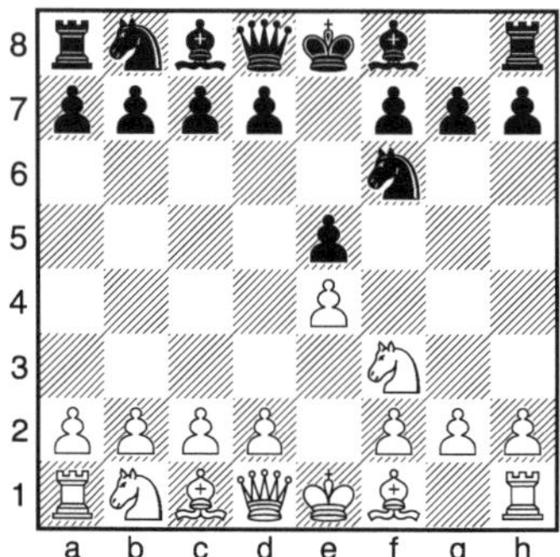

Schwarz ignoriert den Angriff auf den Bauern e5 und greift seinerseits den Punkt e4 an. Dieses Eröffnungskonzept wurde schon zu Beginn des 19. Jahrhunderts von den russischen Meistern Alexander Petrow (1794-1867) und Carl Friedrich Jänisch (1813-1872) untersucht und in die Praxis eingeführt. Obwohl die 'Russische Verteidigung' gelegentlich als anspruchslose Eröffnung beschrieben wird, mit der Schwarz schwerlich auf Sieg spielen kann, haben viele Weltklassespieler wie z.B. Kasparow, Karpow, Kramnik, Anand, Caruana sie in ihrem Repertoire.

3.♘xe5

Neben dieser plausiblen Hauptfortsetzung ist auch die Alternative 3.d4 recht beliebt, nach der sich das Spiel wie folgt entwickeln kann.

3...♘xe4

(Außer dieser theoretischen Empfehlung ist auch 3...exd4 interessant; z.B. 4.e5 ♘e4 5.♕xd4 d5 6.exd6 ♘xd6 7.♘c3 ♘c6 8.♕f4 g6 9.♗d3 ♗g7 10.♗e3 0–0 11.0–0–0 ♗e6 12.h4 ♕f6 mit zweischneidigem Spiel.)

4.♗d3 d5 5.♘xe5 ♘d7 6.♘xd7 ♗xd7 7.0–0 ♗d6

A) Nach 8.c4 ist 8...0–0!? eine interessante Idee. Schwarz opfert seinen Zentralbauern, um die Entwicklung zu beschleunigen.

(Nach 8...c6 9.cxd5 cxd5 10.♘c3 ♘xc3 11.bxc3 0–0 12.♕h5 g6 13.♕xd5 ♕c7 14.♗h6 ♖fd8 entstehen große Komplikationen, jedoch zugunsten von Weiß.)

9.cxd5 ♖e8 10.♕c2 ♘f6 11.♘c3 h6 mit der Absicht a7-a6, b7-b5 und aktivem Spiel am Damenflügel. Der Bauer auf d5 ist schwach und kann in der Folge zurückerobert werden.

B) 8.♘c3 ♘xc3 9.bxc3 0–0 10.♕h5

(Auf 10.♖b1 folgt am besten 10...b6!)

10...f5 11.♖e1 c6 12.♗g5 ♕c7 13.c4 ♗e8 14.♕h3 dxc4 15.♗xc4+ ♗f7 und Schwarz sollte die Position im Gleichgewicht halten können.

3...d6

Die Fortsetzung 3...♘xe4!? wird 'Damiano-Variante' genannt. Sie führt zu unklarem Spiel, allerdings mit besseren Möglichkeiten für Weiß. Nach der theoretischen Empfehlung 4.♕e2 kann die Partie folgenden Verlauf nehmen.

4...♕e7 5.♕xe4 d6 6.d4 dxe5 7.dxe5 ♘c6 8.♗b5 ♗d7 9.♘c3 ♕b4 10.♗c4

(Nach 10.♕f4 a6 11.♗d3 ♕a5 12.♗e4 0–0–0 13.♕xf7 ♕xe5 14.♗f4 ♗e6 15.♗xe5 ♗xf7 16.♗f4 ♗b4 17.0–0 ♘d4 18.♗e5 ♖he8 hat Schwarz ausreichend Kompensation für den Bauern.)

10...0–0–0 11.a3 ♕a5 12.♗xf7 ♘xe5 13.b4 ♗xb4 14.♕xb4 ♕xb4 15.axb4 ♘xf7 16.♖xa7 ♔b8 17.♗e3 und Weiß bleibt mit einem Mehrbauern.

4.♘f3

Zu zweischneidigem Spiel führt der 'Cochrane-Angriff' nach 4.♘xf7!? ♔xf7 5.♘c3 (5.d4!?) 5...c5 6.♗c4+ ♗e6 7.♗xe6+ ♔xe6 8.d4 ♔f7 9.dxc5 (9.d5!? ♗e7 10.0–0 ♖e8 11.f4 ♗f8 12.♕f3 ♔g8 13.♗d2 b5∞) 9...♘c6 10.♕e2 ♕d7 mit scharfer Stellung.

4...♘xe4

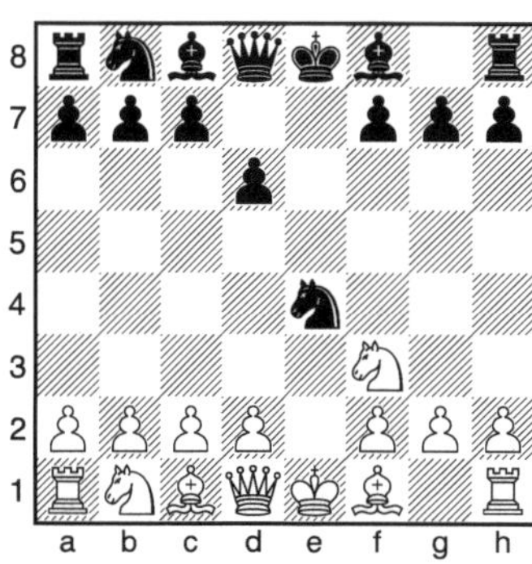

Jetzt kann sich das Spiel auf zwei Arten weiterentwickeln.

5.d4 – siehe **Abspiel 1**

5.♘c3 – siehe **Abspiel 2**

Abspiel 1

Die Fortsetzung 5.d4

(1.e4 e5 2.♘f3 ♘f6 3.♘xe5 d6 4.♘f3 ♘xe4)

5.d4

Mit diesem logischen und populärsten Zug nimmt Weiß die wichtigen Punkte c5 und e5 unter Kontrolle und macht den Weg für die Entwicklung des Läufers c1 frei.

5...d5 6.♗d3

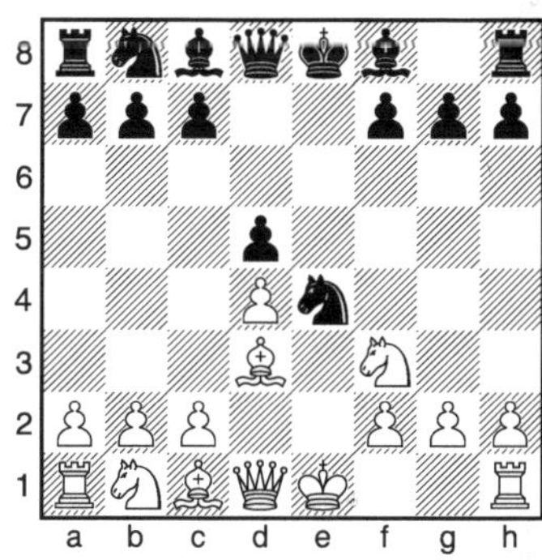

6...♘c6

Dieser Entwicklungsplan wird als beste Verteidigung erachtet.

Außerdem betrachten wir drei andere Fortsetzungen.

I. 6...♗g4 ist eine durchaus logische Fortsetzung: Schwarz entwickelt seinen Läufer und fesselt zugleich den gegnerischen Springer.

7.♕e2 ♕e7 8.0–0 ♘c6 9.c3 0–0–0 10.h3 ♗h5 11.♘bd2 ♘xd2 12.♗xd2 ♕xe2 13.♗xe2 ♗d6 mit etwa gleichen

Chancen. Beide Seiten sind voll entwickelt und bieten dem Gegner keine Schwächen. Auch hat der Damentausch die schwarze Verteidigung erleichtert.

II. 6...♗d6 7.0–0 0–0 (7...♗g4!?) 8.c4 c6 9.cxd5 (9.♕c2!?) 9...cxd5 10.♘c3 ♘xc3 11.bxc3 ♗g4 12.♖b1 ♘d7 13.h3

(Von 13.♖xb7 ist abzuraten, denn nach 13...♘b6 mit der Option ♗g4–c8 wäre der eingedrungene Turm in der Bredouille.)

13...♗h5 14.♖b5 ♘b6 15.c4

(Oder 15.a4 ♗g6 16.♗xg6 hxg6 17.♕b3 ♖e8 18.♗g5 ♕d7 19.a5 ♘c4 20.♖xb7 ♗c7 21.♕b5 ♕d6 22.♖a1 a6 23.♕b4 ♕c6 mit zweischneidigem Spiel.)

15...♗xf3 16.♕xf3 dxc4 17.♗c2 ♕d7 18.a4

Für den geopferten Bauern findet Weiß gewissen Ersatz im Druck auf der b-Linie sowie in seiner aktiven Figurenstellung.

18...g6

Die entstandene Position ist sehr kompliziert und bietet beiderseitige Möglichkeiten. Die Turnierpraxis zeigt, dass Schwarz ausreichend Gegenspiel hat, denn der Freibauer c3 kann gefährlich werden.

III. 6...♗e7 7.0–0 ♘c6 (7...0–0 8.c4 ♘c6 9.cxd5 ♕xd5 10.♘c3 ♘xc3 11.bxc3 ♗g4=) 8.c4 ♘f6 9.♘c3 0–0 10.h3 ♘b4 11.♗e2 dxc4 12.♗xc4 c6 13.a3 ♘bd5 14.♖e1 ♗e6

Schwarz hat eine feste Position, während der isolierte Bauer auf d4 ständigen Schutz benötigt.

7.0–0 ♗e7

Schwarz vermeidet die Fesselung seines Vorpostenspringers, denn sein Hauptplan besteht darin, den Stützpunkt e4 so lange wie möglich zu behaupten.

Nach der Alternative 7...♗g4 kann sich das Spiel wie folgt entwickeln.

A) 8.c4 ♘f6 9.cxd5 ♗xf3 10.♕xf3 ♕xd5

(10...♘xd5? ist verdächtigt wegen 11.♖e1+ ♗e7 12.♗c4 und Schwarz kann mit seinem noch unrochierten König Probleme bekommen.)

11.♕e2+ ♗e7 12.♗b5 ♕d6

(Oder 12...♕xd4 13.♘c3 mit weißer Initiative für den Bauern.)

13.♘c3 0–0 14.♗xc6 bxc6 15.♖d1 ♖fe8 16.♕f3 und angesichts der zahlreichen Schwächen am Damenflügel hat Schwarz keinen vollen Ausgleich.

B) 8.♖e1 ♗e7 9.c3 f5 10.♘bd2

(Die Eroberung des Bauern b7 ist ein grober Fehler, wie die Praxis beweist: 10.♕b3 0–0 11.♕xb7 ♖f6 12.♕b3 ♗xf3 13.gxf3 ♖g6+ 14.♔f1 ♖b8 15.♕d1 ♕d6 16.fxe4 fxe4–+.)

10...0–0 11.♕b3 ♘a5 12.♕a4 ♘c6 13.♗b5 ♗h4!?

(Nicht so genau ist 13...♘xd2 14.♘xd2 ♕d6 15.h3 ♗h5 16.♘b3 mit besseren Chancen für Weiß.)

14.g3 ♗f6 15.♗xc6 bxc6 16.♕xc6 und Weiß behauptet einen Mehrbauern, obwohl auch Schwarz noch mithalten kann; z.B. 16...♖b8 17.♕e6+

♖f7 18.♘xe4 dxe4 19.♘d2 ♖b6 20.♕c4 ♗g5 21.♘b3 ♗f3 mit Gegenspiel.

8.c4 ♘b4

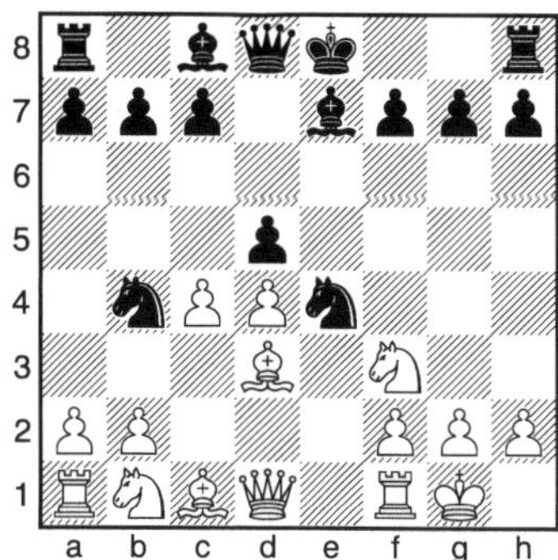

9.cxd5

Weiß kann seinen starken Läufer auch behalten, obwohl dessen Rückzug ein wichtiges Tempo kostet.

9.♗e2!? 0–0 10.♘c3

A) 10...♗f5 11.a3 ♘xc3 12.bxc3 ♘c6 13.cxd5 (13.♖e1) 13...♕xd5 14.♖e1 ♖fe8 15.♗f4 ♖ac8 16.♗d3 ♕d7 17.♖b1 b6 18.d5 ♗xd3 19.♕xd3 ♗f6 20.c4 mit Raumvorteil.

B) Nach 10...b6 zwingt Weiß den Springer mit 11.a3 zur sofortigen Entscheidung.

(Nach 11.♘e5 ♗b7 12.a3 ♘xc3 13.bxc3 ♘c6 14.♗f3 ♘a5= hat Weiß im Grunde nichts erreicht.)

11...♘xc3 12.bxc3 ♘c6 13.cxd5 ♕xd5 14.♖e1 ♗b7 15.♗d3 ♖ae8

Nun hat Weiß die beiden guten Möglichkeiten 16.c4 und 16.♗f4 mit jeweils besseren Perspektiven.

9...♘xd3 10.♕xd3 ♕xd5 11.♖e1 ♗f5 12.♘e5

Nicht viel verspricht 12.♘c3 ♘xc3 13.♕xc3 ♗e6 14.♕xc7 ♗d6 15.♕c2 0–0 16.♗d2 ♗f5 17.♕b3 ♕xb3 18.axb3 f6.

Der Minusbauer hat keine praktische Bedeutung, denn Schwarz hat ein bewegliches Läuferpaar und die weiße Bauernstellung ist geschwächt.

12...g6 13.f3 ♘f6 14.♕e3

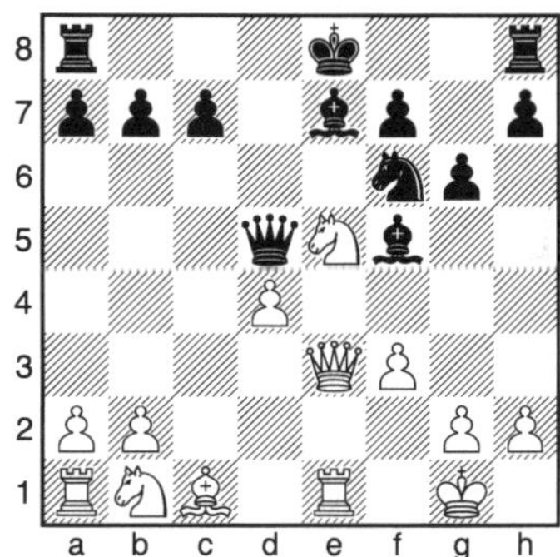

14...♗e6!

Diese Empfehlung der Theorie scheint tatsächlich die stärkste Fortsetzung zu sein.

Der Plan mit 14...0–0–0 ist zweifelhaft wegen der möglichen Folge 15.♘c3! ♕xd4 16.♕xd4 ♖xd4 17.♗e3 ♖b4 18.b3 ♗e6 19.♗f2 ♗d6 20.♘d3 ♖d8 21.♘xb4 ♗xb4 22.♖ec1 ♗xc3 23.♖xc3 ♘d5 24.♖d3.

Ungeachtet des mächtigen schwarzen Springers und der fehlenden Einbruchswege für die weißen Türme scheint die Stellung besser für Weiß zu sein, was auch die praktischen Ergebnisse bestätigen.

15.♘c3 ♕d6 16.♘d3 0–0–0

Schwarz steht nun mit seinem Läuferpaar etwas aktiver und Weiß muss darauf achten, dass die Partie nicht in ein Endspiel mit schwachem d-Bauern abdriftet.

17.♘f4 ♗c4!?

Nur so kann Schwarz versuchen, mehr zu erreichen als in der Variante nach 17...♕xd4 18.♕xd4 ♖xd4 19.♘xe6 fxe6 20.♖xe6 ♗c5 21.♔f1 (21.♗e3 ♖d6!) 21...♘d5 22.♘xd5 ♖xd5 23.♗f4 ♖hd8 mit ziemlich ausgeglichenem Endspiel.

18.b3 ♗a6 19.♗b2 ♖he8 20.♘e4 ♕b6

Obwohl der weiße Läufer recht bescheiden ist, können die aktiven Springer diesen Nachteil teilweise kompensieren.

Zusammenfassung: Von einem weißen Vorteil in dieser Variante kann offensichtlich keine Rede sein, so dass inzwischen die Fortsetzung 9.♗e2!? (statt 9.cxd5) an Bedeutung gewonnen hat.

Abspiel 2

Fortsetzung 5.♘c3

(1.e4 e5 2.♘f3 ♘f6 3.♘xe5 d6 4.♘f3 ♘xe4)

5.♘c3

Die Idee dieses Zuges ist einfach. Nach dem Schlagen auf c3 soll der d-Bauer zurücknehmen, dann wird der schwarzfeldrige Läufer auf e3 oder f4 postiert und nach den weiteren Zügen ♕d1-d2 und 0-0-0 will Weiß aktiv gegen den schwarzen König vorgehen.

5...♘xc3 6.dxc3 ♗e7

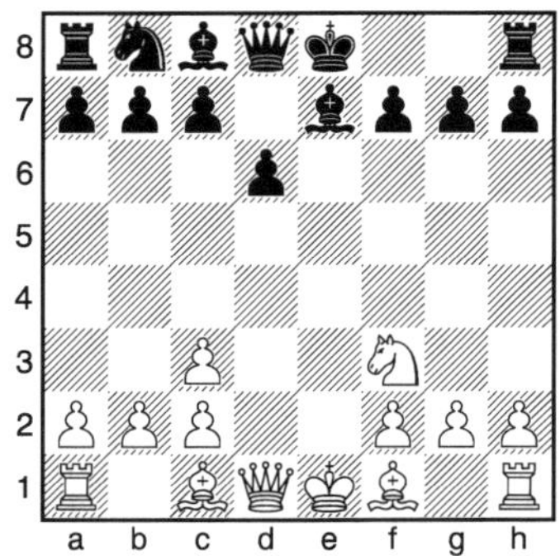

7.♗e3

Eine Alternative ist 7.♗f4 0-0

(In Frage kommt ein Plan mit der langen Rochade: 7...♘c6 8.♕d2 ♗e6 9.0-0-0 ♕d7 10.♔b1 0-0-0 usw.)

8.♕d2 ♘d7 9.0-0-0 ♘c5 10.♗e3 ♖e8 11.♗c4 ♗e6 12.♗xe6 ♘xe6 13.h4 ♕d7 14.♕d3 ♕c6 15.♕f5 ♕c4 16.♔b1

(Nach 16.♘g5 ♗xg5 17.hxg5 ♘f8 verteidigt Schwarz seine Königsstellung.)

16...g6 17.♕h3 h5 mit zweischneidigem Spiel. Beide Seiten haben konkrete Pläne: Weiß bereitet den Vorstoß g2-g4 vor, Schwarz hingegen muss sein Gegenspiel am Damenflügel organisieren, z.B. mit b7-b5-b4 usw.

7...0–0

Die übliche Fortsetzung: Schwarz sichert seinen König und wählt erst danach einen Spielplan.

Eine Alternative ist 7...♘c6 8.♕d2 ♗e6 9.0–0–0 ♕d7 10.♔b1 ♗f6 11.h4 0–0–0∞.

8.♕d2 ♕e8!?

Eine interessante Idee. Bevor Schwarz seinen Springer nach c6 oder d7 entwickelt, will er seine Dame aktiv am Damenflügel postieren.

Spielbar ist auch 8...♘d7 9.0–0–0 ♖e8 10.♗d3 ♘f6 (10...c6!? Δ♕d8-a5!) 11.♖he1 a6 12.h3 b5 mit sehr kompliziertem Kampf.

9.0–0–0

Nach 9.♗d3 ♘c6 10.h4 ♘e5 11.♘g5 f5 12.0–0–0 nebst h7-h6 und ♕e8-a4 hat Schwarz Gegenspiel.

9...♕a4 10.♔b1 ♘c6

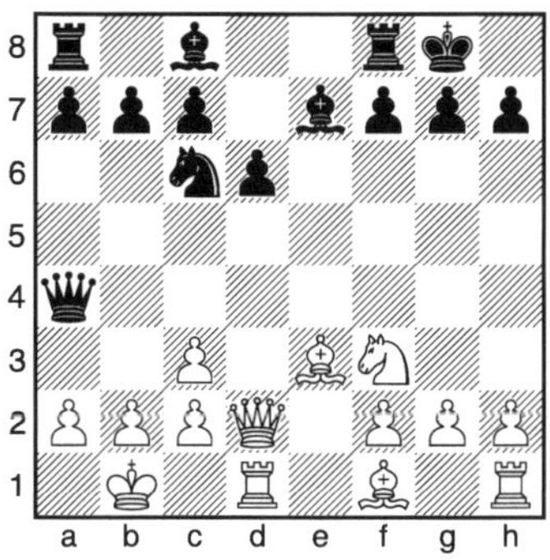

11.h4

Weiß geht sofort zum Angriff über.

Nach 11.♗d3 ♗e6 12.b3 ♕a5 13.♖he1 ♗f6 erhält Schwarz ausreichende Konterchancen.

11...♗e6 12.b3 ♕a5 13.♘d4 ♘xd4 14.cxd4 ♕xd2 15.♖xd2 d5=

Zusammenfassung: Der Plan mit 5.♘c3 stellt eine einfache Strategie gegen die Russische Verteidigung dar und kann Schwarz große Probleme bringen. Jedoch kann er sich bei richtigem Spiel erfolgreich verteidigen. Allgemein gilt die Russische Verteidigung als sehr solide. Weiß verfügt jedoch über ein breiteres Spektrum aktiver Möglichkeiten, die insgesamt bessere Chancen beim Kampf um die Initiative bieten.

Kapitel 11
Dreispringerspiel
1.e4 e5 2.♘f3 ♘c6

Auch für den schwarzen Entwicklungszug 2...♘c6 gilt, was zu Beginn des 7. Kapitels zu 2.♘f3 gesagt wurde: Er wird uns bis zum Schluss des Abschnitts *Offene Spiele* begleiten, denn er ist einfach so logisch und flexibel, dass er viel häufiger gespielt wird als alle Alternativen.

3.♘c3

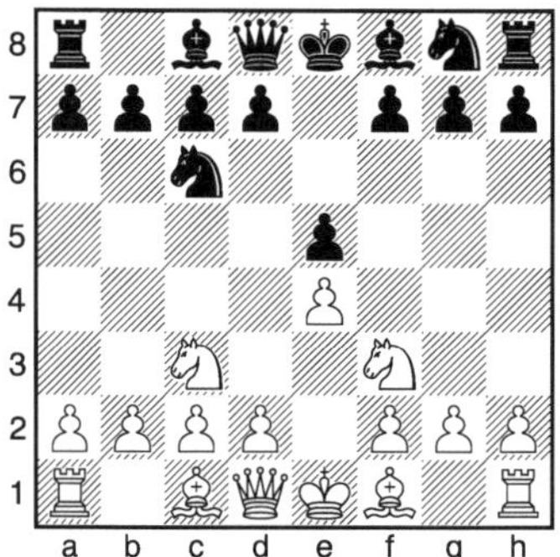

Weiß verzichtet auf ein unmittelbares Druckspiel gegen den Punkt e5 und entwickelt stattdessen seinen Damenspringer, der die Zentralfelder e4 und d5 ins Visier nimmt. Heutzutage ist das Dreispringerspiel selten anzutreffen, weil es dem Schwarzen keine nennenswerten Schwierigkeiten bereitet, das Spiel auszugleichen.

3...g6

Bereits vom ersten Weltmeister der Schachgeschichte, Wilhelm Steinitz (1836-1900), empfohlen, ist diese Fortsetzung neuerdings wieder recht populär geworden. Schwarz postiert seinen schwarzfeldrigen Läufer auf der langen Diagonale, wo er viele wichtige Punkte im Zentrum kontrolliert.

– 3...♘f6 führt zum Vierspringerspiel, das im nächsten Kapitel besprochen wird.

– Nach 3...♗b4 4.♘d5 ♗a5 (4...♗e7 5.d4!) 5.c3 d6 6.b4 ♗b6 7.a4 hat Weiß die besseren Perspektiven.

– Und auf 3...♗c5 folgt 4.♘xe5! ♘xe5.

(Schwach ist 4...♗xf2+ 5.♔xf2 ♘xe5 6.d4, denn Weiß erhält ein erdrückendes Bauernzentrum bei gleichzeitigem Entwicklungsvorsprung.)

5.d4 ♗d6 6.dxe5 ♗xe5 7.♗d3 und nach baldigem f2–f4 erlangt Weiß Vorteil.

4.d4 exd4 5.♘xd4

Ungeeignet für ein Spiel auf Vorteil ist 5.♘d5 ♗g7 6.♗g5 ♘ce7!

(Es verbietet sich 6...♘ge7?? wegen 7.♘xd4 ♗xd4 8.♕xd4! ♘xd4 9.♘f6+ ♔f8 10.♗h6#.)

7.♘xd4 c6 8.♘c3

(Gar nichts ergibt 8.♘xe7 ♘xe7 9.♕d2 h6 10.♗h4 d5 mit aktivem Spiel für Schwarz.)

8...h6 zwingt den Läufer zur sofortigen Entscheidung.

(Nach 8...d6 9.♕d2 ♘f6 10.0–0–0 bekommt Weiß bessere Aussichten.)

9.♗e3

(Nach 9.♗f4 oder 9.♗h4 kommt Schwarz günstig zu dem Befreiungsstoß d7-d5!.)

9...♘f6 10.♗e2 (10.♗c4 0–0 11.e5 ♘e8 12.♕d2 d5 13.exd6 ♘xd6⇄) 10...d5! 11.exd5 ♘fxd5 12.♘xd5 ♘xd5 13.♕d2 ♕e7 14.0–0 ♘xe3 15.♕xe3 ♕xe3 16.fxe3 h5 und Schwarz hat die aktivere Stellung, derweil Weiß ein schwacher Bauer auf e3 verblieben ist.

5...♗g7 6.♗e3 ♘f6

Nach 6...♘ge7 kann Weiß mit 7.♕d2 gefolgt von 7...0–0 8.0–0–0 nebst h2-h4 einen Standardangriff folgen lassen.

7.♕d2

Weiß bereitet natürlich die lange Rochade vor.

Möglich ist auch 7.♘xc6 bxc6 8.e5 ♘g8 9.f4 und dann z.B. 9...f6 10.♗c4! fxe5 11.0–0 mit klarem Vorteil.

7...0–0 8.0–0–0 ♖e8 9.f3

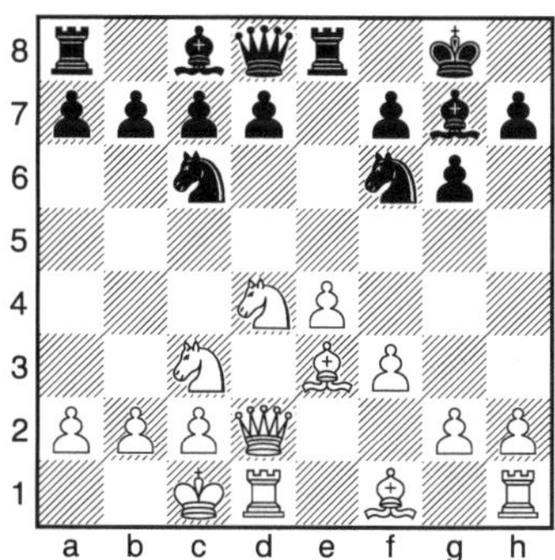

9...d5

Vielleicht sollte Schwarz auf diesen aktiven Zug besser verzichten und 9...d6!? wählen; z.B. 10.g4 ♘e5 11.♗e2 a6 12.♗h6 ♗h8 13.h4 b5 mit schnellem Gegenspiel am linken Flügel. Die Lage ist sehr kompliziert.

10.exd5 ♘xd5 11.♘xc6 bxc6 12.♗d4 ♘xc3 13.♗xc3 ♕xd2+ 14.♗xd2 ♗e6 15.b3

Angesichts der schwarzen Bauernschwächen am Damenflügel hat Weiß bessere Aussichten.

Zusammenfassung: In dieser Eröffnung hat Schwarz nach 3...g6 kein leichtes Leben, was auch die behandelten Varianten zeigen. Vermutlich sollte man sich mehr auf die Analyse von 9... d6!? (statt 9...d5) konzentrieren, wonach Schwarz mit a7–a6 und b7–b5 schnell am Damenflügel handeln kann. Die Theorie empfiehlt jedoch zu Recht die Fortsetzung 3...♘f6 mit Übergang zum Vierspringerspiel (siehe Kapitel 12).

Kapitel 12

Vierspringerspiel

1.e4 e5 2.♘f3 ♘c6 3.♘c3 ♘f6

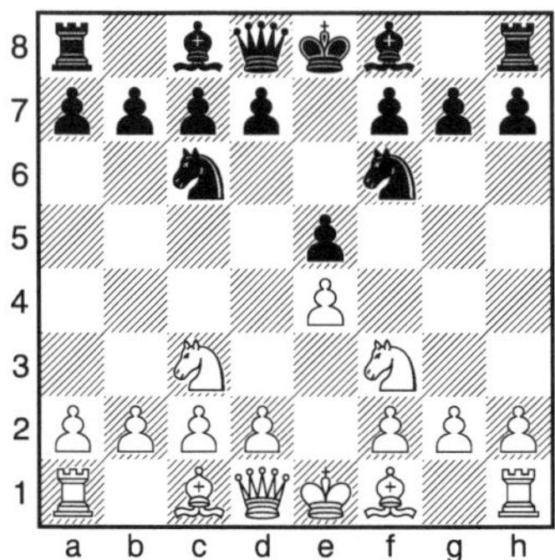

Schwarz folgt einem grundsoliden Plan und setzt seine Entwicklung mit dem Aufmarsch des vierten und letzten Springers fort.

4.♗b5

Durch den indirekten Druck auf e5 will Weiß die Spannung aufrechterhalten.

So vermeidet er den mehr oder weniger umfangreichen Materialabtausch nach 4.d4 mit der möglichen Folge 4...exd4 5.♘xd4.

(Das Gambit 5.♘d5!?, das im Jahre 1945 von Belgrader Schachspielern in die Praxis eingeführt wurde, kann zu großen Verwicklungen führen. Schwarz muss genau fortsetzen, um eventuelle Eröffnungsprobleme zu vermeiden. Nun wäre 5...♘xe4 mit allerlei Risiken verbunden, so dass Schwarz besser einen soliden Plan wählen sollte: 5...♗e7 6.♗f4 d6 7.♘xd4 ♘xd5 8.exd5 ♘xd4 9.♕xd4 0–0 10.0–0–0 ♗f6 11.♕d2 ♗f5 mit etwa gleichen Chancen.)

A) 5...♗c5 6.♗e3 ♗b6 7.♗e2 0–0 8.♕d2 ♖e8 9.♘xc6 (9.f3 d5!⇄) 9...bxc6 10.0–0–0

(Nach 10.♗g5 h6 muss Weiß auf f6 nehmen, denn 11.♗h4 wäre wegen 11...♘xe4! schwach.)

10...♘xe4 11.♘xe4 ♖xe4 12.♗g5 ♕f8 (12...f6!?) 13.♗d3 ♖e8 14.♖he1 d5 15.♖xe8 ♕xe8 16.♖e1 ♗e6 und Schwarz hat in fester Stellung einen Mehrbauern.

B) 5...♗b4!? ist ein zuverlässiger Zug im Kampf um das Zentrum.

6.♘xc6 bxc6 7.♗d3 d5 8.exd5 cxd5

(Auf 8...♕e7+ sollte Weiß mit 9.♕e2 reagieren.)

9.0–0 0–0 10.♗g5 c6 11.♕f3

(11.♘a4!? ist noch nicht genügend erforscht. Nach 11...♗e6 12.c3 ♗e7 13.♖e1 ♕c7 14.♕f3 ♖fe8 15.h3 ♘d7 16.♗xe7 ♖xe7 nebst ♖a8-e8 sind die Chancen etwa gleich.)

11...♗d6

(Spielbar ist auch 11...♗e7; z.B. 12.♖fe1 ♖b8 13.♖ab1 ♗e6 14.♘e2 c5 15.♘f4 c4 16.♗f1 ♕d7 17.♘xe6 fxe6∞.)

12.♗xf6 ♕xf6 13.♕xf6 gxf6 14.♘e2 c5 15.♖ad1 ♗e6= und das Läuferpaar kompensiert die Bauernschwächen im schwarzen Lager.

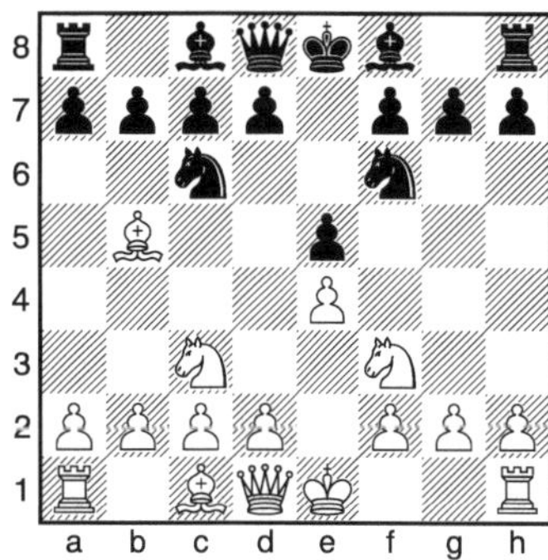

4...♗b4

Schwarz will die Mobilisierung der Figuren schnell abschließen und den König sichern.

– Der polnische Weltklassespieler Akiba Rubinstein (1880-1961) hat an dieser Stelle 4...♘d4!? empfohlen, wonach sich das Spiel wie folgt entwickeln kann.

A) 5.♘xe5 ♕e7 6.f4 (6.♘f3 ♘xb5 7.♘xb5 ♕xe4+ 8.♕e2 ♕xe2+ 9.♔xe2 ♘d5=) 6...♘xb5 7.♘xb5 d6 8.♘f3 ♕xe4+ 9.♕e2 ♕xe2+ 10.♔xe2 ♘d5 11.d3 a6 12.♘bd4 ♗e7=

B) 5.♗c4 d6

Dies ist der einfachste Weg zu gleichem Spiel.

(Hingegen führt 5...♗c5 nach 6.♘xe5 ♕e7 7.♘f3 d5 8.♗xd5 ♗g4 9.d3 0-0-0∞ zu schwerwiegenden Komplikationen.)

6.♘xd4 exd4 7.♘d5 ♗e6 8.♘xf6+ ♕xf6 9.♕e2 0-0-0=

C) 5.♘xd4 exd4 6.e5 dxc3 7.exf6 ♕xf6 8.dxc3 ♗c5 9.0-0 0-0 10.♕h5 b6 (10...d6 11.♕g5 ♕xg5 12.♗xg5 a6 13.♗d3 h6 14.♗d2 ♖e8 15.♖fe1 ♖xe1+ 16.♖xe1 ♗e6=) 11.♗d3 g6 12.♕g5 ♕xg5 13.♗xg5 ♖e8 14.♖fe1 ♗b7 mit etwa gleichem Spiel.

D) 5.♗a4 ♗c5 6.♘xe5 0–0 7.♘d3 ♗b6 8.e5 ♘e8

(Nach 8...c6!? sollte Weiß am besten rochieren, weil Schwarz nach 9.exf6 ♖e8+ 10.♔f1 ♕xf6 starke Initiative für die geopferte Figur bekommt.)

9.♘d5 d6 10.♘e3 c6 11.c3 ♘f5 12.0–0 ♗c7 13.f4 ♘xe3 14.dxe3 ♗f5 und in dieser dynamischen Stellung hat Schwarz ausreichend Kompensation für den Bauern.

– Außerdem gibt es noch die interessante Alternative 4...♗d6!?, mit der Schwarz einen Entwicklungsplan nach dem Schema 0–0, ♖e8, ♗f8 und d5 verfolgt; z.B. 5.d3 a6 6.♗a4 h6 7.0–0.

(Ein anderer Plan besteht darin, den Springer mit 7.♘e2 zum Königsflügel zu bringen; z.B. 7...0–0 8.♘g3 ♖e8 9.a3 b5 10.♗b3 ♗f8 11.0–0 d5 12.exd5 ♘xd5 13.♖e1 ♗b7 mit guten Perspektiven.)

7...0–0 8.♘e2 ♖e8 9.c3 ♗f8 10.♘g3 b5 11.♗c2 d5 und Schwarz steht ausgezeichnet.

5.0–0 0–0 6.d3 d6 7.♗g5 ♗xc3 8.bxc3 ♕e7 9.♖e1 ♘d8 10.d4 ♘e6 11.♗c1

Auf 11.♗h4 folgt natürlich 11...♘f4!.

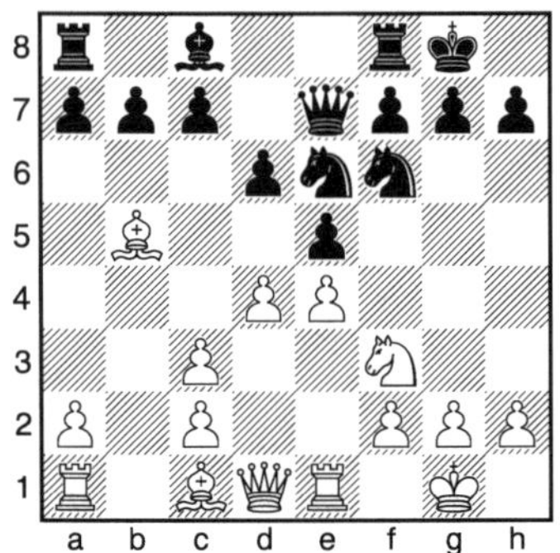

11...♖d8

So will Schwarz die Dynamik des Spiels aufrechterhalten.

Andere Idee ist das aktive Vorgehen im Zentrum mit 11...c5; z.B. 12.dxe5 dxe5 13.♗c4.

(Natürlich nicht 13.♘xe5?? wegen 13...♘c7 mit Materialverlust.)

13...♖d8 14.♗d5 ♘c7 15.c4 ♗g4 16.h3 ♗xf3 17.♕xf3 ♘e6 und Schwarz hat eine feste Stellung. Die Chancen sind verteilt.

12.d5

Ungefährlich ist 12.a4 c5 13.dxe5 dxe5 14.♕e2 ♕c7 mit guter Stellung für Schwarz.

12...♘c5 13.♗d3 c6 14.c4 cxd5

14...♗g4!? ist auch einen Versuch wert.

15.cxd5 ♗g4 16.h3 ♗h5 17.♗a3 ♖ac8 und Schwarz hat gute Aussichten.

Zusammenfassung: Das Vierspringerspiel 3...♘f6 ist eine solide Eröffnung und gibt Schwarz gute Aussichten auf Ausgleich. Nach 4.♗b5 ist statt 4...♗b4 auch Rubinsteins Idee 4...♘d4!? zu beachten. Nicht zu befürchten ist 4.d4, denn nach der einfachen Antwort 4...exd4 kann Schwarz erfolgreich um Ausgleich kämpfen.

Kapitel 13

Ponziani–Eröffnung

1.e4 e5 2.♘f3 ♘c6 3.c3

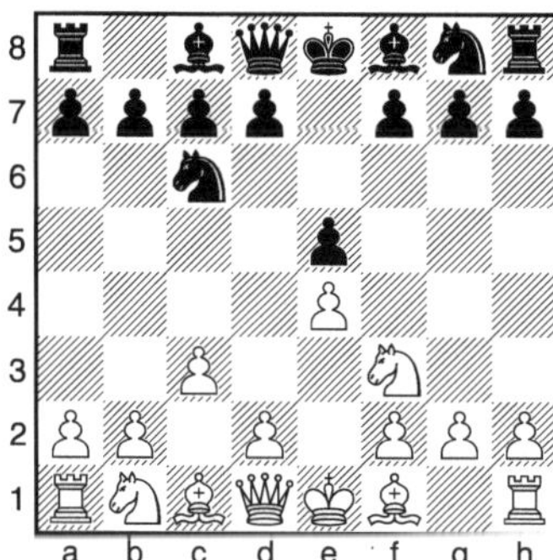

Bereits im 18. Jahrhundert untersuchte der italienische Schachmeister Domenico Lorenzo Ponziani (1719-1796) diesen Zug. Weiß bereitet d2-d4 vor, worauf Schwarz nicht gut schlagen kann, weil der Gegner nach c3xd4 ein mächtiges Bauernzentrum erhielte. Andererseits bleibt Weiß jedoch in der Entwicklung zurück, so dass Schwarz durch ein Spiel auf Zeitgewinn ziemlich mühelos um Ausgleich kämpfen kann.

3...♘f6

Eine natürliche Fortsetzung ohne übertriebenen Ehrgeiz.

Mit 3...d5!? kann Schwarz versuchen, das Zentrum zu öffnen und aus der Eröffnung heraus die Initiative zu übernehmen. Die übliche Antwort ist 4.♕a4.

(Die Alternative 4.♗b5 führt zu für Schwarz günstigeren Verwicklungen: 4...dxe4 5.♘xe5 ♕g5 6.♕a4 ♕xg2 7.♗xc6+ bxc6 8.♕xc6+ ♔d8 9.♖f1 ♗h3 10.♕xa8+ ♔e7 11.♔d1 ♕xf1+ 12.♔c2 ♗f5 usw.)

Hier hat Schwarz drei gute Möglichkeiten.

A) 4...♗d7 5.exd5 ♘d4 6.♕d1 ♘xf3+ 7.♕xf3 ♘f6 8.♗c4

(Oder 8.h3 e4 9.♕e3 ♗e7 10.c4 0–0 11.♘c3 c6 mit verteilten Chancen.)

8...e4 9.♕e2 ♗d6 10.d4 0–0 11.♗g5 h6 12.♗h4 ♖e8 und Schwarz hat für den geopferten Bauern eine aktive Stellung.

B) 4...♘f6 5.♘xe5 ♗d6 6.♘xc6 bxc6 7.d3

(Da Schwarz nach 7.♕xc6+ ♗d7 8.♕a6 dxe4 für den Bauern starke Initiative erhält, sollte Weiß besser an seine Entwicklung denken.)

7...0–0 8.♗e2 ♖e8 9.♗g5 ♖b8 10.♕c2 h6 11.♗xf6 ♕xf6 12.♘d2 ♕g6 mit verteilten Chancen.

C) Die Idee 4...f6!? ist ehrgeizig und es gibt noch viel zu erforschen; z.B. 5.♗b5 (5.d3 ♘ge7 6.♗e2 ♗e6 7.0–0 ♕d7 8.♘bd2 a6 9.♖e1 0–0–0∞) 5...♘ge7 6.exd5 ♕xd5 7.0–0 e4 mit großen Verwicklungen.

4.d4

Konsequent im Geiste der Ponziani-Eröffnung errichtet Weiß sein Vollzentrum.

Eine ruhigere Alternative besteht in dem Aufbau nach dem Schema d2-d3, ♘b1-d2, ♕d1-c2, ♗f1-e2 (oder g2-g3 nebst Fianchetto), 0–0 Δb2-b4 mit aktivem Spiel am Damenflügel.

4...♘xe4

Es geht auch 4...exd4 5.e5 ♘d5 6.cxd4 ♗b4+ 7.♗d2 ♗xd2+ 8.♕xd2 d6 9.♘c3 ♘xc3 10.♕xc3 0–0=.

5.d5

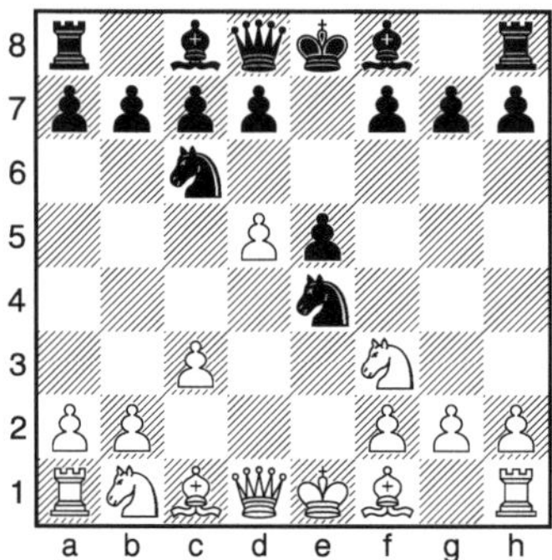

5...♘b8

Nach der etwas abenteuerlichen Gambitvariante 5...♗c5 6.dxc6 ♗xf2+ 7.♔e2 bxc6 8.♕a4 f5 9.♘bd2 0–0 10.♘xe4 fxe4 11.♕xe4 ♗b6 12.♔d1 d5 13.♕xe5 ♗f5 ist nicht klar, ob Schwarz irgendein Äquivalent für die geopferte Figur besitzt.

6.♘xe5

Auch nach 6.♗d3 ♘c5 7.♘xe5 ♘xd3+ 8.♘xd3 d6 9.0–0 ♗e7 10.♕f3 0–0 darf Schwarz mit seiner Stellung zufrieden sein.

6...♕e7

Möglich ist auch 6...♘f6 7.♗e2 ♗c5

(Auch 7...♗e7 8.0–0 0–0 sollte zum Ausgleich ausreichen.)

8.0–0 0–0 9.♘d3 ♗e7 10.c4 d6 11.♘c3 ♗f5 und in dieser etwa ausgeglichenen Stellung hat Schwarz keine positionellen Schwächen.

7.♕d4 ♘d6 8.♗e2

8.♕e3 ♘f5 9.♕e2 d6 10.♘f3 ♘d7=

8...♘f5 9.♕f4 g6 10.♘d3 d6 11.0–0 ♗g7 12.♖e1 0–0

Weiß hat nicht den Hauch eines Eröffnungsvorteil erreicht und die Stellung ist völlig ausgeglichen.

Zusammenfassung: Nach 3.c3 sollte Schwarz keine Schwierigkeiten haben, das Spiel im Gleichgewicht zu halten. Abgesehen von der Hauptfortsetzung 3...♘f6 kann er die scharfe Alternative 3...d5!? wählen, die nach 4.♕a4 und der Antwort 4...f6!? ein ausgezeichnetes Forschungsgebiet für ambitionierte Analytiker bietet.

Kapitel 14

Schottische Partie

1.e4 e5 2.♘f3 ♘c6 3.d4

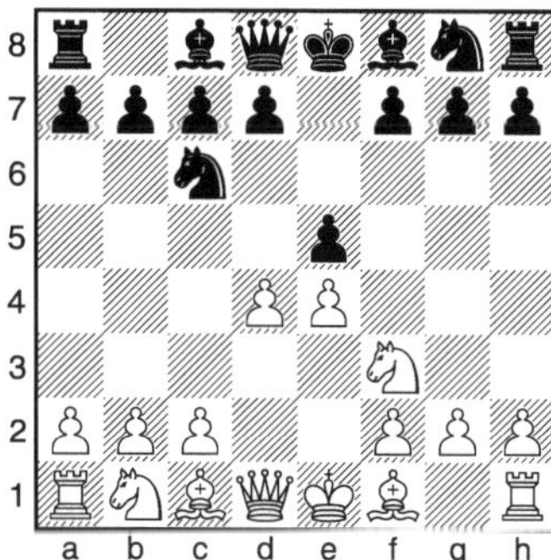

Diese Spielweise feierte ihr Debüt während eines Korrespondenzkampfes zwischen den Städten London und Edinburgh in den Jahren 1824–28. Die Idee wurde zunächst mit Erfolg von den Engländern angewandt, aber dann übernahmen die Edinburgher Spieler sie, gewannen am Ende das Match und tauften die Eröffnung auf ihren noch heute gültigen Namen.

Weiß versucht unverzüglich Vorteil im Zentrum zu erlangen, doch der Bauernvorstoß zu diesem frühen Zeitpunkt führt zur Auflösung der Spannung, so dass Weiß schon bald den Gegenstoß d7–d5 nicht mehr vermeiden kann. Erst seit Weltmeister Garri Kasparow die Eröffnung mit neuen Ideen bereicherte, ist die Schottische Partie wieder oft in der Praxis anzutreffen.

3...exd4 4.♘xd4 ♘f6

Schwarz hat zwei plausible Alternativen.

I. 4...♗c5 5.♘b3

(Oder 5.♘xc6 ♕f6! bzw. 5.♗e3 ♕f6 6.c3 ♘ge7 7.♗c4 0–0 8.0–0 ♗b6 mit jeweils gleichen Chancen.)

5...♗b6

(Oder 5...♗b4+ 6.c3 ♗e7 7.♗f4 d6 8.♘1d2 ♘f6 9.♗e2 0–0 10.0–0 ♖e8 11.♕c2 ♗f8 12.♖ad1 ♗d7 13.♖fe1 g6 nebst ♗f8-g7 mit gleich guten Aussichten.)

6.a4

(6.♘c3 führt normalerweise über Zugumstellung zu den Hauptvarianten.)

6...♕f6

(– 6...a6 7.♘c3 d6 8.♘d5 ♗a7 9.♗e3 ♗xe3 10.♘xe3 ♘f6 11.♗d3 0–0=

– 6...a5 7.♘c3 ♕f6 8.♕e2 ♘b4 9.h4 h6 10.♘d5 ♘xd5 11.exd5+ ♘e7 12.♖h3 mit der unangenehmen Drohung ♖h3-f3!.)

7.♕e2 a6 (7...♘ge7 8.a5 ♘d4 9.♘xd4 ♗xd4 10.c3 ♗c5 11.g3 0–0 12.♗g2 d6 13.0–0 a6=) 8.a5 ♗a7 9.♘c3 ♘ge7 10.♗e3 ♗xe3 11.♕xe3 d6 12.0–0–0 0–0 13.♗e2 ♗e6 14.♘d5 ♗xd5 15.exd5 ♘e5 16.f4 ♘5g6 17.g3 ♖fe8 mit aussichtsreicher Stellung.

II. 4...♕h4 5.♘b5

(Anzutreffen ist auch 5.♘c3!? ♗b4 6.♗e2 ♕xe4 7.♘db5 ♗xc3+ 8.bxc3 ♔d8 9.0–0 a6 10.♘d4 ♘ge7 11.♖e1 ♕g6 12.♗f3 d6 13.♖b1 ♖e8 mit unklarem Spiel. Schwarz verbleibt zwar mit einem Mehrbauern, doch sein im Zentrum festgehaltener König ist eine ziemliche Bürde.)

5...♕xe4+ 6.♗e3 ♕e5

(Nach 6...♔d8 7.♘1c3 ♗b4 8.a3 ♗xc3+ 9.♘xc3 ♕g6 10.♕d2 d6 11.f3 ♗f5 12.0–0–0 hat Schwarz erneut einen Bauern mehr, aber auch erneut Probleme mit seinem König im Zentrum.)

7.♕e2 ♔d8 8.♘1c3 a6 9.♘xc7 ♕xc7

(Es verbietet sich 9...♔xc7?? wegen 10.♗f4! ♕xf4 11.♘d5+ +–.)

10.♘d5 ♕a5+ 11.c3 ♗c5 (11...♕xd5?? 12.♗b6#) 12.b4 ♘xb4 13.cxb4 ♗xb4+ 14.♘xb4 ♕xb4+ 15.♗d2 ♕e7 16.♗a5+ ♔e8 17.♗b4 ♕xe2+ 18.♗xe2 ♘f6 und mit seinem aktiven Läuferpaar hat Weiß ausreichenden Ersatz für den Bauern.

5.♘xc6

So fügt Weiß seinem Gegner einen Doppelbauern zu.

5.♘c3 sollte Schwarz mit 5...♗b4 beantworten; z.B. 6.♘xc6 bxc6 7.♗d3 d5 8.exd5 cxd5 9.0–0 0–0 10.♗g5 c6 11.♕f3 ♗d6 (11...♗e7!? nebst ♗c8-e6 usw.) 12.h3 ♖b8 13.♖ab1 ♖e8=.

5...bxc6 6.e5 ♕e7

Die beste Reaktion. Die Dame verstellt zwar dem Läufer f8 den Weg, aber auch Weiß muss ähnlich handeln.

7.♕e2

Praktisch erzwungen, denn 7.♗f4 beantwortet Schwarz vorteilhaft mit 7...d6.

7...♘d5 8.c4 ♘b6

Möglich ist auch 8...♗a6!? und dann z.B. 9.g3 (9.b3 0–0–0 10.g3 g5 11.♗b2 ♗g7∞) 9...g6 10.b3 ♗g7 11.♗b2 0–0 12.♗g2 ♖ae8 (12...♖fe8 13.0–0 ♘b6 14.♖e1 d5 15.♕c2 ♖ad8=) 13.0–0 ♗xe5 14.♕xe5 ♕xe5 15.♗xe5 ♖xe5 16.cxd5 ♗xf1 17.♔xf1 cxd5 18.♘c3 c6 19.♖d1 ♖fe8 und wie die Turnierpraxis zeigt, befindet sich diese Stellung in dynamischem Gleichgewicht.

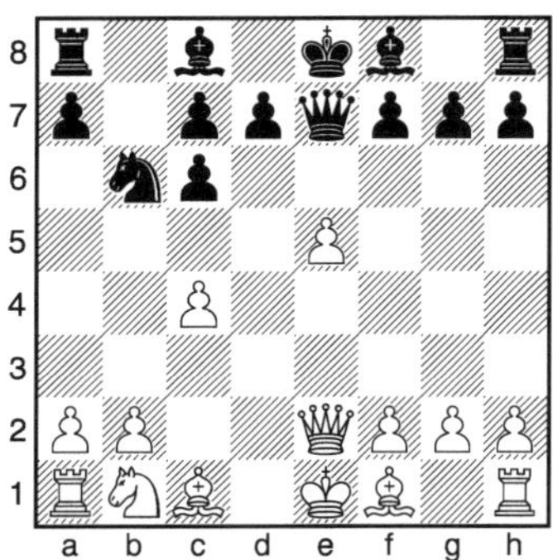

9.♘c3

Nach 9.♘d2 sollte Schwarz seine Kräfte auf eine der beiden folgenden Weisen entwickeln.

A) 9...♗b7 10.b3 g6

(Ein anderer Weg ist 10...a5 11.a4 ♕e6 12.♗b2 ♗b4 13.0–0–0 0–0–0 mit der Absicht, mittels d7-d5 aktiv zu werden.)

11.♗b2 ♗g7 12.0–0–0 0–0–0 13.f4 c5 14.♘f3 ♖he8 und Schwarz hat seine Eröffnungsprobleme gelöst.

B) 9...♕e6 10.b3 a5 11.♗b2 a4 (11...♗b4 12.a3 ♗xd2+ 13.♕xd2 0–0∞) 12.g3 ♗b4 13.♗g2 0–0 14.0–0 d5 mit ungefähr gleichen Perspektiven.

9...♕e6

Unklar sind die Folgen von 9...g6 10.♘e4 ♕e6 11.♘f6+ ♔d8 12.♗d2 ♗a6 13.b3 d5 bzw. 9...a5 10.f4 ♗a6 11.b3 ♕e6 12.♗b2 ♗b4 13.0–0–0 a4 usw.

10.♕e4 ♗a6

Auch nach 10...♗b4 kann Schwarz auf Ausgleich hoffen; z.B. 11.♗d2 ♗a6 12.b3 ♗xc3 13.♗xc3 d5 14.♕h4 dxc4 15.♗e2 ♘d5

(Auch die Alternative 15...0–0!? 16.0–0 ♘d5 17.♗xc4 ♗xc4 18.♕xc4 a5 19.♖ac1 ♘b4 hat in einigen Partien die Prüfung bestanden.)

16.♗xc4 g5 17.♕d4 ♗xc4 18.♕xc4 0–0–0 19.0–0 ♘f4 20.♕xe6+ ♘xe6

11.b3

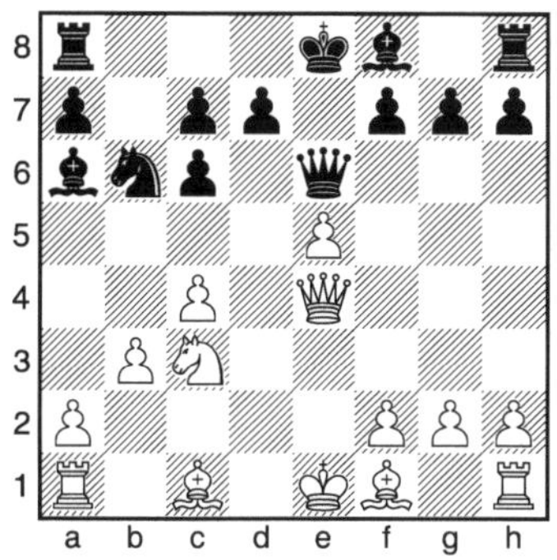

11...0–0–0

Schwarz setzt ganz auf die Öffnung des Spiels mittels d7-d5, doch zunächst muss er seinen König sichern.

Als ebenfalls spielbar erwies sich 11...♗b4 mit der möglichen Folge 12.♗d2 ♗xc3 13.♗xc3 d5 14.♕h4 dxc4 15.♗e2 ♘d5 16.♗xc4 g5 17.♕d4 ♗xc4 18.♕xc4 0–0–0 19.0–0 ♘f4 20.♕xe6+ ♘xe6 und die schwarzen Aussichten sind nicht schlecht.

12.♗b2 ♗b7 13.0–0–0 ♖e8 14.f4 d5 15.cxd5 cxd5 16.♕c2 ♔b8 17.♔b1 g6 18.♗d3 c5 mit beiderseits guten Chancen.

Zusammenfassung: Die Schottische Partie führt zu einem verwickelten und inhaltsreichen Kampf, in dem beide Seiten energisch zu Werke gehen müssen. Anstelle des Hauptzuges 4...♘f6 sind auch die Alternativen 4...♗c5 bzw. 4...♕h4 mit beiderseitigen Möglichkeiten zu beachten.

Kapitel 15

Schottisches Gambit

1.e4 e5 2.♘f3 ♘c6 3.d4 exd4 4.♗c4

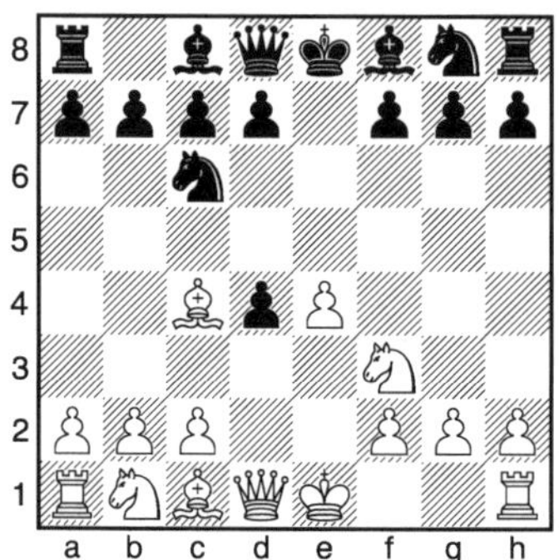

Dies ist die Ausgangsstellung des Schottischen Gambits, welches möglicherweise sogar älter ist als die Schottische Partie. Um 1590 wird es erstmals von Polerio als 'neue Eröffnung' erwähnt. Weiß opfert einen oder auch mehrere Bauern, um den gegnerischen König angreifen zu können.

Eine interessante Alternative ist übrigens 4.c3, was zum Göring-Gambit führt.

4...d5

(Durchaus möglich ist 4...dxc3 5.♘xc3 ♗b4 6.♗c4 d6 7.♕b3 ♗xc3+ 8.bxc3 ♕d7 9.♕c2 ♘f6 nebst 0-0, ♖f8-e8 mit Druckspiel gegen den weißen e-Bauern.)

5.exd5 ♕xd5 6.cxd4 ♗b4+ 7.♘c3 ♘f6 8.♗e2 ♘e4 9.♗d2 ♗xc3 10.bxc3 0-0 11.0-0 ♘xd2 12.♘xd2 ♗f5 13.♕b3 ♕a5 mit etwa gleichen Chancen.

4...♗c5 5.c3

Auch nach der ruhigeren Alternative 5.0-0 muss Schwarz genau spielen.

5...♘ge7 (5...d6 6.c3 ♗g4 7.♕b3 ♗xf3 8.♗xf7+ ♔f8 9.gxf3 ♘f6∞) 6.♘g5! (6.c3 dxc3 7.♘xc3 0-0∞)

A) 6...♘e5? 7.♗xf7+ ♘xf7 (7...♔f8 8.♕h5 h6 9.♗b3+-) 8.♘xf7 ♔xf7 9.♕h5+ nebst ♕h5xc5 mit weißem Vorteil.

B) 6...d5! 7.exd5 ♘e5 8.♗b3 h6 9.♘e4 ♗b6 und nach der Rochade kann Schwarz seine Position verteidigen.

5...dxc3

Schwarz muss das Bauerngeschenk nicht unbedingt annehmen, denn er hat gleich zwei brauchbare Alternativen.

– 5...♘f6!? 6.e5 (6.cxd4 ♗b4+ 7.♗d2 ♗xd2+ 8.♘bxd2 d5 9.exd5 ♘xd5 10.♕b3 ♘ce7 11.0-0 0-0 12.♖fe1 c6 13.♘e4 ♕b6∞) 6...d5 7.♗b5

(7.♗d3 ♘e4 8.cxd4 ♗xd4 9.♘xd4 ♘xd4 10.0-0 ♘c5 11.♗e3 ♘de6 12.♗f5 c6 ist günstig für Schwarz.)

7...♘e4 8.cxd4 ♗b6 9.♘c3 ♗g4 10.♗e3 0-0

– 5...d3!? 6.♕xd3

(Nach 6.b4 ♗b6 7.♕b3 postiert Schwarz seine Dame auf e7 oder f6 und hat gute Aussichten.)

6...d6 7.0-0 ♘f6 8.♗g5 0-0 9.♘bd2 ♕e7

6.♘xc3

Zu einer scharfen Stellung führt 6.♗xf7+!? ♔xf7 7.♕d5+ ♔f8 8.♕xc5+ ♕e7 9.♕xc3 (9.♕c4 d5!) 9...♕xe4+ 10.♗e3 d6 11.0-0 ♘f6 12.♘bd2 ♕g6.

Zwar hat Schwarz einen Mehrbauern, allerdings auch deutliche Probleme mit seinem exponierten König.

6...d6 7.♗g5 ♘ge7 8.♘d5 0–0 9.0–0

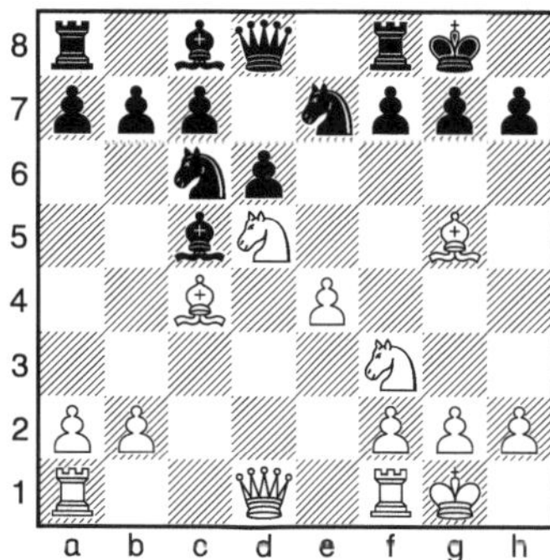

9...a5

Spielbar ist auch 9...h6!? 10.♗h4 ♗e6 nebst ♕d8-d7, ♖a8-e8 mit guten Perspektiven.

10.♕d2 ♔h8 und nach f7-f6 hat Schwarz eine gute Stellung.

Zusammenfassung: Bei korrektem Spiel seitens des Gegners ist es für Weiß schwierig, mit dem Schottischen Gambit einen klaren Vorteil zu erreichen. Schwarz hat gute Chancen, seinen materiellen Vorteil unbeschadet zu behaupten. Aus diesem Grund ist diese Spielweise heutzutage nur noch selten anzutreffen.

Kapitel 16

Zweispringerspiel im Nachzug

1.e4 e5 2.♘f3 ♘c6 3.♗c4 ♘f6

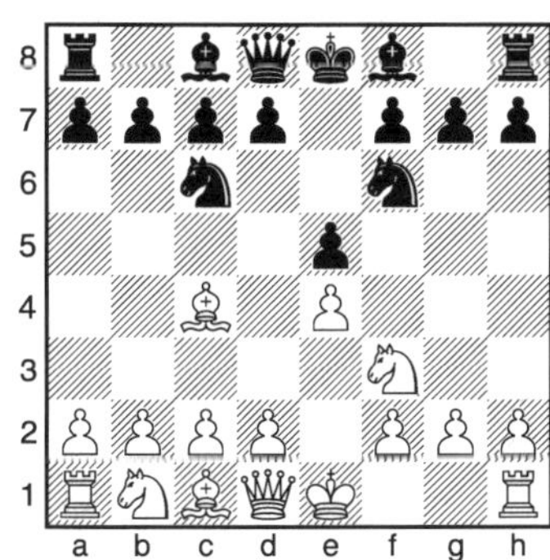

Nachdem Weiß seinen Läufer auf f7 ausgerichtet hat, muss Schwarz auf der Hut sein, denn dieser kritische Punkt wird einstweilen nur vom König verteidigt und kann sogleich ein weiteres Mal angegriffen werden. Ungeachtet dessen entwickelt er seinen zweiten Springer, greift den Bauern auf e4 an und fordert somit den weiteren Angriff auf f7 geradezu heraus.

4.♘g5

Die Annahme der Einladung führt zu zweischneidigem Spiel. Weiß gewinnt zwar Material, muss dem Gegner jedoch die bessere Entwicklung und gutes Gegenspiel zugestehen.

Anstelle des Textzuges kann Weiß selbstredend auch zurückhaltender spielen.

I. 4.d3 ♗e7

(4...♗c5 führt zur Italienischen Partie – siehe **Kapitel 17**)

5.0–0 0–0

A) Nach 6.♗b3 soll der Läufer auf c2 postiert werden.

6...d6

(Alternativ kann Schwarz auch 6...d5 7.exd5 ♘xd5 spielen.)

7.c3 ♘a5 8.♗c2 c5 9.♘bd2 ♘c6 10.♖e1 (10.a3 ♗e6 11.b4 b5∞) 10...♖e8 11.♘f1 ♗f8 12.♘g3 g6 13.h3 ♗g7 14.♗e3 ♕c7

Diese Stellung ähnelt gewissen Mustern der Spanischen Partie, die in **Kapitel 20** untersucht wird.

15.d4 ♘d7 16.d5 ♘d8 17.♕d2 f6 18.♘h2 ♘f7 19.♗d1 ♘f8 mit Vorbereitung von f6-f5 und guten Gegenchancen.

B) 6.c3 d6 (6...d5 7.exd5 ♘xd5 8.♖e1 ♗g4 9.♗b3 ♘b6 10.♕e2 ♔h8 11.♘bd2 f6=) 7.♗b3 ♘a5 8.♗c2 c5 9.♘bd2 ♘c6

(Ein anderer Plan besteht darin, mit 9...♗e6 den Vorstoß d6-d5 vorzubereiten; z.B. 10.♖e1 ♕c7 11.♘f1 ♖ad8 12.h3 ♘c6 13.♘g3 d5 mit guten Aussichten.)

10.♖e1 ♖e8 11.a3 ♗f8 12.b4 a6 13.♗b2 b5 14.d4 c4 15.a4 ♗b7 16.d5 ♘e7 17.♘f1 g6 18.♗c1 ♗g7 und die Chancen sind ungefähr gleich.

II. 4.d4 exd4

A) 5.0–0 ♘xe4

(Zu scharfem Spiel führt der Max-Lange-Angriff 5...♗c5!? 6.e5 d5 7.exf6 dxc4 8.♖e1+ ♗e6 9.♘g5 ♕d5 10.♘c3 ♕f5 11.♘ce4 0–0–0 usw.)

6.♖e1 d5 7.♗xd5 ♕xd5 8.♘c3 ♕a5 (8...♕h5 9.♘xe4 ♗e6 10.♗g5 ♗d6 11.♘xd6+ cxd6 12.♗f4 ♕d5 13.c3 0–0∞) 9.♘xe4 ♗e6 10.♘eg5 0–0–0 11.♘xe6 fxe6 12.♖xe6 ♕f5 13.♕e2 h6 14.♘h4 d3 15.cxd3 ♕xd3 16.♕xd3 ♖xd3 und Schwarz hat keine Probleme, denn die Position ist etwa gleich.

B) 5.e5 d5 6.♗b5 ♘e4 7.♘xd4 ♗d7 8.♗xc6 bxc6 9.0–0 ♗c5

(Nach 9...♗e7 10.f3 kann der schwarze Springer auf c5 postiert werden.)

10.f3 (10.♗e3 ♕e7 11.♖e1 0–0 12.f3 ♘g5 13.♕d2 h6 14.♘c3 ♗b6∞) 10...♘g5 11.f4 ♘e4 12.♗e3 ♗b6 13.♘d2 c5 14.♘4b3 ♘xd2 15.♕xd2 d4 16.♗f2 ♗c6

In der Folge kann Schwarz entweder kurz rochieren oder seinen König nach ♕d8-d7 auf der anderen Seite in Sicherheit bringen.

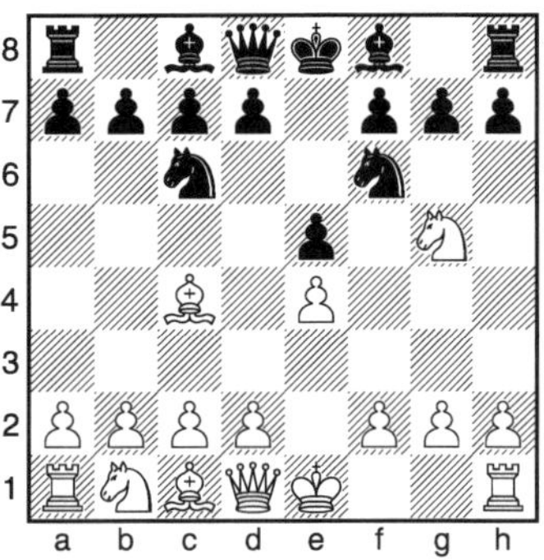

4...d5

Dieser Zug, der auf ein Bauernopfer hinausläuft, ist die beste Fortsetzung. Schwarz verteidigt sich nicht nur gegen den Einschlag auf f7, sondern befreit seine Figuren und gewinnt auch beträchtliche Zeit für die Entwicklung.

Zu großen Komplikationen führt 4...♗c5!? – eine alte Idee des tschechischen Meisters Karel Traxler (1866-1936). Weiß muss nun auf f7 schlagen, wenn er irgendetwas erreichen will.

5.♘xf7

(Nach 5.♗xf7+ ♔e7 6.♗b3 ♕e8 7.♘c3 ♘d4 8.♗f7 ♕f8 9.♗c4 d6 10.d3 h6 11.♘f3 ♗g4 hat Schwarz ausreichende Kompensation für den Bauern.)

Nun kann Schwarz seinen letzten Zug nur mit 5...♗xf2+ rechtfertigen.

A) 6.♔xf2 ♘xe4+ 7.♔e3

(Nach 7.♔g1 und der Folge 7...♕h4 8.g3 ♘xg3 9.hxg3 ♕xg3+ 10.♔f1 ♖f8 11.♕h5 d5 12.♗xd5 ♘d4 13.♕h2 ♕g4 14.♕xe5+ ♗e6 15.♗xe6 kann Schwarz mittels 15...♕f3+ 16.♔g1 ♘e2+ 17.♔h2 ♕f2+ Dauerschach erzwingen.)

7...♕e7 (7...♕h4!? 8.g3 ♘xg3 9.hxg3 ♕d4+ 10.♔f3 d5 11.♖h4 e4+ 12.♔g2 0–0∞) 8.♘xh8

(Es ist unklar, ob Weiß sich nach 8.♔xe4 d5+ 9.♗xd5 ♕h4+ 10.g4 ♗xg4 11.♗xc6+ bxc6 12.♕e1 verteidigen kann.)

8...♕g5+ 9.♔xe4 d5+ 10.♗xd5 ♗f5+ 11.♔f3 ♗g4+ 12.♔f2 ♗xd1 13.♖xd1

(Es ist gut, mit 13.♗xc6+!? den Springer zu beseitigen, der aktiv am Königsangriff teilnehmen kann. Nach 3...bxc6 14.♖xd1 0–0–0 15.♔g1 hat Weiß Materialvorteil, allerdings auch Entwicklungsnachteil.)

13...♕f4+ 14.♗f3 ♘d4 15.♘c3 ♘xf3 16.gxf3 (16.d3 ♕xh2 17.♔xf3 0–0–0∞) 16...♕xh2+ 17.♔e3 ♕f4+ 18.♔f2 ♕h2+ mit ewigem Schach.

B) 6.♔f1 ♕e7 7.♘xh8 d5 8.exd5 ♘d4

(Nach 8...♗g4!? 9.♗e2 ♗xe2+ 10.♕xe2 ♘d4 11.♕xf2 0–0–0 hat Schwarz für das Material genügend Initiative.)

9.d6

(Gut ist auch 9.h3!? ♗g3 10.c3 ♘f5 11.d6 ♘xd6 12.♕f3 ♘xc4 13.d3 ♗e6 14.♕xg3 0–0–0 15.♔g1 usw.)

9...cxd6 10.♔xf2 ♗g4 11.♕f1 0–0–0 12.♔g1 d5 13.♗d3 ♖f8

Weiß hat deutlichen Materialvorteil, aber die Stellung ist alles andere als klar. Schwarz ist besser entwickelt und steht bereit, mit allen Kräften den gegnerischen König anzugreifen. Tatsächlich gibt der Traxler-Angriff den Analytikern bis auf den heutigen Tag noch so manches Rätsel auf.

5.exd5

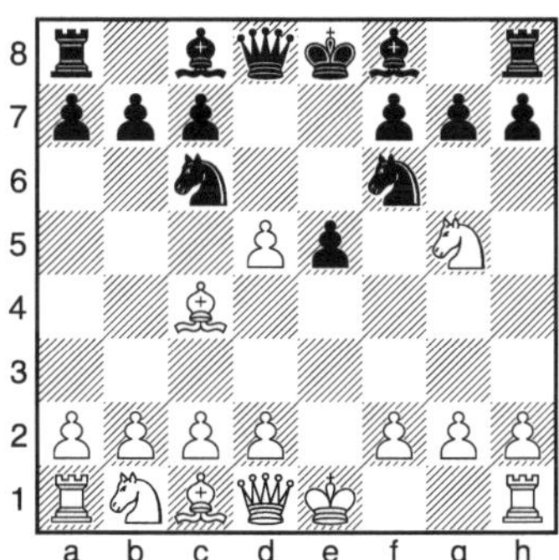

5...♘a5!

Diese Erwiderung gilt als die sicherste Verteidigung. Schwarz opfert einen Bauern und bekommt dafür eine schnelle Entwicklung.

Anzutreffen sind auch die folgenden drei Alternativen.

I. Der Springerausfall 5...♘d4 geht auf den deutschen Meister Alexander Fritz zurück.

6.c3 b5 7.♗f1 ♘xd5 8.♘xf7 ♔xf7 9.cxd4 exd4 10.♕f3+ ♘f6 11.♕xa8 (11.♗xb5 ♗e6 12.0–0 ♖b8 13.a4 ♗d5 14.♕d3 c6 15.♗c4 ♖b4∞) 11...♗c5 12.♕c6 ♕e7+ 13.♔d1 ♗d7 14.♕b7 c6 15.f3 ♘g4 16.d3 (16.fxg4?? ♗xg4+ 17.♔c2 ♕xb7–+) 16...♘f2+ 17.♔c2 ♘xh1 18.♘d2 ♘f2 mit zweischneidigem Spiel (laut Max Euwe).

II. 5...b5 ist ein Vorschlag des amerikanischen Meisters Olav Ulvestad, der seine Analysen 1941 in der Zeitschrift 'Chess Review' veröffentlichte.

6.♗f1

(Nicht so gefährlich für Schwarz ist 6.♗xb5 ♕xd5 7.♗e2 ♗b7 8.d3 ♘d4 mit zweischneidigem Spiel.)

6...♘d4 7.c3 ♘xd5 8.cxd4 ♕xg5 9.♗xb5+ ♔d8 10.♕f3 exd4 (10...♗b7 11.0–0 ♖b8 12.dxe5 ♘e3 13.♕h3 ♕xg2+ 14.♕xg2 ♘xg2 15.d4 ♗e7∞) 11.♗c6 ♘f4 12.g3 (12.♗xa8? ♗g4→) 12...♕c5 mit schwarzem Gegenspiel.

III. Nach 5...♘xd5 erlangt Weiß starke Initiative; z.B. 6.d4

(Auch nicht zu verachten ist 6.♘xf7!?; z.B. 6...♔xf7 7.♕f3+ ♔e6 8.♘c3 mit chancenreichem Spiel.)

6...♘xd4!?

(Problematisch ist 6...exd4 7.0–0 ♗e7 8.♘xf7 ♔xf7 9.♕f3+ ♔e6 10.♘c3 dxc3 11.♖e1+ ♘e5 12.♗f4 ♗f6 13.♖xe5+ ♗xe5 14.♖e1 mit durchschlagendem Angriff.)

7.c3 b5!

(Nicht gut ist 7...f6 8.♘e4 ♗f5 9.f3 b5 10.♗xd5 ♕xd5 11.cxd4 ♗xe4 12.♘c3 ♗b4 13.fxe4 ♕xe4+ 14.♔f2 mit starkem Angriff.)

8.♗d3 h6 9.♘xf7 ♔xf7 10.cxd4 exd4 11.0–0 ♖b8 12.a4 ♘b4 13.♗xb5 a6 14.♗c4+ ♔g6 15.♘d2 ♗d6 16.♘f3 c5 17.♖e1 ♖e8 18.♗d2 ♖xe1+ 19.♕xe1 ♔h7 mit Verteidigungschancen.

6.♗b5+

Nun gewinnt Weiß den Bauern, muss sich aber lange gegen die gegnerische Initiative wehren.

Mit dem ruhigen Zug 6.d3 erreicht Weiß nichts; z.B. 6...h6 7.♘f3 e4 8.♕e2 ♘xc4 9.dxc4 ♗c5 10.♘fd2 0–0 11.♘b3 ♗g4 12.♕f1 ♗b4+ 13.c3.

Diesen Zug zu provozieren ist die Idee des Läuferschachs, Weiß nimmt seinem Springer das Feld c3 und schwächt obendrein den Punkt d3.

13...♗e7 14.h3 ♗h5 15.♗e3 ♘d7 16.g4 ♗g6 17.♘1d2 ♘e5 18.0–0–0 b5! 19.cxb5 ♘d3+ 20.♔b1 ♕xd5 mit starkem Gegenspiel.

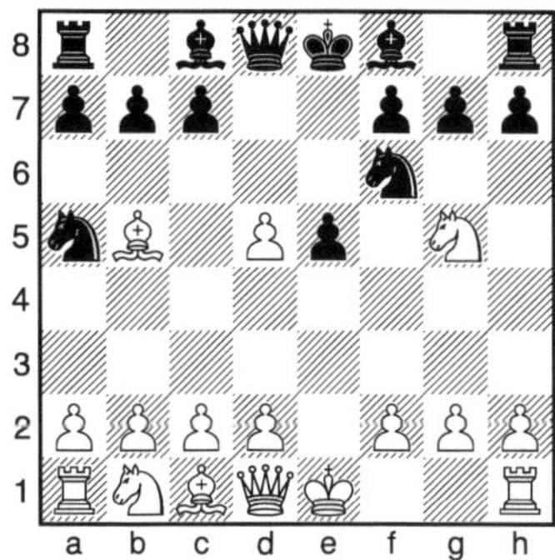

6...c6

Noch nicht ausgiebig geprüft wurde 6...♗d7!? mit der eventuellen Folge 7.♕e2 ♗d6!? (7...♗e7 8.♘c3 0−0 9.0−0 c6 10.dxc6 ♘xc6 11.♗xc6 ♗xc6 12.d3 ♘d5=) 8.♘c3 0−0 9.♗xd7 ♕xd7 10.0−0 c6 11.dxc6 ♘xc6 12.d3 ♘d4 13.♕d1 ♖ac8 14.♗e3 ♗a3! mit guten Perspektiven für Schwarz.

7.dxc6 bxc6 8.♗e2

Anzutreffen ist auch 8.♗d3, um das Feld e4 für den Springer zu sichern; z.B. 8...♘d5 (8...♘g4!? 9.♘e4 f5 10.♗e2 h5∞) 9.♘e4 (9.♘f3 ♗d6 10.0−0 ♘f4 11.♖e1 ♘xd3 12.cxd3 0−0 13.♘xe5 ♖e8 14.d4 c5⇄) 9...f5 10.♘ec3 ♘f4 11.♗f1 c5 12.d3 ♘g6 13.♘d2 ♗b7 mit etwa gleichen Aussichten.

8...h6

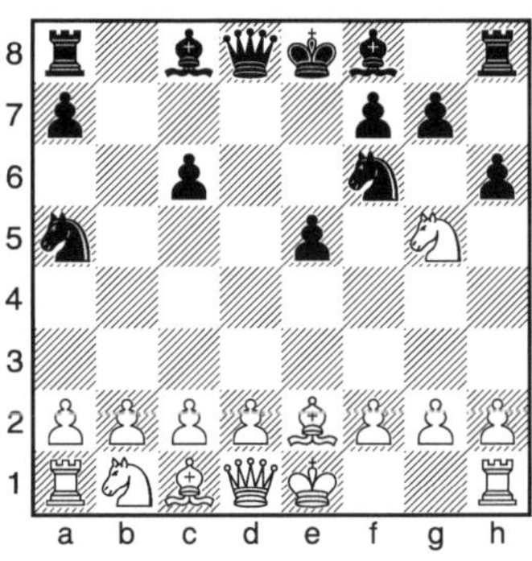

9.♘f3

Der Rückzug 9.♘h3!? hat auch seine Anhänger; z.B. 9...♗d6

(9...♗xh3 ist nicht zu empfehlen, denn mit Läuferpaar und Mehrbauer steht Weiß klar besser.)

10.d3 0−0 11.♘c3 ♘d5 12.♗d2 ♖b8 13.b3 ♘b7 14.♘g1 ♘c5 15.♘f3 ♘xc3 16.♗xc3 e4 17.♘d2 exd3 18.cxd3 ♗f5 und Schwarz hat noch immer ein gewisses Äquivalent für den Bauern.

9...e4 10.♘e5 ♗d6 11.d4

11.f4 wird ebenfalls gespielt; z.B. 11...exf3 12.♘xf3 0−0 13.0−0 ♕c7 14.d4 c5 mit ausreichendem Ersatz für den Minusbauern.

11...exd3 12.♘xd3 ♕c7 13.h3

Eine wichtige Alternative ist 13.b3!? und nach der Folge 13...0−0 14.♗b2 ♘e4 15.♘c3 f5 entsteht eine dynamische Position mit schwarzen Gegenchancen für den Bauern.

13...0−0 14.0−0 ♖b8

Nach 14...c5 15.♘c3 ♖b8 geht das Spiel in die Hauptvariante über.

15.♘c3 c5

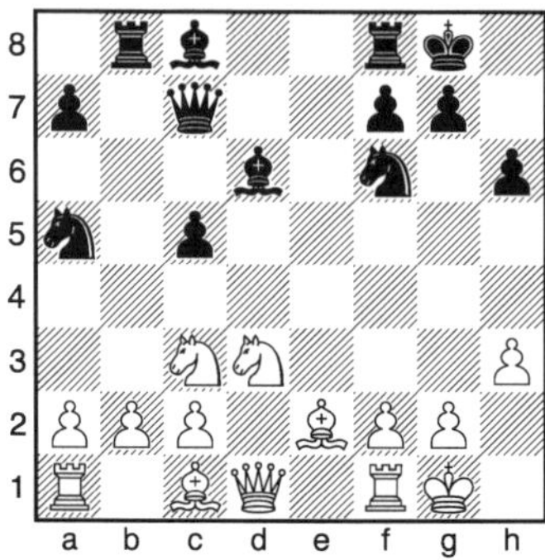

Schwarz hat vollwertiges Spiel. Weiß hat zwar einen Mehrbauern, aber Schwarz verfügt über mehr Raum für künftige Aktionen. So drückt nach etwa ♗c8-b7 sein Läuferpaar mächtig auf die weiße Königsstellung, wie die folgenden Beispiele zeigen.

I. 16.b3 ♗b7

(Die Folge 16...c4 17.bxc4 ♘xc4 18.♖b1 ♖xb1 19.♘xb1 ♗e6 20.♘d2 ♘xd2 21.♕xd2 ♖c8 ist auch gut für Schwarz.)

17.♗f3 c4 18.bxc4 ♘xc4 (18...♕xc4!? 19.♗d2 ♘c6 20.♖e1 ♘d4 21.♗xb7 ♖xb7⇄) 19.♖b1 ♗xf3 20.♕xf3 ♘e5 21.♘xe5 ♗xe5 und Schwarz hat gute Aussichten.

II. 16.♖b1 ♖e8 (16...c4 17.♘e1 ♖d8 18.♗d2 ♗e6 19.♕c1 ♘c6=) 17.♗d2 ♗a6 18.♖e1 c4 19.♘c1 ♖bd8 mit aktivem Spiel.

III. 16.♗d2 ♖d8 17.♕c1 ♘c6 (17...♘c4 18.♗f4 ♗xf4 19.♕xf4 ♕xf4 20.♘xf4 ♘xb2 21.♖ab1 ♗f5 22.♖fc1 ♖b4=) 18.♘f4 ♘d4 19.♗d1 ♗b7 und Schwarz steht ausgezeichnet.

IV. 16.♗e3 ♘c4 (16...c4 17.♘e1 ♖xb2=) 17.b3 ♘xe3 18.fxe3 ♖d8 mit starkem Gegenspiel.

V. 16.♗f3 ♖d8 17.b3 (17.♕e2 ♗a6!?) 17...c4 18.bxc4 ♕xc4 (18...♘xc4!?) 19.♗d2 ♘c6 mit aktivem Spiel für den Bauern.

Zusammenfassung: Das Zweispringerspiel gehört zu den ältesten Eröffnungen und ist trotzdem immer noch ziemlich populär. Vor allem wohl, weil hier viele interessante Stellungen mit scharfem Spiel und beidseitigen Möglichkeiten entstehen. Nach 4.♘g5 empfiehlt die Theorie 4...d5 mit guten Perspektiven für Schwarz. Wer jedoch das oft komplizierte Spiel nach 3...♘f6 vermeiden möchte, kann den soliden Zug 3...♗c5 wählen, der im nächsten Kapitel analysiert wird.

Kapitel 17

Italienische Partie

1.e4 e5 2.♘f3 ♘c6 3.♗c4 ♗c5

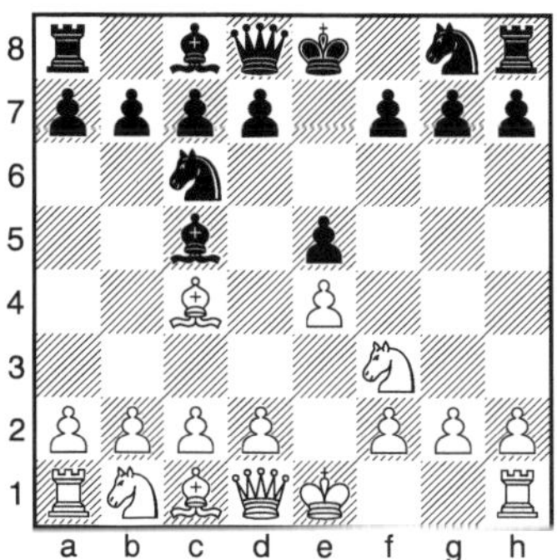

Damit ist die Italienische Partie entstanden, die bereits in der berühmten 'Göttinger Handschrift' aus dem späten 15. Jahrhundert erwähnt wird. Schwarz entwickelt seinen Königsläufer analog zum weißen, verhindert dadurch (zunächst) den Zug d2-d4 und gibt dem Gegner zu verstehen, dass der Bauer auf f2 genauso verwundbar sein kann wie der auf f7.

Die Gambitfortsetzung 4.b4 wird im **Kapitel 18** besprochen.

Hier ein Blick auf weitere Alternativen.

I. Zu 4.d3 – siehe **Abspiel 1**.

II. Zu 4.c3 – siehe **Abspiel 2**.

III. 4.♘c3 ♘f6 5.d3 d6 6.♗g5 h6 7.♗xf6 (7.♗h4 ♗g4 8.h3 ♗xf3 9.♕xf3 ♘d4 10.♕d1 c6=) 7...♕xf6 8.♘d5 ♕d8 9.c3 ♘e7 (9...a6 10.d4 ♗a7 11.dxe5 ♘xe5 12.♘xe5 dxe5 13.♕h5 0–0 14.♕xe5 ♖e8 15.♕f4 ♕d6 16.♕xd6 ♖xe4+ 17.♘e3 cxd6=) 10.d4 exd4

(Möglich ist auch 10...♘xd5 11.dxc5 ♘f4 12.g3 ♘g6 13.cxd6 ♕xd6 14.♕xd6 cxd6 15.♖d1 ♗g4=.)

11.cxd4 ♗b6 12.♘xb6 axb6 13.0–0 0–0 14.♖e1 d5 15.exd5 ♘xd5 16.♕b3 ♗e6 und Schwarz hat eine gute Stellung, während es im weißen Lager die Schwäche d4 gibt.

IV. 4.0–0 ♘f6 5.c3

(Die Fortsetzung 5.d3 führt unter Zugumstellung zu Abspiel 1.)

5...♘xe4

(Es geht auch 5...d6 6.d4 ♗b6 7.dxe5 dxe5 8.♕xd8+ ♘xd8 9.♘xe5 ♘xe4 10.♗d5 ♘d6 11.♖e1 0–0 mit Ausgleich in einer Stellung, die selbst bei vollem Brett bereits verflacht ist.)

6.d4 exd4 7.cxd4 d5 8.dxc5 dxc4 9.♕xd8+ (9.♕e2 ♕d3!) 9...♔xd8

(Das ist besser als 9...♘xd8? 10.♖e1 f5 11.♘c3 0–0 12.♘xe4 fxe4 13.♖xe4 mit unbequemer Stellung für Schwarz.)

10.♖d1+ ♗d7 mit dem Plan ♔d8-c8, ♗d7-e6 und guten Aussichten für Schwarz.

V. 4.♗xf7+ ist eine interessante Idee, aber es ist fraglich, ob Weiß ausreichenden Ersatz für die geopferte Figur bekommt.

4...♔xf7 5.♘xe5+ ♘xe5 6.♕h5+ Weiß muss natürlich aktiv spielen, um die exponierte Position des schwarzen Königs im Zentrum auszunutzen.

(Schwach ist 6.d4 wegen 6...♕h4!.)

6...♔e6 7.♕f5+ ♔d6 8.f4 ♕f6 9.fxe5+ ♕xe5 und es nicht zu sehen, wie Weiß weiter angreifen kann.

Abspiel 1

Die Fortsetzung 4.d3

(1.e4 e5 2.♘f3 ♘c6 3.♗c4 ♗c5)

4.d3

Mit diesem bescheidenen Zug will Weiß die komplizierten Varianten nach 4.c3 vermeiden.

4...♘f6 5.c3 a6 6.a4 ♗a7 7.0–0 d6 8.♘a3

Die Idee dieses Zuges besteht darin, den Springer auf c2 zu postieren, von wo er den Vorstoß d3-d4 unterstützen oder via e3 zum Königsflügel überführt werden kann.

Nach 8.♘bd2 kann Schwarz den folgenden Plan wählen: 8...0–0 9.h3 ♘e7 10.♖e1 ♘g6 11.♘f1 h6 12.♘g3 c6 13.♗b3 d5! 14.exd5 ♘xd5 und nun wäre 15.♘xe5? ♘xe5 16.♖xe5 schwach wegen 16...♗xf2+! mit Vorteil.

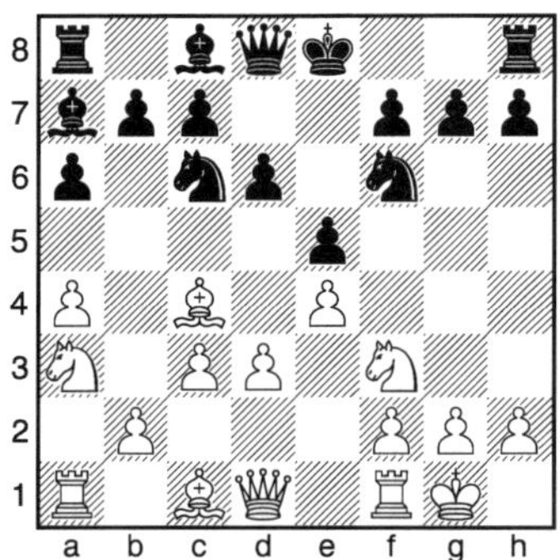

8...♘e7

Schwarz plant den Vorstoß d6-d5.

Hier ein Blick auf zwei Alternativen.

I. 8...h6 9.♘c2 0–0 10.♗e3 (10.♘e3 ♘e7 11.♗b3 ♘g6 ∆d6-d5!) 10...♘e7 11.♗xa7 ♖xa7 12.♘e3 c6 13.♗b3 ♘g6 nebst Vorbereitung von d6-d5 mit guten Aussichten im weiteren Spiel.

II. 8...0–0 9.♘c2 (9.♗g5 h6 10.♗h4 g5 11.♗g3 ♘e7 12.♘c2 ♘g6∞) 9...♗e6 10.♗xe6 fxe6 11.b4 ♕e8 12.♗e3 ♗xe3 13.♘xe3 ♕g6 14.♔h1 ♖f7 nebst ♖a8-f8 mit aktivem Spiel auf der f–Linie.

9.♘c2

Nach 9.♗g5 c6 10.♘c2 0–0 platziert Schwarz seinen Springer auf g6 und plant d6-d5.

9...♘g6

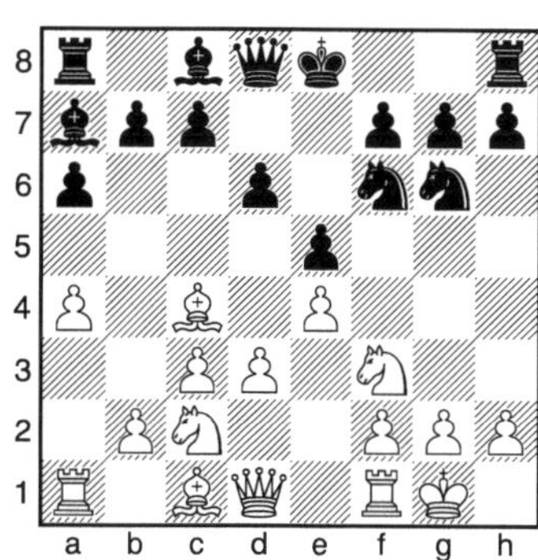

10.h3

Nach 10.♗e3 kann Schwarz 10...♗b8!? spielen, um den Läufer zu behalten und nach c7-c6 kommt er später zum Einsatz.

10...0–0 11.♖e1 c6 12.♗a2 ♖e8

Schwarz hat eine gute Stellung und den simplen Plan, den Vorstoß d6-d5 durchzusetzen.

Zusammenfassung: In diesem Abspiel sollte Schwarz bei genauem Spiel keine Schwierigkeiten haben, sich gleiche Chancen zu sichern. Seine Hauptidee besteht darin, den Vorstoß d6–d5 anzustreben.

Abspiel 2

Die Fortsetzung 4.c3

(1.e4 e5 2.♘f3 ♘c6 3.♗c4 ♗c5)

4.c3

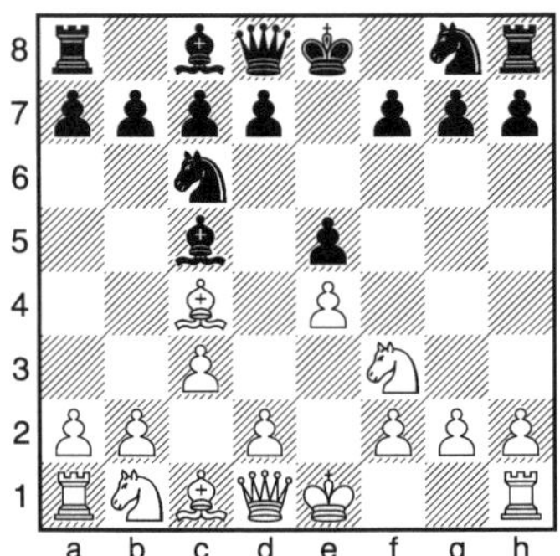

Wenn Weiß um Vorteil kämpfen möchte, sollte er mit diesem Zug die Errichtung eines starken Bauernzentrums mit d2-d4 anstreben.

4...♘f6

Um den gegnerischen Plan zu stören, nimmt Schwarz sofort den Bauern e4 unter Beschuss.

Vielleicht ist auch 4...♕e7!? 5.d4 spielbar. (5.0–0 d6 6.d3 ♘f6 7.♘bd2 0–0=) 5...♗b6 6.0–0 (6.d5 ♘d8 7.a4 a6 8.0–0 d6 Δf7-f6, ♘d8-f7 usw.) 6...♘f6 7.♖e1 d6 8.h3 h6 9.♗e3 0–0∞

5.d4

Natürlich ist auch 5.d3 mit Übergang zu **Abspiel 1** möglich.

5...exd4 6.cxd4

Auf 6.0–0 folgt 6...♘xe4 (oder 6...d6) 7.cxd4 d5 und weiter wie unter Punkt **IV** am Anfang des Kapitels.

6...♗b4+

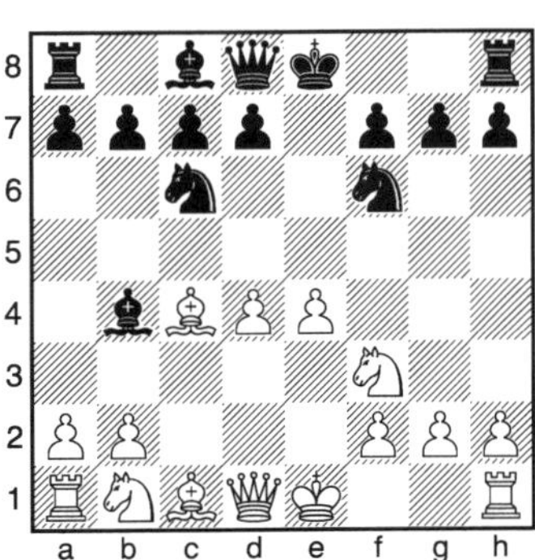

7.♘c3

Diese Gambitidee, die schon im 17.Jahrhundert von dem italienischen Meister Gioacchino Greco (1600–1634) empfohlen wurde, führt zu sehr kompliziertem Spiel.

Wenig zu fürchten hat Schwarz nach 7.♗d2 ♗xd2+ 8.♘bxd2.

A) 8...d5 9.exd5 ♘xd5 10.♕b3 ♘ce7 11.0–0 0–0 12.♘e5 (12.♖fe1 c6 13.a4 ♕b6 14.a5 ♕xb3 15.♘xb3 ♖d8 16.♘c5 ♖b8 17.♘e5 ♔f8=) 12...c6 13.a4 ♕b6 14.♕xb6 axb6 15.♗xd5 ♘xd5 16.♘e4 ♗e6

Weiß bleibt mit einem schwachen Isolani auf d4 und Schwarz hat mindestens gleiches Spiel.

B) 8...♘xe4 9.d5

(Nach 9.♘xe4 d5 10.♗d3 dxe4 11.♗xe4 ♘e7 12.0–0 c6 13.♖e1 0–0 14.♕b3 h6 15.♖ad1 ♕d6 hat Schwarz keine ernsthaften Probleme. Mit ♖a8-b8 und ♗c8-e6 sollte er das Gleichgewicht halten.)

9...♘xd2 10.♕xd2 ♘e7 11.d6!? (11.0–0 d6=) 11...cxd6 12.♕xd6 b5

(Nach 12...0–0 13.♘d4 ♘c6 14.0–0 hätte Weiß wohl mehr als nur Kompensation für den schwarzen Mehrbauern auf d7, der praktisch ein Schädling für die eigene Stellung ist.)

13.♗b3 0–0 14.0–0 a5 15.♖fe1 a4 16.♗c2

(Nach 16.♗xa4 bxa4 17.♖xe7 ♖a6 18.♕a3 d6 19.♖e4 ♕a5 gefolgt von ♗c8-b7 hat Schwarz ausreichend Kompensation für die schwachen Bauern a4 und d6.)

16...♘g6 und in dieser etwa ausgeglichenen Stellung hat Weiß für den geopferten Bauern aktives Spiel.

7...♘xe4 8.0–0

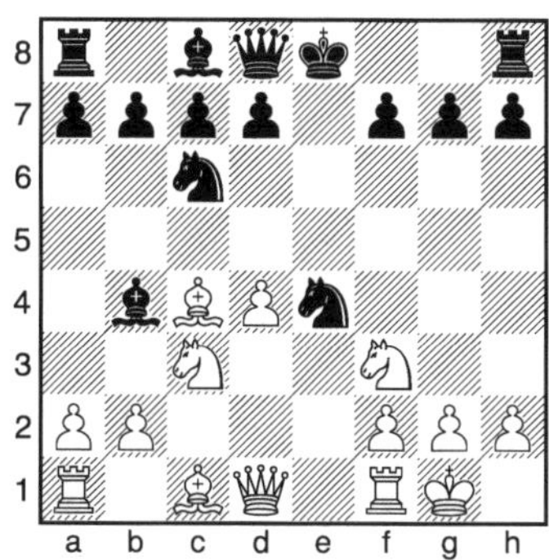

8...♗xc3

Völlig befriedigend für Schwarz ist 8...♘xc3 9.bxc3, wie die folgenden Abspiele beweisen.

A) 9...♗xc3 10.♗a3 d5 (10...♗xa1? 11.♖e1+ ♘e7 12.♗xe7 ♕xe7 13.♖xe7+ ♔xe7 14.♕xa1+–) 11.♗b5 ♗xa1 12.♖e1+ ♗e6 13.♕a4 ♕d7 14.♘e5 ♘xe5 15.♗xd7+ ♘xd7 16.♖xa1 ♔d8 Δ♘d7-b6-c4 mit gutem Spiel für Schwarz.

B) 9...d5 10.cxb4 dxc4 11.♖e1+ ♘e7 12.♕e2 (12.♗g5 f6!) 12...♗e6 13.♗g5 ♕d5 14.♗xe7 ♔xe7 15.♕c2 f6 16.♘g5!? fxg5 17.♖e5 ♕xd4 18.♖ae1 ♖ae8! 19.♖xe6+ (19.♕e2 ♕d7 20.♖xe6+ ♔d8∓) 19...♔d7 20.♖d1 ♕xd1+ 21.♕xd1+ ♔xe6 22.♕d4 ♖e7 23.♕xc4+ ♔d7=

C) Nicht zu empfehlen ist hingegen 9...♗e7, denn nach 10.d5 ♘a5 11.d6!? (11.♗d3 0–0 12.♖e1 b6∞) 11...cxd6 12.♗xf7+ ♔xf7 13.♕d5+ ♔f8 14.♘g5 ♕e8 15.♕xa5 steht insbesondere der schwarze König hässlich.

9.d5

Dieser energische Zwischenzug stammt von dem dänischen Meister J. Möller, dessen Analysen im Jahre 1898 in der Schachzeitschrift 'Tidskrift för Schack' veröffentlicht wurden.

Nach dem natürlichen Zurückschlagen 9.bxc3 kommt Schwarz selbst zu 9...d5!.

9...♗f6 10.♖e1 ♘e7 11.♖xe4 d6

Schwarz muss genau vorgehen, denn nach 11...0–0 12.d6! würde er völlig eingeschnürt; z.B. 12...cxd6 13.♗g5 ♘g6 14.♕d5 mit dem Plan ♖a1-e1 nebst ♖e4-e8!.

12.♗g5

Weiß darf nicht zögerlich spielen, sonst steht er am Ende einfach mit einem Bauern weniger da.

12...♗xg5 13.♘xg5

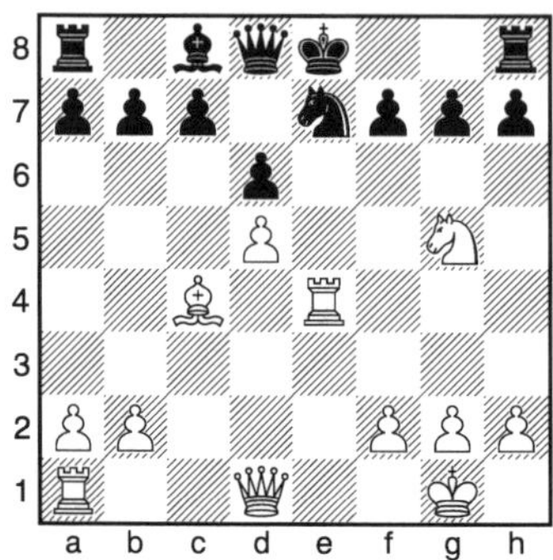

13...0–0!

Dies ist die allgemeine Empfehlung der Theorie.

Die Alternative 13...h6 mit der möglichen Folge 14.♕e2 hxg5 15.♖e1 ♗e6 16.dxe6 bereitet den Analytikern noch immer Kopfzerbrechen.

A) 16...f5 17.♖d4 d5 18.♗xd5 ♕d6 (18...♘xd5 19.♕e5+–) 19.♕b5+

(Schwächer ist 19.♕e5 ♕xe5 20.♖xe5 ♖d8 und Schwarz hält seine Stellung.)

19...c6 (19...♔f8 20.♗xb7 ♕xh2+ 21.♔f1 ♖b8 22.♖d7+–) 20.♕xb7 ♖d8 21.♗xc6+ ♕xc6 22.♖xd8+ ♔xd8 23.♕xa7 und die weißen Aussichten sind bedeutend günstiger.

B) 16...f6! 17.♖e3 c6

(Problematisch ist 17...♔f8, denn nach der möglichen Folge 18.♖h3 ♖xh3 19.gxh3 g6 20.♕f3 ♔g7 21.♕xb7 ♕b8 22.♕f3 c6 23.♕a3 ♕c7 bleibt der Bauernkeil auf e6 sehr unangenehm.)

18.♖h3

Weiß ist bereit, seine Königsstellung zu schwächen, um nach dem Tausch der Türme in die gegnerische Stellung einzudringen.

18...♖xh3 19.gxh3 g6 20.♕f3 (20.♖d1 ♔f8!) 20...♕a5 21.♖d1 ♕e5 22.♕a3 d5 23.♗d3 ♕xe6 und Schwarz hat zwei Bauern mehr, muss sich aber noch um die Sicherheit seines Königs kümmern.

14.♘xh7

Da es keinen anderen Ausweg gibt, muss Weiß aktiv handeln.

14...♔xh7

Eine interessante Alternative ist 14...♗f5!? mit der möglichen Folge 15.♖h4 ♖e8 (15...♗xh7? 16.♕h5+–) 16.♕h5 ♘g6 17.♖d4 ♖e5 mit unklarer Stellung.

15.♕h5+ ♔g8 16.♖h4

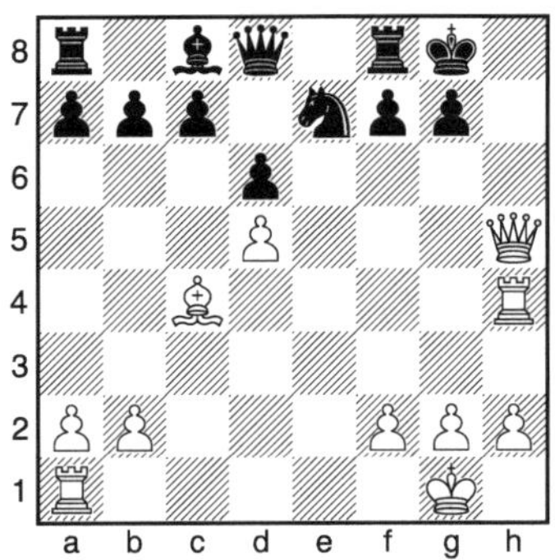

16...f5!?

Nur mit diesem Zug kann Schwarz versuchen, auf Sieg zu spielen.

Zum Remis reicht 16...f6 mit der möglichen Folge 17.g4 ♖e8 18.♗d3 ♔f8 19.♕h8+ ♘g8 20.♗h7 ♔f7 21.♗g6+ ♔f8 (21...♔xg6?? 22.♕h5#) 22.♗h7=.

17.♕h7+ ♔f7 18.♖h6!

Das Beste: Weiß plant ♗e2-h5+.

Andere Versuche sind schwach:

– 18.♖e1? ♘g6 19.♖h6 ♕g5–+;

– 18.♕h5+? ♘g6 19.♖h3 ♖h8–+.

18...♖g8

Macht das Feld f8 für den König frei.

19.♖e1 ♕f8 20.♗b5

Nur so, denn auf 20.♖h3? folgt 20...♔f6!.

20...♖h8 21.♕xh8 gxh6 22.♕h7+ ♔f6 23.♖xe7 ♕xe7 24.♕xh6+ ♔f7 25.♕h7+

Mit Remis, da das Dauerschach nicht zu verhindern ist.

Zusammenfassung: Die Italienische Partie bietet dem kämpferisch eingestellten Weißspieler viele komplizierte Varianten, die dem Schwarzen jedoch bei genauem Gegenspiel keine Eröffnungsprobleme stellen sollten.

Kapitel 18

Evans–Gambit

1.e4 e5 2.♘f3 ♘c6 3.♗c4 ♗c5 4.b4

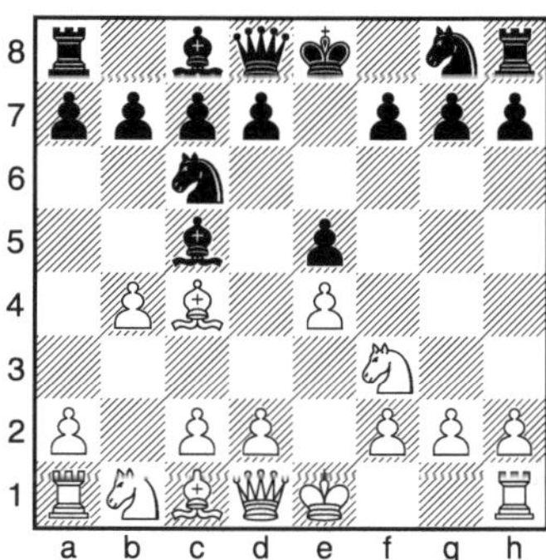

Um ein Tempo für die Besetzung des Zentrums mit d2-d4 zu gewinnen, ist Weiß zu einem Bauernopfer bereit. Diese interessante Idee geht auf den englischen Schachmeister und Schiffskapitän William Davis Evans (1790-1872) zurück und erlangte 1834 eine außergewöhnliche Popularität durch den berühmten Wettkampf zwischen La Bourdonnais und McDonnell, in dem das Gambit immerhin 22 mal gespielt – und ebenso oft angenommen wurde!

Auch während des ganzen 19. Jahrhunderts blieb es eine der beliebtesten Eröffnungen, weil es zu einem scharfen und kompromisslosen Kampf führt. Und sogar in unserer Zeit ist es noch nicht von der Bildfläche verschwunden, ja dank Ex–Weltmeister Garri Kasparow wurden sogar neue Wege gefunden, die dem Evans-Gambit frisches Leben eingehaucht haben.

4...Lxb4

Mit 4...Lb6 kann Schwarz das Opferangebot auch ablehnen; z.B. 5.a4 a5 (Beachtung verdient 5...a6!? 6.Sc3 Sf6 7.Sd5 Sxd5 8.exd5 Sd4 9.a5 La7 10.Sxe5 d6 11.Sf3 Lg4 mit Kompensation für den Bauern.)

6.b5 Sd4 7.Sxd4 exd4 8.0-0 d6 9.Te1 Se7 und nach 0-0, Lc8-e6 darf Schwarz aufatmen.

5.c3

Dies ist der besagte Tempogewinn, der nicht nur den Läufer vertreibt, sondern auch d2-d4 vorbereitet.

5...La5

Dies ist nur einer von drei plausiblen Rückzügen. Hier ein Blick auf die beiden Alternativen.

I. 5...Lc5 6.0-0

(6.d4 exd4 7.cxd4 Lb6 8.0-0 d6 9.Sc3 Sa5 10.Ld3 Se7 usw. läuft nur auf Zugumstellung hinaus.)

6...d6 7.d4 exd4 8.cxd4 Lb6 9.Sc3 Sa5 10.Ld3 Se7 11.d5 0-0 12.Lb2 Sg6 13.Se2 c5 14.Dd2 f6 15.Tac1 Ld7 16.Sg3 Tc8 und Schwarz kann mit seiner Stellung zufrieden sein.

II. 5...Le7 6.d4 (6.Db3 Sh6!) 6...Sa5 7.Sxe5 Sxc4 8.Sxc4 d5 9.exd5 Dxd5 10.Se3 Da5 11.0-0 Sf6 12.c4 0-0 mit weitgehend ausgeglichener Position.

6.d4 d6

Rasche Entwicklung ist hier das oberste Gebot, dessen Missachtung unter Umständen schnell zum Nachteil führen kann, wie das folgende Beispiel zeigt: 6...Df6 7.0-0 Sge7 (7...h6!? 8.Db3 Sge7 9.Sxe5±) 8.d5 Sd8 9.Da4 Lb6 10.Lg5 Dd6 11.Sa3 c6 12.Tad1 Db8 13.Lxe7 Kxe7 14.d6+ Kf8 15.Db4 und die schwarze Stellung ist am Damenflügel kompromittiert.

7.Db3 Dd7 8.dxe5 Lb6

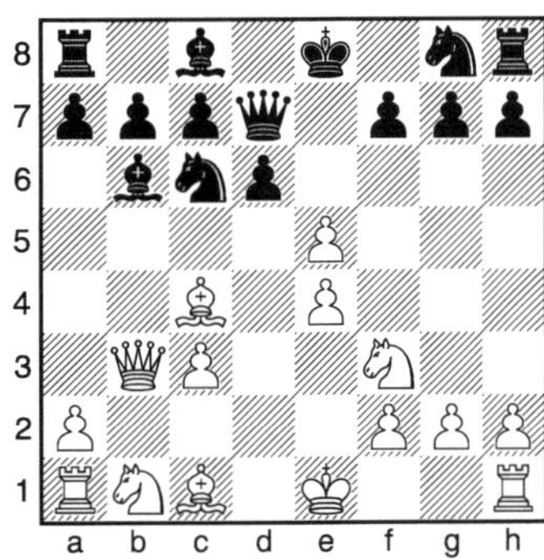

9.Lb5

9.Sbd2 ist ungefährlich, wie sich nach 9...Sa5 10.Dc2 Sxc4 11.Sxc4 d5 herausstellt.

A) 12.exd5 Dxd5 13.Da4+ Ld7 14.Sxb6 cxb6 15.Dd4 Dxd4 (15...Se7 Δ16.La3 Le6=) 16.Sxd4 Tc8 17.Kd2 Se7 18.La3 Sd5=

B) 12.Lg5 h6! (12...dxc4?? 13.Td1+-) 13.Lh4 g5 14.Sxb6 (14.0-0-0 gxh4! 15.exd5 Dg4 16.Sd4 Se7-+) 14...axb6 15.Lg3 dxe4 16.Dxe4 Se7 17.0-0 Dc6 mit guter Stellung.

9...a6 10.La4 Lc5

Nach 10...De6 und der Folge 11.Lxc6+ bxc6 12.0-0 Tb8 13.Dxe6+ Lxe6 14.La3 hat Weiß einen kleinen

Vorteil, denn seine Bauern sind weniger geschwächt als die gegnerischen.

11.exd6 b5 12.♕d5 ♗xd6 13.♗c2 ♘f6 14.♕d3 0–0

Schwarz hat alle Eröffnungsprobleme überwunden und postiert seine Kräfte am besten nach dem Schema ♖f8-e8, ♗c8-b7 und ♖a8-d8, was ihm gute Perspektiven garantiert. Weiß hingegen sollte versuchen, aus der Batterie ♗c2/♕d3 Kapital für einen Königsangriff zu schlagen.

Zusammenfassung: Das Evans-Gambit ist vor allem dann gefährlich, wenn Schwarz den Partiebeginn ungenau behandelt. Bei genauem Spiel sollte er jedoch ohne größere Hindernisse Ausgleich erreichen. Nur als Überraschung ist das Evans-Gambit immer noch eine gefährliche Waffe in den Händen eines geübten Angreifers.

Kapitel 19

Ungarische Verteidigung

1.e4 e5 2.♘f3 ♘c6 3.♗c4 ♗e7

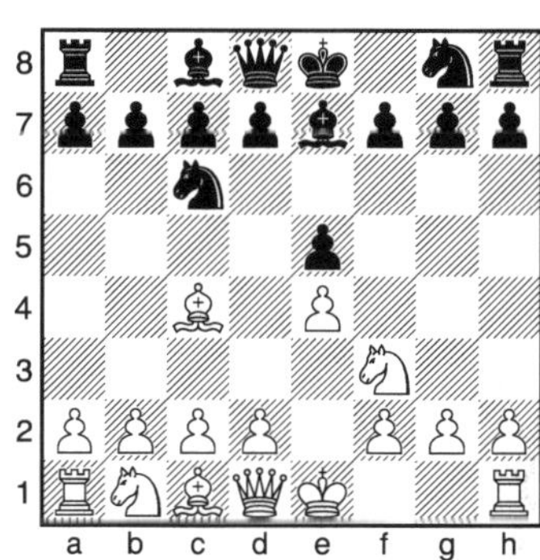

Diese Eröffnung erhielt ihren Namen nach einer in den Jahren 1842-45 gespielten Fernpartie zwischen Paris und Pest, dem heutigen Ostteil der ungarischen Hauptstadt Budapest. Der Grundgedanke des Textzuges besteht darin, den Springerausfall nach g5 zu vermeiden, der z.B. nach 3...♘f6 geschehen könnte (siehe Kapitel 16). Andererseits verzichtet Schwarz auf aktives Gegenspiel (z.B. mit 3...♗c5 – siehe Kapitel 17), weshalb die Ungarische Verteidigung modernen Spielern als ziemlich anspruchslos gilt.

4.d4

Das ist die energischste Fortsetzung.

Die Alternative 4.0–0 bereitet Schwarz nach 4...♘f6 keinerlei Probleme; z.B. 5.♘c3 (5.d3 0–0 6.c3 d5 7.exd5 ♘xd5 8.♖e1 ♗g4 9.♗b3 ♘b6=) 5...d6 6.d4

♗g4 und der schwarze Damenläufer kommt aktiv ins Spiel.

4...exd4

Wenn Schwarz die Spannung mit 4...d6 aufrechterhält, hat Weiß die folgende Wahl.

– Mit 5.dxe5 dxe5 6.♕xd8+ ist kein Vorteil zu erzielen. (6.♗d5 ♗d7 7.♘c3 ♘f6 8.0–0 0–0 9.♗xc6 ♗xc6 10.♘xe5 ♕xd1 11.♖xd1 ♗xe4 12.♘xe4 ♘xe4 13.♗e3 ♖fd8=) 6...♗xd8 7.♘c3 ♗e7 8.♗b5 ♗d6 9.♗e3 ♘ge7 10.0–0–0 ♗g4 11.♗e2 0–0–0=

– ⌓5.d5 ♘b8

(5...♘a5 ist nicht zu empfehlen, denn nach 6.♗d3 bleibt der Springer lange außer Spiel.)

6.♗d3 ♘f6

(Oder 6...♗g4 7.h3 ♗h5 8.c4 ♘d7 9.♗e3 ♘gf6 10.♘bd2 0–0 11.g4 ♗g6 12.♘h4 ♘e8 13.♘f5 ♗xf5 14.exf5±.)

7.c4 0–0 8.h3 ♘bd7 9.♘c3 ♘e8 10.0–0

(Nach 10.g4 kann Schwarz Gegenspiel erhalten, wenn er seine Kräfte nach dem Schema 10...g6 ♘e8-g7, ♔g8-h8, f7-f5 aufstellt.)

10...g6 11.♗h6 ♘g7 12.♕d2 a5 und angesichts seines Raumvorteils hat Weiß die günstigeren Aussichten.

5.♘xd4 d6 6.0–0 ♘f6 7.♘c3 0–0

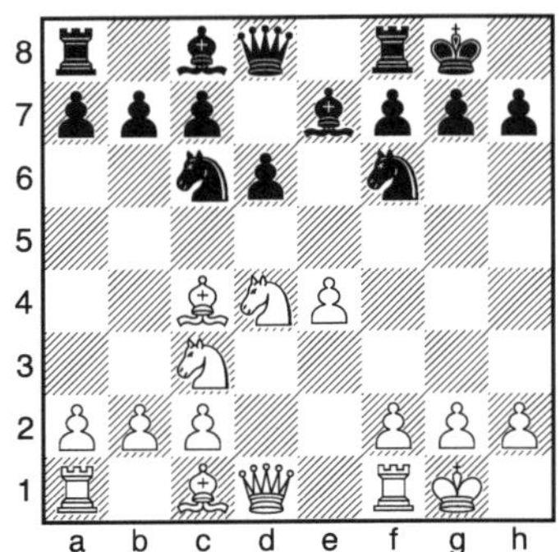

8.h3

Dieser vorbeugende Zug ist oft sehr nützlich, weil damit ein Ausfall der gegnerischen Leichtfiguren nach g4 verhindert wird.

Nach 8.♖e1 ♗g4 (8...♖e8 9.h3!) 9.♗e2 ♘xd4 10.♕xd4 ♗xe2 11.♖xe2 ♖e8 hat Schwarz keine Probleme.

8...♗d7

Auch mit 8...♘xd4 9.♕xd4 ♗e6 hat Schwarz in einigen Partie annähernden Ausgleich erreicht.

9.f4 ♘xd4 10.♕xd4 ♗c6

Auf 10...♗e6 sollte Weiß am besten 11.♗e2 wählen.

11.♗e3

Der scharfe Versuch, mit 11.g4 am Königsflügel aktiv zu werden, wird mit 11...♘xe4! widerlegt.

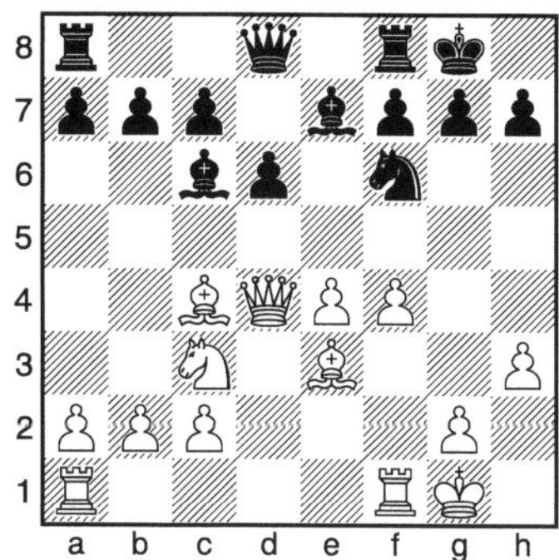

11...♘xe4!

Das ist die beste Verteidigung.

Nach 11...♘d7 12.♘d5 ♗xd5 13.♗xd5 c6 14.♗b3 ♘c5 15.♖ad1 ♕c7 erlangt Weiß (laut Keres) die besseren Perspektiven, indem er mit g2-g4 und f4-f5 am Königsflügel aufmarschiert.

12.♘xe4 d5 13.♖ad1 dxc4

Das ist die richtige Entscheidung, denn auf 13...dxe4? folgt 14.♕c3! ♕c8 15.♗d4 ♕f5 16.♗xg7 ♖fd8 17.♗e5 und Weiß steht besser.

14.♕xc4 ♕e8 15.♖fe1 ♖d8 16.♗d4 ♕d7 17.♘c3 ♗d6 18.♗e5 ♖fe8 und Schwarz hat das Spiel ausgeglichen.

Zusammenfassung: Da die Ungarische Verteidigung von der Theorie als ziemlich bescheiden beurteilt wird, wird sie in aller Regel auch nicht empfohlen. Es scheint mir jedoch, dass sie auch positive Eigenschaften hat, und tatsächlich ist sie solide genug, um in der Praxis eingesetzt zu werden. Auf jeden Fall kann Schwarz mit 3...♗e7 (im Gegensatz zu 3...♗c5 oder 3...♘f6) viele komplizierte und weit ausanalysierte Varianten umgehen.

Kapitel 20

Spanische Partie

1.e4 e5 2.♘f3 ♘c6 3.♗b5

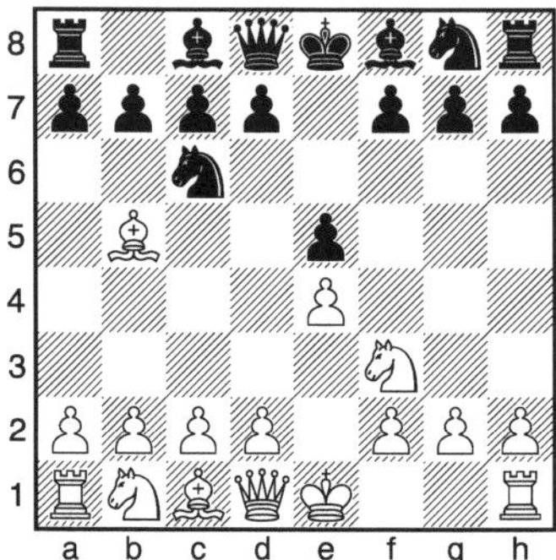

Mit diesem Zug beschäftigte sich der spanische Geistliche und Schachspieler Ruy Lopez de Segura bereits im 16. Jahrhundert. Seit dieser Zeit gehört die Spanische Partie zu den populärsten aller jemals gespielten Eröffnungen. Mit 3.♗b5 setzt Weiß den gegnerischen Zentrumsbauern dauerhaft unter Druck, und obwohl dieser nicht unmittelbar in Gefahr schwebt, muss Schwarz sich früher oder später etwas zu seinem zuverlässigen Schutz einfallen lassen. Kein anderer Zug ist so sehr wie 3.♗b5 von positionellen Überlegungen geleitet, und kein anderer Zug ist so sehr geeignet, den weißen Anzugsvorteil auf lange Zeit aufrechtzuerhalten. Da Weiß das Zentrum fest im Griff hat, besteht für Schwarz die Gefahr, in einer Art Zwangsjacke zu enden. Entsprechend wurden viele und höchst unterschiedliche Verteidigungssysteme entwickelt, die in insgesamt sieben Abspielen vorgestellt werden.

3...a6

Das gilt als die stärkste Erwiderung. Weiß ist nun zu einer Erklärung gezwungen: Soll er den Springer schlagen, oder soll er einstweilen mit dem Läufer nach a4 ausweichen? Im zweiten Fall muss er damit rechnen, dass Schwarz im geeigneten Moment den Druck des Läufers mittels b7-b5 abschüttelt.

Außer 3...a6 sind noch sieben weitere Züge mehr oder weniger gebräuchlich.

I. Zu 3...♗c5 – siehe **Abspiel 1.**

II. Zu 3...♘f6 – siehe **Abspiel 2.**

III. Zu 3...f5 – siehe **Abspiel 3.**

IV. 3...♘d4 leitet die sogenannte 'Bird-Verteidigung' ein.

4.♘xd4 exd4 5.0–0 ♗c5 6.d3 (6.♗c4 d6 7.c3 c6 8.d3 ♘e7 9.♗g5 0–0 10.♕h5 ♗e6 11.♗xe6 fxe6 12.♕g4 ♕d7=) 6...c6 7.♗a4 ♘e7 8.f4 f5 9.♗b3 d5 10.exd5 ♘xd5 11.♖e1+ ♔f8

(Auch nach 11...♔f7 12.♘d2 ♖f8 13.♘f3 steht Weiß etwas besser.)

12.♕h5 g6 13.♕h6+ ♔f7 14.♘d2 ♗f8 15.♕h3 ♔g7 16.♘f3 und nach ♘f3-e5 ist Weiß wegen des mächtigen Zentralspringers in Vorteil.

V. 3...d6 leitet die sogenannte 'Steinitz-Verteidigung' ein.

4.d4 (4.0–0 ♗d7 5.♘c3 ♘f6 6.d4 ♗e7

7.♖e1 exd4 8.♘xd4 0–0 9.♗xc6 bxc6 10.♗g5 h6 11.♗h4 ♖e8=) 4...♗d7

(Auf 4...exd4 folgt 5.♕xd4! ♗d7 6.♗xc6 ♗xc6 7.♘c3 ♘f6 8.♗g5 nebst 0–0–0, ♖h1-e1 mit aktivem weißem Spiel.)

5.♘c3 ♘f6 6.0–0 ♗e7 7.♗xc6 ♗xc6 8.♖e1 exd4 9.♘xd4 ♗d7 10.h3 0–0 11.♕f3 mit der Absicht ♗c1-f4 und ♖a1-d1, wonach die weiße Stellung vorzuziehen ist.

VI. 3...♘ge7 4.♘c3

(4.c3 nebst d2–d4 ist ebenfalls möglich.)

4...♘g6 5.d4 exd4 6.♘xd4 ♗c5 7.♗e3 ♗xd4 8.♗xd4 0–0 9.♗e3 d6 10.0–0 ♖e8 11.♕d2 mit kleinem Vorteil für Weiß, der mehr Raum und das Läuferpaar besitzt.

VII. 3...g6 4.c3

Die offensichtliche Idee dieses natürlichen Zuges besteht in der Errichtung eines starken Bauernzentrums mit d2-d4.

(Verfrüht wäre 4.d4 exd4 5.♘xd4 ♗g7 6.♗e3 ♘f6 7.♘c3 0–0 8.f3 ♘e7 9.♕d2 d5 mit Gegenspiel.)

4...a6 5.♗c4

(– 5.♗xc6 dxc6 6.d4 exd4 7.♕xd4 ♕xd4 8.cxd4 ♗g4=

– 5.♗a4 d6 6.d4 ♗d7 7.0–0 ♗g7 8.♖e1 ♘ge7 9.d5 ♘a5 10.♗xd7+ ♕xd7 11.b3 b5 12.c4 c5 13.♗d2 ♘b7 14.♘c3 0–0 nebst f7-f5 mit aktivem Spiel am Königsflügel.)

5...♗g7 6.d4 d6 7.♗g5 ♘f6 (7...♕d7 8.0–0 h6 9.♗h4 ♘f6 10.♖e1 0–0 11.♘bd2 ♖e8∞) 8.dxe5 dxe5 9.♕xd8+ ♘xd8 10.♘bd2 ♘e6 11.♗xe6 ♗xe6 12.♘xe5 ♘xe4 13.♘xe4 ♗xe5=

4.♗a4

Damit will Weiß die Spannung aufrechterhalten.

Die Folgen der sogenannten ‘Abtauschvariante’ 4.♗xc6 werden in **Abspiel 4** erörtert. Hier sei nur erwähnt, dass nach 4...dxc6 der Bauernraub 5.♘xe5 überhaupt keinen Sinn macht, denn nach 5...♕d4 gewinnt Schwarz seinen Bauern zurück und hat angesichts seines Läuferpaars obendrein auch noch die bessere Stellung.

4...♘f6

Schwarz zentralisiert seinen Springer und greift gleichzeitig den Bauern e4 an.

Hier ein Blick auf einige Alternativen.

I. 4...d6 leitet die sogenannte ‘Verbesserte Steinitz–Verteidigung’ ein.

5.c3 ♗d7

(Capablancas Empfehlung 5...f5 schwächt die weißen Felder zu sehr und ist darum unter Umständen riskant; z.B. 6.exf5 ♗xf5 7.0–0 ♗d3 8.♖e1 ♗e7 9.♗c2 ♗xc2 10.♕xc2 ♘f6 11.d4 0–0 12.d5! ♘b8 13.♘g5 mit weißem Vorteil.)

6.d4 g6 (6...♘f6 7.0–0 ♗e7 8.♖e1 0–0 9.♘bd2±) 7.0–0 ♗g7 8.♖e1 ♘ge7 9.d5 ♘b8 10.♗xd7+ ♘xd7 11.♗e3 h6 12.♘fd2 0–0 13.c4 f5 14.f3 nebst ♘b1-c3, b2–b4, c4–c5 mit aktivem Spiel am Damenflügel. Schwarz hingegen wird versuchen, Gegenspiel am anderen Flügel einzuleiten. Weiß hat jedoch insgesamt die besseren Aussichten, denn der Gegner muss ohne den weißfeldrigen Läufer auskommen, dem in ähnlichen Stellungen (vgl. Geschlossene Spiele, Königsindisch) typischerweise eine wichtige Rolle beim Königsangriff zukommt.

II. 4...f5 ist eine scharfe und noch wenig erforschte Fortsetzung; z.B. 5.d4 exd4 6.e5! ♗c5

(Oder 6...♗b4+ 7.c3! dxc3 8.♘xc3 ♘ge7 9.0–0 mit Initiative für den Bauern.)

7.0–0 (7.c3!?) 7...♘ge7 8.♗b3 d5 9.exd6 ♕xd6 10.♖e1 h6 11.♘bd2 b5 12.a4 ♗b7 13.axb5 axb5 14.♖xa8+ ♗xa8 15.♕e2 und laut Keres ist die weiße Stellung vorzuziehen, da Schwarz noch das Problem seines unrochierten Königs lösen muss.

III. 4...b5 5.♗b3 ♘a5 leitet die sogenannte 'Taimanow–Variante' ein.

6.0–0

(Nach 6.♗xf7+!? hat Weiß eine vielversprechende Angriffsstellung; z.B. 6...♔xf7 7.♘xe5+ ♔e8 8.♕h5+ g6 9.♘xg6 hxg6 10.♕xh8 ♔f7 11.♕c3 ♘c6 12.0–0 usw.)

6...d6 7.d4 ♘xb3 8.axb3 f6 9.c4 b4

(Nach 9...♗b7 10.♘c3 ♘e7 11.♕e2 c6 12.♖d1 hat Weiß die aktivere Stellung.)

10.♗e3 ♗b7 11.♘bd2 c5 12.d5 (12.dxc5 dxc5 13.♕e2 ♗d6 14.♘h4 g6 15.♖ad1 ♕c7=) 12...g6 nebst ♘g8-h6-f7 mit fester Stellung.

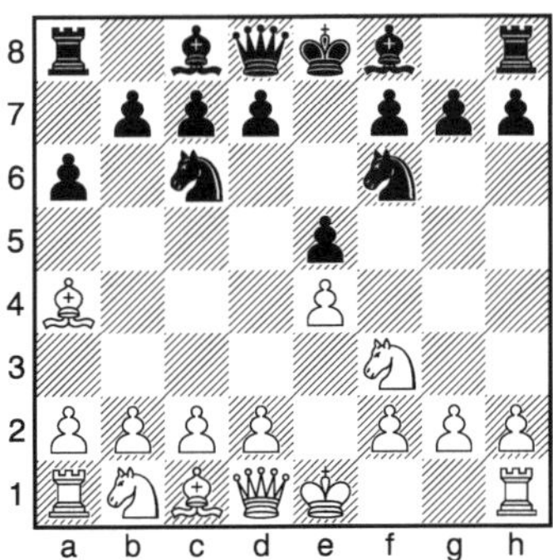

5.0–0

Das ist der beste Weg für Weiß. Er setzt die Entwicklung fort und verrät seine Pläne noch nicht.

Hier ein Blick auf weitere Möglichkeiten.

I. 5.♘c3 b5 6.♗b3 ♗e7

(Zu gefährlich ist der Versuch, nach 6...b4 einen Bauern zu gewinnen: 7.♘d5 ♘xe4 8.♕e2 ♘c5 9.♘xe5 ♘d4 10.♕h5 g6 11.♘xc7+! ♕xc7 12.♗xf7+ ♔d8 13.♕h4+ ♗e7 14.♕xd4+–.)

7.0–0 d6 8.♘d5!? ♘a5

(Nach 8...♘xe4 und der Antwort 9.d4! kann Schwarz sich nur Schwierigkeiten einhandeln.)

9.♘xe7 ♕xe7 10.d4 ♗b7 11.♗g5 und jetzt wäre 11...♗xe4? schwach (⌓11...0–0!) wegen 12.♘xe5! ♘xb3 13.axb3 dxe5 14.♖e1 exd4 15.♗xf6 ♕xf6 16.♖xe4+ ♔d7 17.♖xd4+ ♔c6 18.♕d3 mit weißem Angriff.

II. 5.d3 d6 (5...♗c5!?) 6.c3 g6

(Oder 6...♗e7 7.h3 0–0 8.♕e2 ♘e8 9.g4 b5 10.♗c2 ♗b7 11.♘bd2 nebst ♘d2–f1-g3 mit guten Angriffschancen am Königsflügel.)

7.d4 b5 8.♗b3 ♕e7 9.0–0 ♗g7 10.a4 ♖b8 11.axb5 axb5 12.dxe5 dxe5 13.♗e3 0–0 14.♘bd2 ♗b7 15.♕e2 b4=

III. 5.♕e2 b5 6.♗b3 ♗e7 (6...♗c5!?) 7.a4 ♖b8 8.axb5 axb5 9.c3 d6 10.0–0 ♗g4 11.♖d1 0–0 12.d4 ♖a8 13.♖xa8 ♕xa8 14.d5 (14.♕xb5 ♘a7!) 14...♘a5 15.♗c2 c6 und Schwarz kann mit seiner Stellung vollauf zufrieden sein.

IV. 5.d4 exd4 6.0–0 ♗e7 7.e5 ♘e4 8.♘xd4 ♘xd4 (8...0–0!?) 9.♕xd4 ♘c5 10.♘c3 0–0 11.♘d5 (11.♗g5 ♗xg5 12.♕xc5 ♗e7 13.♕e3 d5=) 11...d6 12.♘xe7+ ♕xe7 13.exd6 ♕xd6=

5...♗e7

Schwarz entwickelt konsequent seine Figuren und strebt so rasch wie möglich die Sicherung seines Königs an.

Hier ein Blick auf andere Möglichkeiten.

I. Zu 5...♘xe4 – siehe **Abspiel 5**.

II. 5...b5 6.♗b3 ♗c5 leitet die sogenannte ‘Neue Archangelsk–Variante’ ein, die in der letzten Zeit häufiger auftaucht.

(Zu 6...♗b7 – siehe **Abspiel 6**.)

A) 7.a4 ♗b7 8.d3 0–0 9.♘c3 ♘a5

Dies ist ein bekanntes und ausgiebig analysiertes Bauernopfer.

(Die Alternative ist 9...b4!? und nun z.B. 10.♘d5 ♘xd5 11.♗xd5 d6 12.a5 ♖b8∞.)

10.axb5 ♘xb3 11.cxb3 axb5 12.♖xa8 ♗xa8 13.♘xe5 (13.♘xb5 d5!⇄) 13...d5 14.♗g5 dxe4 15.dxe4 b4 16.♘d5 ♗xd5 17.exd5 ♖e8 18.♘g4 ♗e7 19.♘xf6+ ♗xf6 20.♗xf6 ♕xf6 21.♖e1 ♖d8 und dieses Schwerfigurenendspiel wurde schon oft erfolgreich verteidigt.

B) 7.c3 d6 8.a4 ♖b8 9.d4 ♗b6 10.♘a3 0–0

(Nach 10...♗g4 11.axb5 axb5 12.♘xb5 0–0 13.♖e1 ♗xf3 14.gxf3 ♘h5 15.♔h1 ♕f6 16.♖g1 ♘f4 17.♗e3 verbleibt Weiß mit einem Mehrbauern.)

11.axb5 axb5 12.♘xb5 ♗g4 13.♗c2 ♗xf3 14.gxf3 ♘h5 15.f4 ♘xf4 16.♗xf4 exf4 17.♕g4 ♕f6 mit zweischneidigem Spiel.

III. 5...♗c5 leitet das sogenannte ‘Möller–System’ ein.

6.c3 b5 (6...♗a7 7.d4 ♘xe4 8.♖e1 f5 9.♘bd2±) 7.♗c2 (7.♗b3 d6 8.a4 ♗g4 9.h3 ♗xf3 10.♕xf3 ♘a5 11.♗c2 b4 12.d3 ♖b8 13.♘d2 0–0=) 7...d6 8.d4 ♗b6 9.h3 h6 10.a4 ♗b7 11.♗e3 exd4 (11...0–0 12.d5!±) 12.♘xd4 ♘xd4 13.♗xd4 ♗xd4 14.cxd4 0–0 und Schwarz steht gut.

6.♖e1

Weiß deckt seinen e–Bauern und droht nun tatsächlich, mit ♗a4xc6 nebst ♘f3xe5 einen Bauern zu gewinnen.

Selten wird anstelle der natürlichen Turmentwicklung der sogenannte

'Worral-Angriff' 6.♕e2 gespielt, bei dem Weiß den Zug d2-d4 mit ♖f1-d1 unterstützen will.

6...b5 7.♗b3 0–0 8.c3 d6

(In Frage kommt das Bauernopfer 8...d5!? 9.exd5 ♘xd5 10.♘xe5 ♘xe5 11.♕xe5 ♗b7 12.d4 ♖e8 mit aktivem Spiel.)

9.♖d1 ♗g4 10.d4 exd4 11.cxd4 d5 12.e5 ♘e4 13.♘c3 ♘xc3 14.bxc3 ♕d7 15.h3 ♗h5 mit chancenreichem Spiel für Schwarz.

6...b5 7.♗b3 d6

Die ebenfalls mögliche Fortsetzung 7...0–0 kann eine bedeutungslose Zugumstellung ergeben, kann aber auch der Auftakt zu einem sehr berüchtigten Gambitspiel sein, das in einem separaten Abschnitt (**Abspiel 7**) behandelt wird.

8.c3

Weiß bereitet natürlich d2–d4 vor, womit er ein starkes Bauernzentrum errichten will. Ein weiterer Vorteil des Zuges c2–c3 ist die Schaffung eines Schlupflochs für den Läufer b3, der nun im Falle von ♘c6–a5 nach c2 flüchten kann.

8...0–0 9.h3

Eine notwendige Vorsichtsmaßnahme, um den Zug ♗c8–g4 zu vereiteln und damit das schwarze Gegenspiel einzuschränken.

Verfrüht ist 9.d4, denn nach 9...♗g4! drückt nicht etwa der weiße d-Bauer auf den Bauern e5, sondern umgekehrt; z.B. 10.d5 (10.♗e3 exd4 11.cxd4 ♘a5 12.♗c2 ♘c4 13.♗c1 c5 14.b3 ♘b6 15.♘bd2 ♖c8=) 10...♘a5 11.♗c2 c6 12.h3

(Oder 12.dxc6 ♘xc6 13.♘bd2 b4 14.♗a4 ♖c8 15.♗xc6 bxc3 16.♗b7 cxd2 17.♗xd2 ♖b8 18.♗xa6 d5! mit aktivem Spiel.)

12...♗xf3 13.♕xf3 cxd5 14.exd5 ♘c4 15.♘d2 ♘b6 16.♗b3 ♕d7 17.♘f1 ♕b7 und Weiß ist mit der Verteidigung seines d-Bauern beschäftigt.

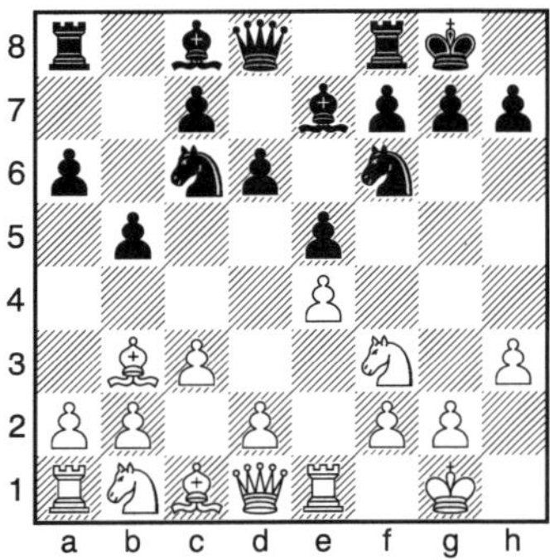

9...♘a5

Damit lenkt Schwarz das Spiel in die Hauptvariante, die sogenannte 'Tschigorin-Variante'. Der weiße Läufer wird aus seiner aktiven Position vertrieben und gleichzeitig wird der Vorstoß des schwarzen c-Bauern ermöglicht.

Trotz der Logik, die dem Zug 9...♘a5 innewohnt, verfügt Schwarz auch hier über eine ganze Reihe brauchbarer Alternativen.

I. 9...♘b8 leitet die sogenannte 'Breyer-Variante' ein. Auf den ersten Blick scheint Schwarz gleich *zwei* Tempi zu verlieren, aber in Wirklichkeit strebt er eine interessante und höchst effektive Umgruppierung an. Er überführt den Springer nach d7, wodurch die Diagonale des Läufers b7 geöffnet und der c-Bauer beweglich wird. Dabei ist noch offen, ob dieser bis c5 vorstößt, denn falls Weiß das Zentrum vorzeitig mit d4-d5 abriegelt, ist im Interesse des Fianchetto-Läufers die Attacke mit c7-c6 besser.

10.d4 ♘bd7 11.♘bd2 ♗b7 12.♗c2 ♖e8 13.♘f1 ♗f8 14.♘g3

(Nach 14.♗g5 h6 15.♗h4 g6 16.♘3d2 ♗g7 17.d5 c6 18.c4 ♕c7 19.♘e3 ♘b6 verfügt Schwarz über aktives Spiel.)

14...g6 15.a4 (15.♗g5 h6 16.♗d2 exd4 17.cxd4 c5 18.d5 ♘b6∞) 15...c5 16.d5 c4 17.♗g5 h6 18.♗e3 ♘c5 19.♕d2 h5 20.♗g5 ♗e7 21.♗h6 ♘h7 22.♖a3 ♖b8 23.♖ea1 ♗c8 mit einer zwar beengten, aber auch sicheren Stellung.

II. 9...h6 leitet die sogenannte 'Smyslow-Variante' ein. Die Idee des Ex-Weltmeisters Wassili Smyslow sieht eine Entwicklung der schwarzen Kräfte nach dem Schema ♖f8-e8 und ♗e7-f8 vor. Zu diesem Zweck soll mit dem Textzug zunächst der Springerausfall ♘f3-g5 verhindert werden.)

10.d4 ♖e8 11.♘bd2 ♗f8 12.♘f1 ♗d7 (12...♗b7!?) 13.♘g3 ♘a5 14.♗c2 c5 15.b3 ♘c6 16.d5

(Mit 16.♗e3 kann Weiß die Spannung auch aufrechterhalten; z.B. 16...cxd4 17.cxd4 exd4 18.♘xd4 d5 19.exd5 ♘xd5 20.♗e4 ♘xe3 21.♖xe3 ♖c8 mit beiderseitigen Perspektiven.)

16...♘e7 17.♗e3 ♘g6 18.♕d2 ♘h7 19.c4

(Auf 19.a4 folgt 19...♗e7 Δ♘h7-g5!.)

19...♗e7 20.♘f5 ♗xf5 21.exf5 ♘h4 22.♘xh4 ♗xh4 und nach Abtausch der schwarzfeldrigen Läufer mit ♗h4-g5 erhält Schwarz eine gute Stellung.

III. 9...♗b7 leitet die sogenannte 'Saitzew-Variante' ein. Schwarz entwickelt seine Kräfte ähnlich wie in der Smyslow-Variante.

10.d4 ♖e8 11.♘bd2 ♗f8 12.a4

(Nach 12.d5 ♘b8 13.♘f1 ♘bd7 14.♘g3 ♘c5 15.♗c2 c6 16.b4 ♘cd7 17.dxc6 ♗xc6 18.♗b3 h6 19.♘h2 a5 erhält Schwarz aktives Spiel am Damenflügel.)

12...h6 13.♗c2 exd4 14.cxd4 ♘b4 15.♗b1 c5 16.d5 ♘d7 17.♖a3 f5 18.exf5 ♗xd5 19.♘e4 ♗f7 20.axb5

(Aber nicht 20.♘xd6?, denn nach 20...♖xe1+ 21.♘xe1 ♘e5 büßt Weiß Material ein.)

20...d5! mit ausgezeichneten Konterchancen.

IV. Mit 9...♘d7 überdeckt Schwarz den Punkt e5, um erst später am Damenflügel bzw. im Zentrum aktiv zu werden.

10.d4 ♗f6 (10...♘b6 11.♘bd2 exd4 12.cxd4 ♘b4 13.♘f1 c5 14.a3 ♘c6 15.♗e3 ♘a5 16.♗c2 ♘bc4 17.♗c1 cxd4 18.♘xd4 ♗f6∞) 11.♗e3 ♘a5 12.♗c2 ♘c4 13.♗c1 ♗b7 14.b3 ♘cb6 15.♗e3 ♖e8 16.d5 ♗e7 17.♘bd2 c6 mit Gegenspiel.

10.♗c2 c5

Ein typischer Zug, mit dem Schwarz die Bauernstellung am Damenflügel vollendet.

Das Bauernopfer 10...d5 führt zu scharfem Spiel, obwohl Weiß bei genauem Spiel Vorteil erreicht.

11.d4 ♘xe4 12.♘xe5 f6 13.♘d3 ♗d6 14.♘d2 f5 15.a4

(Auch 15.♘f3 ♘c4 16.♘fe5 ist günstig für Weiß.)

15...♗d7 16.♘f3 ♘c4 17.♘fe5 und Weiß steht besser.

11.d4 ♕c7

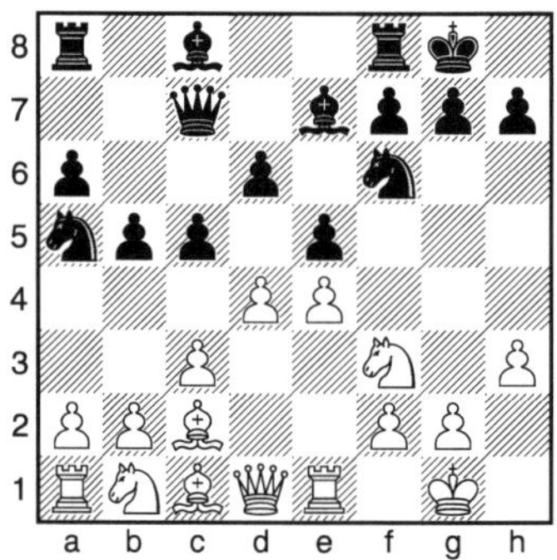

Dies ist praktisch die Ausgangsstellung der Tschigorin-Variante. Beide Seiten haben fast alle Kräfte mobilisiert, und in der Folge werden die strategischen Pläne festgelegt.

Zuvor jedoch werfen wir noch einen Blick auf den Plan 11...♘d7, der von Keres in die Praxis eingeführt wurde. Schwarz lässt die Dame noch an Ort und Stelle und strebt die schnelle Öffnung des Zentrums und die Schaffung von Gegenspiel am Damenflügel an.

12.♘bd2 exd4 (12...cxd4 13.cxd4 ♘c6 14.♘b3 a5 15.♗e3 a4 16.♘bd2 ♗f6⇄) 13.cxd4 ♘c6 14.d5 ♘ce5 15.♘h2 ♘g6 16.♘df1 ♗g5 17.♘e3 ♘de5 mit beiderseitigen Chancen.

12.♘bd2 ♘c6

Der Springer kehrt ins Zentrum zurück, wo er natürlich wirkungsvoller steht.

Gespielt wird auch 12...cxd4 13.cxd4 mit zwei möglichen Abspielen.

A) 13...♘c6 14.♘b3 a5 15.♗e3 a4 16.♘bd2 ♗d7

(Nicht zu empfehlen ist 16...♘b4 17.♗b1 ♗d7 18.a3 ♘c6 19.♗d3 ♕b8 20.b4 axb3 21.♕xb3 und wegen der gegnerischen Bauernschwäche auf b5 hat Weiß die besseren Aussichten am Damenflügel.)

17.♖c1 ♕b7 18.♕e2 ♖fc8 mit etwa gleichen Chancen.

B) 13...♖d8 14.b3 (14.d5 ♗d7 15.♘f1 ♖dc8 16.♖e2 ♘b7 17.♘g3 ♘c5∞) 14...♘c6 15.♗b2 ♗b7 16.♖c1 ♕b6 17.d5 ♘b4 18.♗b1 a5 mit Gegenspiel am Damenflügel.

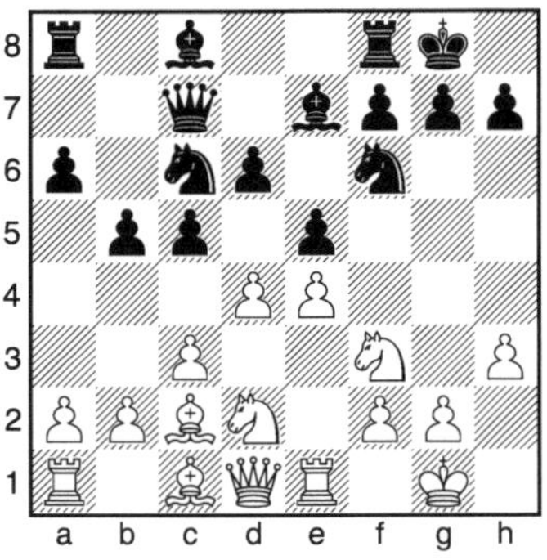

13.d5

Mit dieser Verriegelung des Zentrums signalisiert Weiß, dass er einen Königsangriff plant.

Eine andere Möglichkeit ist die Aufhebung der Spannung mit 13.dxc5, um dann die zentralen Felder d5 und f5 mit Springern zu besetzen. Diese Spielweise wurde von dem sowjetischen Meister Wjatscheslaw Ragosin (1908-1962) ausgearbeitet. Nach den weiteren Zügen 13...dxc5 14.♘f1 ♗e6 15.♘e3 (15.♘h4 ♖fd8 16.♕f3 g6∞) 15...♖ad8 16.♕e2 c4 17.♘f5 ♖fe8 hat Schwarz gutes Spiel.

13...♘d8

Möglich ist auch 13...♘a5 14.b3 ♗d7 15.♘f1 ♘b7 16.♘g3 ♖fb8 17.♘f5 ♗f8 18.♘h2 ♘d8 19.♘g4 ♘xg4 20.hxg4 f6. Nach ♘d8-f7 hat Schwarz eine solide Position am Königsflügel und nach dem eventuellen Vorstoß a6-a5-a4 auch Gegenspielchancen auf der anderen Seite.

14.b3

Anzutreffend sind auch die Alternativen 14.a4 ♖b8 15.axb5 axb5 16.b4 c4 17.♘f1 ♘e8 18.♘3h2 f6 bzw. 14.a3 ♕b7 15.b4 c4 16.♘f1 ♘e8 Δf7-f6, ♘d8-f7 usw. – in beiden Fällen mit einer festen Stellung für Schwarz.

14...♘e8 15.a4 ♖b8 16.♘f1 g6 17.♗h6 ♘g7 18.g4

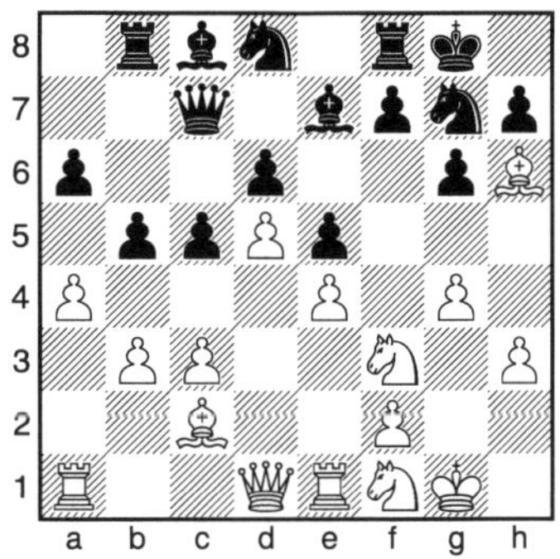

18...f6

Die Erwiderung 18...f5 ist riskant wegen 19.gxf5 gxf5 20.exf5 ♗xf5 21.♗xf5 ♖xf5 22.axb5 axb5 23.♘g3 ♖f7 24.♔h2 nebst ♖e1-g1 mit starkem Druck in der g-Linie.

19.♘g3 ♘f7

Nachdem Schwarz eine feste Verteidigungsstellung am Königsflügel errichtet hat, haben beide Seiten vergleichbar gute Aussichten.

Abspiel 1

Klassische Variante

(1.e4 e5 2.♘f3 ♘c6 3.♗b5)

3...♗c5

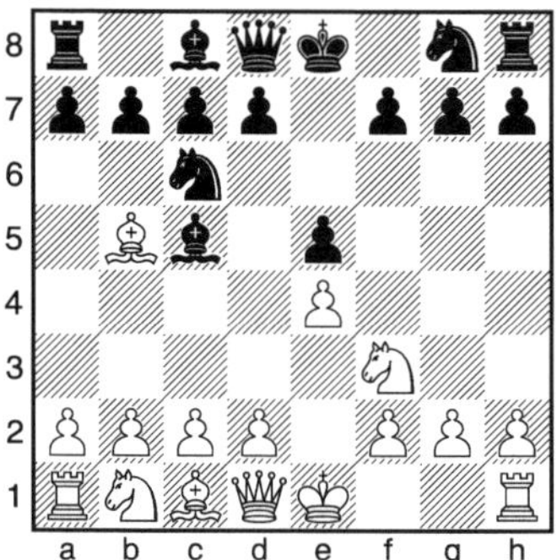

Diese Spielweise mit Druckaufbau in der Diagonale a7-g1 war bereits im 15. Jahrhundert beliebt. Allerdings kann Weiß mit c2-c3 und d2-d4 ein wertvolles Tempo gewinnen. Da der Textzug von dem deutschen Theoretiker Oskar Cordel (1843-1913) gründlich analysiert wurde, wird die von uns als 'klassisch' bezeichnete Variante in einigen Eröffnungsbüchern auch 'Cordel-Verteidigung' genannt.

4.c3

Nach dieser logischen Reaktion droht Weiß mit d2-d4 das Zentrum zu besetzen und außerdem durch den Angriff auf den Läufer ein Tempo zu gewinnen.

Häufig wird auch 4.0–0 gespielt, was manchmal nur Zugumstellung bedeutet; z.B. 4...♘f6 5.c3 0–0 6.d4 ♗b6 7.dxe5 (7.♗g5 führt zur Hauptvariante.) 7...♘xe4 8.♕d5 ♘c5 9.♗g5 ♘e7 10.♕d1 ♘e4 11.♗h4 d5 12.♘bd2 c6 13.♗d3 ♗f5 und Schwarz verfügt über ausreichende Verteidigungsmöglichkeiten.

4...♘f6

Mit dem klaren Ziel, rasch weitere Kräfte ins Spiel zu bringen und den König in Sicherheit zu bringen.

Hier ein Blick auf einige Alternativen.

I. 4...♘ge7 5.0–0 ♗b6 6.d4 exd4 7.cxd4 d5 8.exd5 ♘xd5 9.♖e1+ ♗e6 10.♗g5 ♕d6

(Nach 10...♕c8 11.♘e5 0–0 12.♘xc6 bxc6 13.♗xc6 ♖b8 14.♘c3 hat Schwarz keinen Ersatz für den eingebüßten Bauern.)

11.♘bd2 0–0 (11...h6 12.♘e4 ♕b4 13.♗xc6+ bxc6 14.♕c2 hxg5 15.♕xc6+ ♔e7 16.a3 ♕xb2 17.♘exg5 ♘f4 18.♕e4 ♘e2+ 19.♕xe2 ♕xe2 20.♖xe2 ♖ad8 21.♖ae1+–) 12.♘c4 ♕b4 13.♗xc6 bxc6 14.♖c1 ♖fe8 15.a3 ♕b5 16.a4 ♕a6 17.♗d2 ♗g4 18.♘ce5 mit weißem Vorteil.

II. 4...♕f6 5.d4

(Es geht auch 5.0–0 ♘ge7 6.♖e1 0–0 7.d4 exd4 8.e5 ♕g6 9.♗d3 f5 10.cxd4 ♗b4 11.♕b3+ ♔h8 12.♘c3 und Weiß ist besser entwickelt und steht daher besser.)

5...exd4 6.e5 ♕g6 (6...♘xe5?? 7.♕e2+–) 7.cxd4 ♗b4+ 8.♘c3 ♘ge7 9.0–0 d5 10.♕b3 ♗xc3 11.bxc3 0–0 12.♗a3 und Weiß steht aktiver.

III. Die scharfe Fortsetzung 4...f5 führt zu einem komplizierten und von Taktik bestimmten Kampf.

5.d4

(Möglich ist auch 5.exf5 e4 6.d4 exf3 7.dxc5 ♕e7+ 8.♗e3 fxg2 9.♖g1 ♘f6 10.♘d2 0–0 11.♕f3 mit weißem Vorteil.)

5...fxe4 6.♗xc6 dxc6 7.♘xe5 ♗d6 8.♕h5+ g6 9.♕e2 ♗f5

(Keine Verstärkung wäre 9...♕h4 10.♘d2 ♘f6 11.h3 0–0 12.g3 ♕h5 13.g4 ♕h6 14.♘xe4 mit weißem Vorteil.)

10.h3 ist eine Idee von Ex-Weltmeister Anand.

10...♕e7 11.♗f4 ♘f6 12.♘d2 0–0–0 13.0–0 ♖hg8 14.♗h2 h5 15.♘dc4 ♘d5 16.f3 exf3 17.♕xf3 ♗xe5 18.♘xe5 ♕h7 19.c4 ♘e7 20.♖ad1 und positionell steht Weiß besser.

IV. 4...d5 leitet das sogenannte 'Konikowski-Hardy-Gambit' ein.

5.d4 (5.♕e2!?) 5...exd4 6.cxd4 dxe4 7.♘e5 ♗b4+ 8.♘c3 ♘ge7 9.0–0 0–0 10.♘xc6 bxc6 11.♗c4 ♗xc3 12.bxc3 ♘d5 13.♕c2 ♕h4 (13...♖e8!?) 14.g3 ♕h3 15.♖e1

(Nach 15.♕xe4? erhält Schwarz gewaltigen Königsangriff; z.B. 15...♘xc3 16.♕xc6 ♗f5 17.♗xf7+ ♖xf7 18.♕xa8+ ♖f8 19.♕g2 ♘e2+ 20.♔h1 ♗e4 21.f3 ♖xf3!–+.)

15...♗f5 16.♗f1 ♕g4 17.♕a4 ♕g6 mit zweischneidigem Spiel.

5.0–0 0–0 6.d4 ♗b6 7.♗g5

Weiß verstärkt den Figurendruck im Zentrum.

Nach 7.dxe5 ♘xe4 8.♘bd2 d5 9.♕e2 ♘xd2 10.♗xd2 ♗g4 hat Schwarz keine Eröffnungsprobleme.

7...h6 8.♗h4 d6

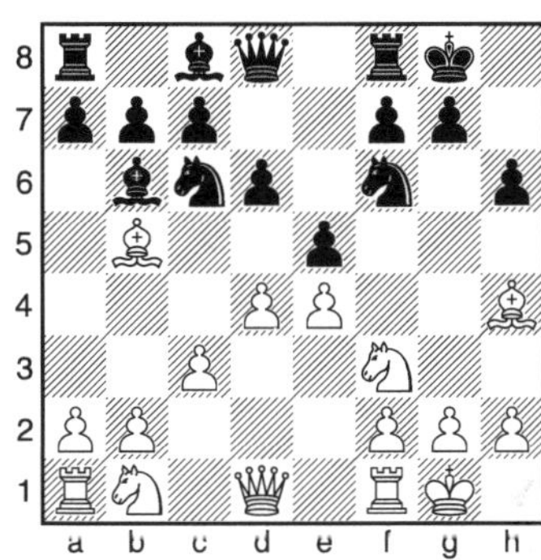

9.a4

Auf den in einigen Partien gespielten Zug 9.♕d3 empfiehlt die Theorie die scharfe Antwort 9...g5.

(Nach 9...♗d7 und der Folge 10.♘bd2 a6 11.♗c4 exd4 12.cxd4 g5 kann Weiß im Opferstil fortsetzen: 13.♘xg5! hxg5 14.♗xg5 ♔g7 15.e5 dxe5 16.♖ae1 ♗xd4 17.♘e4 ♗f5 18.♕f3 ♗xe4 19.♖xe4 mit entscheidendem Angriff.)

10.♗g3

(Hier wäre 10.♘xg5 zu riskant; z.B. 10...hxg5 11.♗xg5 ♔g7 12.f4 exd4 13.♔h1 ♖h8 14.♗xc6 ♘g4! 15.h3 f6 und Schwarz pariert den Angriff. Diese scharfe Variante sollte man noch genauer prüfen.)

10...♘h5 11.♘a3 exd4 12.♗xc6 bxc6 13.♘xd4 ♕f6 14.♘xc6 ♗b7 und für den Bauern hat Schwarz eine aktive Stellung.

9...a5

Um den weiteren Vormarsch des a-Bauern zu stoppen und so die gegnerische Initiative am Damenflügel zu bremsen.

10.♖e1

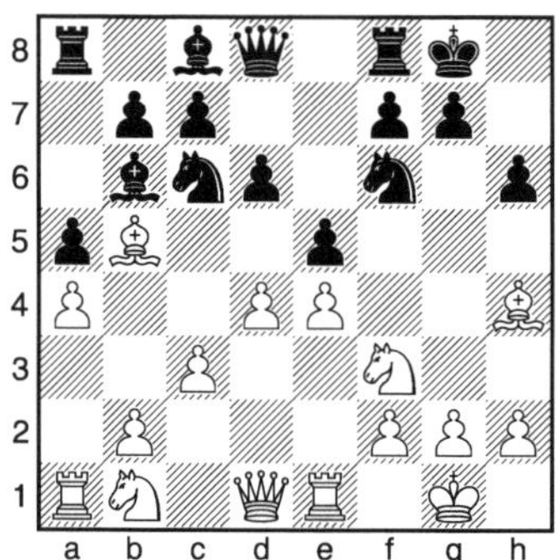

10...exd4

Nach 10...♕e7 11.♘a3 exd4 12.♗xc6 bxc6 13.♘xd4 g5 14.♗g3 ♗g4 15.♕c2 hat Weiß die besseren Chancen, denn im schwarzen Lager gibt es zu viele Bauernschwächen.

Infrage kommt jedoch 10...♗g4!?, denn nach der möglichen Folge 11.♗xc6 bxc6 12.dxe5 dxe5 13.♕xd8 ♖axd8 14.♘xe5 wird der augenblickliche Materialnachteil durch die Aktivität der schwarzen Figuren mindestens kompensiert; z.B. 14...g5 15.♗g3 ♘xe4 16.♘xg4 f5 17.♘e5 f4 18.♘a3 ♘d2 19.♗h4 gxh4 20.♘ac4 ♘xc4 21.♘xc4 f3=.

11.♗xc6 bxc6 12.♘xd4 ♖e8 13.♘d2 c5 14.♘f5 ♗xf5 15.exf5 ♖xe1+ 16.♕xe1 d5 17.♖d1 ♕d6 18.♘c4 ♕f4 19.♘xb6 ♖e8 20.♕f1 cxb6 21.♗xf6 ♕xa4! 22.♕d3

Günstig für Schwarz wäre 22.♖xd5 gxf6 23.♖d6 ♕c2∓.

22...gxf6 23.♕xd5 ♖e2=

Zusammenfassung: Zwar wird die ‘Klassische Variante’ heutzutage nicht so oft gespielt wie beispielsweise die ‘Berliner Verteidigung’ (siehe Abspiel 2), doch hat sie immer noch viele treue Anhänger. Statt des Hauptzuges 10...exd4 empfehle ich die interessante Alternative 10...♗g4!? zur weiteren Erforschung.

Abspiel 2

Berliner Verteidigung

(1.e4 e5 2.♘f3 ♘c6 3.♗b5)

3...♘f6

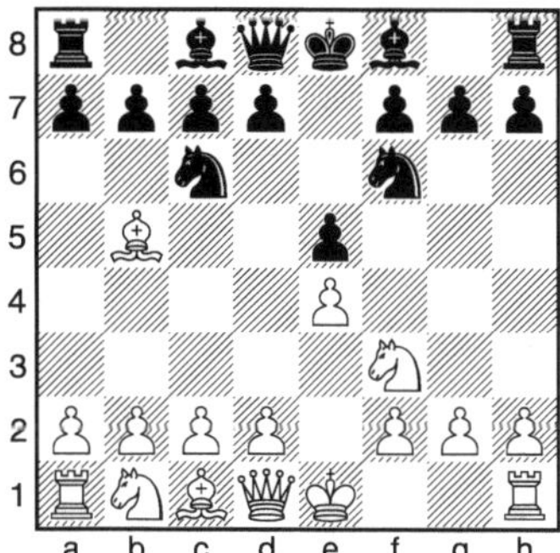

Schwarz greift sofort den Bauern e4 an, was den Gegner in der Wahl seiner Möglichkeiten deutlich einschränkt. Obwohl die 'Berliner Verteidigung' zu den ältesten Abspielen der Spanischen Partie zählt, sorgte sie noch im Jahr 2000 für Furore – nämlich beim WM-Kampf in London, als der Herausforderer und spätere Gewinner Wladimir Kramnik sie mehrfach einsetzte und der Titelverteidiger Garri Kasparow sich daran dermaßen die Zähne ausbiss, dass einige Schachjournalisten sie 'Berliner Mauer' tauften.

4.0–0

4.d3 wird oft gespielt, um die Hauptvariante zu verhindern; z.B. 4...♗c5 5.♗xc6.

(Spielbar ist auch 5.c3, um mit d3-d4 ein starkes Bauernzentrum zu errichten.)

5...dxc6 6.♘bd2 0–0 7.♘c4 ♘d7 8.♕e2 ♖e8 9.♗d2 ♗d6 10.h4!?

Diese Idee, mit der Weiß sofort am Königsflügel aktiv wird, wurde noch nicht ausreichend analysiert.

(Zwei interessante Alternativen sind 10.g4 und 10.0–0–0.)

10...c5 11.0–0–0 ♘b8 12.♖dg1 ♘c6 13.g4 mit guten Angriffsperspektiven.

4...♘xe4

Möglich ist auch 4...♗c5!?, was nach 5.c3 0–0 6.d4 ♗b6 7.♗g5 zu Abspiel 1 zurückführt.

5.d4 ♘d6

Nach 5...♗e7 6.♕e2 erlangt Weiß das bessere Spiel; z.B. 6...♘d6 7.♗xc6 bxc6 (7...dxc6 8.dxe5 ♘f5 9.♖d1 ♗d7 10.♘c3 0–0 11.♘e4±) 8.dxe5 ♘b7 9.♘c3 0–0 10.♖e1 ♘c5 11.♗e3 ♘e6 12.♖ad1 und Schwarz hat Probleme, die Mobilisierung seiner Kräfte abzuschließen.

6.♗xc6

Die noch selten gespielte Fortsetzung 6.dxe5!? stellt keine Gefahr für Schwarz dar; z.B. 6...♘xb5 7.a4 ♘bd4 8.♘xd4 ♘xd4 9.♕xd4 d5 10.exd6 ♕xd6 11.♕e3+ ♗e6 12.♘c3 a6 13.♖d1 ♕c6 14.♖d3 ♗e7 15.♘e2 (15.♘b5 0–0 16.♘d4 ♕d5 17.♘xe6 ♕xe6 18.♕xe6 fxe6=) 15...♗c4 (15...♕xc2? 16.♘d4±) 16.♖d1 ♖d8 17.♖xd8+ ♔xd8 18.♘d4 ♕d7=

6...dxc6

Das ist die richtige Erwiderung, denn nach 6...bxc6 7.dxe5 ♘b7 8.♗g5 ♗e7

9.♗xe7 ♕xe7 10.♘c3 0–0 11.♖e1 hätte Schwarz Probleme, seine Entwicklung zu beenden.

7.dxe5 ♘f5 8.♕xd8+ ♔xd8 9.♘c3

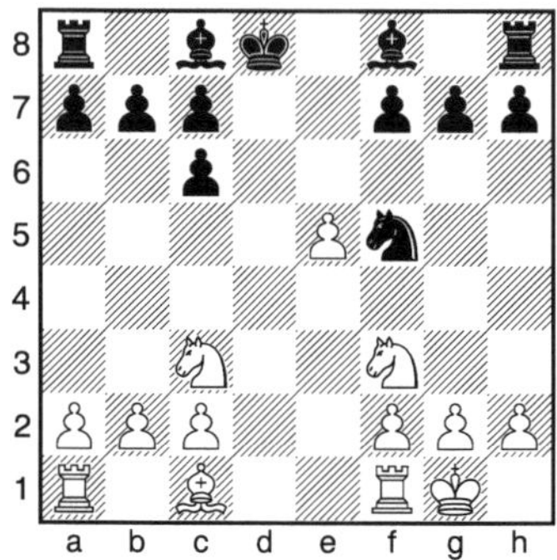

9...♗d7

Schwarz will rasch die Entwicklung des Damenflügels mit b7-b6, ♔d8-c8-b7 usw. beenden.

Hier ein Blick auf andere Pläne.

I. Nach 9...♗e6 10.♘g5 ♔e8 11.♘xe6 fxe6 12.♘e4 ♖d8 13.c3 mit der Absicht g2-g4, f2-f4 usw. hat Weiß Positionsvorteil. Da der schwarze Damenläufer grundsätzlich eine gewisse Kompensation für die minderwertige 'Berliner' Bauernformation darstellt, sollte er nicht ohne guten Grund abgetauscht werden!

II. 9...h6 10.h3

(Oder 10.♖d1+ ♔e8 11.h3 ♗d7 12.♗f4 ♖d8 13.♘e4 ♗e7 14.g4 ♘h4 15.♘xh4 ♗xh4 16.♔g2 ♗e6 17.f3 b6 18.b3 c5 und Schwarz verteidigt seine Stellung.)

10...♔e8

(– Nach 10...♗e6 und der Folge 11.g4 ♘e7 12.♘d4 Δf2-f4 bekommt Weiß die besseren Aussichten.

– Möglich ist jedoch 10...♗d7 mit Übergang zur Hauptvariante.)

11.♖d1 (11.♘e4 c5 12.c3 b6=) 11...b6 12.b3 ♗b7 13.♗b2 ♖d8 14.♖xd8+ ♔xd8 15.♖d1+ ♔c8 16.g4 ♘e7 17.♔g2 ♘g6 18.♔g3 ♗e7 Δ♖h8-d8=

III. 9...♘e7 ist ein interessanter Rückzug, denn plötzlich kann dieser Springer wahlweise auf g6 oder d5 auftauchen.

10.♘d4 (10.h3 ♔e8 11.♖d1 ♘g6 12.b3 ♗e7 13.♗b2 ♗d7) 10...♘g6 11.f4 ♗c5 12.♗e3 ♗b6 13.♖ae1 ♘e7 14.e6 c5

(Das ist besser als 14...♗xe6 15.♘xe6+ fxe6 16.♗xb6 cxb6 17.♖xe6 mit weißem Vorteil.)

15.♘b3 ♗xe6 16.♘xc5 (16.♗xc5 ♖e8 17.♗xb6 axb6 18.♘d4 ♗d7=) 16...♗c4 17.♖d1+ ♔c8 18.♖fe1 ♗a5 mit gleichen Chancen (Analyse von GM Schirow).

10.b3 h6

Ein nützlicher Zug, der dem störenden Springerausfall ♘f3-g5 vorbeugen soll.

11.♗b2 ♔c8

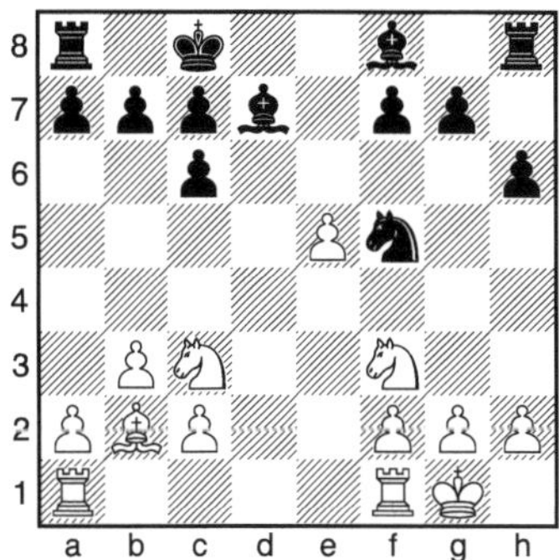

12.h3

Ein anderer Versuch ist 12.Tad1, aber nach 12...b6 13.Se2 c5 14.c4 Lc6 15.Sf4 Kb7 16.Sd5 Se7 17.Tfe1 Tg8 18.Sf4 g5 19.Sh5 Sg6 20.Sf6 Th8 ist nicht zu sehen, wie Weiß die Konstellation Lb2-?e5 taktisch ausnutzen könnte.

Auf normale weiße Zügen spielt Schwarz indessen Lf8-e7 und erhält eine gute Position.

12...b6 13.Tad1 Se7 14.Se2 Sg6 15.Se1

Der Springer strebt nach d3, von wo er eine ganze Reihe zentraler Felder kontrolliert.

15...h5 16.Sd3 c5 17.c4 a5 18.a4 h4 19.Sc3 Le6 20.Sd5 Kb7 21.Se3 Th5

Schwarz bereitet die Blockade des Punktes f5 vor.

22.Lc3 Te8 23.Td2 Kc8 24.f4 Se7 25.Sf2 Sf5

Da der weitere Marsch des f-Bauern Illusion bleibt, einigten sich die Gegner in dieser Stellung auf Remis (Kasparow-Kramnik, London 2000, 1. Matchpartie). Weiß hat in der Tat keinerlei Möglichkeiten, die weißen Felder in seine Hand zu bekommen, ohne die er seine Bauernmehrheit nicht in Szene setzen kann. Man beachte hier noch einmal die frühere Anmerkung zur positionellen Bedeutung des schwarzen Damenläufers in der Berliner Verteidigung.

Zusammenfassung: Die Berliner Verteidigung ist eine der solideren Varianten der Spanischen Partie. Da es jedoch ziemlich schwierig, mit Schwarz um einen Eröffnungsvorteil zu kämpfen, ist diese Verteidigung vor allem erfahrenen Schachspielern zu empfehlen.

Abspiel 3

Jänisch-Gambit

(1.e4 e5 2.♘f3 ♘c6 3.♗b5)

3...f5

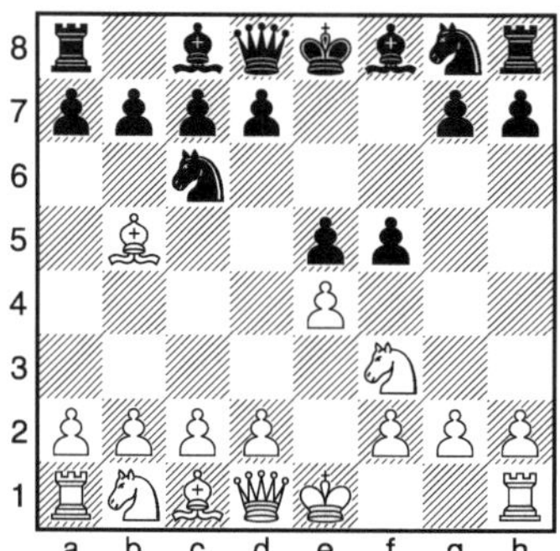

Dieses scharfe Gambit, das Mitte des 19. Jahrhunderts von dem russischen Meister Karl Jänisch (1813-1872) in die Praxis eingeführt wurde, erfreut sich speziell bei Taktikern immer noch einer gewissen Beliebtheit. Schwarz leitet den Kampf um den Punkt e4 ein und strebt eine offene Stellung mit großer Figurenbeweglichkeit an, wobei vor allem die halboffene f-Linie als Basis für einen Königsangriff dienen soll.

4.♘c3

Dies ist wohl die beste Bekämpfungsweise des schwarzen Aufbaus.

Hier ein Blick auf zwei Alternativen.

I. 4.d3 fxe4 5.dxe4 ♘f6 6.0-0 (6.♗g5 ♗c5 7.♘c3 d6 8.0-0 0-0∞) 6...♗c5 7.♗xc6 bxc6 8.♘xe5 0-0

(8...♘xe4?? verbietet sich wegen 9.♕h5+ g6 10.♘xg6!+-.)

9.♘c3 ♗a6 10.♘d3 ♗b6 11.♗g5 ♕e8 12.♖e1 ♕g6 13.♗e3 ♖ae8

Offensichtlich kompensiert die Aktivitäten der schwarzen Figuren den geopferten Bauern und die Position befindet sich im dynamischen Gleichgewicht.

II. 4.d4 fxe4 5.♗xc6 dxc6

(Schlecht wäre 5...exf3? 6.♗xf3 exd4 7.♕xd4 ♘f6 8.0-0 ♗e7 9.♘c3 0-0 10.♗g5 mit weißem Entwicklungsvorsprung.)

6.♘xe5 ♕h4 7.0-0 ♗d6 8.f3 exf3 9.♘xf3 ♕h5 10.♖e1+ ♘e7 und Schwarz darf zufrieden sein (Analyse von Taimanow und Furman).

4...fxe4

4...♘d4 wird heutzutage selten gespielt. Diese alte Idee Aljechins wurde von einer Gruppe bulgarischer Meister genau untersucht. Nach der möglichen Folge 5.♗a4 ♘f6 6.♘xe5 (6.0-0!? ♗c5 7.♘xe5 0-0 8.♘d3 fxe4 9.♘xc5 d5 10.♗b3 ♔h8 11.d3±) 6...♗c5 7.♘d3 ♗b6 8.e5 ♘e4 9.♘d5 c6 10.♘xb6 axb6 11.c3 b5 12.♗b3 ♘xb3 13.♕xb3 d6 14.0-0 ♕e7 15.f3 ♘c5 16.♘xc5 dxc5 17.d3 ♗e6 18.♕c2 0-0 19.f4 hat Schwarz für den geopferten Bauern keine ausreichende Kompensation.

5.♘xe4 d5

Weniger energisch ist 5...♘f6 6.♘xf6+ (6.♕e2 d5 7.♘xf6+ gxf6 8.d4 ♗g7 9.dxe5 0-0 10.♗xc6 bxc6 11.e6 ♖e8 12.0-0 ♖xe6 13.♕d3 c5 14.♖d1 c6 15.♗f4 ♕b6=) 6...♕xf6 (6...gxf6 7.d4 d6 8.0–0 ♗d7 9.♖e1 ♕e7 10.dxe5 dxe5 11.♗xc6 ♗xc6 12.♘xe5! mit starkem Angriff.)

7.♕e2 ♗e7 8.♗xc6 bxc6 9.♘xe5 ♕e6 10.d4 ♗f6 11.♘f3 ♕xe2+ 12.♔xe2 ♗a6+ 13.♔d1 0–0 14.c3 und Weiß bleibt mit einem Mehrbauern.

6.♘xe5 dxe4 7.♘xc6 ♕g5

Selten gespielt wird 7...♕d5, denn die Folge 8.c4 ♕d6 9.♘xa7+ ♗d7 (9...c6 10.♘xc8 ♖xc8 11.♗a4+–) 10.♗xd7+ ♕xd7 11.♕h5+ g6 12.♕e5+ ♔f7 13.♘b5 c6 14.♕d4! ♕e7 15.♕xh8 ♘f6 16.b3 ♖d8 17.♗b2 ♗g7 18.♗a3 ♕d7 (18...♗xh8 19.♗xe7 ♔xe7 20.♘c3+–) 19.♘d6+ ♔e6 20.♕xd8 ♕xd8 21.♘xb7 führt zu weißem Vorteil.

8.♕e2 ♘f6

Es verbietet sich 8...♕xg2?? wegen 9.♕h5+ g6 10.♕e5+ usw.

9.f4

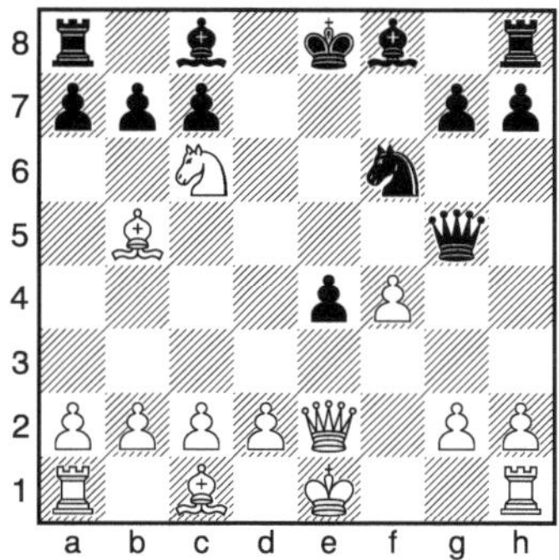

9...♕xf4!

Das ist die richtige Entscheidung.

Die scharfe Alternative 9...♕h4+? führt zu besseren Aussichten für Weiß; z.B. 10.g3 ♕h3 11.♘e5+ c6 12.♗c4 ♗c5 13.d3 ♘g4 (13...exd3 14.♘xd3+ ♗e7 15.♘e5 ♗f5 16.♗e3+–) 14.♕xe4 ♘f2 15.♗f7+ ♔d8

(Nach 15...♔e7 16.♕c4 ♗b6 17.♖f1 ♕xh2 18.♕b4+ c5 19.♕d2 ♘g4 20.♕xh2 ♘xh2 21.♖h1 bleibt Weiß mit einem Mehrbauern.)

16.♕c4 ♗b6 17.♖f1 ♕xh2

(Es verliert auch 17...♘g4 18.♘xg4 ♕xg4 19.f5 ♗xf5 20.♖f4 ♕h3 21.♖h4 ♕g2 22.♗g5+ ♔d7 23.0–0–0+–.)

18.♕b4 ♔c7 (18...c5 19.♕d2 ♘g4 20.♕xh2 ♘xh2 21.♖h1 ♘g4 22.♘g6+–) 19.♗e3! ♘g4

(Nach 19...♗xe3 gewinnt Weiß mit 20.♕e7+ ♔b6 21.♘c4+ usw.)

20.♗xb6+ axb6 21.♕e7+ ♔b8 22.0–0–0+–

10.♘e5+ c6 11.d4 ♕h4+ 12.g3 ♕h3 13.♗c4 ♗e6 14.♗g5

Die Variante 14.♗f4 0–0–0 15.0–0–0 ♗d6 16.♔b1 ♖he8 17.♖hf1 ♗c7 18.♗xe6+ ♕xe6 bringt dem Weißen keinen Vorteil, wie die Turnierpraxis bewies.

14...0–0–0 15.0–0–0 ♗d6 16.♕f1

Weiß sucht den Übergang in ein besseres Endspiel und will bei passender Gelegenheit die Damen tauschen.

Dagegen bringt die Alternative 16.♖hf1 nicht viel ein; z.B. 16...♖he8 (16...♖hf8!? 17.♔b1 ♗xe5 18.dxe5 ♖xd1+ 19.♖xd1 ♗xc4 20.♕xc4 ♘d5=) 17.♗xf6 gxf6 18.♖xf6 ♗xe5 19.♗xe6+ ♖xe6 20.♖xe6 ♕xe6 21.dxe5 ♕h6+

22.♖d2 ♖xd2 23.♕xd2 e3 mit Gegenspiel.

16...♖he8 17.♗xf6 ♕h6+

Schwächer ist 17...gxf6; z.B. 18.♘f7 ♕xf1 19.♗xe6+ ♖xe6 20.♖hxf1 ♖d7 21.♘h6 e3 22.♖de1 ♗f8 23.♘f5 c5 24.c3 cxd4 25.♘xd4 ♖e4 26.♔c2 mit weißem Endspielvorteil.

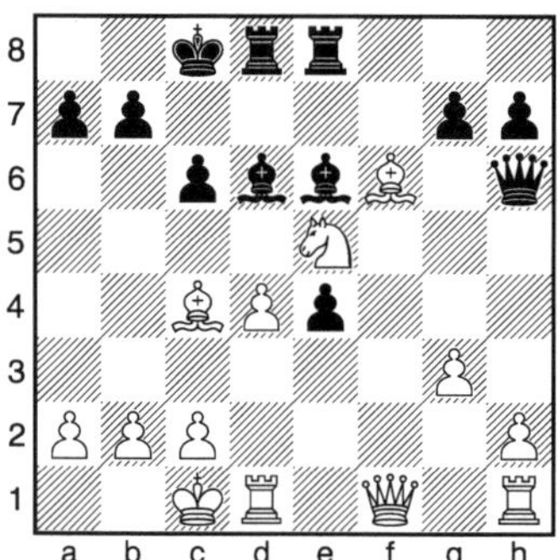

18.♖d2!?

Diese Fortsetzung wird von der Theorie empfohlen, denn die Stellung nach 18.♔b1 ♕xf6 19.♕xf6 gxf6 20.♗xe6+ ♖xe6 21.♘f7 ♖f8 22.♘xd6+ ♖xd6 23.c3 ist nur optisch besser für Weiß, weil sich die schwarzen Königsbauern hervorragend belagern lassen. Jedoch hat sich in der Praxis gezeigt, dass Schwarz sich erfolgreich verteidigen kann; z.B. 23...f5 24.♖hf1 ♖h6 25.♖d2 ♔d7=.

18...♕xf6 19.♕xf6 gxf6 20.♗xe6+ ♖xe6 21.♘f7 ♖d7 22.♘h6 ♗f8 23.♘f5 c5

Weiß steht mit seinem aktiven Springer etwas besser, aber praktisch ist es kaum möglich, diesen kleinen positionellen Vorteil zur Geltung zu bringen.

Zusammenfassung: Mit 3...f5 kann Schwarz viel Spannung und zumeist auch Schärfe ins Spiel bringen. In vielen Fällen ist Weiß bereits in der Anfangsphase zu präzisem Spiel gezwungen, um keine ernsthaften Probleme zu bekommen. Daher empfehle ich eine gründliche Analyse der Eröffnung, um Unannehmlichkeiten im praktischen Spiel zu vermeiden. Auch Schwarz muss vorsichtig agieren; so wird z.B. 9...♕xf4! (statt 9...♕h4+?) empfohlen. Aufgrund des komplizierten und scharfen Kampfs ist das Gambit eigentlich nur Spielern mit ausgezeichneten taktischen Fähigkeiten zu empfehlen.

Abspiel 4

Abtauschvariante

(1.e4 e5 2.♘f3 ♘c6 3.♗b5 a6)

4.♗xc6

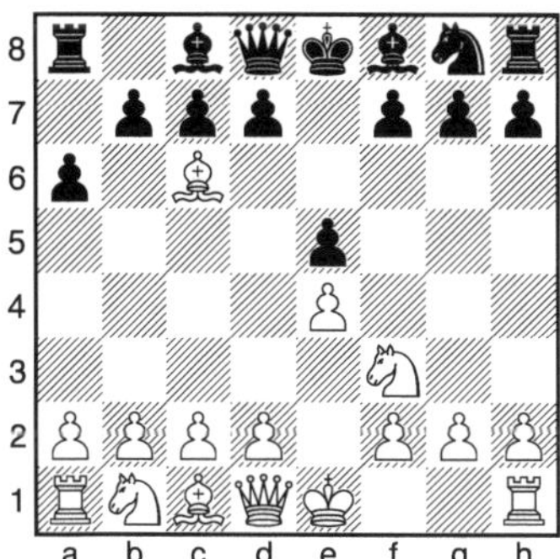

Weiß schwächt die schwarze Bauernformation am Damenflügel und strebt fortan eine Vereinfachung der Stellung an, ja gelegentlich sogar einen schnellen Übergang ins Endspiel. Die Abtauschvariante galt lange als harmlos für Schwarz, bis der spätere Weltmeister Robert Fischer sie in den 60er Jahren mit Erfolg anwandte. Seitdem ist sie wieder regelmäßiger bei Turnieren anzutreffen.

4...dxc6

Das Schlagen zum Zentrum mit 4...bxc6 ist hier ausnahmsweise ungünstig; z.B. 5.♘c3 (5.d4 exd4 6.♕xd4 mit weißem Vorteil) 5...d6 6.d4 exd4 7.♕xd4 c5 8.♕d3 nebst 0–0 mit besseren Aussichten für Weiß.

5.0–0

Der einfache Entwicklungszug 5.♘c3 verspricht keinen Eröffnungsvorteil. Nach z.B. 5...f6 6.d4 exd4 7.♕xd4 ♕xd4 8.♘xd4 ♗d7 9.♗f4 0–0–0 10.0–0–0 ♘e7 11.♗g3 ♘g6 hat Schwarz keine Probleme.

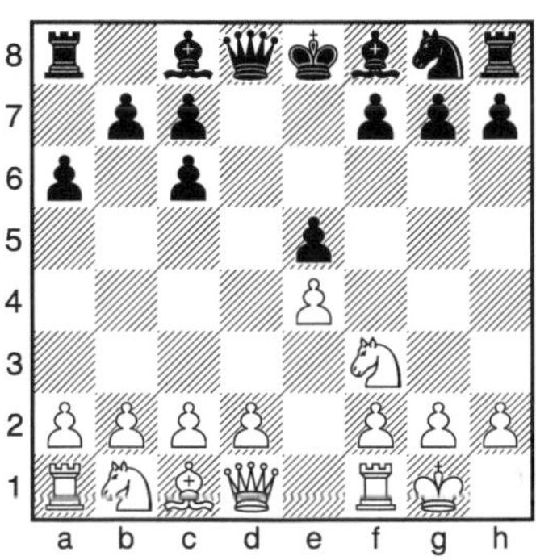

5...♕d6

Dies ist eine ziemlich moderne Fortsetzung.

Hier ein Blick auf drei durchaus übliche Alternativen.

I. Die Stützung des Zentrums mit 5...f6 mag antipositionell erscheinen. Tatsächlich darf Schwarz sich die Schwächung der weißen Felder hier durchaus erlauben, weil er noch über einen weißfeldrigen Läufer verfügt.

6.d4 exd4 (6...♗g4 7.c3!) 7.♘xd4 (7.♕xd4 ♕xd4 8.♘xd4 ♗d7 9.♗e3 0–0–0=) 7...c5 8.♘b3 ♕xd1 9.♖xd1 ♗g4 10.f3 ♗e6

(Oder 10...♗d7 11.♗f4 0–0–0 12.♘c3 c4 13.♘a5 ♗c5+ 14.♔f1 b5 15.♘d5 c6 16.b4! mit weißem Vorteil; z.B. 16...cxd5 17.bxc5 dxe4 18.c6 ♗e6 19.♘b7+–.)

11.♗f4 c4 12.♘d4 0–0–0 13.♘c3 ♗f7 (13...♗c5?! 14.♘ce2 ♘e7 15.♗e3 ♗f7 16.♘f5 ♗xe3+ 17.♘xe3 b5 18.♔f2 ♘c6 19.a3 ♘e5 20.♖xd8+ ♖xd8 21.♖d1±) 14.♘f5 ♖xd1+ 15.♖xd1 g6 16.♘e3 ♗c5 17.♔f2 ♘e7 18.♔e2 ♖d8 19.♖xd8+ ♔xd8 20.♘g4 ♘g8 21.♗e3 ♗e7

Gemäß einer Analyse von Onischuk ist das entstandene Endspiel ausgeglichen. Zwar verfügt Weiß über eine gesunde Bauernmehrheit am Königsflügel (im Gegensatz zur kompromittierten gegnerischen am Damenflügel), aber wenn er dort einen Freibauern bildet und dabei die Stellung weiter öffnet, wird das gegnerische Läuferpaar zur Großmacht.

II. 5...♗g4 6.h3 h5 7.d3 (7.hxg4? hxg4 8.♘h2 ♕h4–+) 7...♕f6 8.♘bd2 ♘e7 (8...♗d6 9.♖e1 ♘e7 10.d4 ♘g6 11.hxg4 hxg4 12.♘h2 ♖xh2 13.♕xg4! ♖h4 14.♕f5 ♖f4 15.♕xf6 ♖xf6 16.♘f3 ♖e6 17.dxe5 ♘xe5 18.♘xe5 ♗xe5 19.g3 0–0–0 20.f4 ♗d6 21.♔g2±) 9.♖e1 ♘g6 10.d4 ♗d6 11.hxg4! hxg4 12.♘h2 ♖xh2 13.♕xg4 ♕h4 (13...♖h4 14.♕f5!) 14.♕xh4 ♖xh4 15.♘f3 ♖h5 16.dxe5 ♘xe5 17.♘xe5 ♗xe5 18.c3 0–0–0 19.♗e3

Hier hingegen hat Weiß die besseren Perspektiven, weil er auf der rechten Brettseite mittelfristig einen Freibauern bilden kann, während der schwarze Doppelbauernkomplex am Damenflügel kaum aktiv eingesetzt werden kann.

III. Mit 5...♗d6 möchte Schwarz bei der Verteidigung des Bauern e5 ohne den Zug f7–f6 auskommen.

6.d4 (6.d3 ♘f6 7.♘bd2 ♗e6 8.b3 ♘d7 9.♗b2 c5 10.♘c4 f6=) 6...exd4 7.♕xd4 f6 8.♗e3 (8.e5 fxe5 9.♘xe5 ♕f6 10.♖e1 ♘e7 11.♘f3 ♕xd4 12.♘xd4 0–0=) 8...♘e7 9.♘bd2 ♘g6 (9...♗e6 10.♕c3 ♘g6=) 10.♖ad1 ♗e6 11.♘c4 ♗xc4 12.♕xc4 ♕e7 nebst 0–0–0 mit beiderseitigen Chancen.

6.d3

Nach 6.d4 exd4 7.♘xd4 (7.♕xd4 ♕xd4 8.♘xd4 ♗d7 Δ0–0–0=) 7...♗d7 8.♘c3 0–0–0 sollte Schwarz keinerlei Mühe haben, seine Entwicklung abzuschließen.

6...f6 7.♗e3

7.♘bd2 kann Schwarz mit 7...♗g4 beantworten.

7...♗e6 8.♘bd2 c5

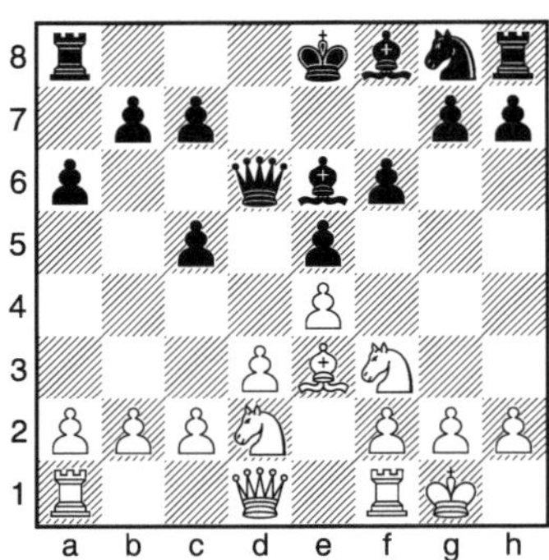

9.♘c4

Die Folge 9.♕e2 ♘e7 10.♘c4 ♕c6 (10...♗xc4 11.dxc4 ♘g6=) 11.b3 (11.♘fd2 ♘g6 12.a4 b6=) 11...♘g6

12.c3 ♗e7 nebst 0–0 ist ungefährlich für Schwarz.

9...♕c6 10.♘fd2 ♘e7 11.a4 b6 12.f4 exf4 13.♗xf4 ♘g6 14.♗g3 ♗d6

In der Abtauschvariante beruht das schwarze Gegenspiel im Wesentlichen auf dem Läuferpaar. Aber wenn eine Gesundung der Bauernformation damit verbunden ist, lohnt sich gelegentlich auch der Abtausch eines Läufers.

Die Alternative 14...0–0–0 führt zu kompliziertem Spiel.

15.♘xd6+ cxd6 16.♘c4 ♖d8

Schwarz hat gute Aussichten, das Spiel auszugleichen, denn nach der Rochade stehen ihm die Befreiungszüge d6-d5 und f6-f5 zu Gebote.

Zusammenfassung: Die Abtauschvariante sollte normalerweise keine Gefahr darstellen, denn bei genauem Spiel erzielt Schwarz sicheren Ausgleich. Statt 5...♕d6 ist auch 5...f6 gut spielbar.

Abspiel 5

Offene Variante

(1.e4 e5 2.♘f3 ♘c6 3.♗b5 a6 4.♗a4 ♘f6 5.0–0)

5...♘xe4

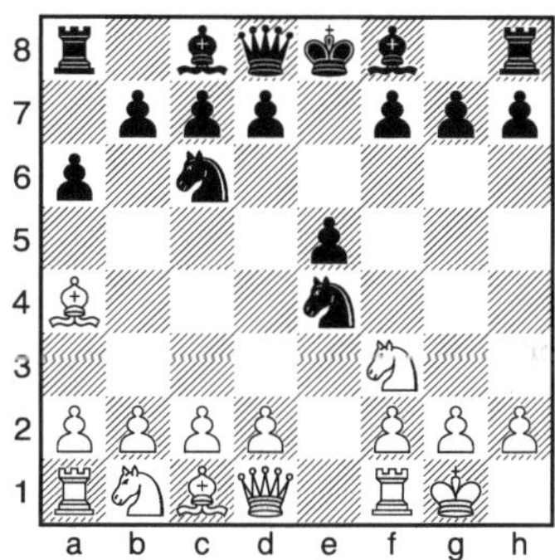

Schwarz spielt nicht etwa auf Materialgewinn, denn den Bauern muss er schleunigst zurückgeben, sondern er will seinen Figuren möglichst viel Spielraum verschaffen.

6.d4

Das ist die Hauptfortsetzung.

Nach 6.♖e1 ♘c5 7.♗xc6 dxc6 8.♘xe5 ♗e7 9.d4 ♘e6 erlangt Schwarz sofort vollwertiges Spiel.

6...b5

Schwarz muss den Läufer unbedingt abdrängen.

Schwach wäre nämlich 6...exd4 7.♖e1 d5 8.♘xd4 ♗d6 9.♘xc6 ♗xh2+ 10.♔h1!

(Aber nicht 10.♔xh2 ♕h4+ 11.♔g1

♕xf2+ mit Remis durch Dauerschach.)

10...♕h4 11.♖xe4+! dxe4 12.♕d8+ ♕xd8 13.♘xd8+ ♔xd8 14.♔xh2 und die beiden weißen Leichtfiguren sind hier stärker als der Turm. Weiß hat die etwas besseren Aussichten.

7.♗b3 d5

7...exd4 ist nicht ratsam wegen 8.♖e1 d5 9.♘c3! ♗e6 (9...dxc3 10.♗xd5 ♗b7 11.♘g5±) 10.♘xe4 dxe4 11.♖xe4 ♗e7 12.♗xe6 fxe6 13.♘xd4 0–0 14.♕g4 ♘xd4 15.♖xd4 und die schwarze Stellung krankt an der Schwäche e6.

8.dxe5 ♗e6

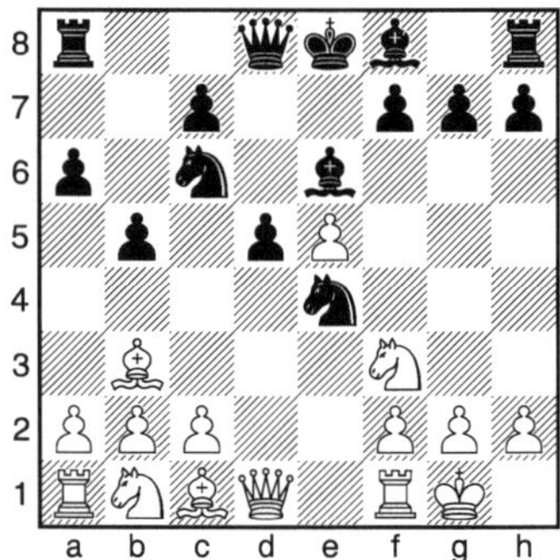

9.c3

Mit diesem logischen Zug wird dem Läufer eine Rückzugsmöglichkeit geschaffen und das Zentralfeld d4 unter Kontrolle genommen.

Hier ein Blick auf einige Alternativen.

I. 9.♕e2 räumt das Feld d1 für den Turm, um ein Druckspiel in der d-Linie zu organisieren.

9...♗e7 (9...♗c5 10.♗e3!) 10.♖d1 0–0 11.c4 bxc4 12.♗xc4 ♗c5 13.♗e3 ♗xe3 14.♕xe3 ♕b8 15.♗b3 ♘a5 16.♘bd2 (16.♘e1 ♘xb3 17.axb3 f5!) 16...♘xb3 17.♘xb3 (17.axb3 ♘xd2 18.♖xd2 ♖c8 19.♖c1 ♕b4∞) 17...c5 18.♘xc5 ♘xc5 19.♕xc5 ♕xb2=

II. Mit 9.♘bd2 greift Weiß sofort den Vorposten e4 an.

9...♘c5 10.c3 ♗e7

(In Frage kommt 10...♗g4!? 11.♗c2 ♘e6 12.♖e1 mit beiderseitigen Möglichkeiten nach ♗e7 oder ♗c5.)

11.♗c2 ♗g4 12.♖e1 0–0 (12...♕d7 13.♘f1 0–0∞) 13.h3 ♗h5 14.♘b3 ♘e6

(Zu einer zweischneidigen Stellung führt 14...♘e4!? 15.♗xe4 dxe4 16.♕xd8 ♖axd8 17.♖xe4 ♖d1+ 18.♔h2 f6 mit aktivem Spiel für den Bauern.)

15.♗f5 ♕d7 16.♕d3 ♗g6 17.♗e3 ♗xf5 18.♕xf5 ♖ad8 und das Spiel ist etwa gleich.

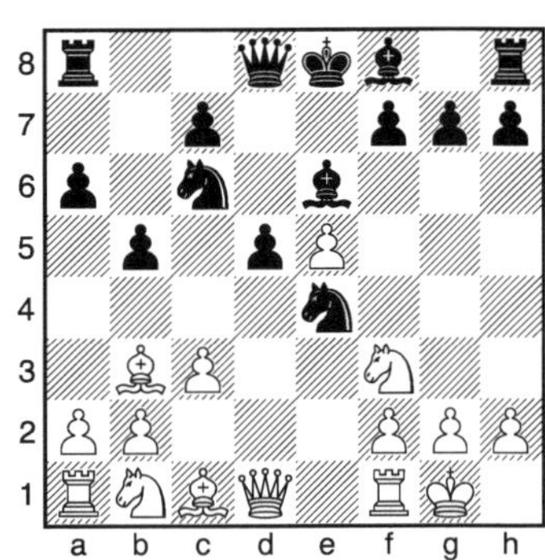

9...♗c5

Der schwarze Läufer wählt die beste Diagonale, denn er zielt auf f2 und schafft somit die Voraussetzung für gelegentliche Angriffskombinationen.

Natürlich hat Schwarz auch andere Möglichkeiten.

I. Mit der wichtigen Alternative 9...♗e7 will Schwarz rasch die Entwicklung seines Königsflügels beenden.

10.♗e3 0–0 (10...♕d7 11.♘bd2 ♖d8 12.♖e1 0–0 13.♗c2 ♘xd2 14.♕xd2 ♗f5 15.♖ad1 ♖fe8∞) 11.♘bd2 ♘xd2 12.♕xd2 ♕d7 13.♗g5 ♖ad8 14.♖fe1 ♖fe8=

II. 9...♘c5 geschieht in der Absicht, den Läufer b3 zu vertreiben.)

10.♗c2 ♗g4 11.♖e1 ♗e7 12.♘bd2 ♕d7 (12...d4 13.♘b3 d3 14.♗b1 ♘xb3 15.axb3 ♗f5 16.♗e3 0–0∞) 13.♘b3 ♘e6 14.h3 ♗h5 15.♗f5 ♘cd8 16.♗e3 a5 17.♗c5 a4 18.♗xe7 ♕xe7 19.♘bd4 c6 und Schwarz hat eine solide Position.

10.♘bd2 0–0 11.♗c2 ♗f5

Hier ist 11...♘xf2!? eine interessante Idee. Schwarz gibt zwei Leichtfiguren für Turm und Bauer und erhält zusätzlich Druckspiel, weil der weiße Damenflügel noch unentwickelt ist; z.B. 12.♖xf2 f6 13.exf6 ♗xf2+ 14.♔xf2 ♕xf6 15.♘f1 (15.♔g1 ♖ae8 16.♕f1 ♗f5∞) 15...♘e5 16.♗e3 ♖ae8 17.♗c5 ♘xf3 18.gxf3 ♖f7 19.♔g2 ♕g5+ 20.♘g3 d4 mit zweischneidigem Spiel.

12.♘b3 ♗g6

So hält Schwarz die Spannung.

Die Variante 12...♗xf2+ 13.♖xf2 ♘xf2 14.♔xf2 ♗xc2 15.♕xc2 f6 16.e6 ♕d6 17.♗e3 ♕xe6 18.♘bd4 ♘xd4 19.♘xd4 ♕e5 20.♘f3 ♕h5 ist unklar.

13.♘fd4 ♗xd4

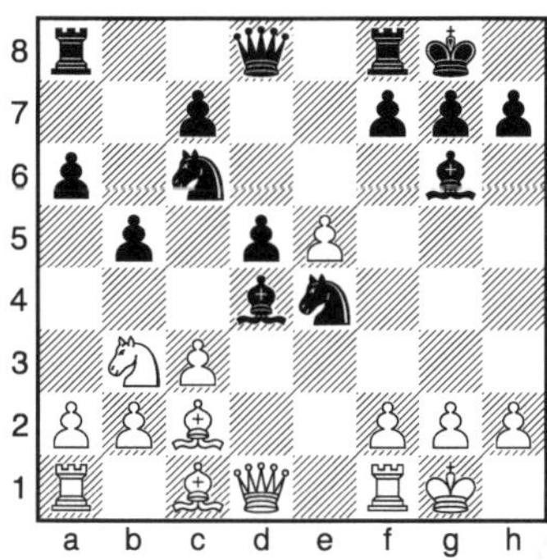

14.♘xd4

Auf 14.cxd4 sollte Schwarz mit 14...a5 aktiv am Damenflügel vorgehen; z.B. 15.♗e3 a4 16.♘c1 a3 17.b3 f6 usw.

14...♕d7 15.a4 ♘xe5 16.f4 ♘c6 17.♘xc6 ♕xc6 18.f5 ♕c5+ 19.♕d4 ♗h5 20.♗f4 ♕c6

Laut einer Analyse von GM Judit Polgar sind die Chancen beider Seiten etwa gleich. Schwarz hat zwar einen Mehrbauern, aber Weiß hat dank seines Läuferpaars eine leichte Initiative.

Zusammenfassung: Die Offene Variante gilt als eine solide Waffe im Kampf um Ausgleich. Mit 11...♘xf2!? (statt 11...♗f5) kann Schwarz auch versuchen, das Spiel zu verschärfen.

Abspiel 6

Archangelsk-Variante

(1.e4 e5 2.♘f3 ♘c6 3.♗b5 a6 4.♗a4 ♘f6 5.0-0 b5 6.♗b3)

6...♗b7

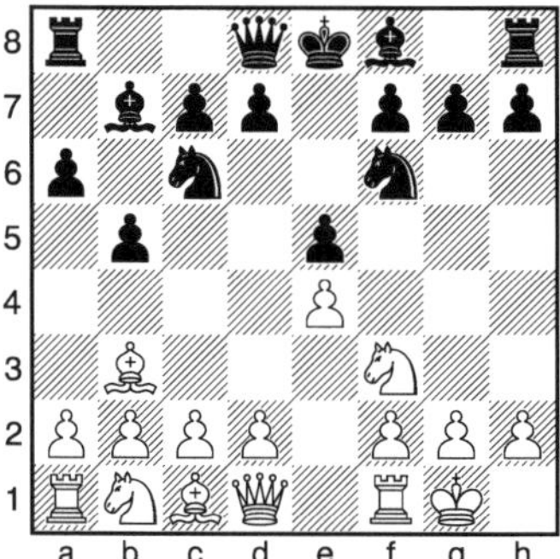

Die Idee, den Damenläufer frühzeitig auf die lange Diagonale zu entwickeln, ist verhältnismäßig jung. Erst in den 60er Jahren des 20. Jahrhunderts wurde dieser Aufbau von Spielern aus dem russischen Archangelsk genauer untersucht, was der Variante ihren heutigen Namen eintrug. Da die Archangelsk-Variante gute Chancen auf aktives Spiel bietet, hat sie seitdem einen festen Platz im Arsenal der Spanisch-Spieler.

7.♖e1

Weiß plant c2-c3 und d2-d4, aber angesichts des Drucks auf den Bauern e4 ist dessen vorherige Deckung ratsam.

Hier ein Blick auf einige Alternativen.

I. 7.c3 ♘xe4

(Schwarz kann auch die Entwicklung mit einem Doppel-Fianchetto wählen, also 7...h6 8.d4 d6 9.♖e1 g6 10.a4 ♗g7 usw.)

8.d4 ♘a5 9.♗c2 (9.♘xe5 ♘xb3 10.♕xb3 ♘d6 11.♖e1 ♗e7 12.♗f4 0-0 13.♘d2 ♔h8=) 9...exd4 10.b4 (10.♖e1 d5 11.b4 ♘c6 12.♘xd4 ♗e7 13.f3 ♘f6 14.♗g5 0-0 15.♘xc6 ♗xc6 16.♕d3 g6 17.♘d2 ♖e8∞) 10...♘c4 11.♗xe4 ♗xe4 12.♖e1 d5 13.♘xd4 ♗d6

(Das sehr energische 13...c5!? führt nach 14.bxc5 ♗xc5 15.f3 0-0 16.fxe4 dxe4 17.♖xe4 ♕d5 zu äußerst kompliziertem Spiel.)

14.f3 ♕h4 15.h3 ♕g3 16.♘f5 ♕h2+ 17.♔f2 0-0-0 18.fxe4 dxe4 19.♕g4 ♔b8 20.♕xe4 ♖he8 21.♕xe8 ♖xe8 22.♖xe8+ ♔b7 23.♘xd6+ ♘xd6 24.♖e1 ♘f5 25.♘d2 ♕g3+ 26.♔f1 ♘h4 27.♖e2 ♕h2 28.♘f3 ♘xf3 29.gxf3 ♕xh3+ 30.♔f2 ♕h2+ und Schwarz sollte problemlos remis halten (Analyse von Kindermann).

II. 7.d4 ♘xd4 8.♘xd4

(Gutes Spiel erhält Schwarz nach 8.♗xf7+ ♔xf7 9.♘xe5+ ♔g8 10.♕xd4 c5 11.♕d1 ♕e7 12.♘f3 ♕xe4 usw.)

8...exd4 9.e5 ♘e4 10.c3!? (10.♕f3 ♕e7 11.♘d2 ♘c5 12.♗d5 c6∓) 10...dxc3 (10...♘c5 11.cxd4 ♘xb3 12.♕xb3 ♕h4 13.♗e3 ♗xg2=) 11.♕f3 d5 12.exd6 ♕f6 13.♖e1 (13.d7+ ♔d8! 14.♕xf6+ ♘xf6 15.♘xc3 ♗d6 16.♗xf7 ♔xd7=) 13...0-0-0 14.dxc7 ♔xc7

15.♕xf6 ♘xf6 16.♘xc3 ♗c5 17.♗f4+ ♔b6 18.♖e2

(Nach 18.♗xf7 ♖hf8 19.♗b3 ♘g4 erhält Schwarz starke Initiative.)

18...♖d7 19.♖d1 ♖hd8 mit gleichen Chancen.

III. 7.d3 h6

(7...♗c5!? ist auch möglich; z.B. 8.a4 0–0 9.♘c3 b4 10.♘d5 h6 11.♗e3 ♗d6 mit beiderseitigen Perspektiven.)

8.c3 (8.♘c3 g6 9.a4 b4 10.♘d5 ♗g7 11.♗d2 a5∞) 8...g6 9.a4 ♗g7 10.axb5 axb5 11.♖xa8 ♕xa8 12.♘a3 ♕a6 und Schwarz hat die Eröffnungsphase erfolgreich abgeschlossen.

7...♗c5

Der Läufer wird auf der Diagonale a7-g1 platziert, um Druck auf den Bauern f2 auszuüben.

8.c3 d6 9.d4 ♗b6 10.♗g5

Anhand dieses aktivsten Zuges soll exemplarisch eine mögliche weitere Entwicklung veranschaulicht werden.

Nach 10.♗e3 oder 10.a4 sollte Schwarz einfach rochieren.

10...h6 11.♗h4

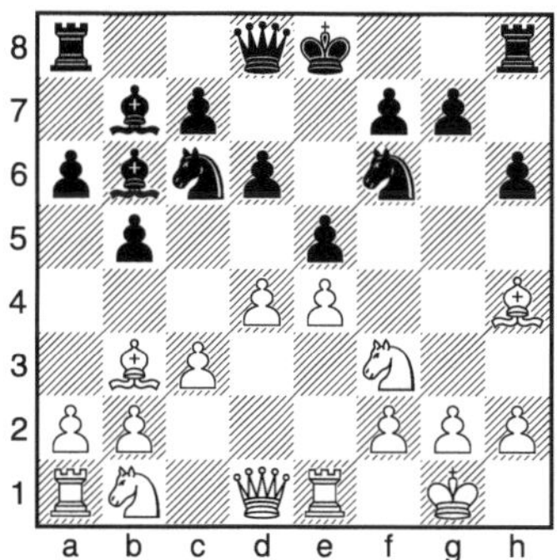

11...♕d7

Schwarz fürchtet sich nicht vor der Zerschlagung seines Königsflügels durch ♗xf6, denn er plant die lange Rochade und will die geöffnete g-Linie gegebenenfalls zum Gegenangriff nutzen.

Hier ein Blick auf andere Möglichkeiten.

I. 11...♕e7 12.a4 g5

(Die Variante 12...0–0–0 13.axb5 axb5 14.♘a3 g5 15.♗g3 ♖dg8 16.♘xb5 h5 17.h4 ist günstiger für Weiß.)

13.♗g3 h5 14.h4 (14.axb5 axb5 15.♖xa8+ ♗xa8 16.h4 g4 17.♘g5 ♘d8∞) 14...g4 15.♘g5 ♘d8 16.axb5 axb5 17.♖xa8 ♗xa8 18.♘a3 ♘d7

(Es droht f7-f6 mit Eroberung des Springers g5.)

19.d5 f6 20.♘e6 ♘xe6 21.dxe6 ♘c5 und Schwarz steht ausgezeichnet.

II. 11...0–0 12.a4 exd4

(Schwarz muss genau vorgehen, denn nach 12...g5 muss er mit dem Springeropfer 13.♘xg5!? hxg5 14.♗xg5 rechnen, welches Weiß starke Initiative einbringt.)

13.cxd4 (13.axb5 axb5 14.♖xa8 ♗xa8 15.cxd4 ♖e8 16.♕d3 ♘a5 17.♗xf6 ♕xf6 18.♗c2 ♔f8 19.♕xb5 ♘c6 20.d5 ♘d4 21.♘xd4 ♕xd4 22.♖f1 f5⇄) 13...♖e8

(Auch hier ist nach 13...g5 das Opfer 14.♘xg5 hxg5 15.♗xg5 möglich.)

14.axb5 axb5 15.♖xa8 ♗xa8 16.♕d3 ♘a5 17.♗xf6 ♕xf6 18.♗c2 ♘c6 19.e5 dxe5 20.dxe5 ♕f4

Schwarz hat alles unter Kontrolle und die Stellung ist im Gleichgewicht.

III. 11...g5 12.♗g3 0–0 13.a4 (13.d5 ♘e7 14.♘bd2 ♘g6∞) 13...♖e8 14.axb5 axb5 15.♖xa8 ♗xa8 16.h4 g4 17.♘h2 ♕d7 mit scharfer Stellung.

12.a4

Nach 12.♗xf6 gxf6 käme die g–Linie nur Schwarz zugute.

12...0–0–0 13.axb5 axb5

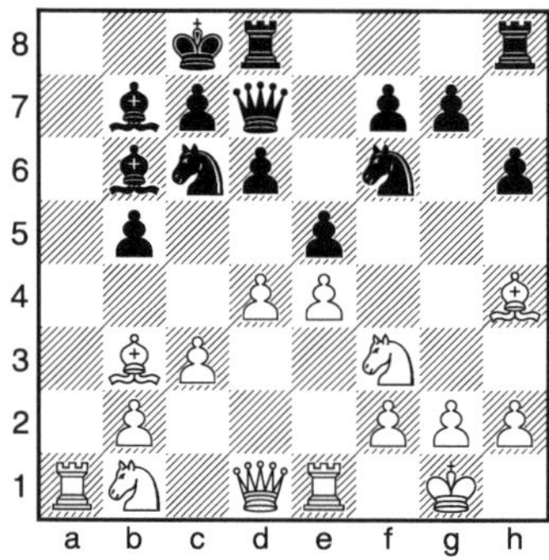

14.♘a3

Weiß verlegt seinen Springer sofort zum Angriff auf den Flügel, an dem sich der gegnerische König befindet.

Nach 14.♗xf6 gxf6 kann sich das Spiel wie folgt weiterentwickeln: 15.♗d5 ♖hg8 16.♔h1 ♕g4 17.♖g1 exd4 18.cxd4 f5 19.♘c3

(Weiß muss genau spielen, um nicht in Schwierigkeiten zu geraten; z.B. 19.♗xf7? fxe4! 20.♗xg8 ♖xg8 21.h3 ♕f5 mit schwarzem Vorteil.)

19...fxe4 20.♗xe4 (20.♘xe4 ♕f5!) 20...♖de8 21.♗d5 ♘b4 22.♗xb7+ ♔xb7 23.♘xb5 ♕f5 24.♕a4 ♘d3 25.♕a6+

(Nach 25.♘xd6+ cxd6 26.♕a6+ ♔c7 27.♖gc1+ ♗c5 28.♕a5+ remisiert Weiß durch Dauerschach.)

25...♔c6 26.♘a7+ ♔d7 27.♕a4+ ♔e7 28.♖ge1+ ♔f6 29.♖xe8 ♘xf2+ 30.♔g1 ♘h3+ 31.♔h1! (31.♔f1?? ♕d3+ 32.♖e2 ♕xf3+!–+) 31...♘f2+ mit ewigem Schach.

14...g5 15.♗g3 h5 16.h4 gxh4 17.♗xh4 ♖h6

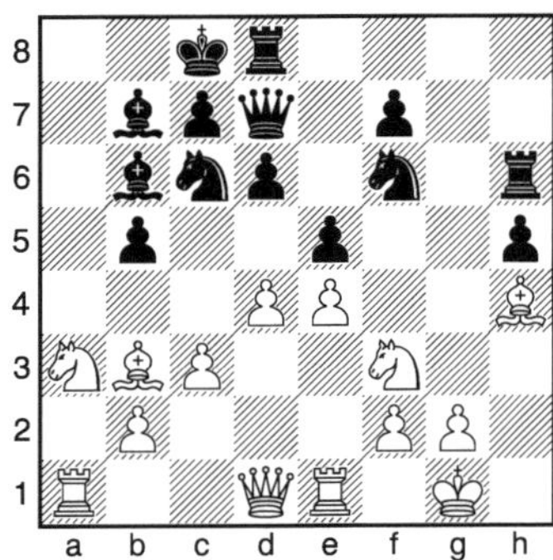

18.dxe5

In dieser komplizierten Stellung führt der Textzug sicher zum Ausgleich.

Hingegen bekommt Schwarz nach 18.♘g5 ♖g6 19.♘xb5 ♖dg8 gefährliche Initiative am Königsflügel, was auch in der Praxis bestätigt wurde.

18...♘xe5 19.♘xe5 dxe5 20.♕xd7+ ♖xd7 21.♘xb5 ♘xe4 mit gleichen Chancen.

Zusammenfassung:

Die Archangelsk–Variante führt zu scharfen Verwicklungen und verspricht Schwarz gute Perspektiven auf ein chancenreiches Spiel.

Abspiel 7

Marshall-Angriff

(1.e4 e5 2.♘f3 ♘c6 3.♗b5 a6 4.♗a4 ♘f6 5.0–0 ♗e7 6.♖e1 b5 7.♗b3)

7...0–0

Mit diesem elastischen Zug bringt Schwarz zunächst seinen König in Sicherheit, ohne zu verraten, was er ihm Zentrum zu tun gedenkt.

8.c3

Wenn Weiß den kommenden schwarzen Zug vermeiden möchte, muss er hier mit 8.a4!? fortsetzen; z.B. 8...b4

(Schwarz kann auch 8...♗b7!? mit dem Plan d7–d6, ♘c6–a5, c7–c5 usw. wählen.)

9.c3 d6 10.a5 ♖b8 11.♗c4 bxc3 12.dxc3 ♗b7 13.♘bd2 ♕c8 14.♘f1 ♘d8 15.♘g3 ♖e8 16.♕a4 ♘e6 mit ungefähr gleichem Spiel.

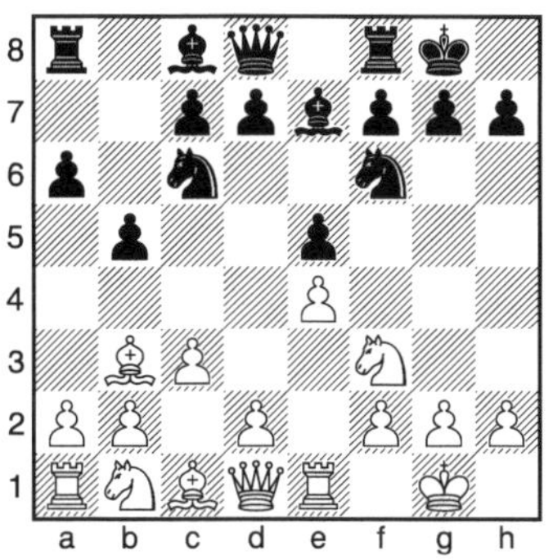

8...d5!?

Das zurückhaltende d7-d6 hätte in bereits bekanntes Fahrwasser geführt, der Textzug aber ist die Einleitung des Marshall-Angriffs. Dieses scharfe Gambit ist nach dem amerikanischen GM Frank Marshall (1877-1944) benannt, der es beim New Yorker Turnier 1918 zum ersten Mal (allerdings erfolglos) gegen den späteren Weltmeister Capablanca einsetzte. Der Textzug beinhaltet ein Bauernopfer, für das Schwarz blendendes Figurenspiel erhält. Ob diese Kompensation ausreicht oder nicht, entzieht sich bis auf den heutigen Tag allen analytischen Anstrengungen.

9.exd5

So wird meistens gespielt.

9.d4 ist ein Versuch, die schwarzen Pläne zu durchkreuzen, aber wie die folgenden Analysen zeigen, verspricht diese Methode keinen konkreten Vorteil.

A) 9...♘xe4 10.dxe5 (10.♘xe5 ♘xe5 11.dxe5 ♗b7 12.♗e3 c5=) 10...♗e6 11.♘bd2 ♘c5 12.♗c2 d4 13.cxd4 ♘xd4 14.♘xd4 ♕xd4 15.♘f3 ♕xd1 16.♖xd1 ♖ad8 mit gleichen Aussichten.

B) 9...exd4 10.e5 ♘e4 11.cxd4 ♗g4 (11...♗f5 12.♘c3 ♘xc3 13.bxc3 ♘a5 14.♗c2 ♕d7=) 12.♘c3 ♘xc3 (12...♗xf3 13.gxf3 ♘xc3 14.bxc3 f5∞) 13.bxc3 ♘a5 14.♗c2 ♘c4 15.♕d3 g6 und Schwarz verteidigt seine Königsstellung.

9...♘xd5 10.♘xe5 ♘xe5 11.♖xe5

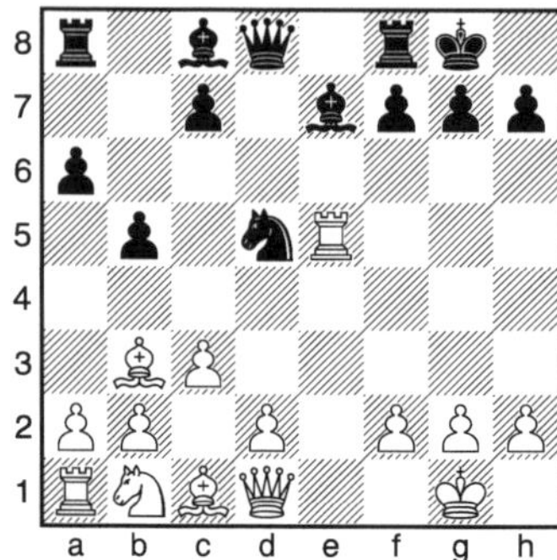

11...c6

Die beste Antwort. Schwarz benötigt den Springer im Zentrum und muss ihn zuverlässig stützen, bevor er gegen den seines Figurenschutzes beraubten weißen König vorgehen kann.

Kaum noch gespielt wird 11...♘f6; z.B. 12.d4 ♗d6 13.♖e1 ♘g4 14.h3 ♕h4 15.♕f3 ♘xf2 16.♗d2!

(Aber nicht 16.♕xa8? ♘xh3+! 17.gxh3 ♕xe1+ 18.♔g2 ♕e2+ 19.♔g1 ♕h2+ 20.♔f1 ♗xh3+ mit baldigem Matt.)

16...♗b7

A) 17.♕xf2? ♗h2+ 18.♔f1 ♗g3 19.♕f5

(Nach 19.♕g1 ♖ae8 20.♖e3 ♕h5 steht Weiß sehr gefährdet.)

19...♗xe1 20.♗xe1 ♗xg2+ 21.♔xg2 ♕xe1 22.♗c2 (22.♕f1 ♖ae8!) 22...g6 23.♕f1 ♕e3 24.♘a3 ♖ae8 mit gefährlicher schwarzer Initiative.

B) 17.♕xb7! ♘d3 18.♖e2 ♖ae8

(Nach 18...♕g3 19.♔f1 ♕h2 20.g4 ♕xh3+ 21.♕g2 wird der schwarze Angriff abgeschlagen.)

19.♕f3 ♖xe2 20.♕xe2 ♕g3 21.♔f1 ♘xb2 22.♗e1 ♕f4+ 23.♗f2 ♕c1+ 24.♕e1 ♕xe1+ 25.♗xe1+−

12.d4

Die übliche Erwiderung. Weiß verschafft sich etwas Raum und seiner Dame Zutritt zum Feld d3, denn bald wird es darum gehen, mit ihrer Hilfe die geschwächten weißen Felder zu verteidigen.

Wenn Weiß 12.d3 spielt und somit keinen Einfluss auf das Zentrum nimmt, steht er zu passiv; z.B. 12...♗d6 13.♖e1 ♕h4 (13...♗f5!?) 14.g3 ♕h3 15.♖e4 ♕d7

(Möglich ist auch 15...♕f5!? 16.♘d2 ♕g6 17.♘f1 f5 mit scharfem Spiel.)

16.♘d2 ♗b7 17.♕f1 c5 mit guter Kompensation für den Bauern.

12...♗d6 13.♖e1 ♕h4

Für den geopferten Bauern hat Schwarz ausgezeichnete Chancen auf einen Königsangriff. Weiß muss nun sehr genau spielen, sonst kann er jederzeit eine böse Überraschung erleben.

14.g3

Der Zug schwächt, aber ohne ihn kommt Weiß nicht aus.

Nach 14.h3 ♗xh3 15.♗xd5 cxd5 16.gxh3 ♕xh3 17.f4 ♖ae8 hat Schwarz mindestens ein Remis in der Tasche.

14...♕h3

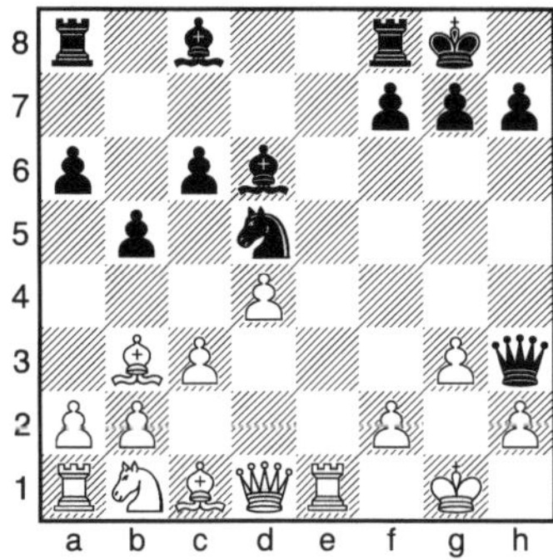

15.♗e3

Weiß muss schleunigst seinen Damenflügel mobilisieren und vorsorglich die e-Linie schließen. Der Textzug gilt darum als die stärkste Fortsetzung.

Trotzdem wird gelegentlich auch 15.♖e4 gespielt; z.B. 15...g5

Um den Turm nicht nach h4 zu lassen.

16.♕f1 (16.♕f3 ♗f5 17.♗xd5 cxd5 18.♖e3 ♗e4 19.♖xe4 dxe4 20.♕f6 ♕g4 21.♕xg5+ ♕xg5 22.♗xg5 f5=) 16...♕xf1+ 17.♔xf1 ♗f5 18.♖e1 ♗d3+ 19.♔g1 ♖ae8 20.♗e3 f5 Δf5-f4 mit aktivem Spiel für den geopferten Bauern.

15...♗g4 16.♕d3 ♖ae8

Alle schwarzen Kräfte werden in Stellung gebracht, bevor die Königsflügelbauern vorrücken.

Ein anderer Plan ist 16...f5 17.f4 g5 18.♕f1 ♕h5 und nun wäre 19.fxg5 sehr gefährlich für Weiß wegen 19...f4 20.♗xf4 ♖xf4! 21.gxf4 ♖f8 mit starker schwarzer Initiative.

17.♘d2 ♖e6 18.a4

Am Königsflügel ist Weiß auf Dauer in der Defensive. Wenn er also etwas unternehmen will, muss er dies auf der anderen Brettseite tun und seinen Damenturm wirkungsvoll ins Spiel bringen.

Andere Züge sind weniger angemessen.

– 18.c4 ♗f4! 19.cxd5 ♖h6 20.♕e4 ♕xh2+ 21.♔f1 ♗xe3 22.♖xe3 ♖f6 mit starkem Angriff.

– 18.♗xd5 cxd5 19.a4 f5 20.♕f1 ♕h5 21.f4 ♖fe8 mit schwarzem Druck.

– 18.♕f1 ♕h5 19.a4 ♗h3 20.♗d1 ♕f5 21.♕e2 ♖fe8 mit zweischneidigem Spiel.

18...f5 19.♕f1 ♕h5 20.f4

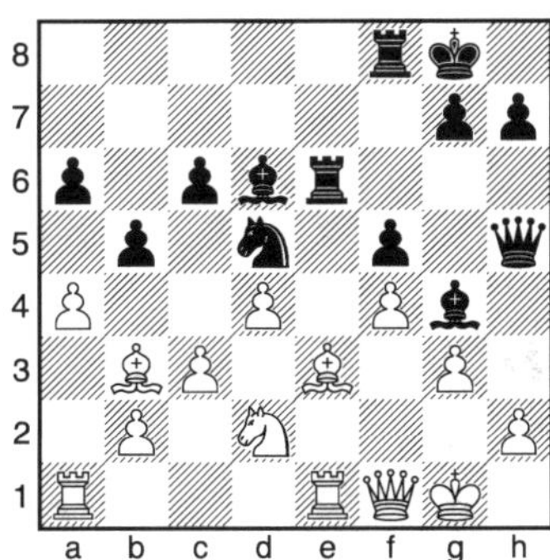

20...g5

Mit dieser logischen Reaktion öffnet Schwarz die Stellung am Königsflügel, um den Angriff fortzusetzen.

Nach 20...bxa4 kann sich der Kampf wie folgt weiterentwickeln: 21.♖xa4 ♖fe8 22.♖xa6 (22.♕f2 g5 23.fxg5 f4 24.gxf4 ♗h3∞) 22...♖xe3 23.♖xe3 ♖xe3 24.♖xc6 ♕e8 25.♗xd5+ ♔f8

26.♘e4 fxe4 27.♖xd6 ♖d3 28.♗b3 ♕b8 29.♕a1 ♕xb3 30.♕a8+ und Weiß rettet sich durch Dauerschach.

21.axb5 axb5 22.fxg5

Zu sehr unklarem Spiel führt 22.♕g2 ♖fe8 usw.

22...f4 23.♗xf4 ♗xf4 24.gxf4 ♖xf4 25.♖a8+ ♔g7 26.♖a7+ mit Remis durch Dauerschach.

Zusammenfassung: Diese Beispiele deuten an, welche schier unerschöpflichen Möglichkeiten sich nach dem schwarzen Bauernopfer ergeben können. Weiß ist von Beginn an zur Defensive gezwungen und muss genau spielen, um nicht schon in der Eröffnungsphase eine Katastrophe zu erleben. Der Marshall-Angriff empfiehlt sich allerdings nur solchen Spielern, die sich in taktischen Stellungen ausgesprochen wohl fühlen und die, einmal im Besitz der Initiative, kreativ zu Werke gehen.

II. Halboffene Spiele

Kapitel 21
Sizilianische Verteidigung
1.e4 c5

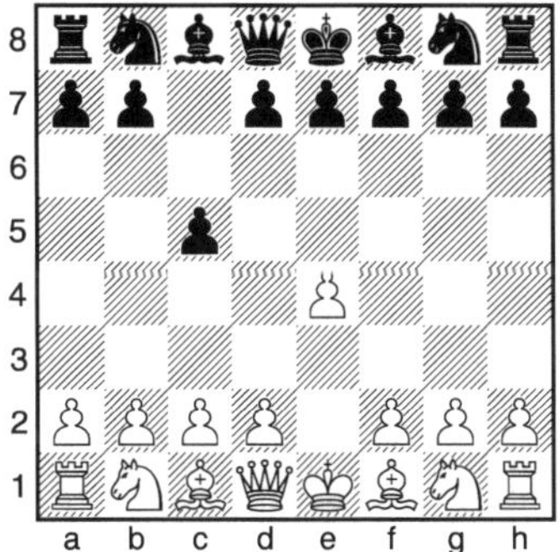

Die Sizilianische Verteidigung ist seit Mitte des 20. Jahrhunderts die am häufigsten gespielte Eröffnung überhaupt. Die grundsätzlich asymmetrischen Stellungen stehen ihrem Wesen nach im Einklang mit dem Zeitgeist, der (bekanntlich nicht nur im Schach) nach äußerster Dynamik strebt. Denn fast immer führen mit Sizilianisch eröffnete Partien zu zweischneidigem und kompliziertem Spiel mit beiderseitigen Chancen. Die Praxis zeigt, dass Schwarz bereits in der Frühphase des Kampfes gute Gegenspielchancen erhält und sich nicht überwiegend auf die Defensive konzentrieren muss. Besonders in den Händen geübter Taktiker ist Sizilianisch eine Waffe, die dem Weißen sehr gefährlich werden kann.

2.♘f3

Mit diesem logischen Zug entwickelt Weiß seinen Königsflügel und bereitet gleichzeitig d2-d4 vor.

Weiß hat zahlreiche andere Möglichkeiten.

I. Zu 2.c3 – siehe **Abspiel 1**.

II. Zu 2.♘c3 – siehe **Abspiel 2**.

III. Nach 2.d4 cxd4 führt das Bauernopfer 3.c3 zum sogenannten Morra-Gambit.

(Eine interessante Alternative ist 3.♕xd4, um nach 3...♘c6 4.♕e3 mit ♘b1-c3, ♗c1-d2 und 0-0-0 scharfes Spiel anzustreben.)

3...dxc3

(Mit 3...d3 kann Schwarz das Gambit auch ablehnen; z.B. 4.♗xd3 d6 5.♘f3 ♘c6 gefolgt von einem Aufbau nach dem Schema g7-g6, ♗f8-g7 usw.)

4.♘xc3 ♘c6 5.♘f3 e6 6.♗c4

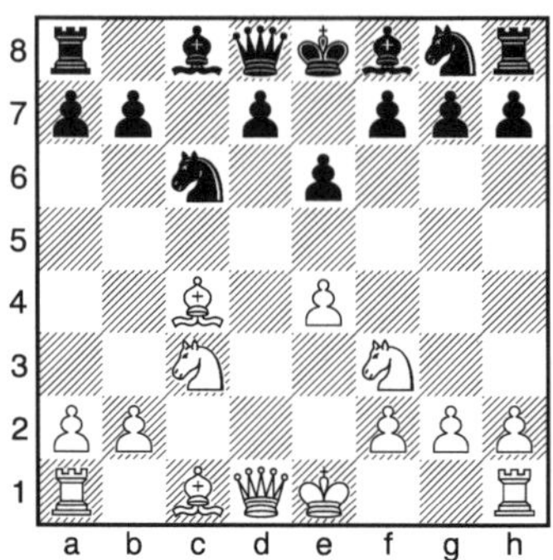

A) 6...d6 7.0–0 a6 8.♕e2 ♗e7 9.♖d1 ♕c7 10.♗f4 ♘e5

(Nach 10...♘f6 11.♖ac1 muss Schwarz mit dem Schlag ♘c3-d5! rechnen.)

11.♗b3 ♘f6 12.♖ac1 ♕b8 mit dem Plan 0–0, ♗c8-d7, b7-b5, ♕b8-b7 und gutem Spiel.

B) 6...a6 7.0–0 ♘ge7

(Schwarz plant seine Kräfte wie folgt zu postieren: ♘e7-g6, ♗f8-e7, d7-d6, 0–0 und die Dame wird abhängig vom weißen Aufbau nach a5, b6, c7 oder sogar e8 entwickelt.)

8.♗g5 f6 9.♗e3 b5 10.♗b3 ♗b7 (10...♘g6!?) 11.♕e2 ♘a5 12.♘d4 (12.♗c2 ♘g6!) 12...♘xb3 13.♘xb3 ♘g6 nebst ♗f8-e7, 0–0 mit verteilten Chancen.

IV. Der sogenannte Grand-Prix-Angriff 2.f4 ist eine sehr gefährliche Nebenvariante. Weiß nimmt weiteren Raum im Zentrum unter Kontrolle und spekuliert auf eine frühe Öffnung der f-Linie mit nachfolgenden Aktionen gegen den schwarzen König.

2...♘c6 3.♘c3

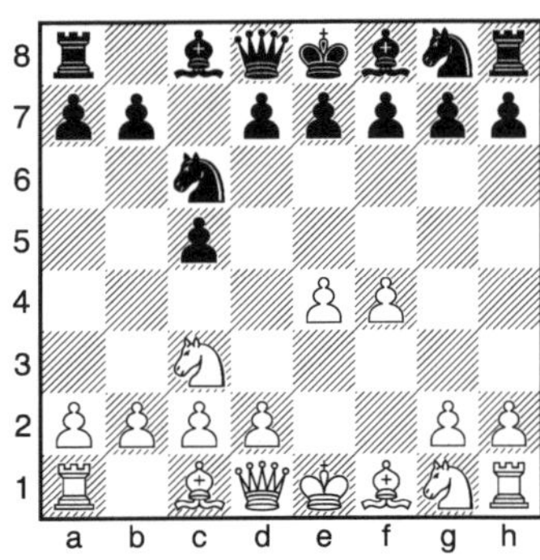

A) 3...e6 4.♘f3 d5 5.♗b5

(5.exd5 exd5 6.♗b5 ♘f6 7.♘e5 ♗d7 8.♗xc6 ♗xc6 9.♘xc6 bxc6 10.0–0 ♗e7 11.d3 0–0=)

5...♘ge7 6.exd5 exd5 7.♕e2

(Zu gleichem Spiel führt 7.d4 a6 8.♗xc6+ ♘xc6 9.dxc5 ♗xc5 10.♕xd5 ♕e7+ 11.♕e4 ♗f5 12.♕xe7+ ♘xe7 13.♗d2 ♗xc2 usw.)

Mit 7...f6 verfolgt Schwarz das Ziel, die Figuren des Königsflügels schnell zu mobilisieren und den König zu sichern.

8.♗xc6+ bxc6 9.0–0 ♔f7 10.d3 ♘f5 11.♗d2 ♗d6 12.♖ae1 ♖f8 nebst ♔f7-g8 usw.

B) 3...g6 4.♘f3 ♗g7 5.♗c4

Weiß plant die Rochade, um dann so schnell wie möglich f4-f5 zu spielen.

5...d6 6.0–0 e6 7.d3

(Auf 7.f5 sollte Schwarz mit 7...exf5! reagieren; z.B. 8.d3 ♘ge7 9.♕e1 h6 und Weiß hat es nicht leicht zu beweisen, dass er ausreichend Ersatz für den geopferten Bauern hat.)

7...♘ge7 8.♕e1 0–0 9.f5 gxf5 10.♕h4 fxe4 11.dxe4 ♘g6 12.♕h5 ♘ce5

13.♗h6 f6 14.♘xe5 ♘xe5 15.♗xg7 ♔xg7 16.♗e2 ♗d7 17.♖ad1 ♕e7 und Schwarz bleibt mit einem Mehrbauern.

V. Mit dem 'Sizilianischen Flügelgambit' 2.b4 opfert Weiß einen Bauern, um den schwarzen c–Bauern abzulenken und rasch die eigenen Kräfte zu mobilisieren.

2...cxb4

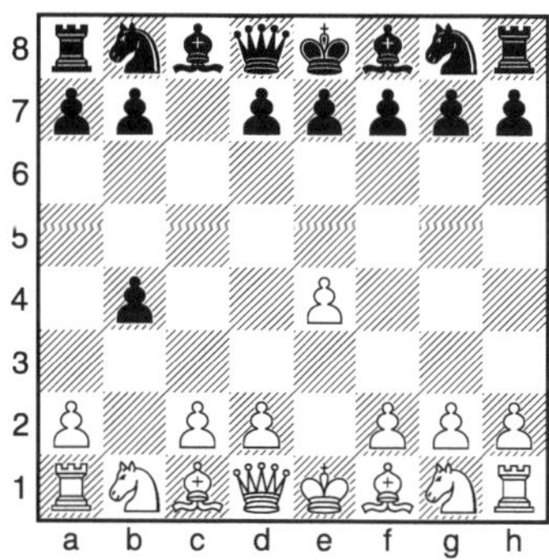

A) 3.d4 d5 4.exd5

(Nach 4.e5 ♘c6 mit dem Plan ♗c8-f5 und e7-e6 kann Schwarz auf gutes Spiel rechnen.)

4...♘f6 5.a3

(Die Folgen von 5.♗b5+ ♗d7 6.♗c4 ♗g4 7.f3 ♗f5 sind günstig für Schwarz.)

5...♕xd5

(Spielbar ist auch 5...♘xd5 6.axb4 ♘xb4 7.c3 ♘d5 usw.)

6.♘f3 ♗g4 7.♗e2 e6 8.0–0 ♘c6 9.♖e1 ♗e7 10.axb4 ♗xb4 11.c3 ♗e7 12.c4 ♕d8 13.♘c3 0–0

Schwarz hat einen Bauern mehr, aber Weiß hat seine Kräfte flexibel entwickelt. Beide Seiten haben etwa gleiche Chancen.

B) Mit 3.a3 will Weiß Linien am Damenflügel öffnen, um dort Druck auf die gegnerische Stellung auszuüben.

3...d5

(Nach 3...bxa3 4.♗xa3 entsteht eine unklare Stellung.)

4.exd5 ♕xd5 5.♗b2 e5 6.axb4 ♗xb4 7.♘c3 ♗xc3 8.♗xc3 ♘c6 und nach ♘g8–f6 oder ♘g8–e7 nebst 0–0 erhält Schwarz eine befriedigende Stellung.

VI. Nach 2.b3 soll der Läufer auf b2 postiert werden, um aktiv auf der langen Diagonale a1-h8 zu wirken.

A) 2...♘c6 3.♗b2 e6 4.♘f3 d6 5.♗b5 (5.d4 cxd4 6.♘xd4 ♘f6 7.♗d3 ♗e7 8.0–0 0–0=) 5...♗d7 6.0–0 ♘f6 7.♖e1 ♗e7 8.c4 0–0 9.♗xc6 ♗xc6 10.♘c3 e5 11.d3 a6 mit dem Plan ♖a8-b8 und b7-b5 mit Gegenspiel am Damenflügel.

B) 2...d6 3.♗b2 e5 4.♗b5+ ♘c6 (4...♗d7 5.♗xd7+ ♕xd7 6.♘e2 ♘f6 7.d3 ♘c6 8.0–0 ♗e7=) 5.♗xc6+ bxc6 6.♘e2 ♘f6 7.d3 ♗e7 8.0–0 0–0 nebst g7-g6 und ♘f6-h5 mit aktivem Spiel am Königsflügel.

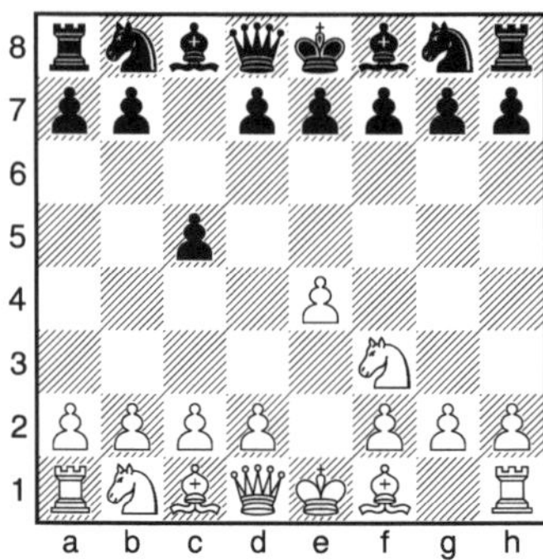

2...d6

Vor der weiteren Betrachtung dieser gängigsten Fortsetzung, hier ein Blick auf drei ebenfalls übliche Abweichungen, die zu grundsätzlich unterschiedlichen Stellungstypen führen.

I. 2...♘c6

(Nach 3.♗b5 g6 4.0–0 ♗g7 5.c3 e5 hat Schwarz chancenreiches Spiel; z.B. 6.d4 cxd4 7.cxd4 exd4 8.♗f4 a6 9.♕a4 ♘ge7 10.♗d6 0–0 11.♕a3 ♖e8 usw.)

3.d4 cxd4 4.♘xd4

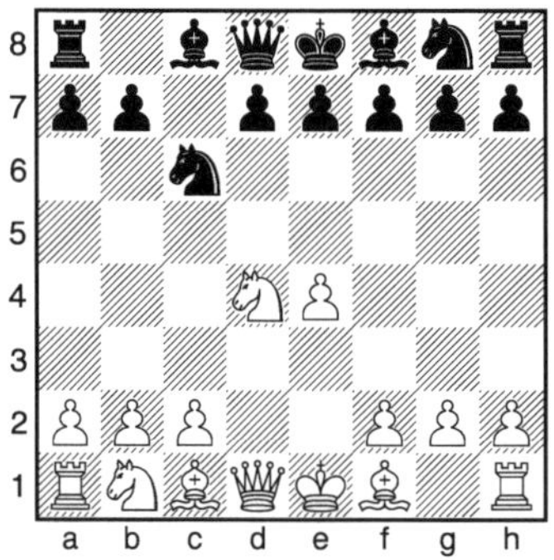

A) Mit 4...g6 wird die sogenannte 'Drachenvariante' eingeleitet. Der Läufer wird auf der Diagonale a1-h8 postiert, um spürbaren Druck auf das Zentrum und den weißen Damenflügel auszuüben.

5.♘c3

(5.c4 wird in **Abspiel 3** dieses Kapitels erörtert.)

5...♗g7 6.♗e3 ♘f6 7.♗c4

(Nach 7.♗e2 0–0 8.0–0 d5! 9.exd5 ♘xd5 10.♘xd5 ♕xd5 11.♗f3 ♕c4 sollte Schwarz das Gleichgewicht halten können.)

7...0–0

(Nach 7...♘a5 mit der Folge 8.♗e2 0–0 9.0–0 ♘c6 10.♘b3 d6 11.f4 ♕c7 12.♗f3 bekommt Weiß wegen der Möglichkeit ♘c3–d5 die besseren Perspektiven.)

8.♗b3

(Nichts bringt 8.f3 wegen 8...♕b6! 9.♗b3 ♘xe4 10.♘d5 ♕a5+ 11.c3 ♘c5 12.♘xc6 dxc6 13.♘xe7+ ♔h8 14.♘xc8 ♖axc8 mit aktivem Spiel für Schwarz.)

8...a5

(8...d6 führt zur Hauptvariante des Drachensystems – siehe **Abspiel 4**.)

9.a4

(Auf 9.f3 empfiehlt GM Kallai, das Stellungsproblem wie folgt zu lösen: 9...d5!? 10.♗xd5 ♘xd5 11.exd5 ♘b4 12.♘de2 ♗f5 13.♖c1 b5 14.0–0 ♖c8 15.♘d4 ♖xc3!? 16.bxc3 ♘xa2 mit schwarzem Gegenspiel.)

9...♘g4 10.♕xg4 ♘xd4 11.♕h4

(Oder 11.♕d1 ♘xb3 12.cxb3 d6 nebst ♗c8–e6 mit gleichem Spiel.)

11...d6

(11...♘xb3 12.cxb3 d6 13.♘d5 mit weißer Initiative.)

12.♘d5 ♖e8 13.♗g5 ♗f8 mit dem Plan ♘d4xb3 und ♗c8–e6 nebst Beseitigung des Springers d5. Laut Kallai hat Schwarz reale Ausgleichschancen.

B) Mit 4...e5 überlässt Schwarz dem Gegner das Feld d5 und erhält dafür aktives Figurenspiel.

5.♘b5

B1) Obwohl die sogenannte 'Kalaschnikow–Variante' 5...d6 immer mehr Anhänger findet, sollte Weiß bei genauem Spiel einen positionellen Vorteil erzielen können.

6.c4 ♗e7 7.♘1c3 a6 8.♘a3 ♗e6

(Nach 8...f5 9.exf5 ♗xf5 10.♗d3 ♗xd3 11.♕xd3 ♘f6 12.0–0 0–0 13.♘c2 ♕e8 14.♗g5 Δ♗g5xf6 nebst ♘c2-e3-d5 hat Weiß mehr vom Spiel.)

9.♘c2 ♗g5 10.♗e2 ♗xc1 11.♖xc1 ♘f6 12.0–0 0–0 13.♕d2 ♕b6 14.b3 ♖fd8 15.♖fd1

Da Weiß auf den Bauern d6 drückt, steht er etwas besser.

B2) 5...a6 leitet das klassische Abspiel der sogenannten 'Löwenthal-Variante' ein.

6.♘d6+ ♗xd6 7.♕xd6 ♕f6 8.♕d1

(Aufmerksamkeit verdient 8.♕a3!? ♕g6 9.♗e3! ♕xe4 10.♘c3 ♕b4 11.♕xb4 ♘xb4 12.0–0–0 mit der unangenehmen Drohung ♗e3–c5 nebst f2–f4.)

8...♕g6 9.♘c3 ♘ge7 10.h4 h5 11.♗g5 d5 12.exd5 ♘b4

(12...♘d4 13.♗d3 ♗f5 14.♗xf5 ♘exf5 15.♕d3 f6 16.♗e3 ♕xg2 17.0–0–0±)

13.♗xe7 ♔xe7 14.d6+! ♔d8

(Nach 14...♕xd6 15.♕xd6+ ♔xd6 16.0–0–0+ steht Weiß besser.)

15.♗d3 ♘xd3+ 16.♕xd3 ♕xd3 17.cxd3 ♗f5 18.0–0–0 ♔d7 19.d4 und in diesem Endspiel hat Weiß die besseren Perspektiven (Analyse von GM Suetin).

C) 4...♘f6 5.♘c3 d6

Zu 5...e5 – siehe **Abspiel 5**.

6.♗e2

Zu 6.♗g5 – siehe **Abspiel 6**.

Zu 6.♗c4 – siehe **Abspiel 7**.

6...e6

(Nach 6...e5!? entsteht das sogenannte 'Boleslawski–System'; z.B. 7.♘f3 h6 8.0–0 ♗e7 9.♗e3 0–0 10.♕d2 ♗e6 11.♖fd1 ♕d7 und nach ♖f8–d8 bekommt Schwarz chancenreiches Spiel.)

Nach 7.0–0 a6 8.♔h1 bereitet Weiß f2–f4 vor, um anschließend am Königsflügel aktiv zu werden.)

8...♕c7 9.f4 ♗e7 10.♗f3 (10.♗e3!?) 10...0–0 11.g4 mit weißer Initiative am Königsflügel; z.B. 11...♘xd4 12.♕xd4 e5 13.♕d1 exf4 14.g5 ♘e8 15.♗xf4 ♗e6 16.♘d5 ♗xd5 17.♕xd5 und Weiß steht mit seinem Läuferpaar vorteilhafter.

II. 2...e6 3.d4 cxd4 4.♘xd4

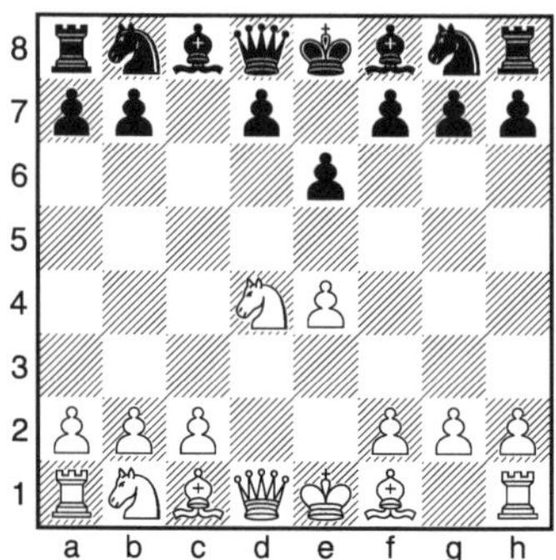

A) 4...♘f6 5.♘c3

A1) 5...♘c6 6.♘db5 ♗b4 7.a3 ♗xc3+ 8.♘xc3 d5 9.exd5 exd5 10.♗d3

(Nach 10.♗g5 0–0 11.♗xf6 ♕xf6 12.♕xd5 ♖d8 13.♕f3 ♗f5 stünde Weiß angesichts seines unrochierten Königs sehr verdächtig.)

10...0–0 11.0–0 d4 12.♘e2 ♗g4 13.f3 ♗e6 14.♗g5 und Weiß steht aktiver.

A2) 5...♗b4 6.e5 ♘d5

(6...♘e4 7.♕g4 ♘xc3 8.♕xg7 ♖f8 9.a3 ♘b5+ 10.axb4 ♘xd4 11.♗g5! ♕b6 12.♗h6 ♕xb4+ 13.c3 ♘f5 14.cxb4 ♘xg7 15.♗xg7 ♖g8 16.♗f6

Weiß steht überlegen, denn der starke ♗f6 und der ♖a1 paralysieren das gegnerische Spiel.)

7.♕g4 (7.♗d2!?) 7...0–0 8.♗h6 g6 9.♗xf8 ♕xf8 10.♕g3 ♕c5 11.♘de2 ♘c6 12.0–0–0 mit Vorteil für Weiß; z.B. 12...♘xc3 13.♘xc3 ♕xe5 14.♕xe5 ♘xe5 15.♘b5! und dem Schwarzen wird es schwerfallen zu beweisen, dass er Kompensation für die geopferte Qualität hat.

B) 4...a6 führt zum Paulsen-System – siehe **Abspiel 8**.

C) 4...♘c6 5.♘c3

(Nach der Alternative 5.♘b5 d6 6.c4 ♘f6 7.♘1c3 a6 8.♘a3 ♗e7 9.♗e2 0–0 10.0–0 b6 11.♗e3 ♗b7 verfügt Schwarz über gute Chancen auf Gegenspiel. Sein Hauptplan besteht darin, den Zentrumsvorstoß d6–d5 durchzusetzen. Letzterer muss allerdings erst allmählich vorbereitet werden. Dazu empfiehlt sich das Aufbauschema ♖a8–c8, ♕d8–c7, ♖f8–d8 nebst ♘c6–e5 und d6–d5!.)

5...♕c7 6.♗e3

(– 6.g3 a6 7.♗g2 ♘f6 8.0–0 ♗e7 9.♖e1 0–0 mit der Absicht b7–b5 und ♗c8–b7.

– Nach 6.♗e2 a6 7.0–0 ♘f6 8.♔h1 ♘xd4 9.♕xd4 ♗c5 10.♕d3 ist 10...h5!? beachtenswert, denn Schwarz droht ♘f6–g4 mit Initiative am Königsflügel.)

6...a6 7.♗e2 ♘f6 8.0–0 ♗b4 9.♘a4 0–0

(Entwicklung geht vor! Nach 9...♘xe4? 10.♘xc6 ♕xc6 11.♘b6 ♖b8 12.♕d4 ♗f8 13.♗f3 f5 14.♖ad1 stünde Schwarz wie gelähmt. Für den Bauern hat Weiß klaren Positionsvorteil.)

10.♘xc6 bxc6 11.c4 ♗d6 und wie die Praxis lehrt, hat Schwarz genügend Konterchancen; z.B. 12.f4 ♘xe4 13.♗d3 ♘f6 14.♗b6 ♕b8 15.♗d4 ♗e7 16.♘b6 c5 17.♗xf6 ♗xf6 18.♘xa8 ♕xa8 19.♕c2 h6 mit sehr guten Angriffsmöglichkeiten für die geopferte Qualität. Nach ♗c8–b7, ♖f8–d8 und d7–d5 steht Schwarz ausgezeichnet.

III. 2...♘f6 führt zur sogenannten 'Rubinstein–Variante'.

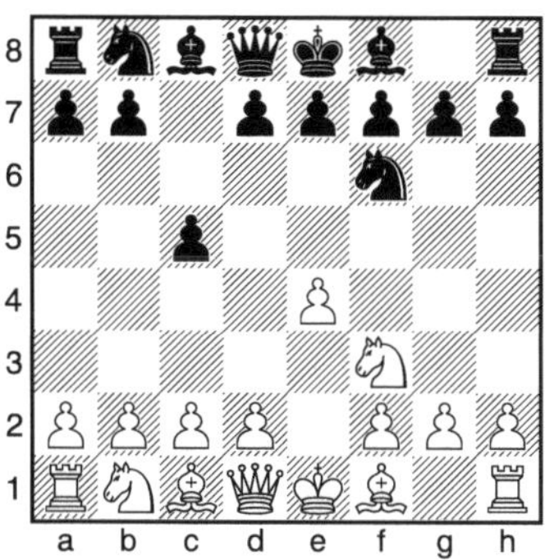

3.e5

(3.♘c3 d6 4.e5 dxe5 5.♘xe5 a6 6.a4 ♕c7 7.♘c4 ♘c6 8.♗e2 ♗e6 9.b3 g6 10.♗b2 ♗g7 11.0–0 0–0 12.♘e3 ♘d4 und Schwarz darf zufrieden sein.)

3...♘d5 4.♘c3

(4.d4 cxd4 5.♕xd4 e6 6.♗c4 ♘c6 7.♕e4 d6 8.exd6 ♘f6 9.♕e2 ♗xd6 10.0–0 ♕a5 11.♗g5 ♗e7 12.♘c3 0–0 und Schwarz ist vom Ausgleich nicht mehr weit entfernt.)

4...e6

(Nach 4...♘xc3 5.dxc3 ♘c6 6.♗f4 e6 7.♕d2 ♕c7 8.0–0–0 h6 9.h4 wäre die weiße Stellung vorzuziehen.)

5.♘xd5 (5.♘e4!?) 5...exd5 6.d4 ♘c6

(Nach 6...d6 7.♗b5+ ♘c6 8.0–0 ♗e7 kommt Weiß durch 9.c4! in Vorteil.)

7.dxc5 ♗xc5 8.♕xd5 d6 9.exd6 ♕b6 10.♗c4 ♗xf2+ 11.♔e2 0–0 12.♖d1 ♗e6 13.♕b5 ♘d4+ 14.♘xd4 ♗xd4 15.♔f3 ♗xc4 16.♕xc4 ♗g1 17.♔g3 ♖ac8

Obwohl Schwarz in dieser scharfen Stellung gute Erfolgsaussichten hat, ist diese Variante heutzutage seltsamerweise selten anzutreffen.

3.d4

Die Alternative 3.♗b5+ hat auch viele Sympathisanten; z.B. 3.♗b5+ ♘c6

(Oder 3...♗d7 4.♗xd7+ ♘xd7 5.0–0 ♘gf6 6.♘c3 e6 7.d4 cxd4 8.♕xd4 ♗e7 9.♗g5 a6 10.♖ad1 ♕c7 nebst 0–0, ♖a8–c8 und b7–b5.)

4.0–0 ♗d7 5.♖e1 ♘f6 6.c3 a6 7.♗f1 ♗g4 8.h3 ♗xf3 9.♕xf3 g6 10.d3 ♗g7 11.♗e3 0–0 mit gleichem Spiel. Für Weiß ist es in dieser Variante schwierig, einen Vorteil versprechenden Plan zu entwickeln.

3...cxd4

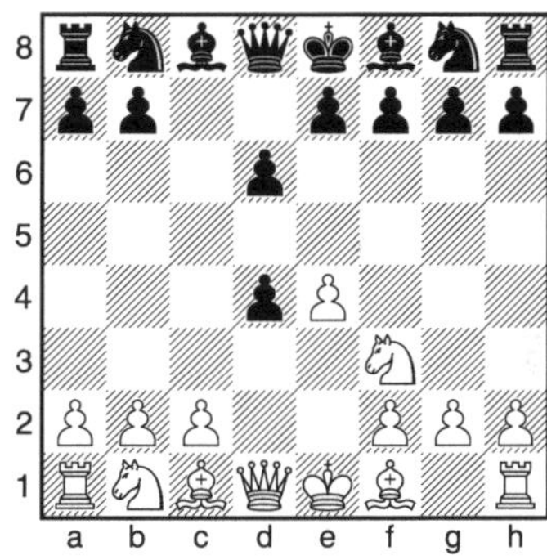

4.♘xd4

Eine wichtige Nebenvariante ist 4.♕xd4!?; z.B. 4...♘c6

(4...a6 5.c4 ♘c6 6.♕d2 ♘f6 7.♘c3 g6 8.b3 ♗g7 9.♗b2 0–0 10.♗e2±)

5.♗b5 ♗d7 6.♗xc6 ♗xc6 7.♘c3 ♘f6 8.♗g5 e6 9.0–0–0 ♗e7 10.♖he1 und nun muss Schwarz die Partie präzise fortführen: 10...0-0 11.♕d2 ♕c7 12.♘d4 ♖fd8 nebst ♖a8-c8, a7-a6, b7-b5 usw. In dieser Stellung haben beide Seiten die klare Absicht, die gegnerische Rochadestellung zu stürmen. Es kommt zu einem Wettlauf, bei dem jedes Tempo zählt.

4...♘f6 5.♘c3 e6

Diese Spielweise wurde nach dem internationalen Turnier in Scheveningen im Jahre 1923 populär und trägt entsprechend den Namen 'Scheveninger-System'.

– Zu scharfem Spiel führt die Fortsetzung 5...a6 – **siehe Abspiel 9.**

– 5...♘c6 führt unter Zugumstellung zurück zu den Varianten nach 2...♘c6.

– Ebenfalls möglich ist 5...g6, was in **Abspiel 4** besprochen wird.

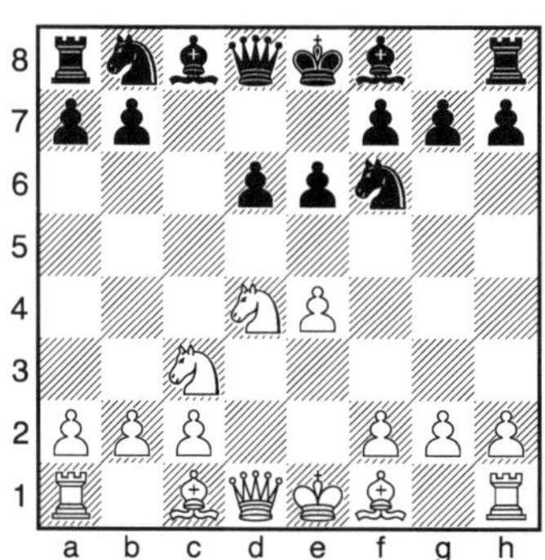

6.♗e2

Das ist die klassische Zugfolge in dieser Variante. Weiß plant die folgende Entwicklung seiner Kräfte: 0-0, f2-f4, ♗c1-e3, ♕d1-e1 nebst ♕e1-g3 mit Druck auf die gegnerische Königsstellung. Schwarz dagegen versucht, auf der anderen Brettseite sein Gegenspiel aufzuziehen.

Hier ein Blick auf einige andere Pläne.

I. 6.♗e3 a6 7.♕d2

(Zu scharfem Spiel führt 7.g4!? e5 8.♘f5 g6 9.g5 gxf5 10.exf5 d5 11.gxf6 d4 12.♗c4 usw.)

7...b5 8.f3 ♘bd7 9.g4 h6 10.0-0-0 ♗b7 11.h4 b4 12.♘ce2 d5! mit Gegenspiel. Schwarz muss nun jedoch sehr vorsichtig vorgehen, denn sein König steht noch immer im Zentrum.

II. 6.♗c4 a6 7.♗b3 b5

(Aufmerksamkeit verdient ein Plan, der nach 7...♘bd7!? 8.f4 ♘c5 usw. die schnelle Eliminierung des starken weißen Königsläufers vorsieht.)

8.0-0

(8.♗e3!? b4 9.♘a4 ♘xe4 10.0-0 ♘f6 11.♖e1 ♗e7 12.♘b6! ♕xb6 13.♘xe6 ♕b7 14.♘xg7+ ♔d8 15.♗xf7 ♘c6 16.♗f4 ♕c7 17.♗e6 ♗d7 18.♕f3 ♖b8 19.♖ad1 ♔c8 20.♘f5 ♖d8 21.♕xc6!+-)

8...♗e7

(Nach 8...b4 9.♘a4 ♘xe4 10.♖e1 d5 11.c4 dxc4 12.♗xc4 ♘c5 13.♗f4 ♘xa4 14.♕xa4+ ♗d7 15.♕b3 schwebt der unrochierte König bereits in höchster Gefahr.)

9.f4

(Interessant ist 9.♕f3!? ♕c7 10.♕g3 0-0 11.♗h6 ♘e8 12.♖ad1 Δ12...♗b7? 13.♗xe6! fxe6 14.♘xe6 mit Angriff.)

9...♗b7

(Nach 9...0–0 10.e5 dxe5 11.fxe5 ♘fd7 12.♗e3 ♘xe5 13.♕h5 ♘bc6 14.♖ad1 hat Weiß ausgezeichnete Angriffsmöglichkeiten für den geopferten Bauern.)

10.♗e3!?

(Aber nicht 10.e5, denn nach 10...dxe5 11.fxe5 ♗c5 12.♗e3 ♗xd4 13.♗xd4 ♘c6 14.♖f4 ♕c7 15.♕e2 0–0–0 stünde Schwarz blendend.)

10...♘xe4? (⌓10...b4!) 11.♘xe4 ♗xe4 12.f5 exf5

(12...e5 13.♗xf7+! ♔xf7 14.♕h5+ ♔g8 15.♘e6 ♕d7 16.♕g4 ♗f6 17.♕xe4 d5 18.♕d3 e4 19.♕b3±)

13.♘xf5 0–0 14.♘xg7! ♗f6 (14...♔xg7 15.♕d4+ ♗f6 16.♕xe4±) 15.♘h5 mit starkem Angriff.

III. Der aggressive Aufbau mit 6.g4 wurde von dem sowjetischen IM Panow und dem estnischen GM Keres in die Turnierpraxis eingeführt.

6...h6

(GM Polugajewski empfahl 6...♗e7 7.g5 ♘fd7 8.h4 a6 9.♗e3 b5 10.a3 ♗b7 11.♕d2 ♘c6 usw.)

7.♖g1

(7.h4 a6 8.♗g2 g6 9.g5 hxg5 10.♗xg5 ♗e7 11.♕d2 e5 12.♘de2 ♗e6 13.0–0–0 ♘bd7∞)

7...♘c6 8.h4 d5!

Eine Reaktion wie aus dem Lehrbuch: Als Antwort auf die frühe Flügelattacke des Gegners schlägt Schwarz im Zentrum zurück.

9.♗b5 (9.exd5 ♘xd5 10.♘xd5 ♕xd5 11.♗g2 ♕e5+ 12.♗e3 ♗d7=) 9...♗d7 10.exd5 ♘xd5 11.♘xd5 exd5

Schwarz kann seine Stellung wohl verteidigen. Sein Bauer auf d5 ist zwar schwach, aber Weiß hat ähnliche Probleme mit den Bauern auf dem rechten Flügel.

IV. 6.f4 a6 7.♗e3 (7.♕f3 ♕c7 8.♗e3 b5 Δ♗b7, ♘bd7 usw.) 7...b5 8.♕f3 ♗b7 9.♗d3 ♘bd7 10.g4 (10.0–0 b4 11.♘d1 ♘c5 12.♘f2 ♗e7 13.g4 d5!) 10...b4 11.♘ce2 ♘c5 12.♘g3 d5 13.e5 ♘fe4 mit chancenreichem Spiel für Schwarz.

6...a6

Ebenfalls gespielt wird 6...♘c6 7.0–0 ♗e7 8.♗e3 0–0 9.f4 ♗d7 mit beiderseitigen Chancen.

7.0–0 ♗e7 8.f4 ♘c6 9.♗e3 0–0

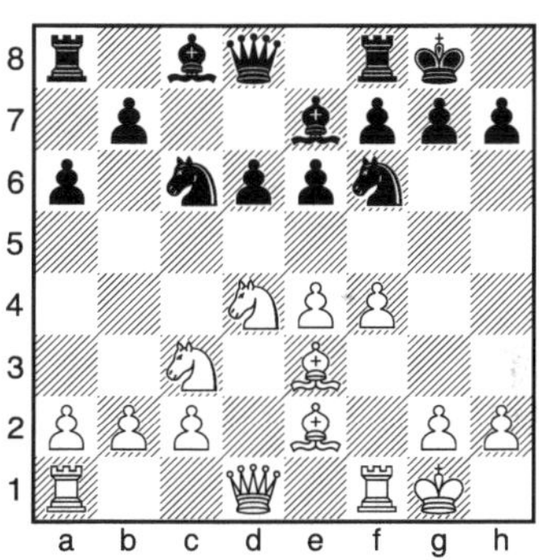

10.♕e1 leitet einen typischen Plan ein. Die Dame eilt zum Königsflügel, um an der Vorbereitung eines Königsangriffes mitzuwirken.

Eine andere Idee für Weiß ist 10.a4, um b7–b5 zu verhindern; z.B. 10...♕c7 11.♔h1 ♖e8 12.♗f3 ♗f8

(Oder 12...♘a5 13.g4 ♘d7 14.♗g2 ♗f8 mit komplizierter Stellung.)

13.♘b3 b6 14.a5 ♘d7 15.axb6 ♘xb6 16.♘b5 axb5 17.♗xb6 ♕b8 18.♖xa8 ♕xa8 19.♕d3 e5 20.f5 ♘b4 21.♕e2

(Nach 21.♕xb5? ♗a6 verliert Weiß eine Qualität.)

21...♕c6=

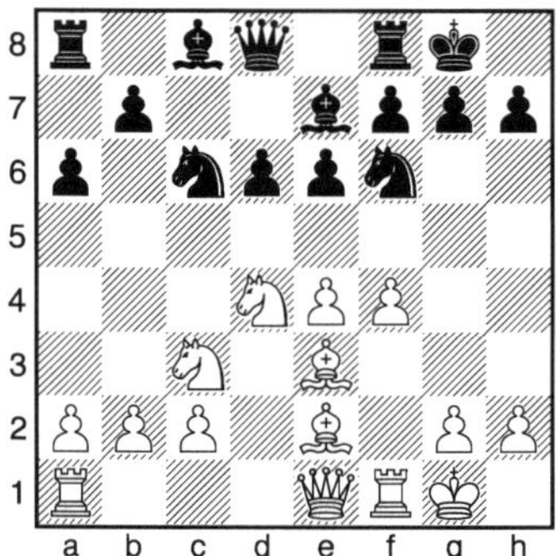

10...♘xd4

Dieser Abtausch soll die Verteidigung erleichtern.

Zu schärferem Spiel führt 10...♕c7 11.♕g3 ♘xd4 12.♗xd4 b5 13.a3 ♗b7 14.♔h1 (14.♖ae1 ♗c6 15.♗d3 ♖ad8 16.e5 ♘e8 usw.) 14...♗c6 15.♖ae1 ♕b7 16.♗d3 b4 17.♘d1 bxa3 18.bxa3 ♖ac8 19.♘f2 ♘h5 20.♕f3 g6 21.♘g4 f6 22.f5 exf5 23.♘h6+ ♔h8 24.♘xf5 gxf5 25.♕xh5 fxe4 26.♕g5 ♖f7 27.♗c4 ♖g8 28.♕e3 d5 29.♗b3 ♕d7 mit beiderseitigen Chancen.

11.♗xd4 b5 12.a3 ♗b7 13.♕g3 ♗c6

Mit dem klaren Plan a6–a5 nebst b5–b4.

14.♗d3 ♕d7 15.♖ae1 a5

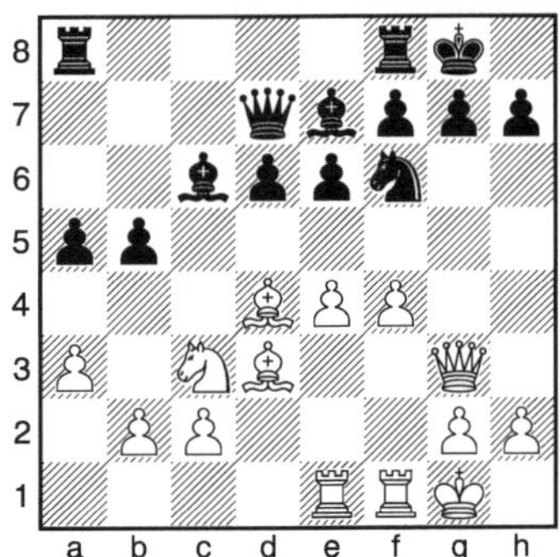

In diesem Mittelspiel haben beide Seiten etwa gleiche Chancen. Schwarz hat gute Möglichkeiten am Damenflügel, aber letztlich entscheidet, ob seine dortigen Aktivitäten schneller Kontur annehmen als der weiße Angriff am Königsflügel.

Abspiel 1

Alapin–Variante

(1.e4 c5)

2.c3

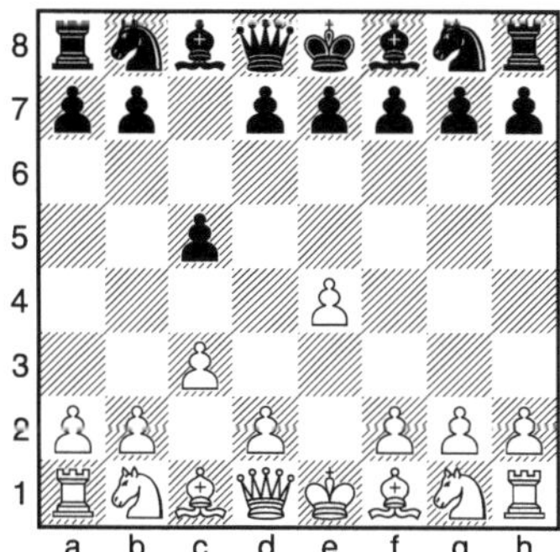

Mit diesem vorbereitenden Stützzug macht Weiß deutlich, dass er mittels d2-d4 ein starkes Bauernzentrum errichten will. Das System ist nach dem russischen Meister Simon Alapin benannt, der es in die Turnierpraxis einführte.

2...♘f6

Schwarz attackiert den Bauern e4 sofort und stört auf diese Weise die harmonische Entwicklung des Gegners.

Hier ein Blick auf andere Erwiderungen.

I. 2...d5 3.exd5 ♕xd5 4.d4

A) 4...♘f6 5.♘f3 ♘c6

(Spielbar ist auch 5...♗g4 6.♗e2 e6 7.h3 ♗h5 8.0–0 ♘c6 9.♗e3 cxd4 10.cxd4 ♗e7 11.♘c3 ♕d6 und Schwarz kann mit seiner Stellung zufrieden sein, denn der weiße Isolani auf d4 wird belagert.)

6.♗e2 (6.dxc5 ♕xc5 7.♗e2 g6 8.♗e3 ♕f5 9.♘d4 ♘xd4 10.♕xd4 ♗g7=) 6...cxd4 7.cxd4 e6 8.♘c3 ♕d6 9.0–0 ♗e7 10.♗e3 0–0 11.♕d2 ♖d8 12.♖fd1 b6 13.♖ac1 ♗b7

Schwarz hat seine Figuren harmonisch entwickelt und die Stellung ist etwa ausgeglichen.

B) 4...♘c6 5.♘f3 ♗g4 6.♗e2 cxd4 (6...0–0–0!? 7.c4 ♕h5 8.d5 e6 9.♘c3 ♘f6∞) 7.cxd4 e6 8.♘c3 ♕a5 9.0–0 (9.h3 ♗xf3 10.♗xf3 ♗b4 11.0–0 ♘ge7∞) 9...♘f6 10.h3 ♗h5 11.♗e3 ♗e7 12.♕b3 ♕b4 13.g4 ♗g6 14.♘e5 0–0 15.g5 ♕xb3 16.axb3 ♘d5 17.♘xd5 exd5 18.♖fc1 mit etwas besserer Stellung für Weiß, dessen Druck auf der a–Linie dem Nachziehenden lästig werden kann.

II. 2...d6 3.d4 ♘f6 4.dxc5 ♘c6! 5.f3

(Nach 5.cxd6 ♘xe4 6.dxe7 ♕xd1+ 7.♔xd1 ♗xe7 wiegt der weiße Mehrbauer den gewaltigen schwarzen Entwicklungsvorsprung kaum auf.)

5...d5 6.exd5 ♕xd5 7.♕xd5 ♘xd5 8.♗c4 e6 9.♗xd5 exd5 10.♗e3 ♘e5 11.b4 (11.b3 ♘d3+ 12.♔d2 ♘xc5=) 11...a5 12.♗d4 ♘d3+ 13.♔d2 ♗f5 14.a3

(Oder 14.g4 ♗g6 15.h4 h5 mit gutem schwarzen Spiel.)

14...h5 15.♘e2 ♖h6 und für den Bauern hat Schwarz sehr aktives Spiel.

III. Mit 2...e6 lenkt Schwarz das Spiel in französische Bahnen (siehe Kapitel 22).

3.d4 d5 4.exd5

(4.e5 ♘c6 – siehe ebendort.)

4...exd5 5.♘f3 ♘c6 6.♗e2 ♗d6 7.dxc5 ♗xc5 8.0–0 ♘ge7 9.♘bd2 0–0 10.♘b3 ♗b6

Angesichts des gegnerischen Isolanis auf d5 steht Weiß etwas besser, aber Schwarz hat dafür einstweilen mehr Raum. Ein logischer Plan für ihn ist die Vorbereitung des Vorstoßes d5–d4.

3.e5 ♘d5 4.d4 cxd4 5.♘f3

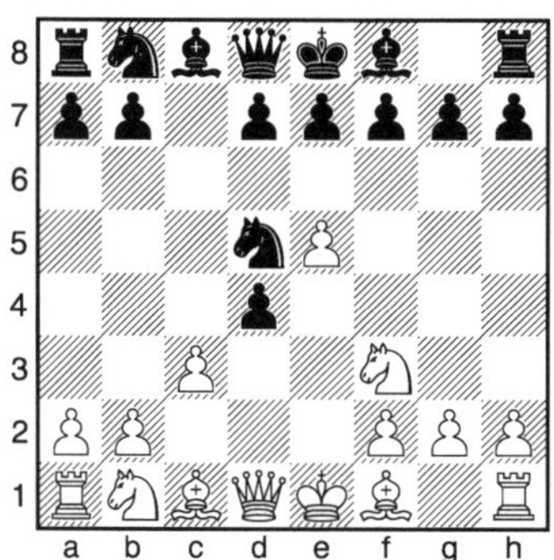

5...d6

Es wird auch 5...♘c6!? gespielt; z.B. 6.♗c4 ♘b6 7.♗b3 d6 8.exd6 ♕xd6 9.♘a3 dxc3

A) 10.♕e2 cxb2

(Die Variante 10...♗f5 11.♘b5 ♕d7 12.♘e5 ♘xe5 13.♕xe5 ♖c8 14.0–0 ♘c4 15.♗xc4 ♖xc4 ist auch nicht schlecht.)

11.♗xb2 ♕b4+ 12.♔f1 ♗g4 und Schwarz steht besser.

B) 10.♕xd6 exd6 11.♘b5 ♖b8 12.bxc3 a6 13.♗e3 axb5 14.♗xb6 ♗e7 15.0–0 (15.0–0–0 ♗e6 16.♖he1 ♔d7∓) 15...0–0 16.♖fe1 ♗f6 mit etwa gleichem Spiel.

6.♗c4 ♘b6 7.♗b3 ♘c6

Das etwas zu gierige 7...dxc3 8.♘xc3 bringt nur den Damenspringer ins Spiel, und der weiße Entwicklungsvorsprung würde allmählich beängstigend.

8.exd6 ♕xd6 9.0–0

Nach 9.♘a3 empfiehlt sich 9...a6 mit der möglichen Folge 10.0–0 dxc3 11.♕e2 ♗f5 12.♖d1 ♕c7 13.bxc3 e6∓.

9...♗e6 10.♘a3 dxc3

Natürlich kommt 10...♗xb3 11.♕xb3 ♕d5= ebenfalls in Frage.

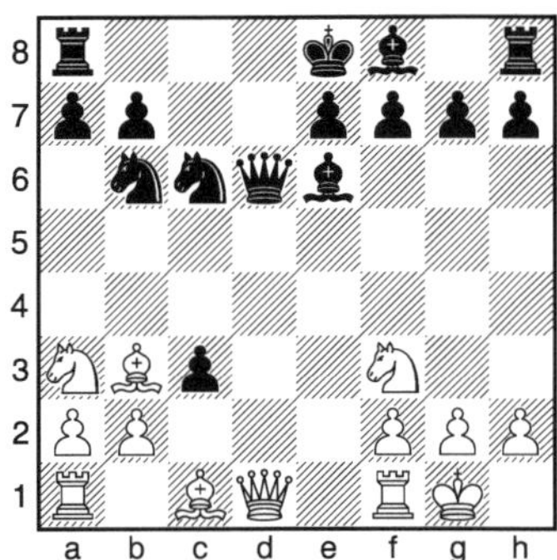

11.♕e2

Nur mit diesem besten Zug kann Weiß um Eröffnungsvorteil kämpfen.

Nach dem Damentausch 11.♘b5 ♕xd1 12.♖xd1 und der Folge 12...♖c8 13.♗xe6 fxe6 14.bxc3 h6 15.♗e3 ♘d5 sind die Aussichten ungefähr gleich. Schwarz besitzt einen Mehrbauern, aber Weiß steht aktiver. Außerdem hat Schwarz seinen Königsflügel noch nicht entwickelt.

11...♗xb3 12.♘b5 ♕b8 13.axb3 e5

Alternativen sind 13...e6 oder auch 13...g6.

14.♘bd4 ♘xd4 15.♘xd4 f6 16.bxc3 ♔f7

Schwarz verfügt über einen Mehrbauern, aber Weiß hat Entwicklungsvorteil. Die Lage ist also kompliziert und bietet beiden Seiten gute Möglichkeiten.

Zusammenfassung: Der Plan, nach 2.c3 mit d2-d4 ein starkes Bauernzentrum aufzubauen, ist logisch. Schwarz hat jedoch genügend Möglichkeiten, um Ausgleich zu kämpfen. Die aktivste Antwort 2...♘f6 wird empfohlen, weil sie Schwarz gute Konterchancen gibt.

Abspiel 2

Geschlossene Variante

(1.e4 c5)

2.♘c3

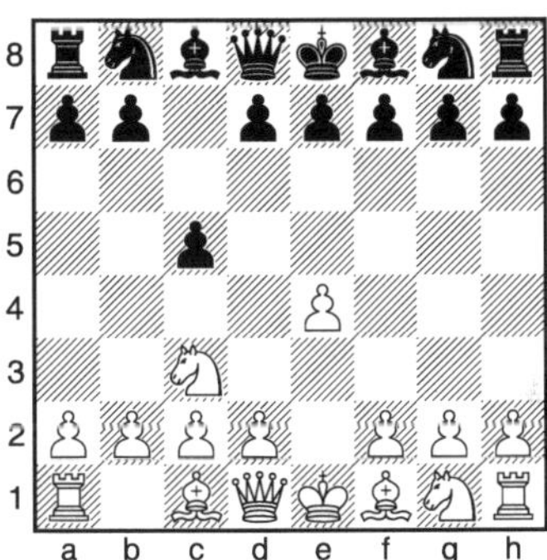

Dieser Springerzug leistet nichts im Sinne der Durchsetzung des für die offenen Systeme typischen Vorstoßes d2-d4, sondern er verhindert zunächst einmal d7-d5. Somit signalisiert Weiß, dass er das Zentrum zunächst geschlossen halten und den Kampf erst nach geruhsamer Entwicklung im Mittelspiel auf die Spitze treiben will. In aller Regel wird er zuvor ausnutzen, dass sein f-Bauer beweglich geblieben ist, und sich mittels f2-f4 Raum am Königsflügel sichern.

2...♘c6

Mit diesem elastischsten und besten Zug nimmt der Springer den Punkt d4 unter Kontrolle, der fortan eine wichtige Rolle für das schwarze Gegenspiel spielt.

3.g3

Das ist der Hauptplan in diesem System.

Sehr oft geht Weiß bereits hier mit 3.f4 auf Raumvorteil und Angriff am Königsflügel aus; z.B. 3...g6 4.♘f3 ♗g7 5.♗c4 (5.♗b5 ♘d4!) 5...e6 6.f5

(Oder 6.0–0 ♘ge7 7.d3 d6 8.♕e1 h6 9.♗b3 a6 10.a4 ♖b8 11.♗e3 0–0 Δb7-b5 mit Gegenspiel.)

A) 6...gxf5 7.d3 ♘ge7 8.0–0 0–0

(8...d5!? 9.exd5 exd5 10.♗b3 ♗e6 11.♘g5 ♕d7 ist auch spielbar.)

9.♕e1 fxe4 10.dxe4 f5

In dieser zweischneidigen Stellung hat Schwarz zwar einen Mehrbauern, liegt jedoch in der Entwicklung zurück.

B) 6...♘ge7 7.fxe6 fxe6

(Sicherlich nicht schlecht ist 7...dxe6!? 8.d3 0–0 9.0–0 ♘d4 10.♗g5 h6 11.♗h4 g5 12.♗g3 ♘g6 mit guten Perspektiven für Schwarz.)

8.d3 0–0 9.0–0 d5

(Zu beachten ist 9...a6!? gefolgt von 10.a4 ♖b8 mit Vorbereitung von b7-b5 usw.)

10.♗b3 h6 11.♕e1 ♘d4 12.♘xd4 ♖xf1+ 13.♕xf1 cxd4 14.♘e2 a5 mit ausgezeichnetem Spiel von Schwarz.

3...g6

Der Läufer wird auf der Diagonale a1-h8 sehr aktiv.

4.♗g2 ♗g7 5.d3 d6

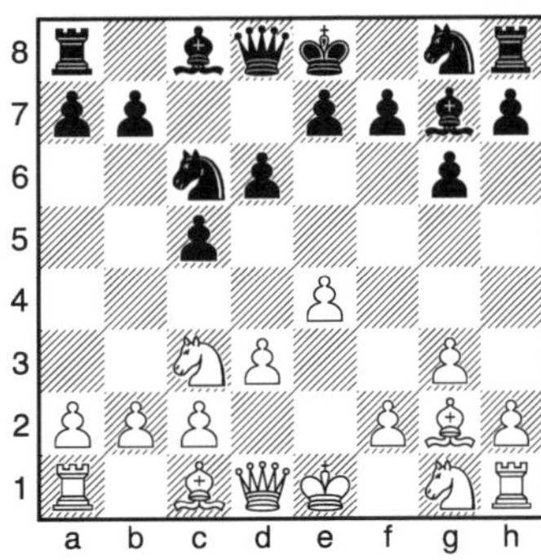

6.f4

Dieser thematische Zug muss früher oder später geschehen.

Da Weiß so jedoch den Aktionsradius seines schwarzfeldrigen Läufers beschränkt, wird gelegentlich auch 6.♗e3 gespielt.

A) 6...♖b8!? mit dem Plan b7–b5–b4.

B) 6...♘d4 7.♕d2 ♕a5 8.f4 e6 9.♘f3 ♘e7 10.0–0 ♘ec6 11.e5 dxe5 12.♘xe5 0–0 13.♖ae1 f5 14.♗xc6 ♘xc6 15.♘xc6 bxc6 16.♘d1 ♕xa2 (16...♕xd2 17.♗xd2±) 17.♗xc5 ♖d8 18.b3 ♖b8 19.♖f2 ♕a6 20.♘c3 ♖xb3!? 21.cxb3 ♖xd3 22.♕a2 ♖xc3 23.b4 ♖a3 mit sehr kompliziertem Spiel.

C) 6...e5 7.♕d2 ♘ge7 8.♘ge2

(Ein zu ungestümes Vorgehen gegen den schwarzen König kann zum Reinfall führen: 8.♗h6 0–0 9.h4 ♗xh6! 10.♕xh6 f6 11.h5 g5! 12.f4 ♔h8 13.fxg5 ♘g8 mit Damenfang.)

8...0–0 9.0–0 ♗e6 10.f4 ♘d4=

6...e6 7.♘f3 ♘ge7 8.0–0 0–0 9.♗e3

Für den Fall, dass Weiß hier oder später aggressiv mit 9.g4 vorgeht, sollte Schwarz unbedingt mit 9...f5!

10.gxf5 exf5 usw. eine Blockadestrategie verfolgen.

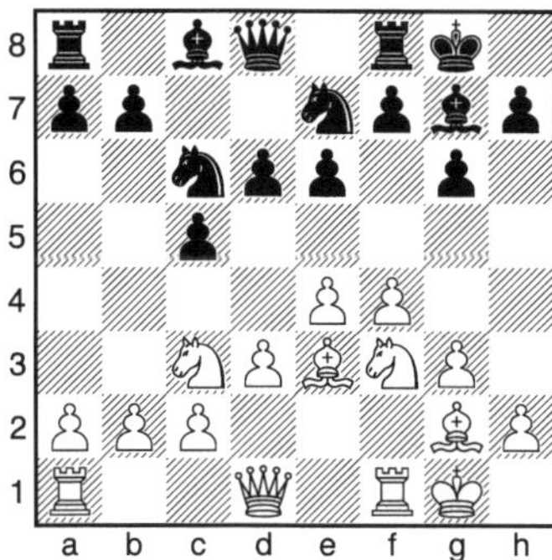

9...♘d4

Mit diesem typischen Manöver unterbindet Schwarz die weiße Absicht d3-d4.

Ebenfalls in Frage kommt 9...♖b8, um sofort eine typische Gegenaktion am Damenflügel zu starten; z.B. 10.♖b1 b5 usw.

10.♕d2

Mit der Idee, nach ♘c3-d1 den Springer d4 mit c2-c3 aus seiner zentralen Position zu vertreiben.

Es wird auch 10.♗f2 gespielt, um ♘f3xd4 folgen zu lassen.

(Nach 10.e5 ♕b6 11.exd6 ♘ef5 sollte Schwarz gleichwertiges Spiel halten.)

Z.B. 10...♘xf3+ 11.♗xf3 ♘c6 12.♗g2 ♘d4 (12...♖b8!? Δb7-b5) 13.e5 (13.♖b1 Δ♘c3-e2) 13...dxe5 14.fxe5 ♗xe5 15.♘e4 f5 16.♘xc5 ♕d6 17.b4 ♘c6 mit dynamischem Ausgleich.

10...♖b8

Mit diesem üblichen Verfahren bereitet Schwarz sein Gegenspiel am Damenflügel vor.

11.♘d1 b5 12.c3 ♘xf3+ 13.♗xf3 b4

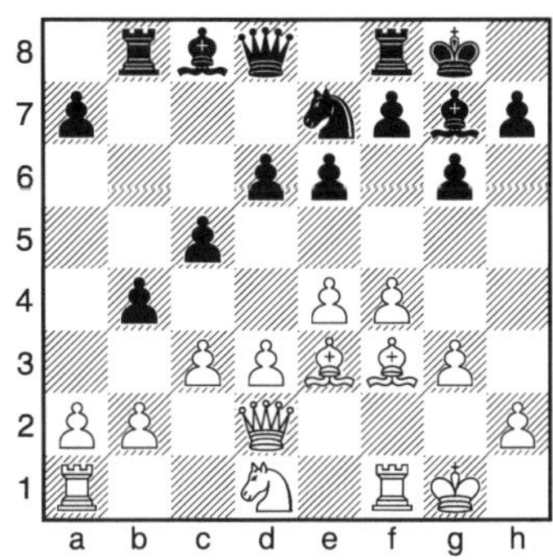

14.d4

– Auf 14.g4 sollte Schwarz natürlich mit 14...f5! reagieren, um die gegnerischen Angriffsabsichten am Königsflügel zu stoppen.

– Auch nach 14.c4 ♘c6 15.♗g2 ♘d4 steht Schwarz aktiv.

14...bxc3 15.bxc3 ♗a6 mit gutem Spiel für Schwarz.

Zusammenfassung: Die Geschlossene Variante sollte dem Schwarzen bei präzisem Spiel keine echten Hindernisse beim Kampf um den Ausgleich in den Weg stellen. Zu empfehlen ist speziell der Entwicklungsplan mit 7...♘ge7 usw. Statt 9...♘d4 ist auch 9...♖b8 zu beachten, um rasch mittels b7-b5 Gegenspiel am Damenflügel zu organisieren.

Abspiel 3

Maroczy-Angriff

(1.e4 c5 2.♘f3 ♘c6 3.d4 cxd4 4.♘xd4 g6)

5.c4

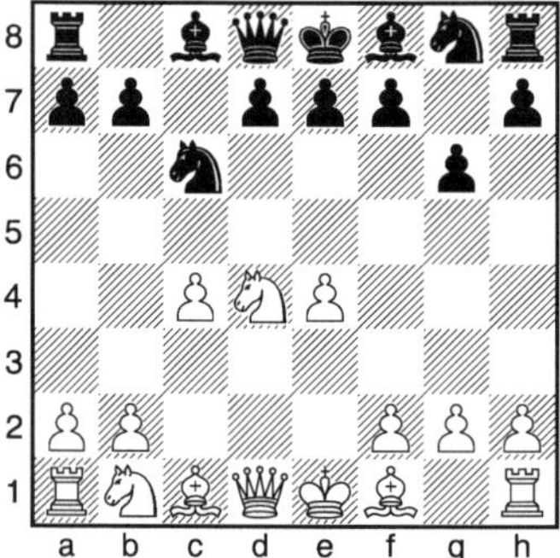

Eine Idee des ungarischen Großmeisters Geza Maroczy (1870-1951). Weiß nutzt den Umstand, dass sein Bauer e4 nicht unmittelbar angegriffen wird, um das gegnerische Zentrum mit einem zweiten Bauern einzuengen. Schwarz kann nur dann zu Gegenspiel kommen, wenn er einen der Sprengungszüge d7-d5 (bzw. d6-d5), f7-f5 oder b7-b5 behutsam vorbereitet und schließlich verwirklichen kann.

5...♗g7

Sehr oft wird zunächst 5...♘f6 gespielt. Dieser Zug führt im Allgemeinen unter Zugumstellung zu denselben Positionen wie die Hauptfortsetzung; z.B. 6.♘c3 d6 7.f3 (7.♗e3 ♘g4!) 7...♘xd4 8.♕xd4 ♗g7 9.♗e3 (9.♗g5!?) 9...0–0 10.♕d2 ♕a5 11.♖c1 ♗e6 12.♘d5! ♕xd2+

(Nach 12...♕xa2 13.♘xe7+ ♔h8 14.♗e2 nebst anschließender Rochade ist Schwarz wegen seiner minderwertigen Bauernformation im Nachteil.)

13.♔xd2! ♗xd5 14.cxd5 mit deutlichem weißem Positionsvorteil angesichts des wirkungsvollen Läuferpaares und der Kontrolle der c-Linie.

6.♗e3 ♘f6 7.♘c3 0–0

Ein anderer Plan ist mit dem Springerausfall 7...♘g4 verbunden; z.B. 8.♕xg4 ♘xd4 9.♕d1 ♘e6 10.♖c1

(Weiß verhindert die eventuelle Zerschlagung seiner Damenflügelbauern durch ♗g7xc3, was ausnahmsweise als positionelle Drohung in Betracht kommt, weil der schwarze Springer auf seinem ungewöhnlichen Standort e6 einen guten Ersatz für den abgetauschten Fianchettoläufer darstellen würde.)

10...d6 (10...♕a5!?) 11.♕d2 ♗d7 12.♗e2 0–0 13.0–0 ♘c5 14.f3 a5 15.♖fd1 und die weißen Figuren stehen viel harmonischer.

8.♗e2 d6

Eine moderne Idee ist hier 8...b6!? mit der Absicht, nach ♗c8-b7 und e7-e6 den Vorstoß d7-d5 durchzuführen.

9.0–0 ♗d7 10.♕d2 ♘xd4 11.♗xd4 ♗c6 12.f3 a5

Dies verhindert b2-b4 und sichert gleichzeitig vorsorglich den Standort c5 für den Damenspringer.

13.b3

Weiß möchte über kurz oder lang den Vormarsch seines b-Bauern erzwingen und plant zu dem Zweck a2-a3 nebst b3-b4.

Das sofortige 13.a3 scheitert nämlich an 13...a4! mit Blockade des Damenflügels.

13...♘d7

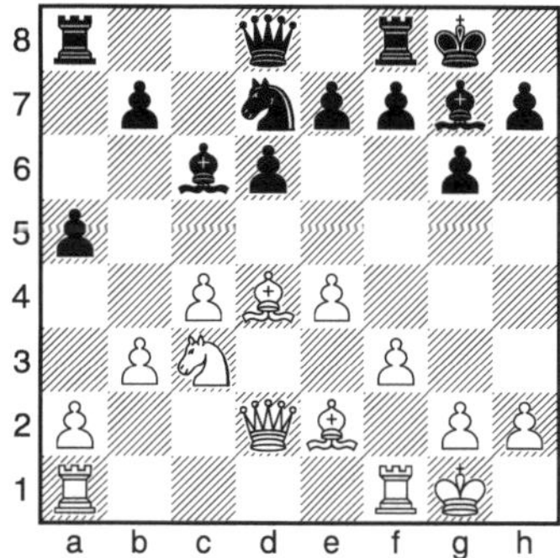

14.♗e3

Nach 14.♗xg7 ♔xg7 15.f4 wäre die Schwächung des gegnerischen Königsflügels von nur geringem Nutzen für Weiß. Mit dem Textzug versucht er, mehr aus seiner Stellung herauszuholen, indem er sich auf ein Spiel am Damenflügel und im Zentrum konzentriert.

14...♘c5 15.♖ab1 ♕b6

Es drohte a2-a3 und b3-b4.

16.♖fc1 ♖fc8 17.♖c2 ♕d8

Vergebens wäre 17...♕b4 18.♕c1! mit der neuerlichen Drohung a2-a3.

18.a3 b6 19.b4 axb4 20.axb4 ♘a4

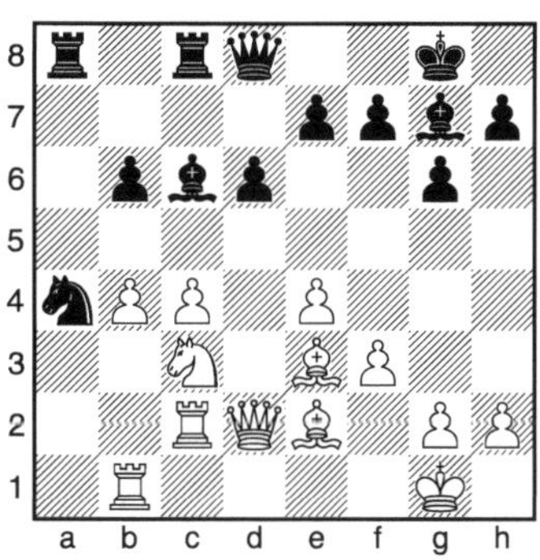

21.♘d5

In dieser Stellung hat Weiß einen kleinen Positionsvorteil, denn der Springer d5 steht sehr aktiv, und auch seine übrigen Figuren verfügen über gute Ausgangspositionen für weitere Handlungen. Dennoch ist die Situation, in der sich Schwarz befindet, für viele Varianten in der Sizilianischen Verteidigung nicht ungewöhnlich. Denn obwohl er beengt steht, hat seine Stellung genügend Spannkraft, um in angemessener Zeit Gegenspiel zu organisieren. Im vorliegenden Fall könnte dies wie folgt aussehen.

21...e6 22.♘f4 ♕e7 23.♖d1 ♖d8 mit Vorbereitung der Optionen d6-d5 bzw. b6-b5 mit scharfem Spiel und beiderseitigen Chancen.

Zusammenfassung: Die Fortsetzung 5.c4 bringt dem Anziehenden zwar einen minimalen positionellen Vorteil, doch Schwarz hat ausreichende Ressourcen, sich erfolgreich zu verteidigen.

Abspiel 4

Drachenvariante

(1.e4 c5 2.♘f3 d6 3.d4 cxd4 4.♘xd4 ♘f6 5.♘c3)

5...g6

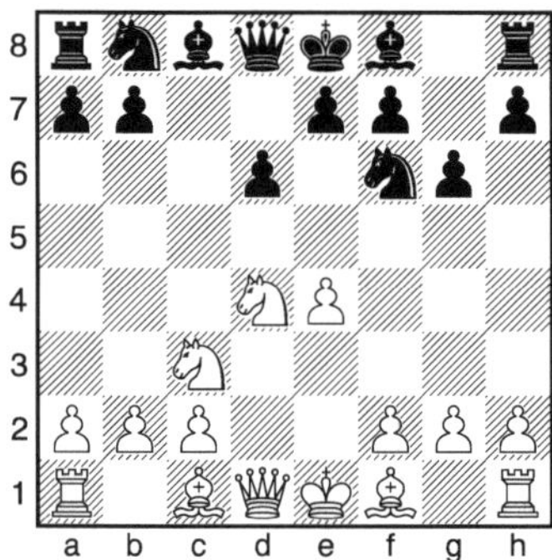

Die Drachenvariante führt in der Regel zu besonders taktischem Spiel mit beiderseitigen Chancen. Der schwarze Königsläufer entfaltet auf der langen Schräge a1-h8 eine enorme Aktivität. Geradezu feuerspeiend kann seine Wirkung im Angriff auf eine lange weiße Rochadestellung sein, und stellt man sich mit etwas Phantasie das Gerippe der fünf schwarzen Bauern auf der rechten Brettseite als die zackigen Umrisse eines Drachen vor, so wird klar, wie diese Variante zu ihrem Namen kam.

6.♗e3

Der weiße Plan von wird vor allem durch die Richtung der Rochade bestimmt. Mit dem Textzug nebst ♕d1-d2 will er die lange Rochade vorbereiten und zugleich eine nach h6 zielende Diagonalbatterie errichten, um im Idealfall später den Drachen-Läufer zu eliminieren.

Ein anderer, nicht ganz so populärer Plan ist mit der kurzen Rochade verbunden; z.B. 6.♗e2 ♗g7 7.0–0 0–0 8.♘b3

(Weiß muss stets die Drohung d6-d5!? im Auge behalten.)

8...♘c6 9.♗g5

(Nach 9.f4 b5! 10.♗xb5 ♘xe4 11.♗xc6 ♕b6+ erhält Schwarz gutes Spiel.)

9...a5 10.a4 ♗e6 11.♔h1 ♕c8 12.f4 ♖d8 13.♗f3 ♘b4 Δd6-d5. Offenbar hat Schwarz in dieser Variante hervorragende Konterchancen.

6...♗g7

Es verbietet sich 6...♘g4? wegen 7.♗b5+!.

7.f3

Dieser Zug charakterisiert den sogenannten Rauser-Angriff. Weiß befestigt den Bauern e4, kontrolliert den Punkt g4 und schafft die Voraussetzung, nach der langen Rochade einen baldigen Bauernsturm am rechten Flügel in die Wege zu leiten.

Verhältnismäßig ruhig verläuft die Partie nach 7.♗e2 mit der möglichen Folge 7...0–0 8.0–0 ♘c6 9.♘b3 (9.♕d2 ♘g4 10.♗xg4 ♗xg4 11.f4 ♗d7 12.♖ad1 ♖c8=) 9...♗e6 10.f4 ♘a5 11.f5 ♗c4 12.♘xa5 ♗xe2 13.♕xe2 ♕xa5 14.g4 ♖ac8 15.♗d4 ♕b4 mit schwarzem Gegenspiel.

7...0–0

Auf 7...♘c6 reagiert Weiß am besten mit 8.♕d2.

8.♕d2 ♘c6

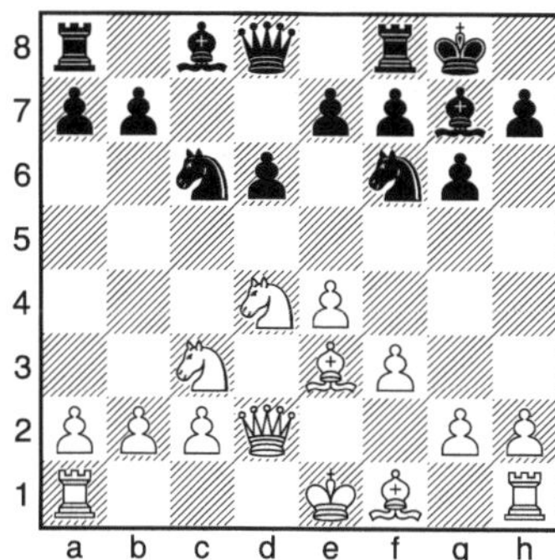

9.♗c4

Die Fortsetzung 9.0–0–0 erlaubt den Zentrumsvorstoß 9...d5!? Das Spiel kann sich wie folgt entwickeln: 10.exd5 ♘xd5 11.♘xc6 bxc6 12.♗d4

(In Frage kommt 12.♘xd5!? cxd5 13.♕xd5 ♕c7 14.♕xa8 ♗f5 15.♕xf8+ ♗xf8 16.♗d3 ♗e6 17.♔b1 ♗g7 18.♗c1 ♕a5 19.c4 mit guten Chancen für Weiß, denn wenn es Schwarz nicht gelingt, weitere Drohungen aufzustellen, erweisen sich die Türme auf Dauer als stärker als die Dame.)

A) 12...e5 13.♗c5 ♗e6!? 14.♗c4

(Nach dem Qualitätsgewinn 14.♗xf8 ♕xf8 könnte Schwarz auf die deutlich bessere Entwicklung, effektive Angriffslinien und das Läuferpaar pochen. Eine kombinierte Attacke auf die schwarzen Felder in Königsnähe, vorneweg b2, sollte der weiße Monarch nicht überleben.)

14...♘xc3 15.♕xc3 ♕g5+ 16.♗e3 (16.♔b1 e4!) 16...♕xg2 17.♗xe6 fxe6 18.♕xc6 ♖ac8 19.♕e4

(Nach 19.♕xe6+ ♔h8 wäre die Dame auf Abwegen und Schwarz erhielte sehr gute Chancen am Damenflügel.)

19...♖xf3 und die schwarzen Aussichten sind nicht schlechter.

B) 2...♗xd4 13.♕xd4 ♕c7

(13...♕b6 14.♘a4 ♕c7 15.♗c4 ♖d8 16.♗b3 ♗e6 17.♘c5 ♘f4 18.♘xe6 ♘xe6 19.♕e3 ♘f4∞)

14.♕c5 ♘xc3 15.♕xc3 ♗e6 16.♗d3 ♖ad8 17.♖de1 c5 18.♔b1 ♖d4 19.h4 ♖fd8 20.h5 g5 mit scharfer Position und beiderseitigen Möglichkeiten.

C) 12...♘xc3 13.♕xc3 ♗h6+ 14.♗e3 (14.♔b1?? e5–+) 14...♗xe3+ 15.♕xe3 ♕b6 16.♕xe7 ♗e6 17.♕a3 ♖ad8

In dieser scharfen Stellung hat Schwarz dank schöner Angriffsperspektiven am Damenflügel einige Kompensation für den Bauern. Weiß sollte so schnell wie möglich mit h2-h4-h5 ein Gegenspiel am Königsflügel anstreben.

9...♗d7 10.h4

Ein aggressiver Plan. Weiß wartet mit der langen Rochade und stürmt sofort auf den gegnerischen Monarchen los.

Es ist allerdings sinnvoll, sich mit der konventionellen Zugfolge 10.0–0–0 vertraut zu machen; z.B. 10...♕a5 11.♗b3 ♖fc8 12.♔b1

(In der Variante 12.h4 ♘e5 13.g4 ♘c4 14.♗xc4 ♖xc4 15.h5 ♖xc3!? 16.♕xc3 ♕xa2 erhält Schwarz für die Qualität ausreichende Konterchancen.)

12...♘e5 13.h4 ♘c4 14.♗xc4 ♖xc4 15.♘b3 ♕c7 16.♗d4 ♗c6 17.h5 a5 mit scharfem Spiel und beiderseitigen Chancen.

10...♖c8 11.♗b3 h5

Mit diesem Zug will Schwarz die Öffnung der h-Linie erschweren. Da der Vorstoß h4-h5 ausgeschaltet wurde, muss Weiß nun seine Pläne ändern und den Hebelzug g2-g4 vorbereiten.

12.0-0-0 ♘e5 13.♗g5 ♖c5

Ein sehr kräftiger Zug mit zweifacher Wirkung: Zum einen überdeckt der Turm praktisch alle empfindlichen Punkte entlang der 5. Reihe – und zum anderen hilft er der schwarzen Gegenoffensive, indem er den Vormarsch b7-b5 unterstützt.

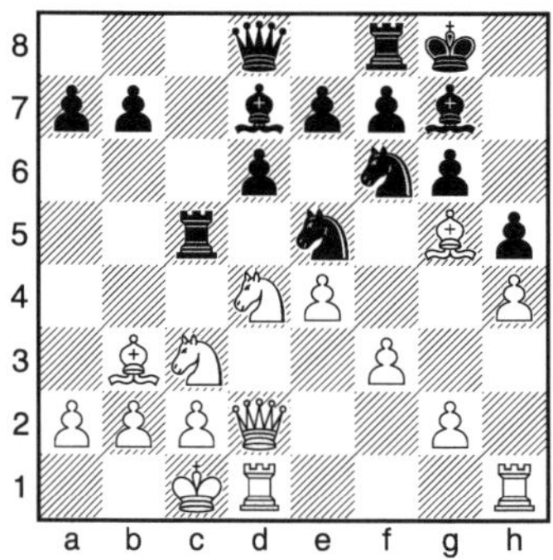

14.g4

Weiß muss konsequent und energisch bleiben.

Hier ein Blick auf einige Alternativen.

I. 14.f4 ♘c4 15.♕d3 (15.♕e2? ♗g4 16.♘f3 ♘xb2 17.♔xb2 ♕a5-+) 15...♘g4 16.♗xc4 ♘f2 17.♕e2 ♘xh1 18.♗b3 ♗g4 19.♘f3 ♖xc3! 20.bxc3 ♕a5 mit schwarzem Gegenspiel.

II. 14.♖he1 b5 15.f4 ♘c4 16.♗xc4 ♖xc4 17.e5 b4 18.exf6 bxc3 19.♕e2 ♖xd4 20.fxe7 cxb2+ (20...♕b6!? 21.exf8♕+ ♗xf8 22.bxc3 ♖a4⇄) 21.♔b1 ♖xd1+ 22.♖xd1 ♕b6 (22...♕c7 23.exf8♕+ ♗xf8 24.♕d2 ♗g4 25.♖e1 ♗g7∞) 23.exf8♕+ ♗xf8 und angesichts der Drohung ♗d7-e6 behält Schwarz gute Konterchancen.

14...hxg4 15.f4 ♘c4 16.♕e2

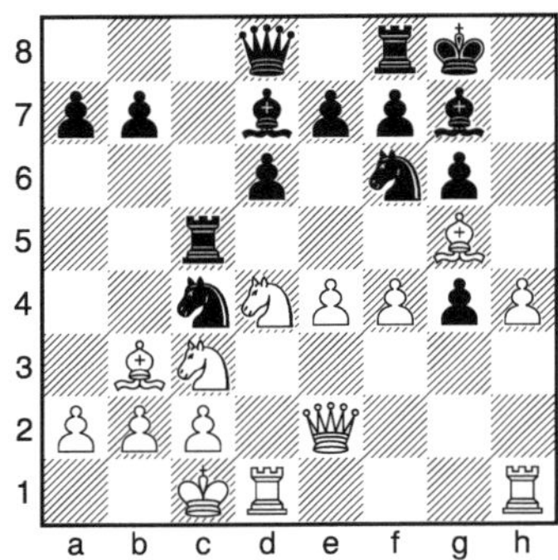

16...♕c8!?

Damit kann Schwarz die Spannung am Damenflügel aufrechterhalten.

– In Frage kommt 16...♘a5, um nach 17.e5 ♘xb3+ 18.♘xb3 ♖xc3 19.bxc3 ♗c6 20.♖hf1 mit 20...♘d5 bzw. 20...♘e4 gutes Gegenspiel zu erzielen.

– Nicht ganz klar ist der 16...b5 17.f5 gxf5 18.♗xf6 exf6 19.♗xc4 bxc4 20.exf5 ♖xf5 21.♘xf5 ♗xf5 22.♕xc4 ♗e6 23.♕a6 f5 mit kompliziertem Spiel. Diese Variante bedarf noch einiger praktischer Erprobung, bevor über sie ein klares Urteil abgegeben werden kann.

17.♗xf6

– Auf 17.f5 folgt 17...♘xb2! 18.♔xb2 (18.fxg6 ♘xd1 19.♗xf7+ ♖xf7 20.gxf7+ ♔xf7 21.♘xd1 ♖c4–+) 18...♖xc3 19.fxg6 ♖xb3+ 20.axb3 fxg6 mit schwarzem Übergewicht.

– Und auf 17.h5 folgt 17...♘xh5 18.♘d5

(Nach der Alternative 18.♘f5 ♗xf5 19.exf5 b5 20.fxg6 fxg6 21.♕xe7 ♘g3 22.♖he1 ♘f5 sieht die schwarze Stellung besser aus.)

18...♖xd5! 19.exd5 b5 mit guten Aussichten für Schwarz.

17...♗xf6

Nach 17...exf6 ist 18.h5! stark.

18.♘d5 b5 19.h5 g5

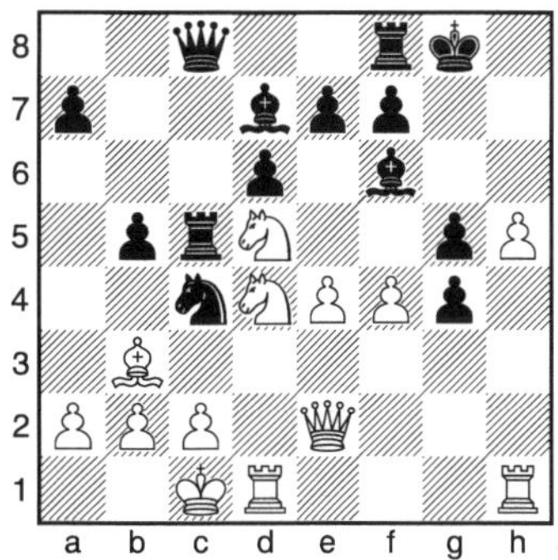

Die Stellung ist in dynamischem Gleichgewicht und bietet beiden Seiten gute Perspektiven.

Zusammenfassung: Wer scharfes Spiel mag, für den ist die Drachenvariante das perfekte Mittel zum Zweck. Denn hier kommt es meist zu einem heftigen Kampf mit beiderseitigen Chancen. Man beachte die gewaltige Rolle, die der Fianchetto-Läufer auf g7 spielt. Denn dieser wirkt nicht nur aufs Zentrum, sondern nimmt aktiv am Angriff auf den weißen König teil, der ja zumeist am Damenflügel Zuflucht sucht. Diese Variante ist also genau die richtige Wahl für Taktiker!

Abspiel 5

Sweschnikow–Variante

(1.e4 c5 2.♘f3 ♘c6 3.d4 cxd4 4.♘xd4 ♘f6 5.♘c3)

5...e5

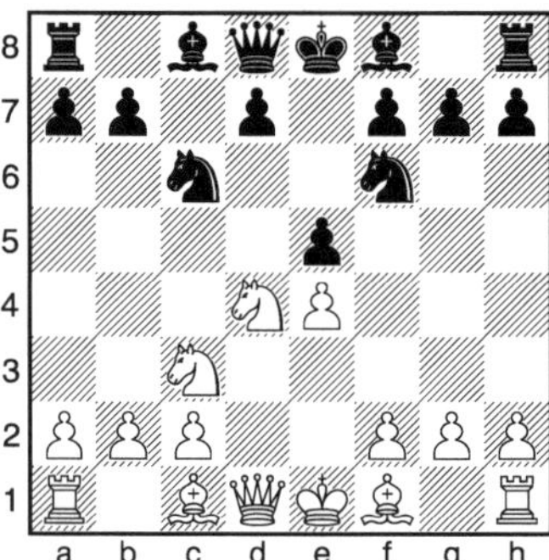

Mit diesem aggressiven Bauernzug schwächt Schwarz zwar den Punkt d5, aber dafür wird er mit lebhaftem Figurenspiel entschädigt. Diese Variante wurde früher als Lasker–Pilnik-System bezeichnet, nach dem früheren Weltmeister Emanuel Lasker (1868-1941) und dem deutschstämmigen argentinischen Meister Herman Pilnik (1914-1981). Heutzutage hat sie viele Anhänger und wird ausschließlich Sweschnikow–Variante genannt – und zwar nach dem russischen GM Jewgeni Sweschnikow, der ihr in den Achtzigerjahren neues Leben einhauchte.

6.♘db5 d6 7.♗g5

Häufig wird auch 7.♘d5 ♘xd5 8.exd5 gespielt.

(So wird zwar der mögliche Figurenvorposten auf d5 mit einem Bauern gestopft, aber 8.♕xd5? ist schwach, denn nach 8...a6 9.♘c3 ♘d4 10.♗d3 ♖b8 mit der Drohung ♗c8-e6 hat Weiß große Schwierigkeiten.)

8...♘e7

(Nach 8...♘b8 9.c4 ♘d7 10.♗e2 ♗e7 11.0–0 0–0 12.♗e3 a6 13.♘c3 f5 hat Schwarz ausreichend Gegenspiel.)

9.c4 ♘g6 10.♕a4 ♗d7 11.♕b4 ♕b8 mit verschiedenen Möglichkeiten für beide Seiten.

7...a6 8.♘a3 b5

Damit beschränkt Schwarz den Radius des weißen Randspringers, der selbstredend gerne nach c4 gegangen wäre.

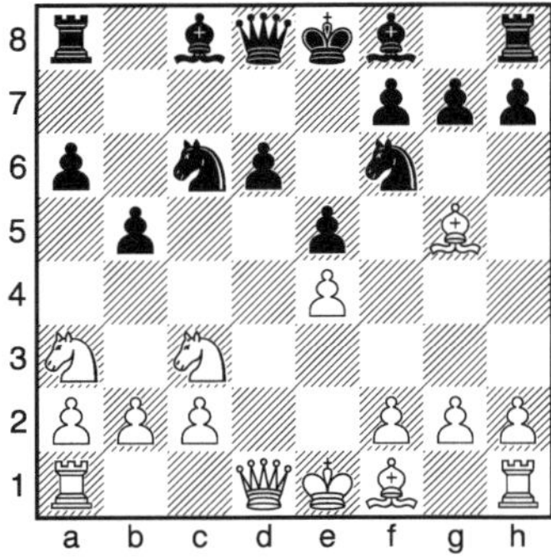

9.♗xf6

Auch 9.♘d5 wird gespielt; z.B. 9...♗e7 10.♗xf6 (10.♘xe7 ♘xe7 11.♗xf6 gxf6 12.c4 0–0∞)

10...♗xf6 11.c3 0–0 (11...♖b8!? 12.♘c2 ♗g5∞) 12.♘c2 ♗g5

(Nach 12...♖b8 13.h4 ♗e7 14.♘ce3

beherrscht Weiß das Feld d5 und steht deshalb etwas besser.)

13.a4 bxa4 14.♖xa4 a5 15.♗c4 ♖b8 16.b3 ♔h8 17.0–0 f5 mit sehr komplizierter Stellung und beiderseitigen Möglichkeiten.

9...gxf6

Schwarz muss die Schwächung seiner Bauernstruktur akzeptieren, denn auf 9...♕xf6 folgt 10.♘d5 ♕d8 11.c4.

(Die Opfervariante 11.♗xb5!? axb5 12.♘xb5 führt zu sehr scharfem und unklarem Spiel.)

Und nach 11...b4 12.♕a4 steht Weiß prächtig; z.B. 12...♗d7 13.♘b5 axb5 14.♕xa8 ♕xa8 15.♘c7+ ♔d8 16.♘xa8 ♘d4 17.♖c1 ♗c6 18.♘b6 mit Vorteil.

10.♘d5

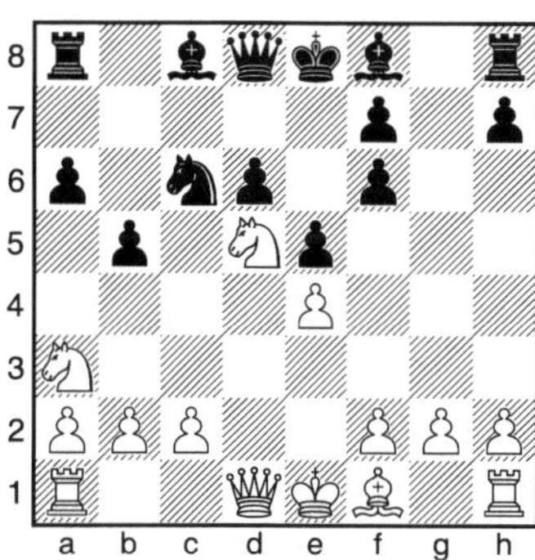

10...f5

Spielbar ist auch die ruhigere Alternative 10...♗g7. Der Läufer trägt auf g7 wesentlich zur Stabilisierung des schwarzen Rochadeflügels bei und wird sich nach späterem f6-f5 und ♘c6-e7 in den Zentrumskampf einschalten, wie die folgenden Varianten veranschaulichen.

A) 11.c3 f5 12.exf5 ♗xf5 13.♘c2 ♘e7 (13...0–0 14.♘ce3 ♗e6 15.♗d3 f5⇄) 14.♘ce3 ♗e6

Nach der Rochade verfügt Schwarz über die Vorstöße f7-f5 und a6-a5, was ihm ausreichendes Gegenspiel sichert.

B) 11.♗d3 ♘e7

Der starke weiße Springervorposten muss eliminiert werden.

12.♘xe7 ♕xe7 13.c3

(Nach 13.0–0 0–0 14.c4 f5 15.♕f3 bxc4 16.♘xc4 d5 erhält Schwarz ausgezeichnete Konterchancen am Königsflügel.)

13...f5 14.♘c2 ♕b7 15.♕f3 0–0 16.♘e3 f4 17.♘d5 ♗e6 18.g4 b4! mit Gegenspiel am Damenflügel.

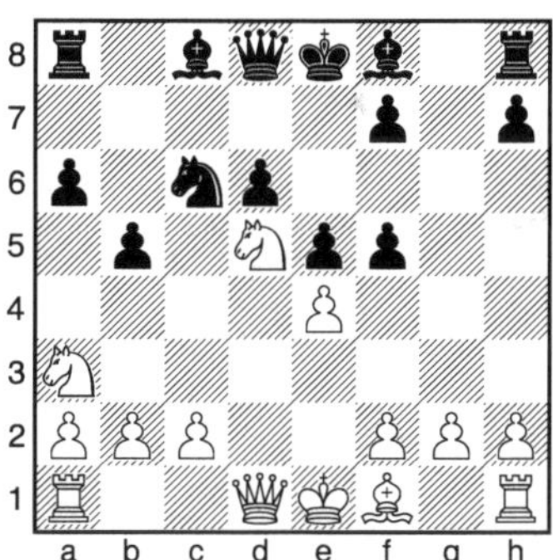

11.♗d3

Das ist am besten, denn Weiß entwickelt seinen Läufer, verstärkt die Kontrolle über den Punkt e4 und kann seinen König in Sicherheit bringen.

Zu riskant ist das Opfer 11.♗xb5 axb5 12.♘xb5 wegen 12...♖a4! 13.♘bc7+ ♔d7 14.0–0 ♖xe4 15.♕h5 ♘d4 16.c3 ♘e2+ 17.♔h1 ♔c6 18.g3 ♔b7 19.a4 ♖c4 20.♕xe2 ♖xc7 21.a5 (21.♘xc7 ♕xc7∓) 21...♔a8 und Weiß hat nichts für die geopferte Figur.

11...♗e6 12.0–0

Weiß hat auch an dieser Stelle eine starke Alternative, und zwar 12.♕h5, wonach sich folgende Fortsetzung empfiehlt: 12...♖g8!? 13.g3 ♖g5 14.♕xh7 (14.♕d1 ♗xd5 15.exd5 ♘e7 16.♗e2 ♗h6 17.0–0 ♔f8∞) 14...♘d4 15.0–0–0 ♖g6 16.♕h4 ♕xh4 17.gxh4 ♗xd5 18.exd5 ♖g2 mit ausgezeichnetem Spiel für Schwarz.

12...♗xd5 13.exd5 ♘e7

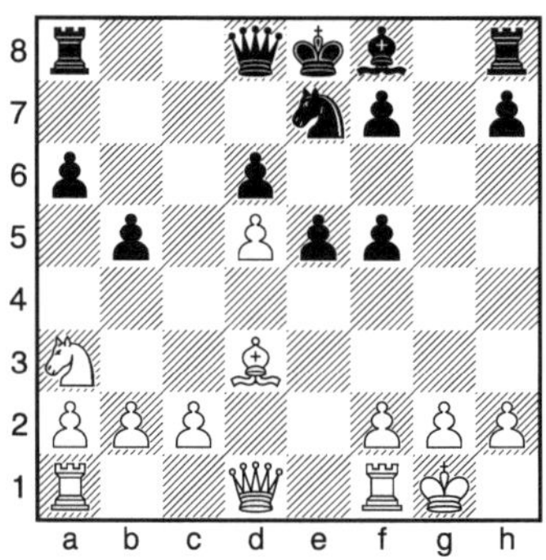

14.c3

Nach 14.♘xb5 kann es wie folgt weitergehen: 14...♗g7 15.♘c3 e4 16.♗c4 0–0.

(Die Sicherheit des Königs ist sehr wichtig, obwohl auch 16...♘g6!? mit der möglichen Folge 17.♕h5 ♗xc3 18.bxc3 ♕f6⇄ spielbar ist.)

Nach 17.♕h5 ist 17...♕c7! der beste Plan, der dem Schwarzen gute Gegenchancen gibt; z.B. 18.♗b3 ♗xc3 19.bxc3 f4 20.c4 f5 21.♖ae1 ♘g6 mit ausreichendem Gegenspiel für den Bauern.

14...♗g7 15.♕h5 e4 16.♗c2 0–0

Nachdem Schwarz seine Entwicklung beendet hat, besteht sein Plan in ♖a8-b8 nebst Vorbereitung von b5-b4. Weiß hingegen muss versuchen, durch f2-f3 die gegnerische Bauernkette im Zentrum zu zerstören.

Zusammenfassung: Die vorgestellten Beispiele und Analysen zeigen, dass Schwarz als Gegenwert für die Schwächung des Feldes d5 aktives Figurenspiel erhält. Daher wird diese Variante weltweit von Spielern aller Klassen anerkannt und gespielt. Es ist wichtig zu wissen, dass sie auch nach einer völlig anderen Zugfolge entstehen kann – nämlich 1.e4 c5 2.♘f3 e6 3.d4 cxd4 4.♘xd4 ♘c6 5.♘c3 ♘f6 6.♘db5 d6 7.♗f4 e5 8.♗g5 a6 9.♘a3 b5 usw.

Abspiel 6

Richter–Rauser–Angriff

(1.e4 c5 2.♘f3 ♘c6 3.d4 cxd4 4.♘xd4 ♘f6 5.♘c3 d6)

6.♗g5

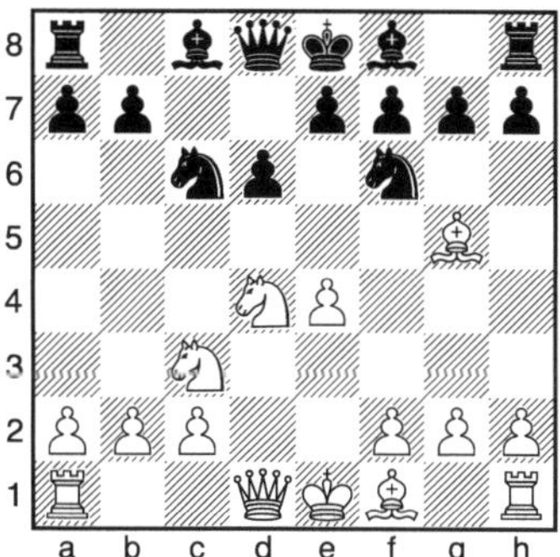

Ursprünglich einmal gedacht, um den Drachenaufbau (siehe Abspiel 4) zu verhindern (6...g6? 7.♗xf6! mit Vorteil), bildete der Läuferausfall nach g5 schon bald den Auftakt zu einem eigenen, bis heute beliebten Spielsystem: dem Richter–Rauser–Angriff. Weiß bereitet die lange Rochade vor und möchte den Gegner im Zentrum und am Königsflügel mittels f2-f4 nebst e4-e5 oder f4-f5 angreifen. Schwarz sucht sein Gegenspiel am Damenflügel (a7-a6 und b7-b5) oder im Zentrum (d6-d5 bzw. e6-e5). Eine wichtige Rolle spielt dabei die halboffene c–Linie, denn nach ♖a8-c8 übt der Turm einen starken Druck auf die weiße Rochadestellung aus.

6...e6

Eine andere Idee ist 6...♗d7!? mit unverzüglicher Mobilisierung des Damenflügels; z.B. 7.♕d2 ♖c8 8.f4

(Oder 8.0–0–0 ♘xd4 9.♕xd4 ♕a5 10.f4 ♖xc3!? mit scharfem Spiel; z.B. 11.bxc3 e5 12.♕b4 ♕xb4 13.cxb4 ♘xe4 14.♗h4 g5 15.fxg5 ♗e7 16.♗c4 h6 17.♖hf1 ♗e6 18.♗xe6 fxe6∞.)

8...♘xd4 9.♕xd4 ♕a5 10.e5

(Auf 10.0–0–0 folgt das typische Qualitätsopfer 10...♖xc3!? usw.)

10...dxe5 11.fxe5 e6 12.0–0–0 ♗c6 13.♗b5

(13.♘b5 ♗xb5 14.exf6 ♗c6 15.h4 g6 mit zweischneidiger Stellung und Chancen auf beiden Seiten.)

13...♘d5 14.♗xc6+ bxc6 15.a3 h6 16.♗d2 ♕b6 17.♕xb6 axb6=

7.♕d2

Der deutsche Meister Kurt Richter (1900-1969) empfahl an dieser Stelle die Variante 7.♘xc6 bxc6 8.e5 dxe5 9.♕f3 ♗e7 10.♗xf6 (10.♕xc6+ ♗d7 11.♕f3 ♖b8⇄) 10...♗xf6 11.♕xc6+ ♗d7 12.♕f3 0–0 13.♖d1 ♕c7. Da diese jedoch zu guten Aussichten für Schwarz führt, ist sie in der modernen Praxis so gut wie nicht mehr anzutreffen.

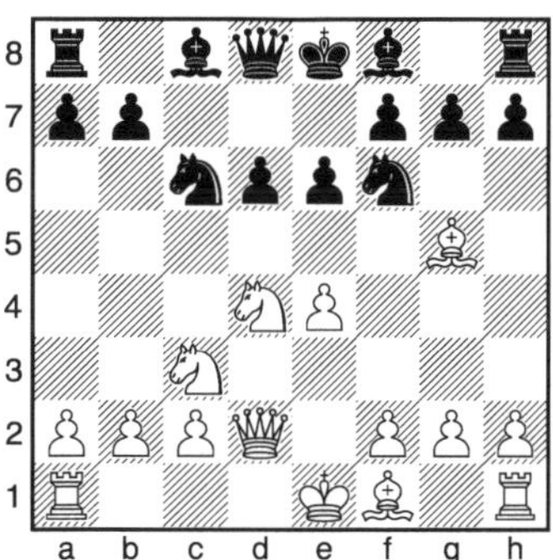

7...a6

Der Sinn dieses Zuges ist einfach zu erkennen: b7-b5 mit schnellem Gegenspiel am Damenflügel.

Ein anderer Plan besteht darin, nach 7...♗e7 die Entwicklung des Königsflügels fortzusetzen; z.B. 8.0–0–0 0–0 9.f4

A) Nach 9...h6 muss Schwarz mit 10.h4!? rechnen, wonach 10...hxg5 zu gewaltigem Königsangriff führen würde. Deshalb empfiehlt sich 10...♘xd4 11.♕xd4 ♕a5 mit Kontermöglichkeiten.

Die Theorie rät Weiß zu 10.♗h4, was nach der möglichen Variante 10...e5 11.♘f5 ♗xf5 12.exf5 exf4 13.♔b1 d5 14.♗xf6 ♗xf6 15.♘xd5 ♗e5 16.♗c4 b5 17.♗b3 a5 18.a3 ♕g5 zu einer dynamischen Position mit beiderseitigen Chancen führt.

B) 9...♘xd4 10.♕xd4 ♕a5 11.♗c4

(Der energische Vorstoß 11.e5 verspricht dem Weißen keinen positionellen Vorteil, denn nach 11...dxe5 12.♕xe5 ♕xe5 13.fxe5 ♘d5 14.♗xe7 ♘xe7 entsteht eine etwa ausgeglichene Stellung.)

11...♗d7 12.e5

Weiß muss etwas unternehmen, sonst entwickelt sich Schwarz ungestört nach dem Schema ♗d7-c6 nebst ♖f8-d8 und erhält eine gute Stellung.

12...dxe5 13.fxe5 ♗c6 14.♗d2 ♘d7 15.♘d5 ♕d8 16.♘xe7+ ♕xe7 17.♖he1

(Der beste Zug für Schwarz ist wohl 17...♘b6!? und nach der möglichen Folge 17...♖fd8 18.♕g4 ♘f8 19.♗d3 hat Weiß mit seinem Läuferpaar gute Aussichten am Königsflügel. In seinem Lager gibt es jedoch die Bauernschwäche auf e5, die Schwarz zum Objekt eines Gegenangriffs machen sollte.)

18.♗f1 (18.♗b3 ♖fc8⇄; 18.♗d3 ♖fd8⇄) 18...♖fd8 19.♕g4 ♖ac8 mit der Absicht ♕e7-c5, ♘b6-a4 und guten Gegenchancen. Weiß soll aktiv auf der anderen Seite vorgehen, z.B. mit ♗d2-h6 usw.

8.0–0–0 ♗d7

In dieser höchst dynamischen Situation muss Schwarz sehr genau spielen.

Die Alternativen 8...h6 9.♗e3 ♗d7 10.f4 b5 11.♗d3 ♗e7 12.♔b1 0–0 13.h3 ♘xd4 14.♗xd4 ♗c6 und 8...♘xd4 9.♕xd4 ♗e7 10.f4 b5 sind wohl auch spielbar.

9.f4

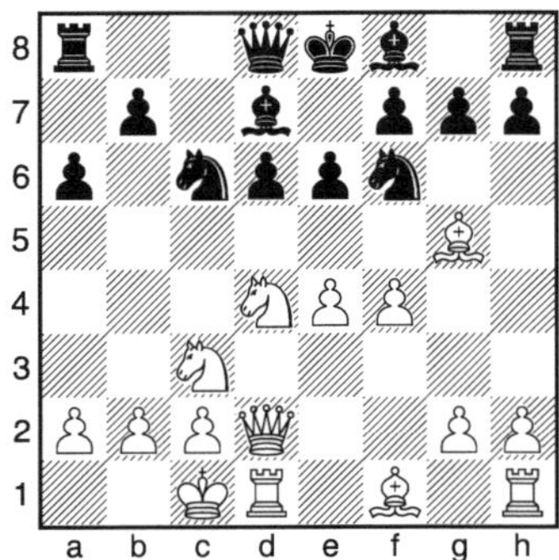

9...h6

Wie die Turnierpraxis gezeigt hat, ist die Einleitung aktiven Spiels am Königsflügel der beste Plan für Schwarz.

Hingegen führt eine Aktion auf der anderen Seite zu unklaren Komplikationen; z.B. 9...b5 10.♗xf6 gxf6 11.♘xc6 (11.♔b1 ♕b6∞) 11...♗xc6 12.♕e1 ♗e7 13.♗d3 ♕b6 usw.

10.♗h4 g5

Die Eroberung des Bauern e4 mit 10...♘xe4 sieht riskant aus, ist aber wahrscheinlich spielbar; z.B. 11.♕e1 ♘f6 12.♘f5 ♕a5!

(Schwach ist 12...♕c7? 13.♗xf6 gxf6 14.♘d5 ♕d8 15.♕e3 mit gefährlicher Initiative für den Bauern.)

13.♘xd6+ ♗xd6 14.♖xd6 ♕c7 15.♕d2 0–0–0

11.fxg5 ♘g4 12.♘f3

Nach 12.♗e2 folgt 12...♘ge5 13.♘f3 ♗e7 mit recht kompliziertem Spiel.

12...hxg5

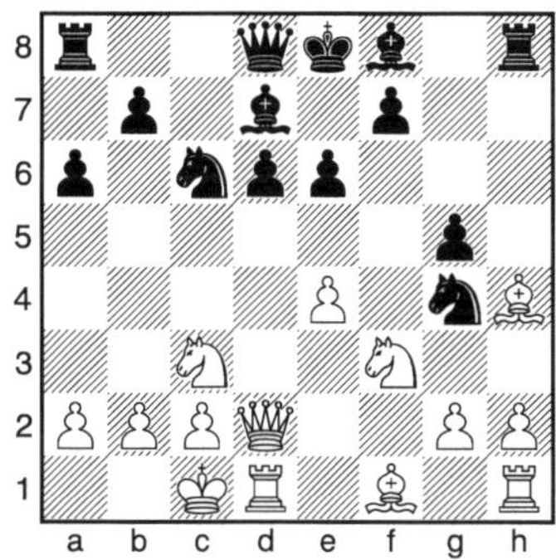

13.♗g3

13.♗xg5?? verbietet sich wegen 13...f6 14.♗f4 e5 15.♗e3 ♘xe3 16.♕xe3 ♗h6–+.

13...♗e7 14.♗e2 ♘ge5 mit aktivem Spiel im Zentrum. Diese Variante verdient Aufmerksamkeit und weitere Erforschung.

Zusammenfassung: Es scheint, dass Schwarz in diesem System sowohl in der Hauptvariante mit 7...a6 als auch in der Nebenvariante mit 7...♗e7 erfolgreich um vollwertiges Spiel kämpfen kann. In beiden Fällen hat er gute Gegenchancen.

Abspiel 7

Sosin-Variante

(1.e4 c5 2.♘f3 ♘c6 3.d4 cxd4 4.♘xd4 ♘f6 5.♘c3 d6)

6.♗c4

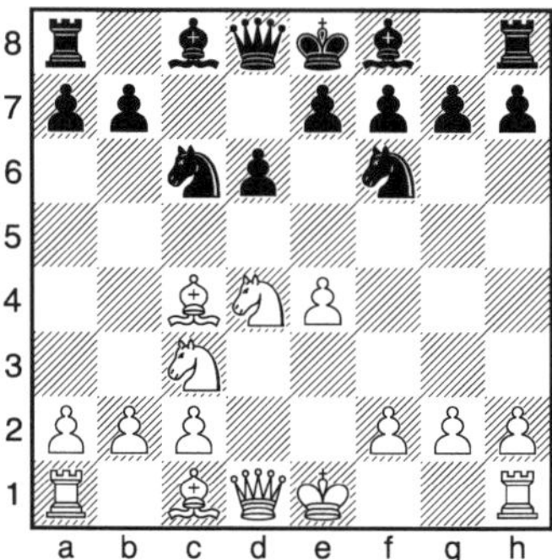

Dieser Aufbau mit der Entwicklung des Läufers nach c4 wurde von dem sowjetischen Meister Wenjamin Sosin (1896-1956) ausgearbeitet. Auch hier entscheidet sich Weiß meistens für die lange Rochade, um einen raschen Königsangriff anstreben zu können.

6...e6

Schwarz folgt dem klaren Plan, mit ♗f8–e7 und 0–0 die Entwicklung des Königsflügels fortzusetzen.

Eine interessante Alternative ist 6...♕b6!? mit der möglichen Folge 7.♘b3 e6 8.♗e3 ♕c7 9.♗d3 a6 10.f4 b5 11.♕f3 ♗b7 und nach nun z.B. 12.0–0–0 ♗e7 13.♔b1 0–0–0 oder 12.0–0 ♗e7 13.♕h3 0–0 14.g4 b4 15.♘e2 ♘d7 16.g5 ♖fe8 nebst ♘d7-f8 entstehen scharfe Stellungen mit beiderseitigen Chancen.

7.♗e3 ♗e7 8.♕e2

Mit diesem energischen Plan bereitet Weiß die lange Rochade nebst Königsangriff vor.

Die ruhigere Fortsetzung 8.0–0 bringt nicht viel ein; z.B. 8...0–0 9.♗b3 a6.

Schwarz bereitet das typische Gegenspiel mittels b7-b5 vor.

(Dagegen kann passive Verteidigung schnell zur Katastrophe führen; z.B. 9...♘a5? 10.f4 b6 11.e5 dxe5 12.fxe5 ♘d7 13.♖xf7! ♖xf7 14.♘xe6+-.)

10.f4 ♘xd4 11.♗xd4 b5 12.e5 dxe5 13.fxe5 ♘d7 14.♘e4

(14.♕f3 ♘c5! 15.♕xa8 ♕xd4+ 16.♔h1 ♗b7 17.♕a7 ♕xe5 mit schwarzem Vorteil. Es droht sowohl ♗e7-d6 als auch Damenfang mit ♕e5-c7 nebst ♖f8-a8 bzw. ♗b7xg2+.)

14...♗b7 15.♘d6 ♗xd6 16.exd6 ♕g5 17.♕e2 e5 18.♗c3 ♕g6 19.♖ad1 ♔h8 20.♗d5 ♗xd5 21.♖xd5 ♕e6 22.♖fd1 ♖fc8!

Laut GM Kallai hat Schwarz ausgezeichnete Konterchancen, denn langfristig scheint der Bauer d6 erobert werden zu können.

8...a6

Schwarz wartet noch mit der Rochade, denn sein König steht in der Mitte einstweilen ganz sicher. Der Textzug gewinnt somit ein Tempo für den eigenen Königsangriff, da Weiß offensichtlich im Begriff ist, lang zu rochieren.

Nach 8...0–0 9.0–0–0 gerät der schwarze König schnell unter Druck; z.B. 9...♕c7.

(Oder 9...a6 10.♗b3 ♘d7 11.g4 ♘c5 12.♖hg1 ♗d7 13.♘f5 ♘xb3+ 14.axb3 exf5 15.gxf5 mit guten Angriffsmöglichkeiten für die geopferte Figur.)

10.♗b3 a6

Und hier hat Weiß gleich *zwei* gute Alternativen.

A) 11.g4 ♘xd4 (11...b5 12.g5 ♘xd4 13.♗xd4 ♘d7 14.♕h5 ♘c5 15.♖hg1→) 12.♖xd4 ♘d7

(Oder 12...e5 13.♖c4 ♕d8 14.♖xc8!? ♖xc8 15.g5 ♘d7 16.♕h5 b5 17.g6 hxg6 18.♕xg6 ♘c5 19.♗d5 mit voller Kompensation für die Qualität.)

13.g5 b5

(13...♘c5 14.♕h5 g6 15.♕e2 b5 16.h4 ♖b8 17.h5 b4 18.♘a4 ♘xb3+ 19.axb3 e5 20.♖d2 ♖e8 21.f3 mit der Drohung ♕e2-h2 und starkem Angriff.)

14.♕h5 ♖d8 15.♖g1 g6 (15...♘c5 16.e5 g6 17.♕h6 ♗f8 18.♕h3 Δ♖d4-h4) 16.♕h3! 16.♕h6 ♗f8 17.♕h4 ♗e7=) 16...♘c5 17.e5! dxe5 18.♖h4 h5 19.♖xh5! gxh5 20.♕xh5 mit entscheidendem Königsangriff.

B) 11.♖hg1 ♘d7

(Oder 11...♘a5 12.g4 b5 13.g5 ♘xb3+ 14.axb3 ♘d7 15.f4 b4 16.♘f5!? exf5 17.♘d5 ♕d8 18.exf5 ♖e8 19.♗d4 ♗f6 20.♕xe8+! ♕xe8 21.gxf6 g6 22.♘e7+ ♔f8 23.♖d3 ♘xf6 24.♗xf6 ♕b5 25.♖gd1 mit weißer Initiative.)

12.g4 ♘c5 13.♘f5!?

Nur durch Entschlossenheit kann Weiß zum Erfolg kommen.

(Nach 13.g5 ♗d7 14.♕h5 ♖fc8 15.♖g3 g6 16.♕h6 ♗f8 17.♕h4 ♘xd4 18.♖xd4 b5 19.♖h3 h5 20.gxh6 ♔h7 gerät die weiße Attacke ins Stocken, und Schwarz kann auf der anderen Seite zum Angriff blasen.)

13...exf5 14.gxf5 ♗d7 15.♘d5 ♕d8 16.♕h5 ♔h8 17.♖xg7! ♔xg7 18.f6+ ♗xf6 19.♕h6+ ♔h8 20.♘xf6+–

9.0–0–0 ♕c7 10.♗b3 ♘a5

10...0–0 11.g4! führt zu Stellungen, die bereits in der Anmerkung zu 8...a6 analysiert wurden.

11.g4 b5 12.g5 ♘xb3+

Dieser Abtausch ist unbedingt erforderlich, denn auf 12...♘d7? folgt das typische sizilianische Opfer 13.♗xe6! usw.

13.axb3 ♘d7

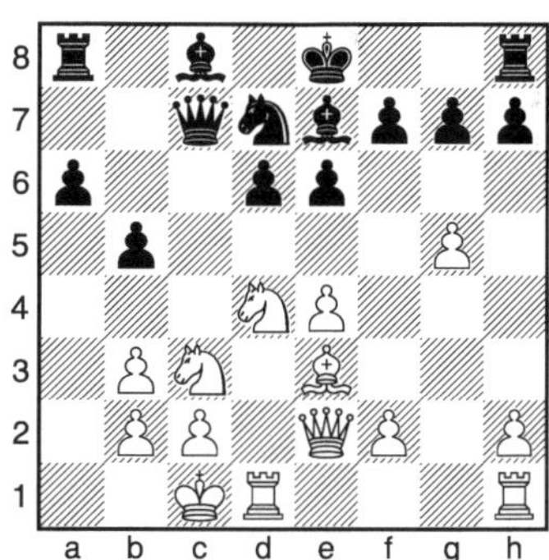

14.♘f5!?

Die Idee zu diesem Opfer stammt von dem jugoslawischen Großmeister Dragoljub Velimirovic (1942-2014).

Zu zahm ist dagegen 14.h4 b4 15.♘a4 ♘c5 16.h5 ♗d7.

(Auf 16...♘xe4 folgt auch 17.g6!.)

17.g6 ♘xb3+ 18.♘xb3 ♗xa4 19.h6 fxg6 20.hxg7 ♖g8 21.♘d4 e5 22.♘e6 ♕c6 23.♖xh7 ♗b3 und es ist nicht zu sehen, wie Weiß weiter angreifen kann.

14...exf5 15.♘d5 ♕d8

Schwarz muss genau spielen, denn welche Gefahren auf ihn lauern, zeigt z.B. die Variante 15...♕a5 16.exf5 ♗b7 17.♘xe7 ♕a1+ 18.♔d2 ♕xb2 19.♘c6 0–0 20.♗d4 ♕a3 (20...♖fe8 21.♕xe8+ ♖xe8 22.♗xb2 ♗xc6 23.♖he1+–) 21.♖a1 ♖ae8 22.♕f1+–.

16.exf5

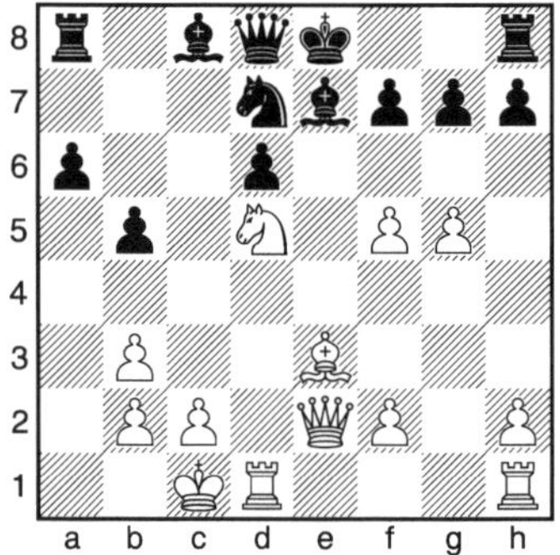

16...♗b7

Schwarz muss viel Geduld mit seinem in der Brettmitte weilenden König aufbringen.

Verfrüht wäre 16...0–0?, denn nach 17.f6! erhält Weiß einen gewaltigen Angriff; z.B. 17...gxf6 18.♗d4 ♘e5.

(Oder 18...♖e8 19.gxf6 ♗xf6 20.♖hg1+ ♗g5+ 21.♕d2 h6 22.f4 ♗b7 23.fxg5 ♗xd5 24.gxh6+ ♔f8 25.♗g7+ ♔e7 26.♕g5+ f6 27.♖ge1+ ♔f7 28.♕xd5+ mit baldigem Matt.)

19.gxf6 ♗xf6 20.♖hg1+ ♗g7 (20...♔h8 21.♕h5!) 21.♗xe5 dxe5 22.♕xe5 f6 23.♘e7+ ♔h8 24.♖xd8 fxe5 25.♖xf8+ ♗xf8 26.♖g8#

17.f6! gxf6 18.♖he1 ♗xd5 19.♖xd5 ♖g8!

Wohl oder Übel: Der König muss endgültig in der Mitte bleiben.

Nach dem unvorsichtigen 19...0–0? 20.gxf6 ♗xf6 (20...♘xf6 21.♖g5+ ♔h8 22.♗d4+–) 21.♖g1+ ♔h8 (21...♗g7 22.♗h6+–) 22.♖h5 ♗g7 23.♖xg7! ♔xg7 24.♕g4+ ♔h8 25.♕f5 ♘f6 26.♗d4 kommt Weiß zum entscheidenden Schlag.

20.gxf6

Noch genauer zu prüfen ist 20.♗f4!? ♔f8 21.♕h5 mit guten Angriffsmöglichkeiten.

20...♘xf6 21.♖f5

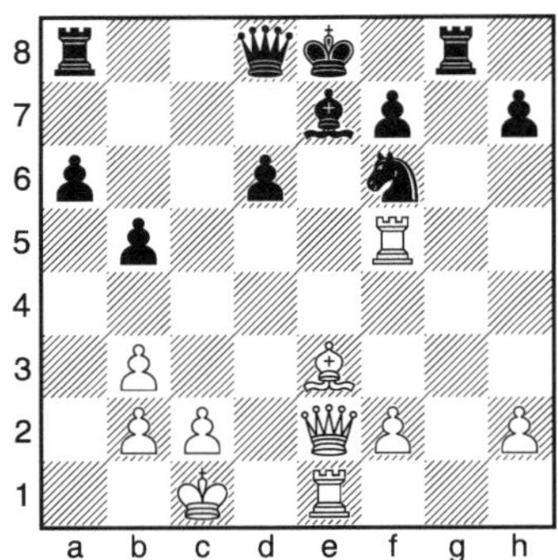

21...♘d7

Gegen die Drohung 22.♗b6! konnte Schwarz sich auch mit 21...♖b8!? verteidigen.

22.♗g5 ♘e5 23.♗xe7 ♕xe7 24.f4 ♘d3+ 25.cxd3 ♕xe2 26.♖xe2+ ♔f8

In Anbetracht der nunmehr ziemlich ausgeglichenen Chancen stellt sich die Frage: Worin liegt für Weiß der Sinn, eine Variante zu wählen, die nur zum Remis führt? – Die Antwort ist einfach: Schwarz muss gezwungenermaßen sehr genau spielen, um diese oder eine ähnliche Stellung zu erreichen. Derweil führt selbst der kleinste Verteidigungsfehler normalerweise dazu, dass Weiß einen Volltreffer landen kann!

Zusammenfassung: Es besteht kein Zweifel, dass die Sosin–Variante zu einem unerbittlichen Kampf führt. Weiß bereitet sich mit ♕d1–e2, ♗c1–e3 und 0–0–0 darauf vor, unverzüglich den feindlichen König anzugreifen. Allerdings ist Schwarz nicht ohne effektives Gegenspiel. Wichtig ist, dass der schwarze Monarch lange in der Mitte bleibt und auf den angemessenen Moment wartet, um entweder lang oder kurz zu rochieren. Interessant ist auch 6...♕b6!? mit verteilten Möglichkeiten.

Abspiel 8

Paulsen–System

(1.e4 c5 2.♘f3 e6 3.d4 cxd4 4.♘xd4)

4...a6

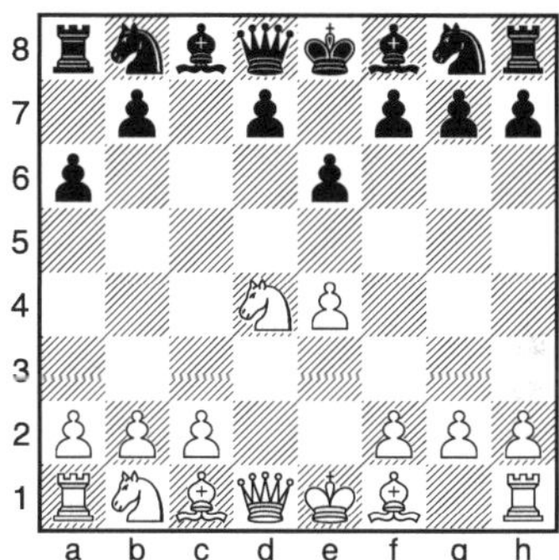

Diese Spielweise wurde bereits im 19. Jahrhundert von dem bekannten deutschen Meister Louis Paulsen (1833-1891) popularisiert, der zu den bedeutendsten Spielern seiner Zeit gehörte. Die Vielfalt der strategischen und taktischen Ideen, die dieses System kennzeichnen, ist der Grund für seine weite Verbreitung und seine Beliebtheit bei Spielern aller Klassen.

5.♗d3

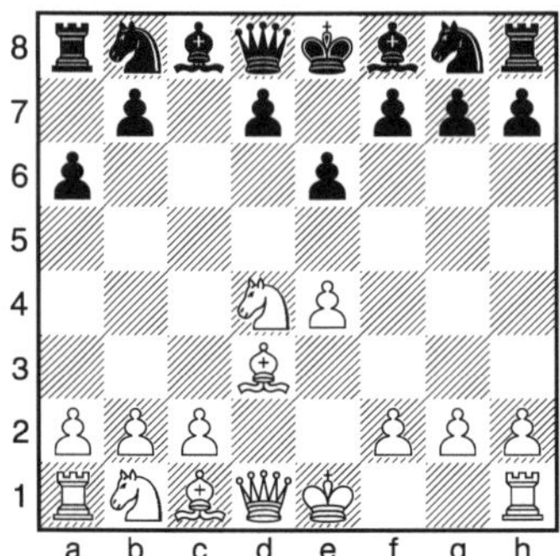

Weiß vermeidet zunächst den Zug Sb1-c3 zur Deckung des Bauern e4, weil er seinem c-Bauern die Option eines eventuellen Vorgehens offen halten möchte.

Hier ein Blick auf zwei Alternativen.

I. 5.♘c3 ♕c7

(Günstiger für Weiß ist 5...b5 6.♗d3 ♗b7 7.0-0 d6 8.♖e1 ♘f6 9.a4 usw.)

6.♗d3

(Es wird auch 6.♗e2 gespielt.)

6...♘c6 7.♗e3

(Nach 7.♘xc6 dxc6 8.0-0 ♘f6 9.f4 e5 10.♔h1 ♗c5 11.f5 b5 darf Schwarz mit gleichem Spiel rechnen.)

7...♘f6 8.0-0 ♘e5 9.h3 ♗c5 10.♔h1 d6 11.f4 ♘g6 12.♕e1 0-0 13.f5 ♘e5 14.♕h4 ♗d7 15.g4 ♕b6 16.g5 ♘h5 17.♕xh5 ♗xd4 18.♗xd4 ♕xd4 19.f6 ♗c6 20.fxg7 ♔xg7 und Weiß hat keine ernsthaften Drohungen gegen den schwarzen König.

II. 5.c4 ♘f6

(Eine alternative Figurenaufstellung ist 5...♕c7 6.♘c3 ♘f6 7.♗e2 ♗e7 8.0-0 d6 9.♗e3 b6 10.♖c1 ♗b7 11.f3 ♘bd7 und nach Platzierung seiner Türme auf c8 und d8 sollte Schwarz b6-b5 oder d6-d5 anstreben.)

6.♘c3

(Oder 6.♗d3 ♘c6 7.♘xc6 dxc6 8.0-0 e5! mit guter Stellung für Schwarz.)

6...♗b4 7.♗d3

(Nach 7.e5 ♘e4 8.♕g4 ♘xc3 9.a3 ♗f8 10.bxc3 ♕a5 11.♕g3 d6 hat Schwarz keine Eröffnungsprobleme mehr zu erwarten.)

7...♘c6 8.♘xc6 dxc6 9.e5 (9.0-0 e5!) 9...♕a5

(Das schlichte 9...♘d7 10.f4 ♘c5 11.♗c2 ♕xd1+ 12.♔xd1 ist unbefriedigend, weil Schwarz gewisse Probleme bekommt, seinen Damenflügel wirkungsvoll zu entwickeln.)

10.exf6 ♗xc3+ 11.bxc3 ♕xc3+ 12.♗d2

(12.♕d2 ♕xa1 13.fxg7 ♖g8 14.♗xh7 ♕e5+ 15.♔f1 ♖xg7 16.♗b2 ♕g5 17.f4 ♕h6 18.♗xg7 ♕xg7=)

12...♕xd3 13.fxg7 ♖g8 14.♗h6 ♕c3+ 15.♔f1 ♕xc4+

(In Frage kommt auch 15...♕f6 16.♕c1 e5 17.c5 ♗e6 mit der Absicht, lang zu rochieren.)

16.♔g1 ♕h4 17.♕d2 f6 18.♖d1 ♔f7 gefolgt von e6-e5 nebst ♗c8-e6. Weiß erlangt in dieser Variante keinen erkennbaren Vorteil.

5...♗c5

Schwarz entwickelt den Läufer mit Tempogewinn.

Hier ein Blick auf andere Möglichkeiten.

I. 5...♘f6 6.0–0 d6

A) 7.c4 ♘bd7 8.b3

(Auch nach 8.♘c3 kann Schwarz 8...g6 spielen.)

8...g6 9.♗b2 ♗g7 10.♘c3 0–0 11.♕e2 ♕c7 12.♖ad1 b6 13.♔h1 ♗b7

Nach ♖f8–e8 und ♖a8–d8 hat Schwarz gute Aussichten.

B) 7.f4 ♗e7 8.♔h1 ♕c7 9.♘c3 ♘c6 10.♘b3 b5 11.a3 ♗b7 mit etwa gleichen Chancen.

II. 5...g6

A) 6.0–0 ♗g7 7.♗e3 (7.♘b3 ♘e7 8.c4 0–0 9.♘c3 ♘bc6 10.♗e3 d5=) 7...d6 8.♘c3 ♘f6 9.♕e2 0–0 10.♖ad1 ♕c7 gefolgt von ♘b8-d7, b7-b5 (bzw. b7-b6) und ♗c8-b7 mit aktivem Spiel.

B) 6.c4 ♗g7 7.♘b3 ♘e7 8.0–0 0–0 9.♘c3 ♘bc6 10.♗e2

Der Läuferrückzug ist gegen d7-d5 gerichtet.

(Stark ist auch 10.♗g5 h6 11.♗h4 mit der Absicht ♕d1-d2, ♖f1-d1 und anschließendem Druckspiel in der d-Linie.)

10...f5 11.c5 fxe4 12.♘xe4 b6 13.♘d6 bxc5 14.♗e3 ♗xb2 15.♖b1 ♗e5 16.♗xc5 ♕c7∞

6.♘b3

Außer dieser üblichen Erwiderung begegnet man hier auch 6.c3 d6 (6...♘e7!?) 7.0–0 ♘e7 8.♔h1 0–0 9.f4 ♘d7 10.♘f3 e5 11.♗c2

(11.f5 d5 12.♘bd2 ♘f6 13.♘xe5 dxe4 14.♘xe4 ♘xe4 15.♗xe4 ♕xd1 16.♖xd1 ♘xf5=, Analyse von Kobalija)

11...♕c7 12.fxe5 ♘xe5 13.♘xe5 dxe5 14.♘d2 ♗e6 und Schwarz hat keine Probleme.

6...♗a7

Der Rückzug 6...♗e7 ist auch möglich; z.B. 7.0–0 d6 8.c4 ♘f6 9.♘c3 b6 10.f4 ♘bd7 11.♕e2 ♗b7 12.♗d2

(12.e5 dxe5 13.fxe5 ♘xe5 14.♕xe5 ♕xd3 15.♕c7 ♕d7 16.♕xb6 ♖c8 17.♖d1 ♕c6∞)

12...0–0 13.♖ae1 g6 14.♔h1 ♖e8 und Schwarz steht zufriedenstellend.

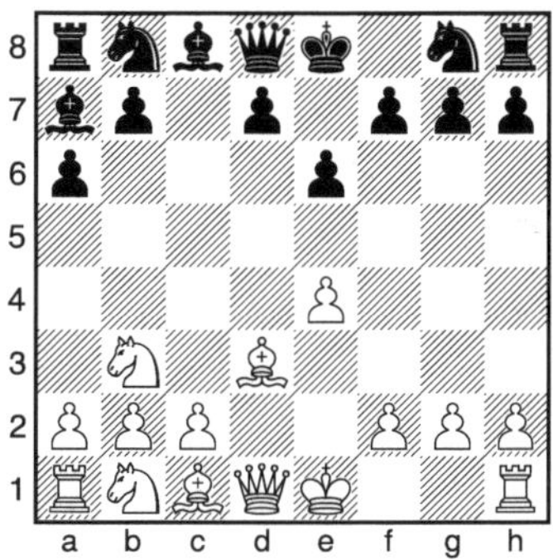

7.♕e2

Weiß sollte den Zentrumsvorstoß d7-d5 auf keinen Fall zulassen, denn Schwarz bekäme danach aktives Spiel.

Außer mit dem Textzug kann Weiß den gegnerischen d-Bauern auch mittels 7.c4 im Zaum halten; z.B. 7...♘c6 8.♘c3 d6 9.0–0 ♘ge7 10.♕e2 0–0 11.♗e3 ♗xe3 12.♕xe3 ♕c7 13.f4 ♖b8 mit zweischneidiger Lage. Weiß strebt mit ♖f1-f3-h3 eine Aktion am Königsflügel an und Schwarz sollte auf der andere Seite mit b7-b5 – oder sogar im Zentrum mit d6-d5 kontern.

7...♘c6 8.♗e3

8.♘c3 d6 9.♗e3 ♘f6 10.0–0–0 b5 11.♗xa7

(Oder 11.f4 ♗xe3+ 12.♕xe3 e5 13.f5 ♗b7 mit etwa gleichen Perspektiven.)

11...♖xa7 12.f4 b4 13.♘a4 e5 14.f5 0–0 15.g4 d5 und dieser typischer Schlag in der Mitte gibt dem Schwarzen gute Ausgleichschancen.

8...♗xe3 9.♕xe3 d6 10.0–0

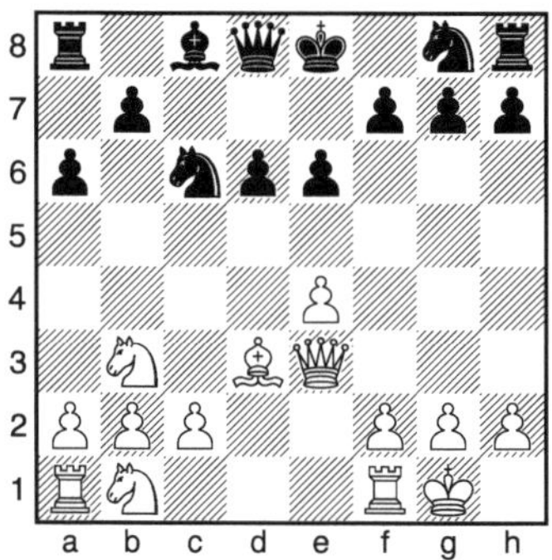

10...♘ge7

Die Entwicklung 10...♘f6 ist auch möglich; z.B. 11.c4 0–0 12.♘c3 ♘e5 13.♗e2.

Den starken Läufer sollte Weiß natürlich behalten.

13...♕c7 14.♖fd1 b6

(Nach 14...♘xc4? 15.♗xc4 ♕xc4 16.♖xd6 b5 17.♖c1 kann Schwarz in Schwierigkeiten geraten.)

15.♖ac1 ♗b7 16.f4 ♘g6 mit gleichen Chancen. Weiß hat zwar etwas mehr Raum, aber das schwarze Gegenspiel ist bereits in Sicht; z.B. im Zentrum, wo d6-d5 geschehen kann, oder am Damenflügel im Hinblick auf b6-b5.

11.c4

So verstärkt Weiß die Kontrolle über die Felder b5 und d5.

Nach 11.f4 0–0 12.♘c3 kann nun 12...b5 geschehen.

11...e5

Die Schwächung des Feldes d5 ist gerechtfertigt, denn so öffnet Schwarz die Diagonale c8-h3 zur Entwicklung seines Läufers.

12.♘c3 0–0 13.♖fd1 ♗e6 14.♗f1 ♕b8 15.♖d2

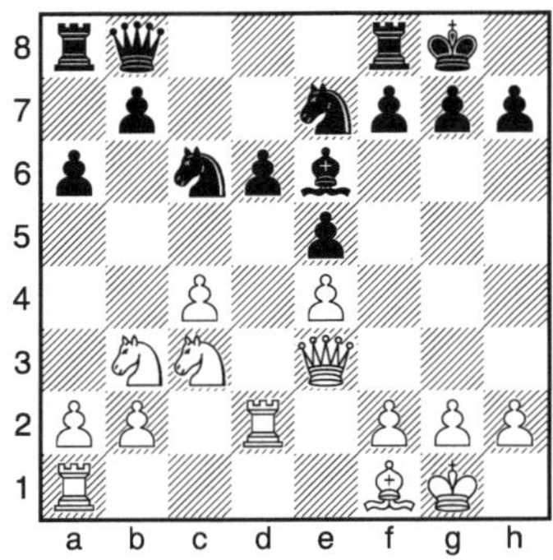

15...f5

Dieser heftige Schlag gegen das weiße Zentrum sollte dem Nachziehenden vollwertiges Spiel garantieren;

z.B. 16.exf5 ♘xf5 17.♕e4 ♕c7 nebst ♖a8-d8 bzw. 16.f3 f4 17.♕f2 b5 usw.

Zusammenfassung: Weiß verfügt in diesem System über mehr Handlungsspielraum, aber Schwarz hat im Kampf um Ausgleich einige Möglichkeiten. Anstelle des Hauptzuges 5...♗c5 gibt es die beiden guten Alternativen 5...♘f6 und 5...g6. Und statt mit 10...♘ge7 kann Schwarz auch mit 10...♘f6 erfolgreich um den Ausgleich kämpfen. Im Allgemeinen sollte man wissen, dass dem Schwarzen prinzipiell die drei typischen Schläge b7-b5, d7-d5 oder sogar f7-f5 zur Verfügung stehen. Der Hauptspielplan für Weiß besteht darin, mit f2-f4, ♖f1-f3-h3 usw. einen Angriff am Königsflügel zu organisieren.

Abspiel 9

Najdorf-System

(1.e4 c5 2.♘f3 d6 3.d4 cxd4 4.♘xd4 ♘f6 5.♘c3)

5....a6

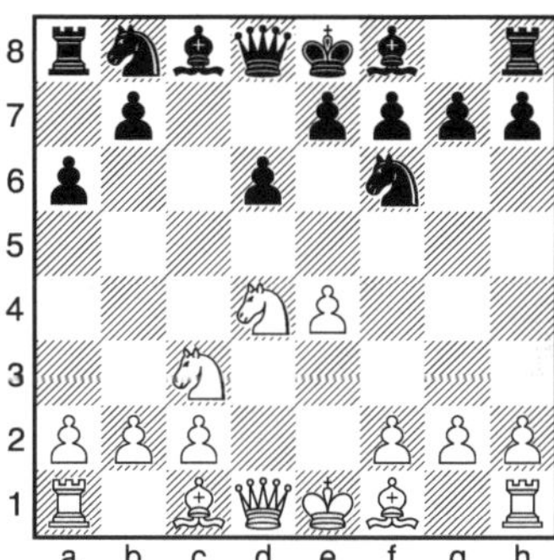

Mit diesem Zug will Schwarz in erster Linie einige Abspiele umgehen, in denen Weiß frühzeitig das Feld b5 als Sprungbrett für seine Leichtfiguren nutzt. Allerdings dient er in der weiteren Folge auch der Vorbereitung von b7-b5. Die Variante trägt den Namen des polnisch-argentinischen Großmeisters Miguel (Mieczyslaw) Najdorf (1910-1997).

6.♗g5

Das ist die populärste Fortsetzung, obwohl die kurzfristige gegnerische Zurückhaltung im Zentrum auch eine ganze Reihe anderer Spielpläne erlaubt.

I. 6.♗c4 e6 7.a3

(Nach 7.♗b3 b5 geht das Spiel in eine Variante über, die im Einführungsteil dieses Kapitels erörtert wurde; siehe dort bei den Abweichungen unter Punkt II. 6.♗c4.)

7...♗e7 8.♗a2 0–0 9.0–0 b5

A) 10.f4 ♗b7 11.f5 e5 12.♘de2 ♘bd7

(Zu gefährlich ist 12...♘xe4? 13.♘xe4 ♗xe4 14.♘g3 ♗b7 15.f6! ♗xf6 16.♘h5 ♘d7 17.♕g4 mit weißer Initiative.)

13.♘g3 ♖c8 14.♗g5 ♖xc3! 15.bxc3 ♘xe4 16.♘xe4 ♗xe4 17.♗xe7 ♕xe7 18.c4 ♖c8 19.♕e2 ♘f6 mit aktivem Spiel für das Material. Das Qualitätsopfer auf c3 – vor allem in Kombination mit der Eroberung des Bauern e4 – ist ein Standardmotiv in vielen Abspielen der sizilianischen Verteidigung. Die Zerstörung der weißen Bauernstruktur erweist sich als sehr nachhaltig und gibt dem Schwarzen unter Umständen sogar Gewinnchancen im Endspiel.

B) Mit 10.♕f3 verbindet sich der Plan, die Dame schnell zum Einsatz am Königsflügel zu bringen.

10...♗b7 (10...♕b6 11.♗e3 ♕b7 12.♖fe1 ♖e8 13.♖ad1 ♘bd7 14.♕g3 ♘c5⇄) 11.♕g3 ♘c6 12.♘xc6 ♗xc6 13.♗h6 ♘e8 14.♖ad1 b4 15.axb4 ♖b8 mit zweischneidigem Spiel.

II. 6.♗e2 gilt allgemein als sehr ruhiger Ansatz.

6...e5

(6...e6 führt über Zugumstellung zu Positionen, die bereits in der Einführung nach 6...a6 behandelt wurden – oder auch im ‘Paulsen-System’ in Abspiel 8.)

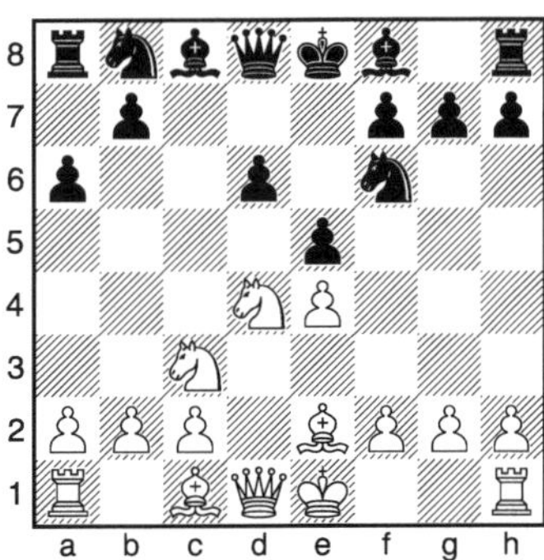

A) 7.♘f3 ♗e7

(Gespielt wird auch 7...h6, um ♗c1-g5 zu verhindern.)

8.♗g5 ♘bd7 9.a4 0–0 (9...b6!? 10.♘d2 ♗b7∞) 10.♘d2 d5 11.exd5 ♘xd5 12.♗xe7 ♘xe7 13.♘c4 ♘c6=

B) 7.♘b3 ♗e7

(Günstig für Weiß ist 7...♗e6 8.f4 ♕c7 9.g4 exf4 10.g5 ♘fd7 11.♗xf4 nebst ♕d1-d2, 0–0–0 usw.)

8.0–0 0–0

(8...♗e6 9.f4 ♕c7 10.♘d5 ♗xd5 11.exd5 ♘bd7 12.c4 0–0 13.♔h1 ♖fe8 14.♗e3 exf4 15.♗xf4 ♗f8 16.♖c1 ♕b6∞)

9.♗e3 (9.f4 ♘bd7 10.a4 b6 11.♗d3 ♗b7 12.♕e2 ♖e8∞) 9...♗e6 10.♕d2 ♘bd7 11.a4 ♖c8 12.a5 ♕c7 13.♖fd1 ♖fd8 (13...♕c6 14.♗f3 ♖fe8∞) 14.♕e1 ♘c5 15.♘xc5 dxc5 mit komplizierter Stellung.

III. Mit 6.f4 will Weiß schnell seinen Königsflügel entwickeln, um dann den gegnerischen König anzugreifen.

6...♕c7

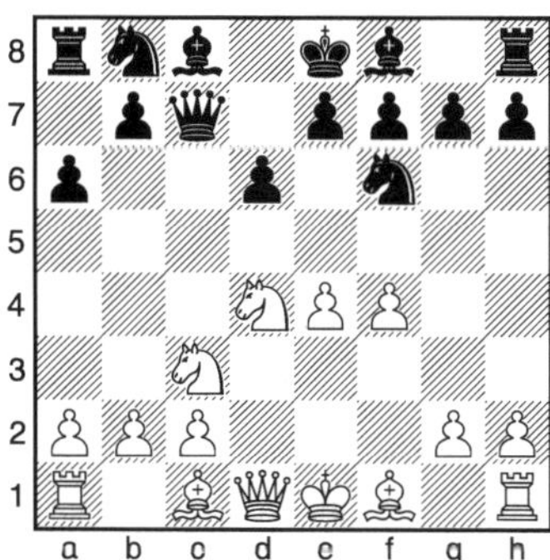

A) 7.♗e2 e6 8.0–0 ♗e7 9.a4 0–0 10.♗f3 ♘c6 11.♗e3 ♗d7 12.♘b3 b6 (12...♖ab8 13.a5!) 13.g4 ♖ab8 14.g5 ♘e8

In dieser zweischneidigen Stellung bereitet Schwarz b6-b5 mit Gegenspiel am Damenflügel vor, während Weiß auf der anderen Seite angreifen wird.

B) 7.♗d3 g6 8.0–0 ♗g7 9.♘f3 ♘bd7 10.♕e1 e5

(Auf 10...b5 ist 11.e5!? unangenehm für Schwarz.)

11.a4 b6 12.♔h1 ♗b7 13.♕h4 0–0

Schwarz hat seine Entwicklung abgeschlossen und steht zufriedenstellend.

IV. 6.♗e3 leitet den sogenannten 'Englischen Angriff' ein, bei dem Weiß seine Entwicklung nach dem Schema f2-f3, ♕d1-d2, 0–0–0, g2-g4, h2-h4, g4-g5 weiter fortzusetzen plant.

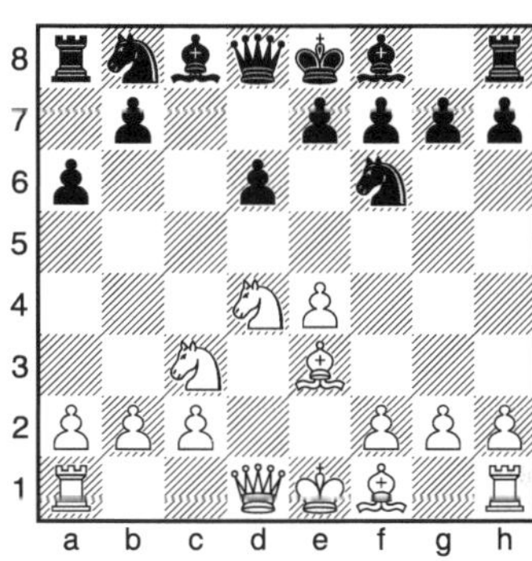

A) 6...e5 7.♘b3 ♗e6 8.f3 ♘bd7

(Die Alternative 8...♗e7 führt nach 9.♕d2 h5 zu zweischneidigem Spiel.)

9.♕d2 b5 10.0–0–0 ♗e7 11.g4 0–0 12.g5 ♘h5

(Es geht auch 12...b4!? 13.gxf6 bxc3 14.♕xc3 ♘xf6∞.)

13.♘d5 ♗xd5 14.exd5 f6 und nach Öffnung der f-Linie bekommt Schwarz gute Gegenchancen.

B) Nach 6...e6 ergibt 7.g4 scharfes Spiel.

(Hingegen führt 7.f3 unter Zugumstellung zur Variante 6.f3, siehe Punkt V.)

7...e5 8.♘f5 g6 9.g5 gxf5 10.exf5 d5 11.gxf6 d4 12.♗c4 ♕c7

(Nach 12...dxe3?? 13.♗xf7+ verliert Schwarz die Dame.)

13.♕d3 dxe3 14.0–0–0 exf2 15.♗xf7+

♔xf7 16.♕d5+ ♔xf6 17.♘e4+ ♔e7 18.f6+ ♔e8 19.f7+ ♔e7

In dieser höchst komplizierten Stellung sind die Chancen verteilt.

C) 6...♘g4 7.♗g5 h6 8.♗h4 g5 9.♗g3 ♗g7 10.♗c4

(Nach 10.h3 ♘f6 11.♕f3 ♕b6 12.0–0–0 0–0 ist die Stellung angesichts der entgegengesetzten Rochaden sehr scharf.)

10...♘e5 11.♗b3 ♘bc6 12.♘xc6 bxc6 und da Schwarz das Feld d5 kontrolliert, hat er gute Verteidigungschancen.

V. Nach 6.f3 will Weiß seine Kräfte im Geist des 'Englischen Angriffs' 6.♗e3 entwickeln.)

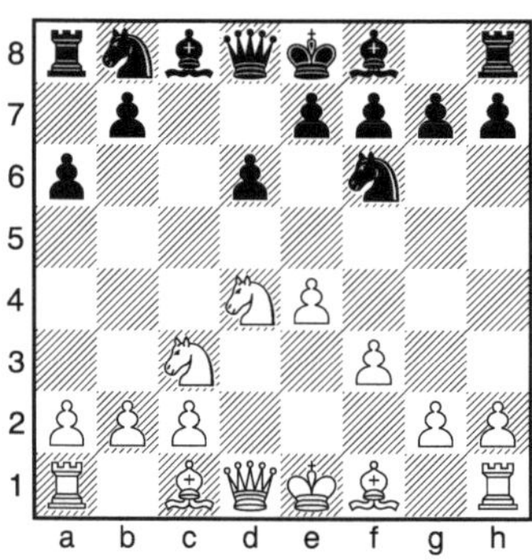

A) 6...e6 7.♗e3 b5 8.g4 h6 9.♕d2 ♘bd7 10.0–0–0 ♗b7 11.h4 (11.♗d3 b4 12.♘ce2 d5⇄) 11...b4 12.♘a4 ♕a5 13.b3 ♘c5

In dieser scharfen Stellung hat Schwarz genug Gegenchancen. Er sollte den König zunächst in der Mitte lassen und die weiteren Ereignisse abwarten.

B) 6...e5 7.♘b3 ♗e6 8.♗g5

(8.♗e3 führt unter Zugumstellung zu der Variante nach 6.♗e3; siehe Punkt IV.)

8...♗e7 9.♕d2 ♘bd7 10.0–0–0 0–0 11.g4 b5 12.h4 b4 13.♘d5 ♗xd5 14.exd5 a5 mit zweischneidigem Spiel, bei dem beide Seiten an unterschiedlichen Flügeln attackieren.

VI. Nach 6.h3 verfolgt Weiß den aktiven Plan, mit g4-g5 am Königsflügel vorzugehen.)

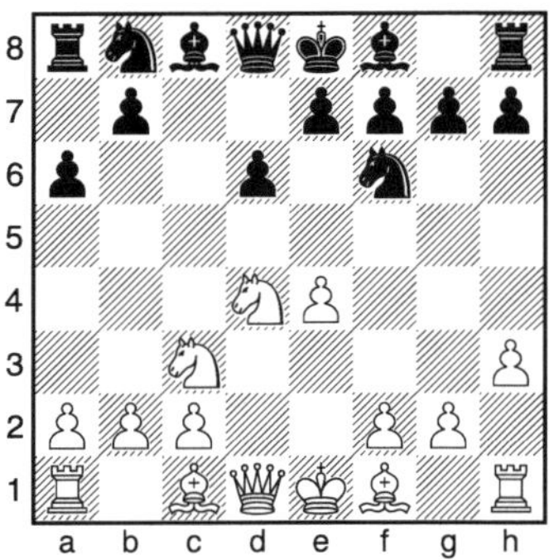

A) 6...e5 7.♘de2

(Nach 7.♘f3 kann Schwarz 7...♘bd7 spielen; z.B. 8.a4 ♕c7 9.♗e3 ♗e7 10.g4 h6 11.g5 hxg5 12.♘xg5 b6 13.♖g1 ♗b7 Δd6-d5 mit gutem Spiel.)

7...h5

Um g2-g4 zu verhindern, nimmt Schwarz die Schwächung seiner Königsstellung in Kauf, was von Weiß ausgenutzt werden kann.

8.g3

(Eine Alternative ist 8.♗g5 ♗e6 9.♗xf6 ♕xf6 10.♘d5 ♕d8 11.♕d3 ♘d7

12.0–0–0 ♖c8 Δg7-g6, ♘d7-c5, ♗f8-h6 usw.)

8...♗e7 9.♗g2 b5 10.0–0 ♘bd7 11.♗e3 0–0 12.♕d2 ♗b7 13.a3 ♖c8

In der Folge kann Schwarz nach dem Schema ♖c8-c4, ♕d8-a8 usw. umgruppieren, während Weiß versuchen wird, nach f2-f4 am Königsflügel aktiv zu werden.

B) 6...e6 7.g4 d5 8.exd5 ♘xd5 9.♘de2 h5!?

Mit diesem aktiven Vorgehen will Schwarz sofort die Lage am Königsflügel klären)

10.g5 (10.♘xd5 exd5 11.g5 ♗e7 12.♘f4 ♗xg5 13.♕xd5 ♕xd5 14.♘xd5 ♗d8=) 10...♗d6 11.♘xd5 exd5 12.♗g2 0–0

Am besten sichert Schwarz unverzüglich den König.

(Spielbar ist allerdings auch 12...♘c6!? 13.♗xd5 ♕c7 14.♗e3 ♗f5 15.♘d4 ♘xd4 16.♕xd4 0–0 17.0–0–0 ♖ac8 mit Gegenspiel für den geopferten Bauern.)

13.♕xd5

(Nach 13.0–0 ♘c6 14.♕xd5 ♗xh3! 15.♗f4 ♗xg2 16.♔xg2 ♗xf4 17.♘xf4 ♕b6 18.♘xh5 ♖ad8 19.♕b3 ♕c5 steht Schwarz wegen der schwachen weißen Königsstellung etwas besser.)

13...♘c6 14.♗e3 ♗e6 15.♕d2 ♕c7

Schwarz hat ausreichenden Ersatz für den geopferten Bauern. Die kurze Rochade ist wegen der geschwächten Bauernstruktur sehr gefährlich, jedoch führt 0–0–0, b7-b5, a6-a5 usw. zu guten Gegenchancen.

VII. Der Sinn von 6.a3 ist klar: Nach b7-b5 ist der weitere Vorstoß b5–b4 prophylaktisch verhindert. Und falls ♗f1-c4 und ♕d8-c7 geschieht, findet der Läufer auf a2 ein Versteck.

6...e5

Diese sizilianische Standardfortsetzung zwingt den dominanten gegnerischen Springer zu einer sofortigen Reaktion.

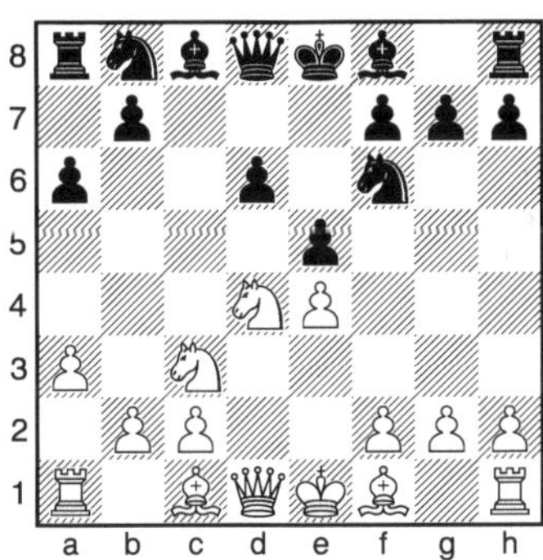

A) 7.♘f3 ♗e7 8.♗c4

(Nach 8.♗g5 empfiehlt sich 8...♘bd7!?.)

8...0–0 9.0–0 ♗e6 10.♗xe6 fxe6 11.♕d3

(Auf 11.♘g5 folgt 11...♕c8 nebst h7-h6!.)

11...♘c6 12.♗e3 h6 13.♖fd1 ♖c8 mit Vorbereitung von d6-d5 und ausgezeichnetem Spiel.

B) 7.♘f5 d5! 8.♗g5 d4 9.♗xf6 gxf6

(Das ist die beste Antwort, denn nach 9...♕xf6 10.♘d5 gewinnt Weiß ein wichtiges Tempo.)

10.♘b1 (10.♘e2 ♕b6!) 10...♗xf5

11.exf5 ♕d5 12.♕d3 ♘c6 13.♘d2 0–0–0 mit etwa gleichen Chancen.

VIII. Nach 6.g3 soll das Fianchetto des Königsläufers die Kontrolle über e4 und d5 verstärken.

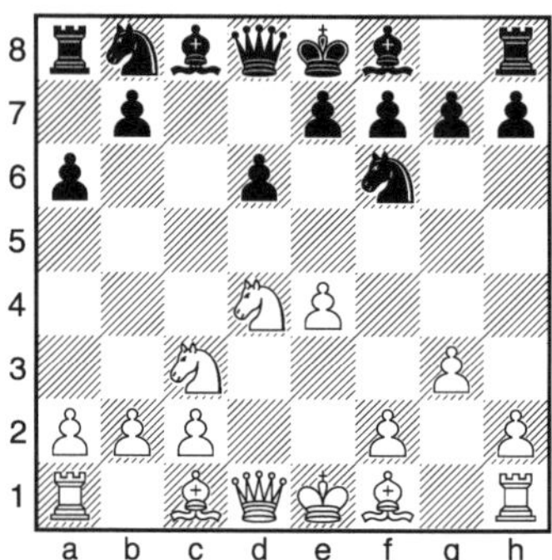

A) 6...e6 7.♗g2 ♗e7 8.0–0 ♕c7

(Sofort 8...0–0 läuft grundsätzlich nur auf Zugumstellung hinaus.)

9.f4 0–0 10.g4 ♘c6 11.♘xc6 bxc6 12.g5 ♘e8 13.f5 exf5 14.exf5 d5∞.

6B) 6...e5 7.♘de2 ♘bd7 8.♗g2 b5 9.h3 ♗b7 10.g4 ♘b6

Schwarz plant, unverzüglich d6-d5 zu spielen.

(Möglich ist auch 10...♘c5 11.♘g3 g6 12.0–0 ♘e6 13.a4 b4 14.♘d5 a5∞.)

11.g5 ♘fd7 12.♘g3 h6 13.gxh6 g6 14.h4 ♗xh6 15.♗xh6 ♖xh6 16.♕xd6 ♘c4 17.♕b4 ♖xh4 mit etwa gleichen Chancen.

6...e6

Ein natürlicher Entwicklungszug, um ♗f8-e7, 0–0 usw. folgen zu lassen.

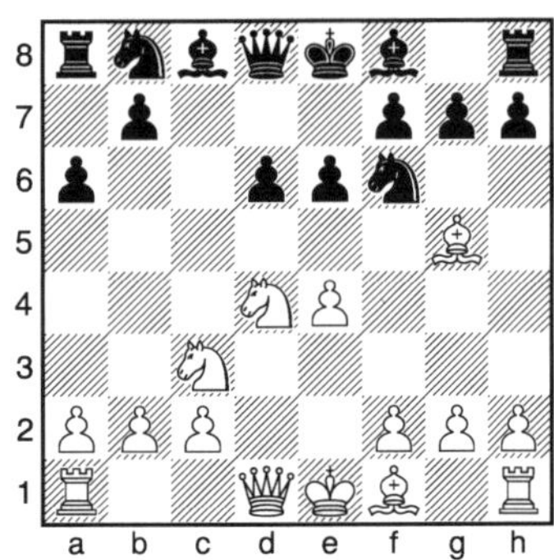

7.f4

Weiß strebt üblicherweise nach Raumvorteil im Zentrum.

– Anzutreffen ist auch 7.♕f3; z.B. 7...h6 8.♗xf6 ♕xf6 9.♕xf6 gxf6 10.f4 (10.♘a4 ♘d7 11.c4 b6 12.f3 ♗b7∞) 10...h5 11.f5 ♘c6 12.♖d1 ♗d7 13.♗c4 ♔e7 und Schwarz hat keine Probleme, denn der Läufer f8 kommt über h6 ins Spiel.

– Oder auch 7.f3 h6 8.♗e3 b5 9.a3 (9.♕d2 ♗b7 10.0–0–0 ♘bd7 11.g4 ♖c8∞) 9...♘bd7 10.♕d2 ♗b7 11.0–0–0 h5

(So verhindert Schwarz g2-g4.)

12.♔b1 ♗e7 13.h4 ♖c8

In der Folge kann Weiß seinen Turm mit 14.♖h3 über die dritte Reihe aktivieren, während Schwarz am anderen Flügel mit beispielsweise ♘d7-b6-c4 usw. nach Gegenspiel strebt.

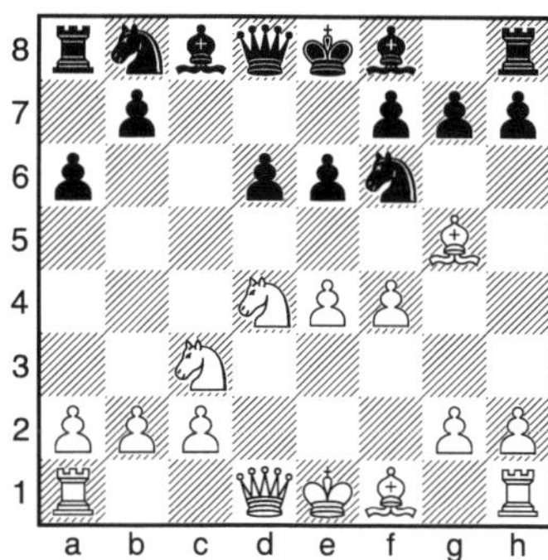

7...♗e7

– Wenn Schwarz nach Abenteuern der Sinn steht, kann er sich mit 7...♕b6!? in die sogenannte 'Bauernraub-Variante' stürzen; z.B. 8.♕d2

(Nach 8.♘b3 ♘bd7 9.♕f3 ♗e7 10.0–0–0 ♕c7 11.♗d3 b5 12.♗xf6 ♘xf6 13.g4 b4 14.♘e2 ♗b7 15.g5 ♘d7 16.♖he1 a5 17.♔b1 a4 18.♘bd4 0–0 hätte Schwarz gute Konterchancen am Damenflügel.)

8...♕xb2 9.♘b3

(Auch nach 9.♖b1 ♕a3 entstehen scharfe und zum Teil weit ausgearbeitete Varianten; z.B. 10.f5 ♘c6 11.fxe6 fxe6 12.♘xc6 bxc6 13.e5 dxe5 14.♗xf6 gxf6 15.♘e4 ♗e7 16.♗e2 h5 17.♖b3 ♕a4 18.c4 f5 19.0–0 fxe4 20.♕c3 ♕xa2 21.♗d1 ♖f8 22.♗xh5+ ♔d8 23.♖d1+ ♗d7 24.♕e3 ♕a5 25.♖b7 ♗c5 26.♖dxd7+ mit Dauerschach.)

9...♕a3 10.♗xf6 gxf6 11.♗e2 ♘c6 12.0–0 ♗d7 13.♔h1 h5 14.♘d1 ♖c8 15.♘e3 ♕b4 16.c3 ♕xe4 17.♗d3 ♕a4 18.♘c4 ♖c7 19.♘b6 ♕a3 20.♘c4 und Weiß hat nichts Besseres, als die Züge zu wiederholen.

– Zu ebenfalls äußerst kompliziertem Spiel führt die 'Polugajewski-Variante' mit 7...b5!?; z.B. 8.e5!? dxe5 9.fxe5 ♕c7 10.exf6 (10.♕e2 ♘fd7 11.0–0–0 ♗b7∞) 10...♕e5+ 11.♗e2 ♕xg5 12.♕d3 ♕xf6 13.♖f1 ♕e5 14.0–0–0 ♖a7 15.♘dxb5 ♖d7 16.♕c4 ♗c5 und Schwarz darf wohl optimistisch in die Zukunft schauen.

8.♕f3

Die Dame macht Platz für die lange Rochade.

8...♕c7

Schwarz bereitet den Vorstoß b7-b5 vor.

Sofort 8...b5? ist schwach wegen 9.e5! d5 10.♘xd5 exd5 11.♕xd5 ♖a7 12.♗xe7 ♖xe7 13.0–0–0 ♖d7 14.exd6 0–0 15.♘f5 ♗b7 16.♕e5 f6 17.♘e7+ ♔h8 18.♕h5+–.

9.0–0–0 ♘bd7 10.g4

Weiß will durch das Vorgehen seiner Flügelbauern die schwarze Königsstellung angreifen.

10...b5 11.♗xf6

Hier wurde stattdessen auch 11.a3 erprobt, aber nach 11...♗b7 erweist sich die weiße Prophylaxe als Zeitverlust und Schwarz bekommt ganz gute Perspektiven.

11...♘xf6

– Auf 11...gxf6 folgt 12.f5!.

– Ganz verfehlt wäre hingegen 11...♗xf6? wegen 12.♗xb5! axb5 13.♘dxb5 ♕a5 14.e5.

(14.♘xd6+ ♔e7 15.e5 ist auch möglich.)

14...dxe5 15.♕xa8 ♕xa8 16.♘c7+

♔e7 17.♘xa8 exf4 18.♘c7 und Schwarz hat keinerlei Äquivalent für die Qualität.

12.g5 ♘d7

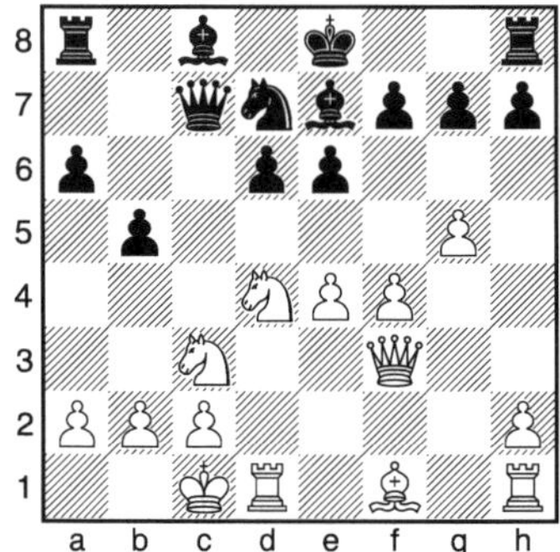

13.a3

Dieser eher ruhige Ansatz dient der Verhinderung von b5-b4.

Hingegen führt die energische Fortsetzung 13.f5 zu Komplikationen.

A) 13...♗xg5+ 14.♔b1 ♘e5 15.♕h5 ♕e7!?

Die Dame verteidigt das Feld e6, was in vielen Varianten sehr nützlich ist.

(Noch nicht genau geprüft wurde 15...♕d8; z.B. 16.h4 ♗f6 17.fxe6 0-0 18.♗h3 ♔h8 19.♘d5 fxe6 20.♗xe6 g6 21.♕e2 ♘f3! und Schwarz verteidigt seine Position.)

16.♘xe6 (16.h4 ♗f6 17.fxe6 g6 18.exf7+ ♕xf7 19.♕h6 ♗g7 20.♕d2 0-0∞) 16...♗xe6 17.fxe6 g6 18.exf7+ ♔xf7 19.♕e2 (19.♕h3 ♔g7∞) 19...♔g7 20.♘d5 ♕d8 mit scharfem und kompliziertem Spiel.

B) Früher galt 13...0-0!? allgemein als unspielbar – und zwar nach dem Motto: Wie sollte es möglich sein, in den Königsangriff hineinzurochieren? Jedoch zeigten die Analysen und praktischen Erfahrungen, dass diese mutige Spielweise durchaus möglich ist. Schauen wir uns einige Varianten an.

14.f6

(14.g6 hxg6 15.fxe6 fxe6 16.♘xe6 ♖xf3 17.♘xc7 ♖a7 18.♘7d5 ♗g5+ 19.♔b1 ♘e5=)

14...gxf6 15.gxf6 ♘xf6!

(15...♗xf6? verliert wegen 16.e5! ♗g5+ 17.♔b1 ♗b7 18.♕h5 ♗xh1 19.♗d3 h6 20.♖g1 ♘xe5 21.♖xg5+! ♘g6 22.♕xh6 ♖a7 23.♘xe6! mit schnellem Matt.)

16.e5 dxe5 17.♘c6 ♗b7 18.♕g3+ ♔h8 19.♘xe5 ♗d6 20.♖xd6 ♗xh1 21.♕g5 ♘e4!

(21...♕xd6?? 22.♕xf6+ ♔g8 23.♘g4 h5 24.♕g5+ ♔h8 25.♕h6+ ♔g8 26.♘f6#)

22.♘xe4 ♗xe4 23.♕f6+ ♔g8 24.♗d3 ♕c5!

Das ist die einzige Verteidigung.

(Es verliert 24...♗g6? 25.♗xg6 fxg6 26.♕xe6+ ♔h8 27.♖d7 ♖f1+ 28.♔d2 ♖f2+ 29.♔e1 ♕xc2 30.♘f3! ♕xb2 31.♕e7 ♖e2+ 32.♕xe2 ♕xe2+ 33.♔xe2 mit gewonnenem Endspiel.)

25.♗xe4 ♕e3+ 26.♔d1 ♕xe4 27.♕g5+ ♔h8 28.♕f6+ mit ewigem Schach.

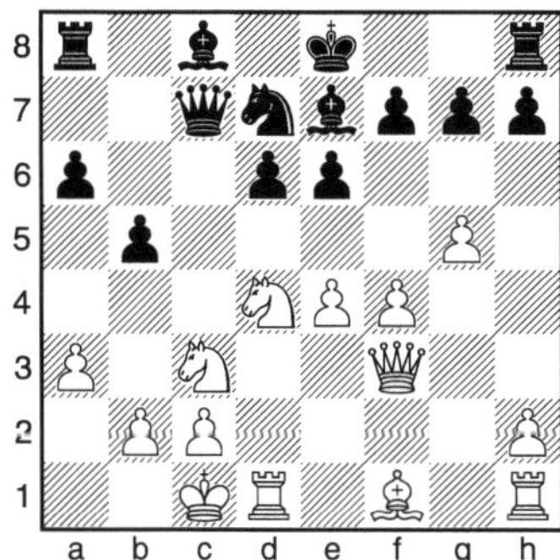

13...♖b8

Mit dem Plan, b5-b4 durchzusetzen. In dieser Stellung sind die Chancen gut verteilt. Weiß wird mit h2-h4 nebst f4-f5 usw. aktives Spiel anstreben. Derweil wird Schwarz sein Glück auf der anderen Seite versuchen; z.B. 14.h4 b4 15.axb4 ♖xb4 16.♗h3 und nun entweder 16...♕c5 oder 16...♕b6 mit dynamischem Spiel und beiderseitigen Chancen.

Zusammenfassung: Die vorgestellten Analysen zeigen, dass das Najdorf-System zu dynamischen und zweischneidigen Stellungen führt. Mit dem Zug 5...a7-a6 bereitet Schwarz ein Konterspiel am Damenflügel vor, wo der weiße König ja in den meisten Fällen Zuflucht sucht, während Weiß am Königsflügel angreifen wird. Dies gilt natürlich zumeist nur in Varianten mit entgegengesetzten Rochaden.

Allgemein sind die Pläne beider Seiten klar: Schwarz wird am Damenflügel mittels b7-b5-b4 aktiv, und Weiß versucht, dem mit einem Bauernsturm am Königsflügel (f2-f4-f5, g2-g4-g5 usw.) zuvorzukommen. Für Spieler, die scharfes Spiel mögen und Abenteuer in komplizierten Varianten suchen, empfehle ich den Zug 13.f5 (anstelle von 13.a3) und darauf die Antwort 13...0–0!?. Eine klare Beurteilung dieses Herangehens erfordert allerdings weitere analytische Arbeit.

Zusammenfassend lässt sich sagen, dass die Sizilianische Verteidigung sehr oft zu einem scharfen Kampf führt. Deshalb erfreut sie sich in der Turnierpraxis sowohl auf Klubspieler- als auch auf Großmeister-Niveau großer Beliebtheit. Viele starke Spieler setzen sie regelmäßig ein, um die Partie aus der asymmetrischen Bauernstellung heraus auf Gewinn anlegen zu können.

Kapitel 22

Französische Verteidigung

1.e4 e6

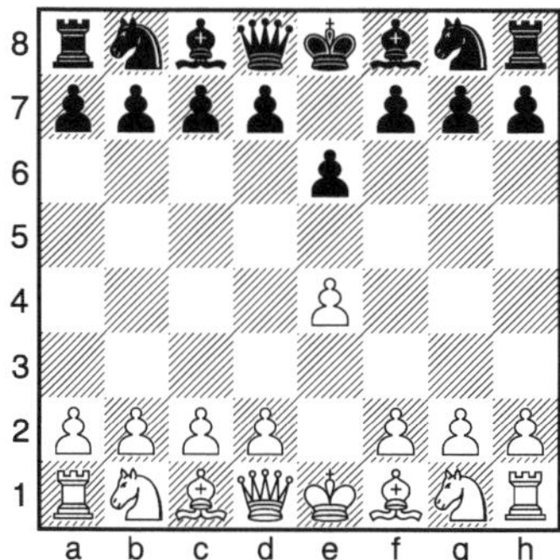

Die Bezeichnung 'Französische Verteidigung' geht auf einen Korrespondenzkampf zwischen Paris und London im Jahre 1834 zurück, den das französische Team mit dieser Eröffnung überzeugend gewann, obgleich der Zug 1...e7-e6 bis dahin ganz allgemein als minderwertig gegolten hatte. Ursprünglich nur gegen die scharfen Gambitvarianten jener Zeit gerichtet, verfolgt die Französische Verteidigung aus moderner Sicht ein strategisch klar umrissenes Ziel: Schwarz setzt den Vorstoß d7-d5 durch und zwingt den weißen Königsbauern zu einer Erklärung. Entscheidet sich Weiß für das raumgreifende Zentrum mit Bauern auf d4 und e5, so wird es von Schwarz mit c7-c5 und f7-f6 angegriffen, was zu sehr scharfem Spiel mit beiderseitigen Chancen führen kann. Der offensichtliche Nachteil des Textzugs besteht allerdings in der Einsperrung des Läufers auf c8, die gelegentlich Konsequenzen bis ins Endspiel haben kann.

2.d4

Die Besetzung des Zentrums zwecks Raumgewinn für die Figuren ist logisch, aber keineswegs die einzige Fortsetzung.

I. 2.d3 d5 3.♘d2 c5

Diese Stellung kann übrigens auch über die Sizilianische Verteidigung nach 1.e4 c5 2.d3 e6 3.♘d2 d5 erreicht werden.

(Auch ein Plan mit 3...♘f6 ist möglich; z.B. 4.♘gf3 b6 5.c3 ♗e7 6.♕a4+ c6 7.e5 ♘fd7 8.♕g4 0–0 9.d4 c5 10.♘b3 f5 11.♕g3 ♗a6∞.)

4.♘gf3 ♘c6 5.g3 ♘f6

(5...♗d6 6.♗g2 ♘ge7 7.0–0 0–0 8.♖e1 ♕c7 9.♕e2 f6 10.c3 ♗d7∞)

6.♗g2 ♗e7 7.0–0 0–0 8.♖e1 b5 9.e5 ♘d7 10.♘f1 ♕c7 11.♗f4 a5 12.h4

Der hier angewandte weiße Aufmarschplan wird als 'Königsindischer Angriff' bezeichnet.

12...b4 13.♘1h2 a4

Nun stehen beide Seiten an ihrem jeweiligen Spielflügel überlegen. Vor allem Weiß muss besonders energisch und einfallsreich zu Werke gehen, um nicht den Kürzeren zu ziehen.

II. Die bizarr anmutende 'Tschigorin-Variante' 2.♕e2 wird in der Regel mit 2...c5 beantwortet.

(Die nicht minder bizarre Reaktion 2...♗e7!? nebst d7-d5 ist ebenfalls möglich.)

3.f4

(3.g3 ♘c6 4.♗g2 g6 5.c3 ♗g7 6.f4 ♘ge7 7.♘f3 d6 8.0–0 0–0 9.d3 ♖b8 10.♗e3 b5⇄)

3...♘c6 4.♘f3 ♗e7 5.g3

(Auf 5.e5 folgt 5...♘h6 nebst ♘f5.)

5...d5 6.d3 ♘f6 7.♗g2 0–0 8.0–0 ♕c7 9.♘c3 a6 10.a4 (10.♗d2 b5⇄) 10...♘d4 11.♕d1 dxe4 12.dxe4 ♖d8 mit aktiver schwarzer Stellung.

2...d5

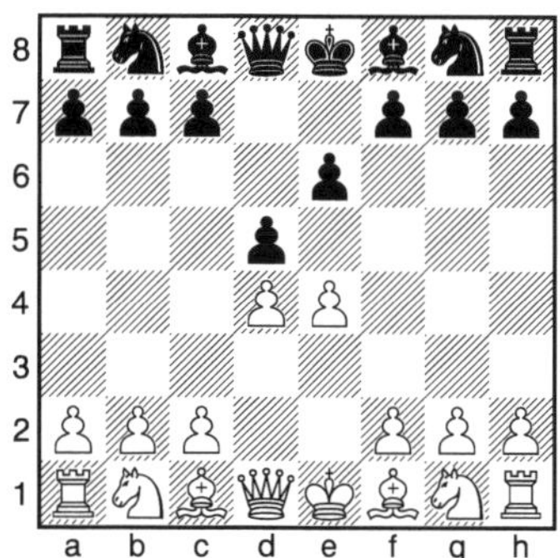

3.e5

Die Vorstoß-Variante wurde seinerzeit von Großmeister Aaron Nimzowitsch (1886-1935) propagiert. Da Weiß jedoch somit sehr früh die Lage im Zentrum klärt, kann Schwarz problemlos sein Gegenspiel organisieren.

Die wichtigsten Alternativen werden wie folgt vorgestellt.

I. Zu 3.♘c3 – siehe **Abspiel 1**.

II. Zu 3.♘d2 – siehe **Abspiel 2**.

III. Die Abtauschvariante 3.exd5 exd5 führt zu einer symmetrischen Stellung, in der das weiße Anzugstempo für einen dauerhaften Vorteil schwerlich ausreichen sollte.

A) 4.♗d3 ♗d6 5.♘f3 (5.c3 ♘f6 6.♕f3 0–0 7.h3 ♖e8+ 8.♘e2=) 5...♘f6 6.0–0 0–0 7.♗g5 ♗g4 8.♘bd2 ♘bd7 9.c3 c6 10.♕c2 ♕c7 11.♖fe1 ♖fe8 12.♗h4 ♗h5 13.♗g3 ♗xg3 14.hxg3 ♗g6=

B) 4.c4 ♘f6 5.♘c3 ♗e7 6.cxd5 ♘xd5 7.♗d3 ♘xc3 8.bxc3 c5 9.d5 0–0 10.♘e2 ♗g4 11.0–0 ♗d6 12.♕c2 ♕h4 13.♘g3 ♘d7∞

3...c5

Dies ist die richtige Reaktion, denn reiner Figurendruck auf das weiße Zentrum mit ♘b8-c6 wäre ohne den Einsatz des c-Bauern sinnlos.

4.c3 ♘c6 5.♘f3

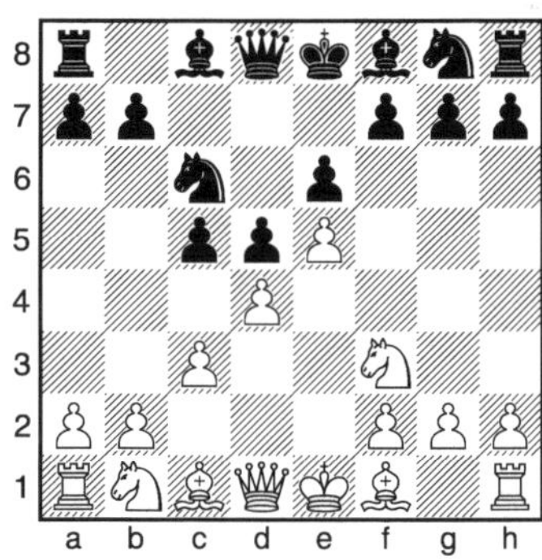

5...♕b6

Die Dame verstärkt den Druck auf den Punkt d4 und hält gleichzeitig b2 im Auge.

Nach 5...♗d7 kann die Partie wie folgt weitergehen: 6.♗e2 (6.♗b5? ♘xe5!) 6...f6

(Auch 6...♘ge7 nebst Überführung des Springers nach f5 oder g6 ist möglich; z.B. 7.♘a3

– 7...♘f5 8.♘c2 cxd4 9.cxd4 ♘h4∞

– 7...♘g6 8.h4 cxd4 9.cxd4 ♗e7 10.h5 ♘h4 11.♘xh4 ♗xh4 12.♘c2 ♗e7 13.h6 g6 nebst 0–0, f7-f6 mit beiderseitigen Chancen.

7.0–0 fxe5

(Nach 7...♕b6 8.♘a3 fxe5 9.dxe5 ♘h6 10.c4 d4 11.♗d3 ♘f7 12.♖e1 ♗e7 13.h4 ♘b4 14.♗e4 ♗c6 15.♘c2 ♗xe4 16.♖xe4 ♘xc2 17.♕xc2 ♖d8 steht Schwarz nicht schlechter.)

8.♘xe5 (8.dxe5 ♕c7 9.♖e1 0–0–0∞) 8...♘xe5 9.dxe5 ♕c7 10.c4 d4 11.♗f4 0–0–0 12.♘d2 ♗c6 13.♗f3 ♘e7 14.♗e4 ♘f5 15.♕f3 ♗xe4 16.♘xe4 ♗e7

In der Folge wird Weiß mit a2-a3 und b2-b4 auf der linken Seite angreifen, während Schwarz mit h7-h6 und g7-g5 am rechten Flügel vorgeht.

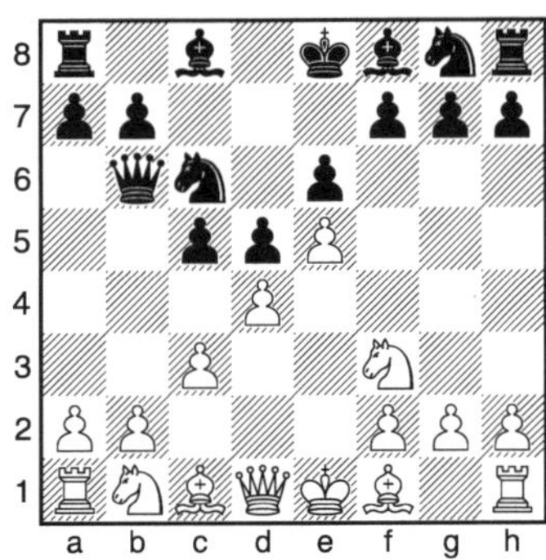

6.a3

Weiß will b2-b4 ziehen, um die Lage am Damenflügel zu seinen Gunsten zu klären.

In der Praxis sind auch zwei andere Fortsetzungen anzutreffen.

I. 6.♗e2 cxd4 7.cxd4 ♘h6 8.♘c3

(Ein Schuss nach hinten wäre 8.♗xh6? ♕xb2! 9.♗c1 ♕xa1 10.♕b3 ♘xd4 11.♗b5+ ♔d8–+.)

8...♘f5 9.♘a4 ♗b4+ 10.♗d2

(Auf 10.♔f1 folgt 10...♕d8 nebst f7-f6 usw.)

10...♕a5 11.♗c3 b5

(Zum Ausgleich genügen sollte auch 11...♗xc3+ 12.♘xc3 ♕b6 usw.)

12.a3 ♗xc3+ 13.♘xc3 b4 14.axb4 ♕xb4 15.♗b5 ♗d7 16.♗xc6 ♗xc6 17.♕d2 0–0 18.0–0 ♖fb8

In dieser etwa ausgeglichenen Stellung haben beide Seiten Bauernschwächen (Weiß auf b2 und d4, Schwarz auf a7), die sich jedoch nicht direkt ausnutzen lassen.

II. 6.♗d3 cxd4 7.cxd4 ♗d7!

(Aber nicht 7...♘xd4?? 8.♘xd4 ♕xd4 9.♗b5+ mit Damenverlust.)

8.0–0 ♘xd4 9.♘xd4

(Nach 9.♘c3 ♘xf3+ 10.♕xf3 ♘e7 11.♕g3 ♖c8 hat Schwarz einen gesunden Mehrbauern und somit die besseren Aussichten.)

9...♕xd4 10.♘c3 a6

(Eine starke Alternative ist 10...♕xe5!? 11.♖e1 ♕b8 12.♘xd5 ♗d6 13.♕g4 ♔f8 14.♗d2 h5 15.♕h3 ♗c6 mit Gegenchancen für Schwarz.)

11.♕e2 ♘e7 12.♔h1 ♘c6 13.f4 ♗c5

Nach 0–0 kann Schwarz mit f7-f6 das Spiel in der Mitte öffnen. Weiß muss noch beweisen, dass er für den geopferten Bauern ausreichend Kompensation hat.

6...c4

Auf diese Weise verhindert Schwarz radikal den Zug b2-b4.

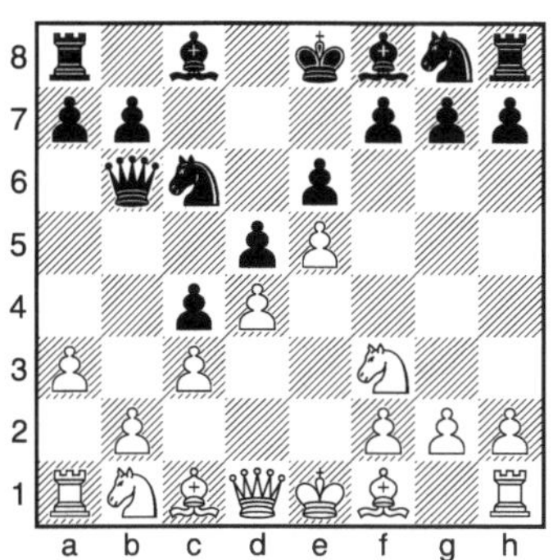

7.♘bd2

Hier wählt Weiß häufig 7.g3, wonach für Schwarz die schnelle Entwicklung des Damenflügels ratsam ist, wie die folgende Beispielvariante zeigt: 7...♗d7 8.♗h3 ♘a5 9.♘bd2 ♘e7 10.0–0 h6 11.♘e1 0–0–0 nebst g7-g5 mit Gegenspiel am Königsflügel.

7...♘a5

Schwarz verhindert konsequent die gegnerische Absicht b2-b4.

8.♗e2

Auf 8.g3 sollte Schwarz erneut 8...♗d7 ziehen.

8...♗d7 9.0–0 ♘e7 10.♖b1 ♕c7

Nun plant Schwarz, den Königsspringer via c8 nach b6 zu überführen.

11.♖e1 ♘c8 12.♘f1 ♘b6

Nach den weiteren Zügen h7-h6 und 0–0–0 entsteht eine scharfe Stellung mit verteilten Chancen.

Zusammenfassung: Nach 3.e5 erhält Weiß Raumvorteil im Zentrum. Allerdings kann Schwarz die festgelegten gegnerischen Bauern mit c7-c5, ♘b8–c6, ♕d8–b6 und f7–f6 angreifen und sich somit gute Gegenchancen verschaffen. Aus diesem Grund wird diese Variante derzeit relativ selten gespielt und Weiß wählt wesentlich häufiger 3.♘c3 oder 3.♘d2, um die Zentrumsspannung noch aufrechtzuerhalten.

Abspiel 1

Die Fortsetzung 3.♘c3

(1.e4 e6 2.d4 d5)

3.♘c3

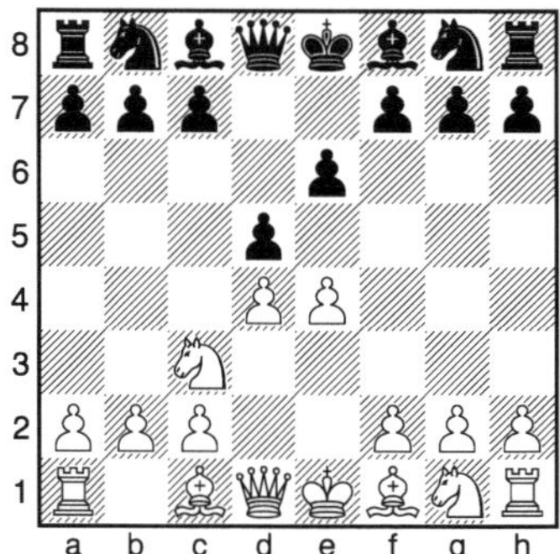

Weiß entwickelt seinen Springer aktiv, denn im Gegensatz zu 3.♘b1-d2 (siehe Abspiel 2) verteidigt dieser nicht nur den Bauern e4, sondern erhöht auch den Druck auf den Bauern d5.

3...♗b4

Obwohl diese Idee schon Mitte des 19. Jahrhunderts bekannt war, wurde ihr erst nach den gründlichen Analysen und den praktischen Erfolgen von Aaron Nimzowitsch (1886-1935) größere Aufmerksamkeit zuteil.

Hier ein Blick auf andere Möglichkeiten.

I. 3...♘f6 4.♗g5

(Ein weiterer Plan besteht in 4.e5 ♘fd7 5.f4 c5 6.♘f3 ♘c6 7.♗e3 cxd4 8.♘xd4 ♗c5 9.♕d2 nebst 0–0–0 mit guten Chancen für Weiß.)

A) 4...♗e7 5.e5 ♘fd7 6.♗xe7

(Das scharfe Bauernopfer 6.h4!? führt zum sogenannten 'Aljechin–Chatard–Angriff'; z.B. 6...♗xg5 7.hxg5 ♕xg5 8.♘h3 ♕e7 9.♘f4 und Weiß hat für den geopferten Bauern eine wertvolle Angriffslinie und die Initiative.)

6...♕xe7 7.♕d2 0–0 8.f4

(Oder 8.♘ce2 c5 9.c3 f6 10.f4 cxd4 11.cxd4 fxe5 12.fxe5 ♘c6 13.♘f3 ♘b6 14.♘g3 ♕b4=, Analyse von GM Keres.)

8...c5 9.♘f3 ♘c6 10.dxc5 ♘xc5 (10...♕xc5 11.0–0–0!) 11.♗d3 f6 12.exf6 ♕xf6 13.g3 ♘xd3+ 14.cxd3

(Nach 14.♕xd3 käme der schwarze Läufer via d7-e8-g6 mächtig ins Spiel.)

14...e5 15.0–0 (15.♘xd5 ♕f7!) 15...♗h3 16.♖fe1 ♖ae8 mit befriedigendem Spiel für Schwarz.

B) 4...dxe4 5.♘xe4 ♗e7 6.♗xf6 gxf6 7.♘f3 (7.♕d2!? Δ0–0–0) 7...a6 8.c4 f5 9.♘c3 ♗f6 10.♕d2 c5 11.d5 0–0 12.0–0–0 e5 13.h4 b5 14.d6 ♗e6 15.g4 fxg4 16.♗d3 ♗g7 (16...gxf3?? 17.♕h6+–) 17.♘g5 mit deutlichen Angriffsaussichten (Analyse von GM Schirow).

C) 4...♗b4 führt zur sogenannten 'MacCutcheon–Variante'.

5.e5 h6 6.♗d2

(6.exf6 hxg5 7.fxg7 ♖g8 8.h4 gxh4 9.♕g4 ♕f6 10.♖xh4 ♕xg7 11.♕xg7 ♖xg7 12.♖h8+ ♗f8 13.0–0–0 ♗d7=)

6...♗xc3 7.bxc3

(Nach 7.♗xc3 ♘e4 8.♗b4 c5! 9.♗xc5

♘xc5 10.dxc5 ♘d7 11.♕d4 ♕c7 bekäme Schwarz seinen Bauern bei guter Stellung zurück.)

7...♘e4 8.♕g4 g6 (8...♔f8!?) 9.♗d3 ♘xd2 10.♔xd2 c5

Nun kann Schwarz auf gleiches Spiel hoffen, wenn er folgenden Entwicklungsplan befolgt: ♘b8-c6, ♗c8-d7, ♕d8-c7 nebst (abhängig von der Situation) 0-0 oder 0-0-0.

II. Die sogenannte 'Rubinstein-Variante' 3...dxe4 kann selbstverständlich auch nach 3.♘b1-d2 dxe4 erreicht werden.

4.♘xe4

A) 4...♘d7 5.♘f3 ♘gf6 6.♘xf6+ ♘xf6 7.♗d3 (7.♘e5!?) 7...b6 8.♕e2 ♗b7 9.♗g5 ♗e7 10.0-0 0-0 11.♖ad1 und der weitere Aufbau nach dem Schema c2-c4, ♗d3-b1 nebst ♘f3-e5 gibt Weiß die besseren Chancen.

B) 4...♗d7 5.♘f3 ♗c6 6.♗d3 ♘d7 7.0-0 ♘gf6 8.♘g3 ♗e7 9.b3 0-0 10.♗b2 ♗xf3

(Die Variante nach 10...a5 11.c4 a4 12.♘e5 ♘xe5 13.dxe5 ♘d7 14.♕c2 g6 15.♖ad1 ist problematisch und für Schwarz nicht zu empfehlen.)

11.♕xf3 c6 12.c4 a5

Die Absicht, die a-Linie zu öffnen, garantiert Schwarz ordentliches Spiel.

III. Von 3...c5 ist abzuraten, da Schwarz mit einem schwachen Isolani im Zentrum verbleibt; z.B. 4.exd5 exd5 5.dxc5 d4 6.♗b5+ ♘c6 7.♗xc6+ bxc6 8.♘ce2 ♗xc5 9.♘f3 ♗b4+ 10.♗d2 ♗xd2+ 11.♕xd2 c5 12.b4! mit Zerschlagung der schwarzen Bauernstruktur und weißem Vorteil.

IV. Mit 3...h6!? deckt Schwarz das Feld g5 und plant, bei passender Gelegenheit mit g7-g5-g4 den Springer f3 anzugreifen, der ja für den Bauern d4 und das Feld e5 verantwortlich ist.

4.♗d3 ♘c6

(Im Geiste dieser Verteidigung verdient auch der Vorstoß 4...c5 Aufmerksamkeit; z.B. 5.exd5 exd5 6.dxc5 ♘c6 7.♗b5 d4 8.♗xc6+ bxc6 9.♘e4 ♘f6=.)

5.♘f3 ♘b4 6.♗b5+ (6.0-0 ♘xd3 7.♕xd3 ♘f6 8.e5 ♘d7 9.♘e2 c5 10.c3 ♕b6=) 6...c6 7.♗e2 ♘f6 8.e5 ♘e4 9.0-0 c5 10.♗e3 ♘c6 11.dxc5 ♘xc5 12.♘b5 a6 13.♘bd4 ♗d7 und Schwarz sollte den Ausgleich halten können.

4.e5

Dieses Abriegeln des Zentrums verschafft dem Anziehenden natürlich das grundsätzlich bequemere Spiel, denn er erhält in geschlossener Stellung mehr Raum zum Manövrieren.

– Die Abtauschvariante 4.exd5 exd5 gilt als anspruchslos und ist nicht sehr populär; z.B. 5.♗d3 (5.♕f3!?) 5...♘c6 6.♘ge2 ♘ge7 7.0-0 ♗f5=.

– In Fernschachkreisen wird seit einiger Zeit intensiv das sogenannte 'Winckelmann-Riemer-Gambit' erprobt: 4.a3 ♗xc3+ 5.bxc3 dxe4 6.f3!? und da Weiß nun nach 6...exf3 starken Druck am Königsflügel erhielte, bieten sich eher die Fortsetzungen c7-c5 oder ♘g8-f6 an.

4...c5

Dieser sofortige Gegenangriff auf das weiße Bauernzentrum ist die Standardfortsetzung und auch tatsächlich am besten.

5.a3

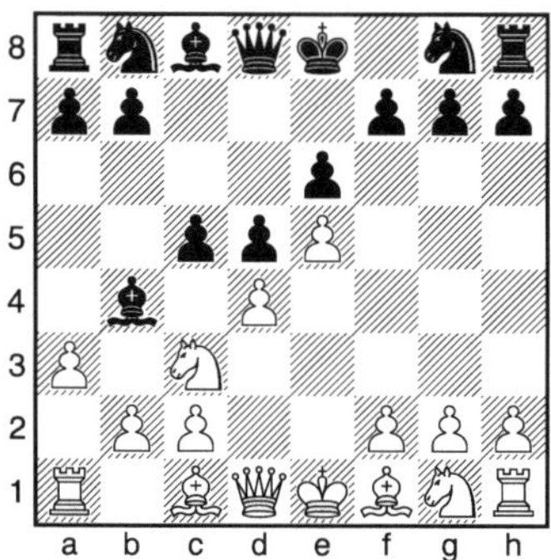

5...♗xc3+

Der Zug 5...♗a5 hat zwar nur einen kleinen Kreis von Anhängern, ist aber wohl auch spielbar; z.B. 5...♗a5 6.b4 cxd4 7.♕g4 ♘e7 8.bxa5 dxc3 9.♕xg7 ♖g8 10.♕xh7 ♘bc6 11.♘f3

(11.f4 ♕xa5 12.♘f3 ♗d7 13.♖b1 0-0-0

– Nach 14.♕xf7? ♘f5! stünde Weiß sehr schlecht.

– 14.♕d3 14...d4 15.g3 ♔b8 16.♗e2 ♘f5 und Schwarz steht gut.)

11...♕c7

(11...♕xa5 12.♖b1 ♕c7 verdient weitere Analysen.)

12.♗f4 ♗d7 nebst 0-0-0 mit zweischneidigem Spiel.

6.bxc3 ♘e7 7.♕g4

Dieser Zug führt zu taktischem Spiel, aber Weiß kann die Partie auch in positionellem Stil fortsetzen.

– 7.♘f3 ♗d7

(Oder 7...♘bc6 8.a4 ♕a5 9.♗d2 ♗d7 10.♗b5 f6 mit beiderseitigen Chancen.)

8.dxc5 ♕c7 9.♗d3 ♗a4 10.♖b1 ♘d7 11.0-0 ♘xc5

(Das fehlerhafte 11...0-0? ermöglicht dem Weißen eine typische Angriffskombination: 12.♖b4 ♗c6 13.♗xh7+! ♔xh7 14.♘g5+ ♔g6 15.♖h4 ♖h8 16.♘h7! mit schnellem Matt.)

12.♖b4 ♘xd3 13.♕xd3 ♗d7 14.♖e1 ♖c8 und Schwarz steht gut.

– Auch nach 7.a4 verläuft die Partie ruhiger als nach dem aggressiven Damenausfall; z.B. 7...♘bc6 8.♘f3 ♕a5 9.♗d2 ♗d7 10.♗b5 (10.c4 ♕c7 11.cxd5 exd5 12.dxc5 0-0 13.♗e2 ♘xe5=) 10...♕c7 11.0-0 0-0 nebst f7-f6 mit aktivem Spiel in der f-Linie.

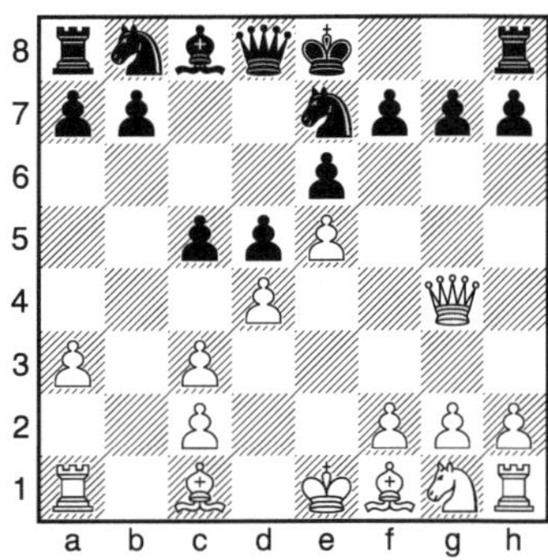

7...♕c7

Schwarz gibt am Königsflügel zwei Bauern preis, um auf der anderen Seite und im Zentrum zu einem heftigen Gegenangriff zu blasen.

In der modernen Praxis wird auch 7...0–0 gespielt; z.B. 8.♗d3 (8.♘f3!?) 8...♘bc6

(Bequemer für Weiß ist 8...c4? 9.♗h6 ♘g6 10.♗xg6 hxg6 11.♗g5 Δh2-h4-h5 zwecks Öffnung der h–Linie für den Turm.)

A) 9.♗g5 ♕a5 10.♘e2 ♘g6 11.0–0 ♕a4 12.f4 c4 13.♗xg6 fxg6 14.♖a2 ♗d7 15.h4 ♖f5 mit sehr komplizierter Stellung.

B) 9.♘f3 f5 10.exf6 ♖xf6 11.♗g5 e5 12.♗xh7+ ♔xh7 13.♕h5+ ♔g8 14.♗xf6 gxf6 15.dxe5 ♕f8 16.exf6 ♕xf6 17.♕g5+ ♕g7 (17...♔f7!?) 18.0–0–0 ♗g4 19.♖d3 ♖f8 20.♕xg7+ ♔xg7 21.♘h4 ♘e5 mit guter Position für Schwarz.

C) 9.♕h5 ♘g6

(Zu gefährlich ist 9...h6? wegen 10.♗xh6! gxh6 11.♕xh6 ♘f5 12.♗xf5 exf5 13.0–0–0 c4 14.♘h3 f6 15.♕g6+ ♔h8 16.♖he1 Δ♖e1-e3 mit entscheidendem Angriff.)

10.♘f3 ♕c7 11.♗e3

(Nichts für Weiß ergibt 11.♘g5 h6 12.♘xf7 ♕xf7 13.♕xg6 ♕xg6 14.♗xg6 cxd4 und Schwarz holt sich seinen Bauern zurück.)

11...c4 12.♗xg6 fxg6 13.♕g4 ♕f7 14.h4 ♕f5 15.♕xf5 ♖xf5 16.♔e2 und laut GM Kallai kann Weiß nun mit g2-g4, ♖a1-g1, ♘f3-e1 gefolgt von f2-f4 in Vorteil kommen.

8.♕xg7 ♖g8 9.♕xh7 cxd4

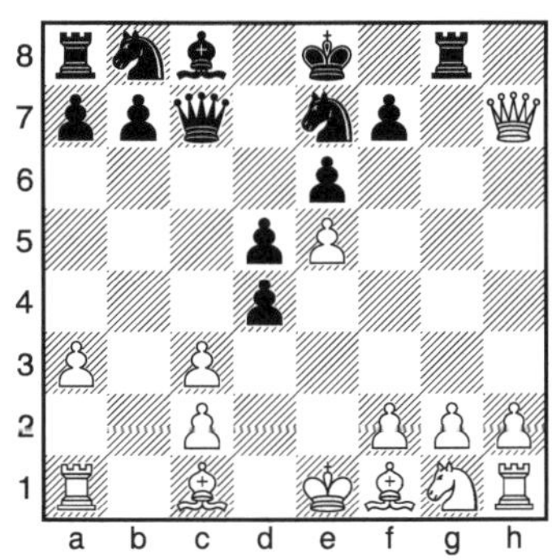

10.♘e2

Somit bewahrt Weiß sich das Rochaderecht.

Die Alternative 10.♔d1!? ist eine alte Idee des ehemaligen Weltmeisters Max Euwe. Weiß verzichtet auf die Rochade, um seine Figuren am Königsflügel so aktiv wie möglich aufzustellen und den Punkt f7 anzugreifen; z.B. 10...♘bc6 11.♘f3 dxc3 12.♗f4 ♕b6 usw.

10...♘bc6 11.f4 dxc3 12.♕d3 ♗d7 13.♘xc3

Nach 13.♕xc3 kann Schwarz 0–0–0 nebst ♘e7–f5 mit ausreichendem Gegenspiel in scharfer Stellung folgen lassen.

13...a6 14.♖b1 ♘a5 15.h4 ♘f5 16.♖h3 0–0–0 17.h5 ♘c4 18.♖b4 ♗c6

Und laut GM Suetin bietet diese komplizierte Stellung beiden Seiten praktische Chancen.

Zusammenfassung: Mit der Fortsetzung 3.♘c3 schützt Weiß den Bauern e4 und nimmt den zentralen Punkte d5 unter Druck, wodurch dem

Gegner die rasche Ausführung des Befreiungszuges c7–c5 erschwert wird, wie es beim Tarrasch-System (Abspiel 2) nicht der Fall ist. In der Hauptvariante verdient die starke Alternative 7...0–0 (statt 7...♕c7) Beachtung.

Abspiel 2

Tarrasch-System

(1.e4 e6 2.d4 d5)

3.♘d2

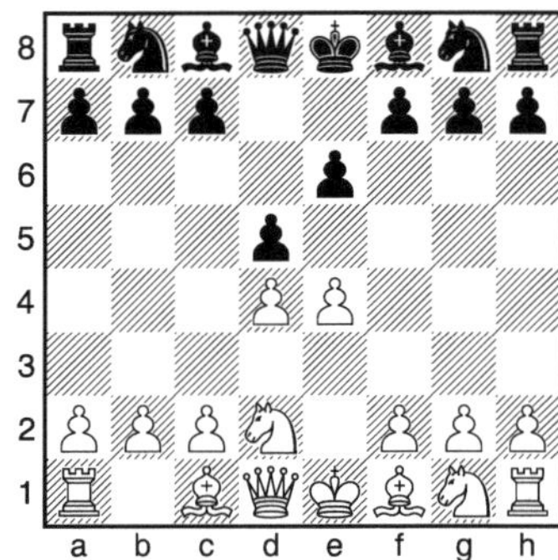

Dieser flexible Aufbau erfreut sich heutzutage großer Beliebtheit. Weiß vermeidet die Fesselung seines Damenspringers durch ♗f8-b4 und kann mittels c2-c3 den Bauern auf d4 stützen. Andererseits übt der Springer auf d2 keinen Druck auf den Punkt d5 aus, so dass Schwarz mehr Möglichkeiten in der Brettmitte bekommt.

3...♘f6

Danach ergeben sich Varianten für eingeschworene Anhänger geschlossener Stellungen.

Hier ein Blick auf einige Alternativen.

I. Mit 3...c5 kann Schwarz das Spiel auch öffnen, obwohl danach sehr oft Positionen mit einem Isolani auf d5 entstehen, die nicht jedem Schachspieler liegen; z.B. 4.exd5

A) 4...exd5 5.♘gf3 (5.♘df3 ♘c6 6.c3 ♘f6 7.♗g5 c4=) 5...♘c6

(Es wird auch 5...♘f6 gespielt; z.B. 6.♗b5+ ♗d7 7.♗xd7+ ♘bxd7 8.0–0 ♗e7 9.dxc5 ♘xc5 10.♘b3 ♘ce4 11.♘fd4 ♕d7 12.f3 ♘d6 13.♘c5 ♕c8 14.♘d3 0–0 und Schwarz bleibt mit dem isolierten Bauern d5, der ständige Verteidigung erfordert.)

6.♗b5 ♗d6 7.dxc5 ♗xc5 8.0–0 ♘ge7 9.♘b3 ♗d6

(Die Alternative 9...♗b6 ist nicht zu empfehlen, da Weiß auch dann ♗c1-g5 mit unangenehmem Druck auf e7 folgen lässt.)

10.♗g5 0–0 11.♖e1

(Es wird auch ♗g5-h4-g3 gespielt, um den guten schwarzen Läufer zu neutralisieren.)

11...♗g4 12.♗e2 ♕c7 13.h3 ♗d7 14.♘fd4 a6

(Oder 14...♘xd4 15.♘xd4 h6 16.♗e3 ♗h2+ 17.♔h1 ♗f4 18.♗f3 ♖fe8 19.c3 ♖ad8 20.♕b3 mit starkem Druck auf den Isolani d5.)

15.♘xc6 bxc6 16.c4 dxc4 17.♗xc4 ♘g6 und Weiß steht wegen der schwarzen Bauernschwächen am Damenflügel etwas besser.

B) Mit 4...♕xd5 vermeidet Schwarz die Entstehung eines isolierten Bauer auf der d-Linie.

5.♘gf3

(5.dxc5 ♗xc5 6.♘gf3 ♘f6 7.♗c4 ♕c6 8.♕e2 0–0 9.0–0 a6 10.♗d3 ♘bd7 11.♘e4 ♘xe4 12.♗xe4 ♕c7 13.♗g5 f5 14.♗d3 e5⇄)

5...cxd4 6.♗c4 ♕d6 7.0–0 ♘f6 8.♘b3 ♘c6 9.♘bxd4 ♘xd4 10.♘xd4 a6

(Es geht auch ein Plan mit der kurzen Rochade; z.B. 10...♗e7 11.c3 0–0 12.♕f3 ♕c7 13.♗b3 ♗d7 mit ungefährem Ausgleich.)

11.♖e1 ♕c7 12.♗b3 ♗d7 13.♕f3 ♗d6 14.h3 0–0–0 und angesichts der entgegengesetzten Rochaden entwickelt sich ein Kampf mit beiderseitigen Chancen.

II. Mit 3...♘c6 verzichtet Weiß auf den in dieser Variante typischen Bauernvorstoß c7-c5; z.B. 4.♘gf3 ♘f6 5.e5 ♘d7

A) 6.♘b3 a5

(Es gibt auch einen anderen Plan: 6...♗e7 7.♗b5 ♘cb8 8.0–0 b6 9.♕e2 a5 nebst ♗c8-a6 mit gleichen Möglichkeiten.)

7.a4 ♗e7 8.♗b5 ♘a7 9.♗d3 b6 10.♗d2 c5 11.dxc5 ♘xc5 12.♘xc5 bxc5 13.b3 0–0=

B) 6.♗b5 a6 7.♗xc6 (7.♗a4 b5 8.♗b3 ♘a5 9.c3 ♘xb3 10.axb3 c5=) 7...bxc6 8.c4

(Auf 8.♘b3 folgt der typische Hebel 8...c5!.)

8...c5 9.cxd5 exd5 10.0–0 ♗e7 11.♘b3 0–0 12.♘a5 ♕e8 13.♘c6 (13.♗g5 c4 14.♗xe7 ♕xe7 15.b3 ♘b6 16.bxc4 dxc4∞) 13...♗b7 14.♘xe7+ ♕xe7 15.♗g5 ♕e6 16.♖c1 c4 mit dem klaren Plan c7-c5 und gutem Spiel für Schwarz.

III. 3...h6 geschieht, um den eventuellen Läuferausfall nach g5 zu verhindern. Andererseits kann Schwarz am Königsflügel auch einen aktiven Plan mit g7-g5 verfolgen.

4.♘gf3 ♘f6 5.e5 ♘fd7 6.♗d3 c5 7.c3 ♘c6 8.0–0 g5!?

Dies ist die Konsequenz des Zuges 3...h6.

9.dxc5

A) 9...♘xc5 10.♗b5 a6

(10...♗g7!? 11.♘b3 ♘d7 12.♘fd4 ♘dxe5 13.f4 a6 14.♗xc6+ ♘xc6 15.♕h5 ♕f6 16.fxg5 hxg5 17.♕xg5 ♕xg5 18.♗xg5 ♘e5=)

11.♗xc6+ bxc6 12.b4 ♘d7 13.♖e1 a5 14.bxa5 ♕xa5 und Schwarz steht gut.

B) 9...♗xc5 10.♘b3 ♗b6

(Spielbar ist auch 10...♗f8!? nebst ♗f8-g7 mit Druck auf den Bauern e5.)

11.♖e1 ♕c7 12.♗b5 a6 13.♗a4 ♗xf2+ 14.♔xf2 b5 15.♗xb5 axb5 16.♘bd4 ♘cxe5 17.♘xe5 ♘xe5 18.♘xb5 ♕b6+ 19.♘d4 ♘g6 und die Stellung ist etwa gleich.

4.e5

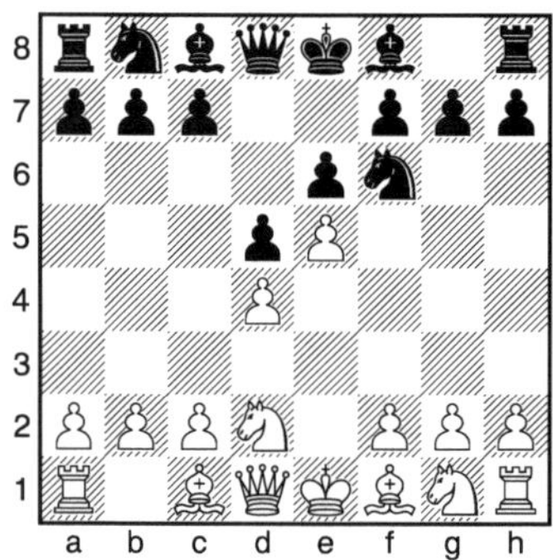

4...♘fd7

Zu ebenso interessantem wie kompliziertem Spiel führt 4...♘e4!? 5.♘xe4 (5.♗d3 ♘xd2 6.♗xd2 c5 7.c3 ♘c6∞) 5...dxe4 6.♗c4 (6.♗e3 c5 7.dxc5 ♘d7 8.♕g4 ♘xc5 9.♗b5+ ♘d7 10.♘e2 ♕a5+ 11.♘c3 a6 12.♗xd7+ ♗xd7∞) 6...a6 7.a4 b6 8.♘e2 ♗b7 9.♘f4 ♗e7 (9...c5 10.d5 exd5 11.♗xd5 ♗xd5 12.♕xd5±) 10.♗e3 0–0 11.♕g4 ♔h8 12.0–0 g6 13.♖ad1 und Weiß steht aktiver.

5.♗d3

Größtmögliche Verwicklungen erreicht Weiß mit 5.f4; z.B. 5...c5 6.c3 ♘c6 7.♘df3 ♕b6

(Eine spielbare Alternative ist 7...♕a5 8.♗e3 cxd4 9.♘xd4 ♘xd4 10.♗xd4 ♘b8 11.♘f3 ♘c6 12.♗e3 ♗d7 13.♗d3 ♗e7 nebst 0–0 mit realen Ausgleichschancen.)

8.g3 cxd4 9.cxd4 ♗b4+ 10.♔f2 g5

(Zu zweischneidigem Spiel führt 10...f6 11.♔g2 0–0 12.♗d3 ♔h8 13.♘e2 fxe5 14.fxe5 ♖xf3!? 15.♔xf3 ♘xd4+ 16.♔g2 ♘xe5 mit Kompensation für die geopferte Qualität.)

11.fxg5 ♘dxe5 12.♘xe5 ♘xe5 13.♗e3 (13.♔g2 ♘c6 14.♘f3 ♗f8 15.b3 ♗g7 16.♗b2 ♗d7∞) 13...♘c6 14.♘f3 ♗d7 15.♗d3 ♗f8 und nach ♗f8-g7 verstärkt Schwarz den Druck auf den Bauern d4.

5...c5 6.c3

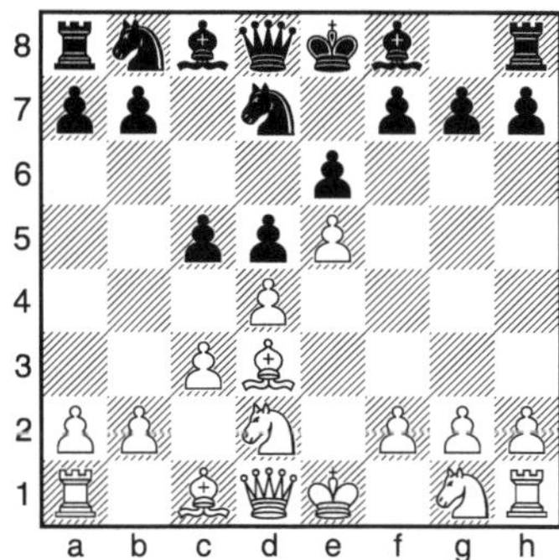

6...♘c6

Eine ganz andere Idee besteht darin, mit 6...b6 den Abtausch des schlechten Läufers einzuleiten; z.B. 7.♘e2 ♗a6 8.♗xa6 ♘xa6 9.0–0 b5 10.a4 b4 11.c4 ♘c7 12.♘f4 ♗e7 usw.

7.♘e2

Auf 7.♘gf3 empfiehlt sich 7...♕b6 8.0–0 cxd4 9.cxd4 ♘xd4 10.♘xd4 ♕xd4 11.♘f3 ♕b6, und in dieser komplizierten Stellung hat Weiß deutlichen Entwicklungsvorteil für den geopferten Bauern.

7...cxd4

Ebenfalls üblich ist 7...♕b6; z.B. 8.♘f3 cxd4 9.cxd4 f6 10.exf6 ♘xf6 11.0–0 ♗d6 12.♘c3 0–0

(12...♗d7 nebst 0–0–0 wurde auch schon ausprobiert.)

13.♗e3 ♗d7

(Ein grober Fehler ist bekanntlich 13...♕xb2?, denn nach 14.♘b5 ♗e7 15.♖b1 ♕xa2 16.♖a1 ♕b2 17.♖a4 sitzt die schwarze Dame in der Falle.)

14.a3 ♔h8 15.h3 ♖ae8 und Schwarz schickt sich an, den Vorstoß e6-e5 ausführen.

8.cxd4 f6

Schwarz muss aktiv spielen und den gegnerischen Spitzenbauern e5 angreifen, um die Lage im Zentrum zu klären.

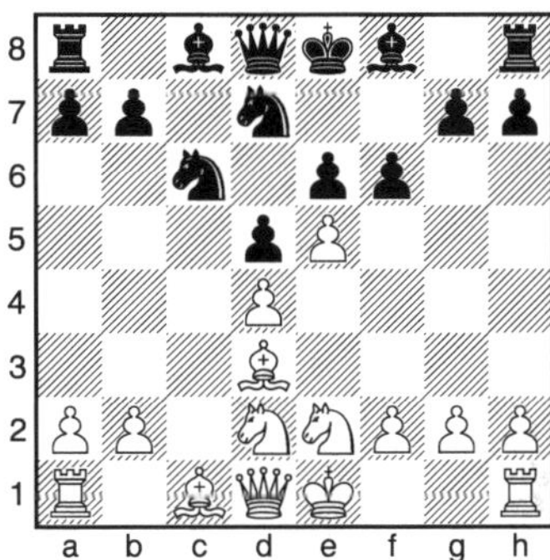

9.exf6

Zu unklarem Spiel führt 9.♘f4!? ♘xd4 10.♕h5+ ♔e7 11.exf6+ ♘xf6 12.♘g6+ hxg6 13.♕xh8 ♔f7 14.♕h4 (14.0–0 e5!) 14...e5 15.♘f3 ♘xf3+ 16.gxf3 ♗f5 17.♗xf5 gxf5 18.♗g5 ♕a5+ (18...♖c8 19.0–0 ♖c4 20.♕h3 ♕d7 21.♖ad1 d4∞) 19.♔f1 ♗e7 20.♔g2 d4 mit komplizierter Stellung.

9...♘xf6 10.♘f3 ♗d6 11.0–0

Nicht zu fürchten braucht Schwarz die Endspielabwicklung 11.♗f4 ♗xf4 12.♘xf4 ♕a5+ 13.♕d2 ♕xd2+ 14.♔xd2 0–0 15.♖he1 ♘e4+ 16.♗xe4 ♖xf4 17.♗d3 ♗d7=.

11...0–0 12.♗f4 ♗xf4 13.♘xf4 ♘e4 14.♘h5

Nach 14.♘e2 führt das Qualitätsopfer 14...♖xf3!? zu scharfem und kompliziertem Spiel; z.B. 15.gxf3 ♘g5 16.f4 (16.♔h1 e5!) 16...♘h3+ 17.♔g2

♕h4 18.f3 ♘xf4+ 19.♘xf4 ♕xf4 20.♖c1 ♗d7 Δ♖a8-f8, e6-e5 mit schwarzem Gegenspiel.

14...g6 15.♘g3 ♘xg3 16.hxg3 ♕b6 17.♕a4 a6

Der Bauernraub 17...♕xb2? ist schwach wegen 18.♗b5 ♗d7

(18...♖xf3 19.gxf3 ♘xd4 20.♗d3 ♘xf3+ 21.♔g2 ♘g5 22.♕e8+ ♔g7 23.♖ac1+-)

19.♖ab1 ♕c3 20.♖fc1 und Schwarz hat Probleme.

18.♖ab1 ♗d7 19.♗e2

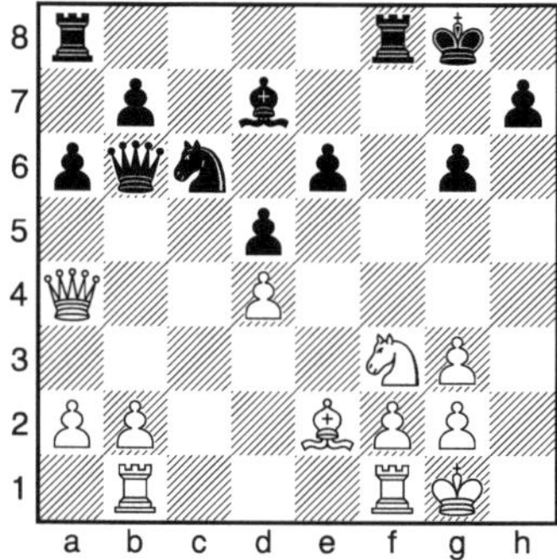

19...e5!

In Stellungen wie dieser muss Schwarz versuchen, sich seines rückständigen Bauern auf e6 zu entledigen. Also besteht der (möglichst schnell durchzuführende) Plan in dem Vorstoß e6-e5. Dabei kommt es Schwarz zustatten, dass seine Türme auf der halboffenen f-Linie sehr wirkungsvoll stehen und stets bereit zum Angriff auf die gegnerische Königsstellung sind.

20.dxe5 ♘xe5 21.♕d1 ♘xf3+ 22.♗xf3 d4

Und nach ♖a8-d8 kann Schwarz angesichts seines Freibauern auf gute Konterchancen vertrauen.

Zusammenfassung: In diesem System hat Schwarz zwei Hauptpläne zur Auswahl – nämlich entweder 3...♘f6 mit einer geschlossenen Position oder 3...c5 mit offenem Spiel und isoliertem d5-Bauern. In beiden Fällen ergeben sich komplizierte Stellungen mit beidseitigen Möglichkeiten.

Kapitel 23
Caro-Kann-Verteidigung
1.e4 c6

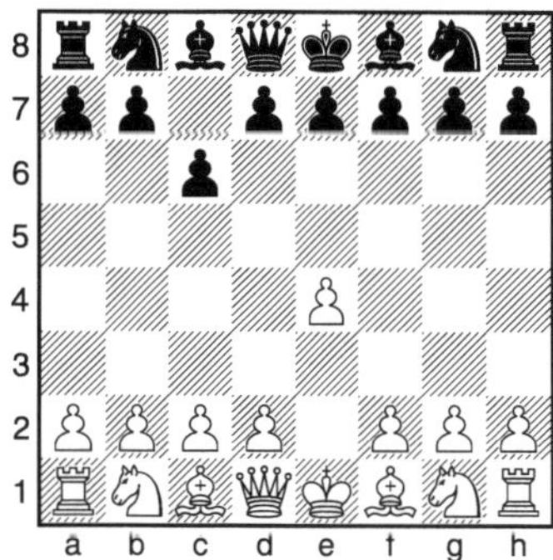

Der Name dieser Eröffnung geht auf den Engländer Horatio Caro (1862-1920) und Österreicher Marcus Kann (1820-1886) zurück, die ihre umfangreichen gemeinsamen Analysen im Jahr 1886 veröffentlichten, kurz bevor Letzterer verstarb. Wirkliche Beachtung fand der Zug 1...c6 jedoch erst, als ihn so namhafte historische Meister wie Nimzowitsch und Capablanca in ihr Repertoire aufnahmen.

Mit seinem ersten Zug bereitet Schwarz (ähnlich wie in der Französischen Verteidigung) den Vorstoß d7-d5 vor. Nachteilig ist dabei, dass er nach der Hauptvariante 2.d4 d5 3.Sc3 mangels sinnvoller Entwicklungszüge praktisch gezwungen ist, mit 3...dxe4 das Zentrum aufzugeben. Hingegen hat Caro-Kann gegenüber Französisch den Vorteil, dass der Läufer auf c8 nicht eingesperrt wird.

2.d4

Alternativen zu dieser prinzipiellen Fortsetzung sind verhältnismäßig selten anzutreffen.

I. 2.♘c3 d5 3.♘f3

(Gelegentlich begegnet man auch der Goldmann-Variante 3.♕f3!? dxe4 4.♘xe4 ♘d7 5.d4 ♘df6 usw.)

3...♗g4

(Auch 3...dxe4 4.♘xe4 ♗g4 ist möglich.)

4.h3 ♗xf3 5.♕xf3 e6 6.d4 dxe4 7.♕xe4

(Das Bauernopfer nach 7.♘xe4 ♕xd4 ist womöglich zu spekulativ und für Weiß mit einem Risiko verbunden. Zwar bekommt er Entwicklungsvorsprung, aber die gegnerische Stellung weist keine echten Schwachpunkte auf.)

7...♘f6 8.♕d3 ♘a6=

II. 2.c4 d5 3.exd5 cxd5 4.cxd5 ♘f6 5.♗b5+

(Oder 5.♕a4+ ♘bd7 6.♘c3 g6 7.g3 ♗g7 8.♗g2 0–0 9.♘ge2 e6!, und falls nun 10.dxe6, so folgt 10...♘c5 11.exf7+ ♖xf7 12.♕b5 ♘d3+ mit starker Initiative.)

5...♘bd7 6.♘c3 a6 7.♕a4 ♖b8 8.♗xd7+ ♕xd7 9.♕xd7+ ♗xd7 mit etwa gleichem Spiel, denn der Bauer d5 ist schwach und wird im weiteren Partieverlauf erobert.

2...d5

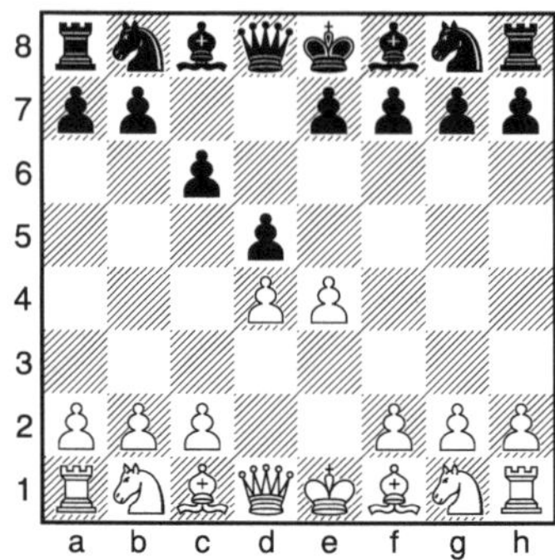

3.♘c3

Hier ein Blick auf andere Spielpläne.

I. Nach 3.exd5 cxd5 leitet 4.c4 den sogenannten 'Panow-Angriff' ein.

4...♘f6 5.♘c3

A) 5...♘c6 6.♗g5

(Oder 6.♘f3 ♗g4 7.cxd5 ♘xd5 8.♕b3 ♗xf3 9.gxf3 e6 10.♕xb7 ♘xd4 11.♗b5+ ♘xb5 12.♕c6+! ♔e7 13.♕xb5 ♕d7! 14.♘xd5+ ♕xd5 15.♕xd5 exd5 16.♗f4 ♔e6 17.0–0–0 ♗b4 18.a3 ♖hc8+ 19.♔b1 ♗a5 und Schwarz sollte die Partie im Gleichgewicht halten.)

6...♕a5 7.♗xf6 exf6 8.cxd5 ♗b4 9.♕d2

(9.dxc6 ♗xc3+ 10.bxc3 ♕xc3+ 11.♔e2 0–0 12.f3 ♖e8+ 13.♔f2 ♕e3+ 14.♔g3 ♕g5+ führt zum Dauerschach.)

9...♗xc3 10.bxc3 ♕xd5 11.♘e2 0–0 12.♘f4 ♕d6 13.♗e2 ♗f5 14.0–0 ♖ac8 15.♖ac1 ♖fd8=

B) 5...g6 6.♕b3 ♗g7 7.cxd5 0–0 8.♗e2 ♘bd7 9.♗f3 ♘b6 10.♗g5 ♗f5

(Nach 10...a5 11.♘ge2 a4 12.♕b5 ♗d7 13.♕b4 ♗f5 14.0–0 ist es für Schwarz nicht mehr einfach, den Bauern d5 zurückzuerobern.)

11.♖d1 ♕d7 12.h3 h5 13.♘ge2 ♖fd8 mit völlig ausreichender Kompensation für den Bauern.

C) 5...e6 6.♘f3 ♗e7 (6...♘c6 7.c5 ♘e4 8.♗d3 ♘xc3 9.bxc3 ♗e7 10.0–0 0–0 11.♗f4±) 7.cxd5

(Große Komplikationen entstehen nach 7.c5 0–0 8.b4 ♘e4 9.♕c2 ♘c6 10.b5 ♘xd4!? 11.♘xd4 ♗xc5 12.♘xe4 ♗xd4 13.♘c3 e5 14.♗b2 ♗e6 15.♕d2 ♖c8 16.♗e2 ♗b6 17.0–0 ♗a5 18.♕d3 d4, und laut GM Boleslawski hat Schwarz für die Figur volle Kompensation.)

7...♘xd5 (7...exd5 8.♗b5+ ♗d7 9.♕b3±) 8.♗d3 ♘c6 9.0–0 0–0 10.♖e1 ♗f6

(Oder 10...♘xc3 11.bxc3 b6 12.♕e2 ♗b7 13.♕e4 g6 14.♗h6 ♖e8 15.♕g4 ♖c8 16.h4 mit aktivem Spiel am Königsflügel.)

11.♗e4 ♘ce7

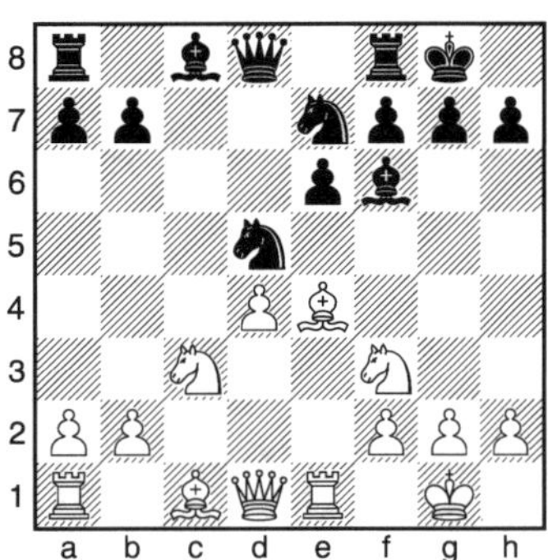

Nach erfolgreicher Blockade des isolierten Bauern d4 haben beide Seiten klare Pläne. Weiß vermeidet tunlichst jegliche Vereinfachung und strebt auf der Basis seines Raumvorteils einen Königsangriff an. Schwarz dagegen versucht Material zu tauschen, denn seine Chancen, die Schwäche des Isolanis auszunutzen, sind im Endspiel erheblich besser.

Diese Stellung kann im Übrigen auch durch Zugumstellung aus dem Damengambit entstehen (siehe Kapitel 30).

II. Mit 3.e5 wählt Weiß die 'Geschlossene Variante'.

3...♗f5

Schwarz nutzt den Umstand, dass die Diagonale c8-h3 noch nicht geschlossen ist, um seinen Damenläufer wirkungsvoll ins Spiel zu bringen.

(Auch die Fortsetzung 3...c5!? hat ihre Sympathisanten; z.B. 4.dxc5 e6 5.a3 ♗xc5 6.♘f3 ♘c6 7.b4 ♗b6 8.♗b2 ♘ge7 nebst 0–0 und f7-f6.)

A) 4.♘c3 e6 5.g4 ♗g6 6.♘ge2 c5 (6...f6!? 7.♘f4 ♗f7 8.♕e2 fxe5 9.♕xe5 ♘d7 10.♕e2 ♕e7 11.♘d3 0–0–0∞) 7.h4 h5

(Aber nicht 7...cxd4 8.♘xd4 h5 9.f4 hxg4 10.♗b5+ ♘d7 11.f5 ♖xh4 12.♖f1 exf5 13.e6 mit weißer Initiative.)

8.♘f4 ♗h7 9.♘xh5 cxd4 10.♘b5 ♘c6 11.♘xd4 ♘ge7 12.c3 a6 13.♗g5 ♕b6 mit schwarzem Gegenspiel.

B) 4.♘f3 e6 5.♗e2 c5 (5...♘d7 6.0–0 ♗g6 7.♘bd2 ♘h6 8.♘b3 ♘f5∞) 6.♗e3 ♘e7 (6...♕b6!? 7.♘c3 ♘c6⇄) 7.c4 dxc4 8.♘c3 ♘bc6 9.dxc5 ♘d5 10.♘xd5 ♕xd5 11.0–0 ♗d3 12.♖c1 ♖d8 mit aktivem Spiel.

C) 4.♗d3 ♗xd3 5.♕xd3 e6 6.♘f3 ♘d7 7.0–0 c5 8.c3 ♘e7 9.♗e3 (9.♗g5 ♕b6⇄) 9...♘c6 10.♘bd2 ♗e7 11.a3 0–0 12.b4 c4 13.♕c2 f5 14.exf6 ♗xf6 15.b5 ♘e7 nebst ♘e7-g6 zur Vorbereitung von e6-e5 mit zweischneidigem Kampf.

3...dxe4

Eine interessante Idee ist auch das Fianchetto des Königsläufers; z.B. 3...g6 4.♘f3 ♗g7 5.h3 dxe4 6.♘xe4 ♘d7 7.♗c4 ♘gf6 8.♘xf6+ ♘xf6 9.0–0 0–0 Δb7-b6, ♗c8-b7 mit etwa gleichen Perspektiven.

4.♘xe4

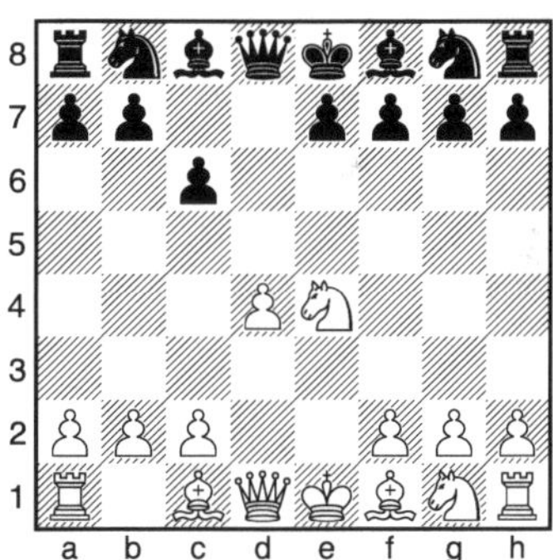

4...♘d7

In der gegenwärtigen Turnierpraxis ist dieser Aufbau sehr populär. Schwarz will seine Kräfte nach dem Schema ♘g8-f6, e7-e6 nebst b7-b6, ♗c8-b7 usw. entfalten.

Hier ein Blick auf einige Alternativen.

I. Mit 4...♗f5 wählt Schwarz das 'Capablanca-System'.

II. 5.♘g3 ♗g6 6.h4

(Nach 6.♗c4 e6 7.♘1e2 ♘f6 8.♘f4 ♗d6 9.0-0 ♘d5 hat Schwarz keine Probleme.)

6...h6

(Nach 6...h5 7.♘h3 e5 8.dxe5 ♕a5+ 9.c3 ♕xe5+ 10.♗e2 kann die Deckung des Bauern h5 langfristig Kopfzerbrechen bereiten.)

7.♘f3 ♘d7 8.h5 (8.♗d3 ♗xd3 9.♕xd3 ♕c7 10.♗d2 e6 11.0-0-0 0-0-0=) 8...♗h7 9.♗d3 ♗xd3 10.♕xd3 ♕c7 11.♗d2 e6 12.0-0-0 ♘gf6 13.♘e4 0-0-0 14.g3 ♘xe4 (14...♘c5!? 15.♘xc5 ♗xc5=) 15.♕xe4 ♘f6

(15...♗d6!? 16.c4 c5 17.♗c3 ♘f6 18.♕e2 ♖he8 19.♘e5 cxd4 20.♖xd4 ♗xe5 21.♕xe5 ♕xe5 22.♖xd8+ ♖xd8 23.♗xe5 ♖d3=)

16.♕e2 ♗d6 17.c4 c5 mit verteilten Chancen.

III. 4...♘f6 5.♘xf6+ gxf6

(Nach 5...exf6 6.c3 ♗d6 7.♗d3 0-0 8.♕c2 ♖e8+ 9.♘e2 sollte Schwarz 9...h6! spielen, denn auf 9...g6? folgt 10.h4! ♘d7 11.h5 ♘f8 12.♗h6 ♗e6 13.0-0-0 b5 14.♔b1 ♕a5 15.b3 ♕c7 16.hxg6 fxg6 17.♖h4 ♗f7 18.♗xf8 ♗xf8 19.♖dh1 mit entscheidendem Angriff.)

6.c3 ♗f5 7.♘f3 ♕c7 8.g3 ♘d7 9.♗g2 0-0-0 10.0-0 e6 mit scharfer Stellung und beiderseitigen Chancen.

5.♗c4

Auf der Diagonale a2-g8 wirkt der Läufer besonders nachhaltig, denn er greift den Punkt f7 an, und nach eventuellem e7-e6 droht bei der ersten guten Gelegenheit das Läuferopfer auf e6.

- Vorsicht, hier gibt es eine Falle, die man kennen muss: 5.♕e2 Δ5...♘gf6?? 6.♘d6#. Schwarz sollte einfach 5...e6 spielen und danach erst ♘g8-f6.

- Gegenwärtig sieht man oft auch 5.♘g5!? mit der möglichen Folge 5...♘gf6.

(5...♘df6!? 6.♗c4 e6 7.♘e2 c5 8.0-0 h6 9.♘f3 a6 10.a4 cxd4 11.♘exd4 ♗d6 12.♕e2 ♘e7 13.♘e5 ♕c7 14.♘df3 0-0=)

6.♗d3 (6.♗c4!?) 6...e6 (6...h6? 7.♘e6!) 7.♘1f3 ♗d6

(Nach 7...h6 kann Weiß einen gewaltigen Königsangriff entfachen: 8.♘xe6!? fxe6 9.♗g6+ ♔e7 10.♗f4 nebst 0-0 mit gefährlicher Initiative.)

8.♕e2 h6 9.♘e4 ♘xe4 10.♕xe4 ♘f6 11.♕e2 (11.♕h4 ♔e7!) 11...b6 12.♗d2 ♗b7 13.0-0-0 ♕c7 14.♘e5 (14.♔b1 0-0-0!) 14...c5 15.♗b5+ ♔e7 16.dxc5 ♕xc5 17.♗c3 ♖hd8 18.♗d4 ♕c7 19.♖he1 ♔f8

Schwarz steht flexibel und darf mit Optimismus in die Zukunft schauen.

5...♘gf6 6.♘g5 e6 7.♕e2 ♘b6

So ist richtig! Ein tragisches Ende nähme die Partie nach 7...♗e7?? 8.♘xf7! ♔xf7 9.♕xe6+ ♔g6 (9...♔f8 10.♕f7#) 10.♗d3+ ♔h5 11.♕h3#.

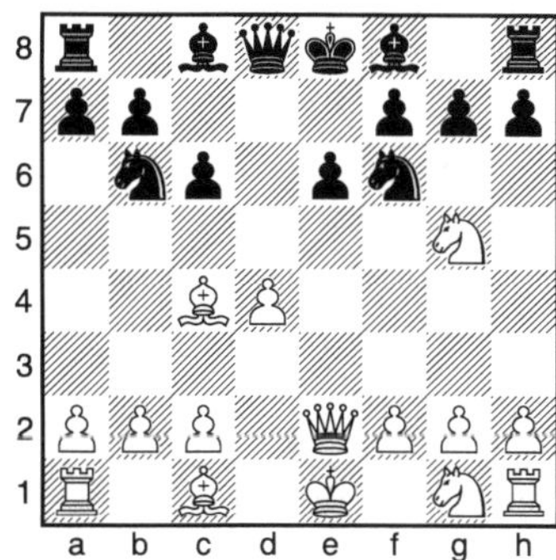

8.♗b3

Durchaus nicht schlechter ist 8.♗d3 mit der möglichen Folge 8...h6 9.♘5f3 c5 10.dxc5 ♗xc5 11.♘e5 ♘bd7 12.♘gf3 ♕c7 13.♗f4 (13.0–0 0–0 14.♗f4 ♗d6 15.♖fe1 ♘xe5 16.♘xe5 b6 17.♖ad1 ♗b7=) 13...♗b4+ 14.♔f1!?

A) 14...♗d6 15.♘g6!? (15.♖d1 ♘xe5 16.♘xe5 0–0 17.♗g3 ♖d8 18.♘c4 ♗xg3 19.hxg3 ♗d7=) 15...♗xf4 (15...♖g8 16.♘d4 ♗xf4 17.♘xe6!+–) 16.♘xh8 ♘e5 17.♗b5+ ♗d7 18.♗xd7+ ♘exd7 19.g3 ♗d6 20.♖e1 und wenn es Weiß gelingt, den Springer h8 ins Spiel zu bringen, ist sein Vorteil offensichtlich.

B) 14...♘h5 15.♗g3 ♘xg3+ 16.hxg3 ♘xe5 17.♘xe5 ♗d6 18.♗b5+ ♔e7 19.♘c4 ♗c5 20.♘e5 a6 21.♗d3 ♖d8=

8...h6 9.♘5f3

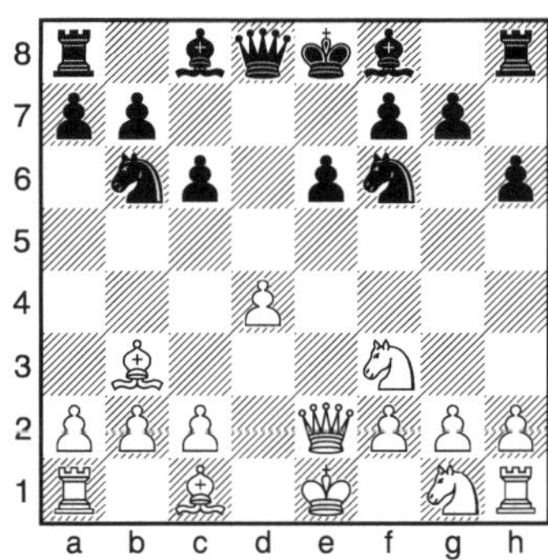

9...c5

Statt des direkten Angriffs auf das Zentrum kann Schwarz auch den Flankenvorstoß 9...a5!? einschalten.

A) 10.c3 c5 11.a3 ♕c7 12.♘e5 cxd4 13.cxd4 a4 (13...♗xa3 14.♗xh6!) 14.♗c2 ♗d7 15.♘xd7 ♘bxd7 16.♕d1 ♗d6 17.♘e2 ♘d5 18.♗d2 b5 19.♘c3 ♘xc3 20.♗xc3 ♘f6 21.♕d3 ♘d5 22.♗d2 ♔e7 und Schwarz kann mühelos ausgleichen.

B) 10.a4 c5 11.♗f4 ♗d6 12.♘e5 0–0 13.♘gf3 ♘bd5 14.♗g3 ♕c7 (14...cxd4!? 15.0–0–0 b6 16.♘xd4 ♗b7∞) 15.dxc5 ♕xc5 16.0–0 b6 17.♖fd1 ♗a6 18.c4 ♖ad8 und Schwarz hat seine Kräfte aktiv postiert.

10.♗f4 ♘bd5 11.♗e5 ♕a5+ 12.♘d2

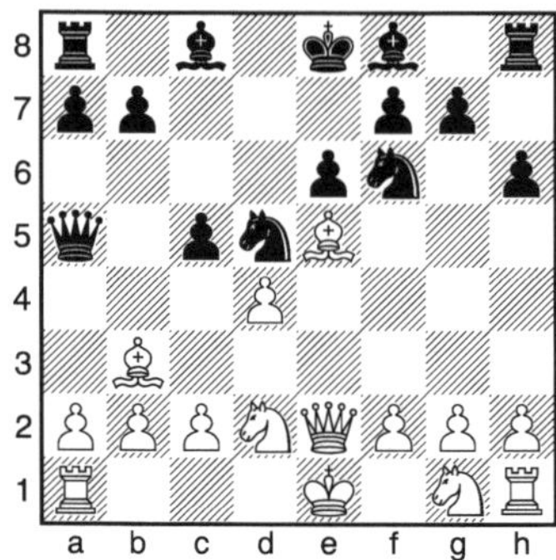

12...b5

Schwarz muss am Damenflügel aktiv werden.

Nach 12...cxd4 13.♘gf3 ♗e7 14.♘xd4 0–0 15.0–0–0 entstünde eine Stellung mit entgegengesetzten Rochaden, in der Weiß mit g2–g4 und h2–g4 schneller zum Angriff kommt.

13.dxc5 ♗xc5 14.♘gf3 ♗b7 15.0–0 0–0

In dieser dynamischen Stellung scheinen die schwarzen Perspektiven ziemlich gut zu sein.

Zusammenfassung: Die Caro-Kann-Verteidigung ist eine sehr solide Spielweise. Natürlich steht Schwarz manchmal ziemlich beengt da, wenn er nicht jede Variante genau kennt. Aber mit ein bisschen Wissen und Erfahrung wird er mit soliden Positionen und guten Aussichten für das Mittelspiel und Endspiel belohnt. Aus diesem Grund fand diese Verteidigung ihren festen Platz im Eröffnungs-Repertoire vieler starker Spieler und sogar ehemaliger Weltmeister wie Botwinnik, Smyslow und Karpow.

Kapitel 24

Pirc–Verteidigung

1.e4 d6

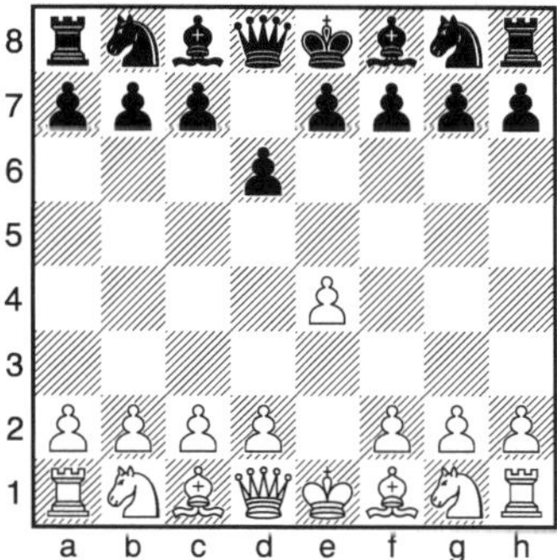

Der Namenspatron dieser Eröffnung ist der jugoslawische Meister Vasja Pirc (1907-1980). Bereits mit dem ersten Zug, der ja die Diagonale f8–a3 komplett versperrt, deutet Schwarz an, dass der Königsläufer fianchettiert werden soll. Deshalb ist dieser Aufbau in gewisser Weise mit der 'Königsindischen Verteidigung' verwandt (siehe Kapitel 37), nur dass der weiße c–Bauer hier zumeist in der Ausgangsstellung bleibt. Der Hauptplan von Schwarz besteht darin, nach Sicherung des Königs (g7–g6, ♗f8-g7 und 0–0) das weiße Zentrum mit c7-c5 oder e7-e5 anzugreifen.

Statt der hier gezeigten Zugfolge wird oft auch 1...g7-g6 gespielt, was 'Königsfianchetto' oder 'Moderne Verteidigung' genannt wird und häufig nur auf Zugumstellung hinausläuft. Allerdings kann sich das Spiel auch in eigenständigen Bahnen entwickeln; z.B. 2.d4 ♗g7 3.♘c3 c6 (3...d6 wäre ein denkbarer Übergang zur Pirc-Verteidigung.) 4.♘f3 d5 5.e5 ♗g4 6.h3 ♗xf3 7.♕xf3 e6 8.♗d3 ♘d7 9.0–0 ♘e7 10.♘e2 c5∞.

2.d4 ♘f6 3.♘c3 g6

Der Läufer kann auf der Diagonale a1-h8 sehr aktiv werden, wenn es dem Schwarzen gelingt, in einem günstigen Moment den Vorstoß c7–c5 durchzusetzen.

Weniger typisch ist deshalb ein Aufbau, den vor allem tschechische Spieler ausgearbeitet und propagiert haben: 3...c6 4.f4 ♕a5 5.♗d3 e5 6.♘f3 ♗g4 7.♗e3 ♘bd7 8.♕d2 (8.h3!? ♗xf3 9.♕xf3±) 8...♗e7 9.0–0–0 b5 mit komplizierter Stellung.

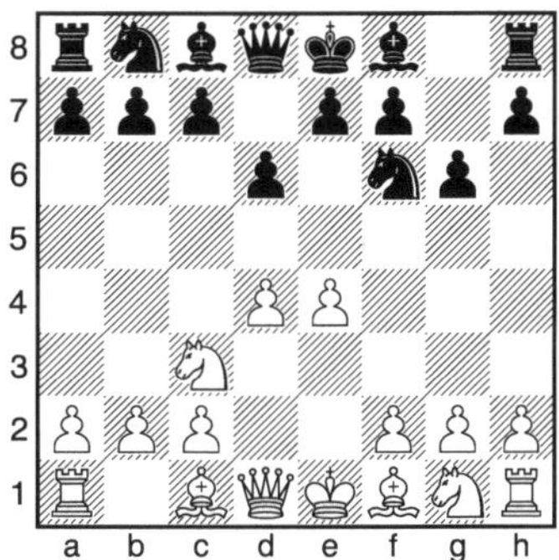

4.f4

Dieser aggressive Zug leitet den sogenannten 'Österreichischen Angriff' ein, der eine der schärfsten Waffen gegen die Pirc–Verteidigung darstellt. Weiß errichtet ein starkes Bauernzentrum, um einen Königsangriff vorzubereiten. Schwarz darf nicht ver–

halten reagieren, sondern muss möglichst bald mit einem der Hebel c7–c5 oder e7–e5 kontern.

Hier ein Blick auf andere Aufmarschpläne.

I. 4.♗e3

(Zuerst 4.f3 läuft nach ♗c1-e3, ♕d1-d2, 0–0–0 meistens auf Zugumstellung hinaus.)

A) 4...♘g4 5.♗g5 h6 6.♗c1 ♗g7 7.f3 ♘f6 8.♗e3 nebst ♕d1-d2, 0–0–0 usw.

B) 4...c6 5.f3 ♘bd7 6.♕d2 b5 7.h4 ♘b6 8.a4 (8.g4 h5∞) 8...b4 9.♘d1 a5 10.b3 h5 11.♘f2 ♗g7 12.♘gh3 ♕c7 13.♗e2 c5 mit guten Ausgleichschancen.

C) 4...♗g7 5.♕d2

(Nach 5.f3 0–0 6.♕d2 ♘e8 7.g4 f5 8.gxf5 gxf5 9.0–0–0 usw. garantieren die entgegengesetzten Rochaden scharfes Spiel.)

5...c6

(Nach 5...♘g4 6.♗g5 h6 7.♗h4 g5 8.♗g3 e5 kann Weiß mit 9.d5 das Zentrum schließen oder mit 9.♘ge2 die Spannung aufrechterhalten.)

6.f3 b5 7.♘ge2 ♘bd7 8.♗h6 ♗xh6 9.♕xh6 ♗b7 10.a3 e5 11.0–0–0 ♕e7 12.♔b1 a5 13.♘c1 b4 14.dxe5 ♘xe5 15.♘a4 bxa3 16.b3 0–0–0 mit scharfem Spiel.

II. 4.♘f3 ♗g7

A) 5.♗e3 0–0 6.♕d2 ♘g4 7.♗g5 f6 8.♗h4 ♗h6 9.♕d1 ♗g7 10.♗c4+ (10.♕d2 ♗h6=) 10...♔h8 11.♕e2 a6 12.a4 ♘c6 13.♖d1 ♘h6 14.d5 (14.h3!?) 14...♘e5 15.♘xe5 fxe5 16.f3 ♘g8 17.0–0 ♘f6 und Schwarz kann mit seiner Stellung zufrieden sein.

B) 5.♗e2 0–0 6.0–0 c6

(Nach 6...♗g4 7.♗e3 ♘c6 8.♕d2 e5 9.d5 ♘e7 10.♖ad1 ist der Zug c7–c6 kaum durchzusetzen, so dass alternativ das Gegenspiel b7–b5 vorbereitet werden muss.)

7.a4

(Um den Vorstoß b7–b5 zu unterbinden.)

7...♕c7 8.a5 ♖d8 9.♗e3 d5 10.exd5 ♘xd5 11.♘xd5 cxd5 12.♕d2 ♗f5 mit etwa gleichen Chancen.

4...♗g7 5.♘f3

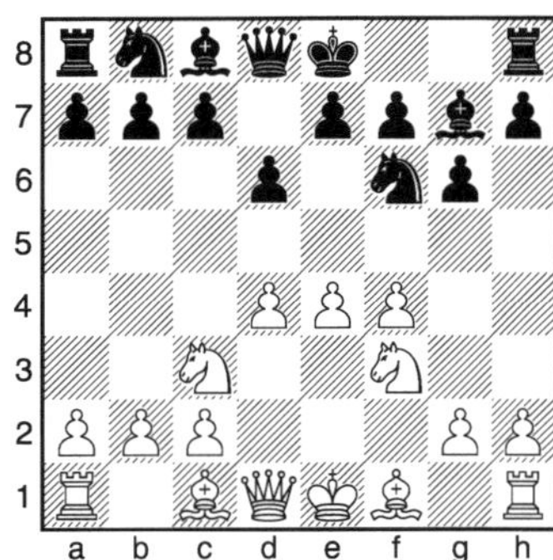

5...0–0

Mit der Wahl dieser flexiblen Fortsetzung verrät Schwarz vorerst noch nicht, mit welchem Bauern er das feindliche Zentrum anzugreifen gedenkt.

Gespielt wird auch 5...c5!?, was angesichts des schwarzen Königs in der Mitte zu scharfem und recht forciertem Spiel führen kann, wie die folgenden Beispielvarianten zeigen.

A) 6.d5 0–0 7.♗e2 e6

(Eine scharfe Stellung entsteht nach 7...b5!? 8.e5 dxe5 9.fxe5 ♘g4∞.)

8.dxe6 ♗xe6 9.0–0 d5 (9...♘c6 10.f5 gxf5 11.exf5 ♗xf5 12.♗g5 h6 13.♗h4 ♕d7∞) 10.e5 ♘e8 11.♘g5 ♘c6 12.♘xe6 fxe6 und Schwarz hat eine feste Stellung.

B) 6.dxc5 ♕a5 7.♗d3 ♕xc5 8.♕e2 ♗g4 9.♗e3 ♕a5 10.0–0 0–0 11.h3 ♗xf3 12.♕xf3 ♘c6 13.a3 ♘d7 und Schwarz steht zufriedenstellend.

C) 6.♗b5+ ♗d7

(Aber nicht 6...♘bd7?, denn nach 7.e5 ♘g4 8.e6 fxe6 9.♘g5 steht Weiß deutlich besser.)

7.e5 ♘g4 8.e6 ♗xb5

(Nach 8...fxe6 9.♘g5 ♗xb5 10.♘xe6 führt die pointierte Kombination 10...♗xd4! 11.♘xd8 ♗f2+ 12.♔d2 ♗e3+ 13.♔e1 ♗f2+ zu Dauerschach.)

9.exf7+ ♔d7! (9...♔xf7 10.♘g5+ ♔g8 11.♘xb5 ♕d7 12.dxc5±) 10.♘xb5 ♕a5+ 11.♘c3 cxd4 12.♘xd4 h5 mit scharfem Spiel und beiderseitigen Chancen.

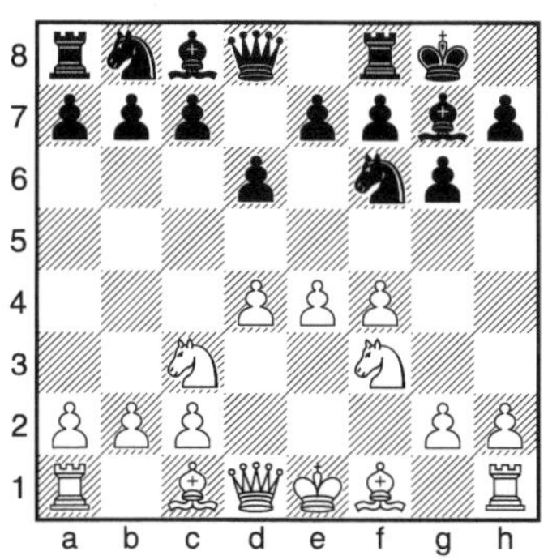

6.e5

Diese besonders scharfe Variante führt immer zu kompliziertem Spiel und birgt eine Fülle taktischer Motive.

Hingegen kann Weiß das Spiel mit 6.♗d3 in positionellen Bahnen halten; z.B. 6...♘c6.

A) 7.0–0 e5 (7...♗g4 8.e5 dxe5 9.dxe5 ♘d5 10.h3 ♘xc3 11.bxc3 ♗f5∞) 8.fxe5 dxe5 9.d5 ♘d4 10.♘xe5 ♘xd5 11.♘xd5 ♗xe5 12.♗f4 ♘c6 13.♕d2 ♗e6=

B) 7.e5 dxe5 8.fxe5 ♘h5 9.♘e2 ♗g4 10.c3 ♗xf3 11.gxf3 e6 12.♗e3 ♘e7 13.♕d2 ♘d5 14.♗g5 f6 15.♗h4 ♕d7 16.exf6 ♗xf6 nebst e7-e5 mit beiderseitigen Chancen.

6...♘fd7 7.h4

Nach der Vertreibung des königlichen Schutzspringers ist dies die konsequente Fortsetzung. Durch die Kombination der möglichen Hebelzüge h4–h5 und e5–e6 werden die weißen Felder rund um den schwarzen König spürbar bedroht. Weiß muss jedoch aufpassen, denn falls sein Angriff abgewehrt wird, steht sein eigener König immer noch in der Mitte und somit alles andere als sicher.

7...c5 8.h5 cxd4

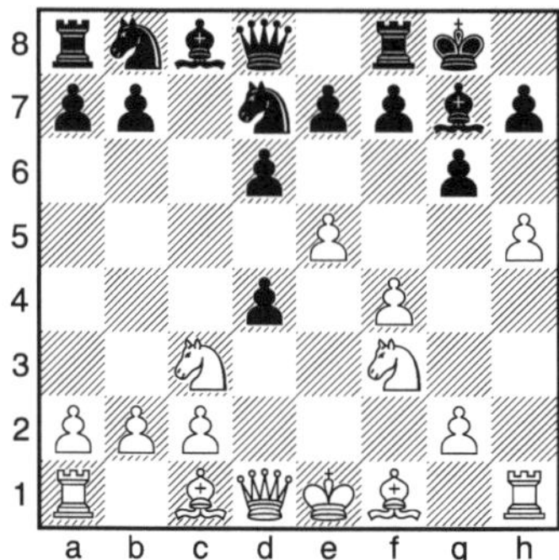

9.♕xd4

Nach dieser kräftigen Zentralisation der Dame droht das Manöver ♕d4–f2–h4 eine schnelle Entscheidung in der h–Linie herbeizuführen.

9.hxg6!? leitet eine messerscharfe Variante ein, die aber letztlich wohl forciert zum Ausgleich führt; z.B. 9...dxc3 10.gxf7+ ♖xf7 (10...♔h8? 11.♖xh7+! ♔xh7 12.♘g5+ ♔h6 13.♕d3+–) 11.♗c4 ♘f8

(Nach 11...cxb2? 12.♗xf7+ ♔xf7 13.♘g5+ ♔f8 14.♘xh7+ ♔f7 15.♘g5+ ♔f8 16.♕d5 hat Weiß entscheidenden Angriff.)

12.♗xf7+ ♔xf7 13.♘g5+ ♔g8 14.♕h5 h6!

(Aber nicht 14...cxb2? 15.♕f7+ ♔h8 16.♗xb2 ♕a5+ 17.c3 ♕a4 18.♘xh7! ♕e4+ 19.♔f2 ♕c2+ 20.♔e3+–.)

15.♕f7+ ♔h8 16.♕b3 ♕a5 17.♘f7+ ♔h7 18.♘g5+ ♔h8 19.♘f7+ mit ewigem Schach.

9...dxe5 10.♕f2

Oder 10.♕g1 e4 11.♘xe4 ♘f6 12.♘xf6+ exf6 13.hxg6 ♖e8+ (13...♕e7+ 14.♕e3 ♕xe3+ 15.♗xe3 hxg6 16.♔f2 ♘c6=) 14.♔f2 hxg6 15.♕h2 ♘d7 16.♕h7+ ♔f8 17.b3 ♘c5 18.♔g3 ♕d6 und Schwarz verteidigt seine Position.

10...e4

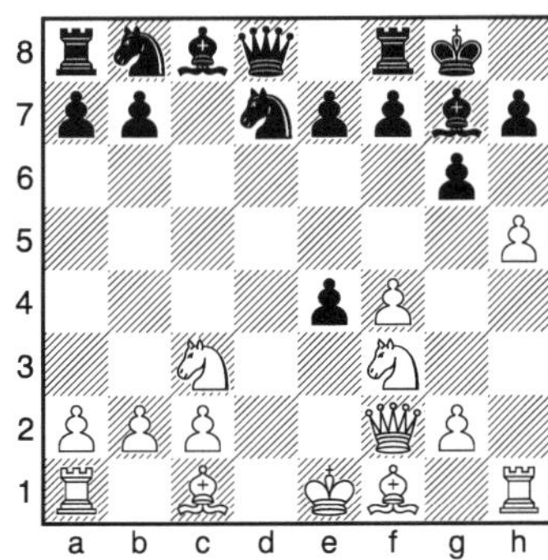

11.♘xe4

Nach 11.♘g5 ♘f6 12.hxg6 hxg6 13.♕h4 ♕d4 14.♘cxe4 ♖d8 scheint der weiße Königsangriff nicht recht von der Stelle zu kommen.

11...♘f6 12.♘xf6+ exf6 13.hxg6 ♖e8+ 14.♗e2 fxg6 15.♗d2 ♕e7 16.♔f1

Offenbar hat Weiß gute Angriffschancen, aber diese scharfe Variante muss noch gründlich in der Praxis erprobt werden.

Zusammenfassung: Die Wahl der Pirc–Verteidigung führt oft zu Stellungen mit entgegengesetzten Rochaden, was von Hause aus auf sehr zweischneidiges Spiel hinausläuft. Der Zug 4.f4 leitet den scharfen 'Österreichischen Angriff' ein, der Schwarz vor ernste Probleme stellen kann, obwohl er sich bei präziser Verteidigung zur Wehr zu setzen und Ausgleich zu erreichen vermag.

Kapitel 25

Aljechin–Verteidigung

1.e4 ♘f6

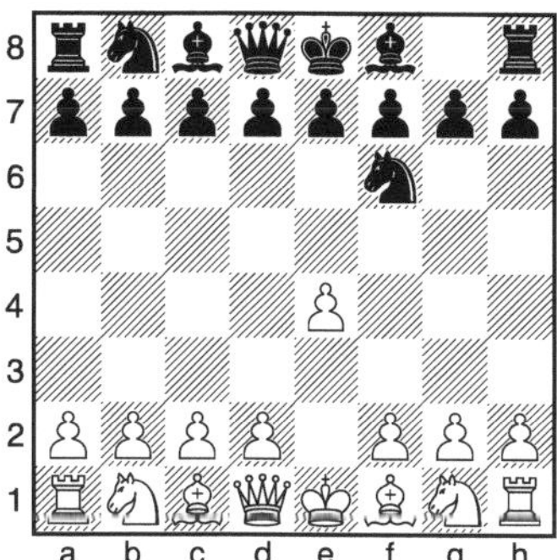

Schwarz erlaubt dem Gegner nicht nur die Errichtung eines starken Bauernzentrums, sondern provoziert obendrein den Vormarsch des weißen Spitzenbauern. Diese seinerzeit extravagante Eröffnungsidee kam 1921 plötzlich zu Ansehen, als sich der spätere Weltmeister Alexander Aljechin (1892–1946) ihrer bediente. Wenn Weiß zu unvorsichtig mit der ihm überlassenen Freiheit im Zentrum umgeht, kann der Nachziehende sehr wirkungsvoll mit Sprengungszügen wie d7–d6 und c7–c5 (oder seltener auch f7–f6) operieren, um die gegnerische Bauernphalanx zu zerstören.

2.e5

Nur so kann Weiß um Vorteil kämpfen, denn andere Züge bereiten dem Schwarzen keine Probleme.

I. 2.d3 d5 3.e5 (3.♘d2 e5 4.♘gf3 ♘c6 5.g3 ♗c5 6.♗g2 0–0 7.0–0 ♖e8=) 3...♘fd7 4.f4 c5 5.♘f3 e6 6.g3 ♘c6 7.♗g2 ♗e7 8.0–0 0–0 nebst f7–f6 mit guter Stellung.

II. 2.♘c3 d5

(2...e5 führt zur 'Wiener Partie'; siehe Kapitel 6.)

3.exd5 (3.e5 d4 4.exf6 dxc3 5.fxg7 cxd2+ 6.♗xd2 ♗xg7=) 3...♘xd5 4.♗c4 ♘b6 5.♗b3 ♘c6 6.♘f3 ♗f5 7.0–0 e6 8.d3 ♗e7=

2...♘d5 3.d4

Eine Reihe von Nebenvarianten kommt mehr und mehr aus der Mode.

I. 3.♘c3 ♘xc3

(3...e6 4.d4 d6 5.♘f3 ♘c6 ist auch möglich.)

4.dxc3 (4.bxc3 c5!) 4...d6 5.♘f3 ♘c6 (5...♗g4!?) 6.♗b5 ♗d7 7.exd6 exd6 8.0–0 ♗e7 9.♖e1 0–0 10.♗f4 ♗f6 11.♕d3 ♖e8 12.♖xe8+ ♕xe8 13.♖e1 ♕f8 nebst ♖a8–e8 mit völligem Ausgleich.

II. 3.♗c4 ♘b6 4.♗b3 c5 5.d3 ♘c6 6.♘f3 e6 7.0–0 d6 und nach den weiteren Entwicklungszügen ♗f8–e7 und 0–0 darf Schwarz mit seiner Stellung zufrieden sein.

III. 3.c4 ♘b6 4.c5 ♘d5 5.♘c3 c6 6.♗c4 d6 7.cxd6 exd6 8.♕b3 dxe5 9.♘xd5 cxd5 10.♗xd5 ♕c7 11.♘f3 ♗d6 12.0–0 0–0 13.d3 ♘c6=

3...d6

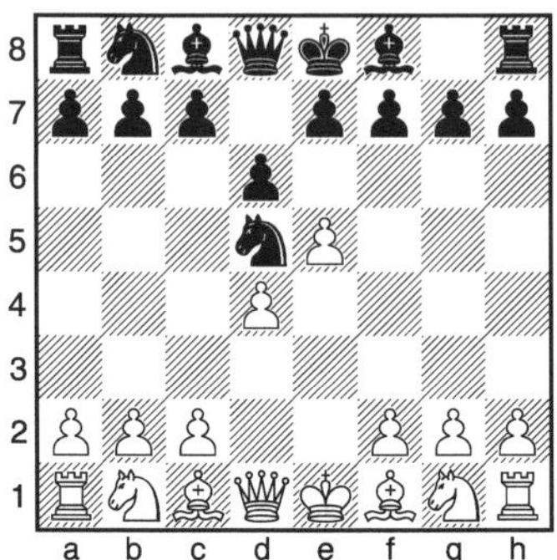

4.c4

Dies ist die energischste Fortsetzung, mit der Weiß unmissverständlich sofort um die Initiative kämpft.

Hier ein Blick auf einige gleichwertige Alternativen.

I. 4.♘f3 leitet das sogenannte 'Moderne System' ein.

A) 4...g6 5.♗c4 (5.♘g5 c6 6.c4 ♘c7 7.♕f3 f6 8.exf6 exf6 9.♘e4 f5 10.♘ec3 ♗g7=) 5...♘b6 6.♗b3 ♗g7 7.♘g5 (7.a4 a5!)

A1) 7...e6 8.♕f3 ♕d7

(Nach 8...0–0? 9.♕h3 h6 10.♘f3 kann Schwarz bereits in Schwierigkeiten geraten.)

9.♘e4 dxe5 10.♘f6+ (10.♗h6 f5!) 10...♗xf6 11.♕xf6 ♖g8 12.dxe5

Da Schwarz Zeit verlieren muss, um den König am Damenflügel in Sicherheit zu bringen, steht Weiß etwas besser.

A2) 7...d5 8.f4 f6 9.♘f3 ♘c6 10.0–0 ♗g4 11.c3 ♕d7 12.♗e3 ♘a5 13.♗c2 fxe5 14.fxe5 0–0 15.b3 ♖f7 mit dem Plan ♖a8–f8, ♘a5–c6–d8–e6 und Aussicht auf gleiches Spiel.

B) 4...dxe5 5.♘xe5 ♘d7 6.♘xf7!?

Für die Figur erhält Weiß starken Angriff, aber Schwarz hat ausreichende Verteidigungsmöglichkeiten.

6...♔xf7 7.♕h5+ ♔e6 8.c4 ♘5f6 9.d5+ ♔d6 10.♕f7

B1) 10...♘b6? 11.♘c3

(Schwächer ist 11.c5+ ♔xc5 12.♗e3+ ♔d6 13.♘c3 a6 14.0–0–0 ♕e8 15.♗f4+ ♔d7 16.♕e6+ ♔d8 17.♕e5 ♕d7 mit schwarzem Materialvorteil.)

11...♗f5 12.c5+ ♔xc5 13.♗e3+ ♔d6 14.♗d3 ♗g4 15.♗f4+ ♔d7 (15...♔c5 16.♖c1!) 16.f3 ♗h3 17.gxh3 ♔c8 18.♗f5+ ♔b8 19.♘b5 ♘bxd5 20.0–0–0 mit vehementem Angriff.

B2) 10...♘e5! 11.♗f4 c5 12.♘c3 a6 mit sehr komplizierter Stellung.

C) 4...♗g4 5.♗e2 e6 6.0–0 ♗e7 7.c4 ♘b6

C1) 8.♘c3 0–0 9.♗e3 d5 10.c5 ♗xf3 11.gxf3 ♘c8 12.f4 ♗h4 13.♗d3 g6 14.f5! exf5 15.♕f3 c6 16.♔h1 ♔h8 17.♖g1 ♘a6 18.♗xf5! ♘e7 (18...gxf5 19.♗h6 ♖g8 20.♖xg8+ ♕xg8 21.♖g1+–) 19.♗c2 ♘g8 20.♕h3 ♘c7 21.♖g4 ♗e7 22.♖ag1 ♕d7 23.f4 ♖ae8 24.f5 mit entscheidendem Königsangriff. Dieses Beispiel verdeutlicht das weiße Offensivpotential in dieser Variante.

C2) 8.h3 ♗h5 9.♘c3 0–0

(Nach 9...♗xf3 10.gxf3 erhält Weiß die g-Linie für seinen Turm und somit gute Angriffschancen.)

10.♗e3 a6

(Nach 10...d5!? 11.c5 ♗xf3 12.gxf3! ♘c8 13.f4 hängt das Schicksal des Schwarzen davon ab, ob er rechtzeitig den Verteidigungsplan nach dem Schema ♗e7–h4, ♘c8–e7–f5 durchführen kann.)

11.b3 d5 12.c5 ♘c8 13.b4 ♘c6 14.a3 f6 15.exf6 ♗xf6

Nun hat Schwarz Ausgleichschancen, wenn es ihm gelingt, mit z.B. ♗h5xf3, ♘c8–e7–f5 usw. ein Druckspiel gegen den Punkt d4 zu organisieren.

II. Mit der Abtauschvariante 4.exd6 löst Weiß die Spannung im Zentrum auf und führt das Spiel in ruhigere Bahnen.

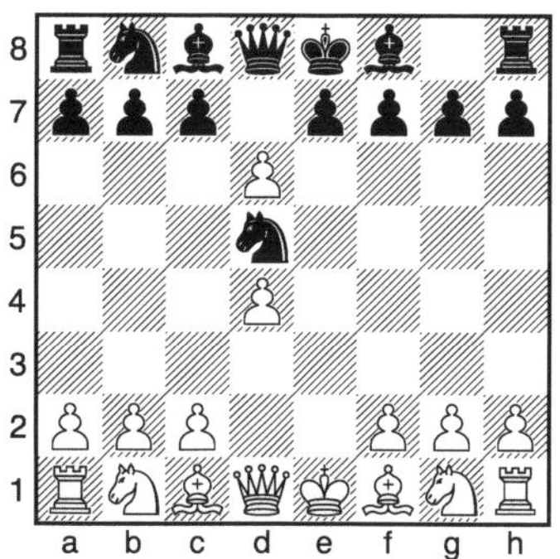

A) 4...exd6

A1) 5.♘f3 ♗g4 (5...♗e7 6.♗e2 0–0 7.0–0 ♘c6∞) 6.♗e2 ♗e7 7.0–0 0–0 mit ungefährem Ausgleich.

A2) 5.c4 ♘b6 6.♘c3

(Oder 6.♘f3 ♗g4 7.h3 ♗h5 8.♗e2 ♘c6 9.0–0 ♗e7 10.b3 0–0 11.♗b2 ♗f6 12.♘a3 ♕d7 13.♘c2 ♖fe8 14.♕d2 und Weiß hat mehr Möglichkeiten bei der Wahl eines Spielplans.)

6...♗e7 7.♗d3 0–0 8.♘ge2 ♘c6

(Nach dem anderen Plan 8...♗g4!? 9.f3 ♗h5 10.0–0 ♗g6 kann Schwarz ♘b8-c6 oder ♘b8-d7 mit jeweils guten Perspektiven wählen.)

9.0–0 ♗f6 10.b3 ♖e8 11.♗e3 ♗g4 12.♕d2 d5 13.c5 ♘c8 14.h3 ♗xe2 15.♘xe2 ♘8e7 16.b4 ♕d7 17.b5 ♘d8

In dieser komplizierten Position wird Weiß versuchen, mit a2-a4-a5 positionellen Vorteil am Damenflügel zu erreichen. Schwarz hingegen kann diese Aktion mit c7-c6 bremsen.

B) Nach 4...cxd6 verspricht die asymmetrische Bauernstellung mehr Spannung.

5.c4 ♘b6 6.♘c3 g6

B1) Mit 7.h3 verhindert Weiß den Läuferausfall nach g4.

7...♗g7 8.♘f3

(Auf 8.♗e3 kann Schwarz natürlich mit 8...0–0 fortsetzen.)

8...0–0 9.♗e3 ♘c6 10.♖c1 ♗f5 11.d5 ♘e5 12.♘xe5 ♗xe5 13.♗e2 ♗g7 14.0–0 ♖c8 15.b3

Weiß hat Vorteil, denn beispielsweise kann der schwarze Damenläufer mittels g2-g4 in eine passive Position gedrängt werden, oder Weiß kann versuchen, den gegnerischen Fianchetto-Läufer mit ♗e3-d4 abzutauschen und so die schwarze Königsstellung zu schwächen.

B2) 7.♗e3 ♗g7 8.♖c1 0–0 9.b3 e5

(Schwarz muss aktiv im Zentrum

vorgehen, denn nach z.B. 9...♘c6 10.d5 ♘e5 11.♗e2 f5 12.f4 ♘ed7 13.♘f3 hat Weiß mehr von Spiel.)

10.dxe5 dxe5 11.♕xd8 ♖xd8 12.c5 ♘6d7 (12...♘d5?? 13.♖d1 ♗e6 14.♗c4+-) 13.♘f3 ♘c6 14.♗c4 ♘a5 15.♗e2 b6

Diese energische Klärung der Lage am Damenflügel führt zu einer dynamischen Stellung mit beiderseitigen Chancen.

4...♘b6

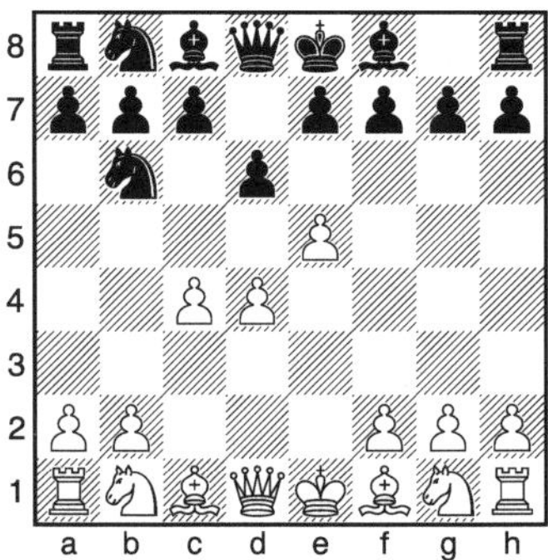

5.f4

Der Vierbauernangriff gehört zu den schärfsten Waffen gegen die Aljechin-Verteidigung. Weiß wird versuchen, den Gegner mit Hilfe des mächtigen Bauernzentrums in die Defensive zu zwingen. Positioneller ist die Abtauschvariante 5.exd6 (siehe 4.exd6), weil dabei das weiße Hinterland weniger geschwächt wird.

5...dxe5

Schwarz muss die Spannung noch nicht unbedingt aufheben, sondern kann auch 5...g6!? spielen; z.B. 6.♘c3 ♗g7 (6...dxe5 7.fxe5 ♗g7 8.♗e3 0-0 9.♘f3 ♗g4∞) 7.♗e3 0-0 8.♘f3 ♗e6 mit gutem Spiel nach beispielsweise 9.d5 ♗g4 usw.

6.fxe5 ♘c6 7.♗e3 ♗f5 8.♘c3 e6 9.♘f3 ♗e7

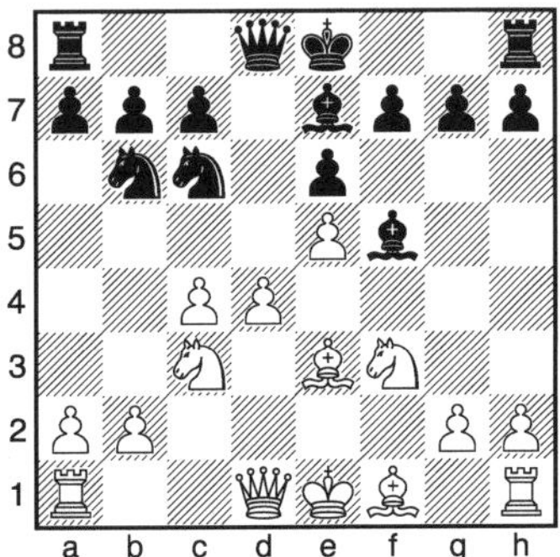

10.♗e2

Mit diesem ruhigen Plan kann Weiß nur minimalen Vorteil erreichen.

Zu großen Komplikationen führt hingegen das unmittelbare 10.d5!? mit der möglichen Folge 10...exd5 11.cxd5 ♘b4 12.♘d4 ♗d7

(Ungünstig ist 12...♗g6 wegen 13.♗b5+!.)

13.♕b3

(Nicht klar ist 13.e6!?.)

13...c5 14.dxc6 bxc6 15.0-0-0 (15.♖d1!?) 15...♘6d5 16.♗c4 0-0 17.♘xc6 ♗xc6 18.♘xd5 ♗xd5 19.♗xd5 ♕c7+ 20.♕c3 ♕a5 21.♔b1 ♖ac8 mit schwarzem Gegenspiel am Damenflügel und ausreichender Kompensation für den Bauern.

10...0-0 11.0-0 f6 12.exf6 ♗xf6 13.♕d2 ♕e7 14.♖ad1 ♖ad8

In dieser kritischen Stellung des ganzen Systems sollte Schwarz bei genauem Spiel den Ausgleich halten können.

Zusammenfassung:

Im Grunde genommen besteht die Hauptidee von Schwarz in dieser Eröffnung darin, die gegnerische Bauernkette im Zentrum mit Figuren und Bauern anzugreifen (hauptsächlich mit den Hebeln d7-d6 und c7-c5). Da es den Königsspringer jedoch zum anderen Flügel verschlägt, wird der Schutz des Königsflügels deutlich geschwächt. Eine starke Waffe ist der Vierbauernangriff mit 5.f4, mit dem Weiß sich eine mächtige zentrale Bauernstellung verschafft, obwohl Schwarz sich mit genauem Spiel erfolgreich verteidigen kann. Außerdem steht Weiß mit der Abtauschvariante 4.exd6 eine starke Alternative zur Verfügung und auch hier muss Schwarz viele Probleme überwinden. Aus diesen Gründen ist die Idee von Ex-Weltmeister Aljechin in der modernen Turnierpraxis zumindest auf höherer Ebene nicht mehr populär.

Kapitel 26

Skandinavische Verteidigung

1.e4 d5

Dieser aggressive Zug, mit dem Schwarz sein Spiel auf der Stelle befreien will, wurde erstmals von Lucena im Jahre 1497 empfohlen. Der Name der Eröffnung stammt allerdings aus jüngerer Zeit, weil sich vor allem skandinavische Spieler um die Erforschung des Systems verdient gemacht haben. Einerseits stellt insbesondere der in anderen Eröffnungen oft gehemmte ♗c8 kein Problem mehr dar, aber andererseits muss Schwarz einen Preis in Form des Verlusts von mindestens einem Tempo bezahlen, der mit dem Angriff auf die frühzeitig im Zentrum erscheinende Dame einhergeht.

2.exd5

Nicht zu empfehlen ist 2.e5 denn nach 2...♗f5 entwickelt Schwarz seine Kräfte problemlos nach dem Schema e7-e6, c7-c5, ♘b8-c6 usw.

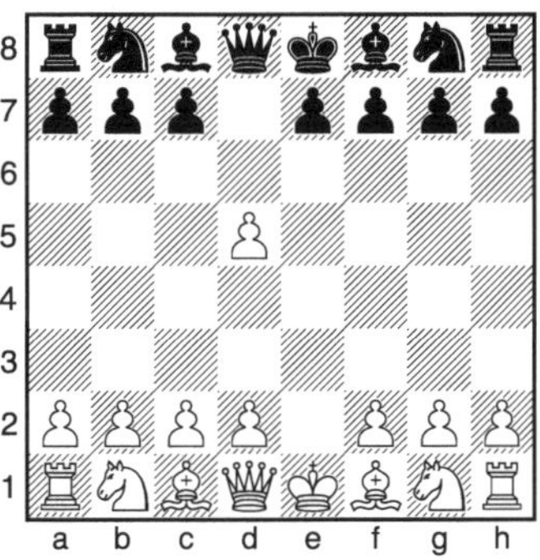

2...♕xd5

In der Hauptvariante beseitigt Schwarz umgehend den Bauern und entwickelt zugleich seine Dame.

Grundsätzlich anders verläuft die Partie nach der Fortsetzung 2...♘f6.

A) 3.c4

A1) Nach dem 'Skandinavischen Gambit' 3...c6 kann sich das Spiel wie folgt entwickeln.

4.dxc6 ♘xc6 5.d3

(Nach 5.♘f3 e5 6.♘c3 e4 7.♘g5 ♗f5 lähmt der e–Bauer die weißen Figuren.)

5...e5 6.♘c3 ♗f5 7.♘f3 ♕d7 8.♗e2 0–0–0 9.0–0 ♗xd3 10.♗xd3 ♕xd3 11.♕xd3 ♖xd3 12.♗g5 ♘d7 13.♖fd1 ♘c5 14.♘d5 f6 15.♗e3 ♖xd1+ 16.♖xd1 ♘e6 nebst ♗f8–c5 mit Ausgleich.

A2) Nach dem 'Isländischen Gambit' 3...e6 kann sich das Spiel wie folgt entwickeln.

4.dxe6 ♗xe6 5.♗e2

(5.d4 ♗b4+ 6.♗d2 ♕e7 7.♗xb4 ♕xb4+ 8.♕d2 ♘c6 9.♘c3 0–0–0 10.d5 ♗g4 11.f3 ♖he8+ 12.♗e2 ♗f5 13.0–0–0 ♘a5 mit schwarzem Gegenspiel.)

5...♘c6 6.♘f3 ♗c5 7.0–0 ♕d7 8.♘c3 0–0–0 9.a3 ♖he8 10.d3

(Unklar ist 10.b4 ♗d4 11.♗b2 ♗f5 usw.)

10...♗f5 und angesichts des gegnerischen Figurendrucks ist es für Weiß schwer, seinen Mehrbauern zur Geltung zu bringen.

B) 3.d4 ♘xd5

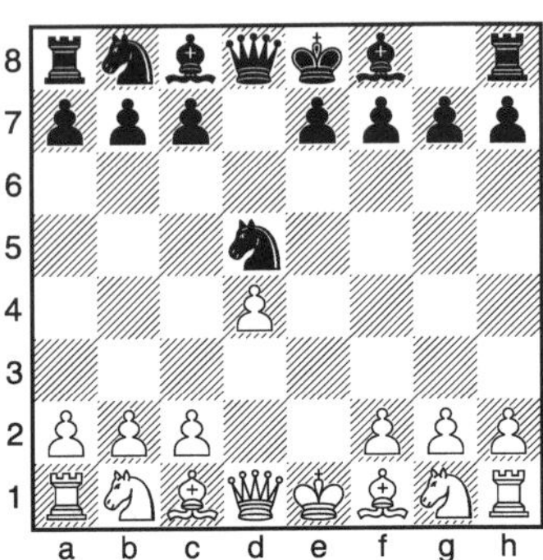

B1) 4.c4 ♘b6 5.♘f3 (5.♘c3 e5!?) 5...g6 (5...♗g4!?) 6.h3 ♗g7 7.♘c3 0–0 8.♗e3 ♘c6 9.♕d2 e5 10.d5 ♘a5

(Oder 10...♘e7 11.g4 f5 12.0–0–0 fxg4 13.♘g5 mit weißer Initiative.)

11.b3 f5 12.♗g5 mit weißem Übergewicht. So scheitert z.B. 12...♗f6? an 13.♗xf6 ♕xf6 14.c5 e4 15.♘d4 und Schwarz verliert einen seiner Springer.

B2) 4.♘f3 g6 5.c4 ♘b6 6.♘c3 ♗g7 7.c5 (7.h3 0–0 8.♗e3 ♘c6 9.♕d2 e5 10.d5 ♘e7 11.g4 f5∞) 7...♘6d7 8.♗c4 0–0 9.0–0 ♘f6 10.h3 b6 mit gutem Gegenspiel (Analyse von GM Gutman).

3.♘c3

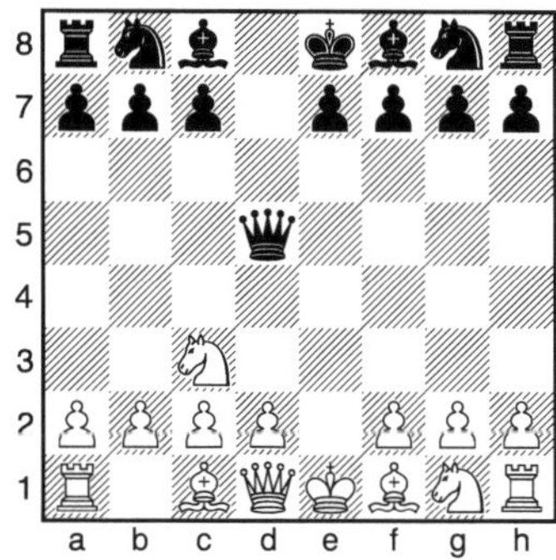

3...♛a5

Außer diesem am häufigsten gespielten Zug stehen Schwarz auch zwei Rückzüge der Dame zur Verfügung.

I. 3...♕d8 hat den Vorteil, dass die Dame nicht weiter belästigt werden kann. Außerdem kann sie jederzeit wieder aktiv ins Spiel gebracht werden.

A) 4.♘f3 ♘f6 5.♗c4 a6

(Der alternative Entwicklungsplan 5...c6 6.0–0 ♗f5 7.d4 e6 8.♗g5 ♗e7 9.♕e2 ♘bd7 10.♖ad1 0–0= ist auch möglich.)

6.0–0 b5 7.♗b3 ♗b7 8.♖e1 c5 nebst e7-e6, ♗f8-e7 und 0–0 mit etwa gleichem Spiel.

B) 4.d4 ♘f6 5.♗c4 a6

Schwarz plant b7-b5, um seinen Läufer aktiv auf der Schräge a8-h1 zu postieren.

6.♘f3 b5 7.♗b3 (7.♗d3 ♗b7 8.♗g5 e6 9.♕e2 ♗e7 10.0–0–0 0–0∞) 7...c5 8.dxc5 (8.a3 ♗b7=) 8...♕xd1+ 9.♘xd1 e6 10.0–0 ♗b7 11.♘e5 ♗xc5 12.♗e3 ♘bd7=

II. Mit 3...♕d6 bleibt die Dame in Zentrumsnähe und nimmt einige wichtige Felder unter Kontrolle. Auch kann sie schnell auf beiden Flügeln eingesetzt werden.

4.d4

(Nach 4.♗c4 ♘f6 5.d3 a6 6.♘ge2 b5 7.♗b3 ♗b7 8.0–0 e6 9.♘g3 ♗e7 nebst ♘b8-d7 kann Schwarz sowohl 0–0 als auch 0–0–0 wählen, in beiden Fällen mit verteilten Chancen.)

4...♘f6 5.♗c4 a6 6.♗b3

A) Mit 6...♗g4 trägt Schwarz der Tatsache Rechnung, dass es sinnvoll ist, vor dem Zug e7–e6 den Läufer c8 ins Spiel zu bringen.

7.♘ge2 (7.f3 ♗f5 8.♘ge2 ♘c6 9.♗f4 ♕d7 10.0–0 0–0–0∞) 7...e6 8.♗e3 ♗e7 9.♕d2 ♘c6 10.f3 ♗f5 11.♘g3 ♗g6 12.0–0–0 0–0–0

Schwarz hat alles im Griff und steht gut.

B) 6...♘c6 7.♘ge2 ♗f5 8.♗f4 ♕d7 9.♕d2 0–0–0 10.0–0–0 e6 mit scharfem Spiel.

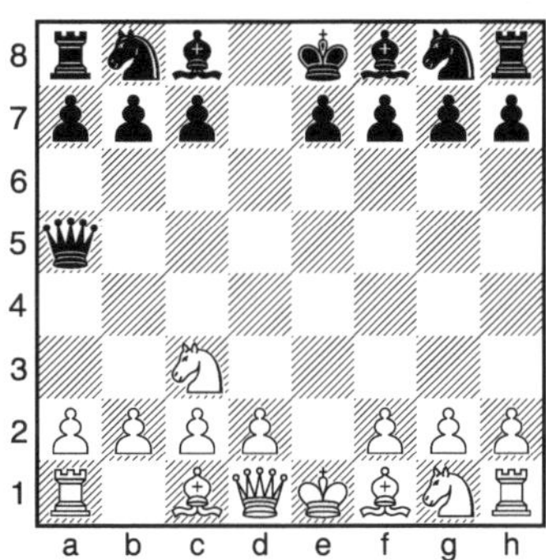

4.d4

Das ist zweifellos die populärste Fortsetzung.

Nach dem flexiblen Zug 4.♗c4 kann Weiß seinen Königsspringer nach f3 oder e2 entwickeln und auch die Entscheidung, ob der d-Bauer nach d3 oder d4 gestellt wird, muss nicht sofort gefällt werden; z. B. 4...c6 5.♘ge2 ♗f5 6.0-0 e6 7.d3 ♘d7 8.♗f4 ♘gf6 9.♕d2 ♘b6 10.♗b3 0-0-0 mit verteilten Chancen in einer Stellung mit entgegengesetzten Rochaden.

4...♘f6 5.♘f3 c6

So öffnet Schwarz seiner Dame eine Rückzugsmöglichkeiten auf der Diagonale a5-d8.

6.♗c4

Der Läufer steht auf der Diagonale a2-g8 sehr aktiv und Schwarz muss ständig mögliche Einschläge auf e6 oder f7 beachten.

6...♗f5

So kontrolliert Schwarz das wichtige Feld e4 und nimmt den Bauern c2 aufs Korn.

7.♗d2 e6 8.♕e2

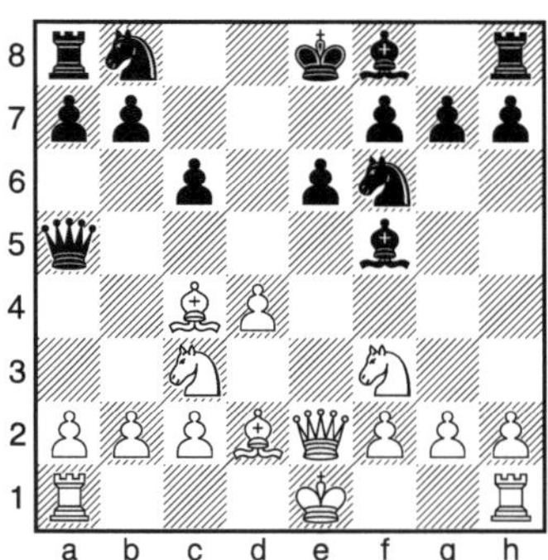

Mit diesem Zug deutet Weiß an, dass er lang zu rochieren plant.

8...♗b4

Mit diesem logischen Entwicklungszug bereitet Schwarz die kurze Rochade vor.

Nicht akzeptabel ist 8...♗xc2? wegen 9.d5! cxd5 10.♗b5+ (10.♘xd5!?) 10...♘bd7 (10...♘c6 11.♘d4 ♕b6 12.♘xc2+-) 11.♘xd5 ♕d8 12.♗g5 ♖c8 13.♘e5 ♗a4 14.♗xa4 ♕a5+ 15.♘c3 ♖xc3 16.♗xd7+ ♘xd7 17.♗d2 ♘xe5 18.♗xc3 ♗b4 19.0-0 mit weißem Vorteil.

9.0-0-0 ♘bd7 10.a3

Damit sichert Weiß sich das Läuferpaar, was ihm in einigen Fällen einen Vorteil garantieren kann.

10...♗xc3 11.♗xc3 ♕c7 12.♘e5

Das ist die Hauptidee des weißen Spiels: Der Springer bezieht einen Aktivposten in der Mitte und unterstützt den Plan g2-g4, f2-f4 usw. mit starker Initiative am Königsflügel.

12...♘xe5

Den starken Springer zu beseitigen ist ein Hauptmotiv der schwarzen Verteidigung.

13.dxe5 ♘d5 14.♗d2 0–0–0

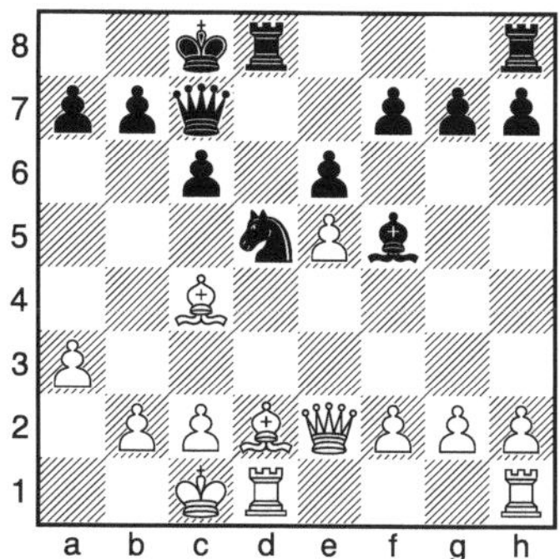

Schwarz hat eine ziemlich feste Position. Weiß wird versuchen, seinen Raumvorteil auf der rechten Seite mit dem Vorstoß f2-f4-f5 auszunutzen, aber Schwarz wird mit h7-h5! kontern; z.B 15.g4 ♗g6 16.f4 h5! 17.h3 hxg4 18.hxg4 ♖xh1 19.♖xh1 ♕b6 20.♖f1 ♕d4.

In dieser Stellung hat Schwarz gute Karten, was auch die Ergebnisse aus der Turnierpraxis beweisen.

Zusammenfassung: Offenbar ist die Skandinavische Verteidigung gut spielbar, und zwar nicht nur in der Hauptvariante mit 2...♕xd5 3.♘c3 ♕a5, sondern auch nach 3...♕d8 oder 3...♕d6. Grundsätzlich anders verläuft das Spiel nach 2...♘f6. Wenn Weiß versucht, seinen Mehrbauern mit 2.c4 zu behaupten, kann Schwarz entweder das 'Skandinavische Gambit' 3...c6 oder das 'Isländische Gambit' 3...e6 wählen, die beide zu scharfen Stellungen mit guten Gegenchancen führen.

Kapitel 27
Nimzowitsch-Eröffnung
1.e4 ♘c6

Obwohl diese Eröffnung gegenwärtig selten gespielt wird, darf Weiß sie nicht unterschätzen, denn bei schwachem Spiel könnte Schwarz alsbald die Initiative übernehmen.

2.d4

Nach 2.♘f3 oder 2.♘c3 kann das Spiel beispielsweise mit 2...e5 in andere Eröffnungssysteme übergehen.

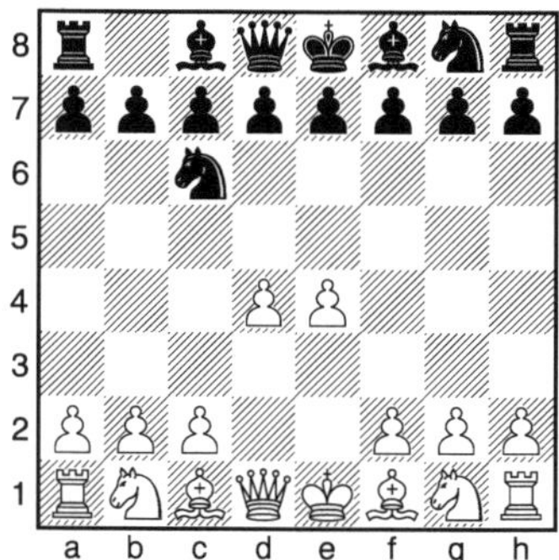

2...d5

Nach 2...e5 entstehen völlig andere Stellungsstrukturen.

A) 3.d5 ♘ce7 4.♘f3 ♘g6 5.h4 d6

(Schwarz kann den Lauf des weißen Bauern auch mit 5...h5 stoppen; z.B. 6.♗g5 ♘f6 7.♘c3 ♗b4 8.♕d3 a6 9.♘d2 d6 10.g3 ♗c5 nebst ♗c8-d7, ♕d8-e7, 0–0–0 mit zweischneidigem Spiel.)

6.h5 ♘6e7 7.♘c3 a6 8.♗d3 h6 9.♘h4 ♘f6 10.♗e3 ♗d7 nebst c7-c6, b7-b5 mit Gegenspiel am Damenflügel.

B) 3.dxe5 ♘xe5 4.f4 (4.♘f3 ♘xf3+ 5.♕xf3 ♕f6 6.♕g3 ♗c5 7.♘c3 ♘e7 8.♗d3 d6 9.0–0 ♕g6=) 4...♘g6 5.♗c4

(Nach 5.♘f3 wird mit 5...♗c5 eine weitere Figur aktiviert; z.B. 6.♗c4 d6 7.♘c3 c6 8.♕e2 b5 9.♗b3 a5 10.a4 b4 11.♘d1 ♕e7 12.♘f2 ♘f6 mit gutem Spiel für Schwarz.)

5...d6 6.♘f3 ♗e7 7.0–0 ♘f6 8.♘c3 0–0 9.♕e2 c6

Nun ist der Weg zur Aktivierung der Dame frei – entweder mit ♕b6 oder mit dem Manöver ♕a5 nebst ♕a5-h5 mit aktivem Spiel auf der rechten Seite.

3.e5

So wird meistens gespielt. Weiß gibt dem Kampf einen geschlossenen Charakter und nimmt zugleich die wichtigen Felder d6 und f6 unter Kontrolle.

Ein anderer Ansatz ist 3.♘c3, wonach sich das Spiel wie folgt weiterentwickeln kann.

3...dxe4 4.d5 ♘e5 5.♕d4 (5.♗f4 ♘g6 6.♗g3 f5⇄) 5...♘g6 6.♕xe4 ♘f6

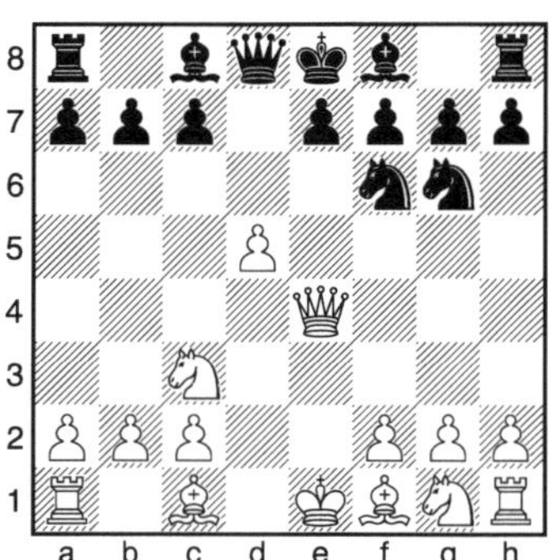

Und hier verfügt Weiß über zwei Pläne.

A) 7.♗b5+ c6 (7...♗d7 8.♕e2 a6 9.♗d3 c6 10.dxc6 ♗xc6 11.♘f3 e6 12.0–0 ♗e7 13.♖d1 ♕b6=) 8.dxc6 ♘xe4 9.c7+ ♕d7 10.♗xd7+ ♗xd7 11.♘xe4 ♖c8 12.♗e3 ♖xc7 13.0–0–0 b6

In diesem damenlosen Mittelspiel hat Schwarz nichts zu befürchten; das Spiel ist etwa ausgeglichen.

B) 7.♕a4+ ♗d7 8.♕b3

(Nach 8.♗b5 a6 9.♗xd7+ ♕xd7 10.♕xd7+ ♘xd7 ist die Stellung im Gleichgewicht.)

8...♕c8

(Das Bauernopfer nach 8...c6 9.♕xb7 ♖b8 10.♕xa7 cxd5 führt zu scharfem Spiel und Schwarz muss noch zeigen, dass er richtig investiert hat. Der Damenzug ist solider und garantiert gleiches Spiel.)

9.♘f3 e5 10.♗d3 ♗d6 11.0–0 0–0 12.♖e1 ♗f5 usw.

3...♗f5

Auf der Diagonale b1-h7 nimmt der Läufer wichtige zentrale Felder unter Kontrolle.

3...f6 ist ebenfalls spielbar.

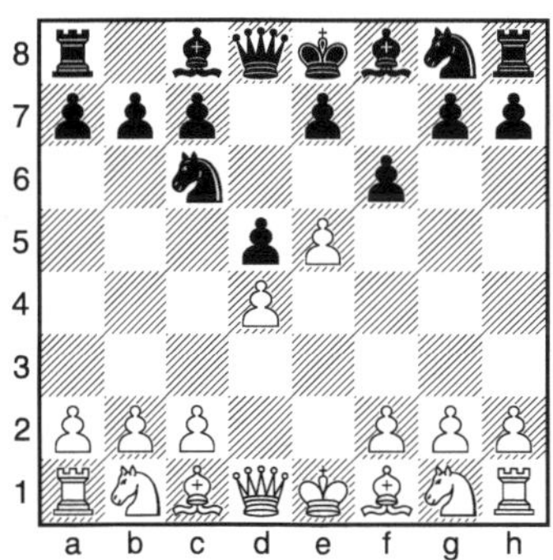

Hier ein Blick auf einige Varianten.

A) 4.♘f3 ♗g4 (4...♗f5 5.♗d3 ♕d7 6.0–0 0–0–0 7.♖e1 ♗g4 8.c3 e6∞) 5.♗b5 ♕d7 6.0–0 a6 7.♗e2

(Keine Probleme hätte Schwarz nach 7.♗xc6 ♕xc6 8.♘c3 0–0–0=.)

7...e6 8.♖e1 ♗xf3 9.♗xf3 fxe5 10.dxe5 ♗c5 nebst ♘g8-e7 und 0–0 mit gutem Spiel.

B) 4.f4 ♘h6 5.♘f3 ♗f5 (5...♗g4 6.♗e2 ♕d7 7.c3 0–0–0∞) 6.♗d3 ♗e4 7.c3 ♕d7 8.♕e2 f5 9.0–0 e6 10.♘bd2 ♗e7

In der Folge wäre die lange Rochade zu riskant, aber nach der kurzen kann Schwarz mit Ausgleich rechnen.

4.c3 e6

Schwarz möchte seinen Königsflügel rasch entwickeln.

Eine Alternative ist 4...♕d7!? mit der möglichen Folge 5.♘f3 f6.

(Zu riskant wäre 5...0–0–0 6.♗b5 a6 7.♗a4 e6 8.b4, denn Weiß käme schneller zur Sache.)

6.♗b5 e6 7.0–0 ♘ge7 8.♖e1 a6 9.♗a4 ♘g6 usw.

5.♗d3 ♘ge7

Nach 5...♗xd3 6.♕xd3 kann Schwarz die scharfe Variante 6...♕d7 7.♘e2 ♘ge7 8.0–0 0–0–0 wählen.

6.♘e2 ♕d7 7.0–0

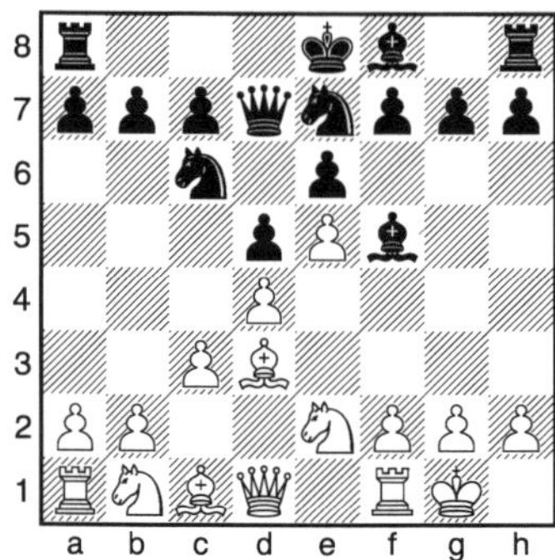

7...f6

Dieser Schlag gegen das weiße Bauernzentrum ist ein Hauptmotiv von Schwarz.

Nach 7...0–0–0 führt das Rennen auf beiden Flügeln zu großen Komplikationen; z.B. 8.b4 f6 9.f4 h5 10.a4 h4 usw. Die Praxis zeigt, dass diese Stellung zu dynamischem Spiel mit beiderseitigen Chancen führt.

8.f4 h5 9.b4 h4 10.a4 ♗xd3 11.♕xd3 ♘f5 12.♘a3 ♗e7 13.♘c2 ♘d8 14.♘e3 ♘xe3 15.♗xe3 f5

Die Stellung im Zentrum ist geschlossen und Schwarz steht beweglicher. Nach ♘d8-f7 kann er lang rochieren und nach den weiteren Zügen ♖d8-g8, g7-g5 einen Angriff am Königsflügel organisieren. Aber er kann auch mit seinem König auf e8 bleiben und versuchen, diese Aktion ohne Rochade zu organisieren.

Zusammenfassung: Die Nimzowitsch Verteidigung basiert auf der Idee, Druck auf die weißen Zentralbauern auszuüben, und gehört zu den interessanten Eröffnungen nach 1.e4. Schwarz hat einige aktive Möglichkeiten, Gegenchancen auf beiden Seiten zu erhalten, und diese sollte Weiß nicht unterschätzen. Andererseits muss Schwarz sorgfältig spielen, damit er in keine allzu passive Lage gerät. Daher ist es von Vorteil, die Theorie ausreichend gut zu kennen.

Kapitel 28

Das System 1...a6

1.e4 a6

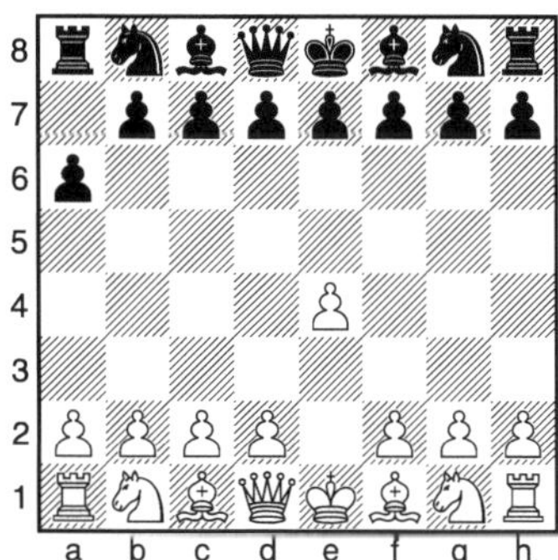

Dieser provokative und buchstäblich exzentrische Zug basiert auf der simplen Idee, mit b7–b5 rasch Gegenspiel am Damenflügel vorzubereiten.

2.d4

Wie in vielen anderen Eröffnungen gilt auch hier: Wenn der Gegner zur Besetzung des Zentrums einlädt, sollte man sich nicht zweimal bitten lassen.

2...b5 3.♗d3

Hier wurde auch schon das aggressivere 3.f4 ausprobiert; z.B. 3...♗b7 4.♗d3 e6 5.♘f3 c5 6.c3 ♘f6 7.♕e2 ♗e7 8.0–0 ♘c6 9.a3 cxd4 10.cxd4 ♕b6 11.♗e3 ♘g4 12.♘bd2 ♘xe3 13.♕xe3 und Weiß ist sehr gut zentralisiert.

3...♗b7 4.♘f3 ♘f6

Der sofortige Angriff auf das weiße Bauernzentrum mit 4...c5 ist nicht zu empfehlen, denn nach 5.dxc5 e6 6.b4 kann Weiß den Mehrbauern behaupten.

Allerdings kann dieser Vorstoß mit 4...e6 vorbereitet werden; z.B. 5.0–0 c5 6.dxc5 ♗xc5 7.♕e2 ♘c6 8.c3 ♘ge7 9.♗e3 ♗xe3 10.♕xe3 ♘g6 11.♘bd2 0–0 mit beiderseitigen Möglichkeiten.

5.♕e2

Nach 5.e5 ♘d5 bekommt der Springer einen hervorragenden Stützpunkt in der Mitte. Genau darin liegt der tiefere Sinn der ganzen Eröffnung, denn durch den frühen Zug b7–b5 wird die auf d5 zentralisierte Figur vor Attacken durch den weißen c-Bauern geschützt.

5...e6 6.0–0

Alternativ kann Weiß auch zunächst mit 6.a4!? am Damenflügel aktiv werden; z.B. 6...c5 7.dxc5 ♗xc5 8.♘bd2 b4 9.e5 ♘d5 10.♘e4 ♗e7 11.♗g5 (11.0–0 ♘c6 12.♗d2 ♕c7 13.c4 bxc3 14.♘xc3 ♘xc3 15.♗xc3 ♘b4=) 11...0–0

(11...♗xg5? ist wegen 12.♘d6+ fehlerhaft, denn nach 11...f6 12.exf6 gxf6 kann Weiß mit 13.♘e5! die Initiative ergreifen.)

12.♘d6 ♗c6 13.h4 mit guten Perspektiven am Königsflügel.

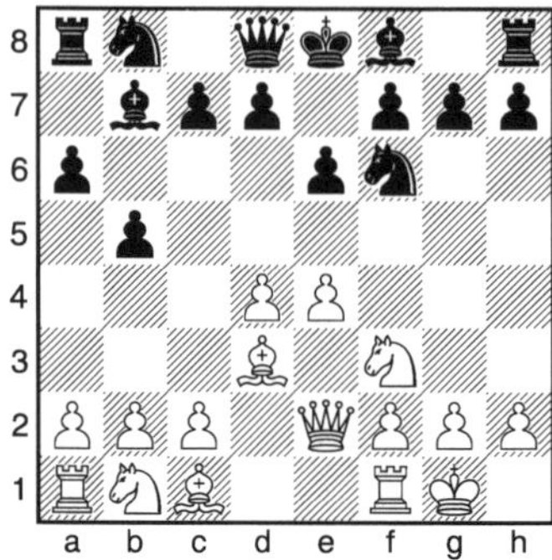

6...c5

Auf 6...d5 folgt 7.e5 ♘fd7 8.♗g5!? (Nach 8.c3 c5 9.a3 ♗e7 kann Schwarz mit seiner Stellung zufrieden sein.)

8...♗e7 (8...♕c8 9.♘bd2 c5 10.c3 h6 11.♗h4 ♘c6 12.♖ac1±) 9.♗xe7 ♕xe7 10.a4 mit weißem Vorteil, denn der schwarze Läufer steht auf b7 passiv.

7.c3 ♗e7 8.♗g5

Weiß hat das Zentrum fest in der Hand und somit die besseren Chancen. Sein Plan ist unkompliziert: ♘b1-d2, a2–a4 oder e4–e5 mit Aktionsmöglichkeiten an beiden Flügeln.

Zusammenfassung: Hinter dem (laut Theorie nicht ganz vollwertigen) Zug 1...a6 steckt dennoch eine durchaus subtile Idee, denn Schwarz möchte im Zentrum etwas im Hinblick auf die Zukunft seines Königsspringer (!) bewirken (siehe Anmerkung nach dem Hauptzug 5.♕e2). Zu beachten ist auch, dass Schwarz nach 2.♘f3 (statt 2.d4) mit 2...c5 zur sogenannten 'O'Kelly–Variante' der Sizilianischen Verteidigung überleiten kann.

Kapitel 29

Das System 1...b6

1.e4 b6

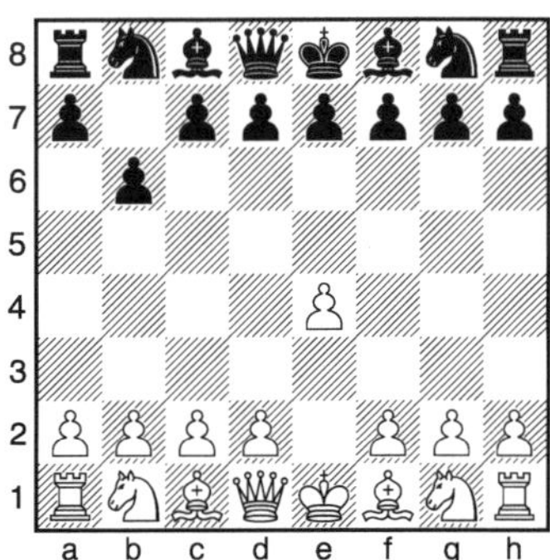

Schwarz entwickelt seinen weißfeldrigen Läufer auf die lange Diagonale a8–h1, um Figurendruck auf das weiße Zentrum auszuüben. Da dieser Aufbau keinen guten Ruf genießt, ist er in der modernen Meisterpraxis selten anzutreffen. Entsprechend alt ist die überwiegend gebräuchliche Bezeichnung 'Owen–Eröffnung', die auf den englischen Meister John Owen (1827-1901) zurückgeht, der einen bedeutenden Beitrag zur Entwicklung dieses Systems geleistet hat.

2.d4 ♗b7 3.♗d3

Mit dem logischen Aufbau 3.f3 stärkt Weiß sein Bauernzentrum und beschränkt zugleich die Aktivitäten des Läufers b7; z.B. 3...e6 4.♗e3 d5 5.e5 c5 6.c3 ♘c6 7.f4 mit der weiteren Entwicklung nach dem Schema ♗f1-d3, ♘g1-f3 (oder sogar ♘g1-e2), 0–0, ♘b1-d2 nebst eventuellem Königsangriff mit g2-g4 usw.

3...e6

Die scharfen Varianten nach 3...f5? können den Anziehenden nur bei wirklich schwachem Spiel in Bedrängnis bringen. Hingegen gerät Schwarz bei richtigem Spiel ins Hintertreffen, wie die folgenden Beispielvarianten zeigen.

A) 4.♘c3 ♘f6 5.♕e2 ♘c6 6.♘f3 fxe4 7.♘xe4 e6 8.c3 ♗e7 9.0–0 a5 10.♘fg5 h5 11.♘xf6+ ♗xf6 12.♗g6+ ♔e7 13.♘f7 ♕f8 14.♖e1 ♘d8 15.♘xh8 ♕xh8 16.♗f4+–

B) 4.exf5!? ist ebenfalls stark; z.B. 4...♗xg2 5.♕h5+ g6 6.fxg6 ♗g7 7.gxh7+ ♔f8 8.♘f3! ♘f6 9.♕g6 ♗xf3 10.♖g1 ♖xh7 11.♕g3 ♗e4 12.♗xe4 ♘xe4 13.♕f3+ ♘f6 14.♕xa8+–

4.♘f3

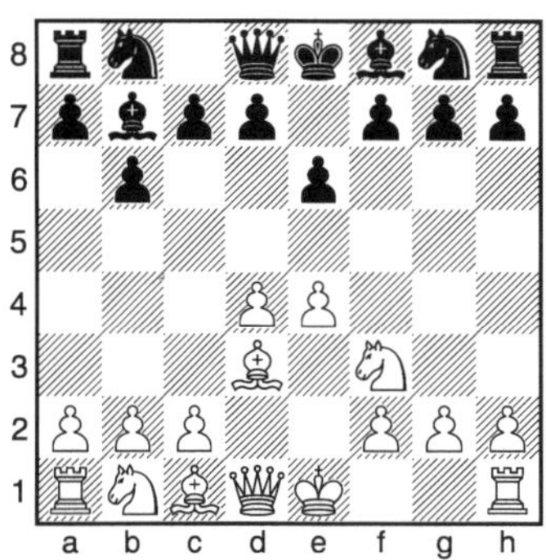

4...c5

Die Alternative besteht in der Durchführung des Vorstoßes d7-d5 nach z.B. 4...♘f6 5.♕e2 d5 6.e5 ♘fd7 (6...♘e4 7.♘bd2!) 7.♗g5 (7.0–0 c5 8.c3 ♘c6∞) 7...♗e7

(Zu beachten ist 7...♕c8!? mit der Absicht ♗b7-a6 nebst Abtausch der weißfeldrigen Läufer.)

8.♗xe7 ♕xe7 9.c3 c5 10.♘bd2 ♘c6 11.0–0 0–0 12.a3 cxd4

(Nach 12...a5 kann Weiß 13.♕e3 spielen, um mit ♘f3-e1, f2-f4 aktive Handlungen am Königsflügel anzustreben.)

13.cxd4 ♖ac8 14.♖ac1 ♖c7 15.♖c3 nebst ♖f1-c1 mit aktiverem Spiel für Weiß, denn die schwarze Stellung krankt an dem schlechten Läufer auf b7.

5.c3 ♘f6 6.♕e2 ♗e7 7.0–0 ♘c6 8.a3

Gleichfalls möglich ist 8.e5 ♘d5 9.dxc5 bxc5 10.c4 ♘b6 11.♘c3 0–0 12.♘e4±.

8...♘a5 9.♘bd2 c4 10.♗c2 ♕c7 11.♖e1

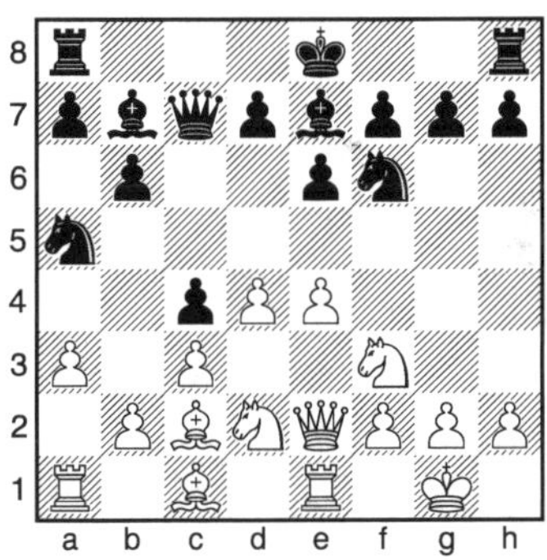

11...0–0

Nach 11...b5 kann Weiß seinen Springer mit 12.♘f1 0–0 13.♘g3± zum Königsflügel bringen.

12.♘f1 d5 13.e5 ♘e4 14.♘g3 ♘xg3 15.hxg3 b5 16.g4

In dieser geschlossenen Stellung hat Weiß deutlich mehr Möglichkeiten; z.B. kann er die offene h-Linie nach g2-g3, ♔g1-g2, ♖e1-h1 zum Königsangriff nutzen.

Zusammenfassung: Die Eröffnungstheorie besagt im Allgemeinen, dass das System mit der frühen Entwicklung des Läufers auf die lange Diagonale a8-h1 für Weiß günstig ist, weil er mehr Möglichkeiten hat, sich einen Vorteil zu verschaffen. Auch die Nebenvariante mit 3.f3 (statt des Hauptzuges 3.♗d3) ist stark und bietet dem Weißen bessere Perspektiven.

III. Geschlossene Spiele

Kapitel 30

Abgelehntes Damengambit

1.d4 d5

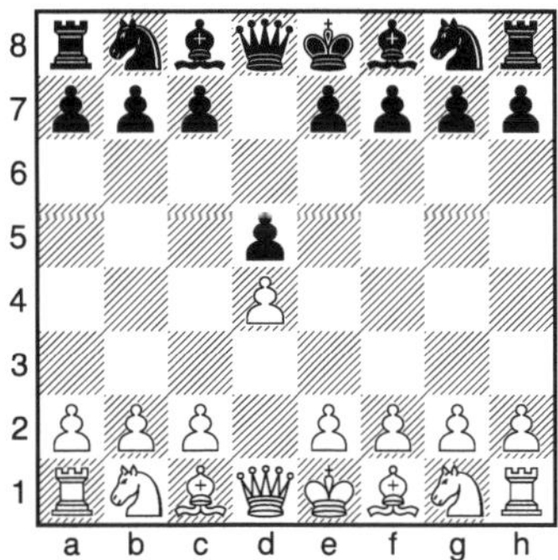

Das Damengambit wird bereits in der *Göttinger Handschrift* (um 1505) erwähnt und ist seit Beginn des 20. Jahrhunderts eine der beliebtesten, gänzlich zeitlosen und von Modetrends unberührten Eröffnungen. Den Höhepunkt ihrer Popularität erreichte diese Eröffnung aber wohl in den 20er und 30er Jahren, und so kam sie 1927 in den 34 Partien des WM-Kampfs Aljechin - Capablanca sage und schreibe 32 Mal aufs Brett.

Die ursprüngliche Idee des Damengambits ist sehr geradlinig: Mit c2-c4 entfacht Weiß sofort einen Kampf um die zentralen Felder e4 und d5. Dabei riskiert er gar nicht viel, denn eigentlich handelt es sich nur um ein *Schein*opfer und der Gambitbauern kann stets zurückerobert werden. Aus diesem Grund lehnt Schwarz das Opfer zumeist sogar ab, denn dann hat er besonders viele Möglichkeiten und eine große Auswahl sehr unterschiedlicher Aufbauten, um die weißen Absichten zu durchkreuzen.

2.c4

Die Fortsetzung 2.♘f3 führt zumeist unter Zugumstellung zu den Hauptvarianten. Nur wenn Weiß in der Folge ganz auf den Zug c2-c4 verzichtet, geht die Partie zu den sogenannten 'Damenbauernspielen' über (siehe **Kapitel 32**).

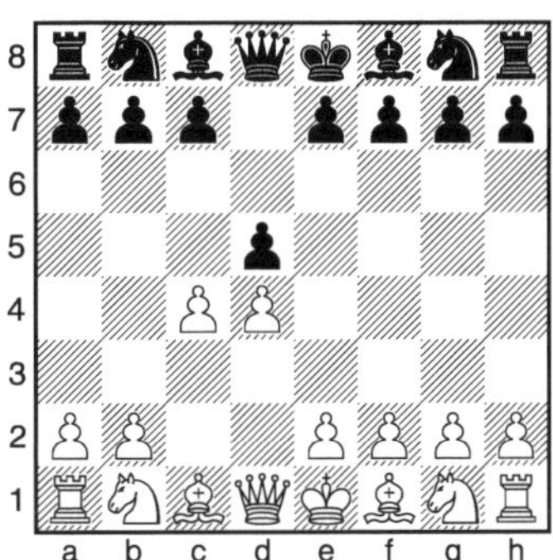

2...e6

Das ist die klassische Form des abgelehnten Damengambits. Schwarz deckt seinen Bauern, strebt nach schneller Entwicklung und behält sich vor, seinen c-Bauern später entweder defensiv (c7-c6) oder offensiv (c7-c5) gegen den weißen Herrschaftsanspruch im Zentrum einzusetzen.

Außerdem werden auch folgende Alternativen behandelt.

I. Zu 2...c6 - siehe **Kapitel 31**.

II. Zu 2...dxc4 - siehe **Abspiel 1**.

III. 2...e5!? führt zu 'Albins Gegengambit' wonach sich das Siel wie folgt entwickeln kann.

3.dxe5 d4

A) 4.e3? ♗b4+ 5.♗d2 dxe3! 6.fxe3 (6.♗xb4?? exf2+ 7.♔e2 fxg1♘+!-+) 6...♕h4+ 7.g3 ♕e4 8.♕f3 ♗xd2+ 9.♘xd2 ♕xe5 mit Vorteil für Schwarz.

B) 4.♘f3 ♘c6 5.g3

(- Beachtung verdient 5.a3!? auch, um mit b2-b4 Raum am Damenflügel zu gewinnen und den Springer von c6 auf ein schlechtes Feld zu treiben.

- Weniger zu empfehlen ist 5.♘bd2 f6 6.exf6 ♘xf6 7.g3 ♗f5 8.a3 a5 9.♗g2 ♕d7, denn nach 0-0-0 hat Schwarz ausgezeichnetes Spiel für den Bauern.)

5...♗g4

(Schwächer ist 5...♗e6 6.♘bd2 ♕d7 7.♗g2 ♗h3 8.0-0 0-0-0 9.♘b3 nebst ♕d1-d3, ♖f1-d1 mit Angriff auf den d-Bauern.)

6.♗g2 ♕d7 7.0-0 0-0-0 8.♕b3 ♘ge7 (8...♗h3? 9.e6!) 9.♖d1 ♕f5 nebst ♘e7-g6 mit aktivem Spiel für den Bauern. Bei genauer Fortsetzung hat Weiß jedoch die besseren Aussichten.

IV. Mit 2...♘c6 wählt Weiß das 'Tschigorin-System'.

A) 3.♘c3 dxc4 4.e3 (4.d5 ♘e5 5.♗f4 ♘g6 6.♗g3 e5 7.dxe6 ♗xe6 8.♘f3 ♘f6 9.♘d4 ♗d7 10.e3 ♗b4 11.♗xc4 0-0=) 4...e5 5.d5 ♘ce7 6.♗xc4 ♘g6 7.♗b5+ ♗d7 8.♕b3 ♖b8 9.e4 a6 10.♗xd7+ ♕xd7 11.♘f3 ♗c5 12.0-0 ♘f6 mit etwa gleichen Chancen.

B) 3.♘f3 ♗g4 4.cxd5 ♗xf3 5.dxc6

(Oder 5.gxf3 ♕xd5 6.e3 e5 7.♘c3 ♗b4 8.♗d2 ♗xc3 9.bxc3 ♕d6 10.♖b1 0-0-0 11.♕b3 b6 12.♕a4 ♘ge7 und Schwarz kann mit seiner Stellung zufrieden sein.)

5...♗xc6 6.♘c3 ♘f6 7.f3 e5!? 8.dxe5 ♘d7 9.f4 ♗c5 10.e4 0-0 11.♗c4 ♕h4+ 12.g3 ♕h3 13.♕f3 ♘b6 14.♗b3 a5 15.a3 a4 16.♗a2 ♖fd8

In dieser komplizierten Stellung hat Schwarz wohl Kompensation, denn der weiße Monarch gelangt nicht so leicht aus der Gefahrenzone.

V. Mit 2...♗f5 wählt Weiß die 'Keres-Variante'.

3.♕b3 (3.cxd5 ♗xb1 4.♕a4+ c6 5.♖xb1 ♕xd5 6.♘f3 ♘d7 7.♗d2 ♘gf6 8.e3 e6=) 3...e5!?

(Die Alternative 3...dxc4 4.♕xb7 ♘d7 5.♘c3 ist bequemer für Weiß.)

4.cxd5

(Nicht ohne Risiko ist der Bauernraub 4.♕xb7, denn nach 4...♘d7 kann Weiß wegen seiner Unterentwicklung in Schwierigkeiten geraten.)

4...exd4 5.♘f3 ♗c5 6.♘xd4 ♗xd4 7.♕a4+ ♘c6 8.dxc6 b6 9.e3 ♗c5 10.♘c3 ♘f6 11.♗e2 0–0 12.0–0 ♕e7 mit ausreichender Kompensation.

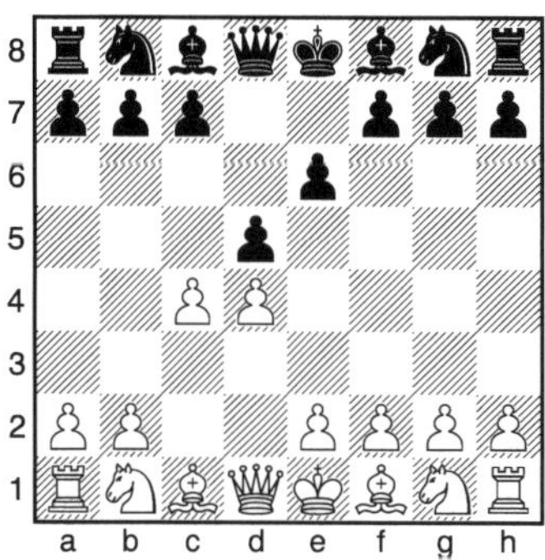

3.♘c3

Weiß erhöht die Spannung im Zentrum weiter, indem er auf den Bauern d5 drückt und e2–e4 droht.

Nach 3.♘f3 kann sich das Spiel ähnlich oder auch anders entwickeln.

3...♘f6

(Im Geiste der Tarrasch–Verteidigung aus **Abspiel 2** kann auch 3...c5 folgen; z.B. 4.cxd5 exd5 5.g3 ♘c6 6.♗g2 ♘f6 7.0–0 ♗e7 8.dxc5 ♗xc5 9.♘bd2 0–0 10.♘b3 ♗b6 11.♘bd4 ♖e8 mit etwa gleichen Chancen. Weiß kontrolliert zwar das strategisch wichtige Feld d4, doch die Stellung von Schwarz ist elastisch und seine Figuren wirken gut.)

4.♗g5

A) Mit 4...♗b4+ wählt Schwarz die 'Wiener Variante'.

5.♘c3 dxc4 6.e4 c5 7.♗xc4 cxd4 8.♘xd4 ♕a5

(Auf 8...♗xc3+ 9.bxc3 ♕a5 kann 10.♗b5+!? nebst ♕d1-b3 und 0–0 folgen.)

9.♗xf6 ♗xc3+ 10.bxc3 ♕xc3+ 11.♔f1 ♕xc4+ 12.♔g1 ♘d7 13.♖c1 ♕a6

(13...♕xa2? 14.♗xg7 ♖g8 15.♘b5 mit starkem Angriff.)

14.♗xg7 ♖g8 15.♗h6 ♘e5 16.♕h5 mit klarem Vorteil für Weiß.

B) Mit 4...h6 wählt Schwarz die 'Moskauer Variante'.

5.♗xf6 ♕xf6 6.♘c3 c6 7.e3

(Möglich ist auch 7.♕b3 ♘d7 8.e4 dxe4 9.♘xe4 ♕f4 10.♗d3 ♗e7 11.0–0 0–0 12.♖fe1 c5 13.d5 exd5 14.cxd5 ♘f6 15.♖ad1 und Weiß behält die freiere Stellung, denn Schwarz hat Probleme, seinen Läufer c8 ins Spiel zu bringen.)

7...♘d7 8.♗d3

(Auch 8.a3 ist möglich, um die Fesselung durch ♗f8–b4 zu vermeiden)

8...♗b4 9.0–0 ♕e7 10.♖c1 0–0 11.a3 dxc4 12.♗xc4 ♗d6 13.e4 e5 14.d5 c5 15.♗d3 Δ♘f3–d2–c4 mit positionellem Übergewicht.

Betrachtet man also die beiden Varianten 4...h6 und 4...♗b4+ kritisch, so empfiehlt sich eher die Fortsetzung 4...♗e7, um in traditionelle Varianten überzuleiten.

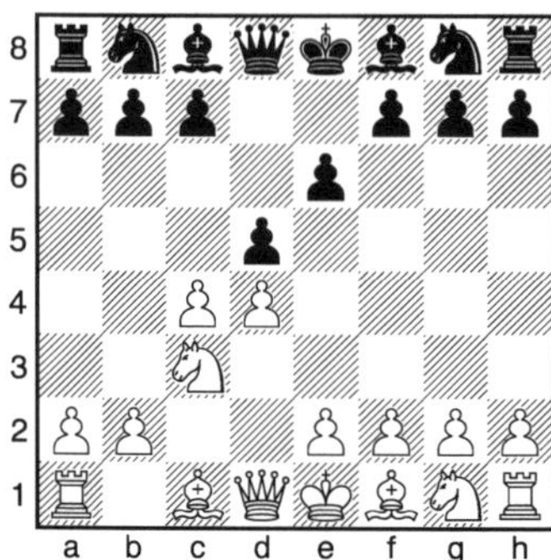

3...♘f6

– Der deutsche Großmeister Siegbert Tarrasch (1862-1934) bezeichnete 3...♘f6 als 'orthodox', weil er diese Fortsetzung für altmodisch hielt, und empfahl hier den sofortigen Angriff auf das weiße Zentrum mit 3...c5 als besser. Diese von ihrem Schöpfer etwas zu dogmatisch verfochtene, aber keineswegs schlechte Idee wird in **Abspiel 2** vorgestellt.

– Außerdem ist auch der Zug 3...♗e7 öfters anzutreffen, um den Läuferausfall nach g5 zu vermeiden bzw. hinauszuzögern. Dies hat eigenständige Bedeutung, falls Weiß nun in die Abtauschvariante überleitet und seinen Läufer nach f4 entwickelt; z.B. 4.cxd5 exd5 5.♗f4 c6 6.e3 ♗f5 (6...♗d6 7.♗g3 ♘e7 8.♘ge2 ♘f5 9.♗xd6 ♘xd6 10.♘f4 ♗f5=) 7.g4 ♗e6

(Auf 7...♗g6 folgt 8.h4! und nun wäre 8...♗xh4 9.♕b3 wohl zu gewagt für Schwarz.)

8.h3 ♘f6 9.♘f3

(Ein anderer Plan ist 9.♗d3 c5 10.♘f3 ♘c6 11.♔f1 0–0 12.♔g2 mit Vorbereitung einer Aktion am Königsflügel.)

9...0–0 10.♕c2 c5 11.0–0–0 ♘c6 mit verteilten Chancen, denn beide Seiten attackieren den gegnerischen Rochadeflügel.

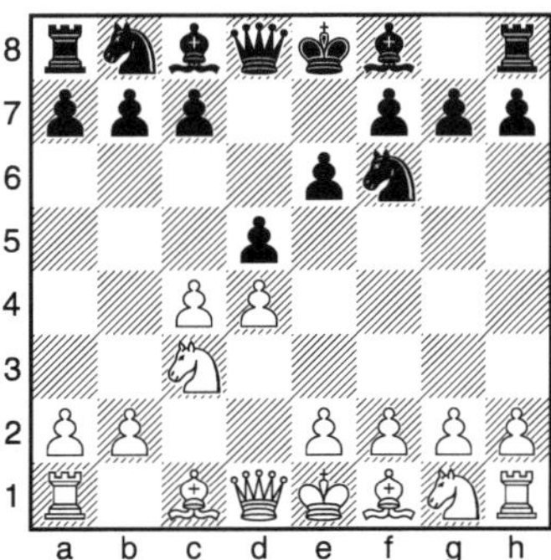

4.♗g5

Mit diesem Standardzug fesselt Weiß den Springer nicht nur, sondern droht ihn unmittelbar zu schlagen.

– Zur Abtauschvariante 4.cxd5 – siehe **Abspiel 3**.

– Nach der weiteren Alternative 4.♘f3 kann sich das Spiel wie folgt entwickeln.

A) 4...c5 5.cxd5

(5.e3 ist auch möglich.)

5...♘xd5!?

Im Gegensatz zur 'Klassischen Tarrasch-Verteidigung' mit 5...exd5, führt der Textzug zur sogenannten 'Verbesserten Tarrasch-Verteidigung'.

A1) 6.e4 ♘xc3 7.bxc3 cxd4 8.cxd4 ♘c6

(8...♗b4+ 9.♗d2 ♗xd2+ 10.♕xd2 0–0 11.♗c4 ♘c6 12.0–0 b6 13.♖ad1 ♗b7 14.♖fe1 ♖c8 15.d5 exd5 16.♗xd5±)

9.♗c4

(Oder 9.♗e2 ♗b4+ 10.♗d2 ♗xd2+ 11.♕xd2 0–0 12.♖c1 ♕d6 13.0–0 ♗d7 14.♖fd1 ♖ac8 mit dynamischem Gleichgewicht, Analyse von Polugajewski.)

9...b5 10.♗d3 (10.♗xb5?? ♕a5+ –+) 10...♗b4+ 11.♗d2 ♗xd2+ 12.♕xd2 a6 mit vollwertigem Spiel; z.B. 13.d5 exd5 14.exd5 ♕xd5 15.0–0 ♗e6 16.♕e3 0–0 17.♗e4 ♕d7 18.♖ad1 ♕e8 19.♖d6 ♘e7! 20.♖xe6 (20.♗xa8 ♘f5!) 20...fxe6 21.♗xa8 ♘f5 22.♕e4 ♕xa8 23.♕xe6+ ♔h8=.

A2) 6.e3 ♘c6 7.♗c4

(Oder 7.♗d3 cxd4 8.exd4 ♗e7 9.0–0 0–0 10.♖e1 ♗f6 11.♗e4 ♕d6 12.♗g5 ♗xg5 13.♘xg5 h6 14.♘f3 ♘f6 15.♗c2 ♖d8 und wegen des Druckes auf den d–Bauern erhält Schwarz ausreichendes Gegenspiel.)

7...cxd4 8.exd4 ♗e7 9.0–0 0–0 10.♖e1 ♗f6

(Oder 10...♘xc3 11.bxc3 b6 12.♗d3 ♗b7 mit beiderseitigen Chancen. Weiß will mit 13.♕d1-c2 bzw. 13.h2–h4!? einen Königsangriff einleiten, während Schwarz versucht, mit ♖a8–c8 und ♘c6–a5 aus dem isolierten weißen Bauernpaar Kapital zu schlagen.)

11.♘e4 b6 12.a3 ♗b7 13.♕d3 ♖c8 mit etwa gleichen Chancen.

A3) 6.g3 ♘c6 7.♗g2 ♗e7 8.0–0 0–0 9.e4 ♘b6 (9...♘xc3 10.bxc3 cxd4 11.cxd4 ♗f6 12.♗b2±) 10.dxc5 ♕xd1 11.♖xd1 ♗xc5 12.♗f4 f6 13.♖ac1 e5 14.♘b5 exf4 15.♖xc5 fxg3 16.hxg3 ♗g4 nebst ♖a8–d8=

B) 4...♗e7 5.♗f4 0–0 6.e3 c5

(Oder 6...♘bd7 7.a3 c5 8.dxc5 ♘xc5 9.cxd5 ♘xd5 10.♘xd5 ♕xd5 11.♕xd5 exd5 12.♗e5 ♗f5 13.♖d1 und wegen des schwachen Bauern d5 steht Weiß etwas besser.)

7.dxc5 ♗xc5 8.♕c2 ♘c6 9.a3 ♕a5 10.♖d1 (10.0–0–0 ♗d7∞) 10...♗e7 11.♘d2 e5 12.♘b3 ♕b6 13.♗g5 d4 14.♗xf6 ♗xf6 15.♘d5 ♕d8 16.♗d3 g6 17.exd4 ♘xd4 18.♘xd4 exd4 19.0–0 ♗g4 und laut GM Kallai ist diese Stellung etwa gleich.

C) Mit 4...♗b4 wählt Schwarz die 'Ragosin–Verteidigung'.

5.cxd5

(– Nach 5.♕a4+ ♘c6 6.♘e5 ♗d7 hat Schwarz nichts zu befürchten.

– In Frage kommt allerdings 5.♗g5!?)

5...exd5 6.♗g5 h6 7.♗h4 g5 8.♗g3 ♘e4 9.♘d2!?

(Weiß wählt ein chancenreiches Bauernopfer, denn nach 9.♕b3 ♘c6 10.0–0–0 ♗xc3 11.bxc3 ♘a5 12.♕b4 ♘c4 13.e3 a5 14.♕b3 ♕e7 erhält Schwarz aktives Gegenspiel.)

9...♘xc3 10.bxc3 ♗xc3 11.♖c1 ♗a5 12.e3 c6 13.♗d3 ♗e6 14.0–0 ♘d7

In dieser sehr komplizierten Stellung hat Schwarz zwar einen Mehrbauern, doch sein König fühlt sich in der Mitte nicht ganz wohl.

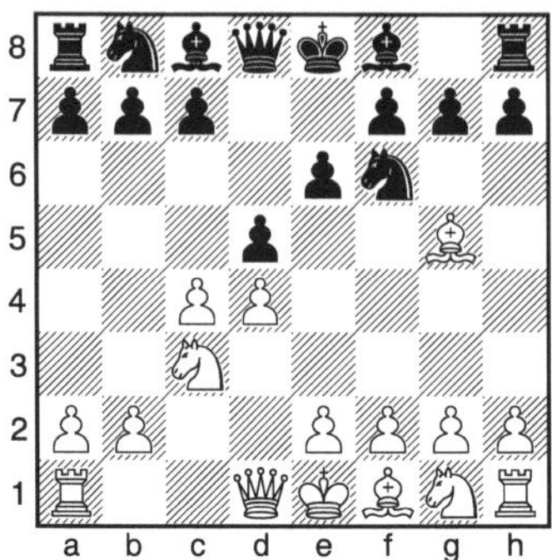

4...♗e7

Auß er diesem logischen Zug, mit dem Schwarz die Entwicklung fortsetzt und die Fesselung aufhebt, kommen auch andere Fortsetzungen in Betracht.

I. 4...♘bd7

A) Nach 5.♘f3 führt 5...♗b4 zur sogenannten 'Westphalia-Variante'. Der etwas eigentümliche Name geht auf einen gleichnamigen Passagierdampfer zurück, auf dem einige Meister diese Variante 1927 bei der Anreise zu einem großen internationalen Turnier in New York ausgiebig analysierten.

6.cxd5 (6.♗xf6 ♕xf6 7.♕b3 ♗xc3+ 8.♕xc3 dxc4 9.♕xc4 c5=) 6...exd5 7.e3 c5 8.♗d3 ♕a5

(8...c4 9.♗c2 ♕a5 ist auch spielbar.)

9.0–0

(9.♕c2 führt unter Zugumstellung zur Ragosin-Verteidigung.)

9...c4

(Oder 9...♗xc3 10.bxc3 ♕xc3 11.♖c1 mit gewisser Initiative für den Bauern)

10.♗c2 ♗xc3 11.bxc3 ♘e4

(Nach 11...♕xc3 12.♕b1 0–0 13.e4 dxe4 14.♗d2 ♕a3 15.♗b4 ♕a6 16.♗xf8 exf3 17.♗b4 fxg2 18.♖e1 hat Weiß gemäß einer alten Analyse von Aljechin die besseren Aussichten.)

12.♕e1 ♕xc3 (12...♘xc3 13.e4!) 13.♗xe4 ♕xe1 14.♖fxe1 dxe4 15.♘d2 h6 16.♗f4 f5 17.♘xc4 und Schwarz hat seine Eröffnungsprobleme offensichtlich noch nicht gelöst.

B) 5.cxd5 exd5 6.♘xd5? Ein bekannter Eröffnungsreinfall, wie sofort deutlich wird.

(Richtig ist 6.e3, was unter Zugumstellung zur Abtauschvariante führt – siehe **Abspiel 3**.)

6...♘xd5! 7.♗xd8 ♗b4+ 8.♕d2 ♗xd2+ 9.♔xd2 ♔xd8 und Schwarz hat eine Figur gewonnen.

C) 5.e3 c6

(Nach 5...♗b4 6.cxd5 exd5 7.♗d3 c5 8.♘ge2 c4 9.♗c2 h6 10.♗h4 0–0 11.0–0 wird Weiß e3–e4 durchsetzen und das bessere Spiel erhalten.)

Nach 6.♘f3 führt 6...♕a5 zur 'Cambridge-Springs-Variante'. Diese wurde 1904 in mehreren Partien eines Turniers in dem US-amerikanischen Kurort Cambridge-Springs ausprobiert.

7.♘d2

(Es geht auch 7.cxd5 ♘xd5 8.♕d2 ♗b4 9.♖c1 h6 10.♗h4 0–0 11.♗c4±.)

7...♗b4 8.♕c2 0–0 9.♗e2 e5 10.0–0

(10.dxe5 ♘e4 11.♘dxe4 dxe4 12.0–0 ♗xc3 13.bxc3 ♖e8 14.♖fd1 ♕xe5 15.♗f4 ♕a5=)

10...exd4 11.♘b3 ♕c7 12.♘xd4 dxc4

13.♗xc4 ♗xc3 14.bxc3 ♘e5 15.♗e2 ♕e7 16.♖ad1 h6 17.♗xf6 ♕xf6 18.h3± mit dem Plan e3–e4 und f2–f4.

II. Mit 4...c5 wählt Schwarz das 'Holländische Gambit'.

5.cxd5

(Weiß kann auch die ruhigere Variante 5.e3!? wählen; z.B. 5...cxd4 6.exd4 ♗e7 7.♘f3 ♘c6 8.♗d3 dxc4 9.♗xc4 0–0 10.0–0 b6 11.a3 ♗b7 12.♕d3 ♖c8 13.♗a2 ♖e8 14.♖ad1 und Schwarz muss immer mit dem Vorstoß d4–d5 rechnen.)

5...cxd4 (5...exd5 6.♗xf6 gxf6 7.e3±) 6.♕xd4 ♗c7 (6...♘c6 7.♗xf6 gxf6 8.♕e4 f5 9.♕e3 ♘b4 10.0–0–0±) 7.e4 ♘c6 8.♕d2 ♘xe4

(Nach 8...♘xd5 9.exd5 ♗xg5 10.f4 ♗h4+ 11.g3 exd5 12.gxh4 hat Schwarz offenbar keine Kompensation für die Figur)

9.♘xe4 exd5 10.♗xe7 ♕xe7 11.♕xd5 0–0 12.f3 ♘b4 13.♕c4 ♗e6 14.♕c5! ♕xc5 15.♘xc5 ♘c2+ 16.♔d2 ♘xa1 17.♘xe6 fxe6 18.♗d3 nebst ♘g1-e2 und Eroberung des Springers mit klarem Vorteil.

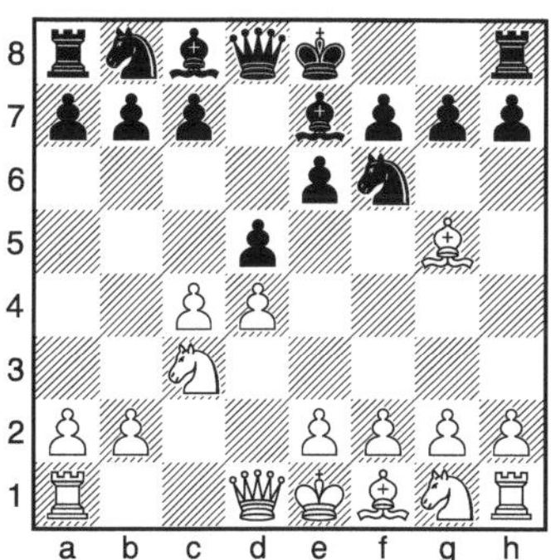

5.e3

Weiß kann zunächst ohne diesen Bauernzug auskommen und sich mit 5.♘f3 entwickeln; z.B. 0–0

A) 6.♖c1 h6 7.♗h4 b6 8.cxd5 ♘xd5 9.♘xd5 exd5 10.♗xe7 ♕xe7 11.g3 (eine Idee von GM Uhlmann) 11...♖e8 12.♕c2 ♘a6 13.a3

13.♕c6? ♘b4! 14.♕xa8 ♘d3+ 15.♔d2 ♕b4+ 16.♖c3 ♕xb2+ 17.♖c2 ♕b4+ 18.♖c3 ♘xf2 19.♕c6 ♖e7–+)

13...c5 14.♗g2 ♗d7 15.e3 ♗b5 16.♗f1 ♗xf1 17.♔xf1 ♕f6 18.♔g2 c4 mit kompliziertem Spiel.

B) Mit 6.♕c2 wählt Weiß die 'Rubinstein-Variante'.

6...c5

(Nach 6...h6 7.♗xf6 ♗xf6 8.e4 dxe4 9.♕xe4 c5 10.0–0–0 hat Weiß Angriffschancen.)

7.dxc5 ♕a5 8.cxd5 exd5 9.e3 h6 10.♗h4 ♕xc5 11.♗d3 ♘c6 12.a3 ♗e6 13.0–0 d4 14.♗xf6 ♗xf6 15.♘e4 ♕e7 mit etwa gleichen Chancen.

5...0–0 6.♘f3

Hier hat Weiß zwei Alternativen.

I. 6.♘ge2 ♘bd7 7.♘f4

A) 7...b6 8.cxd5 exd5 (8...♘xd5 9.♗xe7 ♘xe7 10.♗e2 ♗b7 11.0–0 c5⇄) 9.♗e2 ♗b7 10.0–0 h6 11.♗xf6 ♘xf6 12.♕b3 c6

Schwarz hat eine solide Position. Er kann seine Kräfte nach folgendem Schema entwickeln: ♕d8-d6, ♖a8-c8, ♖f8-d8, ♕d6-b8-a8 nebst Vorbereitung von c6-c5 mit dynamischem Spiel.

B) 7...h6 8.♗xf6 ♘xf6 9.♕b3 c6 10.g3 (10.♗e2 b6 11.0–0 ♗b7∞) 10...a5 11.a3 b6 12.♗g2 ♗a6 und Schwarz steht gut.

II. 6.♖c1 h6 7.♗h4 b6

A) 8.cxd5 ♘xd5 (8...exd5 9.♗d3 ♗b7 10.♘ge2 ♘bd7 11.0–0 c5∞) 9.♘xd5 exd5 10.♗xe7 ♕xe7 11.♗d3 c5 12.♘e2 c4 13.♗b1 ♘d7 14.0–0 ♘f6

In dieser zweischneidigen Position stellt Schwarz seinen Läufer nach e6 und setzt dann seine Bauern am Damenflügel in Bewegung.

B) 8.♗xf6 ♗xf6 9.cxd5 exd5 10.♗d3 ♗e6 11.♘ge2 c5 12.dxc5 bxc5 13.0–0 ♘d7 14.♘f4 ♗xc3 15.♖xc3 ♖c8 nebst ♘d7-f6, ♕d8-b6 mit etwa gleichen Chancen.

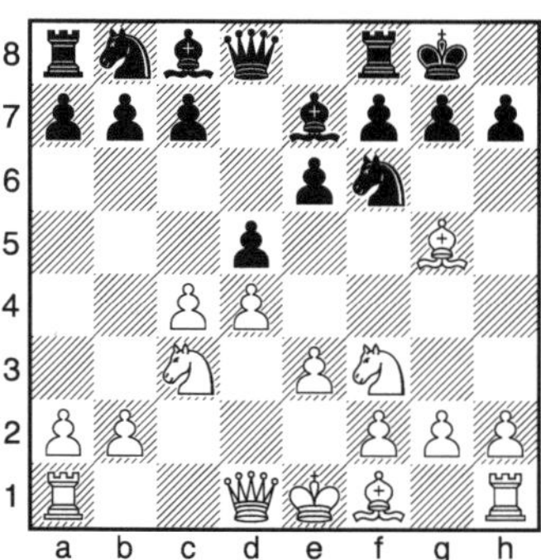

6...♘bd7

Wir haben die Grundstellung der orthodoxen Verteidigung erreicht. Schwarz steht solide, muss sich aber nun die Frage stellen, wie er seinen Läufer c8 ins Spiel bringen kann.

Zunächst jedoch noch ein Blick auf andere Fortsetzungen.

I. Zu 6...h6 – siehe **Abspiel 4**.

II. 6...b6 7.cxd5

A) 7...exd5 8.♗d3 ♗b7

(Oder 8...♗e6 9.♕c2 h6 10.♗h4 c5 11.0–0 ♘c6 mit beiderseitigen Chancen.)

9.♕c2 ♘bd7 10.h4

(10.0–0 h6 11.♗f4 a6 12.♖fd1 mit besseren Aussichten für Weiß, da der schwarze Läufer b7 passiv ist.)

10...c5 11.0–0–0 cxd4 12.♘xd4 ♖e8 13.♔b1 und laut einer alten Analyse von Aljechin hat Weiß gute Angriffsaussichten.

B) 7...♘xd5 8.♗xe7 ♕xe7 9.♘xd5 exd5 10.♗d3 ♗e6

(Nach 10...c5 11.dxc5 bxc5 12.0–0 ♗e6 13.♖c1 ♘d7 14.e4 d4 15.b3 ♗g4 16.h3 ♗xf3 17.♕xf3 ♘e5 18.♕e2 ♘xd3 19.♕xd3 ♖fe8 20.f3 ♖ac8 21.♖c4 ♕g5 22.♖fc1 bekommt Weiß die besseren Chancen, da der Bauer auf c5 schwach ist.)

11.♖c1 ♖c8 12.♕c2 (12.0–0 c5 13.dxc5 bxc5 14.e4±) 12...h6 13.0–0 c5 14.dxc5 bxc5 15.b4 c4 16.♗h7+ ♔h8 17.♗f5 ♘c6 und Polugajewski beurteilt diese Stellung als etwa ausgeglichen.

III. Mit 6...♘e4 wählt Schwarz die 'Lasker-Verteidigung'.

7.♗xe7 ♕xe7

A) 8.♖c1 c6 9.♗d3 ♘xc3 10.♖xc3 ♘d7 11.♕c2 g6 (11...h6!?) 12.0–0 dxc4 13.♗xc4 e5 14.d5 c5 15.♖d1 und Weiß steht besser, denn sein Freibauer ist ein starker Trumpf.

B) 8.♕c2 ♘xc3 9.♕xc3 c6 10.♗d3 ♘d7 11.0–0 dxc4 12.♗xc4 b6 13.e4 ♗b7 14.♖fd1 c5 15.d5 exd5 16.exd5 ♕f6 mit etwa gleichen Chancen.

C) 8.cxd5 ♘xc3 9.bxc3 exd5 10.♕b3 ♖d8

(Auch auf 10...c6 folgt stark 11.c4!.)

11.c4 dxc4 12.♗xc4 ♘c6 13.♗e2 und die weiße Stellung ist vorzuziehen; z.B. 13...♕b4+ 14.♕xb4 ♘xb4 15.0–0 c6 (15...♗f5 16.♖fc1 c6 17.a3 ♘d5 18.♘h4 ♗e6 19.♖ab1±) 16.♖fc1

Weiß steht besser, denn er hat die Majorität im Zentrum und kann die gegnerische Stellung auf den halboffenen Linien am Damenflügel unter Druck setzen.

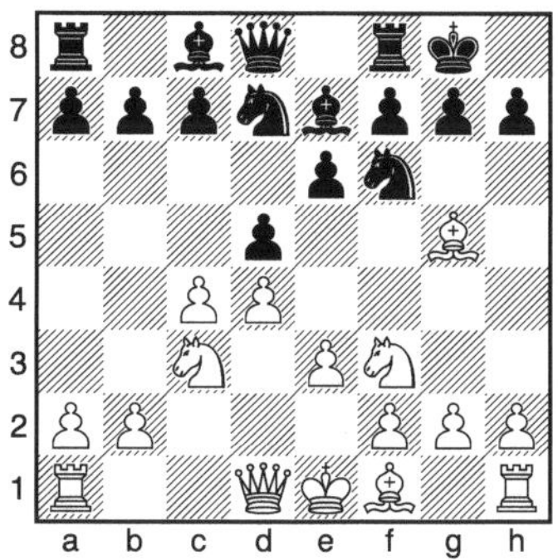

7.♖c1

Ein ideales Feld für den Turm, der von c1 aus den Sprengungszug c7–c5 erschweren soll.

Hier ein Blick auf andere Möglichkeiten.

I. 7.♕c2 wurde von Akiba Rubinstein favorisiert.

7...c5

(– Nach 7...b6 8.cxd5 exd5 9.♗d3 ♗b7 10.h4 c5 11.0–0–0 ♖c8 12.♔b1 hat Weiß Angriffschancen.

– 7...c6 8.♖d1 ♖e8 9.a3 a6 10.♗d3 dxc4 11.♗xc4 ♘d5 12.♗xe7 ♕xe7 13.♘e4±)

A) 8.cxd5 ♘xd5

(Auf 8...exd5?! folgt 9.♖d1±.)

9.♗xe7 ♕xe7 10.♘xd5 exd5 11.♗d3 g6 12.dxc5 ♘xc5 13.0–0 ♗g4 14.♘d4 ♖ac8 15.♖ac1 ♕g5 mit etwa gleichen Chancen. Weiß kontrolliert zwar das Feld d4, doch werden ihn die schwarzen Figuren am Königsflügel beschäftigen.

B) 8.0–0–0 ♕a5 9.♔b1 h6 10.h4 dxc4 11.♗xc4 ♘b6 12.♗xf6 gxf6 13.♗e2 cxd4 14.exd4 ♗d7 15.♖h3 mit scharfer Stellung.

II. Mit 7.♗d3 wählt Weiß die 'Botwinnik–Variante'.

7...dxc4

(Zu überlegen ist 7...h6!? 8.♗h4 c5 9.cxd5 cxd4 10.♘xd4 ♘xd5 11.♗xe7 ♘xe7 12.0–0 ♘f6 mit Ausgleichschancen.)

8.♗xc4 c5 9.0–0

A) 9...a6 10.a4 cxd4 11.exd4 ♘b6 12.♗b3 ♗d7 13.♘e5 ♗c6 14.♖e1

(14.♘xc6!? bxc6 15.♖e1 ist eine interessante Alternative.)

14...♘fd5 15.♘xc6 bxc6 16.♗xe7 ♘xe7 mit etwa gleicher Stellung, denn die Bauernschwächen auf c6 und d4 heben sich auf (Analyse von Polugajewski).

B) 9...cxd4 10.exd4 ♘b6 11.♗b3 ♗d7 12.♕d3 (12.♘e5!?) 12...♘fd5 13.♗e3 ♘xc3 14.bxc3 ♗a4 15.c4 und Weiß steht etwas aktiver.

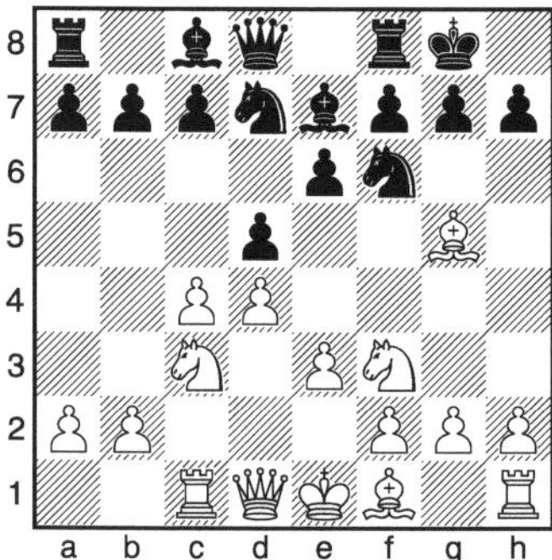

7...c6

Schwarz bereitet d5xc4 nebst b7-b5 vor.

Er hat auch mehrere andere Pläne zur Auswahl.

I. 7...c5 8.cxd5 (8.dxc5!?) 8...♘xd5

(Nach 8...exd5 9.dxc5 hat Schwarz Probleme mit seinem d-Bauern.)

9.♗xe7 ♘xe7 10.♗e2 b6 11.0-0 ♗b7 12.dxc5 ♘xc5 13.b4 ♘e4 (13...♕xd1 14.♖fxd1 ♘e4 15.♘xe4 ♗xe4 16.♖d7±) 14.♘xe4 ♗xe4 15.♕a4 ♖c8 16.♖fd1 ♘d5 17.b5 mit weißem Vorteil, da der schwarze Damenflügel schwach ist.

II. 7...b6 8.cxd5 exd5

(Nach 8...♘xd5? 9.♘xd5 exd5 10.♗xe7 ♕xe7 11.♖xc7 gewinnt Weiß einen Bauern.)

9.♗d3

(Interessant ist der alte Plan von Pillsbury 9.♘e5!? ♗b7 10.f4 a6 11.♗d3 c5 12.0-0 c4 13.♗f5 b5 14.♖f3 und Weiß wird am Königsflügel aktiv.)

9...♗b7 10.0-0 c5 11.♗f5 ♖e8

(11...g6 12.♗xd7 ♕xd7 13.dxc5 bxc5 14.♗xf6 ♗xf6 15.♘e4 ♗xb2 16.♘xc5 ♕e7 17.♖b1 ♕xc5 18.♖xb2 mit positionellem Vorteil, denn die schwarzen Felder, insbesondere d4, sind fest in weißer Hand.)

12.♖e1 (12.♕e2!?) 12...♘f8 13.dxc5 bxc5 14.♘a4 und die weißen Figuren stehen deutlich aktiver. Die sogenannten 'Hängenden Bauern' (also das ungestützte Bauernduo c5 und d5) können unter Beschuss der gegnerischen Figuren geraten, und im Falle von c5-c4 würde das Feld d4 geschwächt.

III. Mit 7...a6 wählt Schwarz die 'Schweizer Verteidigung', deren Hauptgedanke darin besteht, nach 8.♗d3 dxc4 9.♗xc4 b5 10.♗d3 c5 Raum am Damenflügel zu gewinnen. Weiß muss genau spielen, wenn er Vorteil erlangen will.)

8.c5!

(In Karlsbad 1923 wurde erstmals die Zugfolge 8.cxd5 exd5 9.♗d3 c6 10.0-0 ♖e8 11.♕c2 ausprobiert. Diese Stellung hat große Ähnlichkeit mit solchen, die aus der Abtauschvariante entstehen – siehe **Abspiel 3.**)

8...c6 9.b4 (9.♗d3!?) 9...a5 10.a3 (10.b5 e5!?) 10...axb4 11.axb4 b6 12.♗d3 bxc5 13.bxc5 e5 14.dxe5 ♘e8 15.♗xe7 ♕xe7 16.♕c2 g6 17.♘e2 ♘xe5 18.♘xe5 ♕xe5 19.♘d4 und Weiß steht aktiver.

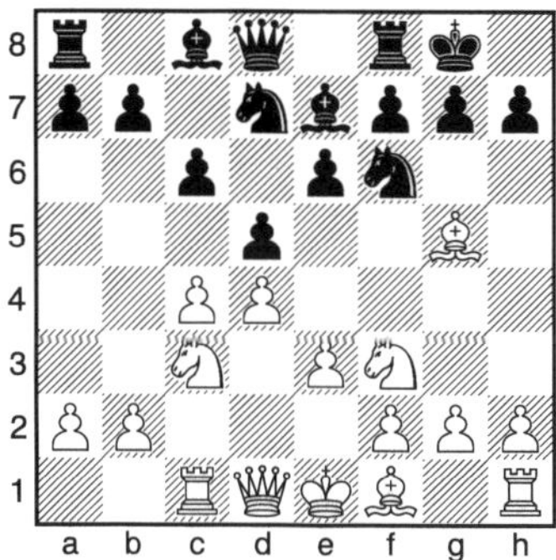

8.♗d3

Weiß will seine Entwicklung beenden und nach 0–0, ♖f1-e1 den Vorstoß e3-e4 durchsetzen.

Stattdessen wird auch 8.♕c2 gespielt; z.B. 8...♘e4

(Sowohl nach 8...dxc4 9.♗xc4 ♘d5 10.♗xe7 ♕xe7 11.♘e4± als auch nach 8...h6 9.♗h4 ♖e8 10.♗d3 dxc4 11.♗xc4 b5 12.♗d3 a6 13.a4 ♗b7 14.0–0 ♖c8 15.♖fd1 wird der weiße Druck ziemlich unangenehm.)

9.♗xe7 ♕xe7 10.♗d3 (10.♘xe4 dxe4 11.♕xe4 ♕b4+ 12.♘d2 ♕xb2 13.♕c2 ♕xc2 14.♖xc2 e5=) 10...♘xc3 11.♕xc3 dxc4 12.♗xc4 b6 13.0–0 ♗b7 14.♖fd1 c5 mit etwa gleichem Spiel.

8...dxc4

Dieser typische Tausch ist unvermeidlich, wenn Schwarz das Zentrum angreifen und schließlich seinen weißfeldrigen Läufer befreien will.

Auf 8...h6 folgt 9.♗h4 dxc4 10.♗xc4 b5 11.♗d3 a6 12.a4 (12.0 0 c5 13.a4) 12...bxa4

(Nach 12...b4 13.♗xf6 ♘xf6 14.♘e4 bekommt Schwarz einige Probleme mit seinem rückständigen c-Bauern.)

13.♘xa4 (13.♕xa4 c5!) 13...♕a5+ 14.♘d2 ♗b4 15.♘c3 c5 16.♘b3 ♕b6 17.0–0 cxd4 18.♘a4 ♕d8 19.♗e4

(Aufmerksamkeit verdient auch 19.exd4 ♗b7 20.♘ac5 usw.)

19...♖b8 20.♘xd4 ♗b7 21.♗xb7 ♖xb7 22.♘c6 mit weißem Vorteil.

9.♗xc4

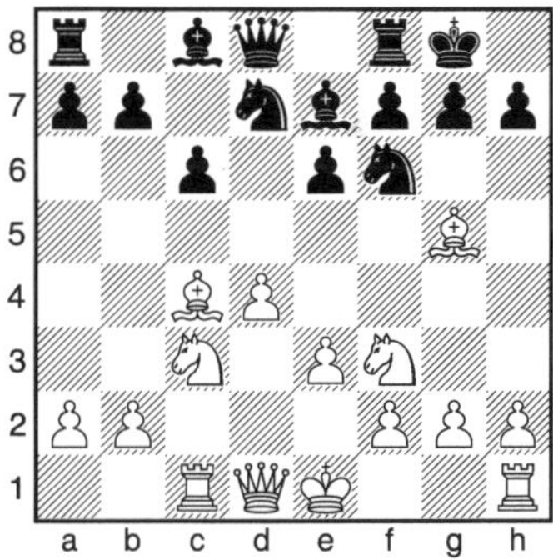

9...♘d5

Diese Idee geht auf Capablanca zurück. Schwarz strebt eine Vereinfachung der Stellung an und plant dem Läufer c8 mittels e6–e5 mehr Luft zu verschaffen.

Keine vollwertige Alternative ist 9...b5 10.♗d3 a6 (zur Vorbereitung von c6–c5) 11.e4 (11.0–0 c5!) 11...h6

(11...c5 12.e5 ♘d5 13.♗xe7 ♕xe7 14.dxc5 ♘xc5 15.♗xh7+! ♔xh7 16.♕c2+ ♔g8 17.♘xd5 exd5 18.♕xc5 mit klarem weißem Vorteil.)

12.♗f4 ♗b7 13.e5 ♘d5 14.♘xd5 cxd5 15.0–0

Weiß hat mehr Raum und steht besser. Der Läufer b7 ist von den eigenen Bauern gefangen.

10.♗xe7 ♕xe7

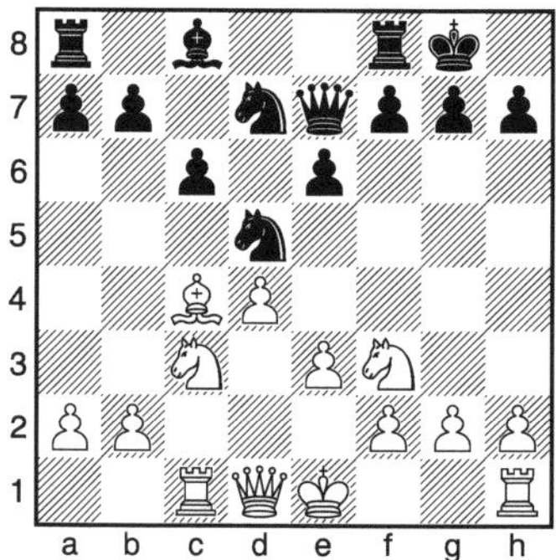

11.0–0

Aljechin schlug hier 11.♘e4 vor, obwohl Schwarz keine nennenswerten Probleme haben sollte, wie die folgenden Varianten zeigen.

A) 11...♕b4+ 12.♕d2 ♕xd2+ 13.♔xd2 kommt dem Weißen entgegen, denn Schwarz benötigt die Unterstützung der Dame, um sich mittels e6–e5 zu befreien.

B) 11...e5 12.dxe5 (12.0–0 exd4 13.♕xd4 ♘7b6 14.♗b3 ♗g4=) 12...♘xe5 13.♗xd5 cxd5 14.♕xd5 ♘xf3+ 15.gxf3 ♗e6 16.♕e5 ♕b4+ 17.♕c3 ♖ac8 18.♕xb4 ♖xc1+ 19.♔d2 ♖xh1 und Schwarz steht nicht schlechter (Analyse von Polugajewski).

C) 11...♘5f6 12.♘g3 ♖d8

(Spielbar ist auch 12...e5 13.0–0 exd4 14.♘f5 ♕d8 15.♘3xd4 ♘e5 16.♗b3 ♗xf5 17.♘xf5 g6 18.♕d4 ♕xd4 19.♘xd4 ♖ad8 20.♖fd1 ♖d6 21.♔f1 ♖fd8=.)

13.0–0 c5 14.e4 cxd4 15.e5 ♘e8 16.♖e1 ♘f8 17.♘xd4 ♘g6 18.♕d2 b6 nebst ♗c8–b7 mit gleicher Stellung.

11...♘xc3 12.♖xc3

Auf 12.bxc3 folgt 12...c5 nebst b7–b6 und ♗c8–b7 mit gutem Spiel für Schwarz.

12...e5

Dieser Befreiungszug ist das Leitmotiv der schwarzen Verteidigung.

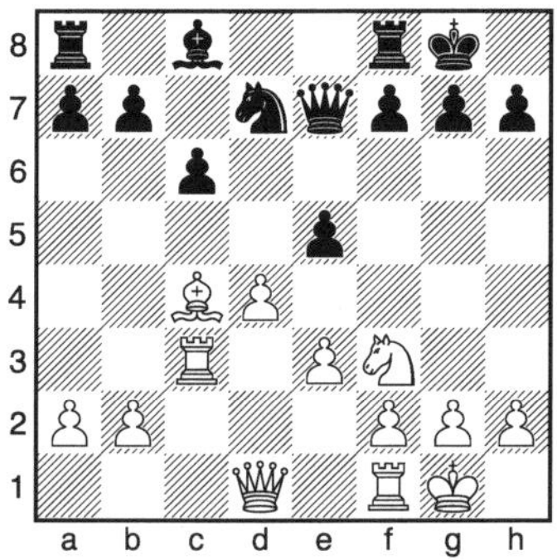

13.♕c2

Es ist Geschmackssache, welchen der drei alternativen Pläne Weiß in dieser Stellung wählt.

I. 13.♗b3 exd4

(13...e4 14.♘d2 ♔h8 15.♕c2 f5 16.f3 scheint für Weiß besser zu sein.)

14.exd4 ♘f6 15.♖e1 ♕d6 16.♖ce3 ♗g4 17.h3 ♗xf3 18.♖xf3 ♖ad8=

II. 13.♕b1 exd4 14.exd4 ♘b6 15.♗b3 ♕f6 16.♖e1 (16.♖c5 h6!) 16...♗e6! (16...♗g4 17.♕e4!) 17.♗xe6 fxe6 18.♖ce3 ♖ae8 19.♕c2 ♘d5 20.♖e5 h6

Weiß steht etwas aktiver, aber Schwarz hat ausreichende Verteidigungsmöglichkeiten, denn als Gegengewicht für den weißen Stützpunkt auf e5 hat er seinerseits auf d5 einen festen Platz für den Springer.

III. 13.dxe5 ♘xe5 14.♘xe5 ♕xe5 15.f4 ♕e4 (15...♕f6!?) 16.♕e2

(16.♗b3 ♗f5 17.♕h5 g6 18.♕h6 ♖ad8 mit beiderseitigen Chancen.)

16...♖e8 17.♗b3 ♗e6 18.♗c2 ♕b4 19.a3 ♕f8 mit gleichen Chancen.

13...exd4

Die Erwiderung 13...e4 führt nach 14.♘d2 ♘f6 15.♗b3 ♗f5 16.f3 zu einer für Weiß sehr bequemen Stellung.

14.exd4

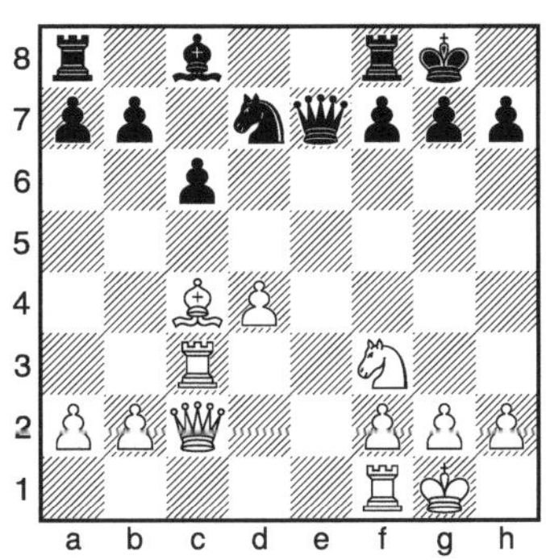

14...♘b6

Die alternative Entwicklung 14...♘f6 gestattet den Springerausfall ♘f3-g5, der nicht ungefährlich für Schwarz ist; z.B. 15.♖e1 ♕d6 16.♘g5 ♗g4 17.♘xf7!?

Dies ist eine interessante Opferidee des holländischen Meisters Prins.

17...♖xf7 18.♗xf7+ ♔xf7 19.♕b3+ ♔f8 20.♕xb7 ♖b8 21.♕xa7 ♗d7

(21...♖xb2 22.♖xc6 ♕xc6 23.♕a3+ ♔f7 24.♕xb2 mit reellen Gewinnchancen für Weiß.)

22.b3 und Weiß behält Materialvorteil und gute Gewinnaussichten.

15.♖e1

Oder 15.♖e3 ♕d8 16.♗b3 ♘d5 17.♖e5 f6 18.♗xd5+ cxd5 19.♖e3 ♗g4 mit etwa gleichem Spiel.

15...♕d8

Schwarz sollte das Feld g5 unter Aufsicht halten, um den Ausfall ♘f3-g5 zu verhindern. In diesem Sinne ist auch 15...♕f6!? möglich.

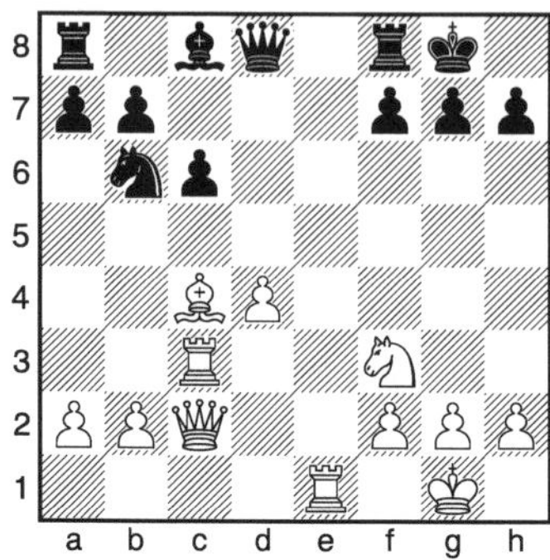

16.♗b3

Den Rückzug 16.♗d3 sollte Schwarz am besten mit 16...g6 beantworten.

16...♘d5 17.♗xd5 ♕xd5 18.♖e5 ♕d6 19.♖ce3 h6 20.♖e7

20.♕c3 ♗e6 21.h3 ♖ad8=

20...♖b8 nebst ♗c8–e6 mit gleichen Chancen.

Zusammenfassung: Soweit ein Überblick der Themen, die in diesem Kapitel näher untersucht werden. In dieser Einleitung wurde auch das Capablanca-System mit 9...♘d5 vorgestellt – eine solide Spielweise, mit der Schwarz problemlos um Ausgleich kämpfen kann.

Abspiel 1

Angenommenes Damengambit

(1.d4 d5 2.c4)

2...dxc4

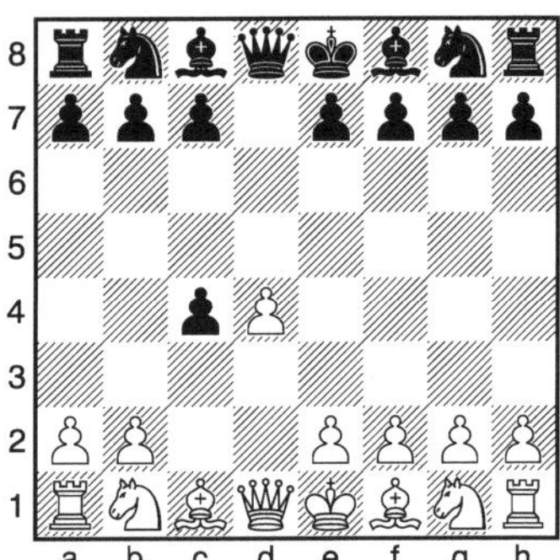

Das Ziel dieses Zuges besteht nicht etwa darin, den Gambitbauern zu behaupten, sondern Zeit für aktives Gegenspiel im Zentrum zu gewinnen. Zwar gibt Schwarz dem Gegner die Gelegenheit, ein starkes Bauernzentrum zu errichten, aber sein grundsätzlicher Kampfgedanke, den weißen Mittelbauern mit den Gegenstößen e7–e5 oder c7–c5 anzugreifen, lässt sich schneller in die Tat umsetzen. Das Spiel kann sehr kompromisslos werden, wobei die Chancen verteilt sind.

3.♘f3

Mit diesem Zug setzt Weiß nicht nur auf natürliche Weise seine Entwicklung fort, sondern unterbindet gleichzeitig das frühe Gegenspiel mit e7–e5.

Natürlich stehen ihm auch andere Pläne zu Gebote.

I. 3.e4

A) 3...♘f6 4.e5 ♘d5 5.♗xc4 ♘b6 6.♗b3

(6.♗d3 ♘c6 7.♗e3 g6 8.♘c3 ♗g7 9.♘ge2 0–0 nebst f7–f6 mit guten Perspektiven.)

6...♘c6 7.♘e2 ♗f5 8.♘bc3 e6 9.0–0 ♕d7

(In Betracht kommt außerdem die Blockade des Feldes d5; z.B. 9...♘b4 10.♗e3 c6 nebst ♘b4–d5 usw.)

10.♗e3 ♖d8 (10...0–0–0 11.a4!) 11.♘g3!?

(11.♕c1 nebst ♖f1-d1 ist eine brauchbare Alternative.)

11...♗g6

(Nach 11...♘xd4 12.♗xd4 ♕xd4 13.♕f3 hätte Weiß ausreichende Kompensation für den Bauern, denn der schwarze König steht in der Mitte unsicher.)

12.h4 ♘xd4 13.♗xd4 ♕xd4 14.♕f3 ♕xh4 15.♕xb7 ♗c5

Schwarz muss endlich die Rochade vorbereiten.

16.♕c6+ ♘d7 17.♖ad1 ♗b6 18.♖xd7 ♖xd7 19.♖d1 0–0 20.♖xd7 ♕xg3 21.♕xb6 ♕xc3 22.bxc3 cxb6 23.♖xa7 ♖c8 mit gleichem Endspiel.

B) Mit 3...♘c6 provoziert Schwarz d4–d5, um den vorgelockten Bauern dann mit e7–e6 und/oder c7–c6 anzugreifen.

4.♗e3 ♘f6 5.♘c3 e5

(Nach 5...♘g4!? 6.♗xc4 ♘xe3 7.fxe3 e5 hat Schwarz Gegenspiel.)

6.d5 ♘a5 (6...♘e7!?) 7.♘f3 ♗d6 8.♕a4+ (8.♘d2!?) 8...c6

(Ein lehrreiches Beispiel aus der Praxis: 8...♗d7!? 9.♕xa5 a6 10.♘b1 ♘xe4 11.♔d1 c3! 12.b4 b6 13.♕a3 a5 14.♕c1 axb4–+.)

9.dxc6 ♘xc6 10.♗xc4 0–0 11.0–0 ♗d7

Schwarz hat seine Entwicklung abgeschlossen und steht befriedigend.

C) 3...e5 4.♘f3 exd4 5.♗xc4 ♗b4+

(5...♘c6 6.0–0 ♗e6 7.♗xe6 fxe6 8.♕b3 ♕d7!? 9.♕xb7 ♖b8 10.♕a6 ♘f6 11.♘bd2 ♗b4 12.♕d3 ♗xd2 13.♗xd2 ♖xb2 14.♖ac1 0–0 mit guten Chancen für Schwarz)

C1) 6.♘bd2 ♘c6 7.0–0 ♘f6!?

Dieser Lieblingszug von GM Robert Hübner garantiert dem Schwarzen gleiches Spiel.

8.e5 ♘d5 9.♘b3 ♘b6 10.♗b5 ♕d5 11.♘bxd4 (11.♘fxd4 0–0 12.♘xc6 ♕xb5 13.♘xb4 ♕xb4=) 11...0–0 (11...♗d7!?) 12.♗xc6 bxc6 13.♕c2 c5 14.♘b5 ♕c6 15.a3 ♕xb5 16.axb4 cxb4 17.♘g5 g6 18.♕xc7 ♘d5 19.♕a5 ♕xa5 20.♖xa5 ♗e6=

C2) 6.♗d2 ♗xd2+ 7.♘bxd2 ♘c6 8.0–0 ♘f6 9.e5 ♘d5 10.♘b3 0–0! 11.♘bxd4 ♘xd4 12.♕xd4 ♘b6 13.♗b3 ♗e6! 14.♕c5 ♖e8 15.♖ad1 ♕e7 16.♕e3 ♗xb3 17.♕xb3 ♖ad8 mit zum Ausgleich führenden Vereinfachungen.

II. 3.♘c3 e5!?

(Keine schlechte Idee ist 3...c6 4.e3 b5 5.a4 b4 mit scharfem Spiel.)

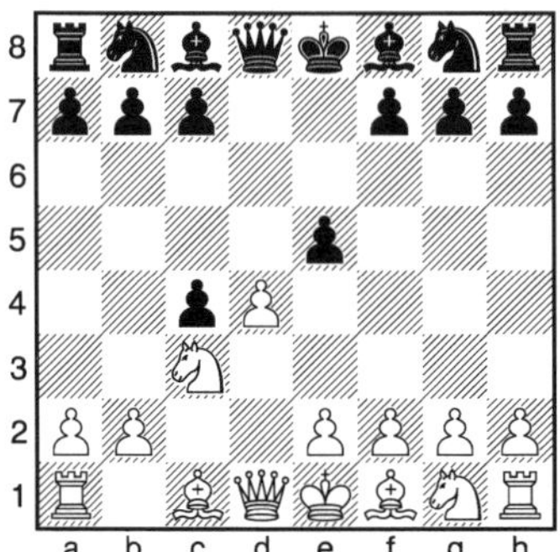

A) 4.e3 exd4 5.exd4 ♘f6 6.♗xc4 ♗e7 7.♘f3 0–0 8.0–0 ♘bd7 (8...♘c6!?) 9.♖e1 ♘b6 10.♗b3 c6 11.♗g5 und Weiß steht etwas aktiver. Er hat zwar einen isolierten Bauern auf d4, dafür jedoch eine elastische Figurenentwicklung und auf e5 einen Stützpunkt für den Springer.

B) 4.d5 c6 (4...a6!?) 5.e4 ♘f6 6.♗xc4 ♗b4 7.♕b3 ♕e7 8.♗g5 ♗xc3+ 9.bxc3 (9.♕xc3? ♘xe4!) 9...0–0 10.♘f3 ♘bd7 11.0–0 ♘c5 und Schwarz kann mit seiner Stellung zufrieden sein.

C) 4.dxe5 ♕xd1+

– 5.♔xd1 ♗e6 6.f4 f6 mit gutem Spiel für Schwarz.

– 5.♘xd1 5...♘c6 6.e4 ♘xe5 7.♗f4 ♗d6 8.♗xe5 ♗xe5 9.♘f3 ♗d6 10.♗xc4 ♗d7 mit etwa gleicher Stellung.

III. 3.e3 führt normalerweise unter Zugumstellung zur Hauptvariante. Aber, Achtung! Es lauert der Eröffnungsreinfall 3...b5? 4.a4! c6 5.axb5 cxb5 6.♕f3 und Schwarz verliert Material.

3...♘f6

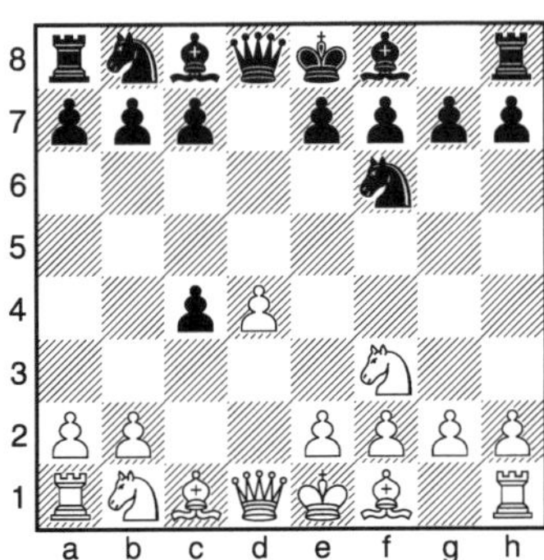

4.e3

Weiß setzt die Entwicklung fort und möchte rasch seinen Bauern zurückbekommen.

Hier ein Blick auf einige Alternativen.

I. Mit 4.♘c3 verbindet Weiß die Idee, mittels e2–e4 Positionsvorteil zu erzielen. Allerdings geht dieser Plan mit einem echten Bauernopfer einher.

4...a6

(Oder 4...♗f5 5.♘e5 e6 6.f3 ♘fd7 7.♘xc4 nebst e2–e4 mit Raumvorteil.)

5.e4 b5 6.e5 ♘d5 7.a4 ♘xc3

(7...c6 8.axb5 ♘xc3 9.bxc3 cxb5 10.♘g5! mit der Doppeldrohung 11.♘g5xf7 bzw. 11.♕d1-f3. Dieselbe Stellung entsteht auch in der Slawischen Verteidigung – siehe 'Tolusch-Geller-Gambit' Seite 225.)

8.bxc3 ♕d5 9.g3 ♗b7 10.♗g2 ♕d7 11.0–0 e6 mit kompliziertem Spiel und beiderseitigen Chancen.

II. Auch mit 4.♕a4+ bekommt Weiß seinen Bauern zurück und anschließend kann der Läufer f1 fianchettiert werden.

4...c6

(Nach 4...♘bd7 5.♘c3 e6 6.e4 a6 7.♗xc4 ♖b8 8.♗d3 b5 9.♕c2 ♗b7 10.0–0 hat Weiß dank des starken Zentrums mehr Möglichkeiten.)

5.♕xc4 ♗f5 6.g3 ♘bd7 7.♗g2 e6 8.♘c3 ♗e7 9.0–0 0–0 mit etwa gleichen Chancen.

4...e6

In dieser Variante basiert das schwarze Gegenspiel auf dem Vorstoß c7–c5.

Eigene Bedeutung hat außerdem die Abweichung 4...♗g4; z.B. 5.♗xc4 e6 6.h3 ♗h5

A) 7.♘c3 a6 8.g4

(8.e4? ist schwach wegen 8...b5! 9.e5 bxc4 10.exf6 gxf6 11.g4 ♗g6 12.♕a4+ ♕d7 13.♕xc4 ♕c6 14.♕xc6+ ♘xc6 15.♗f4 0–0–0 und Weiß hat schon gewisse Schwierigkeiten)

8...♗g6 9.♘e5 ♘bd7 10.♘xg6 hxg6 11.♗f1!? e5 12.♗g2 exd4 13.exd4 ♖b8 14.♗f4 ♗d6 15.♗xd6 cxd6 16.0–0 0–0 17.♖e1 b5 mit beiderseitigen Chancen.

B) 7.0–0 ♘bd7 8.♘c3 ♗d6

(Oder 8...♗e7 9.e4 ♘b6 10.♗e2 0–0 11.♗e3 ♗b4 12.♘d2 ♗xe2 13.♕xe2 und Weiß hat wegen seines starken Bauernzentrums die besseren Perspektiven.)

9.e4 e5 10.♗e2

(Nach 10.g4 ♗g6 11.dxe5 ♘xe5 12.♘xe5 ♗xe5 erlangt Schwarz gute Gegenchancen, denn die weiße Königsstellung wurde geschwächt.)

10...0–0 11.dxe5 ♘xe5 12.♘d4 ♗xe2 13.♕xe2 ♘g6 14.♘f5 (14.♖d1!?) 14...♗e5 15.f4 (15.♗g5 ♕e8!?) 15...♗xc3 16.bxc3 ♕d7 mit dem Plan ♕d7–c6, ♖a8–d8, ♖f8–e8 und guten schwarzen Aussichten.

5.♗xc4 c5 6.0–0 a6

Ein in jedem Falle nützlicher Zug, der den Gegner noch im Unklaren lässt, ob der Damenspringer nach c6 oder d7 entwickelt wird.

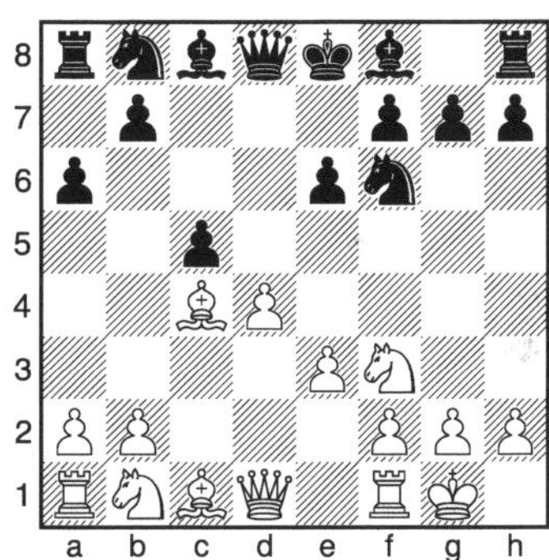

7.♕e2

Eine ideale Position für die Dame.

Hier ein Blick auf einige Alternativen.

I. Mit 7.a4 soll b7–b5 verhindert werden, wobei Weiß allerdings die Schwächung des Feldes b4 in Kauf nimmt.

7...♘c6 8.♕e2 cxd4 9.♖d1 ♗e7 10.exd4 0–0 11.♘c3

Es ist eine typische Stellung mit einem isolierten Damenbauern entstanden. Die dynamische Kraft dieses Bauern beruht auf seiner Tendenz vorzurücken. Außerdem schafft der Isolani Stützpunkte auf den Nachbarlinien; im gegebenen Fall verfügt Weiß also auf e5 bzw. c5 über hervorragende Vorpostenfelder. Andererseits ist der Isolani schwach im Endspiel, weil er Figurendeckung benötigt. Damit sind die Strategien für beide Parteien vorgezeichnet: Der Besitzer des isolierten Bauern muss aktiv spielen, um den Kampf möglichst im Mittelspiel zu entscheiden, während der Gegner versucht, Figuren zu tauschen und in ein Endspiel einzulenken. Aus diesem Interessenkonflikt resultiert oft ein verwickeltes Mittelspiel.

11...♘d5

(Ein anderer Plan ist 11...♘b4!? 12.♘e5 ♘bd5∞ mit sehr kompliziertem Spiel.)

12.♗b3

(Nach 12.♗d3 ♘cb4 13.♗b1 b6 14.♘e5 ♗b7 ist die schwarze Stellung bestens verteidigungsfähig.)

12...♖e8 13.h4 ♘cb4

(Nach 13...♗xh4 14.♘xh4 ♘xc3 15.bxc3 ♕xh4 16.♖d3 hätte Weiß genug Kompensation für den Bauern.)

14.h5 b6 15.♘e5 ♗b7 16.a5 b5 (16...bxa5 17.♗a4!) 17.h6 g6 18.♘e4 ♘c7 19.♘c5 ♗d5 20.♖a3 ♘c6 mit kompliziertem Spiel.

II. 7.dxc5 ♕xd1 8.♖xd1 ♗xc5 9.a3 (9.♘bd2 ♘bd7 10.♗e2 b6 11.♘b3 ♗e7 12.♘fd4 ♗b7 13.f3 0–0 14.e4 ♖fc8 15.♗e3 ♔f8=) 9...b5 10.♗e2 ♔e7 (10...♗b7!?) 11.b4 ♗d6 12.♘bd2 ♗b7 13.♗b2 ♘bd7 14.♘b3 ♖ac8 mit etwa gleicher Stellung.

7...b5

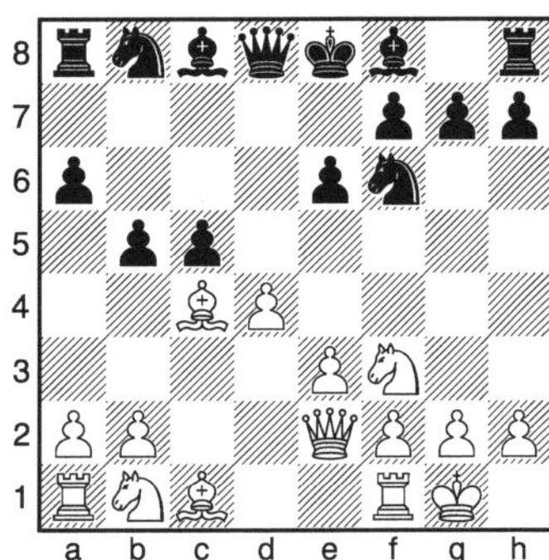

8.♗b3

Es ist Geschmackssache, wohin sich der Läufer wendet. Nach dem Textzug nimmt er die Felder d5 und e6 unter Beschuss und Schwarz muss immer mit dem Vorstoß d4–d5 rechnen.

Nach dem alternativen Läuferrückzug 8.♗d3 kann sich das Spiel wie folgt entwickeln.

8...♗b7 (8...♘c6 9.a4 bxa4 10.♘c3 ♗b7 11.♖d1 ♕c7 12.♖xa4 ♘b4 13.♗b1 ♗e7 14.e4 cxd4 15.♘xd4±) 9.a4 b4 10.♘bd2 cxd4 11.exd4 ♘c6 12.♘e4 ♘xd4

(Oder 12...♗e7 13.♗e3 ♘xe4 14.♗xe4 0–0 15.♖fc1 und laut GM Seirawan steht Weiß besser.)

13.♘xd4 ♕xd4 14.♖d1

A) 14...♕e5 15.♗f4 ♕xf4 16.♘xf6+ ♔e7 (16...♕xf6? 17.♗b5+! axb5 18.♕xb5+ ♔e7 19.♕d7#) 17.♘h5 ♕c7 18.♖ac1 ♕b6 19.♕e5 und Schwarz steht äußerst verdächtig.

B) 14...♕b6 15.♘xf6+ gxf6 16.♗f4 ♕c6 17.f3 und Weiß hat wegen des exponierten schwarzen Königs ausreichende Kompensation für den Bauern.

8...♗b7

Die Entwicklung des Läufers auf die lange Diagonale ist gegenwärtig sehr beliebt.

Eine Alternative ist 8...♘c6 mit Befragung des d-Bauern. Nach 9.dxc5 ♗xc5 10.e4 ♗b7 11.♖d1 ♕b6 hat Schwarz gutes Spiel.

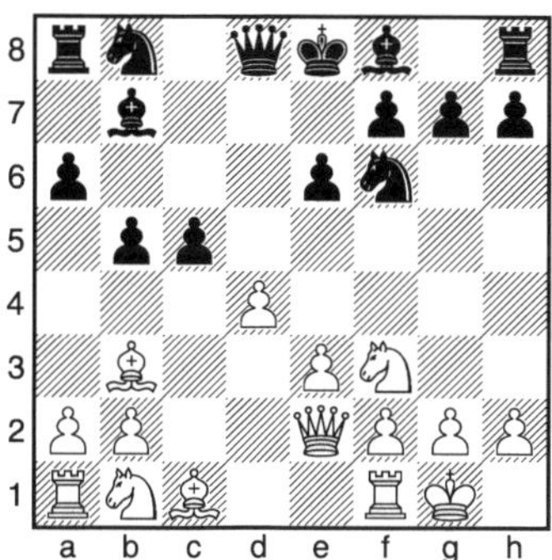

9.♖d1

Der Turm verleiht dem Bauern d4 starke Kraft und bei Gelegenheit droht Weiß durch d4xc5 das Zentrum zu öffnen.

Ein anderer Standardzug in dieser Stellung ist 9.a4; z.B. 9...b4 (9...♘bd7!?) 10.♘bd2 ♘bd7 (10...♘c6!? oder 10...♗e7!?) 11.a5 ♗e7 12.♘c4 0-0 13.♗d2 ♕b8 14.♖fc1 ♗d5 15.♗a4 ♕b7 mit etwa gleichen Chancen.

9...♘bd7 10.♘c3

Zu scharfem Spiel führt der Vorstoß 10.e4!?; z.B. 10...cxd4

(10...♘xe4 11.d5! ♗xd5 12.♗xd5 exd5 13.♘c3 und angesichts des unrochierten schwarzen Königs ist die weiße Initiative sehr gefährlich.)

11.e5

A) 11...♗xf3 12.gxf3 ♘h5 13.f4 g6

(13...♕h4!? scheint erheblich stärker zu sein.)

14.♖xd4 ♕b6 15.♖d1 ♖d8 16.♘c3 ♘g7 (16...♗e7 17.f5!→) 17.a4 b4 18.a5 ♕b7 19.♘e4 ♘f5 20.♗c4 mit weißem Vorteil.

B) 11...♘d5 12.♖xd4 ♖c8 13.♗d2 ♕c7 (13...♕b6!?) 14.♘c3 ♘xc3 15.♗xc3 ♗c5 16.♖dd1 (16.♖g4 ♗xf3!) 16...0-0 und Schwarz gleicht aus (Analyse von IM Varnusz).

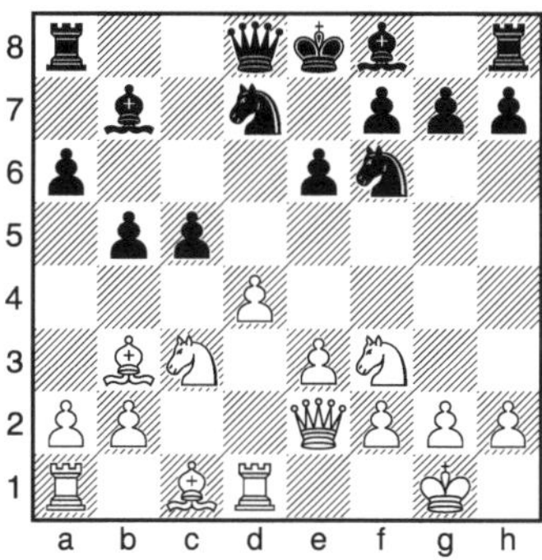

10...♕b6

Der ideale Platz für die Dame.

– Nach 10...b4 11.♘a4 ♗e7 12.♘xc5 ♘xc5 13.dxc5 ♕a5 14.♗d2 ♗xc5 15.a3 ♕b6 16.♗a4+ ♔e7 17.♘e5 stünde der schwarze König nicht sicher.

– Möglich ist jedoch 10...♕c7 11.e4.

A) 11...b4 12.♘d5!

(12.e5 bxc3 13.exf6 ♘xf6 14.d5! mit Initiative)

12...exd5 13.exd5+ ♗e7 14.dxc5 mit der Drohung d5–d6.

B) 11...cxd4 12.♘xd4 ♘c5 13.♗g5

B1) 13...♘fxe4? 14.♘xe4 ♘xe4 15.♘xb5! axb5 16.♕xb5+ ♗c6 (16...♕c6 17.♕xb7! ♕xb7 18.♗a4+! ♖xa4 19.♖d8#) 17.♗a4! ♖xa4 18.♕xc6+! ♕xc6 19.♖d8#

B2) 13...♗d6 14.♖ac1!

(Die weitere Mobilisierung der Kräfte ist besser als 14.g3, denn nach 14...♘fxe4 15.♘xe4 ♘xe4 hätte Weiß keine Kompensation für den Bauern.)

14...♗xh2+ 15.♔h1 ♗e5

(Nach 15...0–0? 16.♗xf6 gxf6 17.g3 geht der Läufer verloren.)

16.♗xf6 gxf6 17.♘cxb5! ♕e7 (17...axb5 18.♕xb5+ ♕d7 19.♖xc5±) 18.♖xc5 ♕xc5 19.♘xe6 fxe6 20.♕h5+ ♔e7 (20...♔f8? 21.♖d7!) 21.♗xe6!?

Diese Kombination führt nur zum Remis.

21...♔xe6 22.♕g4+ ♔f7 23.♖d7+ ♕e7 24.♕h5+ ♔f8 25.♕h6+ ♔f7 26.♖xe7+ ♔xe7 27.♕g7+ ♔e6 28.♕g4+ ♔e7

(Oder 28...♔f7 29.♕d7+ ♔g6 30.♕g4+ mit Dauerschach.)

29.♕g7+ ♔e6 30.♕xb7 axb5 31.♕d5+ ♔e7 32.♕b7+ ♔e6 33.♕d5+ mit ewigem Schach.

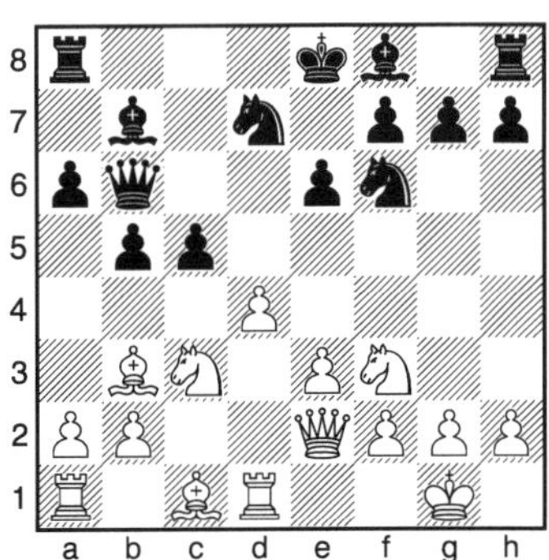

11.d5

Dieser charakteristische Bauernvorstoß im Zentrum erhöht die Beweglichkeit der weißen Figuren, wonach der Anziehende versuchen kann, die Zentralstellung des feindlichen Monarchen auszunutzen.

11...♘xd5

11...exd5 bedeutet praktisch nur Zugumstellung.

12.♘xd5 ♗xd5 13.♗xd5 exd5 14.♖xd5 ♗e7 15.e4 ♕b7 16.♗g5 f6

Zu überlegen ist 16...♘b6; z.B. 17.♖d2 0–0 18.♖ad1 ♖fe8 19.♗xe7 ♕xe7=.

17.♗f4 ♘b6 18.♖d2

Auf 18.♖d3 folgt einfach 18...c4 und der Turm muss wegziehen.

18...0–0 19.♖ad1 ♖ad8 mit gleichen Aussichten.

Zusammenfassung: Das angenommene Damengambit verspricht dem Schwarzen gute Ausgleichschancen und ist deshalb in der Turnierpraxis regelmäßig anzutreffen. Auch die weltweit führenden Spieler haben diese Eröffnung in ihrem Repertoire.

Abspiel 2

Tarrasch–Verteidigung

(1.d4 d5 2.c4 e6 3.♘c3)

3...c5

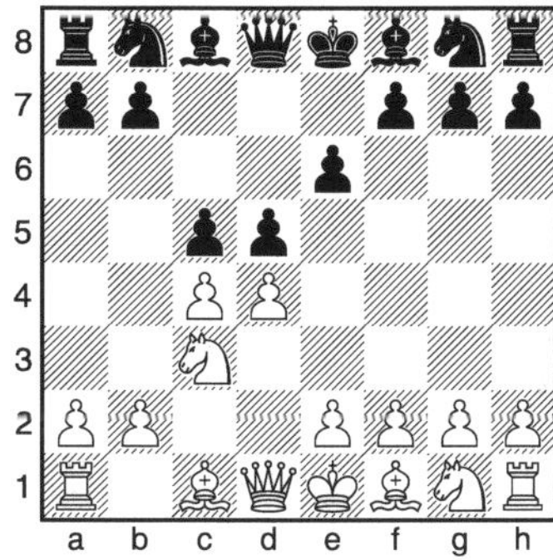

Diesen unverzüglichen Angriff auf das weiße Zentrum führte der deutsche Großmeister und Schachtheoretiker Siegbert Tarrasch (1862–1934) in die Praxis ein. Schwarz erklärt sich bereit, mit einem isolierten Bauern d5 zu spielen. Als Gegenwert für die positionelle Schwäche kann er sich jedoch schnell entwickeln und aktives Gegenspiel schaffen.

4.cxd5

Außer dieser positionell konsequenten Fortsetzung hat auch die ruhigere Erwiderung 4.e3 ihre Anhänger; z.B. 4...♘f6 5.♘f3 ♘c6.

A) 6.a3 a6 7.dxc5 ♗xc5 8.b4 ♗d6 (8...♗a7 9.♗b2 0–0 10.♕c2 ♕e7 11.♖d1 ♖d8∞) 9.♗b2 0–0 10.cxd5 exd5 11.♗e2 ♗e6 12.0–0 ♕e7 13.♖c1 ♖fd8 14.♘a4 ♖ac8 15.♘c5 ♘e4 mit beiderseitigen Chancen. Schwarz hat zwar den Isolani d5, aber auch aktiv wirkende Figuren.

B) 6.cxd5 exd5

(6...♘xd5 führt zur 'Verbesserten Tarrasch-Verteidigung' – siehe **Kapitel 30.**)

7.♗e2 cxd4 8.♘xd4 ♗d6 9.0-0 0-0 mit verteiltem Spiel. Weiß blockiert das Feld d4 und wird den d-Bauern belagern. Schwarz wird seine Figuren aktiv in Szene setzen; z.B. 10.b3 ♕e7 11.♘cb5 ♘xd4 12.♘xd4 ♕e5 13.g3 ♗h3 14.♖e1 ♘e4 mit Gegenspiel.

4...exd5

Das 'Schara-Hennig-Gambit' 4...cxd4 ist eine scharfe Alternative.

A) 5.♕xd4 ♘c6 6.♕d1 exd5 7.♕xd5 ♗e6 8.♕xd8+ ♖xd8 9.e3 ♘b4 (9...a6!? 10.a3 ♘a5 11.♘f3 ♘b3 12.♖b1 ♘f6∞) 10.♗b5+ ♔e7 11.♔f1 g5 mit sehr kompliziertem Spiel. Weiß hat zwar einen Bauern mehr, bleibt aber in der Entwicklung zurück.

B) 5.♕a4+ ♗d7 6.♕xd4 exd5 7.♕xd5 ♘c6 8.♘f3 ♘f6 9.♕d1 ♗c5 10.e3 ♕e7 11.♗e2 (11.a3!? 0-0-0 12.♕c2) 11...0-0-0 12.0-0 g5 13.b4!

Diese gute Antwort ist erzwungen, denn wenn Weiß nicht energisch genug am Damenflügel vorgeht, wird er auf der anderen Brettseite überrollt.

13...♗xb4 14.♕b3 g4 15.♘d4 ♘xd4 16.exd4 ♗e6 17.♕b2 mit besseren Aussichten für Weiß.

5.♘f3

Selten angewandt werden die folgenden beiden scharfen Gambit-Fortsetzungen.

I. Nach dem 'Marshall-Gambit' 5.e4 kann sich das Spiel wie folgt entwickeln.

5...dxe4 6.d5 f5

(Nach 6...♘f6 7.♗g5 ♗e7 8.♗b5+ ♔f8 9.♘ge2 a6 10.♗a4 b5 11.♗c2 ♗b7 12.0-0 hat Weiß angesichts der schwarzen Entwicklungsprobleme ausreichende Kompensation.)

7.♗f4 ♗d6 8.♗b5+ ♔f7 9.♘h3 ♘f6 10.♗c4 a6 11.a4 h6 und Schwarz hat gute Aussichten, seinen Mehrbauern zu behaupten.

II. Nach dem 'Tarrasch-Gambit' 5.dxc5 kann sich das Spiel wie folgt entwickeln.

5...d4

(5...♘f6 6.♗e3 ♘c6 7.♘f3 ♕a5 8.a3 ♘e4 9.♖c1 ♗e7 mit sehr kompliziertem Spiel; z.B. verbietet sich nun 10.♕xd5? wegen 10...♘xc3 11.♖xc3 ♗f6 12.♘d4 ♗e6 13.♕e4 0-0-0 14.b4 ♕a4 mit starker Initiative.)

6.♘a4 b5!? 7.cxb6 axb6 8.b3 ♘f6 9.e3 ♗d7 10.♕xd4 ♘c6 11.♕b2 ♘e4 12.a3 b5 13.♗d3 f5 14.♗xe4 fxe4 15.♘c3 ♘e5

Für die geopferten Bauern diktiert Schwarz das Geschehen, denn Weiß hat enorme Schwierigkeiten, seinen Königsflügel zu entwickeln.

5...♘c6

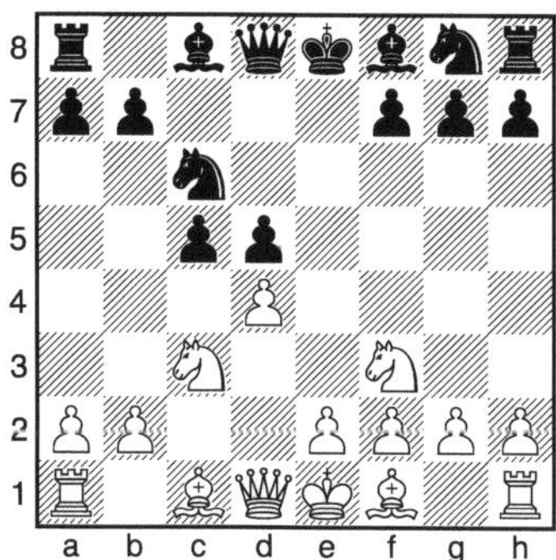

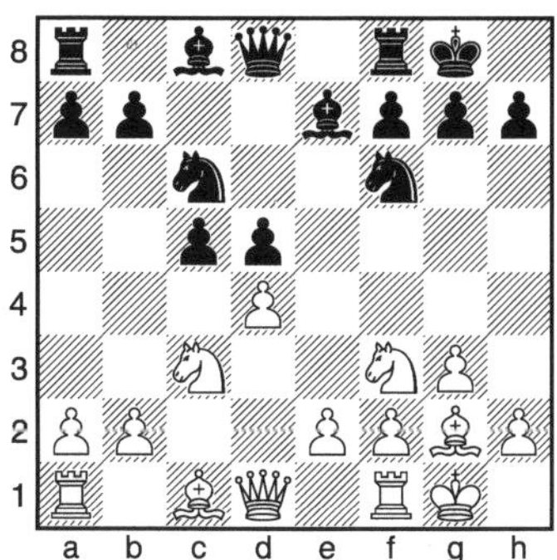

6.g3

Das Fianchetto ist hier der eindeutig beste Aufbau, um langfristig den empfindlichen Punkt d5 unter Beschuss zu nehmen.

6...♘f6

Kompliziert ist die sogenannte 'Schwedische Variante' 6...c4, mit der Schwarz einen Bauernsturm am Damenflügel mit b7–b5–b4 usw. plant.

7.♗g2 ♗b4 8.0–0 ♘ge7

A) 9.♘e5!? 0–0 10.♘xc6 bxc6 11.e4

Ohne diesen Sprengungszug kommt Weiß nicht aus.

11...dxe4 12.♗xe4 ♗xc3 13.bxc3 ♘d5 14.♕c2 (14.♗d2 ♖e8 15.♕c2 h6 16.♖fe1±) 14...f5 15.♗g2 ♗e6 16.♖e1 und Weiß hat das Läuferpaar und die bessere Bauernstruktur.

B) 9.e4 0–0 10.exd5 ♘xd5 11.♗g5 f6 12.♘xd5 ♕xd5

(Nach 12...fxg5 13.♘xb4 ♘xb4 14.♕a4 a5 15.♕b5 verliert Schwarz einen Bauern.)

13.♗e3 und Weiß steht besser.

7.♗g2 ♗e7 8.0–0 0–0

Damit haben wir die Ausgangsstellung der Hauptvariante erreicht.

9.♗g5

Die Drohung 10.d4xc5 zwingt Schwarz zu einer sofortigen Erklärung im Zentrum.

Hier ein Blick auf einige Alternativen.

I. 9.♗e3 c4 (9...cxd4 10.♘xd4 ♖e8 11.♖c1 ♗g4 12.h3 ♗e6 13.♘a4±) 10.♘e5 ♗e6 11.♘xc4 dxc4 12.d5 ♘xd5 13.♘xd5 ♗f6 14.♘xf6+ ♕xf6 15.♗xc6 bxc6 16.♕d4 ♕xd4 17.♗xd4 f5 18.f3 ♗d5 19.♔f2 mit etwas besserem Endspiel für Weiß, wenngleich die ungleichfarbigen Läufer eher ein Remis wahrscheinlich machen.

II. 9.dxc5 ♗xc5

(9...d4!? 10.♘a4 ♗f5 11.♗f4 ♗e4 12.♖c1 ♕d5 13.♕b3 ♕h5 mit sehr kompliziertem Spiel.)

10.♗g5 d4 11.♗xf6 ♕xf6 12.♘d5

(12.♘e4 ♕e7 13.♘xc5 ♕xc5 14.♕d2 ♗g4 15.♖ac1 ♕b6 und in dieser äußerst komplizierten Stellung stört der vorgerückte schwarze d-Bauer die weißen Figuren empfindlich.)

12...♕d8 13.♘d2 ♖e8 14.♖e1 ♗g4 15.♘b3 ♗b6 16.♖c1 (16.♕d2!?) 16...♖e5 17.♘f4 ♕d6 18.♘d3 ♖e7 19.♘dc5 ♖c8 mit gleichen Chancen (Analyse von Kasparow).

III. 9.b3 ♘e4 10.♗b2 ♗f6 11.♘a4 b6 12.♖c1 ♗a6 13.dxc5 ♗xb2 14.♘xb2 bxc5 15.♘a4

(15.♘d2 ♕e7 16.♘d3 ♖ad8 17.♖e1 ♖fe8 mit aktivem Spiel.)

15...♖e8 16.♖e1 c4 17.♘d4 ♕f6 mit schwarzem Gegenspiel.

9...cxd4 10.♘xd4 h6 11.♗e3 ♖e8

Nach 11...♗g4 12.h3 ♗e6 13.♖c1 sind die weißen Kräfte besser postiert.

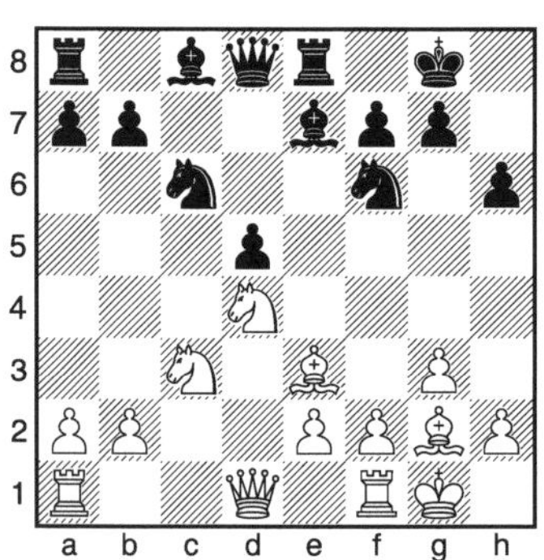

12.♖c1

Mit dieser Entwicklung möchte Weiß aktives Spiel am Damenflügel einleiten.

Hier ein Blick auf einige Alternativen.

I. 12.♕b3 ist vor allem auch ein Räumungszug, um möglichst schnell einen Turm nach d1 stellen zu können.

II. 12...♘a5 13.♕c2 ♗g4 (13...♘c4 14.♗f4 ♗g4∞) 14.♘f5 ♖c8 15.♗d4 ♗c5 16.♗xc5 ♖xc5 17.♘e3

(Nach 17.♘d4 ♘e4 18.e3 ♘xc3 19.bxc3 ♕c7 wird der weiße c-Bauer zum Sorgenkind.)

17...♗e6 18.♖ad1 (18.b4 ♖c8 19.bxa5 d4 20.♖fd1 ♕xa5 21.♖xd4 ♖xc3=) 18...♕c8 19.♕a4 ♖d8

Da Weiß deutlichen Druck auf den isolierten d-Bauern ausübt, muss Schwarz genau spielen, um Ausgleich zu bekommen.

III. Auch 12.♕a4 dient speziell der Räumung von d1.

12...♗d7 13.♖ad1 ♘b4 14.♕b3 a5 15.a4

(Schlecht wäre 15.♘xd5?, denn nach 15...♘bxd5 16.♗xd5 ♘xd5 17.♕xd5 ♗h3 übernimmt Schwarz die Initiative.)

15...♖c8 16.♘db5 ♗e6 17.♗d4 ♗c5 18.♗xc5 ♖xc5 19.♘d4 ♗g4 20.h3 ♗d7 21.♖d2 ♕b8 22.♖fd1 ♘e4 und Schwarz sollte die Stellung im Gleichgewicht halten können.

12...♗f8

Der Läufer macht dem Turm die e-Linie frei.

13.♘xc6

So wird die gegnerische Bauernstruktur am Damenflügel geschwächt.

13...bxc6

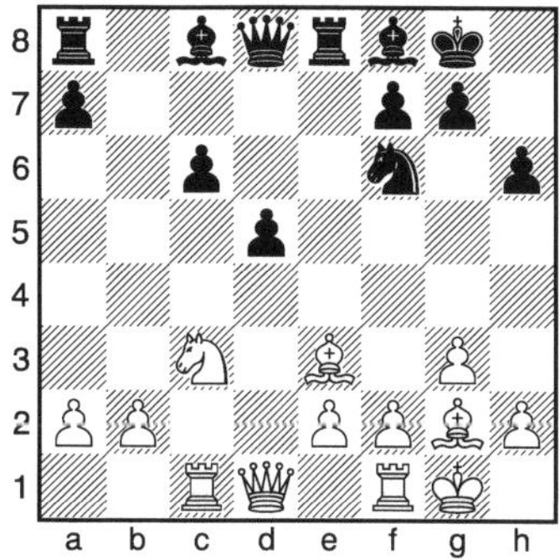

14.♘a4

Bei dieser typischen Aktion gegen die Bauernformation c6-d5 geht es um die Eroberung des Feldes c5.

14...♗d7 15.♗c5

Oder 15.♘c5 ♗xc5 16.♗xc5 ♘e4 17.♗d4 ♕a5 18.a3 ♕b5 nebst a7-a5 und die weißen Bauern am Damenflügel werden ihrer Aktivität beraubt.

15...♗xc5 16.♘xc5 ♗g4 17.♖e1 ♕a5 18.h3 ♗f5 19.♕d4 ♖ab8 20.a3 ♕b5 21.b3 a5 und nach Eroberung des Feldes c5 hat Weiß einen minimalen positionellen Vorteil, aber die schwarze Stellung ist wohl verteidigungsfähig.

Zusammenfassung: Da die Tarrasch-Verteidigung zu einem kompromisslosen Kampf führt, wurde sie lange Zeit mit Erfolg von Garri Kasparow angewandt, der ja eine Vorliebe für komplizierte und scharfe Spiele hat. Aber inzwischen wurden viele Verstärkungen für Weiß ausgearbeitet, so dass es für Schwarz nicht einfach ist auszugleichen. Das ist wohl der Hauptgrund, weshalb diese Spielweise in den letzten Jahren relativ selten zu sehen ist. Trotzdem hat sie nach wie vor ihre Anhänger, die sie beharrlich anwenden. Für Spieler, die auf Abenteuer aus sind, empfehle ich übrigens das scharfe und noch nicht vollständig erforschte 'Schara-Hennig-Gambit'.

Abspiel 3

Abtauschvariante

(1.d4 d5 2.c4 e6 3.♘c3 ♘f6)

4.cxd5

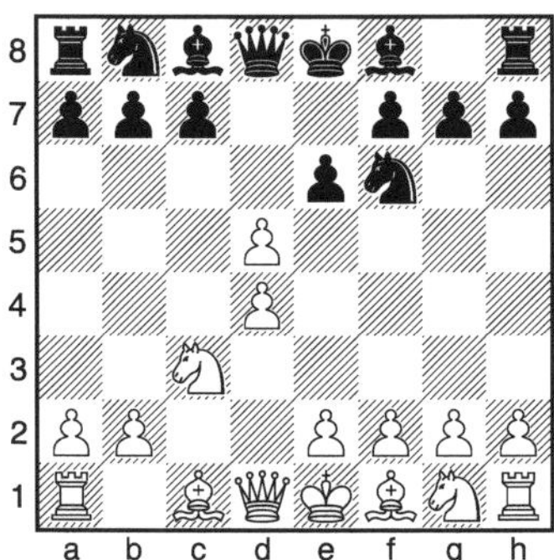

Dieser Zug öffnet zwar die Diagonale für den Läufer c8, doch stabilisiert er auch die Lage im Zentrum. Dies bedeutet, dass Weiß praktisch allein bestimmen kann, welcher Mittelspielplan zum Einsatz kommt, z.B. ein Durchbruchsversuch im Zentrum oder ein Minoritätsangriff am Damenflügel.

4...exd5

Nach 4...♘xd5 5.e4 ♘xc3 6.bxc3 erhält Weiß ein starkes Bauernzentrum.

5.♗g5

Statt dieses Zuges (mit der offenkundigen Drohung ♗xf6) kommt auch 5.♗f4 in Betracht.

– 5...♗d6 6.♗xd6 ♕xd6 7.e3 0–0 8.♗d3 ♘bd7 9.♘ge2 c6 10.♘g3 ♖e8=

– 5...c6 6.e3 ♗f5 7.♘ge2 ♗d6 8.♗xd6 ♕xd6 9.♘g3 ♗g6 10.h4 h5 11.♗e2 ♘bd7 nebst 0–0–0 mit beiderseitigen Chancen.

5...c6

Nach 5...♘bd7 sollte Weiß mit 6.e3 oder 6.Sf3 fortfahren.

6.♕c2 ♗e7 7.e3 ♘bd7 8.♗d3 0–0 9.♘f3

Zu scharfem Spiel kommt es, wenn Weiß eine Aufstellung mit langer Rochade wählt; z.B. 9.♘ge2 ♖e8 10.0–0–0 ♕a5

(10...♘f8 11.h3 a5 12.g4 b5 13.♘g3 a4 14.♔b1 ♕a5 15.♘ce2 ♗d7 16.♘f5 ♗xf5 17.♗xf5 mit guten Chancen für einen Königsangriff.)

11.♔b1 b5 12.♘g3 h6 13.h4! ♘b6

(13...hxg5 verliert nach 14.hxg5 ♘e4 15.♗xe4 dxe4 16.♕xe4 ♘f8 17.♕h4 usw.)

14.♗f4 ♘c4 mit kompliziertem Spiel und beiderseitigen Chancen.

9...♖e8

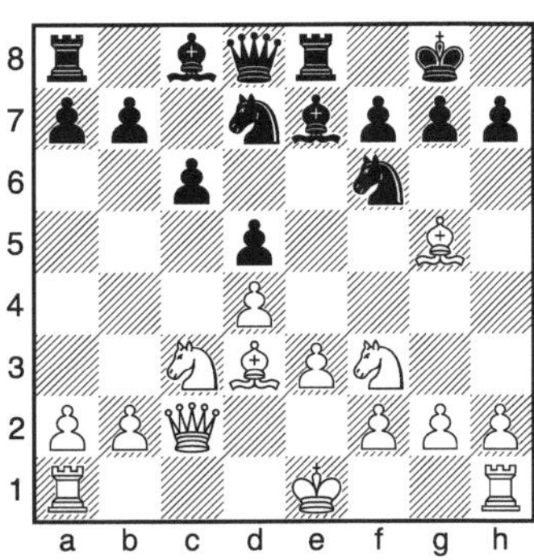

10.0–0

Nach wie vor kommt auch 10.0–0–0 in Betracht; z.B. 10...♘f8 11.h3 (11.♗xf6 ♗xf6 12.h3 ♗e6 13.♔b1 ♖c8

14.g4 c5⇄) 11...♗e6 12.g4 (12.♔b1 ♕a5 13.g4 ♘e4 14.♗xe7 ♘xc3+ 15.♕xc3 ♕xc3 16.bxc3 ♖xe7=) 12...♖c8 13.♔b1 a6 14.♘a4 ♘6d7 15.♗xe7 ♕xe7 16.♖c1 c5 17.dxc5 b5 18.♘c3 ♘xc5⇄

10...♘f8

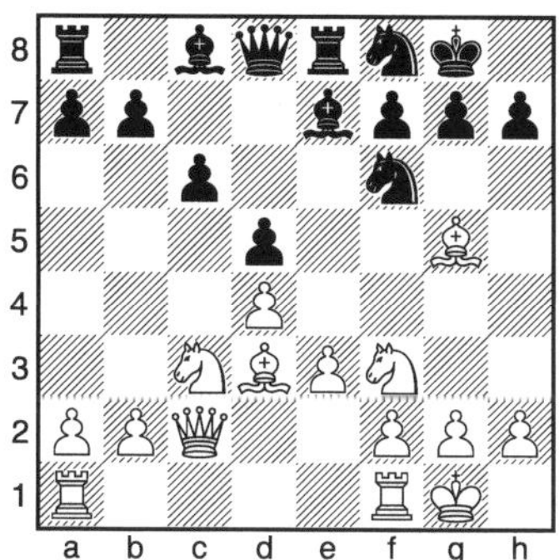

11.♖ab1

Weiß bereitet einen Minoritätsangriff vor und wird versuchen, mit dem Vormarsch a2-a4 und b2-b4-b5 die gegnerische Bauernmehrheit am Damenflügel zu zerstören.

Hier ein Blick auf allerlei Alternativen.

I. Mit 11.♖ae1 plant Weiß, ein Spiel in der Mitte einzuleiten; z.B. 11...♘e4 12.♗xe7 ♕xe7 13.♗xe4 dxe4 14.♘d2 f5 15.f3 (15.d5 ♗d7 16.♕b3 cxd5 17.♕xb7 ♖eb8 18.♕xd5+ ♗e6∞) 15...exf3 16.♘xf3 ♗e6 17.e4 fxe4 18.♖xe4 h6 19.♖fe1 ♕d6 mit beiderseitigen Chancen.

II. Nach 11.♘e5 plant Weiß die Befestigung des Springers mit f2-f4, gefolgt von ♖f1-f3 mit einer Aktion am Königsflügel; z.B. 11...♘g4 12.♗xe7 (12.♗f4 ♗d6 13.♘xg4 ♗xf4 14.exf4 ♗xg4 15.f5 f6=) 12...♕xe7 13.♘xg4 ♗xg4 14.♖ae1 ♖ad8 15.f4 ♗c8 16.f5 ♘d7 nebst ♘d7-f6 und c6-c5 mit ausreichendem Gegenspiel.

III. Nach 11.♗xf6 will Weiß ohne den Vorbereitungszug ♖a1-b1 den Vorstoß b2-b4 folgen lassen; z.B. 11...♗xf6 12.b4 ♗g4 13.♘d2 ♖c8 14.♗f5 ♗xf5 15.♕xf5 g6 16.♕d3 ♘e6

- Nach 17.♖ac1 a5 hat Schwarz gute Aussichten.

- Auf 17.b5 folgt 17...c5! mit ausgezeichnetem Spiel.

- Und nach 17.♖ab1 b5! mit der möglichen Folge 18.a4 a5 steht Schwarz am Damenflügel aktiv.

IV. 11.a3 (Δb2-b4) 11...♘g6 12.♘e5 (12.b4 a6 13.♖ab1 ♗d6 14.a4 h6 15.♗xf6 ♕xf6 16.e4 dxe4 17.♘xe4 ♕d8 18.♖fe1 ♗g4=) 12...♘xe5 13.dxe5 ♘g4 14.♗f4 ♗f8! 15.♗xh7+ ♔h8 16.♗f5 ♘xe5 17.♗xc8 ♖xc8 18.♕f5 f6, um nach g7-g6 und f6-f5 den Punkt e4 völlig unter Kontrolle zu nehmen und sich somit gute Perspektiven zu sichern.

V. Mit 11.h3 verhindert Weiß ♗g4; z.B. 11...g6 12.♖ab1 ♘e6 13.♗h4 (13.♗h6 ♘g7 14.b4 a6 15.a4 ♗f5=) 13...♘g7 14.b4 a6 15.a4 ♗f5 16.b5 axb5 17.axb5 ♗xd3 18.♕xd3 ♘f5 mit realen Aussichten auf den Ausgleich.

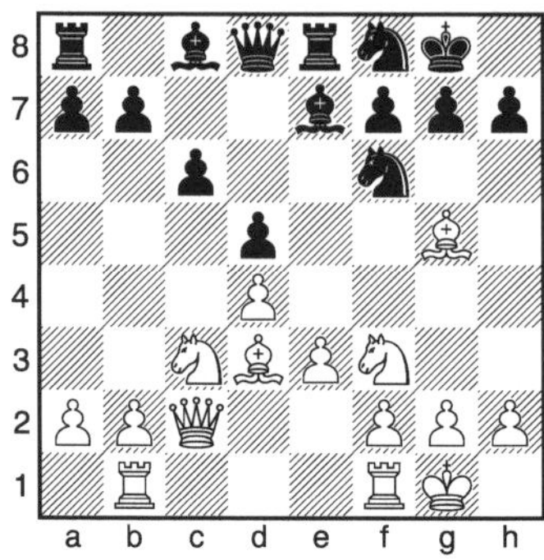

11...a5

Mit diesem Zug soll der Vormarsch des weißen b-Bauern erschwert werden.

Eine andere Idee ist 11...♘e4 12.♗xe7 ♕xe7 13.b4 a6 14.a4 ♗f5 15.♖fc1 ♖ac8 16.♗xe4 ♗xe4 17.♘xe4 dxe4 18.♘d2 ♕e6 19.♕b3 ♕xb3 20.♖xb3 mit positionellem Vorteil für Weiß, weil er im günstigen Moment den Vorstoß b4-b5 durchführen und damit im gegnerischen Lager Bauernschwächen erzeugen kann. Schwarz sollte jedoch bei genauem Spiel (insbesondere nach dem Marsch seines Königs zum Zentrum ♔f8-e7 usw.) die Stellung halten können.

12.a3 ♘g6 13.b4 axb4 14.axb4 ♘e4 15.♗xe7 ♕xe7 16.b5 ♘xc3 17.♕xc3 ♗g4 18.♘d2 ♖ac8

Und nachdem Schwarz seinen schwachen Bauern verteidigt hat, ist die Stellung etwa ausgeglichen.

Zusammenfassung: Den aktiven weißen Plan, mittels b2-b4-b5 am Damenflügel vorzugehen, kann Schwarz mit 11...a5 bekämpfen, was ihm gute Ausgleichschancen bietet. Zu beachten ist allerdings auch die Abtauschoption 11...♘e4. In vielen Varianten kann Weiß auch die lange Rochade wählen, um sich Angriffsmöglichkeiten am anderen Flügel zu verschaffen. Allgemein kann man sagen, dass die Abtauschvariante beiden Seiten etwa gleiche Aussichten bietet.

Abspiel 4

Tartakower–System

(1.d4 d5 2.c4 e6 3.♘c3 ♘f6 4.♗g5 ♗e7 5.e3 0–0 6.♘f3 h6)

7.♗h4 b6

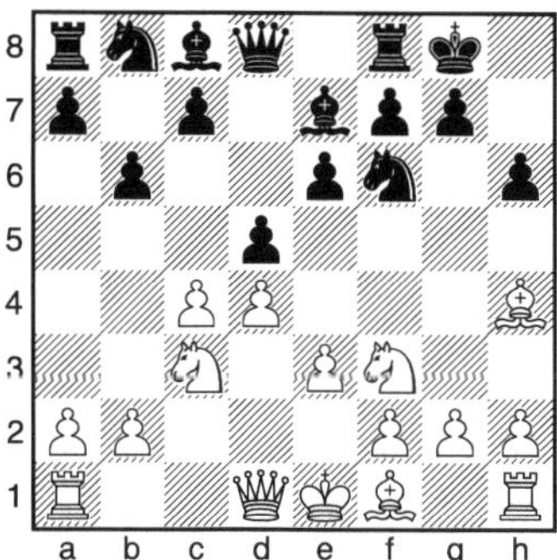

Die Zugfolge 6...h6 und 7...b6 wurde erstmals von Savielly Tartakower (1887-1956) beim Londoner Turnier 1922 angewandt. Schwarz beabsichtigt, seinen weißfeldrigen Läufer zu fianchettieren, weil er auf der langen Diagonale a8–h1 sehr wirkungsvoll am Angriff auf den gegnerischen König teilnehmen kann.

An dieser Stelle sei noch auf die alte Idee Laskers 7...♘e4 hingewiesen; z.B. 8.♗xe7 ♕xe7 9.♕c2 c6 10.♗d3

(Bis heute ist ungeklärt, ob Weiß nach 10.♘xe4 dxe4 11.♕xe4 ♕b4+ 12.♘d2 ♕xb2 13.♖b1 ♕xa2 14.♗d3 f5 15.♕h4 ♕a3 ausreichenden Ersatz für den Bauern hat.)

10...♘xc3 11.♕xc3 dxc4 12.♗xc4 ♘d7 13.0–0 b6 14.♖ac1 ♗b7 15.♖fd1 c5=

8.♗e2

Mit diesem flexiblen Zug entwickelt Weiß zunächst seinen Königsflügel, ohne sich auf einen konkreten Plan festzulegen.

Hier ein Blick auf einige Alternativen.

I. Mit 8.cxd5 will Weiß die Diagonale a8-h1 definitiv sperren, da Schwarz seinen Läufer offensichtlich nach b7 entwickelt wird, aber mit 8...♘xd5!? kann Schwarz diese offenhalten.

(Tartakower selbst spielte hier überwiegend 8...exd5, wonach z.B. 9.♗e2 ♘bd7 10.0–0 ♗b7 11.♖c1 c5 unter Zugumstellung zur Hauptvariante führt.)

9.♘xd5 exd5 10.♗xe7 ♕xe7 11.♖c1 ♗e6 12.♕a4 c5 13.♕a3 ♖c8 14.♗e2 ♕b7 nebst ♘b8-d7 mit harmonischer Entwicklung und guten Ausgleichschancen.

II. Mit 8.♖c1 verstärkt Weiß den Druck in der c–Linie.

8...♗b7 9.♗xf6 (9.♗e2 dxc4 10.♗xc4 ♘bd7 11.0–0 c5=) 9...♗xf6 10.cxd5 exd5 11.b4 c6 12.♕b3 (12.♗d3 ♕d6 13.♕b3 ♘d7 14.0–0 ♗e7 15.♖b1 a5 16.b5 c5=) 12...a5 13.bxa5 ♖xa5 14.♗e2 ♘d7 (14...♗c8 15.0–0 ♗e6 16.a4 ♘d7=) 15.0–0 ♖e8 16.♖fd1 ♗e7 17.a4 ♗d6 18.♗f1 ♕e7 nebst c6-c5 mit gutem Spiel.

III. Mit 8.♕c2 bereitet Weiß 0-0-0 nebst Bauernsturm am Königsflügel vor.

8...♗b7 9.0–0–0 (9.♗xf6 ♗xf6 10.cxd5

exd5 11.0–0–0 ♘c6 12.a3 ♘a5 13.h4 c5⇄) 9...♘bd7 10.♖g1 c5 11.g4 ♘e4 12.♗xe7 ♕xe7 13.♘xe4 dxe4 14.♘e5 ♘xe5 15.dxe5 ♕g5 16.♕c3 ♖fd8 mit gutem Spiel für Schwarz.

IV. Mit 8.♗xf6 schwächt Weiß den Bauern d5, um diesen durch das folgende Königs-Fianchetto unter Beschuss zu nehmen.

8...♗xf6 9.cxd5 exd5 10.♕d2 ♗e6 11.♖d1 ♕e7 12.g3 c5 13.dxc5 (13.♗g2 ♘c6 14.0–0 ♖fd8=) 13...♖d8 14.cxb6 d4 15.♗g2 ♘c6 16.♘xd4 ♘xd4 17.exd4 ♗h3+ 18.♔f1 ♖xd4 19.♕e3 ♕b7! mit starker Initiative.

V. Mit 8.g4 startet Weiß sofort eine energische Aktion am Königsflügel.

8...♘xg4 9.♗xe7 ♕xe7 10.cxd5 exd5 11.♘xd5 ♕d6 12.♘c3 c5 13.♖g1 ♘f6 (13...♘c6 14.d5 ♘e7 15.♗c4 ♘g6 16.h3 ♘4e5∞) 14.♗g2 (14.dxc5 ♕xc5 15.♕d4 ♘bd7 16.♕f4 ♔h8 17.0–0–0 ♗b7∞) 14...♗g4 15.♕d2 ♘bd7 16.♘e5 ♘xe5!?

(Es geht natürlich auch einfach 16...♖ad8=.)

17.dxe5 ♕xe5 18.♗xa8 ♖xa8 19.♖g3 ♕f5 mit ausreichender Kompensation.

VI. Auch der natürliche Entwicklungszug 8.♗d3 wird häufig angewandt.

8...♗b7 9.0–0 ♘bd7 10.♕e2 c5 11.♗g3 ♘e4 12.cxd5 exd5 13.♖ad1 ♘xg3 14.hxg3 a6

(Möglich ist auch 14...c4!? nebst a7–a6, b6–b5 mit aktivem Spiel am Damenflügel.)

15.dxc5 bxc5 16.♗b1 ♘b6 und Schwarz kann mit Erfolg um Ausgleich kämpfen.

VII. Mit 8.♕b3 erzeugt Weiß zusätzlichen Druck auf d5 und bereitet ♖d1 vor, um somit den Gegenstoß c7–c5 zu erschweren.

8...♗b7 9.♗xf6 ♗xf6 10.cxd5 exd5 11.♖d1 ♖e8 12.♗d3 c5!? 13.dxc5 ♘d7 14.c6

(Nach 14.cxb6 ♘c5 erhält Schwarz für den Bauern aktives Spiel.)

14...♗xc6 15.0–0 ♘c5 mit guter Stellung angesichts des Läuferpaars und des aktiven Spiels.

VIII. Mit 8.♖b1 plant Weiß b2–b4, um den Gegenstoß c7–c5 zu erschweren.

8...♘bd7 9.cxd5 exd5 10.b4 c6 11.♗d3 a5 12.b5 (12.bxa5 ♖xa5 13.a4 ♗a6=) 12...c5 13.0–0 ♗b7 14.♗f5 ♘e4 15.♗xe7 ♕xe7 16.♘a4 ♘ef6 17.♖c1 g6 18.♗h3 ♖ad8 mit fester Stellung.

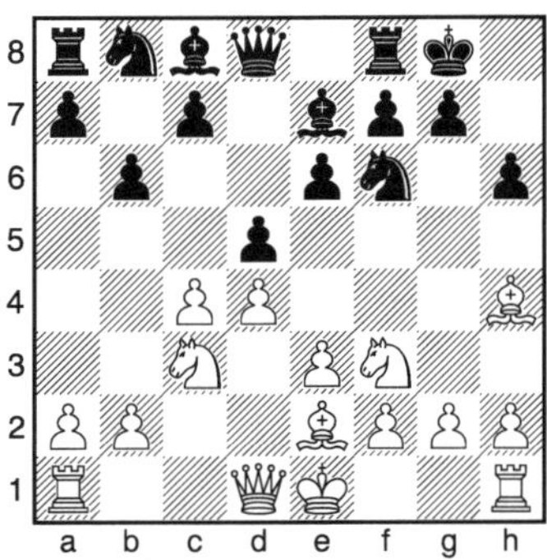

8...♗b7

Schwarz hat das klare Ziel, ♘b8–d7 und c7–c5 folgen zu lassen.

Der russische GM Efim Geller wandte hier regelmäßig die andere Idee 8...♘bd7!? mit großem Erfolg an; z.B. 9.cxd5 exd5 10.0–0 ♗b7 11.♕b3 c5 12.♗xf6 ♘xf6 13.dxc5 ♗xc5 14.♖fd1 ♕e7 15.♘d4 ♖ad8 mit guten Konterchancen dank des Vorpostenfeldes e4.

9.♗xf6 ♗xf6 10.cxd5 exd5

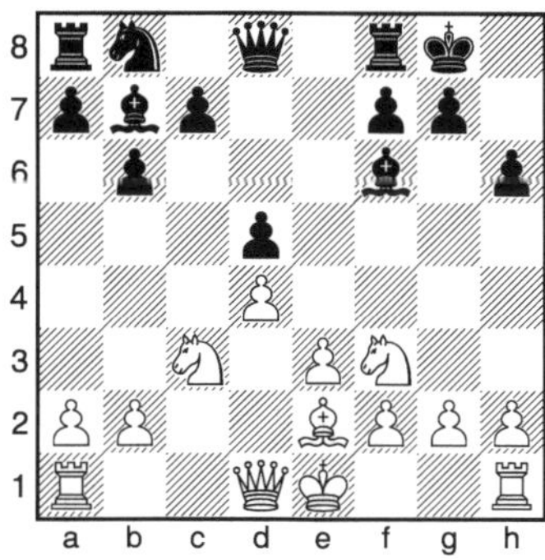

11.b4

Eine Alternative ist 11.0–0 ♕e7.

(Spielbar ist auch 11...c6 12.b4 ♖e8 13.♕b3 a5 14.b5 c5 15.dxc5 bxc5 16.♖ac1 ♗xc3 17.♕xc3 ♘d7 nebst ♕d8–b6 mit aktivem Spiel im Zentrum.)

12.♕b3 ♖d8 13.♖ad1

(Nach 13.♖fd1 c6 14.♗f1 ♘a6 15.♖d2 ♘c7 16.a4 ♘e6 17.a5 b5 18.♕a2 a6 19.♖c1 c5! steht Schwarz ausgezeichnet.)

13...c6 14.♖d2 ♘d7 15.♖c1 ♕e6 und nach ♖a8–c8 nebst c6–c5 erlangt Schwarz gute Chancen.

11...c5

Ein anderes Verfahren besteht in 11...c6; z.B. 12.0–0 a5 13.a3 ♘d7 14.♕b3 ♖e8 15.♖ad1 axb4 16.axb4 b5 mit gleichen Aussichten nach ♘d7-b6-c4 nebst ♗b7-c8-f5.

12.bxc5 bxc5 13.♖b1 ♗c6 14.0–0 ♘d7 15.♗b5 ♕c7

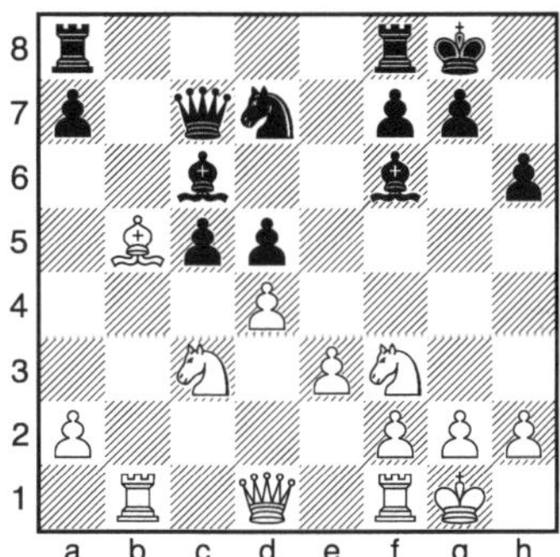

Schwarz steht sehr ordentlich, wie einige praktische Beispiele veranschaulichen.

I. 16.♕d2 ♖fd8 17.♖fc1 ♖ab8 (17...a6 18.♗xc6 ♕xc6 19.dxc5 ♘xc5 20.♘e2 ♕d6=) 18.♗xc6 ♖xb1 19.♘xb1 ♕xc6 20.dxc5 ♘xc5=

II. 16.♕d3 ♖fc8 17.♖fd1 ♖ab8 (17...♗xb5 18.♖xb5 ♕c6 19.♕f5 cxd4 20.♘xd5 dxe3 21.fxe3 ♕e6=) 18.a4 cxd4 19.♘xd4 ♘c5 20.♕f5 ♗xd4 21.exd4 g6 22.♕f3 ♘e4=

III. 16.♕c2

– 16...♖fc8 17.♖fc1 ♗xb5 18.♘xb5 ♕c6 19.dxc5 ♘xc5 20.♕f5 ♕e6 21.♘fd4 ♕xf5 22.♘xf5 ♘e6=

– 16...♖ab8 17.♖fc1 ♗xb5 18.♘xb5 ♕c6 19.♘c3 cxd4 20.♘xd4 ♗xd4 21.exd4 ♖xb1 22.♘xb1 ♕xc2 23.♖xc2 ♖b8=

Zusammenfassung: Da das Tartakower-System zu inhaltsreichem Spiel und guten Aussichten für Schwarz führt, erfreut es sich bei Spielern aller Klassen großer Beliebtheit. Statt der energischen Fortsetzung 11...c5 kann Schwarz auch den positionellen Ansatz mit 11...c6 wählen, um gute Ausgleichschancen zu erhalten.

Kapitel 31

Slawische Verteidigung

1.d4 d5 2.c4 c6

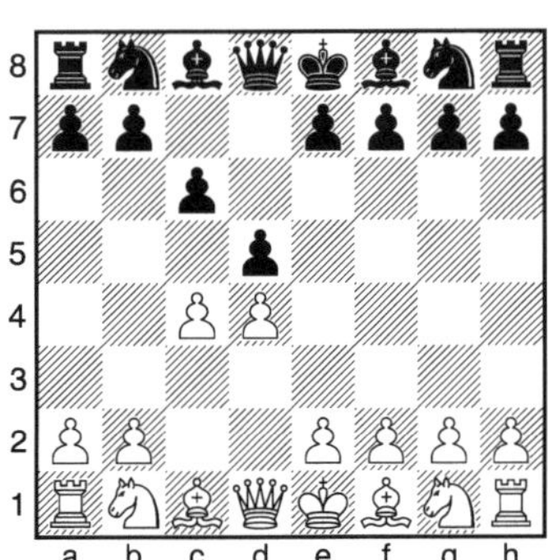

Schwarz deckt nicht nur den Bauern d5, sondern thematisiert auch die Eventualdrohung, den Gambitbauern auf c4 zu schlagen und mit b7-b5 zu behaupten. Zugleich bleibt die Diagonale c8-h3 für die Entwicklung des weißfeldrigen Läufers offen. Die Slawische Verteidigung erfreut sich großer Popularität bei Spielern aller Klassen, denn sie gilt als eine der solidesten Spielweisen in der großen Familie der Damengambit-Systeme.

3.♘f3

Hier ein Blick auf allerlei Alternativen.

I. 3.♘c3

A) Nach 3...e6 kann Weiß mit 4.e4!? das ‘Slawische Gambit’ wählen; 4...dxe4 5.♘xe4 ♗b4+ 6.♗d2

(Weniger ehrgeizig ist 6.♘c3 c5 7.a3 ♗a5 8.♗e3 ♘f6=.)

6...♕xd4 7.♗xb4 ♕xe4+ 8.♗e2

(8.♘e2 hat einen weniger guten Ruf.)

8...♘d7

(Nach 8...♕xg2 9.♗f3 ♕g6 10.♘e2 ♘a6 11.♗a3 ♘e7 12.♖g1 ♕f6 13.♘c3 ♘f5 14.♘e4 hat Weiß für das geopferte Material deutliche Initiative.)

9.♕d6 (9.♘f3!?) 9...c5 10.♗xc5 ♕xg2 11.♗f3 ♕g5 12.♗e3 ♕a5+ 13.b4 ♕e5 14.♖d1 mit genügend Kompensation dank des Läuferpaars. Das 'Slawische Gambit' gibt dem Weißen viele gute Angriffschancen, verlangt jedoch im weiteren Verlauf einen gewissen Mut zum Opfer.

B) Mit 3...e5!? wählt Schwarz das 'Winawer-Gambit'; 4.dxe5

(Nach 4.cxd5 cxd5 5.♘f3 e4 hat Schwarz ordentliches Spiel.)

4...d4 5.♘e4 ♕a5+ 6.♗d2

(Oder 6.♘d2 ♘d7 7.♘gf3 ♘xe5 8.♘xd4 ♘xc4 9.e3 ♘xd2 10.♗xd2 ♗b4 11.a3 ♗xd2+ 12.♕xd2 ♕xd2+ 13.♔xd2 ♘f6 und Schwarz sollte gleiches Spiel erhalten.)

6...♕xe5 7.♘g3 ♘f6 8.♘f3 ♕d6 9.♕c2 ♗e7 10.0-0-0 0-0 11.e3 dxe3 12.fxe3

(Nach 12.♗c3!? ♕f4 13.fxe3 ♕xe3+ 14.♔b1 erhält Weiß für den Bauern Entwicklungsvorsprung.)

12...♕c7 13.♗c3 c5 (13...♘a6!? 14.a3 ♗e6 15.♘f5 ♖fe8 16.♘xe7+ ♕xe7=) 14.♘f5 ♘c6 15.a3 ♗xf5 16.♕xf5 g6 17.♕f4 ♕xf4 18.exf4 ♘e4 und Schwarz kann mit seiner Stellung zufrieden sein.

II. 3.cxd5 wird in **Abspiel 1** untersucht.

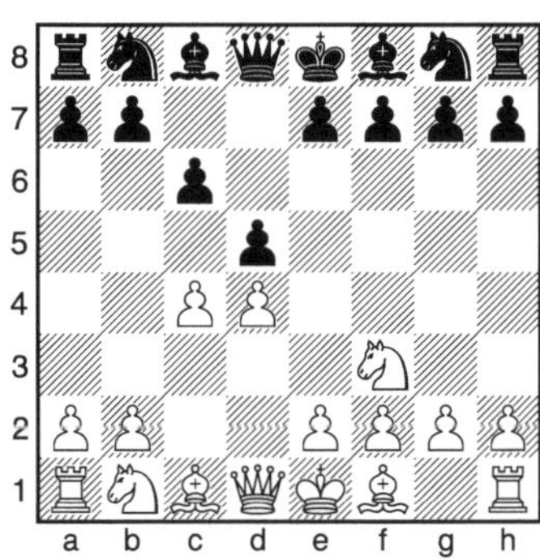

3...e6

Nach 3...♘f6 kann sich die Partie wie folgt entwickeln.

4.♘c3

(Nach 4.e3 ♗f5 5.cxd5 cxd5 6.♕b3 ♕c7 7.♘c3 e6 8.♗d2 ♘c6 9.♖c1 ♗e7 10.♗b5 0-0 11.0-0 ♖fc8 hat Schwarz keine Eröffnungsprobleme.)

4...dxc4

(In der Schlechter-Variante 4...g6 5.e3 ♗g7 6.♗d3 0-0 7.0-0 ♗f5 8.♗xf5 gxf5 9.b3 ♘e4 10.♗b2 e6 11.♘e2 ♘d7 12.♖c1 behauptet Weiß einen sehr geringen Eröffnungsvorteil.)

A) Mit 5.e4 wählt Weiß das 'Tolusch-Geller-Gambit'; 5...b5 6.e5 ♘d5 7.a4 e6 8.axb5 ♘xc3 9.bxc3 cxb5 10.♘g5 ♗b7 11.♕h5 g6 (11...♕d7!?) 12.♕g4 ♗e7 13.♗e2 ♘d7 mit scharfem Spiel.

B) 5.a4 ♗f5

(Üblich sind auch die Alternativen 5...♗g4!? und 5...♘a6!?.)

6.e3

(Große Komplikationen entstehen nach 6.♘e5!? e6 7.f3 ♗b4 8.e4 ♗xe4!? 9.fxe4 ♘xe4 10.♗d2 ♕xd4 11.♘xe4 ♕xe4+ 12.♕e2 ♗xd2+ 13.♔xd2 ♕d5+

14.♔c2 ♘a6 15.♘xc4 0–0 mit zweischneidigem Spiel.)

6...e6 7.♗xc4 ♗b4 8.0–0 ♘bd7 9.♕b3 a5 10.♘a2 ♗e7 und nun würde 11.♕xb7 nach 11...♖b8 12.♕a6 ♖a8 13.♕xc6 ♖c8 zum Remis durch Zugwiederholung führen.

C) 5.e3 b5 6.a4 b4 7.♘b1 (7.♘a2 e6 8.♗xc4 ♗b7 9.0–0 ♗e7 10.♕e2 0–0=) 7...♗a6 8.♕c2 e6 9.♗xc4 ♗xc4 10.♕xc4 ♕d5 11.♘bd2 ♘bd7 12.♕e2 ♘e4 13.♘xe4 ♕xe4 14.0–0 ♗e7 15.♗d2 0–0 nebst c6–c5 mit gleichen Chancen.

4.♘c3 ♘f6

Das 'Noteboom–System' 4...dxc4 5.a4 ♗b4 ist inzwischen zu einer Seltenheit geworden; 6.e3 b5 7.♗d2 a5 8.axb5 ♗xc3 9.♗xc3 cxb5 10.b3 ♗b7 11.d5

(Eine andere Möglichkeit ist: 11.bxc4 b4 12.♗b2 ♘f6 13.♗d3 usw.)

11...♘f6 12.bxc4 b4 13.♗xf6 ♕xf6 14.♕a4+ ♘d7 15.♘d4 e5 (15...exd5 16.c5!) 16.♘b3 ♔e7 17.♕b5 ♗a6 18.♕xa5 ♖hb8 19.d6+! ♕xd6 20.c5 ♕e6 21.♗xa6 ♕xb3 22.0–0 ♕e6 23.♕c7 mit weißem Vorteil.

5.e3

So strebt Weiß eine rasche Entwicklung an.

Interessante Verwicklungen ergeben sich hingegen nach 5.♗g5 (siehe **Abspiel 2**).

5...♘bd7

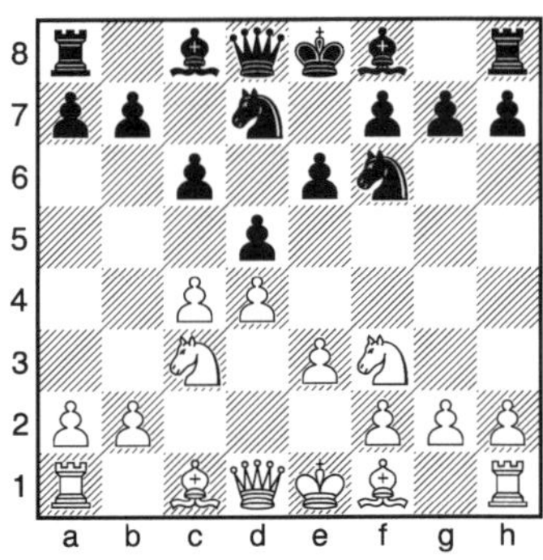

6.♗d3

Gegenwärtig ist 6.♕c2 populärer, um die komplizierten Varianten nach dem Textzug zu vermeiden; z.B. 6...♗d6.

A) Mit 7.g4!? wählt Weiß das scharfe 'Sakajew–Gambit', welches Schwarz annehmen oder ablehnen kann.

– 7...♘xg4 8.♖g1 f5 9.h3 ♘gf6 10.♖xg7 ♘e4 11.♗d2 ♕f6 12.♖g2 b6 13.♕a4 ♗b7 14.cxd5 b5 15.♘xb5! cxb5 16.♗xb5 ♖d8 17.♗c6 mit besseren Aussichten für Weiß.

– 7...0–0 8.g5 ♘e4 9.♘xe4 dxe4 10.♕xe4 e5 11.♗d2 f5 12.♕h4 e4 13.g6 ♕xh4 14.♘xh4 f4 15.exf4! ♗xf4 16.♗xf4 ♖xf4 17.♘g2 ♖f6 18.gxh7+ ♔xh7 19.♘e3 mit weißem Vorteil.

B) 7.♗d3 0–0 8.0–0 h6 9.b3 b6 10.♗b2 ♗b7 11.♖ad1 ♕c7 12.e4 dxe4 13.♘xe4 ♘xe4 14.♗xe4 ♗e7 15.♖fe1 ♖fe8 16.♕c3 ♖ad8 17.♗b1 ♗f6 18.♘e5 c5 19.♕c2 mit weißer Initiative.

C) 7.♗d2 0–0 8.0–0–0 ♘g4 9.♗e1 f5 10.h3 ♘h6 11.♗e2 a6 12.g4 b5 und das Spiel steht ungefähr gleich.

6...dxc4 7.♗xc4 b5

Da diese Spielweise ihre Premiere in der Partie Grünfeld–Rubinstein, Meran 1924 hatte, wird sie allgemein als 'Meraner System' bezeichnet.

8.♗d3

Der Rückzug 8.♗e2 geschieht eher selten; z.B. 8...♗b7 9.a3 a6 10.b4 a5 11.♖b1 axb4 12.axb4 ♘d5 13.♘xd5 exd5 14.♘e5 ♗d6 15.f4 f6 16.♗d3 g6!

(Nach 16...fxe5 17.♕h5+ ♔e7 18.fxe5 erhält Weiß starken Angriff.)

17.♕g4 ♘f8 und Schwarz steht befriedigend.

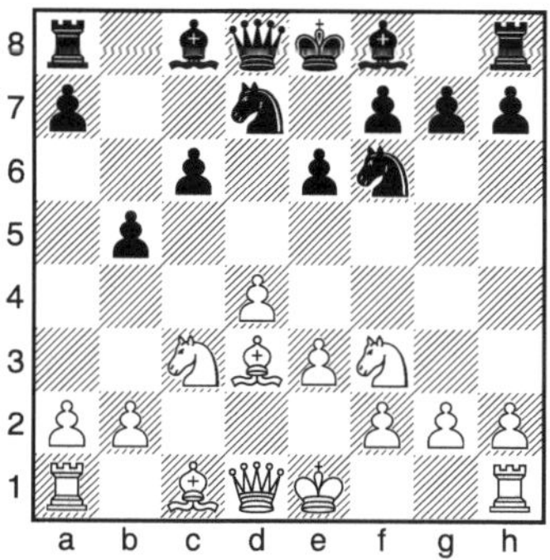

8...a6

Statt dieser Vorbereitung für den Standardangriff c6–c5 stehen Schwarz auch andere Fortsetzungen zur Verfügung.

I. Mit 8...b4 wählt Schwarz den 'Lundin-Gegenangriff'; 9.♘e4

(Nach 9.♘a4 c5 10.♘xc5 ♘xc5 11.dxc5 ♗xc5 12.0–0 0–0 13.e4 ♗b7 sollte Schwarz gleiches Spiel haben.)

9...♘xe4 10.♗xe4 ♗b7 11.♕a4 ♕b6 12.♘d2 ♖c8 13.♘c4 ♕a6 mit guter Stellung für Schwarz.

II. Mit 8...♗b7 wählt Schwarz die 'Wade-Larsen-Variante'; 9.e4 (9.0–0 a6 10.e4 c5 11.d5 ♕c7∞) 9...b4 10.♘a4 c5 11.e5 ♘d5 12.♘xc5

(Oder 12.dxc5 ♕a5! bzw. 12.0–0 cxd4 13.♖e1 mit komplizierter Stellung.)

12...♘xc5 13.dxc5 ♗xc5 14.0–0

(Auf 14.♗b5+ folgt 14...♔e7! 15.0–0 ♕b6 16.♗d3 h6 nebst ♖h8–d8 mit ausgezeichnetem Spiel.)

14...h6 15.♘d2 ♘c3 16.♕c2 ♕d5 17.♘f3 ♖d8 18.♘e1 ♗d4 19.♗d2 (19.bxc3? ♗xc3 20.♖b1 ♗xe1-+) 19...♘b5 20.♗xb4 ♗xe5 21.♗c4 ♕c6 22.♕e2 ♘d4 23.♕xe5 ♕xc4 24.♕xg7 ♘e2+ 25.♔h1 ♕d4 26.♕xd4 ♘xd4 und Schwarz hat keinen Gegenwert für den Bauern.

9.e4 c5

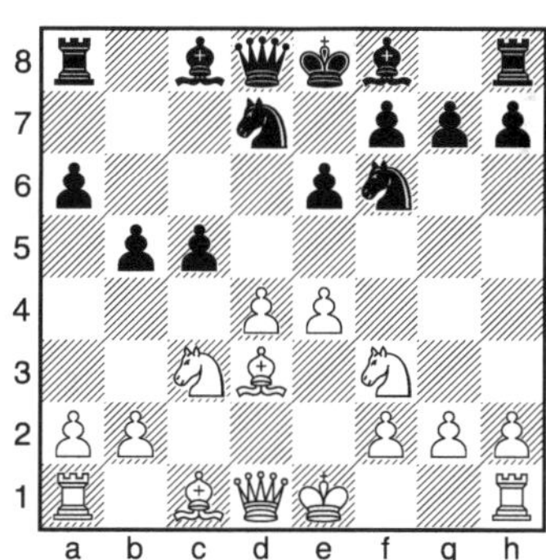

10.e5

Damit ergibt sich der sogenannte 'Blumenfeld-Angriff', der dem Weißen beste Angriffsmöglichkeiten bietet.

Die Fortsetzung 10.d5!? führt zum ‘Reynolds-Angriff’; z.B. 10...c4

(Oder 10...e5 11.b3! bzw. 10...exd5 11.e5 ♘g4 12.♗g5 mit starker Initiative.)

11.dxe6 fxe6 (11...cxd3 12.exd7+ ♕xd7 13.0-0 ♗b7 14.♖e1 ♗e7 15.e5 ♘d5 16.♘e4±) 12.♗c2 ♕c7 (12...♗b7!?) 13.♘g5

(Nach 13.0-0 ♗c5 14.♕e2 ♘e5 15.♘xe5 ♕xe5 16.♗e3 ♗xe3 17.♕xe3 0-0 18.♖ad1 ♘g4 19.♕g3 ♕xg3 20.hxg3 ♖a7 hat Schwarz gute Perspektiven.)

13...♘c5 14.f4 ♗b7 (14...h6!?) 15.e5 ♖d8 16.♗d2 ♘d5 17.♕h5+ g6 18.♗xg6+ hxg6 19.♕xh8 ♘xf4 20.0-0-0 ♕g7 21.♕xg7 ♘fd3+ 22.♔b1 ♗xg7 und Schwarz hat ausreichende Kompensation für die Qualität.

10...cxd4 11.♘xb5 ♘xe5

Unklar ist 11...axb5 12.exf6 gxf6 13.0-0 ♕b6 14.♕e2 b4 mit kompliziertem Spiel.

12.♘xe5 axb5 13.0-0

Nach 13.♗xb5+ ♗d7 14.♘xd7 ♕a5+ 15.♗d2 ♕xb5 16.♘xf8 ♔xf8 hat Schwarz zumindest gleiche Chancen, denn seine Zentrumsbauern sind sehr wertvoll.

13...♕d5 14.♕e2 ♗a6 15.♗g5 ♗e7 16.f4 0-0 17.♖f3 ♗b7 18.♖g3 ♖xa2

Die Suche nach Gegenspiel am Damenflügel gilt als die beste Verteidigung.

Unklar ist hingegen 18...♖fc8!?; z.B. 19.♗xh7+ ♔f8!

(19...♔xh7?? 20.♗xf6 ♗xf6 21.♕h5+ mit schnellem Matt.)

20.♗h6 gxh6 21.♕h5 ♔e8 22.♕xf7+ ♔d8 23.♖g7 ♕c5 24.h3 ♖xa2 25.♖d1 ♖c7 mit guten Aussichten.

19.♖xa2 ♕xa2

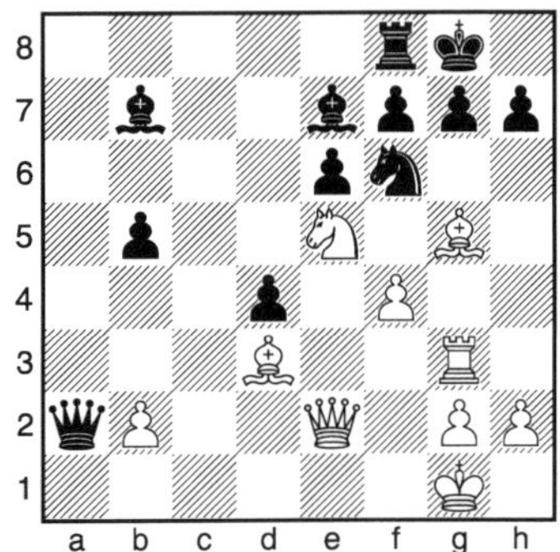

20.♗xf6

Aufschlussreich ist ein Blick auf die scharfe Nebenvariante 20.♗h6 mit folgenden guten Möglichkeiten.

A) 20...♕a1+ 21.♕f1

(Nach 21.♔f2 g6! 22.♗xf8 ♔xf8 23.♕c2 ♘d5 hat Schwarz über genügend Kompensation für die Qualität.)

21...♕xf1+ 22.♔xf1 ♘h5 23.♖h3 gxh6 24.♖xh5 ♖a8 25.♖xh6 ♖a1+ 26.♔f2 ♖a2 mit schwarzem Vorteil.

B) 20...g6!? 21.h4

(Nach 21.♗xf8 erlangt Schwarz sowohl mit ♔xf8 als auch mit ♗xf8 bessere Aussichten.)

21...♖c8 22.f5 exf5 23.♗xf5 ♕a1+ 24.♔h2 ♖c1! 25.♗xc1 ♕xc1 26.♘xg6 ♗d6 27.♘e5+ ♔f8 28.♘xf7 ♗xg3+ 29.♔xg3 ♕c7+ 30.♕e5 (30.♘e5

30...♘e4+!−+) 30...♕c6 31.♕d6+ ♔xf7−+

20...♗xf6 21.♘d7 ♗e7

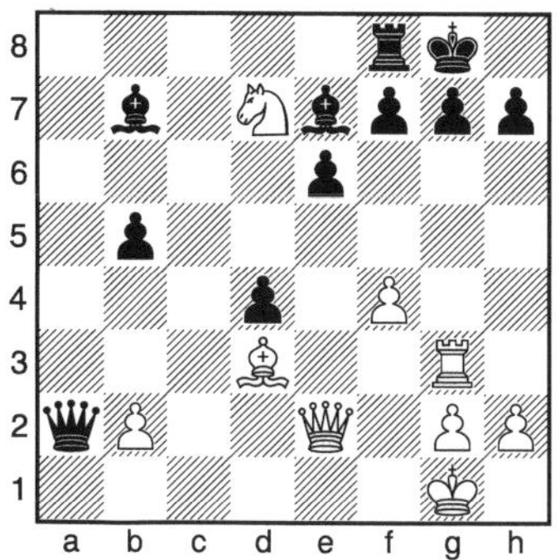

22.♘xf8!?

Mit diesem Gewinnversuch verzichtet Weiß auf die forcierte Remisvariante 22.♗xh7+ ♔xh7 23.♖xg7+ ♔xg7 24.♕g4+ nebst ewigem Schach.

22...♗xf8 23.h4

Ein Luftloch für den König, denn nach 23.♗xb5? wäre die schwarze Initiative allzu bedrohlich; z.B. 23...♕b1+ 24.♔f2 ♕c1 und die Lage von Weiß ist kritisch.

23...♕a1+ 24.♔h2 ♕c1

Schwarz hat alles unter Kontrolle und die Stellung befindet sich in dynamischem Gleichgewicht.

Zusammenfassung: In dem scharfen Meraner-System hat Schwarz bei richtigem Spiel gute Ausgleichsmöglichkeiten. Es ist also wichtig, die angegebenen Varianten nachzuspielen, um sich mit den taktischen und strategischen Plänen des Systems vertraut zu machen. Und in den folgenden zwei Abspielen bekommen Sie die Gelegenheit, weitere Ideen der Slawischen Verteidigung kennenzulernen.

Abspiel 1

Abtauschvariante

(1.d4 d5 2.c4 c6)

3.cxd5

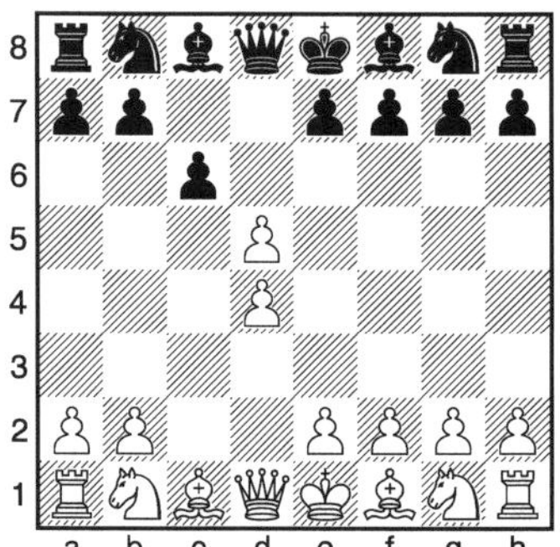

Auf diese Weise hebt Weiß die Spannung im Zentrum auf und vermeidet somit sämtliche Varianten, die mit d5xc4 verbunden sind. Anderseits fällt es nun nicht mehr leicht, einen Eröffnungsvorteil nachzuweisen, aber wegen des weißen Anzugsvorteils muss Schwarz sehr genau spielen.

3...cxd5 4.♘c3 ♘f6 5.♘f3

Nach 5.♗f4 gibt der französische GM Bacrot folgende Varianten: 5Δ♘c6 6.e3 a6 7.♗d3 ♗g4 8.f3 (8.♘ge2 e6 9.♕b3 ♘b4 10.♗b1 ♗xe2 11.♔xe2 ♗d6 12.♗xd6 ♕xd6=) 8...♗h5 9.♘ge2 e6 10.0–0 (10.♖c1 ♗g6=) 10...♗e7 11.♖c1 ♗g6 12.a3 (12.♗g3 ♗xd3 13.♕xd3 0–0=) 12...0–0 13.♘a4 ♘d7 14.b4 ♖c8 15.♗g3 b5 16.♘c5 ♘xc5 17.dxc5 ♗f6 und Schwarz sollte leicht ausgleichen.

5...♘c6 6.♗f4

Der Läufer wird aktiv auf die Diagonale h2–b8 entwickelt, bevor der Zug e2-e3 erfolgt.

6...♗f5

Schwarz folgt demselben Prinzip, was er nach 6...a6 7.e3 mit 7...♗g4 8.♗e2 ♗xf3 9.♗xf3 e6 10.0–0 ♗d6 auch in ähnlicher Form tun könnte.

7.e3 e6

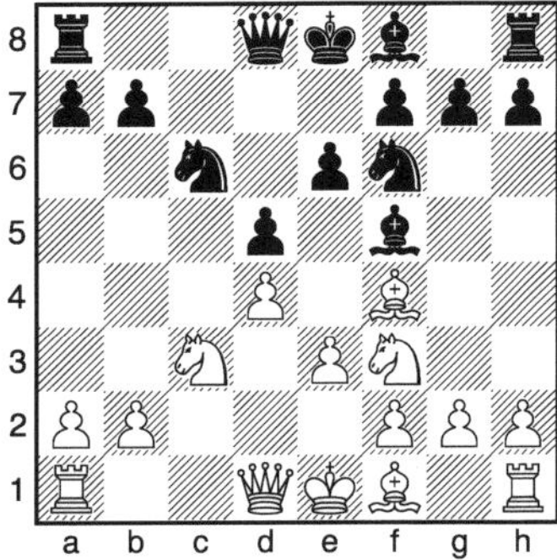

8.♗b5

Diese Fesselung, nach der die Verstärkung des Drucks mit ♕d1-a4 und/oder ♘f3-e5 droht, gilt als beste Fortsetzung.

Hier ein Blick auf andere Möglichkeiten.

I. 8.♕b3

– 8...♕b6 9.♗b5 ♘h5 10.♗g3 ♘xg3 11.hxg3 ♗d6 12.0–0 0–0=

– 8...♗b4 9.♗b5 0–0 10.0–0 ♗xc3 11.♕xc3 ♖c8=

II. 8.♘e5 ♘xe5 9.♗xe5 ♘d7 10.♕b3 ♘xe5 11.dxe5 ♗e7

– Auf 12.♕xb7 folgt 12...0–0 mit der Drohung ♖a8–b8 usw.

– Und nach 12.♗b5+ ♔f8 kompensiert das Läuferpaar den Rochadeverlust.

III. 8.♗d3 ♗xd3 9.♕xd3

– 9...♗d6 10.♗xd6 ♕xd6 11.0–0 0–0 12.♖fc1 ♖fc8=

– 9...♗e7 10.0–0 0–0 11.♖fc1 a6 12.♗g5 ♘d7 13.♗xe7 ♕xe7=

8...♘d7

Dies ist die stärkste Erwiderung, um die Drohung ♘f3–e5 zu parieren.

Nach 8...♗b4 9.♘e5 ♕a5 10.♗xc6+ bxc6 11.0–0 ♗xc3 (11...♖c8!?) 12.bxc3 ♕xc3 13.♕c1 ♕xc1 14.♖fxc1 0–0 15.f3 h6 16.♘xc6 ♖fe8 17.a4 ♘d7 18.♗d6 hat Weiß ungeachtet der Vereinfachungen bessere Chancen, denn seine Figuren sind spürbar aktiver postiert.

9.♕a4 ♖c8 10.0–0

Der Bauerngewinn 10.♗xc6 ♖xc6 11.♕xa7 ♕c8 12.♕a5 ♖a6 wäre riskant, denn nach 13.♕c7 ♕a8 hat Schwarz deutliche Initiative – und auch nach 13.♕b5 ♖b6 14.♕e2 ♗a3! 15.♘b5 ♗b4+ bestimmt er das Geschehen.

10...a6 11.♗xc6 ♖xc6 12.♖fc1 ♗e7

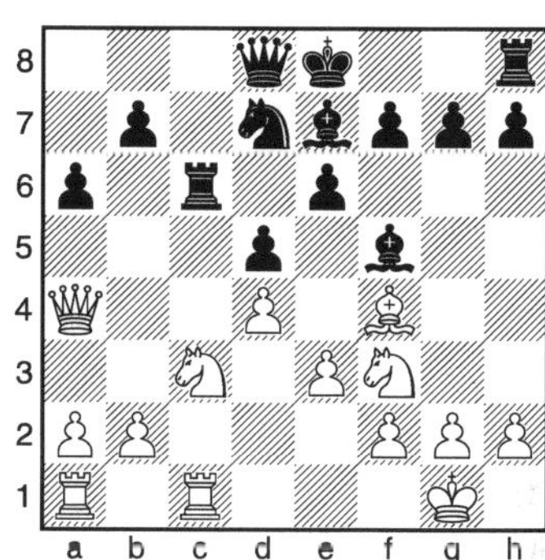

13.♘d1

Nach 13.♘e2 ♕b6 14.♖xc6 bxc6 15.♖c1 ♗d3 16.♕d1 (16.♖xc6 ♕xb2=) 16...♗xe2 17.♕xe2 0–0 18.h3 ♖c8 hat Schwarz keine Probleme, denn er hat die Eröffnungsphase erfolgreich abgeschlossen und droht nun c6–c5 mit klarem Ausgleich.

13...b5 14.♕b3 ♖c4 15.♘d2 ♖xc1 16.♖xc1 0–0 17.♕c3 b4 18.♕c6 ♗d3 19.♕b7 ♗b5 20.♖c7 ♕e8 und laut einer Analyse von GM Kramnik ist die Stellung etwa gleich.

Zusammenfassung: Nach dem Abtausch im Zentrum entsteht eine symmetrische Bauernstellung und Weiß hat nur einen minimalen Vorteil. Dennoch muss Schwarz sehr präzise spielen, um alle Eröffnungsprobleme sicher zu überwinden.

Abspiel 2

Botwinnik–System

(1.d4 d5 2.c4 c6 3.♘f3 e6 4.♘c3 ♘f6)

5.♗g5

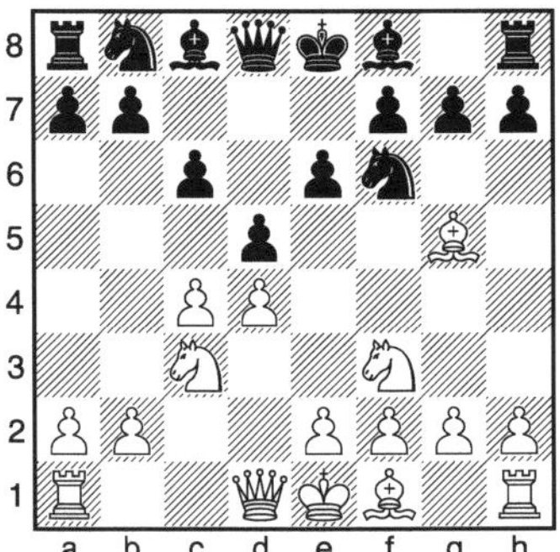

Das Botwinnik–System gehört zu den kompliziertesten Eröffnungssystemen überhaupt, und beinahe jede damit gespielte Partie bringt eine neue Idee ans Licht. Um den Bauern c4 zu halten, ist Schwarz mit der Demolierung seines Königsflügels einverstanden. Dafür verpflichtet er den Gegner zu besonders einfallsreichem und energischem Spiel, denn Schwarz wird zur langen Rochade schreiten und behauptet an diesem Flügel eine mächtige Bauernmehrheit.

5...dxc4

Ein ganz anderer Ansatz besteht in 5...h6!? mit folgenden Möglichkeiten.

6.♗h4

(Anzutreffen ist auch 6.♗xf6 ♕xf6 7.e3 ♘d7 8.♗d3 dxc4 9.♗xc4 g6 10.0–0 ♗g7 11.e4 0–0 12.e5 ♕e7 13.♕e2 b5 14.♗d3 ♗b7 15.♗e4 und nun ist laut Magnus Carlsen 15...♖ab8!⇄ am besten.)

6...dxc4 7.e4 g5 8.♗g3 b5 9.♗e2 ♗b7

A) Mit dem aktiven Vorstoß 10.h4 will Weiß die gegnerische Bauernstruktur schwächen; z.B. 10...g4 11.♘e5 und nun:

– 11...♖g8 12.♘xg4 ♘xg4 13.♗xg4 ♘d7 14.0–0 ♘f6 15.♗e2 ♕b6∞;

– 11...♘bd7 12.♘xd7 ♕xd7 13.♗e5 ♗g7 14.♗xg4 0–0–0 mit scharfer Stellung.

B) 10.0–0 ♘bd7 11.♘e5 ♗g7

– 12.♘xd7 ♘xd7 13.♗d6 a6 14.a4 b4 15.♗xb4 ♕b6 16.♗a3 ♕xd4 17.♕c2 c5 18.♖ad1 ♕e5 19.♗xc4 ♕c7 nebst 0–0–0 mit zweischneidigem Spiel.

– Oder 12.f4 0–0 13.fxg5 hxg5 14.♘xd7 ♘xd7 und nach 15.♗d6 folgt 15...♕b6! 16.♗xf8 ♕xd4+ 17.♔h1 ♖xf8 mit vollem Ersatz für die Qualität.

6.e4 b5

Nun muss der c–Bauer auch konsequent verteidigt werden, denn sonst hätte Weiß seinen Raumvorteil im Zentrum ganz umsonst bekommen.

7.e5 h6 8.♗h4 g5 9.♘xg5

Es geht nur so, denn nach 9.♗g3 ♘d5 10.h4 g4 11.♘d2 h5 hätte Weiß absolut nichts für den geopferten Bauern.

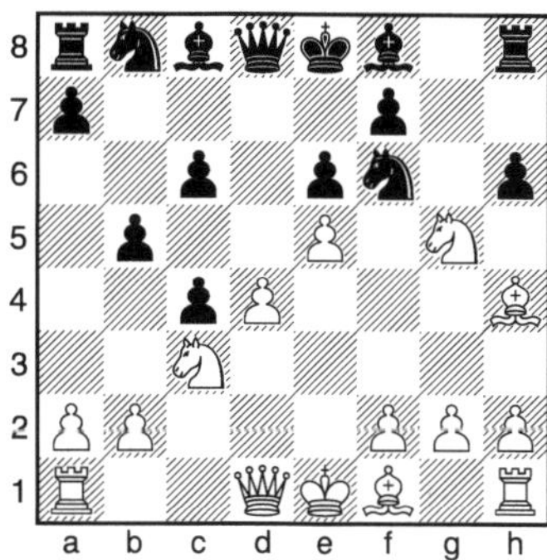

9...hxg5

9...♘d5?! ist wegen 10.♘xf7 nicht zu empfehlen.

(Spielbar ist auch 10.♘f3!? ♕a5 11.♖c1 und nun wäre 11...♘xc3 12.bxc3 ♕xa2 13.♗e2 nicht gut, denn Weiß bekommt nach der Rochade eine gefährliche Initiative.)

10...♕xh4 11.♘xh8 ♗b4 12.♕d2 c5 13.dxc5 ♘d7 14.0–0–0 ♘xe5 15.♕e1 ♕g5+ 16.♔b1 ♕g7 17.f4 ♗xc3 18.bxc3 ♘xf4 19.♕g3 ♕xg3 20.hxg3 ♘d5 21.♔b2 ♘g4 22.♖e1 mit weißem Materialvorteil.

10.♗xg5 ♘bd7

Oder 10...♗e7 11.exf6 ♗xf6 12.♗xf6 ♕xf6 13.g3 ♗b7 14.♗g2 mit Stellungsvorteil.

11.exf6

Laut Theorie ist dies die genaueste Zugfolge, obwohl auch 11.g3 normalerweise unter Zugumstellung zur Hauptvariante führt.

11...♗b7

Schwarz muss die Mobilisierung seiner Kräfte schnell beenden und seinen Monarchen in Sicherheit bringen. Schwach ist 11...♘xf6, denn nach 12.♕f3 wäre Schwarz in Schwierigkeiten.

12.g3

Das Königs-Fianchetto ist logisch, denn der Läufer hat nur auf der langen Diagonale eine Zukunft, und zudem festigt dieser Aufbau die absehbare Rochadestellung.

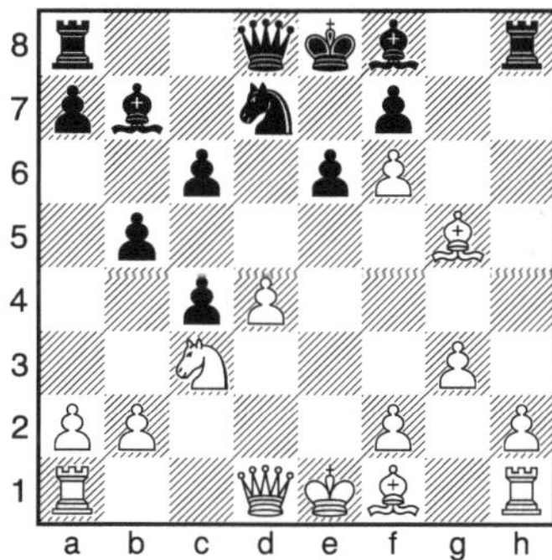

12...♕b6

Chancenreich ist auch 12...c5!? 13.d5 ♗h6 (13...♘e5!?)

– 14.♗xh6 ♖xh6 15.♕d2 ♕xf6 16.0–0–0 ♔f8!? 17.f4 ♘b6 18.♗g2 exd5 19.♕f2 ♖c8 20.♘xb5 ♘a4 21.♕c2 ♕a6 22.♘a3 c3! mit Initiative.

– 14.♘xb5 ♗xg5 15.♘d6+ ♔f8 16.♘xb7 ♕b6 17.dxe6 ♕b4+ 18.♔e2 ♕xb2+ 19.♔e1 ♗xf6 20.♗e2 ♕xb7 21.♗f3 ♕b4+ 22.♔f1 ♖d8 23.exd7 ♗xa1 24.♕xa1 c3 mit Vorteil.

13.♗g2 c5

Sehr oft wird der König erst mit 13...0–0–0 aus der Gefahrenzone gebracht; z.B. 14.0–0 ♗h6 15.♘e4 c5

16.♗xh6 ♖xh6 17.♕d2 ♖h5 oder 17...♖g6 mit beiderseitigen Chancen.

14.d5 0-0-0 15.0-0 b4

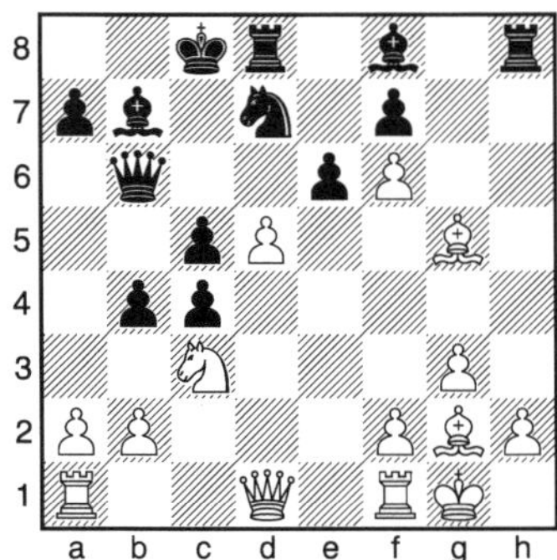

Das ist die kritische und sehr schwer einzuschätzende Stellung dieses Systems. In dieser hochkomplizierten Situation ist es zumeist entscheidend, welche Seite besser mit allen Nuancen des folgenden Kampfes vertraut ist.

16.♖b1

I. Eine starke Alternative ist 16.♘a4 ♕b5 17.a3

A) 17...exd5 18.axb4 cxb4 19.♗e3 ♘c5 20.♘xc5 ♗xc5 21.♕g4+ ♖d7 22.♗xc5 ♕xc5 23.♖fe1 usw. gilt als vorteilhaft für Weiß.

B) Und wenn der Springer mit 17...♘b8!? in eine bessere Position gebracht wird, kann nach 18.axb4 cxb4 19.♕g4 ♗xd5 20.♖fc1 ♘c6 21.♗xd5 ♖xd5 22.♖xc4 ♖xg5 23.♕d4 ♔b8 24.♖xc6 ♖xg3+ 25.fxg3 ♕xc6 26.♖d1 ♕c7 eine recht komplizierte Stellung entstehen.

II. Hingegen verspricht 16.dxe6 keinen Vorteil; z.B. 16...♗xg2 17.e7 ♗xf1 18.♘d5 ♕e6 19.exd8♕+ ♔xd8 20.♔xf1 und nun 20...♕h3+ 21.♔e1 ♕xh2 mit ausreichendem Gegenspiel – oder 20...♖xh2 21.♔g1 ♕h3 22.♕f3 ♘e5 23.♕e4 ♕h5 24.♕xe5 ♖h1+ 25.♔g2 ♖h2+ mit Dauerschach.

16...♕a6

Jedoch nicht 16...bxc3?? 17.bxc3 ♕a6 18.♖xb7! ♕xb7 19.dxe6+–.

17.dxe6 ♗xg2 18.e7 ♗xf1

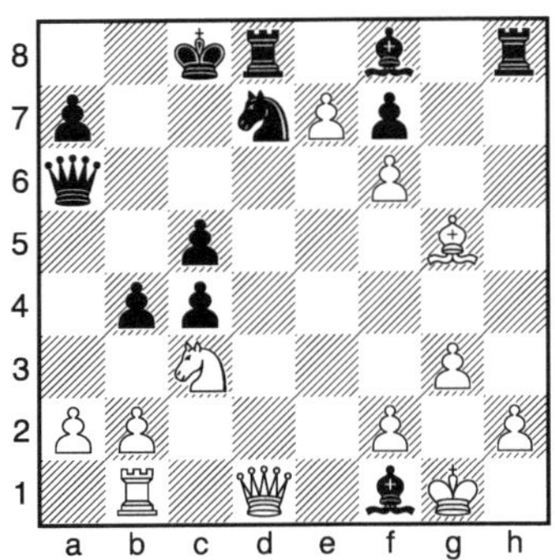

19.♔xf1

Wenn Weiß Vorteil will, muss er den Läufer schlagen, denn nach 19.♕d5 ♗xe7 20.fxe7 ♗d3 21.♘e4 ♗xb1 22.♘d6+ ♔c7 23.♗f4 ♔b6 24.♘xc4+ ♔b5 25.♘d6+ ergibt sich ein Remis durch Dauerschach.

19...♗xe7 20.fxe7 ♖dg8 21.♘e4 c3+ 22.♔g1 ♖xg5 23.♘xg5 ♕g6 24.bxc3 ♕xg5

In dieser sehr komplizierten Stellung haben beide Seiten gleich gute Perspektiven.

Zusammenfassung: Das Botwinnik-System führt zu dynamischem Spiel und großen Komplikationen. Wer die nicht leicht überschaubaren Folgen des Kampfes nach 5...dxc4 vermeiden möchte, kann die Variante mit 5...h6!? wählen. Auch die Idee 12...c5!? (statt 12...♕b6) kommt ernsthaft infrage. Allgemein kann gesagt werden, dass die Möglichkeiten beider Seiten etwa gleich sind.

Kapitel 32

Damenbauernspiele

1.d4

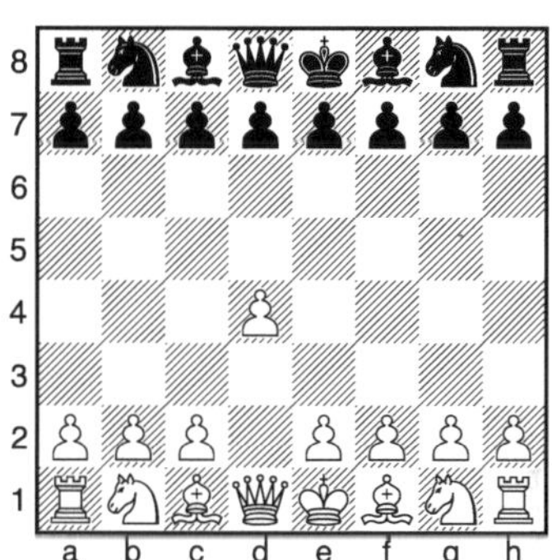

In diesem Kapitel werden alle Eröffnungen vorgestellt, bei denen Weiß zwar mit d2-d4 beginnt, aber den Zug c2-c4 erst sehr spät oder gar nicht folgen lässt. Diese werden üblicherweise unter der Bezeichnung 'Damenbauernspiele' zusammengefasst und gelten als ruhigere Systeme. Sie sind dennoch auch regelmäßig in der Meister- und sogar der Großmeister-Praxis anzutreffen, weil sie nicht so tief ausgearbeitet sind wie z.B. das Damengambit, so dass man bei ihrer Anwendung keine sonderlich großen Theoriekenntnisse zu haben braucht.

1...♘f6

Nach 1...d5 kann das Spiel unter Zugumstellung zu den Hauptvarianten übergehen, obwohl es auch eigenständige Systeme gibt.

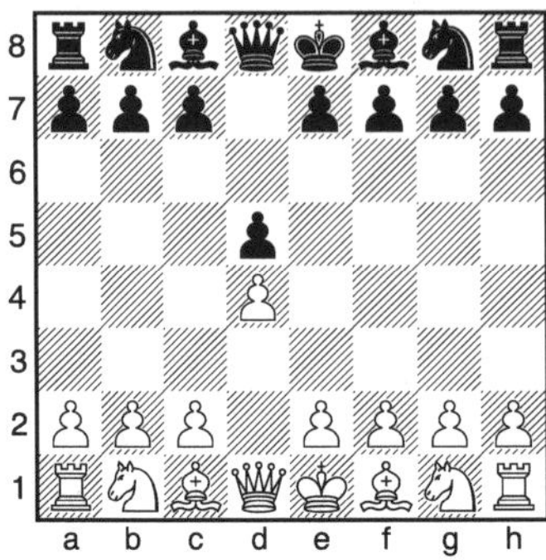

Hier ein Blick auf einige Beispiele.

A) Mit 2.♗g5 wählt Weiß den sogenannten 'Hodgson-Angriff'.

A1) 2...♘f6 3.♗xf6

– 3...gxf6 4.e3 c5 5.dxc5 e6 6.♘f3 ♗xc5 7.♗e2 ♘c6 8.0–0 0–0∞

– 3...exf6 4.e3 ♗d6 5.♗d3 0–0 6.♘d2 c6 7.♕f3 ♘d7 8.♘e2 ♖e8 9.0–0–0 b5 mit zweischneidigem Kampf, denn beide Seiten spielen an unterschiedlichen Flügeln.

A2) 2...♗f5 3.e3

– 3.c4 ♗xb1 4.♖xb1 e6 5.♗xd8 ♗b4+ 6.♕d2 ♗xd2+ 7.♔xd2 ♔xd8 8.cxd5 exd5 9.e3 ♘f6 10.♗d3 ♘bd7=

– 3.e3 ♘d7 4.♗d3 ♗xd3 5.♕xd3 ♘gf6 6.♘d2 e6 7.f4 ♗e7 8.♘gf3 0–0 9.0–0 c5 10.c3 ♖c8 11.♘e5 h6 12.♗h4 ♘xe5 13.fxe5 ♘d7 14.♗xe7 ♕xe7=

B) Mit 2.♗f4 wählt Weiß das äußerst populäre 'Londoner System'.

B1) 2...c6 3.♘f3

– 3...♕b6 4.♕c1 ♗f5 5.e3 e6 6.♗e2 ♘f6 7.0–0 ♗e7 8.♘bd2 0–0∞

– 3...♘f6 4.e3 ♗f5 5.♗d3 ♗xd3 6.♕xd3 e6 7.♘bd2 ♗d6 8.♗xd6 ♕xd6 9.0–0 ♘bd7 10.c3 0–0 11.e4 dxe4 12.♘xe4 ♘xe4 13.♕xe4 ♕d5=

B2) 2...c5

– 3.e3 cxd4 4.exd4 ♘c6 5.c3 ♘f6 6.♗d3 ♗g4 7.♕b3 ♕d7=

– 3.c3 ♘c6 4.e3 ♘f6 5.♘f3 ♕b6 6.♕b3 c4 7.♕xb6 axb6=

C) 2.e4

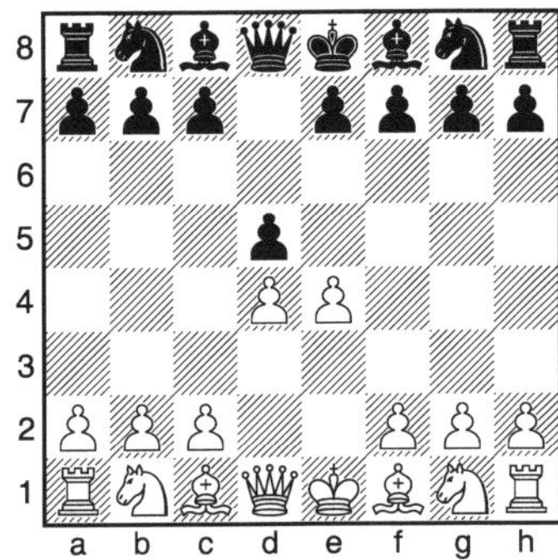

Das 'Blackmar-Diemer-Gambit' ist nach dem Amerikaner Amand Edward Blackmar (1826–1888) und dem Deutschen Emil Joseph Diemer (1908–1990) benannt. Es führt zu zweischneidigem Kampf, jedoch mit prinzipiell besseren Aussichten für Schwarz.

2...dxe4

C1) Mit 3.f3 will Weiß sich eine offene Linie und Entwicklungsvorsprung verschaffen.

3...e5

(3...exf3 4.♘xf3 ♘f6 kann zur Hauptvariante führen.)

4.dxe5 ♕xd1+ 5.♔xd1 ♘c6 6.♗b5 ♗d7 7.♗f4 0–0–0 mit schwarzem Vorteil.

C2) 3.♘c3 ♘f6 4.f3 exf3 5.♘xf3 c6 6.♗c4 (6.♗d3 ♗g4 7.♗e3 e6 8.h3 ♗h5 9.♕e2 ♗b4 10.0–0 ♘bd7 11.♕f2 ♗g6∓) 6...♗f5 7.♘e5 e6 8.0–0 ♗g6

(Möglich ist auch 8...♗xc2!? 9.♕xc2 ♕xd4+ 10.♔h1 ♕xe5 11.♗f4 ♕c5 12.♕b3 ♘bd7! 13.♕xb7 ♖d8 14.♗c7 ♗d6 15.♗xd8 ♕h5 mit starker Initiative.)

9.♗g5 ♗e7 10.h4 ♘bd7 11.♕e2 ♘xe5 12.dxe5 (12.♕xe5 h6 13.♗f4 ♗xc2–+) 12...♘d5 13.♗xe7 ♕xe7 14.h5 (14.♗xd5 exd5 15.h5 ♕c5+ 16.♔h1 d4 17.♘a4 ♕xc2–+) 14...♘xc3 15.bxc3 ♗f5 und Weiß hat keinen Ersatz für den Minusbauern, Analyse des deutschen Schachtheoretikers Gerhart Gunderam (1904–1992).

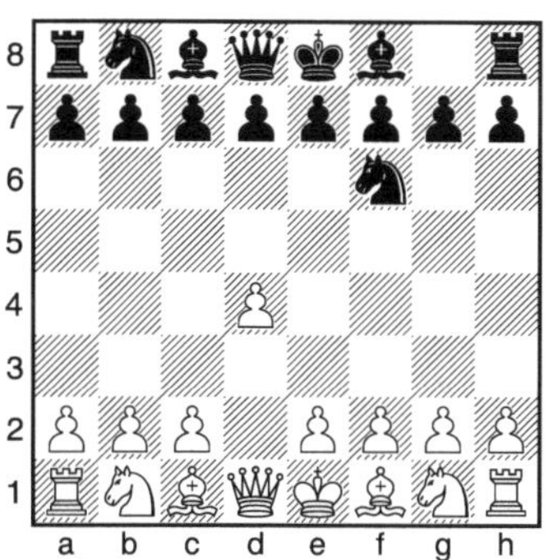

2.♗g5

Der sogenannte 'Trompowsky-Angriff' ist gegenwärtig sehr beliebt. Der Name geht auf den Brasilianer Octavio S. Trompowsky (1898-1984) zurück, der diese Idee bereits in den 30er Jahren des letzten Jahrhunderts, populär machte.

Hier ein Blick auf einige Alternativen.

I. Nach 2.♘c3 d5 leitet 3.♗g5 die Richter–Weressow–Eröffnung ein, die nach dem Deutschen Kurt Richter (1900–1969) und dem Weißrussen Gawrill Weressow (1912–1979) benannt ist.

A) 3...g6 4.♗xf6 (4.♕d2 ♗g7 5.♗h6 0–0 6.0–0–0 c6 7.f3 b5∞) 4...exf6 5.e4 dxe4 6.♘xe4 ♗g7 7.♘f3 0–0 8.♗e2 f5 9.♘c5 b6 10.♘b3 ♗b7 11.0–0 ♘d7 12.c3 ♘f6 13.♖e1 a6 14.a4 ♖e8 und Schwarz steht ordentlich.

B) 3...♗f5 4.♗xf6 gxf6

(4...exf6 5.e3 c6 6.♗d3 ♗xd3 7.♕xd3 ♗b4 8.♘ge2 0–0 9.0–0 g6 10.e4±)

5.e3 e6 6.♗d3 ♗g6 (6...♗xd3 7.cxd3 c5 8.♘ge2 ♘c6 9.dxc5 ♗xc5 10.d4 ♗d6 11.0–0 0–0∞) 7.f4 ♗xd3 8.cxd3

(Nach 8.♕xd3 c6 9.♘f3 ♕b6 kann Schwarz ♘b8-d7 nebst 0–0–0 in Betracht ziehen.)

8...c5 9.dxc5 ♗xc5 10.d4 ♗b4 11.♘f3 ♘c6 12.0–0 0–0 nebst ♔g8-h8, ♖f8-g8 mit Gegenspiel auf der g–Linie.

C) Mit 3...♘bd7 vermeidet Schwarz die Schwächung seiner Bauernstruktur durch den Abtausch auf f6.

4.♘f3 g6 5.♕d3 ♗g7 6.e4 dxe4 7.♘xe4 0–0 8.0–0–0

Die lange Rochade führt zu scharfem Spiel.

(Hingegen verspricht der Plan mit der kurzen Rochade keinen Vorteil; z.B. 8.♘xf6+ ♘xf6 9.♗e2 c5 10.dxc5 ♕a5+ 11.c3 ♕xc5 12.0–0 ♗e6=.)

8...c5 9.♘xf6+ ♘xf6 10.dxc5 ♕a5

11.♕b5 (11.♔b1 ♕xc5=) 11...♕xa2 12.♗c4 ♗d7 13.♗xa2 ♗xb5=

II. 2.♘f3

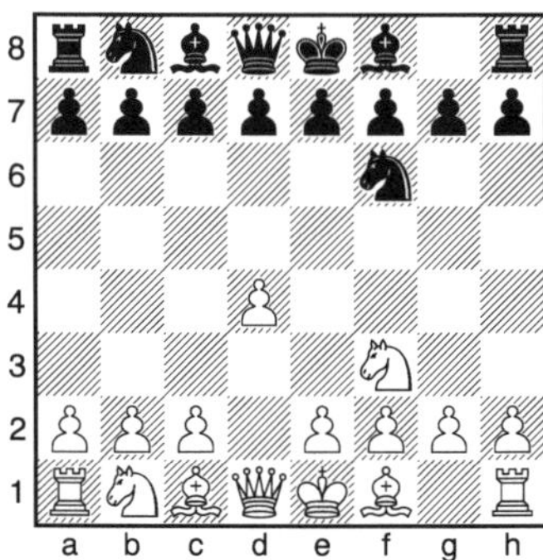

A) 2...e6 3.♗g5 Dieser Zug geht auf den Mexikaner Carlos Torre (1904-1978) zurück.

A1) 3...c5 4.e3 ♗e7 5.dxc5

– 5...♗xc5 6.c4 ♗b4+ 7.♘bd2 b6 8.♗d3 ♘c6 9.0–0 ♗e7 10.♖c1 ♗b7 11.♕e2 0–0 12.♖fd1 ♕c7=

– 5...♕a5+ 6.♘bd2 ♕xc5 7.♗d3 h6 8.♗h4 d6 9.0–0 ♘bd7 10.♘d4 0–0 11.♕e2 a6 Δb7-b5, ♗c8-b7

A2) 3...h6

– 4.♗h4 c5 5.e3 b6 6.♘bd2 ♗b7 7.♗d3 ♗e7 8.c3 0–0 9.0–0 d6 10.♕e2 ♘bd7 11.e4 cxd4 12.cxd4 ♖c8∞

– 4.♗xf6 ♕xf6 5.e4 d6 6.♘c3 ♘d7 7.♕d2 a6 8.0–0–0 b5 9.e5 ♕e7 (9...♕d8 10.♕f4 ♗e7 11.h4 ♗b7 12.♖h3 0–0∞) 10.♗d3 ♗b7 11.♘e4 ♗xe4 12.♗xe4 d5 13.♗d3 c5=

B) 2...d5 3.e3 c5

B1) Der deutsch–polnische Meister Johannes Zukertort (1842-1888) bevorzugte 4.b3 nebst Fianchetto des Damenläufers.

– 4...♘c6 5.♗b2 cxd4 6.exd4 ♗f5 7.♗d3 ♗xd3 8.♕xd3 e6 9.0–0 ♗e7 10.♘bd2 0–0=

– 4...e6 5.♗b2 ♘bd7 6.♗d3 b6 7.0–0 ♗b7 8.♘e5 ♗e7 9.♘d2 0–0 10.f4 cxd4 11.exd4 ♖c8 12.♖f3 ♘e4 13.♖h3 ♘df6 und Schwarz verteidigt seinen Königsflügel.

B2) 4.c3 führt zum 'Colle–System', welches nach dem belgischen Meister Edgar Colle (1897-1932) benannt ist. Seine Idee beruht auf der schnellen Mobilisierung des Königsflügels gefolgt vom Vorstoß e3-e4. Der Läufer c1 kommt später ins Spiel.

4...e6 5.♗d3 ♘c6 6.♘bd2 ♗d6 7.0–0 0–0 8.e4

(Nach 8.dxc5 ♗xc5 9.e4 ♕c7 nebst b7-b6, ♗c8-b7 kann Schwarz erfolgreich auf Ausgleich abzielen.)

8...cxd4 9.cxd4 dxe4 10.♘xe4 ♗e7 11.♗e3 ♘b4 12.♘xf6+ ♗xf6 13.♗e4 ♘d5 14.♕b3 b6 15.♗xd5 ♕xd5 16.♕xd5 exd5= und Schwarz hat keine Schwierigkeiten.

2...♘e4

Anstelle dieses Tempogewinns hat Schwarz verschiedene Alternativen.

I. 2...c5 3.♗xf6 gxf6

(Spielbar ist auch 3...exf6 4.d5 d6 5.e3 ♗e7 oder 5...g6 nebst ♗f8–g7.)

4.d5 ♕b6 5.♕c1 f5 6.e3 ♗g7 7.c3 d6 8.♘e2 ♘d7 9.♘f4 ♘f6 10.♗c4 ♗d7 11.a4 0–0 12.0–0 ♔h8 13.♖e1 ♖g8 mit der Idee ♗g7-h6 nebst aktiven

Optionen auf der g-Linie; z.B. 14.♕c2 ♗h6 15.♘d2 ♖ae8 mit Vorbereitung von e7-e5. Schwarz steht gut.

II. Nach 2...e6 3.e4 sichert Schwarz sich mit 3...h6 den langfristigen Vorteil des Läuferpaars; z.B. 4.♗xf6 (4.♗h4? g5 5.♗g3 ♘xe4∓) 4...♕xf6 5.♘f3 d6 6.♘c3 ♘d7 7.♕d2 a6 8.0-0-0 ♕d8 9.h4 b5 10.♗d3 ♗b7 11.♔b1 c5 12.dxc5 ♘xc5 13.♕e3 ♕c7 14.♘d4 0-0-0 mit guten Aussichten.

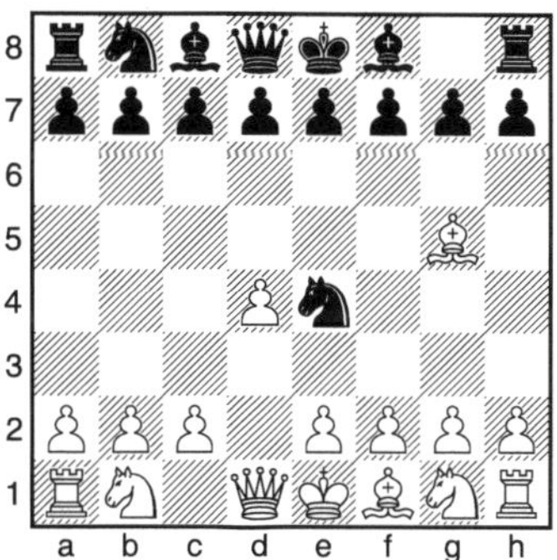

3.♗f4

I. Mit der interessanten Idee 3.h4!? gibt Weiß sein Läuferpaar im Austausch für die halboffene h-Linie auf.

- 3...♘xg5 4.hxg5 g6 5.♘f3 ♗g7 6.c3 d5 7.♘bd2 c6 8.e4 dxe4 9.♘xe4 ♗f5 10.♗d3 ♘d7 11.♕e2 ♕c7 12.0-0-0 0-0-0 13.♘g3 ♗xd3 14.♖xd3 e6 15.♘e4 und Weiß steht aktiver.

- Zu empfehlen ist 3...c5!? 4.dxc5 ♘c6 5.♘d2 ♘xc5 6.e4 d5 7.exd5 ♕xd5=.

II. Selten gespielt wird 3.♗h4, denn nach 3...c5 4.f3 g5 5.fxe4 gxh4 6.e3 ♗h6 7.♔f2 cxd4 8.exd4 ♕b6 9.♘c3 e6 10.♘f3 ♘c6 11.♗b5 d6 12.♖e1 ♗d7 erhält Schwarz gutes Spiel.

3...c5 4.f3

Auf 4.d5 ist 4...♕b6! stark.

4...♕a5+

Mit diesem Zwischenschach nimmt Schwarz dem Gegner die Option ♘b1-c3.

Nach 4...♘f6 mit der Eventualfolge 5.dxc5 ♕a5+ 6.♘c3! ♕xc5 7.e4 d6 8.♕d2 a6 9.0-0-0 ♘bd7 10.g4 h6 11.h4 hat Weiß angesichts des schwarzen Entwicklungsnachteils das angenehmere Spiel.

5.c3

5.♘c3? scheitert an 5...♘xc3 6.bxc3 ♕xc3+ 7.♗d2 ♕xd4 mit Materialvorteil.

5...♘f6 6.d5 ♕b6

Die Dame zieht noch einmal, aber der Angriff auf b2 ist nicht einfach zu parieren.

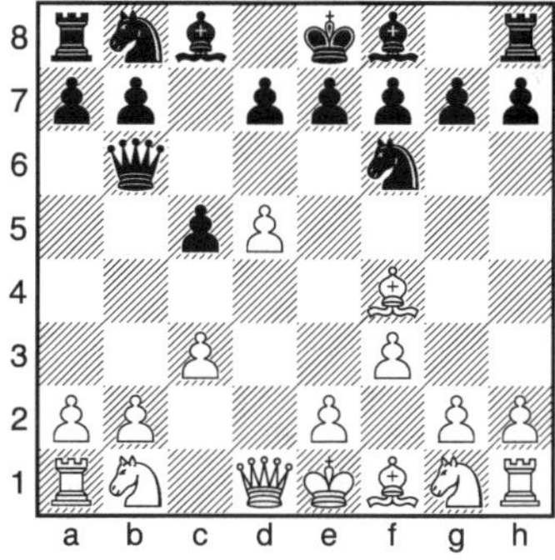

7.♗c1

Anstelle dieser Empfehlung der Theorie hat Weiß zwei Alternativen.

I. 7.e4 ♕xb2 8.♘d2 ♕xc3 9.♗c7 g6

– 10.♘e2 ♕d3 11.♖c1 ♗h6 12.♖xc5 ♘a6 13.♖c3 ♗xd2+ 14.♕xd2 ♕xd2+ 15.♔xd2 d6 16.♘d4 ♘c5∓

– 10.♖c110...♕e3+ 11.♘e2 d6 12.♘c4 ♕h6 13.♕b3 ♘bd7 14.♗a5 g5 15.♗d2 ♕h4+ 16.g3 ♕h5 17.♗g2 ♖b8 18.a4 ♕g6 mit guten Chancen angesichts des Mehrbauern.

II. 7.b3 e6

(Das Fianchetto 7...g6 8.e4 ♗g7 usw. ist auch möglich.)

8.e4 exd5 9.exd5 ♗d6 10.♗g5 ♗e7 11.♗c4 0–0 12.♘e2 d6 13.0–0 ♘bd7 14.♘g3 ♘e5 mit beiderseitigen Möglichkeiten.

7...e6

Mit dieser typischen Reaktion leitet Schwarz unverzüglich Gegenspiel im Zentrum ein.

Die Alternative 7...g6 8.e4 d6 9.c4 ♗g7 10.♘c3 0–0 ist auch spielbar.

8.c4

8.e4 exd5 9.exd5 ♗d6 10.c4 0–0∞

8...exd5 9.cxd5

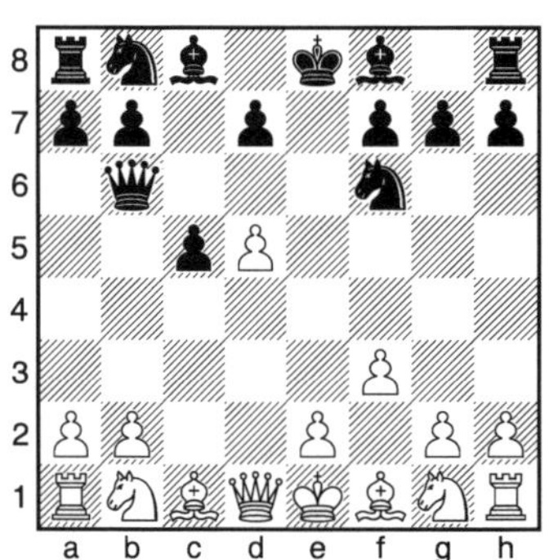

9...c4!?

Schwarz ist bereit, für die Initiative einen Bauern zu opfern, obwohl er auch mit 9...d6 10.e4 g6 fortsetzen kann.

10.e3 ♗c5 11.♔f2 0–0 12.♗xc4 ♖e8 13.♕b3 ♕d6 14.♘c3 a6

Schwarz plant b7-b5 mit gutem Gegenspiel für den Bauern.

Zusammenfassung: Da die Damenbauernspiele dem Nachziehenden bei umsichtigem Spiel kaum Schwierigkeiten bereiten, sind letztlich solche Eröffnungen beliebter, bei denen Weiß nach 1.d4 ♘f6 bzw. 1. d4 d5 aktiv mit 2.c2–c4 fortsetzt.

Kapitel 33

Nimzowitsch–Indisch

1.d4 ♘f6 2.c4 e6 3.♘c3 ♗b4

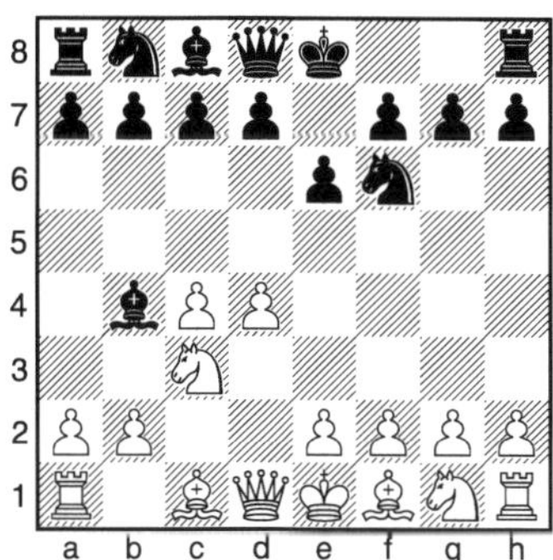

Dieses System stammt von dem in Lettland geborenen und späteren dänischen GM Aron Nimzowitsch (1886-1935). Durch die Fesselung des Springers soll der Vorstoß e2-e4 erschwert werden, was oft zu einem ausgeprägten schwarzen Blockadespiel führt.

4.♗g5

Dieser Läuferausfall kennzeichnet das 'Leningrader System', bei dem Weiß doch an dem Plan e2–e4 festhält.

Hier ein Blick auf allerlei Alternativen.

I. Zu 4.e3 – siehe **Abspiel 1**.

II. Zu 4.♕c2 – siehe **Abspiel 2**.

III. Mit 4.a3 wählt Weiß das 'Sämisch–System'.

4...♗xc3+ 5.bxc3 c5

(Ein anderer Plan ist 5...0–0 6.e3 d5 7.cxd5 exd5 8.♗d3 b6 nebst ♗c8–a6 usw.)

6.e3

(Nach 6.f3 d5 7.cxd5 ♘xd5 8.dxc5 ♕a5 9.e4 ♘f6 bekommt Schwarz seinen Bauern bei gutem Spiel zurück.)

6...0–0 7.♗d3 ♘c6 8.♘e2 b6

Schwarz will mit ♗c8–a6 ein Druckspiel gegen den Bauern c4 organisieren.

(Eine andere Idee ist 8...e5 mit Blockade der schwarzen Felder, um das aktive weiße Läuferpaar einzuschränken; z.B. 9.0–0 d6 10.e4 h6 11.d5 ♘e7 Δ♘e7–g6, ♗c8–d7 usw.)

9.e4 ♘e8 (Δf7–f5) 10.0–0 ♗a6 11.f4 f5 12.♘g3 g6 13.♗e3 cxd4 14.cxd4 d5 15.cxd5 ♗xd3 16.♕xd3 fxe4 17.♕xe4 ♕xd5=

IV. Mit 4.g3 wählt Weiß das 'Romanischin–System'.

4...c5 (oder 4...0–0 5.♗g2 d5 usw.) 5.♘f3 cxd4 6.♘xd4 0–0 7.♗g2 d5 8.cxd5 ♘xd5

– 9.♗d2 ♗xc3 10.bxc3 e5 11.♘b5 ♘c6 12.c4 ♘b6 13.c5 ♘c4 14.♕c2 ♗e6 nebst a7–a6

– 9.♕b3 ♕b6 10.♗xd5 exd5 11.♗e3 ♘c6 12.♖d1 ♕a5 13.0–0 ♗h3 14.♖fe1 ♖ac8=

V. 4.f3 d5

(Gut ist auch 4...c5 5.d5 ♗xc3+ 6.bxc3 ♕a5 usw.)

5.a3 ♗e7

(Vielleicht ist auch 5...♗xc3+!? 6.bxc3 0–0 7.cxd5 exd5 spielbar.)

6.e4 dxe4 7.fxe4 e5 8.d5 a5 9.♘f3 0–0 10.♗d3 ♗g4 11.0–0 ♘bd7=

VI. 4.♘f3

– 4...0–0 5.♗g5 d6 6.e3 ♘bd7 7.♕b3 c5 8.♗d3 ♕a5 9.0–0 cxd4 10.exd4 ♗xc3 11.♕xc3 ♕xc3 12.bxc3 b6 13.♗f4 d5=

– 4...c5 5.d5 d6 6.♗d2 0–0 7.e3 ♘a6 8.♗d3 exd5 9.♘xd5

(Nach 9.cxd5? ♘c7 10.e4 ♖e8 verliert Weiß einen zentralen Bauern.)

9...♘xd5 10.cxd5 ♗xd2+ 11.♕xd2 ♘c7=

VII. 4.♕b3 c5 5.dxc5 ♘c6

(Auch nach 5...♘a6!? 6.a3 ♗xc5 7.♘f3 b6 8.♗g5 ♗b7 9.e3 ♗e7 10.♗e2 0–0 11.0–0 ♘c5 12.♕c2 ♘fe4 hat Schwarz keine Sorgen.)

6.♘f3 ♘e4 7.♗d2 ♘xd2

(Spielbar ist auch 7...♘xc5 8.♕c2 f5 9.a3 ♗xc3 10.♗xc3 0–0 11.b4 ♘e4 12.♗b2 d6 13.e3 e5 14.♗e2 ♗e6 usw.)

8.♘xd2 0–0 9.0–0–0 ♗xc5 10.♘ce4 b6 11.e3

(Weniger gut wäre 11.♘xc5 bxc5 12.♘e4 ♕h4 mit schwarzer Initiative.)

11...♕e7 12.♗e2 f5 13.♘xc5 ♕xc5 mit guten Aussichten für Schwarz.

4...h6

Mit 4...c5 kann Schwarz das Zentrum angreifen und der Dame den Weg nach a5 öffnen; z.B. 5.d5 exd5 6.cxd5 d6 7.e3 ♘bd7 8.♗d3 ♕a5 usw.

5.♗h4

Verteilte Chancen ergeben sich nach 5.♗xf6 ♗xc3+ 6.bxc3 ♕xf6 7.e4 d6 8.♘f3 e5 usw.

5...c5

Das charakteristische Verfahren.

6.d5

Nur so kann Weiß auf Vorteil hoffen, denn nach z.B. 6.e3 ♕a5 7.♘ge2 ♘e4 8.♕c2 cxd4 9.exd4 d5 ist das Spiel ausgeglichen.

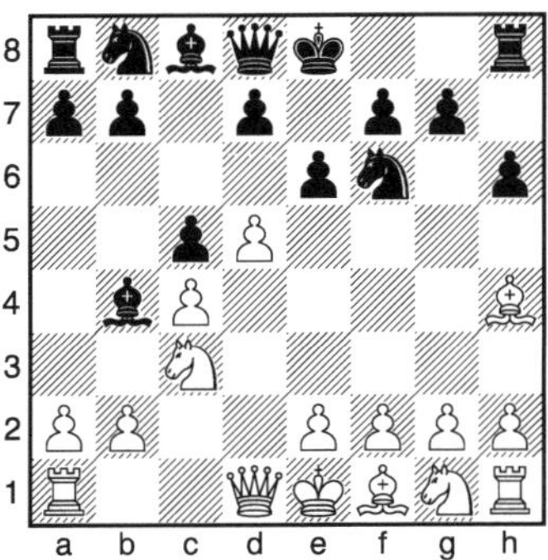

6...d6

Statt dieser flexiblen Erwiderung, kann Schwarz auch versuchen, mit dem energischen Schlag 6...b5!? das weiße Zentrum zu zerstören; z.B. 7.cxb5 g5 8.♗g3 ♘xd5 9.♖c1 ♘f6

(Nach 9...♗b7 10.♘f3 a6 11.h4! erhält Weiß bessere Perspektiven.)

10.♕d6 ♕b6 11.f3 ♘h5 12.♕xb6 axb6 13.♗d6 ♘g7 14.e4 ♔d8 15.a3 ♗xc3+ 16.♖xc3 ♘e8 17.e5 f6 18.h4 fxe5 19.♗xe5 ♖g8 20.hxg5 hxg5 21.♖h7 d5 mit befriedigendem Spiel für Schwarz.

7.e3

Wenn Weiß mit 7.dxe6 die Blockade des Zentrums vermeidet, hat Schwarz keine Probleme; z.B. 7...♗xe6 8.e3 ♘c6 9.♘f3 d5 10.cxd5 ♕xd5 11.♗xf6 ♕xd1+ 12.♖xd1 gxf6=.

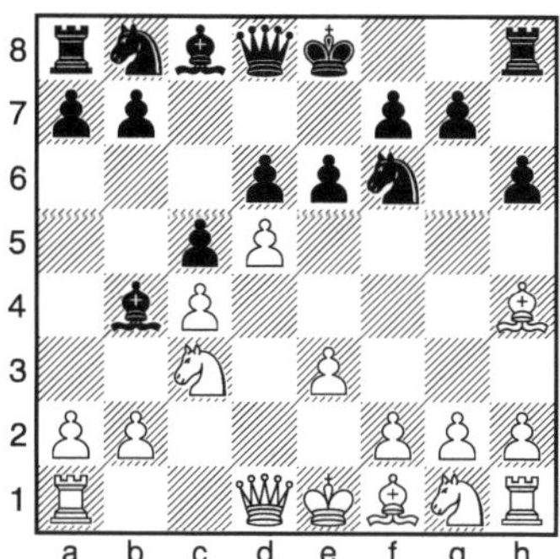

7...♗xc3+

Eine logische Idee. Ohne das eventuelle 8.♖c1 abzuwarten, zerstört Schwarz die weiße Bauernkette am Damenflügel.

8.bxc3 e5

Damit wird die Strategie der Zentrumsblockade in die Tat umgesetzt.

9.♕c2

Weiß nimmt das Feld e4 unter Kontrolle.

– Auf 9.♗d3 folgt 9...e4! 10.♗c2 (10.♗xe4?? g5 11.♕c2 gxh4–+) 10...♘bd7 11.♘e2 ♕e7 12.♕b1 0–0 13.0–0 g5 14.♗g3 ♘e5 mit gutem Spiel für Schwarz.

– Oder 9.f3 g5 10.♗g3 e4 11.f4 ♕e7 12.♗e2 gxf4 13.♗xf4 ♘bd7 14.♘h3 ♘e5 15.♘f2 ♘g6 16.♗g3 h5 mit schwarzen Gegenchancen.

9...♕e7 10.♘f3 ♘bd7 11.♘d2 g5 12.♗g3 ♘h5 13.♗d3 ♘df6

In dieser Stellung mit beiderseitigen Chancen kann Schwarz durchaus nach 0–0–0 und ♘h5-g7 mit h6-h5 am Königsflügel aktiv werden.

Zusammenfassung: Die Hauptidee von 4.♗g5 besteht offenbar darin, durch die Gegenfesselung des Springers f6 um die zentralen Felder d5 und e4 zu kämpfen. Allerdings fehlt der Läufer unter Umständen am Damenflügel, wo er häufig als Verteidiger (beispielsweise zur Deckung des Springers c3) gebraucht wird. Dieser Umstand gibt dem Gegner gute Gegenchancen.

Abspiel 1

Die Fortsetzung 4.e3

(1.d4 ♘f6 2.c4 e6 3.♘c3 ♗b4)

4.e3

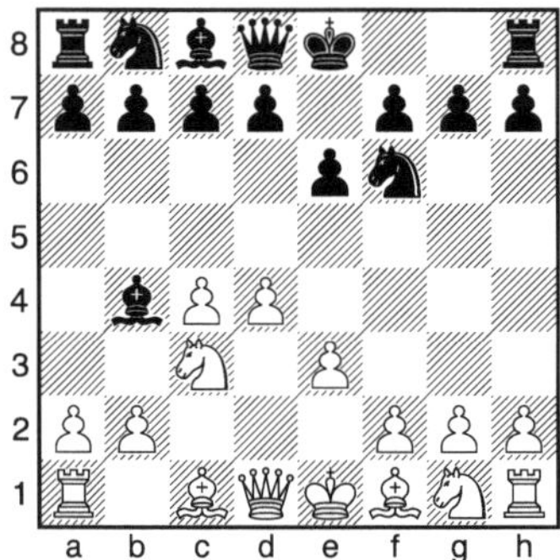

Die ursprüngliche Idee dieses Systems, das auf Akiba Rubinstein zurückgeht, sieht vor, nach 5.♘g1-e2 alsbald den lästigen Läufer b4 mit a2–a3 zu befragen, ohne die Entstehung eines Doppelbauern zuzulassen.

4...0–0

Mit diesem elastischen Zug lässt Schwarz die Wahl einer konkreten Entwicklungsmethode noch offen.

Hier ein Blick auf einige konkrete Alternativen.

I. 4...c5 5.♗d3

(Oder 5.♘ge2 d5 6.a3 ♗xc3+ 7.♘xc3 cxd4 8.exd4 dxc4 9.♗xc4 ♘c6 10.♗e3 0–0 11.0–0 b6 12.♕d3 ♗b7 13.♖ad1 h6! 14.♖fe1 ♘e7 mit Blockade des isolierten Bauern d4 und etwa gleichem Spiel.)

5...d5

(Von GM Robert Hübner stammt der Blockadeplan 5...♘c6 6.♘f3 ♗xc3+ 7.bxc3 d6 8.e4 e5 9.d5 ♘e7 mit zweischneidigem Spiel.)

6.♘f3 0–0 7.0–0 ♘c6 8.a3 ♗xc3 9.bxc3 dxc4 10.♗xc4 ♕c7 mit Vorbereitung von e6–e5 und gleichem Spiel.

II. 4...♘c6 5.♗d3 e5 6.♘ge2 (6.d5 ♗xc3+ 7.bxc3 ♘e7 8.e4 d6 9.♘e2 0–0=) 6...d5 7.cxd5 ♘xd5 8.e4 ♘b6 9.d5 ♘e7 10.a3 ♗d6 11.0–0 0–0 nebst c7–c6 mit beiderseitigen Chancen.

III. 4...b6 5.♗d3 ♗b7 6.♘f3 0–0 (6...♘e4!? 7.♕c2 f5∞) 7.0–0 c5 8.♘a4 cxd4 9.exd4 ♖e8 10.a3 ♗f8 11.b4 d6 12.♖e1 ♘bd7 13.♗b2 ♖c8 14.♘c3 e5 15.dxe5 dxe5 mit vollwertigem Spiel.

5.♗d3

Wie oben erwähnt, setzte Rubinstein hier ursprünglich mit 5.♘ge2 fort, um gegebenenfalls durch das Zurückschlagen auf c3 mit dem Springer die Bauernstruktur intakthalten zu können.

5...d5 6.a3 ♗e7 7.cxd5 exd5 8.g3 c6 9.♗g2 a5 10.0 0 und nun 10...♗f5 11.f3 Δe3–e4 – oder die Verfolgung einer Abwartestrategie mit 10...♖e8 mit dem Plan ♘b8–a6–c7 usw. Und auf den Versuch, mit f2–f3 das Zentrum zu beherrschen, folgt der Konter c6–c5!.)

5...d5 6.♘f3

Hier ein Blick auf andere Möglichkeiten.

I. 6.♘ge2 c5 7.0-0 (7.a3 ♗xc3+ 8.bxc3 dxc4 9.♗xc4 ♘c6=) 7...cxd4 8.exd4 ♘c6 9.cxd5 ♘xd5

– 10.♕c2 h6 11.a3 ♗e7 12.♖d1 ♗f6 13.♗c4 ♘ce7 14.♕e4 ♖e8 Δb7-b6, ♗c8-b7

– 10.♗c2 10...♖e8 11.♕d3 g6 12.♖d1 ♗f8 13.♕f3 ♗g7 14.♘e4 h6 mit dem Plan, sich durch die Verlegung des Springers von c6 nach f5 gute Chancen zu verschaffen.

II. 6.a3 ♗xc3+

(Möglich ist auch 6...♗e7 7.cxd5 exd5 8.b4 b6 nebst c7-c5 oder a7-a5.)

7.bxc3 dxc4 8.♗xc4 c5 9.♘e2 (9.♗d3 ♘c6 10.♘f3 ♕c7 11.0-0 e5 12.♕c2 ♖e8 13.dxe5 ♘xe5 14.♘xe5 ♕xe5 15.f3 ♗d7 16.♖b1 ♗c6 17.♖e1 ♖ad8=) 9...♘c6 10.♘g3 (10.0-0 ♕e7 Δ♖f8-d8, e6-e5) 10...e5 11.d5 ♘a5 12.♗a2 ♘e8 13.e4 ♘d6 mit zweischneidigem Spiel.

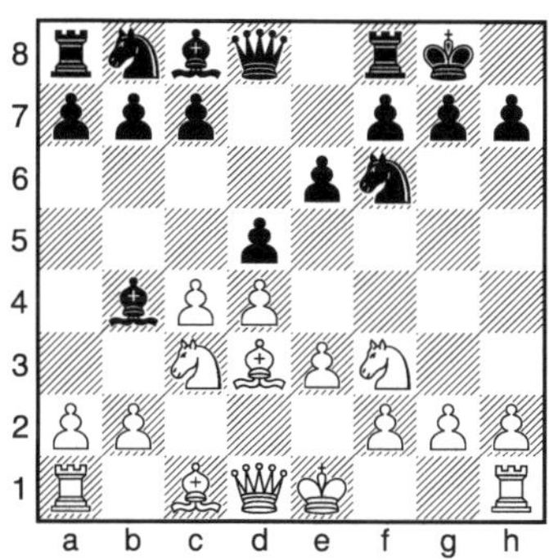

6...b6

Abhängig vom weißen Spiel soll der Läufer auf b7 oder a6 postiert werden.

Schwarz kann auch sofort mit 6...c5 im Zentrum vorgehen; z.B. 7.0-0

(7.a3 ♗xc3+ 8.bxc3 dxc4 9.♗xc4 ♕a5 10.♗b2 cxd4 11.exd4 b6 Δ♗c8-a6)

A) 7...♘c6 8.a3 dxc4

(Auch nach 8...♗xc3!? 9.bxc3 dxc4 10.♗xc4 ♕c7 11.♗a2 e5 sollte Schwarz ausgleichen.)

9.♗xc4 cxd4 10.exd4 ♗e7 11.♕d3 b6 12.♗g5 ♗b7 13.♖fe1 h6 14.♗e3

(Nach 14.♗h4 ♘a5 15.♗a2 ♗xf3 16.♕xf3 ♕xd4 hat Weiß ersatzlos einen Bauern verloren.)

14...♗d6 Δ♘c6-e7-d5 mit chancenreichem Spiel.

B) 7...dxc4 8.♗xc4 cxd4

(Zu beachten ist 8...♘bd7 mit der möglichen Folge 9.a3 cxd4 10.axb4 dxc3 11.bxc3 ♕c7 12.♗e2 ♕xc3 13.♗a3 ♘d5 14.♕b1 ♕f6 15.♗d3 h6 16.b5 ♖d8 17.♗b2 ♕e7 18.♖a4 ♘c5 19.♗h7+ ♔h8 20.♖h4 f6 und Weiß hat für den Bauern keinen Vorteil.)

9.exd4 b6 10.♗g5 ♗b7 11.♖e1

(Oder 11.♘e5 ♗xc3 12.bxc3 ♘bd7 13.♕e2 ♕c7 14.♘xd7 ♘xd7 15.♖ac1 ♕c6 mit beiderseitigen Chancen.)

11...♘bd7 12.♖c1 ♖c8 13.♕b3 ♗e7 (13...♗xc3!?) 14.♗xf6 ♗xf6!

(Schlecht ist 14...♘xf6? wegen 15.♗xe6! fxe6 16.♕xe6+ ♔h8 17.♕xe7 ♗xf3 18.gxf3 ♕xd4 19.♘b5 ♕xb2 20.♖xc8 ♖xc8 21.♘d6 ♖b8 22.♘f7+ ♔g8 23.♕e6 ♖f8 24.♘d8+ ♔h8 25.♕e7+-.)

15.♘b5 ♗xf3 16.♕xf3 a6 17.♘d6 ♖c7

18.♘xf7 ♖xf7 19.♗xe6 ♘f8 20.♖xc7 ♕xc7 und Schwarz kann sich verteidigen.

7.0–0

Nach 7.a3 ♗xc3+ 8.bxc3 ♗a6 erhält Schwarz das aussichtsreichere Spiel, indem er mit ♘b8–c6–a5 den Punkt c4 unter Druck setzt.

7...♗b7

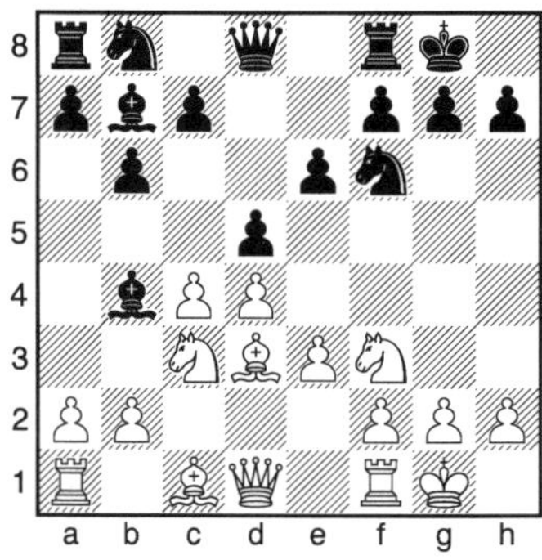

8.cxd5

Mit diesem typischen Abtausch schließt Weiß die Diagonale a8–h1, um die Wirkung des Läufers b7 zu begrenzen.

8...exd5

Nach 8...♘xd5 9.♘xd5 exd5 (9...♗xd5 10.e4!) 10.♕c2 verliert Schwarz ein Tempo, weil der Bauer h7 hängt.

9.a3 ♗d6

Möglich ist auch der Abtausch 9...♗xc3, um keine Zeit für Operationen im Zentrum zu verlieren: z.B. 10.bxc3 ♘bd7 11.c4 c5 12.♗b2 ♖c8 nebst c5xd4 oder d5xc4 mit guten Aussichten.

10.b4

Gegen c7-c5 gerichtet, was z.B. nach 10.♕c2 c5 folgen kann.

10...a6 11.♕b3 ♕e7 12.b5 axb5 13.♘xb5 ♘bd7

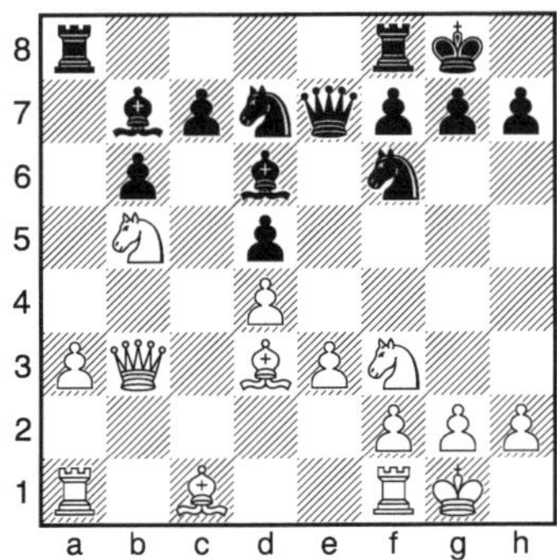

14.a4

Weiß muss endlich seinen schwarzfeldrigen Läufer ins Spiel bringen und sollte dies mit 14.♗b2 geschehen, so entsteht nach 14Δc5 15.dxc5 bxc5 16.♘xd6 ♕xd6 17.♖fd1 ♖fb8 18.♕c2 ♗a6 eine dynamische Position mit hängenden Bauern auf c5 und d5.

14...c5 15.♗a3 ♗a6 16.♖fb1 g6

Die Stellung ist für beide Seiten gleich chancenreich.

Zusammenfassung: Nach 6...b6 nebst Fianchettierung des Damenläufers kann Schwarz aktiv mit Figuren aufs Zentrum einwirken. Auch kann der Läufer mit ♗c8–a6 aktiv auf der Diagonale a6–f1 Stellung beziehen. Aus diesem Grund ist der Aufbau mit 6...b6 bei Spielern aller Klassen populär und wird häufig in der Praxis angewandt.

Abspiel 2

Die Fortsetzung 4.♕c2

(1.d4 ♘f6 2.c4 e6 3.♘c3 ♗b4)

4.♕c2

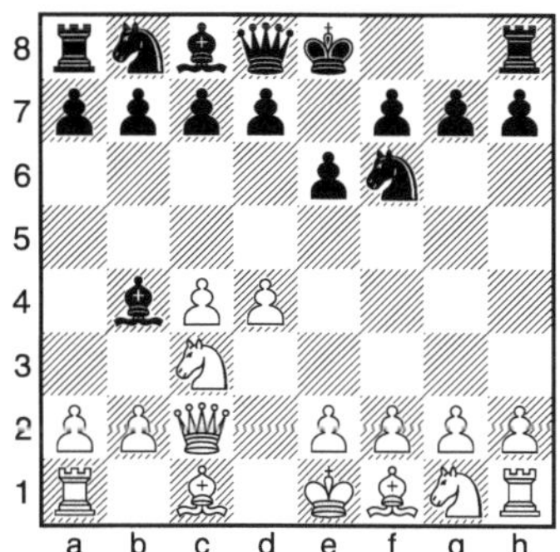

Auch dies ist eine sehr populäre Fortsetzung. Weiß droht e2–e4 und sichert sich außerdem die Möglichkeit, bei eventuellem Abtausch auf c3 mit der Dame zurückzunehmen. Schwarz hat jedoch geeignete Gegenmittel.

4...0–0

Schwarz verrät seine Pläne noch nicht, wie es bei den folgenden Alternativen der Fall wäre.

I. 4...d5 5.cxd5

(Nach 5.a3 ♗xc3+ 6.♕xc3 ♘e4 7.♕c2 kann Schwarz mit 7...♘c6 oder c7–c5 fortsetzen.)

5...♕xd5 6.♘f3

(6.e3 c5 7.♗d2 ♗xc3 8.♗xc3 cxd4 9.♗xd4 ♘c6 10.♗c3 ♗d7 11.♘f3 ♖c8 12.a3 ♘e7 13.♗e2 0–0 14.0–0 ♗b5=)

Nach 6...♕f5!? (einer originellen Idee von GM Romanischin) kann sich das Spiel wie folgt entwickeln:

– 7.♕b3 c5 8.a3 ♗xc3+ 9.♕xc3 ♘bd7 10.g3 ♘e4 11.♕e3 b6 12.dxc5 ♘dxc5 13.b4 ♘a4 14.♗h3 ♕d5 15.♗g2 ♗b7 16.♘d2 f5 17.♘xe4 fxe4 18.0–0 0–0 mit unklarer Position;

– 7.♕xf5 exf5 8.a3 ♗d6 9.e3 ♘bd7 10.♗d2 c6 11.♗d3 ♘b6 12.b4 0–0 13.0–0 g6=.

II. 4...c5 5.dxc5 0–0 (5...♗xc5!? 6.♘f3 ♕c7 7.g3 a6 8.♗f4 d6 9.♗g2 ♘bd7 10.0–0 0–0=) 6.♘f3

(6.a3 ♗xc5 7.♘f3 ♘c6 8.♗f4 b6 9.♖d1 ♗b7 10.e3 ♖c8 11.♗e2 ♗e7 und das Spiel steht ungefähr gleich)

6...♘a6 7.e3 ♘xc5 8.♗d2 b6 9.a3 ♗xc3 10.♗xc3 ♗b7 11.♗e2 d6 12.0–0 e5 13.b3 ♖c8 14.♖fc1 ♕e7 mit gutem Spiel für Schwarz.

III. 4...♘c6 (Δd7–d6, e6–e5) 5.♘f3 d6 6.♗g5 h6 7.♗d2 ♕e7 8.a3 ♗xc3 9.♗xc3 0–0 10.e3 a5 nebst e6–e5 mit guten Ausgleichschancen.

5.a3

So wird die Situation in der Diagonale e1–a5 geklärt, denn auf das sofortige 5.e4 folgt der energische Gegenstoß 5...d5!; z.B. 6.e5 ♘e4 7.♗d3 c5 mit aktivem Spiel.

5...♗xc3+ 6.♕xc3 b6

Wie in vielen Abspielen der Nimzoindischen Verteidigung bereitet Schwarz die Entwicklung des weißfeldrigen Läufers nach b7 oder a6 vor.

7.♗g5

Nach 7.b4 ♗b7 8.♗b2 d6 9.e3 ♘bd7 10.♘f3 ♘e4 11.♕c2 (11.♕b3!?) 11...f5 12.♗d3 a5 13.0–0 ♕e7 hat Schwarz eine feste Stellung.

7...♗b7

Nicht schlecht ist 7...♗a6 8.e3 d6 9.♗d3 ♘bd7 10.♘e2 c5 11.♕c2 h6 12.♗h4 ♖c8 mit gutem Gegenspiel.

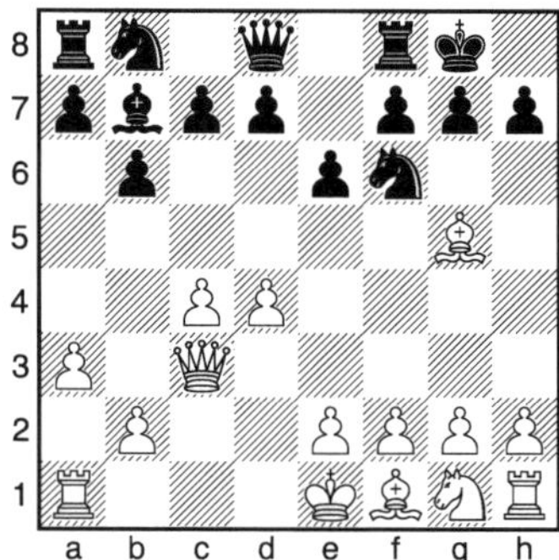

8.♘f3

Schwarz sollte auch in anderen Varianten keine Probleme haben.

I. 8.e3 h6 9.♗h4 d6 10.f3 ♘bd7 11.♗d3 c5 12.♘e2 ♖c8 13.♕b3 cxd4 14.exd4 d5 mit Zerschlagung des weißen Bauernzentrums und Chancen auf Ausgleich.

II. 8.f3 h6 9.♗h4 d5 10.e3 ♘bd7 11.cxd5 ♘xd5 12.♗xd8 ♘xc3 13.♗h4 ♘d5 14.♗f2 c5 15.♗b5 ♖fd8 16.e4 ♘c7 17.♗xd7 ♖xd7 18.dxc5 f5! und unter Nutzung seines Entwicklungsvorsprungs kann Schwarz das gegnerische Zentrum sprengen.

19.cxb6

(Nach 19.exf5? exf5 20.♘e2 ♖e8 wäre die weiße Stellung äußerst kritisch.)

19...axb6 20.♘e2 fxe4 21.fxe4 ♗xe4 22.0–0 ♖d2 23.♘c3 ♗b7 24.b4 ♖f8 25.♖a2 ♖xa2 26.♘xa2 ♘d5

Schwarz hat die Initiative und droht bereits unangenehm ♘d5–f4.

8...d6 9.♘d2

Mit dem Plan f2-f3 und e2-e4.

9...h6 10.♗h4 ♘bd7 11.f3 c5 12.e4 ♖c8 13.dxc5

Nach 13.♗d3 cxd4 14.♕xd4 ♘c5 15.♗e2 e5 16.♕f2 ♘e6 hat Schwarz vollwertiges Spiel.

13...♘xc5

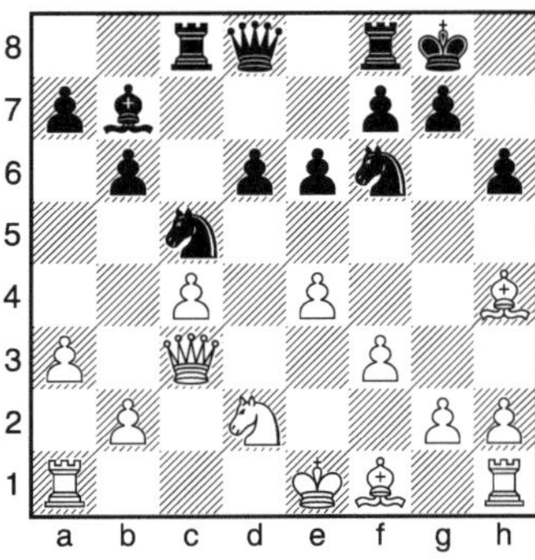

Die Stellung ist etwa ausgeglichen.

– 14.♗xf6 ♕xf6 15.♕xf6 gxf6 16.♗e2 (16.g4 d5 17.cxd5 exd5 18.exd5 ♗xd5=) 16...d5 17.exd5 exd5 18.cxd5 ♖fe8 19.♔f2 ♗xd5 20.♖ac1 f5 21.b4 ♘e6=

– Nicht zu empfehlen ist hingegen 14.♕d4 e5 15.♕g1 ♘e6 16.0–0–0 ♕e7 17.♔b1 ♖c7 18.♗f2 ♖fc8 19.♗e3 b5 20.cxb5 d5 mit schwarzer Initiative.

Zusammenfassung: Die Idee von 4.♕c2 besteht darin, aktiv auf den Punkt e4 einzuwirken und im Fall von ♗b4xc3 die Entstehung eines Doppelbauern zu vermeiden. Die Variante hat jedoch auch eine gewisse Schattenseite, denn durch die frühe Damenentwicklung wird die Mobilisierung der Leichtfiguren verlangsamt. Und auf genau diesen positionellen Faktoren beruht das schwarze Gegenspiel.

Kapitel 34

Damenindische Verteidigung

1.d4 ♘f6 2.c4 e6 3.♘f3

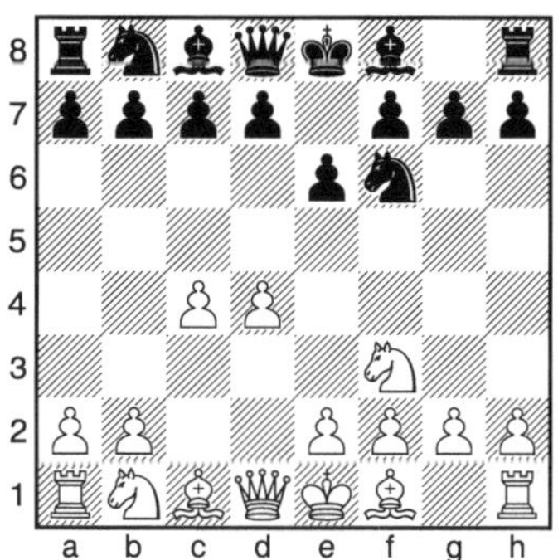

Mit diesem Zug umgeht Weiß die starke 'Nimzoindische Verteidigung' (3.♘c3 ♗b4) und strebt zugleich eine schnellere Entwicklung seines Königsflügels an.

3...b6

Dieser Zug geschah erstmals in der bekannten Stammpartie Bernstein-Nimzowitsch (St. Petersburg 1914). Schwarz beabsichtigt das Fianchetto des Damenläufers, um die Zentrumsfelder d5 und e4 unter Kontrolle zu bekommen.

Zu strategisch interessantem Spiel führt auch die 'Bogoljubow-Verteidigung' 3...♗b4+.

Danach stehen Weiß (außer 4.♘b1-c3 mit Einlenken in die Nimzoindische Verteidigung) folgende Alternativen zu Gebote.

A) 4.♗d2 ♕e7

(Möglich ist auch 4...c5 5.♗xb4 cxb4 6.g3 0–0 7.♗g2 d6 8.0–0 ♖e8 9.♘bd2 a5 10.e4 e5 11.a3 ♘a6 mit guten Aussichten auf raschen Ausgleich.)

5.g3 ♘c6 6.♗g2 ♗xd2+ 7.♘bxd2 d6 8.0–0 a5 9.e4 e5 10.d5 ♘b8 11.♘e1 und nun plant Weiß, den Springer nach d3 zu stellen und den Vorstoß f2–f4 folgen zu lassen; z.B. 11...h5 12.h4 ♘bd7 13.♘d3 b6 14.f4 ♘g4 15.♕e1 ♘c5=.

B) 4.♘bd2 b6

(Nach 4...d5 5.e3 0–0 6.a3 ♗e7 7.b4 a5 8.b5 c5 9.dxc5 ♗xc5 10.♗b2 ♘bd7 11.♗d3 hat Weiß leichten Vorteil.)

5.e3 ♗b7 6.♗d3 0–0 7.0–0 d5 8.a3 ♗xd2

(Nach 8...♗d6 9.b4 c5 10.bxc5 bxc5 11.cxd5 exd5 12.dxc5 ♗xc5 13.♗b2 steht Weiß angesichts des Isolanis auf d5 besser.)

9.♗xd2 ♘bd7 10.cxd5 exd5

(Nach 10...♘xd5 11.b4 c5 12.♖c1 cxd4 13.♘xd4 hat Weiß dank des Läuferpaars etwas bessere Perspektiven.)

11.b4 ♘e4 12.♖c1 c5 13.bxc5 bxc5 14.dxc5 ♘dxc5 15.♗b4 ♘xd3 16.♕xd3 ♖e8 17.♖fd1 a5 18.♗e1 und Weiß steht etwas besser.

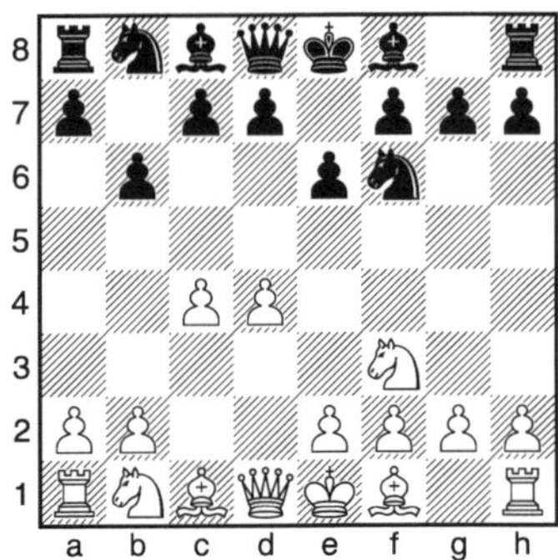

4.e3

Nach dem geplanten Entwicklungsschema ♗f1-d3, b2–b3, ♗c1-b2 nebst ♘b1-c3 bzw. ♘b1-d2 ergeben sich oft Stellungen, die ihrem Wesen nach eng mit einigen Abspielen des Damengambits verwandt sind.

Hier ein Blick auf allerlei Alternativen.

I. Zu 4.a3 – siehe **Abspiel 1**.

II. Zu 4.g3 – siehe **Abspiel 2**.

III. 4.♗f4 ♗b7 5.e3 ♗e7 6.h3 (6.♘c3 ♘h5!) 6...0–0 (6...c5!?) 7.♘c3 d5 8.cxd5 ♘xd5 9.♘xd5 ♗xd5 10.♗d3 ♗b4+ 11.♔e2 ♗d6 12.♗xd6 cxd6

(Oder 12...♕xd6 13.♕c2 h6 14.♖hc1 mit Druck in der c–Linie.)

13.♕c2 h6 14.♖hc1 ♘c6 und Schwarz kann das Spiel ausgeglichen halten.

IV. 4.♗g5 ♗b7 5.e3 h6 6.♗h4 ♗e7 7.♗d3 ♘e4 (oder 7...0–0 8.0–0 d5 usw.) 8.♗xe7 ♕xe7 9.♕c2 ♘g5 (9...f5∞) 10.♘bd2 d6 11.♘xg5 ♕xg5

(Oder 11...hxg5 12.f3 g4 13.0–0–0 c5 14.♔b1 mit scharfer Stellung.)

12.♗e4 ♗xe4 13.♕xe4 d5 14.♕f3 0–0 15.0–0 c5 mit ungefähr gleichen Chancen.

V. 4.♘c3 ♗b7

(4...♗b4 führt wiederum zur Nimzoindischen Verteidigung.)

5.♗g5 h6 6.♗h4 ♗e7

(Oder 6...g5 7.♗g3 ♘h5 8.e3 ♘xg3 9.hxg3 ♗g7 10.♗d3 ♘c6 nebst ♕d8-e7, 0–0–0 usw. mit scharfer Stellung.)

7.e3 0–0 8.♗e2 c5 9.0–0 d6 10.dxc5 bxc5 11.♕c2 ♘bd7 12.♖fd1 und der weiße Druck in der d–Linie kann lästig sein.

4...♗b7 5.♗d3 d5

Eine andere Möglichkeit ist 5...♗e7 6.0–0 0–0 7.b3 d5 8.♗b2 ♘bd7 9.♘c3 ♘e4 (9...c5!?) 10.♕e2 a6 11.♖fd1 f5 mit zweischneidigem Spiel.

6.0–0 ♗e7

Nach 6...♗d6 steht der Läufer auch auf der Diagonale b8–h2 nicht schlecht; z.B. 7.b3 0–0 8.♗b2 ♘bd7 9.♘c3 c5 10.cxd5 exd5 11.♕e2 a6 12.♖fd1 ♕e7 13.♖ac1 ♘e4 14.dxc5 ♘xc3 15.♗xc3 bxc5 16.♕c2 h6 mit etwa gleichen Chancen.

7.b3

Weiß lässt noch offen, ob er den Damenspringer nach d2 oder c3 entwickeln wird.

7...0–0 8.♗b2

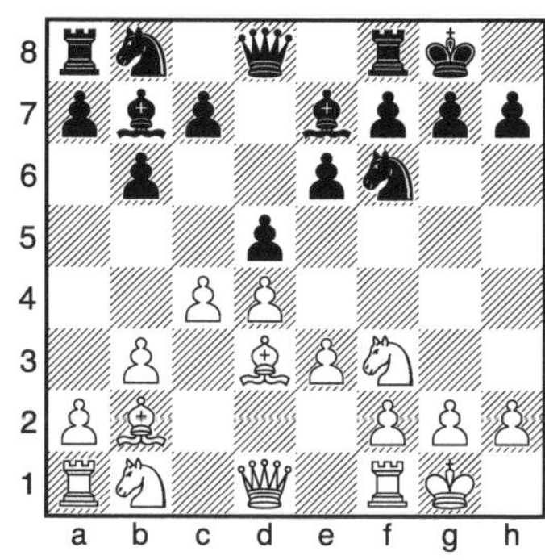

8...c5

Diesen Vorstoß kann man auch erst mit 8...♘bd7 vorbereiten; z.B. 9.♘c3 c5 10.♕e2 ♖c8 11.cxd5 exd5 12.dxc5 bxc5 13.♖fd1 ♕c7 14.♖ac1 ♖fd8 und Schwarz hat seine Kräfte elastisch postiert. In der Folge kann er die Kontrolle der langen Diagonale mit ♕c7-b8-a8 verstärken.

9.♘bd2 cxd4 10.exd4 ♘c6

Auch die Entwicklung 10...♘bd7 11.♕e2 ♖c8 12.♖ac1 dxc4 13.bxc4 ♕c7 14.♖fd1 ♖fd8 ist möglich.

11.♕e2 ♖c8 12.♖ac1 ♖e8 13.♖fd1 ♗f8 14.♕e3

14.♘e5 ♘b4 15.♗b1 g6 16.♕e3 ♗g7∞

14...g6

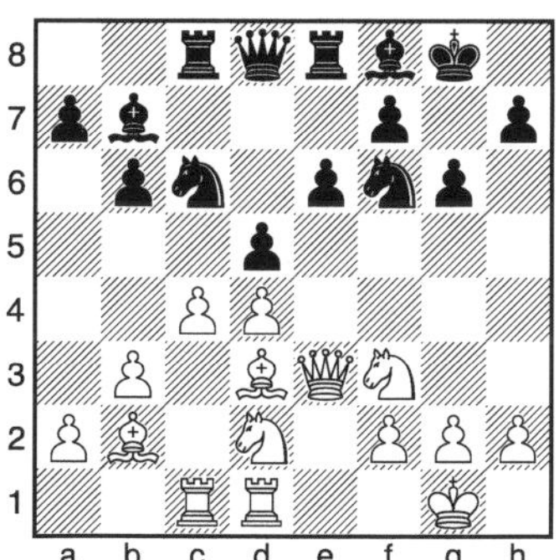

15.h3

Weiß möchte ♘f3-e5 spielen, aber momentan bringt dies noch nichts; z.B. 15.♘e5 dxc4 16.bxc4 (16.♘dxc4 ♘b4 17.♗b1 ♘bd5∓) 16...♘xe5 17.dxe5 ♗c5 18.♕e2 ♘g4 19.♕xg4 ♕xd3 und Weiß steht besser.

15...♘e7

Schwarz will ♘e7-f5 folgen lassen.

Nach 15...♗g7 16.♘e5 ♕e7 17.f4 steht Weiß wegen der aktiveren Figuren etwas besser.

16.g4

16.♘e5 lässt 16...♘f5 zu, und nach der Folge 17.♗xf5 exf5 18.♖e1 ♘h5 19.g4 fxg4 20.hxg4 ♘g7 steht Schwarz ausgezeichnet.

16...dxc4 17.bxc4 ♗g7 18.♘e5 ♘c6

In dieser sehr dynamischen Stellung haben beide Seiten etwa gleiche Aussichten.

Zusammenfassung: Die Entwicklung des Springers nach f3 ist eine starke Alternative zu 3.♘c3, um die Fesselung 3...♗b4 zu vermeiden, die manchem Spieler nicht liegt. Für Schwarz empfiehlt sich 3...b6 nebst Entwicklung des Damenläufers auf die lange Diagonale a8–h1, da es in der 'Bogoljubow–Verteidigung' nach 3...♗b4+ oft schwerfällt, das Gleichgewicht zu halten.

Abspiel 1

Petrosjan–System

(1.d4 ♘f6 2.c4 e6 3.♘f3 b6)

4.a3

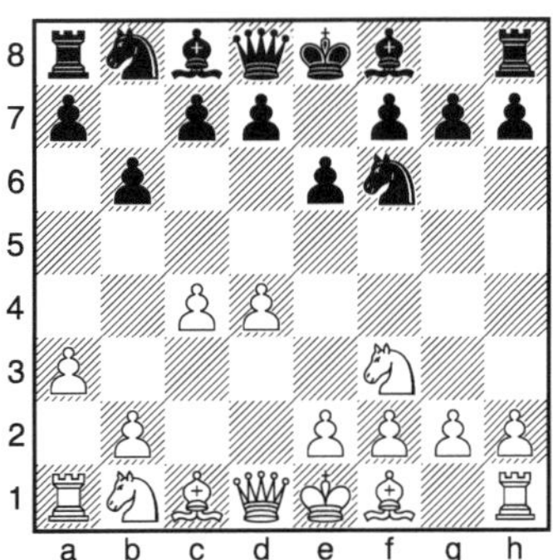

Diese Idee geht auf den früheren Weltmeister Tigran Petrosjan (1929–1984) zurück. Der unscheinbare Bauernzug hat dennoch genug Potential, ein komplettes System einzuleiten, weil er das 'nimzoindische' Fesselungsmotiv ♗f8–b4 ein für allemal aus der Welt schafft. Weiß möchte nunmehr ungestört ♘b1-c3 spielen und stellt die weitere Entwicklung des Königsflügels (die sonst meistens mit 4.g2–g3 fortgesetzt wird – siehe **Abspiel 2**) um einen Zug zurück.

4...♗b7

Hier ein Blick auf zwei Alternativen.

I. Mit 4...♗a6 setzt Schwarz den Läufer zunächst dazu ein, die normale gegnerische Entwicklung zu stören, bevor er ihn endgültig nach b7 stellt; z.B. 5.♕c2 (5.e3 d5 6.♘bd2 ♗e7=) 5...♗b7 6.♘c3 c5 7.e4 (7.dxc5 bxc5 8.♗g5 ♗e7 9.e3 d6=) 7...cxd4 8.♘xd4 ♘c6 9.♘xc6 ♗xc6 10.♗f4 ♗c5 11.♗e2 a5 12.♖d1 0–0 13.♗g3 ♕e7 14.e5 ♘e8 15.0–0 f5 mit beiderseitigen Chancen.

II. 4...c5 ist ein oft anzutreffender, aber aus strategischer Sicht etwas riskanter Zug, denn der Gegner kann nun mit 5.d5 Raumvorteil erzielen, wonach ähnliche Stellungen wie in der Benoni-Verteidigung entstehen können.

5...♗a6

(Oder 5...exd5 6.cxd5 g6 7.e4! ♘xe4 8.♗d3 ♘f6 9.0–0 ♗g7 10.♖e1+ mit starker Initiative für den geopferten Bauern.)

6.♕c2 exd5 7.cxd5 g6 8.♘c3 ♗g7 9.g3 0–0 10.♗g2 d6 11.0–0 ♘bd7 12.♖e1 ♖e8 13.h3 ♕c7 14.a4 ♖e7 15.♗f4 ♖ae8 16.e4 und Schwarz muss noch um Ausgleich kämpfen.

5.♘c3 d5

Interessant ist 5...♘e4 6.♘xe4 ♗xe4 7.♘d2 ♗b7 8.e4 ♕f6 9.d5 ♗c5 10.♘f3 ♕g6 mit reichlich Gegenchancen.

6.cxd5 ♘xd5

Es ist sehr schwer zu sagen, ob der Textzug stärker ist als die Alternative 6...exd5; z.B. 7.g3 (7.♗g5 ♗e7 8.e3 0–0 9.♗d3 ♘bd7 10.0–0 c5=) 7...♗e7 8.♗g2

(Nach 8.♕a4+ c6 9.♗g2 0–0 10.0–0 ♘bd7 spielt Schwarz in einem günstigen Moment c6–c5 und gleicht aus.)

8...0–0 9.0–0 c5 10.♗f4 (10.♘e5 ♘c6!) 10...♘c6 11.dxc5 bxc5 12.♖c1 ♕d7 13.♘a4 c4 14.♘e5 ♘xe5 15.♗xe5 ♗c6 16.♘c3 ♖fd8

In dieser sehr komplizierten Stellung drückt Weiß zwar auf den Bauern d5, doch mit ♖a8–b8 kann Schwarz Gegenspiel auf der b-Linie organisieren.

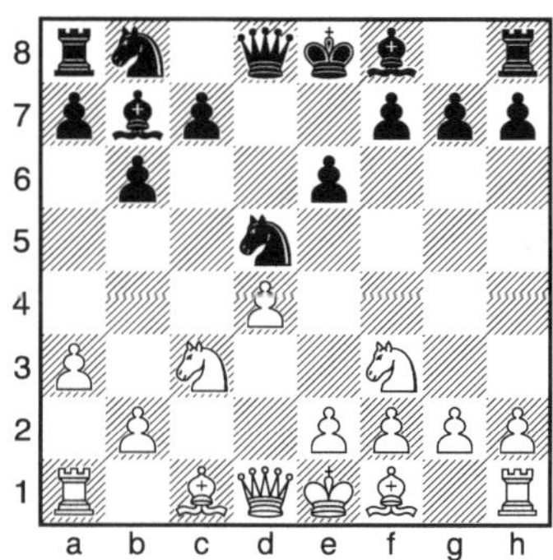

7.e3

Weiß hat eine reiche Auswahl interessanter Alternativen.

I. 7.♕c2 ♘xc3

– 8.♕xc3 ♘d7 9.♗g5 ♗e7 10.♗xe7 ♔xe7 11.g3 ♘f6 12.♗g2 ♕d6 13.0–0 ♖hc8 14.b4 c5 15.dxc5 bxc5 16.♖fd1 ♕b6 mit ungefähr gleichen Aussichten.

– Und auch nach 8.bxc3 ♗e7 9.e4 0–0 10.♗d3 c5 11.0–0 cxd4 12.cxd4 ♘c6 13.♗e3 ♖c8 sollte Schwarz wohl Ausgleich erzielen.

II. 7.♗d2

– 7...♘d7 8.♘xd5 exd5 9.g3 ♗d6

10.♗g5 ♗e7 11.♗xe7 ♕xe7 12.♖c1 c5 13.♗h3 0–0 14.dxc5 bxc5 15.♗xd7 ♕xd7 16.♖xc5 ♕h3∞

– 7...♗e7 8.♕c2 ♘d7 9.e4 ♘xc3 10.♗xc3 0–0 11.♖d1 ♕c8 12.♗d3 ♖d8 13.0–0 c5 mit schwarzem Konterspiel.

III. 7.e4!? ♘xc3 8.bxc3 ♗xe4 9.♘e5 ♕h4 10.g3 ♕f6 11.♗b5+ c6 12.f3 ♗d5 13.♗e2 b5 14.a4 a6 15.axb5 cxb5 16.c4 ♗b4+ 17.♔f1 mit aktivem Spiel für den Bauern.

7...♗e7

Schwarz will schnellstens rochieren und dann mit c7-c5 das weiße Zentrum angreifen.

8.♗b5+

Dieses Schachgebot muss Weiß nicht einschalten.

Nicht schlechter ist sofort 8.♗d3 ♘xc3 9.bxc3 c5 und weiter wie in der Hauptvariante.

8...c6 9.♗d3 ♘xc3

Nach 9...0–0 folgt stark 10.♗d2, um nach 10...♘xc3 mit 11.♗xc3 zurückzuschlagen.

10.bxc3 c5 11.0–0

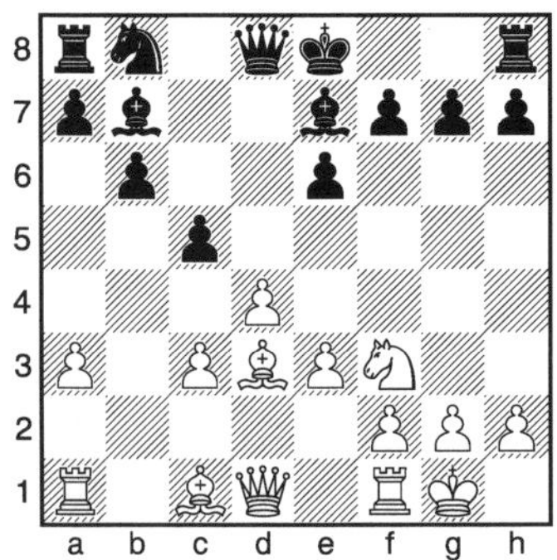

11...♘c6

Diese Springerentwicklung, die den Druck auf den Punkt d4 verstärkt und das Manöver ♘c6-a5-c4 anstrebt, ist die populärste.

12.♕e2

Dies ist objektiv elastischer als 12.e4, denn in vielen Varianten kann Weiß auf den Vormarsch des e–Bauern verzichten und nach eventuellen c5xd4 hat Weiß die Möglichkeit e3xd4!? (siehe Kommentar nach 13.cxd4).

12...cxd4 13.cxd4

Dies ist die übliche Reaktion, aber möglich ist auch 13.exd4!?; z.B. 13...0–0

(Zu beachten ist 13...♗f6!?, um einen eventuell auf e5 erscheinenden Springer einfach abzutauschen; z.B. 14.♗b2 0–0 15.♘e5 ♗xe5! usw.)

14.♗b2 ♖c8 15.♖ad1 ♘a5 16.♘e5 ♗f6 17.f4

Nach c3-c4 kommt auch der Läufer b2 ins Spiel und Weiß hat gute Angriffsaussichten am Königsflügel.

13...0–0 14.♗b2 ♖c8 15.e4 ♘a5 16.♖ad1 ♗f6 17.♖fe1 ♕c7

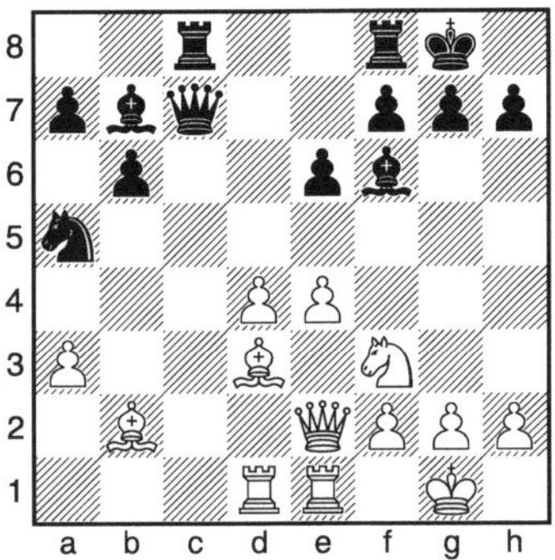

In dieser zweischneidigen Stellung ist das weiße Bauernzentrum zwar stark, aber nicht sonderlich expansiv, denn z.B. bringt e4–e5 wegen der damit verbundenen Schwächung von d5 nichts ein. Weiß sollte vielmehr eine Aktion am Königsflügel nach dem Schema ♘f3–d2, f2–f4 usw. vorbereiten. Dagegen kann Schwarz seine Königsstellung mittels g7–g6 und ♗f6–g7 verstärken, während er zugleich in der c–Linie nach Gegenspiel sucht.

Zusammenfassung: Die vorgestellten Varianten können zu gänzlich unterschiedlichen strategischen Inhalten führen. So tauchen neben charakteristischen damenindischen Elementen häufig auch solche aus dem Damengambit oder der Benoni–Verteidigung auf. Und somit bietet das Petrosjan–System beiden Seiten eine Fülle von Möglichkeiten.

Abspiel 2

Die Fortsetzung 4.g3

(1.d4 ♘f6 2.c4 e6 3.♘f3 b6)

4.g3

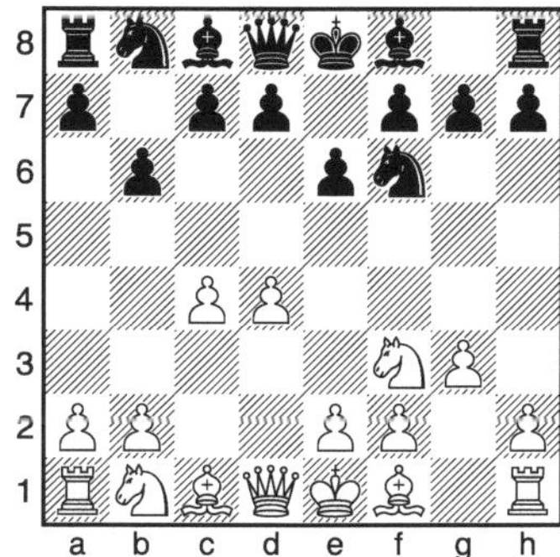

Weiß trifft ebenfalls Vorbereitungen für ein Fianchetto, um den damenindischen Läufer zu neutralisieren.

4...♗b7

Zu diesem natürlichen Entwicklungszug scheint es auf den ersten Blick kaum eine sinnvolle Alternative zu geben. Und dabei ist das Störmanöver 4...♗a6!? sogar höchst beachtenswert. Diesen Angriff auf den Bauern c4, der den Gegner in der Wahl seines Aufbaus einschränkt, schlug Nimzowitsch schon im Jahr 1934 vor.

A) 5.b3 ♗b4+ 6.♗d2 (6.♘bd2? ♗c3 7.♖b1 ♗b7 8.♗b2 ♘e4∓) 6...♗e7 7.♗g2 c6 8.♗c3 d5 9.♘bd2 (9.♘e5 ♘fd7 10.♘xd7 ♘xd7 11.♘d2 0–0 12.0–0 ♖c8 13.e4 b5 14.♖e1 bxc4 15.bxc4 dxc4 16.♕a4 ♗b5 17.♕c2 ♖e8∞) 9...♘bd7 10.0–0 0–0 11.♖e1 c5 12.e4 dxe4 13.♘xe4 ♗b7 mit etwa gleichen Chancen.

B) 5.♕a4 c5 6.♗g2 ♗b7 7.0–0 (7.dxc5 ♗xc5 8.0–0 0–0=) 7...cxd4 8.♘xd4 ♗xg2 9.♔xg2 ♗e7 (9...♕c7!?) 10.♖d1 0–0 11.♘c3 a6 12.f3 ♕c7 13.♗f4 ♕b7 14.e4 d6 und obwohl Schwarz einen Entwicklungsrückstand aufholen muss (♖f8–c8 nebst ♘b8–d7 usw.), steht er keinesfalls schlechter.

C) 5.♘bd2 c5 6.♗g2 ♘c6 7.dxc5 bxc5 8.0–0 ♗e7 9.b3 0–0 10.♗b2 ♗b7 11.♕b1 ♕c7 12.♘e4 ♘e8 13.♖d1 ♖d8 und die schwarze Stellung ist schwer angreifbar.

5.♗g2 ♗e7 6.0–0 0–0 7.♘c3

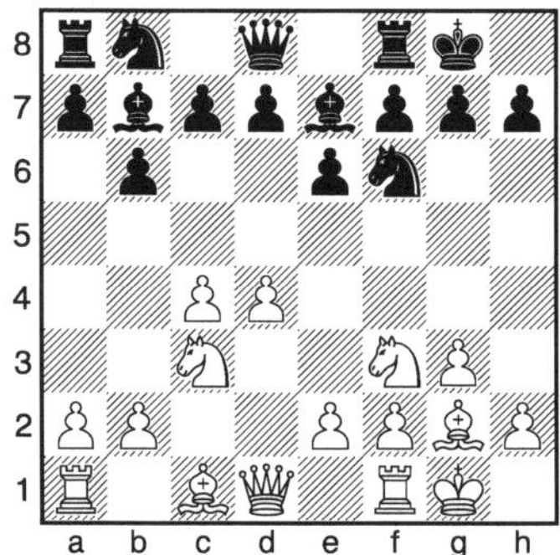

7...♘e4

Falls Schwarz auf 7...d5 setzt, um den Vorstoß e2–e4 auf Dauer zu vereiteln, geht das Spiel in eine Variante der 'Katalanischen Eröffnung' über (siehe nächstes Kapitel).

8.♗d2

Zum Ausgleich führt auch 8.♕c2 (8.♘xe4 ♗xe4 9.♘e1 ♗xg2 10.♘xg2 d5 11.♕a4 c5=)8...♘xc3 9.♕xc3 c5 und nun:

– 10.b3 cxd4 11.♘xd4 ♗xg2 12.♔xg2 ♗f6 13.♗b2 ♘c6;

– 10.♖d1 d6 11.b3 ♗f6 12.♗b2 ♘d7 13.♖d2 ♕e7 14.♖ad1 ♖fd8 15.♕c2 ♖ac8 16.e4 cxd4 17.♘xd4 a6=

8...♗f6

Eine andere Idee besteht darin, mittels 8...f5!? den Punkt e4 dauerhaft in Besitz zu nehmen und die Position des Springers zu verstärken; z.B. 9.♕c2 ♗f6 10.♖ad1 ♘xc3 (10...d6!?) 11.♗xc3 ♗e4 12.♕c1 d6 13.♘e1 ♗xg2 14.♘xg2 ♘d7 15.♕c2 ♖e8 16.♘f4 ♗g5 17.e3 und nun ist 17...♗xf4 18.exf4 (18.gxf4∞) 18...♘f6 19.d5 ♘e4 mit ungefähr gleichen Chancen zu empfehlen.

9.♖c1 c5

Auf 9...d6 folgt stark 10.d5 ♘xd2.

(Oder 10...♘xc3 11.♗xc3 ♗xc3 12.♖xc3 e5 13.♘d2 ♘d7 14.f4 exf4 15.gxf4 ♕e7 16.♘e4 ♖ae8 17.♖g3 mit aktivem Spiel.)

11.♘xd2 e5 12.♘de4 ♗e7 13.f4 exf4 14.gxf4 ♘d7 15.♘f2 ♖e8 16.e4 mit Übergewicht im Zentrum und Angriffschancen am Königsflügel.

10.d5

Der Abtausch nach 10.♘e1 bringt nichts ein, denn nach beispielsweise 10...♘xc3 11.♗xc3 ♗xg2 12.♘xg2 cxd4 13.♗xd4 ♘c6 14.♗xf6 ♕xf6 15.♕xd7 ♖ac8 erhält Schwarz für den Bauern starke Initiative.

10...exd5 11.cxd5 ♘xd2

Eine andere Möglichkeit ist 11...♘xc3 12.♗xc3 d6 13.♘d2 ♗xc3 14.♖xc3 ♘d7=.

12.♘xd2 d6

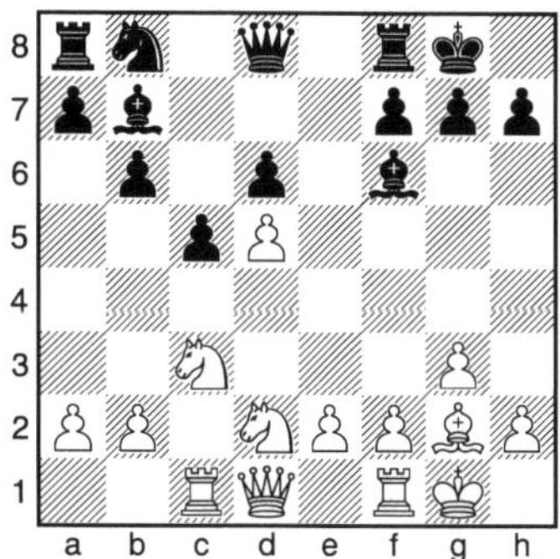

13.♘de4

Nicht viel verspricht 13.e4, denn nach 13...♘d7 14.f4 ♗a6 15.♖f3 (15.♖e1? ♗d4+ 16.♔h1 ♗f2 kostet eine Qualität.) 15...b5 16.♗f1 ♕b6 hat Schwarz alles unter Kontrolle.

13...♗e5

Der Textzug ist deutlich stärker als 13...♗e7, denn nach 14.f4 ♘d7 15.g4 a6 16.a4 ♖e8 17.g5 gefolgt von h4–h5–h6 gerät der schwarze König allmählich in Gefahr.

14.♕d2

Nach 14.f4 ♗d4+ 15.♔h1 ♗a6 entsteht eine komplizierte Stellung.

14...♗a6 15.♔h1 ♕e7 16.f4 ♗d4 17.♖fe1 g6 18.e3 ♗g7

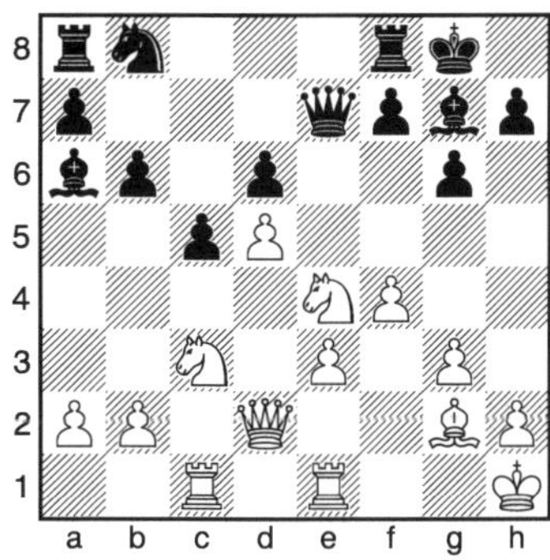

Nach anschließendem ♘b8–d7 hat Schwarz etwa gleichwertiges Spiel, wie zwei lehrreiche Beispiele zeigen.

I. 19.g4 ♘d7 20.g5 h6 21.h4 b5

– 22.b3 b4 23.♘d1 hxg5 24.hxg5 ♖ae8 mit aktivem Spiel.

– 22.a3 ♖ac8 23.♗f3 ♘b6 24.b3 ♗b7 mit beiderseitigen Chancen.

II. 19.♘g5 ♘d7 20.e4

– 20...c4 21.e5 ♘c5 22.♘ge4 ♘xe4 23.♖xe4 ♖ab8 24.♖ce1 b5 25.a3 ♕c7∞

– 20...h6 21.♘f3 ♖ae8 22.h3 (22.a4 ♕d8∞) 22...♕d8 23.♔h2 ♔h7 und Schwarz steht nicht schlechter.

Zusammenfassung:

Der Plan mit 4.g2-g3 gilt als solide Spielweise. Weiß bereitet ein Gegen-Fianchetto auf der Diagonale a8–h1 vor, um die wichtigen Zentrumsfelder e4 und d5 unter Kontrolle zu nehmen. Schwarz hat jedoch genug Möglichkeiten, seine Position im Gleichgewicht zu halten. Das heißt aber nicht, dass dieses Ziel leicht zu erreichen ist, und da zu diesem Zweck sehr präzises Spiel erforderlich ist, lohnt es sich, die Analysen genauestens zu studieren.

Kapitel 35

Katalanische Eröffnung

1.d4 ♘f6 2.c4 e6 3.g3

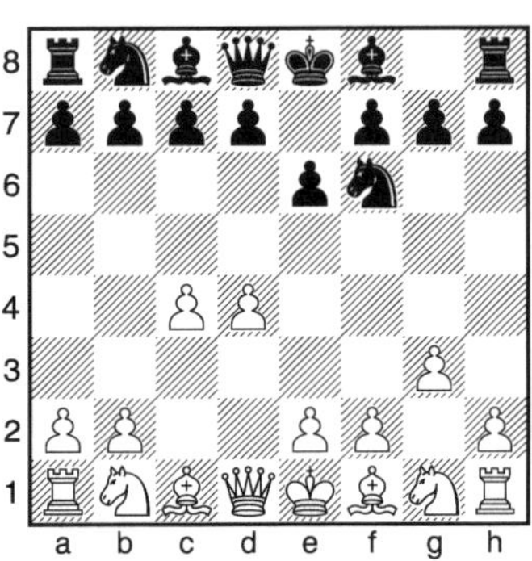

Die rasche Fianchettierung des weißen Königsläufers charakterisiert die 'Katalanische Eröffnung', bei der einige Ideen aus verschiedenen anderen Eröffnungen miteinander verknüpft werden – nämlich der 'Damenindischen Verteidigung', dem 'Reti-System' sowie einigen Varianten des Damengambits. Als zusätzlicher Spielplan kommt gelegentlich ein früher Damentausch in Frage – und zwar dann, wenn die Aussicht besteht, dass der katalanische Läufer auf g2 den schwarzen Damenflügel dauerhaft paralysieren wird. Zu dieser positionellen Drohung, vor der Schwarz stets auf der Hut sein muss, finden sich genauere Angaben im weiteren Text. Die 'Katalanische Eröffnung' wurde erstmals im Turnier von Barcelona 1929 erprobt, also in der Hauptstadt des spanischen Landesteils Katalonien. Die damalige

Zugfolge war 1.d4 ♘f6 2.♘f3 e6 3.g3 – und möglich ist auch 1.d4 d5 2.c4 e6 3.♘f3 ♘f6 4.g3 usw.

3...d5 4.♗g2 ♗e7

Schwarz strebt die schnelle Entwicklung seines Königsflügels an.

Beliebt ist auch 4...dxc4, um den anschließend erforderlichen Ausflug der weißen Dame zu Tempogewinnen und somit zur raschen Entwicklung des eigenen Damenflügels zu nutzen.

A) 5.♕a4+

– 5...♘bd7 6.♕xc4 a6 7.♕c2 c5 8.♘f3 b6 9.♘e5 ♘d5 10.♘c3 ♗b7 11.♘xd5 ♗xd5 12.♗xd5 exd5 13.0–0 ♘xe5 14.dxe5 ♗e7 nebst 0–0=

– Spielbar ist auch 5...♗d7 6.♕xc4 ♗c6 7.♘f3 ♗d5 8.♕a4+ ♕d7 9.♕xd7+ ♘bxd7 10.0–0 c5 11.♘c3 ♗c6 12.♖d1 ♗e7 13.dxc5 ♗xc5=.

B) 5.♘f3 ♗e7 6.0–0 0–0 7.♕c2 a6 (7...b5? 8.a4 c6 9.axb5 cxb5 10.♘g5+–) 8.♕xc4

(8.a4 ♗d7 9.♘e5 ♗c6!? 10.♘xc6 ♘xc6 11.♗xc6 bxc6 12.♕xc4 ♕d5=) 8...b5 9.♕c2 ♗b7 10.♗f4 ♘c6 11.♖d1 ♘b4 12.♕c1 ♖c8 13.♘c3 ♘bd5 14.♗g5 c5=

5.♘f3 0–0 6.0–0

Nach 6.♘c3 ist 6...dxc4 möglich; z.B. 7.♘e5 c5 8.dxc5 ♕c7 9.♘xc4 ♗xc5 10.♕b3 ♘c6 11.0–0 ♘d4 12.♕d1 ♖d8 13.♗f4 ♕e7 und Schwarz hat keine Probleme.

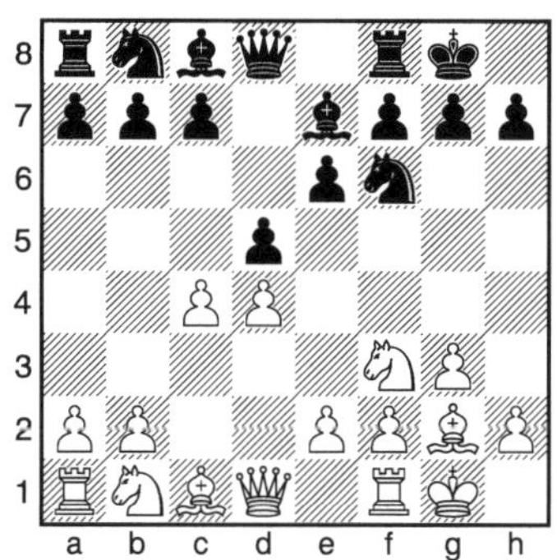

6...♘bd7

Die Pläne beider Seiten sehen grob umrissen wie folgt aus: Weiß spielt ♕d1–c2 und strebt nach ♘b1-c3 oder ♘b1-d2 den Vorstoß e2–e4 an. Schwarz spielt zu einem günstigen Zeitpunkt (oder auch sofort) d5xc4 oder greift das Zentrum direkt mit c7–c5 an. In Frage kommt natürlich auch das Fianchetto des Damenläufers.

Betrachten wir dazu einige Beispiele.

I. 6...dxc4 7.♕c2 a6 8.♕xc4 b5 9.♕c2 ♗b7 10.♗d2 ♗e4 11.♕c1 ♗b7 12.♗f4 ♗d6 (12...♘d5!?) 13.♘bd2 ♘bd7 14.♘b3 (14.♖e1 ♖c8!) 14...♗d5 15.♖d1 ♕e7 (15...♕b8!?) 16.♘e5 ♗xg2 17.♔xg2 ♘d5 18.♘c6 ♘xf4+ 19.♕xf4 ♕e8 20.♕f3 f5! 21.e3 g5 mit aktivem Gegenspiel.

II. 6...c5 7.cxd5 ♘xd5

(Nach 7...exd5 8.♗g5 geht das Spiel in die 'Tarrasch-Verteidigung' des Damengambits über.)

8.dxc5 ♗xc5 9.a3 a5 10.♕c2 ♗e7 (10...♕e7!?) 11.e4 ♕c7 12.♕e2 ♘f6

13.♘c3 ♘c6 14.♗e3 a4 15.♖fd1 nebst ♖a1-c1 mit aktivem Spiel.

III. 6...b6 7.cxd5

(Nach 7.♘c3 ♗b7 8.♕c2 ♘a6 9.a3 c5 10.cxd5 exd5 11.♖d1 ♘c7 12.♗f4 ♘e6 13.♗e5 ♖e8 14.dxc5 bxc5 entsteht eine dynamische Stellung mit 'hängenden Bauer' auf c5 und d5.)

7...exd5 8.♘c3 ♗b7 9.♕c2 ♘a6

(Oder 9...♘bd7 10.♖d1 c6 11.♗f4 ♖e8 12.♖ac1 ♘f8 13.♘e5 ♘e6 14.♗e3 ♗d6 15.f4 ♕e7 mit Vorbereitung von c6-c5 mit zweischneidigem Spiel.)

10.♖d1 ♕c8 11.♗f4 ♖d8 12.♖ac1 c5=

7.♕c2

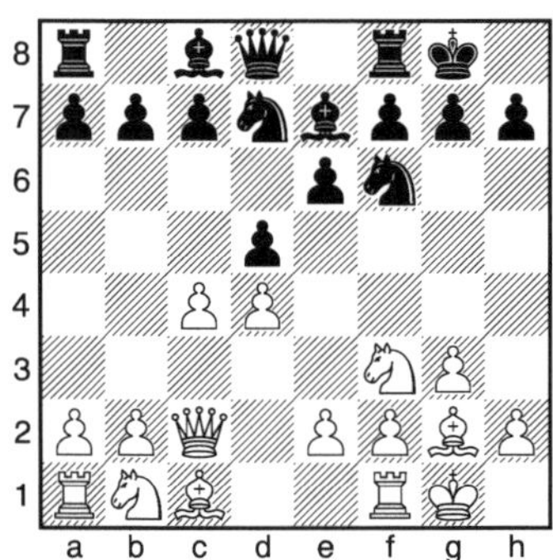

7...c6

Schwarz muss sich geduldig verteidigen, denn andere Züge können zu Problemen führen.

I. 7...c5 8.cxd5 ♘xd5

(Nach 8...exd5 9.♘c3 steht Weiß besser, denn in dieser Stellung gehört der schwarze Springer nicht nach d7, sondern nach c6.)

9.♘c3 b6

(Nach 9...♘xc3 10.bxc3 cxd4 11.cxd4 ♘b6 12.e4 ♗d7 13.a4 ♖c8 14.♕b3 stehen die weißen Figuren aktiver.)

10.♖d1 ♗b7 11.♘xd5 exd5 (11...♗xd5 12.e4±) 12.dxc5 bxc5 13.♗f4 ♖e8 14.♖ac1 mit positionellem Vorteil angesichts des Drucks auf die hängenden Bauern c5 und d5.

II. 7...b6 8.cxd5 ♘xd5 (8...exd5 9.♘e5!) 9.♘c3 ♗b7 10.♘xd5 ♗xd5 11.e4 ♗b7 12.♖d1 c5 13.d5 exd5 14.exd5 ♗f6 15.h4 h6 16.♗f4 ♖e8 17.♖ac1 und der freie d-Bauer ist ein unangenehmer Keil in der schwarzen Stellung.

8.b3

Nach 8.♘bd2 kann Schwarz seine Kräfte mit 8...b6 entwickeln; z.B. 9.e4 ♗b7 10.e5 ♘e8 11.cxd5 exd5 12.♖e1 ♘c7 13.♘f1 ♘e6 14.♘e3 c5 15.♘f5 ♖e8 16.b3 ♗f8 17.♗b2 ♖c8 mit beiderseitigen Möglichkeiten.

8...b6 9.♗b2

Hier ein Blick auf zwei Alternativen.

I. 9.♘bd2 ♗b7 10.e4 ♖c8 11.♗b2 c5 12.exd5 exd5 13.dxc5 dxc4 14.♘xc4 ♖xc5 (14...b5!? 15.♘ce5 ♘xe5 16.♗xe5 ♖xc5 17.♕e2 ♕a8⇄) 15.♗d4 ♖c8 16.♕b2 ♖e8 17.♖ad1 ♕c7 18.♖fe1 ♗c5=

II. 9.♖d1 ♗a6 10.♘bd2 ♖c8 (10...c5 11.e4 ♖c8 12.exd5 exd5∞) 11.e4 c5 12.exd5 exd5 13.♕f5 g6 mit komplizierter Stellung.

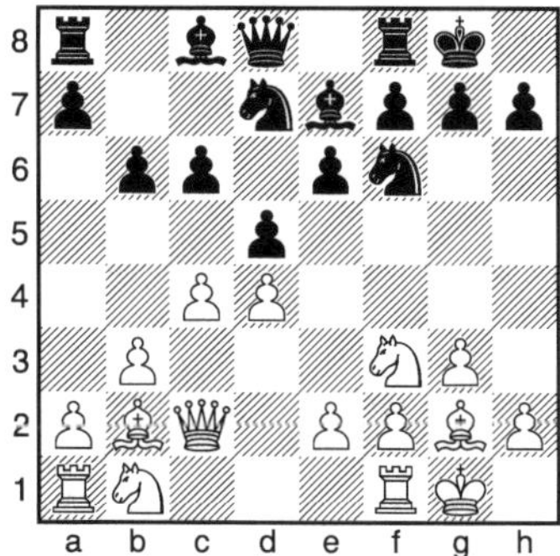

9...♗b7

Spielbar ist auch 9...♗a6 10.♘bd2 ♖c8 11.e4 c5 12.exd5 exd5 13.dxc5 ♗xc5 (13...dxc4!? 14.♘xc4 b5 15.♘ce5 ♖xc5⇄) 14.♖ad1 b5 15.♗h3 bxc4 16.bxc4 dxc4 17.♗c3 ♕b6 mit aktiver Stellung.

10.♘bd2

Auch auf 10.♘c3 kann Schwarz mit 10...♖c8 zwecks Vorbereitung von c7–c5 reagieren.

♖c8 11.e4 c5 12.exd5 exd5 13.dxc5 ♗xc5 14.♖ad1 ♕c7 und Schwarz kann mit seiner Stellung zufrieden sein.

Zusammenfassung: In der 'Katalanischen Eröffnung' sollte Schwarz bei genauem Vorgehen keine besondere Mühe haben, das Spiel auszugleichen und offen zu gestalten.

Kapitel 36

Budapester Gambit

1.d4 ♘f6 2.c4 e5

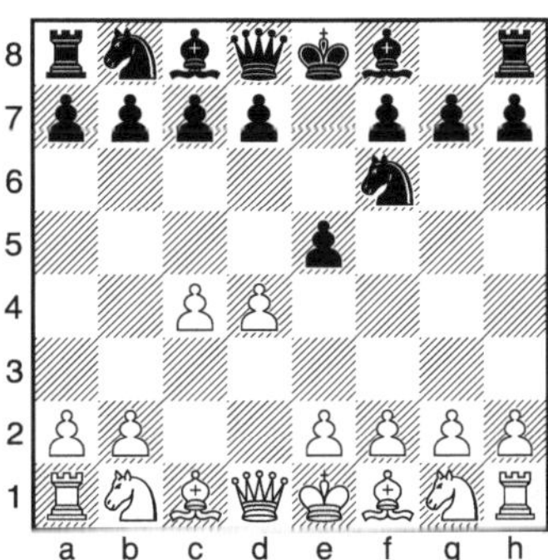

Dieses Gambit feierte seine Premiere vor über hundert Jahren in der Partie Adler–Maroczy, Budapest 1896. Mit dem Textzug will Schwarz das weiße Zentrum destabilisieren und schnell die Initiative übernehmen. Allerdings ist das Gambit vielleicht nicht ausreichend positionell begründet und entsprechend mit einem gewissen Risiko verbunden, weswegen es in hochklassigen Turnieren nur selten anzutreffen ist. Nach wie vor recht populär ist das Budapester Gambit hingegen bei Fernschachspielern und bei zahlreichen Schachamateuren.

3.dxe5

Die Ablehnung des Bauernopfers mit 3.d5 ist schwach, denn nach 3...♗c5 4.♘c3 d6 5.e4 c6 kann sich Schwarz mühelos entwickeln.

3...♘g4

Die Alternative 3...♘e4 kennzeichnet das Fajarowicz-Gambit.

A) 4.a3 ♕h4 5.g3 ♕h5 6.♗g2 ♕xe5 7.♘f3 ♕c5 8.♘d4 ♘f6 9.♘c3 (9.b3!?) 9...♕xc4 10.♗f4 c6 11.♖c1 mit gefährlicher Initiative für den geopferten Bauern.

B) 4.♘f3 ♘c6 (4...♗b4+ 5.♘bd2 d5 6.a3 ♗xd2+ 7.♘xd2 0-0 8.♘xe4 dxe4 9.♕xd8 ♖xd8 10.f4±) 5.♘bd2 ♗b4 6.a3 ♘xd2 7.♗xd2 ♗xd2+ 8.♕xd2 ♕e7 9.♕c3 b6 10.e3 ♗b7 11.♗e2 0-0-0 12.c5 ♖he8 (12...♕xc5 13.♕xc5 bxc5 14.♖c1 d6 15.exd6 cxd6 16.b4 cxb4 17.axb4 ♔b8 18.b5 ♘e5 19.♘d4 ♖c8 20.♔d2±) 13.cxb6 axb6 14.♖c1 ♔b8 15.0-0 g5 16.♖fd1 und in dieser scharfen Stellung hat Weiß die besseren Karten.

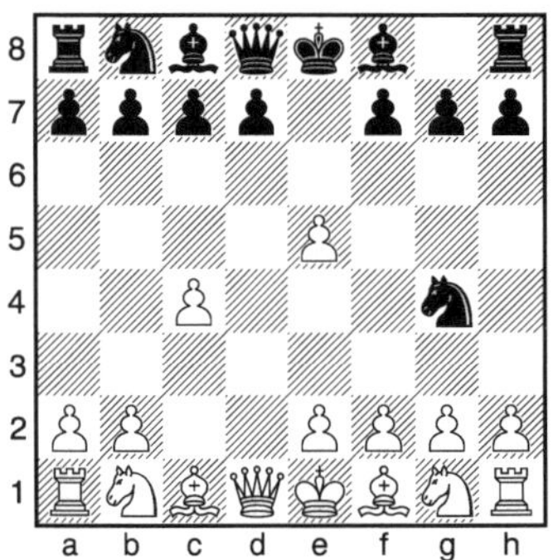

4.♗f4

Hier ein Blick auf zwei Alternativen.

I. 4.♘f3 ♗c5 5.e3 ♘c6

A) 6.♗e2 ♘gxe5 7.0-0 0-0 8.♘xe5 ♘xe5 9.♘c3 ♖e8 10.b3 und nun 10...a5 mit dem Plan ♖a8-a6 nebst Überführung des Turms zum Königsflügel. Die Stellung ist zweischneidig.

B) 6.a3 a5 7.b3 0-0 8.♗b2 ♖e8 9.♘c3 ♘cxe5 10.♘xe5 ♘xe5 11.♗e2 ♖a6 12.♘d5 ♖h6 13.♕c2 (13.♗d4!?) 13...c6 14.♘f4 ♗f8 15.h3 (15.0-0-0 b5!?⇄) 15...♘g6 16.♘h5 ♕g5 17.g4 ♕h4 mit sehr scharfem Spiel.

C) 6.♘c3 0-0 (6...♘gxe5 7.♘xe5 ♘xe5 8.♗e2 0-0 9.0-0 ♖e8 10.b3 a5 11.♗b2 ♖a6 12.♘e4 ♗a7∞)

7.♗d3 ♖e8 8.a3 ♘gxe5 9.b4 ♘xf3+ 10.♕xf3 ♘e5 11.♕e2 ♘xd3+ 12.♕xd3 ♗d6 13.♗b2 b6 14.0-0 ♗b7 und angesichts seiner gegen die weiße Königsstellung gerichteten Läufer kann Schwarz mit seiner Stellung zufrieden sein.

II. 4.e4 ♘xe5 5.f4 ♘ec6 6.♘f3 ♗c5 7.♘c3 0-0 8.f5

(8.♗d3!? ist weniger originell, aber wohl besser.)

8...d6 9.♗g5 f6 10.♗f4 ♖e8 11.♕d5+ ♔h8 12.0-0-0 ♘d7 13.h4 (13.g4!?) 13...♘ce5 14.h5 h6 15.♕d2 ♘f7 16.♗d3 ♗b4 17.♗c2 ♘c5 mit ausgezeichnetem Spiel.

4...♘c6

Eine energische Reaktion ist 4...g5!? mit dem Ziel, rasch den schwarzfeldrigen Läufer ins Spiel zu bringen; z.B. 5.♗g3 ♗g7 6.♘f3

(In Frage kommt sofort 6.h4!? ♘xe5 7.hxg5 ♘xc4 8.♘c3 ♕xg5 9.♖c1 ♘xb2 10.♕c2 ♘c4 11.e3 ♕c5 12.♗xc4 ♕xc4 13.♕d2 ♗xc3 14.♖xc3 ♕b5 15.♗xc7 ♘c6 16.♘e2 und die weiße Initiative ist einen Bauern wert.)

6...♘c6 7.h4 ♘gxe5 8.♘xe5 ♘xe5 9.♘c3 g4 (9...♘xc4? 10.e3 ♘xb2 11.♕c2 ♘a4 12.♘d5! ♗xa1 13.♗xc7 ♗c3+ 14.♔e2+-) 10.h5 d6 11.h6 ♗f6 12.c5 ♗e6 (12...dxc5 13.♕xd8+ ♔xd8 14.0-0-0+ ♘d7 15.♘d5 ♗g5+ 16.e3 c6 17.♘c7 ♖b8 18.♗e2+-) 13.e3 dxc5 14.♘e4 ♕xd1+ 15.♖xd1 ♔e7 16.♖h5 ♘d7 17.♗xc7 mit sehr guter Stellung.

5.♘f3

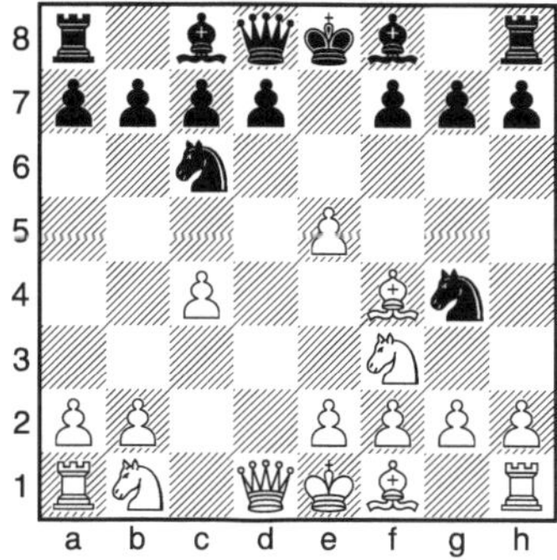

5...♗b4+

Mit Tempo will Schwarz die Entwicklung seinen Figuren beschleunigen.

Nach 5...♗c5 6.e3 ♕e7 7.♘c3 müsste er doch ♗b4 ziehen, denn nach 7...♘gxe5? 8.♘xe5 ♘xe5 9.♘d5 ♕d6 10.♕h5 ♗b4+ 11.♔e2 geht der Springer e5 verloren.

6.♘bd2

Anzutreffen ist auch 6.♘c3 ♗xc3+ (6...♕e7 7.♕d5!) 7.bxc3 ♕e7 8.♕d5 f6 (8...♕a3 9.♖c1 ♕xa2 10.h3 ♘h6 11.g4 0-0 12.♗g2↑) 9.exf6 ♘xf6 10.♕d3 d6 11.g3 0-0 12.♗g2 ♗g4 13.0-0 ♖ae8 14.♖fe1±.

6...♕e7 7.e3 ♘gxe5 8.♘xe5 ♘xe5 9.♗e2 0-0 10.0-0

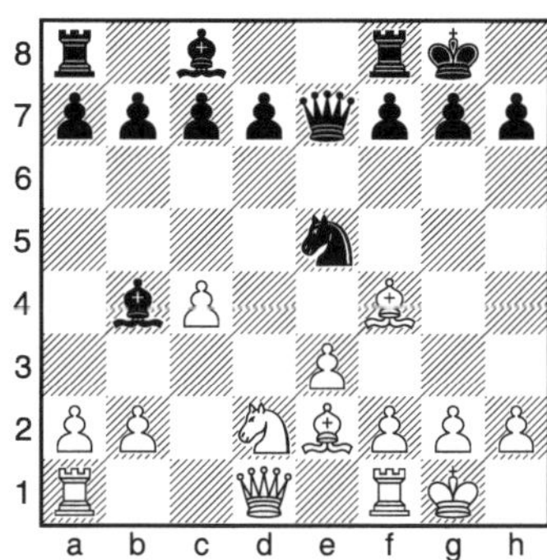

10...d6

Günstig für Weiß ist 10...♗xd2 11.♕xd2 d6 12.b4 a5 13.a3 ♖d8 14.♕c3±.

11.♘b3 b6 12.a3 ♗c5 13.♘xc5 bxc5 14.b4 ♘d7 15.♗g4 mit kleinem, aber dauerhaftem Vorteil.

Zusammenfassung: Das Gambit ist auf keinen Fall zu unterschätzen, denn wenn Weiß die Eröffnungsphase nicht richtig behandelt, kann ihn eine böse Überraschung erwarten. Die Fortsetzung 4.♗f4 ist eine starke Alternative zu 4.♘f3 und verdient weitere praktische Prüfungen.

Kapitel 37

Königsindische Verteidigung

1.d4 ♘f6 2.c4 g6

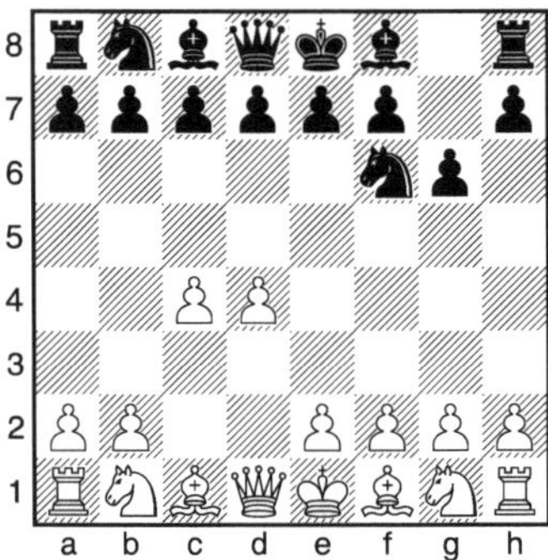

Das Fianchetto des Königsläufers in Verbindung mit dem Zug d7–d6 ist heutzutage die beliebteste Eröffnung in der Gruppe der geschlossenen Spiele. Schwarz plant eine konsequent *schwarzfeldrige* Strategie: Der Königsläufer wird auf der langen Diagonal postiert und mittels der Bauernzüge c7–c5 und/oder e7–e5 soll früher oder später der Bauer d4 massiv unter Beschuss genommen werden.

3.♘c3

Einen etwas anderen Charakter bekommt das Spiel, wenn Weiß seinerseits einen Fianchettoaufbau wählt und seinen Läufer nach g2 stellt. Dieser Spielweise widmen wir das **Abspiel 1** dieses Kapitels.

3...♗g7 4.e4 d6

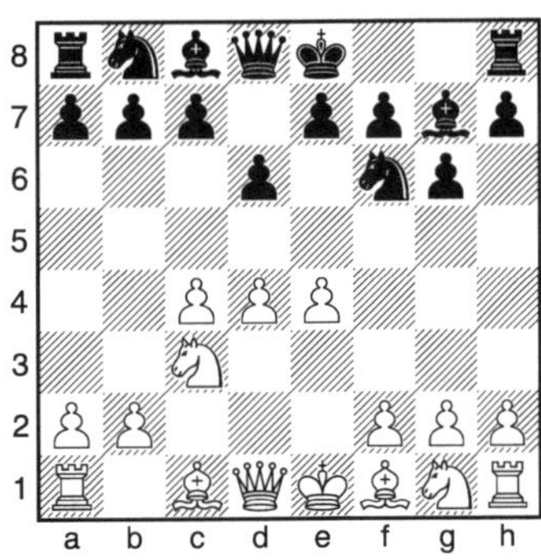

5.♘f3

Weil der Gegner das Zentrum noch nicht angreift, hat Weiß eine Fülle weiterer Möglichkeiten.

I. Zu 5.f3 – siehe **Abspiel 2.**

II. Zu 5.f4 – siehe **Abspiel 3.**

III. 5.♗e2 0–0 6.♗g5 Dieses System wurde von dem russischen Großmeister Juri Awerbach ausgearbeitet.

A) 6...♘a6 (Δc7–c5) 7.♕d2

(Oder 7.f4 c6 8.♘f3 ♘c7 9.♕d2 d5 10.♗xf6 exf6 11.0–0 dxe4 12.♘xe4 ♗g4 13.♖ad1 ♕e7 14.♘f2 ♗xf3 15.♗xf3 f5 16.d5 cxd5 17.cxd5 ♕d6 18.g3 ♘b5 mit beiderseitigen Chancen.)

7...e5

(7...c5 8.d5 ist günstig für Weiß.)

8.d5 c6

(8...♗d7!? 9.h4 ♘c5 10.f3 ♕e8 11.b4 ♘a6 12.a3 ♘h5 13.g4 ♘f4 14.♖c1 f5 mit schwarzem Konterspiel.)

9.f3 (9.♗d3 ♘c5 10.♗c2 a5 11.♘ge2 cxd5 12.cxd5 ♗d7 13.a4 ♕b6 14.0–0 ♖fc8∞) 9...cxd5 10.cxd5 ♗d7 11.g4 h6! 12.♗e3

(Aber nicht 12.♗xh6? ♘xe4! 13.♘xe4 ♕h4+ 14.♔f1 ♗xh6 15.♕d1 ♕e7 mit schwarzem Vorteil.)

12...h5 13.h3 ♘c5 14.0–0–0 ♕b8 15.♔b1 b5 (15...♖c8!?) 16.b4 ♘a4 17.♘xa4 bxa4 18.♔a1 ♖c8 mit schwarzer Initiative am Damenflügel (Analyse von GM Hazai).

B) 6...h6 7.♗e3 e5

(Oder 7...c5 8.e5 dxe5 9.dxe5 ♕xd1+ 10.♖xd1 ♘g4 11.♗xc5 ♘xe5 und nach 12.♗xe7 ♖e8 13.♘d5 ♘a6 14.b3 ♗f5 hat Schwarz aktives Spiel für den Bauern.)

8.d5 a5

(Auch in der Variante 8...c6 9.♕d2 cxd5 10.cxd5 h5 kann Schwarz auf gutes Spiel hoffen.)

9.♕d2 ♔h7 10.f3 ♘a6 11.g4 ♗d7 12.h4 ♘e8 13.g5 h5 14.♘h3 ♘c5 15.0–0–0 ♕c8 16.♘f2 f5 17.exf5 ♗xf5 18.♗xc5 dxc5 19.♘fe4 b6 20.♗d3 ♘d6 und Schwarz kann sich ausreichend verteidigen.

C) 6...c5 7.d5

(Nach 7.dxc5 ♕a5 8.♗d2 ♕xc5 9.♘f3 ♗g4 10.♗e3 ♕a5 11.0–0 ♘c6 12.a3 ♖fc8 13.b4 ♕d8 erhält Schwarz eine feste Stellung und hat nichts zu befürchten; z.B. 14.♕b3 ♘d7 15.♖ac1 ♘ce5 16.♘xe5 ♗xe2 17.♘xe2 ♘xe5 18.♖fd1 ♕e8 19.f3 a6 20.♘f4 b5 mit Gegenspiel.)

7...h6 8.♗f4

(Nach 8.♗e3 kann Schwarz das Bauernopfer 8...b5!? wählen; z.B. 9.cxb5 a6 10.bxa6 ♗xa6 11.♘f3 ♕b6 12.♖b1 ♘g4 13.♗d2 ♗xe2 14.♕xe2 ♘a6 15.0–0 ♖fb8 mit Gegenspiel am Damenflügel.)

Mit 8...e6 zeigt Schwarz seine Bereitschaft, einen Bauern zu opfern, um mehr Raum für seine Figuren zu gewinnen, insbesondere das Feld c6 für seinen Springer.)

9.dxe6 ♗xe6 10.♗xd6

(Oder 10.♕d2 ♕b6 11.♗xh6 ♗xh6 12.♕xh6 ♕xb2 13.♖c1 ♘c6 14.h4 ♘e5 mit zweischneidigem Spiel und ausreichenden Verteidigungsmöglichkeiten; z.B. 15.h5 ♘fg4 16.♕f4 ♘xf2! und Schwarz übernimmt die Initiative.)

10...♖e8 11.♘f3 ♘c6 12.0–0 ♘d4 13.e5 ♘d7 14.♘xd4 cxd4 15.♕xd4 ♘xe5 16.♗xe5 ♕xd4 17.♗xd4 ♗xd4 18.♖ac1 ♖ad8 19.b3 ♗xc3 20.♖xc3 ♖d2 21.♗f3 ♖xa2 22.♗xb7 ♖b8 23.♗f3 ♖a3 24.♗d1 a5 mit aktivem Spiel für den geopferten Bauern. Das Endspiel ist für Weiß nicht zu gewinnen.

IV. 5.♗d3 0–0 6.♘ge2 e5 (6...♘c6 7.0–0 ♘h5 8.♗e3 e5 9.d5 ♘e7 10.♕d2 f5 11.exf5 ♘xf5 12.♗g5 ♗f6∞) 7.d5 ♘h5 8.0–0 f5 9.exf5 ♗xf5 10.♗xf5 gxf5 11.f4 ♘d7 12.♕c2 a6 13.♗d2 ♕h4 mit gleichen Aussichten.

V. 5.♘ge2 (Δ♘e2–g3, ♗f1-e2) 5...0–0 6.♘g3 c6 (6...e5 7.d5 a5 8.♗e2 ♘a6 9.0–0 ♘c5 10.b3 ♗d7 11.♖b1 h5 12.♗g5 ♕e8 13.♕d2 ♘h7∞) 7.♗e2 ♘bd7 8.♗g5 h6 9.♗e3 a6 10.♕d2 h5

11.♗h6 h4 12.♗xg7 ♔xg7 13.♘f1 mit komplizierter Stellung.

VI. 5.h3 0–0 6.♗g5 c5 7.d5 e6

(Im Geiste des Wolga-Gambits von **Kapitel 41** ist auch der Zug 7...b5!? möglich; z.B. 8.cxb5 a6 9.a4 h6 10.♗e3 ♕a5 11.♗d2 e6 12.♗d3 axb5∞.)

8.♗d3 exd5 9.exd5

(Es spricht auch nichts gegen 9.cxd5.)

9...♘bd7 10.♘f3

(Zu beachten ist 10.f4!? ♕a5 11.♔f2 mit scharfem Spiel.)

10...♖e8+ 11.♔f1 h6 12.♗f4 ♘e5 13.♘xe5 dxe5 14.♗e3 b6 15.♕d2 h5

Schwarz kann mit seiner Stellung zufrieden sein. Ein guter Plan ist ♖e8–f8, ♘f6–e8–d6 nebst f7–f5. Weiß hingegen sollte seinen König auf h2 postieren und nach ♖a1-e1 und ♖h1-f1 den Vorstoß f2–f4 anstreben.

5...0–0

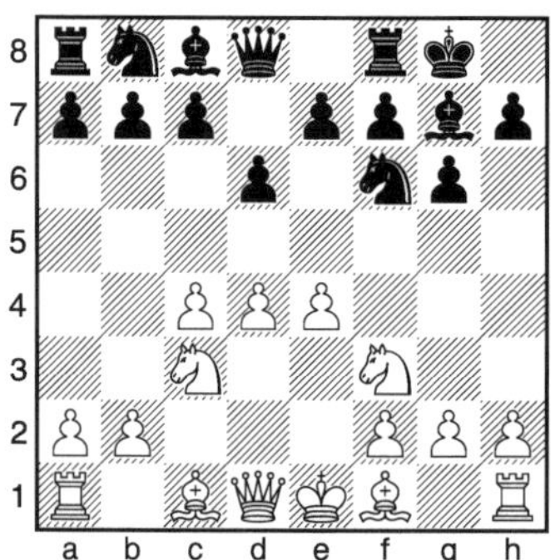

6.♗e2

Der Zug 6.h3 ist geeignet, die weit ausanalysierten Hauptvarianten zu vermeiden; z.B. 6...e5

(6...c5 führt zur Benoni-Verteidigung, die im weiteren Verlauf des Buches besprochen wird.)

7.d5

(Nach 7.dxe5 dxe5 8.♕xd8 ♖xd8 9.♗g5 c6 10.♘xe5 h6 11.♗xf6 ♗xf6 12.♘g4 ♗xg4 13.hxg4 ♘a6 14.f4 ♗xc3+ 15.bxc3 ♘c5 16.e5 g5! wird die weiße Bauernstellung vollständig zerschlagen.)

7...♘a6 8.♗e3 (8.♗g5!?) 8...♘h5 (8...♘e8!?) 9.♘h2 ♕e8 (Δf7–f5) 10.♗e2 ♘f4 11.♗f3 f5 mit zweischneidigem Spiel.

6...e5 7.0–0

Klärende Bauernzüge im Zentrum sind zwar weniger elastisch, aber auch spielbar.

I. Mit 7.d5 wählt Weiß das 'Petrosjan-System'.

7...a5 (7...♘h5 8.g3 f5∞) 8.♗g5 h6 9.♗h4 ♘a6 10.♘d2 ♕e8

Der Springer wird entfesselt.

11.0–0 ♘h7 12.a3 ♗d7 13.♔h1 (13.b3 h5 14.f3 ♗h6 15.♗f2 ♕e7∞) 13...h5 14.f3 a4 (14...♗f6 15.♗f2!) 15.♘b5 ♗h6 16.♕c2 ♕b8 17.♖ae1 ♘c5 mit unklarer Stellung.

II. Mit 7.dxe5 wählt Weiß die Abtauschvariante.

7...dxe5 8.♕xd8 (8.♗g5!?) 8...♖xd8 9.♗g5 (9.♘d5 ♘xd5 10.cxd5 c6=) 9...♖f8

(9...♖e8!? wird auch gespielt; z.B. 10.♘d5 ♘xd5 11.cxd5 c6 12.♗c4 cxd5 13.♗xd5 ♘d7 14.♘d2 ♘c5 15.0–0–0 ♘e6 16.♗e3 ♘f4∞.)

10.♘d5

(Nicht zu unterschätzen ist 10.♘xe5!? ♘xe4 11.♘xe4 ♗xe5 12.0–0–0 usw.)

10...♘xd5 11.cxd5 c6 12.♗c4 b5 13.♗b3 ♗b7 14.♖c1 a5 15.a3 a4 16.♗a2 ♖c8 mit guten Ausgleichschancen.

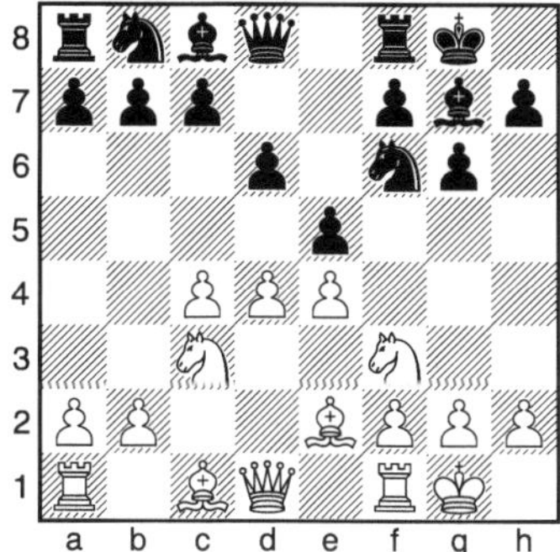

7...♘c6

Dieser sehr populäre Zug garantiert am ehesten einen scharfen Kampfverlauf.

Nach anderen Zügen bekommt das Spiel eher positionellen Charakter.

I. 7...♘bd7

A) 8.d5 ♘c5 9.♕c2 a5 10.♗e3

(10.♗g5 h6 11.♗e3 ♘g4 12.♗xc5 dxc5 13.h3 ♘f6 14.♘xe5 ♘xd5 15.♘xd5 ♗xe5 16.♖ad1 c6 17.♘e3 ♗d4 und Schwarz hat keine Schwierigkeiten.)

10...b6 11.♘d2 ♘e8 12.a3 f5 13.f3 f4 14.♗f2 ♘a6 15.♖ab1 ♕g5 16.♖fc1 h5 17.♔h1 ♕h6 18.b4 axb4 19.axb4 g5 und Schwarz beantwortet den gegnerischen Aufmarsch am Damenflügel mit Gegenspiel auf der anderen Seite.

B) 8.♖e1

B1) 8...♖e8 9.♗f1 exd4

(Zu beachten ist 9...c6!?, um die Spannung aufrechtzuerhalten.)

10.♘xd4 ♘c5 11.f3 ♘e6 12.♗e3 ♘h5 13.♘de2 a6 14.♕d2 ♗d7 15.♖ed1 ♗c6 16.♖ac1 ♕e7 17.♘d5 mit weißem Übergewicht.

B2) 8...c6 9.♗f1 (9.d5 c5 Δ♘f6–e8, f7–f5) 9...exd4

(Nach 9...a5 10.♖b1 exd4 11.♘xd4 ♖e8 12.f3 ♘c5 13.♗f4 steht Weiß wegen der Schwäche auf d6 etwas besser.)

10.♘xd4 ♖e8 11.♗f4 ♘c5 12.♕c2 (12.f3 ♘h5 13.♗e3 a5∞) 12...♘g4 13.♖ad1 ♗xd4 14.♖xd4 ♕f6 15.♘e2 ♘xf2 16.♔xf2 g5 17.♖xd6 ♕e7 18.e5 gxf4 19.♘xf4 ♕g5 20.g3 ♗f5 21.♗d3 ♘xd3+ 22.♘xd3 ♗xd3 23.♕xd3 ♖xe5 und das Schwerfigurenendspiel ist für Schwarz nicht nachteilig.

II. 7...♘a6 8.♗e3

(Eine Alternative ist 8.♖e1 ♕e8 9.♗g5 ♗g4 10.h3 ♗xf3 11.♗xf3 exd4 12.♕xd4 ♘d7 13.♕d2 ♘e5 14.♗e2 ♘c5 15.♗f1 ♘e6 16.♗e3 und nach f2–f4 kommt Weiß in Vorteil.)

A) 8...♕e7 9.dxe5 dxe5 10.♘d5 ♕d8 11.♕c2 ♘g4 (11...c6 12.♘xf6+ ♕xf6 13.c5±) 12.♗g5 f6 13.♗d2 c6 14.♘e3 ♕e7 15.♖ad1 ♗e6 16.♘xg4 ♗xg4 17.♗e3 und laut GM M. Gurevich steht Weiß etwas besser.

B) 8...♘g4 9.♗g5 ♕e8 10.dxe5 h6 11.♗d2 ♘xe5 (11...dxe5 12.♘e1 ♘f6 13.♘d3±) 12.♘d4 c6 13.♗e3 h5 14.h3 mit der Drohung f2–f4 und weißem Übergewicht.

8.d5

I) Die Abtauschvariante 8.dxe5 dxe5 9.♕xd8 ♘xd8 sollte Schwarz normalerweise keine Schwierigkeiten bereiten; z.B. 10.♘xe5 ♘xe4 11.♘xe4 ♗xe5 usw.

II) Und auch nach 8.♗e3 ♘g4 gleicht Schwarz aus.

(8...♖e8!? 9.d5 ♘d4 10.♘xd4 exd4 11.♗xd4 ♘xe4=)

9.♗g5 f6 10.♗c1 (10.♗h4 g5 11.♗g3 ♘h6 12.dxe5 fxe5∞) 10...f5 11.♗g5 ♗f6 12.♗xf6 ♘xf6 13.exf5 gxf5 14.dxe5 dxe5 15.♕xd8 ♖xd8 16.♘d5 ♘e8 17.♖ad1 ♔g7 18.♖fe1 ♗e6

8...♘e7

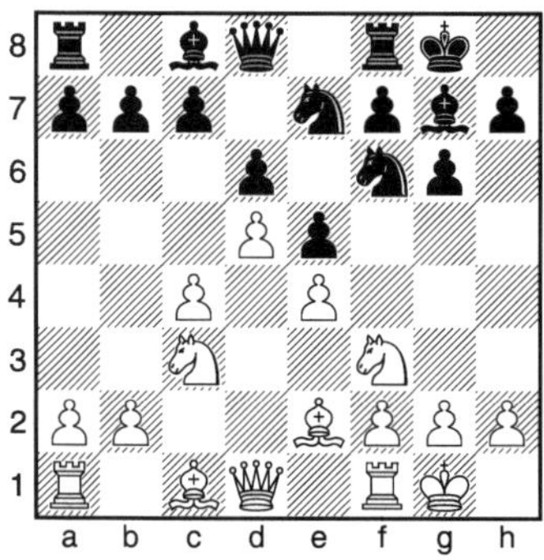

9.♘e1

Der Springer strebt nach d3, von wo er sowohl f2-f4 als auch c4-c5 unterstützt.

Hier ein Blick auf andere Möglichkeiten.

I. 9.b4 ♘h5 (9...a5!? 10.♗a3 ♘d7 11.bxa5 ♖xa5 12.♗b4 ♖a8 13.a4 ♘c5 14.♘d2 ♘a6 15.♗a3 f5)

10.g3

(Oder 10.♖e1 f5 11.♘g5 ♘f6 12.♗f3 c6 13.♗b2 h6 14.♘e6 ♗xe6 15.dxe6 fxe4 16.♘xe4 ♘xe4 17.♖xe4 ♘f5 mit verwickeltem Spiel.)

10...f5 11.♘g5 ♘f6 12.f3 h6 (12...c6!? 13.♗e3 h6 14.♘e6 ♗xe6 15.dxe6 f4 16.♗f2 ♘h7 17.♔g2 ♘g5 18.♕b3 ♔h7 19.c5 d5 20.exd5 cxd5 21.♖ad1 d4∞) 13.♘e6 ♗xe6 14.dxe6 c6 Δd6-d5 mit gleichwertigem Spiel.

II. 9.♘d2 a5

(Gespielt wird auch 9...c5 10.dxc6 bxc6 11.b4 d5 12.♗a3 ♖e8 13.♖e1 ♗e6∞ bzw. 9...♘e8 10.b4 f5 11.c5 ♘f6 12.f3 f4 13.♘c4 g5 14.a4 ♘g6 15.♗a3 ♖f7 16.b5±.)

10.a3 ♘d7 (10...♗d7 11.b3 c6 12.♖a2 ♕b6 13.♖c2 ♘e8 14.dxc6 ♘xc6 15.♘d5±) 11.♖b1 f5 12.b4 b6 (12...♔h8!? 13.f3 ♘g8 14.♕c2 ♘df6∞) 13.♗b2 ♘f6 14.♕c2 ♗h6 mit komplizierter Stellung.

III. 9.♗d2 ♘h5 10.g3 f5 11.exf5 ♘xf5 12.♘e4

(Schwach ist 12.g4? ♘d4 13.gxh5 ♘xe2+ 14.♕xe2 ♗g4 und Weiß hat Probleme, denn seine Königsstellung wurde geschwächt.)

12...♘f6 13.♗g5 h6 14.♗xf6 ♗xf6 15.♗d3 ♗g7 16.h4 c6 17.♔g2 cxd5

18.cxd5 ♕b6 19.♕d2 ♗d7 20.♖ad1 ♖f7 21.♗b1 ♖af8 mit hervorragendem Spiel.

9...♘d7

Mit dieser logischen Fortsetzung macht Schwarz seinen f-Bauern beweglich und rüstet somit zum Gegenangriff am Königsflügel.

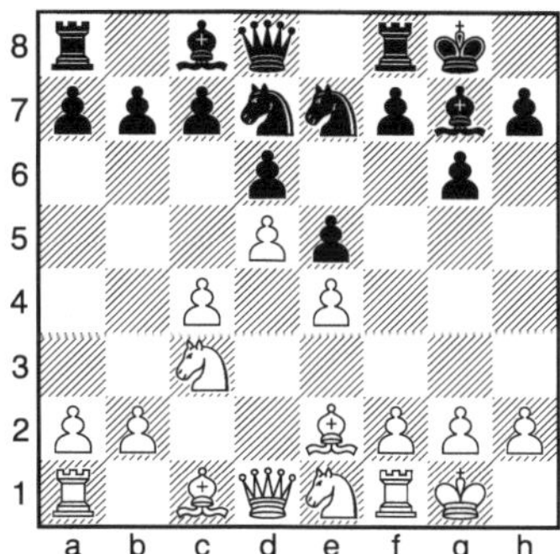

10.♘d3

Dieser Zug steht zwar auf dem Programm, ist aber keine Pflicht, denn es gibt auch Alternativen.

I. 10.♗e3 f5 11.f3 ♘f6 (11...f4 12.♗f2 g5 13.a4 ♘g6∞) 12.c5 f4 13.♗f2 g5 14.a4 ♘g6 15.a5 h5 16.cxd6 cxd6 17.♘b5 g4 mit verwickelter Stellung.

II. Nach 10.f3 f5 11.g4 muss Schwarz seine Kräfte umgruppieren: 11...♔h8! 12.♗e3 ♘g8 13.♕d2

(Es drohte positionell ♗g7–h6!.)

13...f4 14.♗f2 h5 15.h3 ♖f7 16.♔g2 ♗f6 17.♘d3 ♖h7 mit beiderseitigen Chancen.

10...f5 11.♗d2 ♘f6 12.f3 f4 13.c5 g5

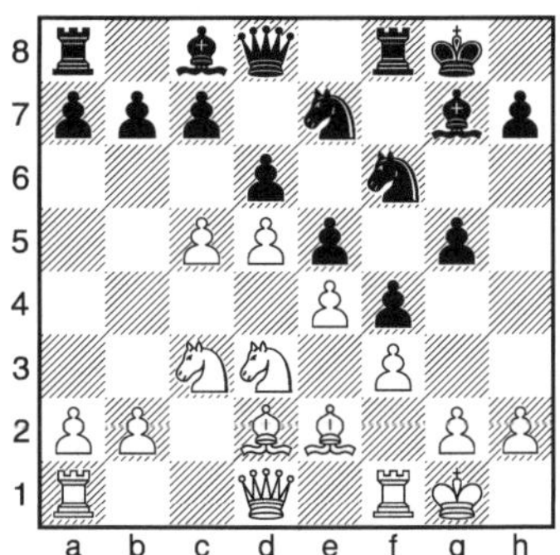

In der kritischen Stellung dieser Variante kommt es zu einem Wettlauf an den Flügeln, wie er sonst nur in offenen Stellungen bei entgegengesetzten Rochaden anzutreffen ist. Der Unterschied ist, dass hier die weiße Damenflügelattacke grundsätzlich etwas schneller als der schwarze Gegenangriff am Königsflügel ist. Letzterer ist jedoch weit gefährlicher und kann wegen des eingeengten weißen Monarchen mit rigoroseren Mitteln geführt werden.

Hier ein Blick auf eine Beispielvariante: 14.♖c1 ♘g6 15.cxd6 cxd6 16.♘b5 ♖f7 17.♕c2 ♘e8

Den Einfall des weißen Springers auf c7 sollte Schwarz nicht zulassen.

18.a4 h5 19.♘f2 (gegen g5–g4 gerichtet) 19...♗f8 20.h3 ♖g7

Schwarz bereitet konsequent g5–g4! vor, um den gegnerischen Königsflügel zu zerschlagen.

21.a5 ♘h4 22.♗e1 ♔h8 23.♕c3 ♗d7 24.♕b3 ♘f6 25.♕d1 g4! 26.hxg4 hxg4 27.♘xg4

(Oder 27.fxg4 f3! 28.gxf3 ♘xf3+ 29.♗xf3 ♗xb5 mit Initiative für den Bauern.)

27...♘h5 28.♘c7 ♖b8 29.♗b5 ♗c8!

Den weißfeldrigen Läufer benötigt Schwarz unbedingt für den Angriff auf die Königsstellung.

30.♗f2 ♘g6 31.♗xa7 ♖xc7 32.♗xb8 ♖h7 33.♘f2 ♘g3 mit der starken Drohung ♕d8–h4! und Königsangriff.

Zusammenfassung: Das hier gezeigte Beispiel ist bezeichnend für die weit und oft sogar bis in die Entscheidungsphase ausanalysierten Varianten der Königsindischen Verteidigung. Beide Seiten sind dann zu äußerster Präzision verpflichtet, denn bereits eine kleine Ungenauigkeit kann zu einer Katastrophe führen.

In den folgenden drei Abspielen werden Alternativen zur Hauptvariante mit 5.♘f3 besprochen.

Abspiel 1

Die Fortsetzung 3.g3

(1.d4 ♘f6 2.c4 g6)

3.g3

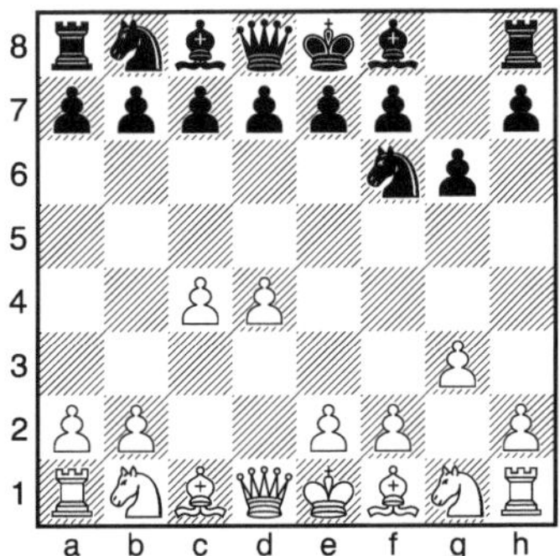

Der Aufbau mit der Läuferentwicklung nach g2 gehört zu den beliebtesten Waffen gegen die Königsindische Verteidigung. Durch die Fianchettierung erlangt Weiß zusätzlichen Einfluss auf die zentralen Felder e4 und d5 und zugleich eine feste Bastion am Königsflügel. Der Kampf entbrennt zunächst im Zentrum und verlagert sich später zumeist auf den Damenflügel.

3...♗g7 4.♗g2 d6 5.♘f3 0–0 6.0–0

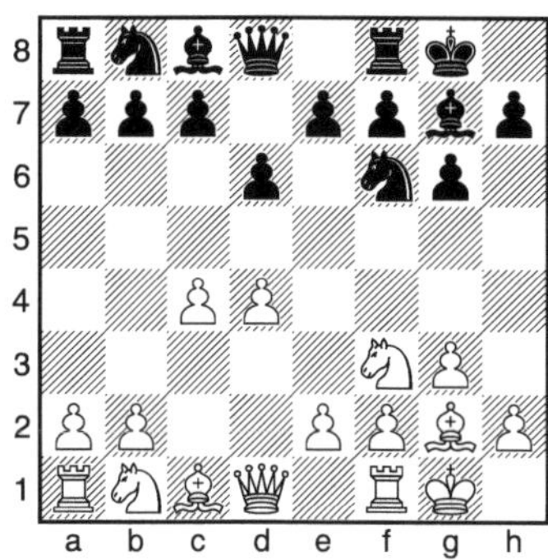

6...c5

Diese Fortsetzung charakterisiert die 'Jugoslawische Variante'. Schwarz stellt im Anschluss den Damenspringer nach c6, um massiv den Punkt d4 anzugreifen und die Reichweite seines fianchettierten Läufers zu erhöhen.

Hier ein Blick auf zwei Alternativen.

I. Mit 6...♘c6 bereitet Schwarz Gegenspiel am Damenflügel mit a7-a6, ♖a8-b8 und b7-b5 vor.

7.♘c3

(Oder 7.d5 ♘a5 8.♘fd2 c6 9.♘c3 cxd5 10.cxd5 ♗d7 11.♘b3 ♘c4 12.♘d4 ♕b6 13.b3 ♖fc8 14.bxc4 ♖xc4 15.♖b1 ♕xd4 16.♕xd4 ♖xd4 17.♖xb7 ♖c4 18.♗d2 ♖ac8 19.♖c1 ♖8c7 20.♖xc7 ♖xc7 mit etwa gleicher Stellung.)

7...a6

(Interessant ist 7...♗g4!? 8.h3 ♗xf3 9.♗xf3 ♘d7 10.e3 e5 11.d5 ♘e7 12.e4 f5 usw.)

A) 8.♖e1 ist ein Lieblingszug des ehemaligen Weltmeisters Karpow, der eine unverkennbare Vorliebe für zentralisierte Türme hat.

8...♖b8 9.♖b1 ♖e8 10.d5 ♘a5 11.♘d2 (11.b3!?) 11...c5 12.b3 b5 13.♗b2 e5 14.dxe6 ♗xe6 15.cxb5 axb5 16.♘de4 b4 17.♘xf6+ ♗xf6 18.♘e4 ♗e7 und Schwarz verteidigt seine Stellung.

B) 8.h3 ♖b8 (8...e5 9.dxe5 dxe5 10.♗e3 ♗e6∞) 9.e4 (9.♗e3 b5 10.♘d2 ♗d7 11.♖c1 e5 12.d5 ♘e7 Δ♘f6-e8, f7-f5) 9...b5 10.e5 dxe5 11.dxe5 ♕xd1 12.♖xd1 ♘d7 13.e6 fxe6 14.cxb5 axb5 15.♘g5 (15.♗f4 ♘de5∞) 15...♘d4 16.♗e3 c5 und Schwarz erhält ausreichendes Gegenspiel.

II. 6...♘bd7 7.♘c3 e5 8.e4 c6 9.h3 Dieser Zug ist sehr nützlich, wenn Weiß seinen Läufer nach e3 entwickeln möchte.

A) 9...♖e8 10.♗e3 exd4 11.♘xd4 ♘c5 12.♕c2 ♕e7 13.♖fe1 ♗d7

(Nach 13...♘fxe4? 14.♘xe4 ♘xe4 15.♗xe4 ♕xe4 16.♗d2 hat Weiß Vorteil.)

14.♘b3 ♘xb3 15.axb3 mit positionellem Druck in der a-Linie.

B) 9...♕b6 10.c5 (10.d5 ♘c5 11.♕c2 ♕b4 12.♘d2 a5 13.b3 ♕b6 14.♖b1 ♗d7∞) 10...dxc5 11.dxe5 ♘e8 12.♘a4 ♕a6 13.♗g5 b5 14.♘c3 ♘c7 15.♗e7 ♖e8 16.♗d6 ♘e6 mit sehr komplizierter Stellung.

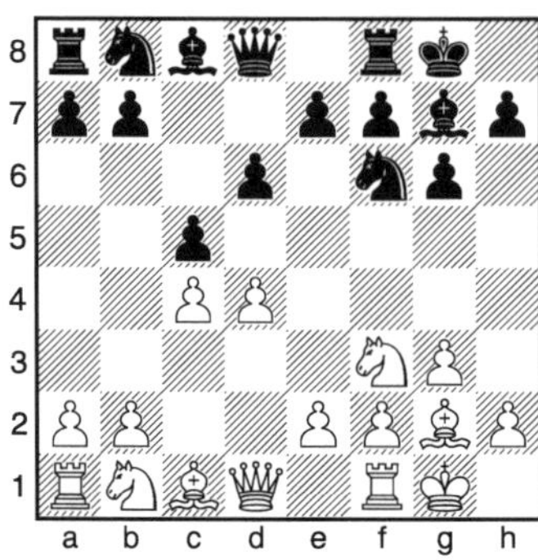

7.♘c3

Weiß kann seine Karten noch verdeckt halten, denn der Vorstoß d4–d5 hat noch Zeit.

Selten gespielt wird 7.dxc5 dxc5 8.♘c3 ♘c6.

A) 9.♗f4 ♘h5 10.♗e3 ♘d4 (10...♕a5!?) 11.♕d2 ♗g4 12.♖fd1 ♗xf3 13.exf3 e5 14.♘d5 ♕d7 (14...♘f6 15.f4 ♘xd5 16.♗xd5 exf4 17.♗xf4 ♕d7=) 15.f4 exf4 16.♘xf4 ♘xf4 17.♗xf4 ♖fe8=

B) 9.♗e3

B1) 9...♗e6 10.♗xc5 ♕a5! 11.♗a3 ♗xc4 12.♘d4 ♘xd4 13.♕xd4 ♖ac8 14.♕f4 (14.♗xe7? ♘d5 15.♕h4 ♘xe7 16.♕xe7 b5 17.a3 ♖fe8 18.♕b7 ♗xc3 19.bxc3 ♖c7 20.♕f3 ♗xe2–+) 14...♘h5 15.♕e3 ♗xc3 16.♕xc3 ♕xc3 17.bxc3 ♗xe2 18.♖fe1 ♗a6 19.♗xe7 ♖fe8 20.♗b4 ♘f6 21.a4 ♘d7 22.f4 und Weiß steht mit seinem Läuferpaar etwas besser.

B2) 9...♕a5 10.♕a4 (10.♕b3 ♘g4∞) 10...♕xa4 11.♘xa4 b6 12.♖ad1 ♗a6 13.b3 ♖ad8 14.h3 ♘b4 15.a3 (15.♘e5 ♘fd5!) 15...♘c2 16.♗c1 ♘e4 mit ausgezeichnetem Spiel.

7...♘c6

Schwarz erhöht den Druck auf den Bauern d4.

8.d5 ♘a5 9.♘d2

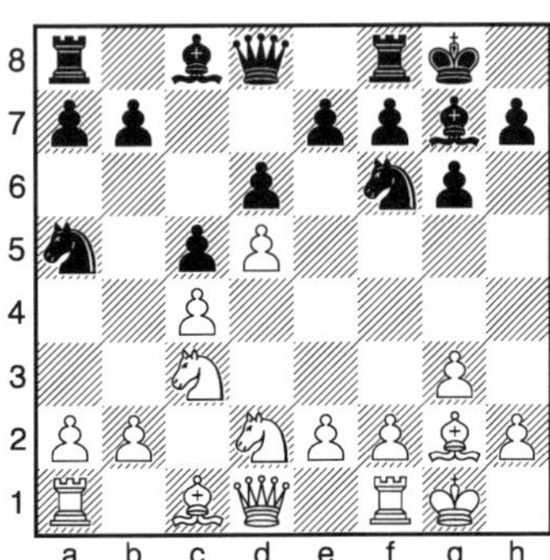

9...a6

Anstelle des Textzuges (der Gegenspiel am Damenflügel mit ♖a8–b8 und b7–b5 vorbereitet) ist der Zug 9...e5 nicht sehr oft anzutreffen.

A) Nach 10.e4 wird mit 10...♘g4 der f–Bauer beweglich gemacht; z.B. 11.b3 f5 12.exf5 gxf5 13.h3 (13.♗b2 ♗d7 14.♕c2 a6 15.♖ae1 b5) 13...♘h6 14.♗b2 ♗d7 15.♕c2 ♕e7 16.♖ae1 ♖ae8 17.♘e2 ♕d8 18.f4±.

B) Oder 10.b3 ♗d7 11.♗b2 ♘g4 12.h3 ♘h6 13.e3 f5 14.f4 a6 15.♕c2 b5 16.♘d1 ♖b8 mit Gegenspiel.

10.♕c2

Nach 10.♖b1 empfiehlt sich 10...♖b8 11.b3 b5 12.♗b2 bxc4 13.bxc4 e5 14.♗a1 ♖xb1 15.♘cxb1 ♗d7 16.♗c3 ♘h5 17.e4 ♗h6 18.♘a3 ♕c7 mit gutem Spiel für Schwarz.

10...♖b8 11.b3 b5 12.♗b2

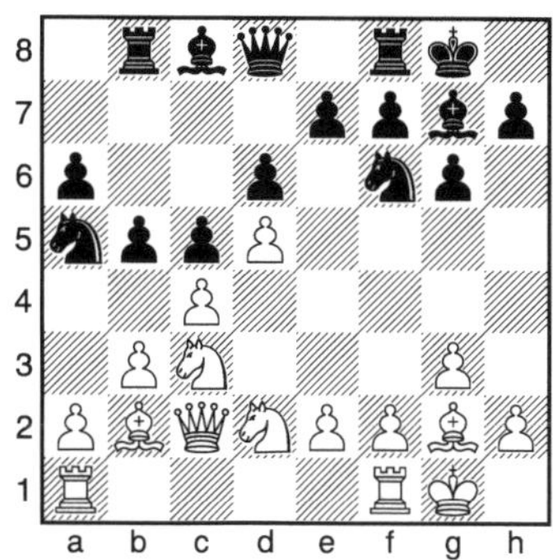

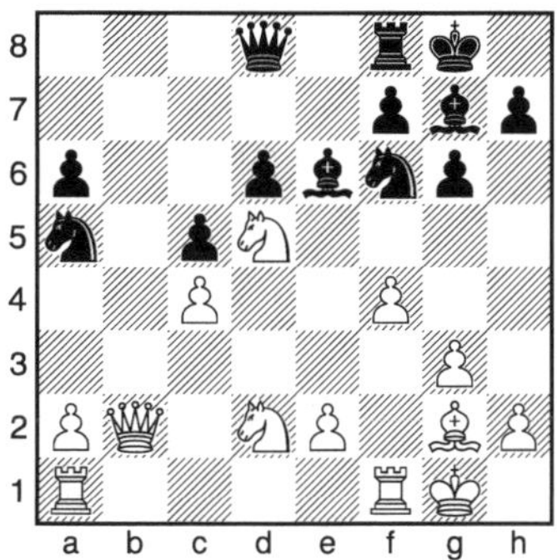

12...♗h6

Mit der Idee ♗h6xd2 zwecks Eroberung des c-Bauern.

Hier ein Blick auf einige Alternativen.

I. 12...bxc4 13.bxc4

(Schlecht ist 13.♘xc4?, denn nach 13...♘xc4 hat Schwarz das Problem mit seinem deplatzierten Springer a5 gelöst.)

13...♗h6 14.♘cb1 ♗d7 15.♗c3 ♕c7 16.♘b3 ♘b7 17.♘1d2 a5 mit komplizierten Verhältnissen.

II. Nach 12...e5 13.♘d1 strebt der Springer nach e3 oder f2; z.B. 13...♘h5 14.e3 f5 15.f4 ♕e7 16.♗f3 ♘f6 17.fxe5 dxe5 mit etwa gleichen Möglichkeiten.

13.f4 bxc4 14.bxc4 e5

Schwarz muss im Zentrum aktiv vorgehen.

15.dxe6 ♗xe6 16.♘d5 ♖xb2!

Nur mit diesem positionellen Qualitätsopfer kann Schwarz auf Gegenspiel rechnen.

17.♕xb2 ♗g7

In dieser Stellung muss die weiße Dame wegen der Drohung 18...♘xd5 die Diagonale a1-h8 verlassen.

18.♕a3

Zwei weitere Damenrückzüge kommen in Frage.

I. 18.♕c1 ♘g4

(Mit 18...♗xd5!? beseitigt Schwarz den starken Springer; z.B. 19.cxd5 ♘g4 20.♖b1 ♘e3 21.♖e1 ♖e8 22.♗f3 ♗d4 23.♔h1 h5⇄.)

19.♖b1 ♖e8 20.e4 ♗d4+ 21.♔h1 ♘f2+ 22.♖xf2 ♗xf2

Wie so oft in der Jugoslawischen Variante hängt das Schicksal von Schwarz nun davon ab, ob es ihm gelingt, seinen Randspringer ins Spiel zu bringen. Die Stellung ist äußerst kompliziert.

II. 18.♕c2 ♘xd5 19.cxd5 ♗xa1 20.♖xa1 ♕f6 21.♖d1 ♕d4+ 22.♔h1 ♗xd5 (22...♗f5!? 23.e4 ♗g4 24.♘f3 ♕e3⇄) 23.♗xd5 ♕xd5+ 24.♘e4 ♕b7 25.♔g1 ♕b4 mit beiderseitigen Chancen.

18...♘xc4 19.♘xc4 ♘xd5 20.♖ac1 ♘b4

In dieser schwierigen Stellung hat Schwarz genügende Kompensation für die Qualität. Er muss im weiteren Partieverlauf versuchen, seine zentralen Bauern in Bewegung zu setzen.

Zusammenfassung: Bei diesem Entwicklungsplan mit 3.g3 verzichtet Weiß vorerst auf den Bauernvorstoß e2–e4 und baut sich mit dem Läuferfianchetto sehr solide auf. Schwarz verfügt allgemein über zwei Hauptideen, um Gegenspiel zu organisieren. Er wird entweder mit 6...♘bd7 nebst 7...e5 das weiße Zentrum angreifen oder nach dem Schema ♘b8-c6, a7–a6, ♖a8-b8 und b7–b5 am Damenflügel aktiv werden.

Abspiel 2

Sämisch–System

(1.d4 ♘f6 2.c4 g6 3.♘c3 ♗g7 4.e4 d6)

5.f3

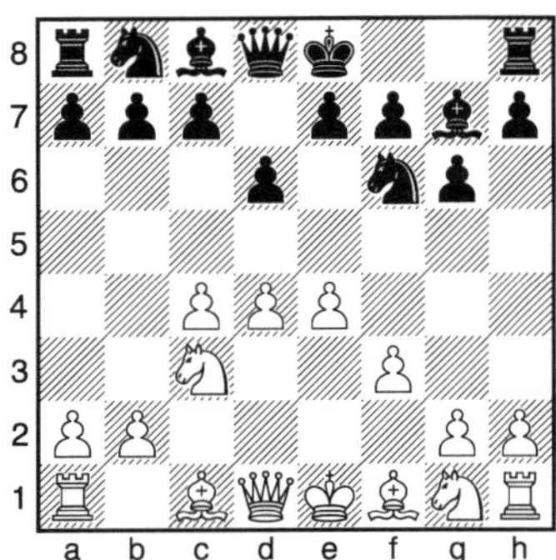

Diese scharfe Spielweise wurde von dem deutschen Großmeister Friedrich Sämisch (1896-1975) entwickelt. Weiß errichtet zunächst ein festes Bauernzentrum (und kontrolliert nebenbei g4). Im Schutz der Bauern sollen seine Figuren anschließend wie folgt Position für einen künftigen Angriff beziehen: ♗c1-e3, ♕d1-d2, 0–0–0 nebst g2–g4, h2–h4 usw.

5...0–0 6.♗e3

Auch 6.♗g5 ist brauchbar.

A) 6...a6 7.♕d2 c6 8.♘ge2 b5 9.♗h6 e5 10.♗xg7 ♔xg7 11.♘g3 ♘bd7 12.0–0–0 ♕a5 13.♔b1 ♖b8 14.h4 ♘b6 (14...h5!?) 15.dxe5 dxe5 16.cxb5 cxb5 17.h5 ♗e6 18.hxg6 fxg6 und Schwarz hat gute Gegenchancen. Es droht bereits b5–b4.

B) 6...c5 7.d5 (7.dxc5 ♕a5!) 7...e6 8.♕d2

Diese Stellung kann auch in der Modernen Benoni-Verteidigung entstehen.

8...exd5 9.cxd5 (9.♘xd5 ♗e6 10.♘e2 ♗xd5 11.cxd5 ♘bd7 12.♘c3 a6=) 9...♖e8 (9...a6 10.a4 ♕a5 11.♖a3!) 10.♗d3 ♘bd7 11.♘ge2 a6 12.a4 ♕a5 13.♖a3 und für Schwarz wird es schwierig, den Vorstoß b7-b5 durchzusetzen. Weiß steht besser.

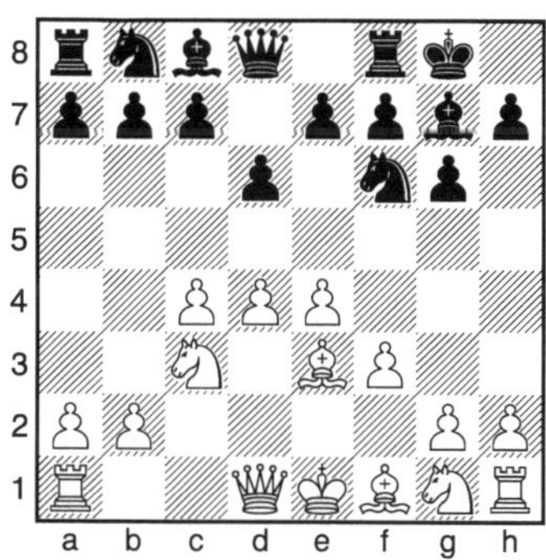

6...♘c6

Bei dieser modernen Fortsetzung beabsichtigt Schwarz, seinen Druck auf d4 mit Gegenspiel am Damenflügel nach dem Schema a7-a6, ♖a8-b8 nebst b7-b5 zu verbinden.

Hier ein Blick auf andere Pläne.

I. 6...e5

A) 7.♘ge2 c6 8.♕d2 ♘bd7 9.d5

(Oder 9.0-0-0 a6 10.♗h6 b5 11.h4 ♕a5 12.h5 b4 13.♘b1 ♕xa2 14.♘g3 ♗xh6 15.♕xh6 ♘b6 mit Konterspiel am Damenflügel.)

9...cxd5 10.♘xd5 (10.cxd5 a6 11.g4 h5! 12.g5 ♘h7 13.♖g1 f6 14.gxf6 ♖xf6∞) 10...♘xd5 11.♕xd5 (11.cxd5 f5!) 11...♘f6 12.♕d2 b5! 13.cxb5 d5 14.exd5 ♘xd5 15.♖d1 ♗e6 mit Initiative für den geopferten Bauern.

B) 7.d5 ♘h5

(Oder 7...c6 8.♕d2 cxd5 9.cxd5 ♘bd7 10.♘ge2 a6 11.g4 b5 12.♘g3 mit scharfer Stellung.)

8.♕d2 f5

(Unklar ist 8...♕h4+ 9.g3 ♘xg3 10.♕f2 ♘xf1 11.♕xh4 ♘xe3 12.♔e2 ♘xc4 13.♖c1 ♘a6 14.♘d1 ♘b6 15.♘e3 usw.)

9.0-0-0 ♘d7 10.exf5 gxf5 11.♗d3 ♘c5 12.♗c2 ♕h4 13.b3 ♕e7 mit beiderseitigen Chancen.

II. Bei 6...c6 verfolgt Schwarz den schlichten Plan, mit a7-a6 und b7-b5 am Damenflügel Raum gewinnen.

A) 7.♕d2 a6 8.0-0-0 b5 (8...♕a5 9.♗h6 ♗xh6 10.♕xh6 ♘bd7 11.h4 ♔h8 12.♘h3 ♘g8 13.♕e3 h6 14.♘f2 b5∞) 9.♔b1 ♗b7 10.e5 ♘e8 11.exd6 ♘xd6 (11...exd6!?=) 12.c5 ♘f5 13.♗f2 e6 14.♘e4 ♘d7 15.g4 ♘e7 16.♘d6 und Weiß steht aktiver.

B) 7.♗d3 a6 8.♘ge2 (8.a4 a5! 9.♕d2 ♘a6 10.♖d1 e5 11.♘ge2 ♘d7 12.0-0 exd4 13.♘xd4 ♘dc5 14.♗b1 ♕b6∞) 8...b5 9.0-0 ♘bd7 10.♖c1 e5 11.a3 exd4 12.♘xd4 ♗b7 13.cxb5 cxb5 14.♖e1 d5!? 15.exd5 ♘xd5 16.♘xd5 ♗xd5 17.♗f2 ♘e5 18.♗b1 ♖e8=

III. 6...b6 (∆c7-c5)

A) 7.♕d2 c5 8.d5 (8.0-0-0 a6⇄) 8...e6

9.♖d1 exd5 10.cxd5 a6 11.a4 ♗d7 12.♗d3 ♕e8 13.♖a1 ♖a7 14.♘ge2 ♖b7 15.0–0 b5 mit schwarzem Konterspiel.

B) 7.♗d3 a6

(Aber nicht 7...c5?, denn nach 8.e5 ♘e8 9.♗e4 verliert Schwarz Material.)

8.♘ge2 c5 9.e5 ♘e8 10.♗e4 ♖a7 11.dxc5 bxc5 12.♗xc5 ♖d7 13.♗e3 ♗b7 (13...♗xe5? 14.♕b3!) 14.♗xb7 ♖xb7 15.b3 ♗xe5 16.♗d4 ♘c6 17.♗xe5 ♘xe5 18.0–0 ♘f6=

IV. 6...c5 ist ein Bauernopfer für Entwicklung und Initiative; z.B. 7.dxc5 dxc5 8.♕xd8 ♖xd8 9.♗xc5 ♘c6 10.♗a3

(Nach 10.♘d5 ♘d7 11.♘xe7+ ♘xe7 12.♗xe7 ♗xb2 13.♖b1 ♗c3+ 14.♔f2 ♗d4+ 15.♔g3 ♖e8 16.♗g5 ♖e5 17.♗f4 ♖a5 18.♘e2 ♗b6 hat Schwarz für den Bauern Initiative.)

10...a5 11.♖d1 ♖xd1+ (11...♗e6!? 12.♘d5 ♘b4 13.♗xb4 axb4 14.♘xb4 ♘d7⇄) 12.♔xd1 ♘b4 13.♘ge2 e6 14.♘c1 ♘d7 15.♘a4 b6 16.b3 ♗b7 17.♗d3 (17.♗b2!?) 17...♗c6 18.♘b2 ♗f8 19.♗xb4 axb4 20.♗b1 f5⇄

7.♕d2

Auch nach 7.♘ge2 kann Schwarz mit 7...a6 sein Gegenspiel am Damenflügel einleiten; z.B. 8.♕d2 ♖b8 9.h4 h5!

Es ist wichtig, die Drohung h4-h5 zu parieren.

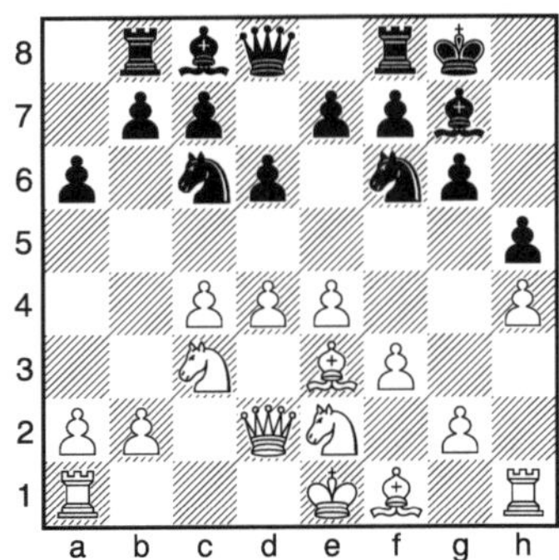

A) 10.♗h6 ♗xh6 (10...b5 11.♗xg7 ♔xg7 12.0–0–0 bxc4 13.♘g3 ♘a5⇄) 11.♕xh6 e5 12.0–0–0 b5 13.d5 ♘a5 14.♘g3 bxc4 15.♗e2 ♖b4 mit scharfem Spiel.

B) 10.♘c1 e5 11.d5 ♘d4 12.♘b3 (12.♗xd4? exd4 13.♕xd4 ♘xe4–+) 12...c5 13.dxc6 bxc6 14.♘xd4 exd4 15.♗xd4 ♖e8 mit gutem Gegenspiel für den geopferten Bauern.

C) 10.0–0–0 b5 11.♘f4 (11.♗h6 e5 12.♗xg7 ♔xg7 13.dxe5 ♘xe5∞) 11...bxc4 12.♗xc4 e5 13.dxe5 ♘xe5 14.♗b3 ♕e8 15.♔b1 a5 mit aktivem Spiel.

7...a6 8.0–0–0

Nach 8.♘ge2 ♖b8 geht es weiter, wie bereits nach dem Hauptzug 7.♕d2 analysiert wurde.

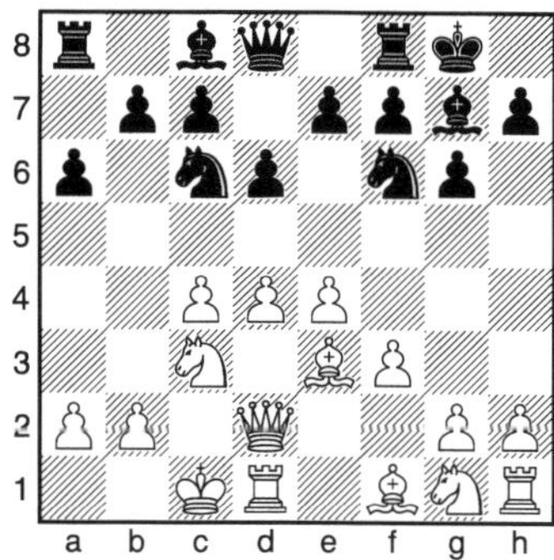

8...♖b8

In dieser Variante tritt die Hauptidee des schwarzen Gegenspiels, die Durchsetzung des Vorstoßes b7–b5, klar zutage.

Eine andere Möglichkeit ist mit dem Bauernopfer 8...b5!? verbunden; z.B. 9.cxb5 axb5 10.♗xb5 ♘a5 11.♔b1 ♗a6 12.♗xa6 ♖xa6 13.♕d3 ♕a8 14.♘ge2 ♖b8 mit ausreichendem Äquivalent für das Material.

9.♗h6 e5

Auf typische Weise greift Schwarz das weiße Zentrum an.

10.♗xg7

Oder 10.d5 ♗xh6 11.♕xh6 ♘d4 12.♘ge2 c5 13.dxc6 bxc6 14.♘xd4 exd4 15.♖xd4 ♖xb2! 16.♔xb2 ♕b6+ 17.♔c2 ♕xd4 mit ausgezeichnetem Spiel und dem einfachen Plan ♗c8-e6, ♖f8-b8 usw.

10...♔xg7 11.♘ge2 b5 12.h4 h5!

Ein Standardzug. Hier und in ähnlichen Stellungen kann der Aufzug der h–Bauern den weißen Flankenangriff deutlich verlangsamen.

13.dxe5 ♘xe5 14.cxb5 axb5 15.♘f4 b4 16.♘cd5 ♘xd5 17.♘xd5

Auf 17.exd5 folgt 17...♖a8!.

17...c5 18.f4

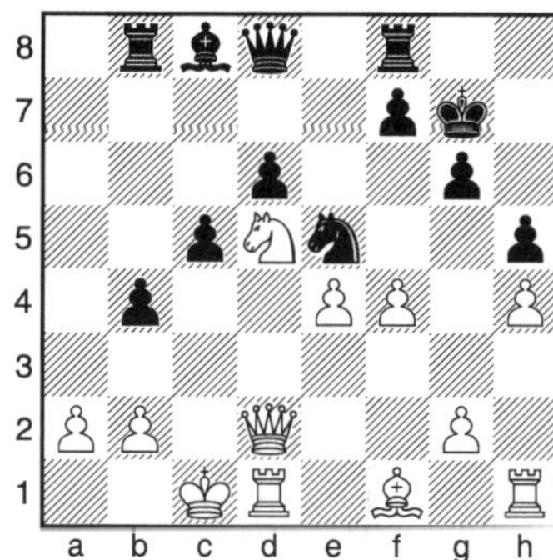

18...♘g4

So verhindert Schwarz den Vorstoß g2-g4, der nach 18...♘c6 19.f5 ♘e5 20.g4!? geschehen könnte; z.B. 20...♘xg4 21.♗e2 ♘f2 22.♖hg1 ♘xd1 23.♗xd1 mit weißer Initiative am Königsflügel.

19.♗d3 f5 20.exf5 ♗xf5 21.♗xf5 ♖xf5 22.♖he1 ♖a8 mit ziemlich zweischneidigem Spiel. Weiß steht am Königsflügel zwar scheinbar besser, doch Schwarz hat ausreichende Konterchancen auf der anderen Seite.

Zusammenfassung: Das Sämisch-System ist eine sehr gefährliche Waffe gegen den schwarzen Aufbau. Der weiße Plan ist simpel: 0–0–0 nebst Bauernsturm am Königsflügel. Schwarz stehen dagegen zwei Hauptpläne zur Verfügung: Der An–

griff gegen das weiße Zentrum mit c7–c5 bzw. e7–e5 – oder nach ♘b8–c6, a7–a6, ♖a8–b8 nebst b7–b5 ein aktiver Gegenangriff am linken Flügel. Die entgegengesetzten Rochaden garantieren ein Spiel mit beiderseitigen Möglichkeiten.

Abspiel 3

Vierbauernangriff

(1.d4 ♘f6 2.c4 g6 3.♘c3 ♗g7 4.e4 d6)

5.f4

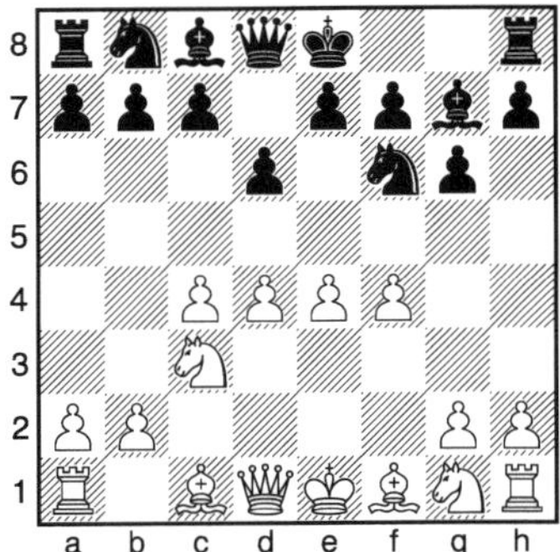

Der Vierbauernangriff ist eine beliebte Waffe von Taktikern, denn Schwarz kann den Bauernsturm zwar erfolgreich abwehren, muss sich dabei jedoch unweigerlich auf scharfes Spiel einlassen.

5...0–0 6.♘f3

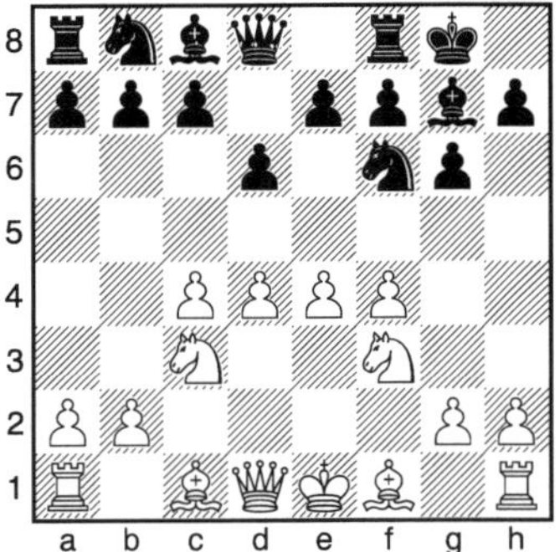

6...c5

Der Kampf um die Beherrschung des Zentrums beginnt.

Hier ein Blick auf einige Alternativen.

I. 6...♘a6 7.♗e2 (7.e5 ♘d7 nebst c7–c5) 7...e5 8.dxe5

(Oder 8.fxe5 dxe5 9.d5 c6 10.0–0 cxd5 11.cxd5 ♘e8 nebst ♘e8–d6 und f7–f5.)

8...dxe5 9.♕xd8 ♖xd8 10.♘xe5 ♘c5 11.♗f3 ♗e6

A) 12.♘d5 ♘fd7 13.♘xd7 (13.♘xc7? ♘xe5 14.fxe5 ♘d3+ 15.♔e2 ♗xc4∓) 13...♖xd7 14.♔e2 ♖e8 15.e5 c6 16.♘e3 f6 und die unangenehme Position des weißen Königs ist den eroberten Bauern womöglich nicht wert.

B) 12.0–0 ♘fd7 13.♘xd7 ♗d4+ 14.♔h1 ♖xd7 15.♘d5 c6 16.♗e3 cxd5 17.♗xd4 dxe4 18.♗xc5 exf3 19.♖xf3 ♗xc4=

II. 6...e5

A) 7.fxe5 dxe5 8.d5 (8.dxe5 ♕xd1+ 9.♔xd1 ♘g4=) 8...c5 9.♗g5 h6 10.♗h4 ♕b6 11.♕d2 ♘h5 12.♗f2 ♘d7 13.g3 f5 14.♘h4 mit weißem Vorteil (Analyse von GM Taimanow).

B) 7.dxe5 dxe5 8.♕xd8 ♖xd8 9.♘xe5 ♖e8 (9...♘xe4 10.♘xe4 f6 11.c5 fxe5 12.♗c4+ ♔f8 13.♘g5 h6 14.0–0 hxg5 15.fxe5+ ♗f5 16.g4±) 10.♗d3 ♘a6 11.0–0 ♘c5 12.♗c2 ♘g4 13.♘xg4 ♗xg4 14.e5 ♖ad8 15.h3 ♗e6 16.♗e3 mit weißem Übergewicht.

7.d5

Wenig verspricht 7.dxc5, denn nach 7...♕a5 8.♗d3 ♕xc5 9.♕e2 ♘c6 10.♗e3 ♕a5 (10...♕h5!?) 11.0–0 ♗g4 12.♖ac1 ♘d7 13.♕f2 ♗xf3 14.gxf3 ♘c5 15.♗b1 ♘a4 gleicht Schwarz problemlos aus.

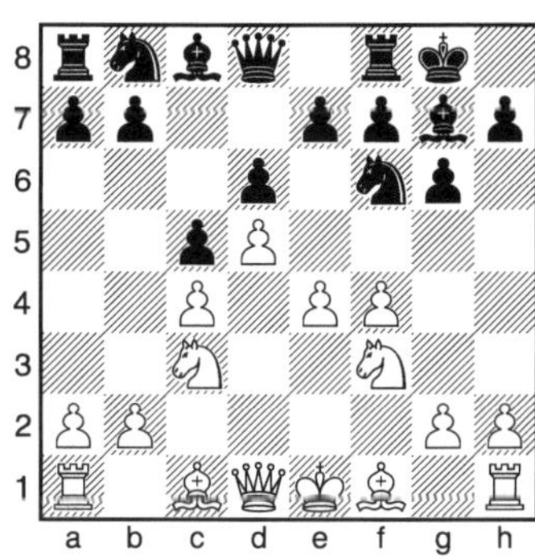

7...e6

Schwarz strebt nach Öffnung des Spiels, bevor ihn die weißen Bauern erdrücken.

Eine interessante Idee im Stil des Wolga-Gambits (siehe Kapitel 41) ist 7...b5!?; z.B. 8.cxb5 a6 9.a4

(Oder 9.bxa6 ♕a5 10.♗d2 ♗xa6 11.♗xa6 ♕xa6 nebst ♘b8–d7 und ♖f8–b8.)

9...e6 10.dxe6 ♗xe6 11.♗e2 axb5 12.♗xb5 d5 13.exd5 ♘xd5 14.♘xd5 ♗xd5 15.0–0 ♘c6 mit genügend Gegenspiel für den Bauern.

8.♗e2

Es geht auch 8.dxe6 fxe6

(8...♗xe6 9.♗d3 ♘c6 10.f5! mit weißer Initiative)

9.♗e2 (9.♗d3!?) 9...♘c6 10.0–0 ♕e7 11.e5!? (11.♗e3 ♘g4!) 11...dxe5 12.fxe5 ♘g4 13.♗g5 ♕d7

(13...♕e8 14.♕d2 ♘gxe5 15.♘e4 ♕d7!)

14.♕e1 ♘gxe5 15.♖d1 ♘xf3+ 16.♖xf3 ♗d4+ 17.♔h1 ♖xf3 18.♗xf3 ♘e5 und Schwarz verteidigt seine Stellung, doch muss er nach ♘c3–e4 sorgsam auf seinen König achten.

8...exd5 9.exd5

Nach 9...cxd5 entsteht eine Stellung vom Benoni-Typ (siehe nächstes Kapitel).

Zu scharfem Spiel führt auch 9.e5!? dxe5 (9...♘g4!?) 10.fxe5 ♘e4 11.cxd5 ♘xc3 12.bxc3 ♗g4 13.0–0 ♗xf3 14.♖xf3 ♘d7 (14...♗xe5∞) 15.e6 ♘e5 16.exf7+ ♔h8 (16...♘xf7!?) 17.♖f1 ♖xf7 18.♗f4 ♕d7?

(Stärker ist 18...♖d7 19.c4 b5 usw.)

19.♕d2 ♖d8 20.♖ad1 b6 21.h3 ♕b7 22.d6 ♘d7 23.♗c4 ♖ff8 24.♖de1 ♖de8 25.♖e7 ♗f6 26.♗e5! ♗xe5 27.♖xf8+ ♖xf8 28.♕h6+–

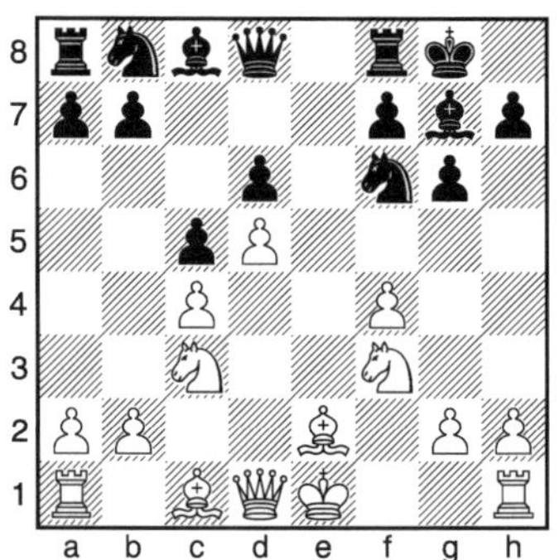

9...♘h5

Dieser Plan stammt von Ex-Weltmeister Boris Spasski. Schwarz will seinen schwarzfeldrigen Läufer auf c3 tauschen und dessen Gegenspieler auf c1 anschließend mit f7–f5 einmauern.

Nach anderen Züge kann Schwarz Probleme bekommen.

I. 9...♗f5 10.0–0 ♘e4 11.♘xe4 ♗xe4 12.♘g5 ♗f5 13.g4 ♗c8 14.f5 ♘d7 15.fxg6 hxg6 (15...fxg6 16.♘e6±) 16.♕e1 ♘f6 17.♕h4 ♖e8 18.♗d3 ♕e7 (18...♗xg4 19.♘xf7!) 19.♗d2 ♗xg4 20.♖ae1 ♕d7 21.♖xe8+ ♖xe8 22.♗c3 ♗f5 23.♗xf5 gxf5 24.♔h1 nebst ♖f1-g1 mit entscheidendem Königsangriff.

II. 9...♖e8 10.0–0 ♗f5 11.♗d3 ♕d7 (11...♘e4 12.♘xe4 ♗xe4 13.♗xe4 ♖xe4 14.♘g5 ♖e8 15.f5! mit Angriff) 12.h3 ♘a6 13.a3

(Die Variante 13.g4 ♗xd3 14.♕xd3 ♘b4 15.♕d1 h5! wäre günstiger für Schwarz.)

13...♘c7 14.g4 ♗xd3 15.♕xd3 und Weiß hat die Initiative.

10.0–0

Auf 10.♗d2 folgt 10...♗d4! 11.♕b3 ♖e8 mit guten Chancen für Schwarz.

10...♗xc3! 11.bxc3

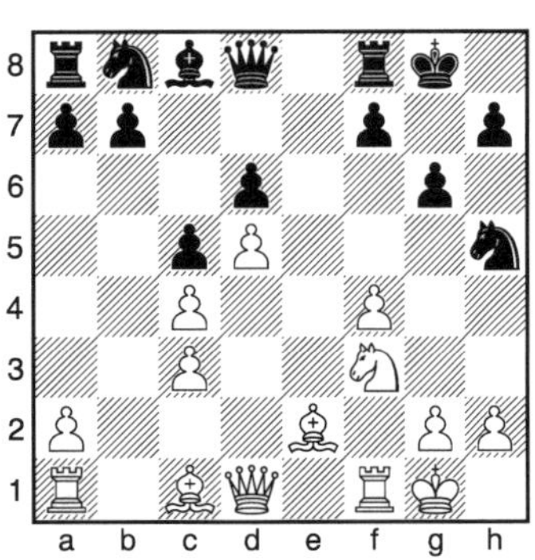

11...f5

Die Pointe der schwarzen Verteidigung. Der Anziehende hat nun Schwierigkeiten, die entstandenen schwarzen Felderschwächen auszunutzen, da sein Damenläufer einstweilen gar nicht ins Spiel kommt.

Den Zug 11...♘g7 könnte Weiß hingegen mit dem positionellen Bauernopfer 12.f5!? kontern.

12.♘g5 ♘g7 13.♗f3 ♘d7 14.♖e1 ♘f6 15.♖b1 ♖e8 16.♖xe8+ ♕xe8 mit gleichen Chancen. Der Plan von Schwarz besteht darin, den Turm nach e8 zu bringen, wonach nicht zu sehen ist, wie Weiß einen Vorteil erreichen kann.

Zusammenfassung: Der Vierbauernangriff ist einer der Versuche, die Königsindische Verteidigung zu widerlegen. Vier weiße Bauern bilden eine Linie, um den Gegner zu überrollen, aber Schwarz hat ausreichend Gegenchancen. Er kann dabei auf zwei Hauptideen zurückgreifen. Er kann versuchen, mit e7–e5 oder c7–c5 das gegnerische Zentrum zu zerschlagen. Stark ist auch Spasskis Plan, mit 9...♘h5 die weiße Aktion am Königsflügel zu stoppen.

Kapitel 38

Modernes Benoni

1.d4 ♘f6 2.c4 c5 3.d5 e6 4.♘c3 exd5 5.cxd5 d6

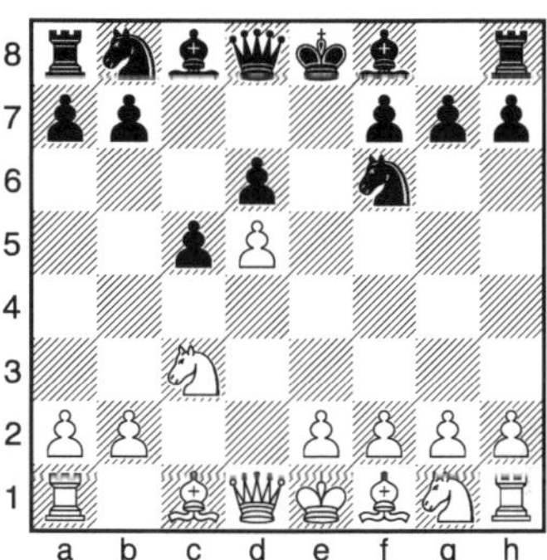

Die entstandene Bauernformation ist charakteristisch für die Moderne Benoni-Verteidigung. Der aus dem Hebräischen entlehnte Eröffnungsname (der soviel wie 'Sohn von Traurigkeit' bedeutet) geht unmittelbar auf den Titel des Buches *Ben-Oni oder die Verteidigungen gegen die Gambitzüge im Schach* (1825) von A. Reinganum zurück. Der Autor, ein Kind des gemeinhin von Melancholie geprägten Biedermeier, vertrieb sich seine Sorgen mit der Niederschrift umfangreicher Analysen zu ganz unterschiedlichen Eröffnungssystemen, von denen er allerdings keine direkt als 'Benoni' bezeichnete.

In der Diagrammstellung ist Weiß im Zentrum im Vorteil und darum zumeist bestrebt, seinen e-Bauern voranzutreiben, während Schwarz versucht, seine Bauernmajorität am Damenflügel zur Geltung zu bringen.

6.♘f3

Andere Varianten entstehen nach 6.e4 g6. Weiß kann zwischen mehreren Plänen wählen.

A) Zu 7.f4 – siehe **Abspiel 1.**

B) Zu 7.♘f3 – siehe **Abspiel 2.**

C) 7.h3 ♗g7 8.♗d3 0–0 9.♘f3

(9.♘ge2 ♖e8 10.0–0 ♘bd7 11.♘g3 a6 12.a4 ♖b8 13.a5 h5 14.♗g5 b5 15.axb6 ♕xb6∞)

C1) 9...b5!? 10.♘xb5

(10.♗xb5 ♘xe4 11.♘xe4 ♕a5+ 12.♘fd2 ♕xb5 13.♘xd6 ♕d3 14.♘2c4 ♕xd1+ 15.♔xd1 ♗a6 16.♔c2 ♘d7 mit zweischneidigem Spiel.)

10...♖e8

(Unklare Verwicklungen entstehen nach 10...♘xe4 11.♗xe4 ♖e8 12.♘g5 ♗a6 13.♘c3 h6 14.♘e6 fxe6 15.dxe6 ♗xc3+ 16.bxc3 ♕f6 usw.)

11.♘c3 ♘xe4 12.♘xe4 f5 13.♗g5 ♕d7 14.♘fd2 ♗a6 15.♗xa6 ♘xa6 16.0–0 fxe4 17.♘c4 ♘b4 18.♕d2 ♘d3 mit etwa gleichen Chancen.

C2) 9...a6 10.0–0 (10.a4 ♘h5 11.0–0 ♘d7 12.♗g5 ♗f6 13.♗e3 ♖e8 14.♕d2 ♘e5∞) 10...b5 11.♖e1 ♖e8 12.♗f4 c4 13.♗c2 ♘h5 14.♗h2 ♕b6 15.♕d2 ♘d7 16.g4 ♘hf6 mit kompliziertem Spiel und ungefähr gleichen Perspektiven.

D) Der Zug7.f3 ist ähnlich motiviert wie im Sämisch-System (siehe Kapitel 37, Abspiel 2).

7...♗g7

D1) 8.♗e3 0–0 9.♘ge2 (9.♕d2!?) 9...a6 10.a4 ♘bd7 11.♘g3 ♘e5 12.♗e2 h5 13.0–0 ♘h7 14.♕d2 h4 15.♘h1 f5 16.♘f2 ♖e8 17.♔h1 ♖b8∞

D2) 8.♗g5 h6

(Auf 8...0–0 sollte Weiß mit *9.*♕d2 reagieren. Danach wäre 9...h6? ein Fehler wegen 10.♗xh6! ♘xe4 11.♘xe4 ♕h4+ 12.g3 ♕xh6 13.♕xh6 ♗xh6 14.♘xd6 mit weißem Vorteil.)

9.♗e3 0–0 10.♘ge2

(Nun würde nach 10.♕d2 ♖e8 die oben erwähnte kombinatorische Abwicklung 11.♗xh6? ♘xe4! 12.♘xe4 ♕h4+ 13.g3 ♕xh6 14.♕xh6 ♗xh6 scheitern, weil der weiße Springer gefesselt ist.)

10...a6 11.a4 ♘bd7 12.♘g3 h5 13.♗e2 h4 14.♘f1 ♘h7 15.♘d2 f5 mit verteilten Chancen.

6...g6

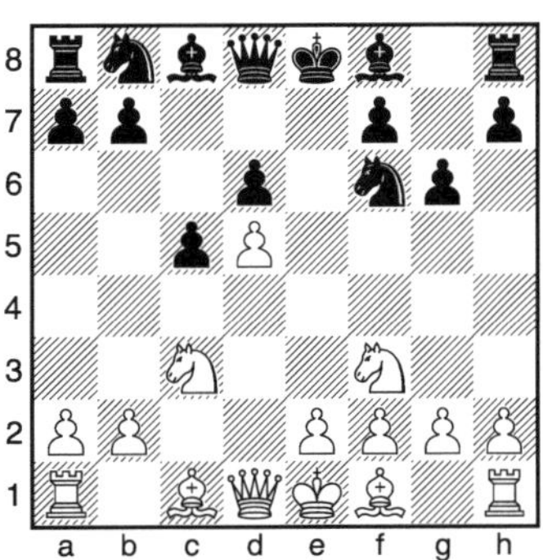

7.♗f4

Der direkte Angriff auf den Punkt d6 ist ein Versuch, die harmonische Entwicklung des Nachziehenden zu stören.

Hier ein Blick auf andere Möglichkeiten.

I. Mit 7.g3 entwickelt Weiß den Läufer auf die lange Diagonale und verstärkt die Kontrolle über die Felder e4 und d5.

7...♗g7 8.♗g2 0–0 9.0–0

A) 9...♘a6 10.♘d2

(Oder 10.e4 ♘c7 11.a4 ♖e8 12.♖e1 ♖b8 mit dem typischen Plan b7-b6, a7-a6, ♗c8-d7 und b6-b5⇄.)

10...♘c7 11.a4 (11.♘c4 ♘fe8 12.a4 b6 13.♕c2 ♘a6 14.b3 ♘b4 15.♕d2 ♗a6⇄) 11...b6 12.♘c4 ♗a6 13.♘a3 ♘d7 mit der Absicht f7-f5.

B) 9...♘bd7 10.♘d2 a6 11.a4 ♖e8 12.♘c4 ♘e5 13.♘a3 ♘h5 14.♖b1 (14.e4 b5 15.axb5 axb5 16.♘cxb5 ♗a6⇄) Mit 14...♗f5 provoziert Schwarz den Zug 15.e4, um die Wirkung des ♗g2 auf der Diagonale a8-h1 zu beschränken; z.B. 15...♗d7 16.b4 cxb4 17.♖xb4 ♕a5 18.♘a2 b5 19.♗e3 ♖ac8 20.♗d4 f5 mit scharfem und kompliziertem Spiel.

II. Mit 7.♗g5 beschränkt Weiß den gegnerischen Einfluss auf das Zentrum, indem er den Springer f6 fesselt.

7...h6

(Auf 7...♗g7 folgt 8.♘d2 0–0 9.e3 nebst ♗f1-d3, ♕d1-c2, 0–0 usw.)

8.♗h4 ♗g7 9.e3

(9.e4 g5 10.♗g3 ♘h5 11.♗b5+ ♔f8 mit anschließender Beseitigung des Läufers auf g3.)

9...0–0 10.♘d2 ♘a6 11.♘c4 ♘c7 12.a4 b6 13.♗e2 ♗a6 14.♘a3 ♗xe2 15.♕xe2 ♕d7 16.♖d1 ♖fe8 nebst ♘f6–e4 mit etwa gleichen Chancen.

III. Mit 7.♘d2 bezweckt Weiß ein Druckspiel gegen den Punkt d6 mittels ♘d2–c4 und ♗c1-f4; z.B. 7...♗g7 8.♘c4 0–0 9.♗f4 (9.♗g5!?) 9...♘e8 10.♕d2 ♗xc3! nebst b7–b5 mit Gegenspiel am Damenflügel.

7...♗g7

Spielbar ist auch 7...a6 8.a4 ♗g7 9.e4, was zur Hauptvariante führen kann.

8.♕a4+ ♗d7

Nicht jedoch 8...♕d7? wegen 9.♗xd6!.

9.♕b3 ♕c7 10.e4

Ein grober Fehler wäre 10.♗xd6? ♕xd6 11.♕xb7 ♕b6 12.♕xa8 ♕xb2–+.

10...0–0 11.♘d2

11.e5 dxe5 12.♗xe5 ♕b6 13.♕xb6 axb6∞

11...♘h5 12.♗e3 f5 13.exf5 gxf5 14.♗e2 ♗e8

Auf 14...f4? folgt 15.♗xc5!±.

15.♘f3

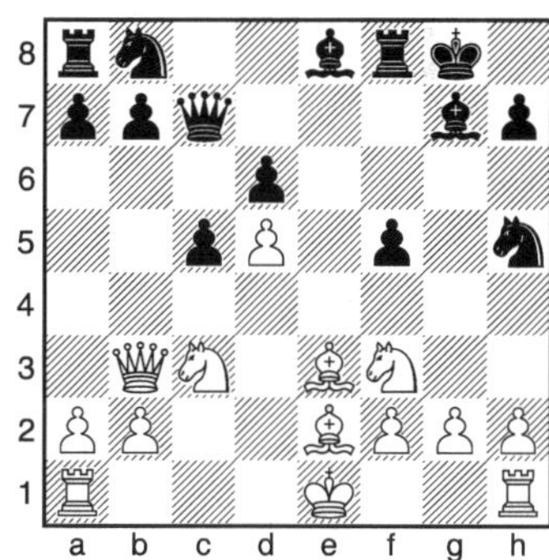

15...h6

Um das Manöver ♘f3–g5–e6 zu verhindern.

Auch gespielt wird 15...f4 16.♗d2 ♕e7 17.0–0 und nun verbietet sich 17...♗xc3 18.♗xc3 ♕xe2 wegen 19.♕xb7 ♕a6 20.♕xa8 ♗d7 21.♖fe1 ♘c6 22.♕xf8+ ♔xf8 23.dxc6 ♕xc6 24.b4 mit weißem Vorteil.

16.0–0 a6 17.a4 ♘d7 18.♗d3 ♖b8 mit ungefähr gleichen Perspektiven in komplizierter Stellung.

Zusammenfassung: Weiß versucht, die Mobilisierung des Gegners durch direkten Angriff auf die potentielle Schwäche d6 zu behindern und ihn zu einem weniger harmonischen Aufbau zu zwingen.

Abspiel 1

Dreibauern–Angriff

(1.d4 ♘f6 2.c4 c5 3.d5 e6 4.♘c3 exd5 5.cxd5 d6 6.e4 g6)

7.f4

Weiß beabsichtigt, unter Zuhilfenahme seines f–Bauern den Zentrumsdurchbruch e4–e5 zu erzwingen. Wenn Schwarz sich nicht energisch zur Wehr setzt, kann er überrollt werden. Die Möglichkeiten für einen Gegenangriff sind jedoch sehr vielfältig.

7...♗g7

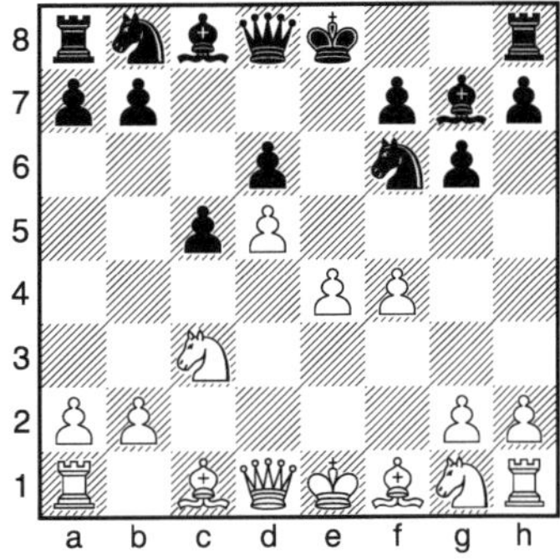

8.♘f3

Hier ein Blick auf einige Alternativen.

I. Mit 8.e5!? wählt Weiß die 'Mikenas-Variante'.

A) 8...dxe5!? 9.fxe5 ♘fd7 10.e6 fxe6 11.dxe6 ♕e7 12.♘d5 ♕xe6+ 13.♕e2 ♕xe2+ 14.♗xe2 0–0 15.♘c7 ♘c6 16.♘xa8 ♘b4 17.♔d1 ♘e5 18.♗d2 ♖d8! (18...♘bd3? 19.♗xd3 ♘xd3

20.♘f3 ♘f2+ 21.♔e2 ♘xh1 22.♖xh1±) 19.a3 ♘bd3 20.♗xd3 ♘xd3 21.♔e2 und nun sollte Schwarz am besten mit 21...♘xb2! fortsetzen; z.B. 22.♘c7 (22.♘f3 ♗e6!) 22...♖d7 23.♘b5 b6 mit der Drohung ♗c8–a6!.

B) 8...♘fd7 9.♘b5 dxe5 10.♘d6+ ♔e7

(10...♔f8 würde nur Zeitverlust bedeuten.)

11.♘xc8+ ♕xc8 12.♘f3

(Nach 12.d6+ ♔f8 13.♘f3 ♘c6 sollte Schwarz keine Probleme haben.)

12...♖e8 13.♗c4 ♔f8 14.0–0 e4 15.♘g5 ♘b6 16.♗b5 ♖d8 17.♘xh7+ ♔g8 18.♘g5 c4 19.♕e1! ♕c5+ 20.♗e3 ♕xb5 21.f5 ♖xd5 22.fxg6! ♖xg5 23.gxf7+ ♔f8 24.a4! ♕a5 25.♕h4 ♖f5 26.♕h7 ♖xf1+ 27.♖xf1 ♘8d7 28.♕g8+ ♔e7 29.♕xg7 ♖f8 30.♗g5+ ♔d6 31.♕h6+ ♔c7 32.♗e7+–

II. Mit 8.♗b5+ wählt Weiß die 'Taimanow-Variante'.

8...♘fd7

(Die ungebräuchliche Fortsetzung 8...♘bd7!? gilt nach wie vor als unklar.)

A) 9.♗e2 ♕h4+ 10.g3 ♕e7 11.♘f3 0–0

(Halsbrecherisch erscheint der Bauerngewinn 11...♗xc3+ 12.bxc3 ♕xe4 13.0–0 0–0 14.♘g5 ♕e7 15.c4 usw., denn nach ♗c1-b2 kann Weiß auf den schwarzen Feldern eine starke und vor allem dauerhafte Initiative entwickeln.)

12.0–0 a6 13.a4 ♖e8 14.♗d3 ♘f8 15.♔g2 ♗g4 16.h3 ♗xf3+ 17.♕xf3 ♘bd7 nebst ♗c1-d2 und ♖a1-e1, wonach Schwarz stets mit dem Durchbruch e4–e5! rechnen müsste.

B) 9.a4 ♕h4+

(Zu erwägen ist 9...a6 10.♗d3 0–0 11.♘f3 ♕c7 12.0–0 c4 13.♗c2 ♘c5 usw.)

10.g3 (10.♔f1!?) 10...♕e7 11.♘f3 0–0

(Nicht 11...♗xc3+?, denn nach 12.bxc3 ♕xe4+ 13.♔f2 0–0 14.♖e1 ♕f5 15.♗f1 ♘f6 16.c4 nebst ♗c1-b2 wirkt der weiße Läufer auf der Diagonale a1-h8 gefährlich tief in die gegnerische Königsstellung hinein.)

12.0–0 ♘a6 13.e5

(Ruhiger ist 13.♖e1.)

13...dxe5 14.d6 ♕d8 (14...♕e6? 15.♘g5 ♕f5 16.♘d5+–) 15.♘d5 e4 16.♘g5 ♗d4+ 17.♔g2 (17.♗e3!? ♗xe3+ 18.♘xe3 ♘f6 19.f5∞) 17...♘b6 18.♘e7+ ♔g7 19.f5 ♕xd6 20.f6+ ♔h8 21.♘xe4 ♕e5 22.♕f3 und in dieser scharfen Stellung hat Weiß die besseren Aussichten.

8...0–0 9.♗e2

Dieselbe Stellung kann auch in der Königsindischen Verteidigung nach den Zügen 1.d4 ♘f6 2.c4 g6 3.♘c3 ♗g7 4.e4 d6 5.f4 0–0 6.♘f3 c5 7.d5 e6 8.♗e2 exd5 9.cxd5 entstehen.

9...♖e8

I. Mit 9...♗g4 wählt Schwarz den bequemsten Weg, seine Entwicklung abzuschließen.

10.0–0 (10.e5 ♗xf3 11.♗xf3 dxe5 12.fxe5 ♘fd7 13.e6 ♘e5∞) 10...♘bd7 11.h3 (11.♖e1 ♖e8 12.h3 ♗xf3 13.♗xf3

♕a5 14.♗e3 b5 15.a3 ♖ac8⇄)
11...♗xf3 12.♗xf3 c4

(Auf 12...♖e8 folgt 13.g4 h6 14.h4 ♘h7 15.g5 hxg5 16.hxg5 mit weißer Initiative.)

13.♗e3 ♕a5

(Ernst in Frage kommt 13...♖e8!? 14.♗d4 ♖c8 15.♖e1 ♘c5∞.)

14.♗d4 ♖fe8 15.b4 ♕xb4 (15...cxb3 16.axb3±) 16.♖b1 ♕a5 17.♖xb7 a6 18.♘a4 ♖ab8 mit kompliziertem Spiel.

II. Mit dem Vorstoß 9...b5 vernachlässigt Schwarz den Punkt e5.

10.e5! dxe5 11.fxe5 ♘g4 12.♗g5 ♕b6 (12...♕a5 13.0–0 ♘xe5 14.♘xe5 ♗xe5 15.♗e7 ♗d4+ 16.♔h1 ♖e8 17.d6 a6 18.♗c4! bxc4 19.♕f3 ♗e6 20.♕xa8+–) 13.0–0 c4+ 14.♔h1 ♘d7

So will Schwarz seine Entwicklung vorantreiben.

(Nach 14...♘f2+ 15.♖xf2 ♕xf2 16.♘xb5 ♕c5 17.♘d6 ♕c7 18.♘xc4 erhält Weiß starke Initiative.)

15.e6 fxe6 16.dxe6 ♕xe6 17.♘xb5 ♖b8 18.♘bd4 ♕d5 mit dynamischem Ausgleich.

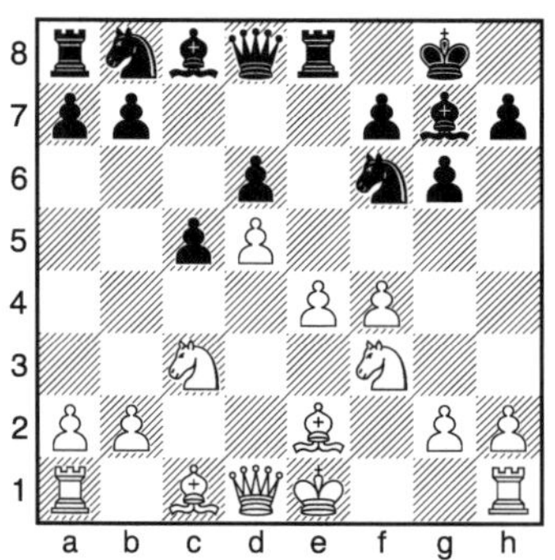

10.e5!?

Der unverzügliche Durchbruch im Zentrum führt zu scharfen und nicht gerade unkomplizierten Stellungen.

Weniger energisch ist 10.♘d2; z.B. 10...♘g4

(10...c4!? 11.a4 ♘bd7 12.0–0 ♘c5 13.e5 dxe5 14.♘xc4 exf4 15.♗xf4 ♘fe4 16.♘xe4 ♘xe4 mit etwa gleichen Chancen.)

11.♗xg4 ♗xc3!? 12.bxc3 ♕h4+ 13.g3 ♕xg4 14.♕xg4 ♗xg4 15.♔f2 f5 16.♖e1 (16.h3!? fxe4 17.hxg4 e3+ 18.♔f3 exd2 19.♗xd2 ♘d7 20.c4±) 16...♘d7 17.c4 ♖e7 18.♖b1 ♖ae8 19.♖xb7 fxe4 20.♖e3 ♗f5 21.♔g2 ♘b6 22.♖xe7 ♖xe7 23.♗b2 ♔f7 mit gleichem Endspiel.

10...dxe5 11.fxe5 ♘g4 12.♗g5

Der aktivste Zug, mit dem Weiß um Vorteil kämpfen kann.

Nach 12.e6 fxe6 13.d6 ♗d7 14.0–0 ♕b6 hat Schwarz genug Konterchancen.

12...♕b6

Schwarz wird nachfolgend ein Tempo für das Schlagen auf e5 aufwenden.

Die Alternative ist 12...f6 13.exf6 ♗xf6 14.♕d2 ♗xg5

(14...♗f5 15.♗xf6 ♕xf6 16.0–0 mit besseren Perspektiven)

15.♕xg5 ♕xg5 16.♘xg5 ♗f5 17.h3 ♘e3 18.♔f2 ♘c2 19.♖ac1 ♘d4 20.g4 ♘xe2 21.♘xe2 ♗d7 22.♖xc5 und Weiß behauptet seinen Mehrbauern.

13.0–0

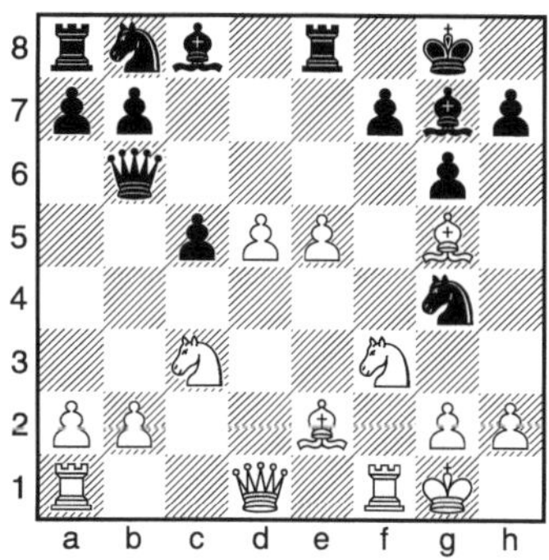

13...♘xe5

Dieser Zug wird am meisten gespielt.

1) Unbedingt wissen muss man, dass stattdessen 13...c4+ nicht gut ist, denn nach 14.♔h1 ♘f2+ 15.♖xf2 ♕xf2 16.♘e4 ♕b6 17.♘d6 ♖f8 18.♗e7 bekommt Weiß die Qualität bei besserer Stellung zurück.

2) Nicht zu empfehlen ist hingegen 13...♕xb2 wegen 14.♘b5!

(Zu scharfem und unklarem Spiel führt 14.♖c1!?.)

14...♗xe5 15.♖b1 ♕xa2 16.♘xe5 ♖xe5 17.♘c3 ♕xb1 18.♕xb1 ♖xg5 19.h4 ♖e5 20.♗xg4 f5 21.♗f3+−

14.♘xe5

Zu unklarem Spiel führt 14.d6.

A) 14...♕xb2 15.♘d5 ♘xf3+ 16.♗xf3 ♗d4+ 17.♔h1 ♕xa1 18.♕xa1 ♗xa1 19.♖xa1 ♘d7 20.♗e7 ♖b8 21.♘c7 ♖f8 22.♖e1 c4 23.♗xf8 ♘xf8 (23...♔xf8 24.♖e8+ ♔g7 25.♘b5 a6 26.♘a7 ♘b6 27.♘xc8+−) 24.♖e8 c3 25.♗e4 ♗f5 26.♖xb8 ♗xe4 27.♘e6! fxe6 28.d7 c2 29.♖xf8+ ♔g7 30.♖f1+−

B) 14...♗f5 15.♘d5 ♕xb2 16.♘e7+ ♖xe7

(Oder 16...♔h8 17.♘xf5 gxf5 18.♖b1 ♕xa2 19.♖xb7 mit weißer Initiative.)

17.dxe7 ♘bc6 18.♖c1 ♖e8 19.♘xe5 ♕xe5 20.♗b5 ♕d4+! 21.♔h1 ♕xd1 22.♖fxd1 ♗d4 23.♗xc6 bxc6 24.♖xc5 ♗xc5 25.♖d8 ♗d7 26.♖xd7 f6 27.♗xf6 ♔f7

Der e-Bauer fällt und anschließend muss Weiß ums Remis kämpfen.

14...♗xe5

Auf 14...♖xe5 folgt 15.♕d2 ♗f5 mit beiderseitigen Chancen.

15.♗c4 ♕xb2 16.d6

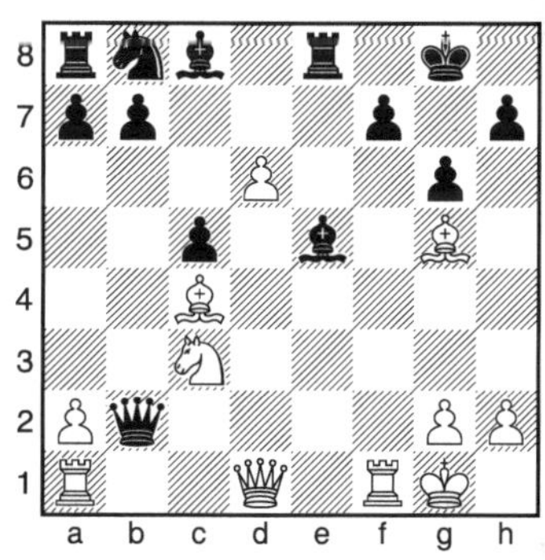

16...♖f8

Der Punkt f7 muss verteidigt werden.

Auf 16...♗f5 folgt 17.♖xf5! gxf5 18.♗xf7+ ♔g7 (18...♔xf7 19.♕h5+ ♔f8 20.♗h6+ ♗g7 21.♖f1+−) 19.♗xe8 ♕xc3 20.♖b1 ♕d4+ 21.♕xd4 ♗xd4+ 22.♔f1 b6 23.♖e1 ♗f6 24.♗xf6+ ♔xf6 25.♗a4 ♘a6 26.d7+−

17.♖c1

Eine andere Idee ist 17.♗xf7+ ♖xf7 (Vielleicht ist 17...♔g7!? stärker.) 18.♕d5 ♗d4+ 19.♔h1 ♗f5 20.♖ab1

♗xc3 (20...♕xc3? 21.♖xb7 ♘d7 22.♖xd7 ♖af8 23.♖xf7 ♖xf7 24.d7+–) 21.♖xb2 ♗xb2 22.g4 ♗e4+ 23.♕xe4 ♖xf1+ 24.♔g2 ♖f7 25.♕e8+ ♖f8 26.♕b5 ♗d4 27.♕xb7 ♘d7 28.♕xd7 ♖f2+ 29.♔g3 ♖af8 30.♕e6+ ♔h8 31.♕d5 mit wahrscheinlichem Remis (Analyse von GM Vaiser).

17...♗xc3 18.♖b1 ♗d4+ 19.♔h1 ♕c3 20.♖c1

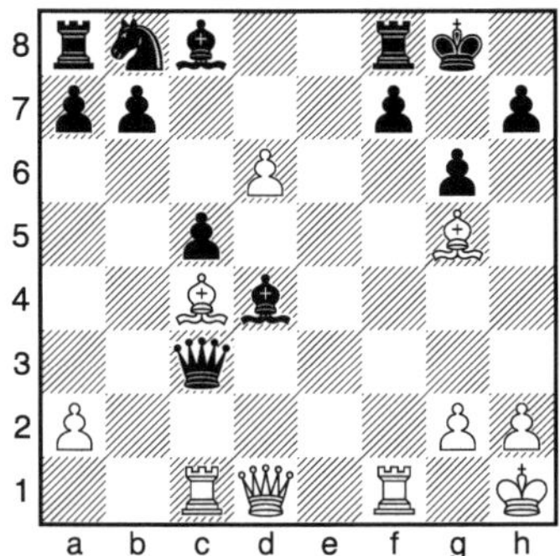

20...♕b2

Der einfachste Weg zum Ausgleich.

Komplizierter wird es nach 20...♕b4.

A) 21.♗h6 ♗g7 22.♖xf7 ♖xf7 23.♗xf7+ ♔h8!

(23...♔xf7?? verbietet sich wegen 24.♕d5+ mit schnellem Matt.)

24.♕e2 ♗d7 25.♗xg7+ ♔xg7 26.♕e5+ ♔xf7 27.♕e7+ ♔g8 28.♖f1 ♗f5 29.♕d8+ mit Dauerschach.

B) 21.♗e7 ♘d7 22.♗xf8 ♘xf8 23.♖xf7 ♗e6 24.♗xe6 ♘xe6 25.♖e7 ♘g7 und nun hat Weiß die beiden starken Züge 26.♕f3 und 26.d7 zur Verfügung, wonach Schwarz noch um Ausgleich kämpfen müsste.

21.♖b1 ♕c3 22.♖c1 ♕b2 mit Zugwiederholung.

Zusammenfassung: Die analysierten Varianten vermitteln einen guten Eindruck von der Zweischneidigkeit des Dreibauern-Angriffs. Er sei nur solchen Spielern empfohlen, die bewusst ihre taktischen Fähigkeiten zur Geltung bringen wollen.

Abspiel 2

Hauptsystem

(1.d4 ♘f6 2.c4 c5 3.d5 e6 4.♘c3 exd5 5.cxd5 d6 6.e4 g6)

7.♘f3 ♗g7 8.♗e2 0–0 9.0–0

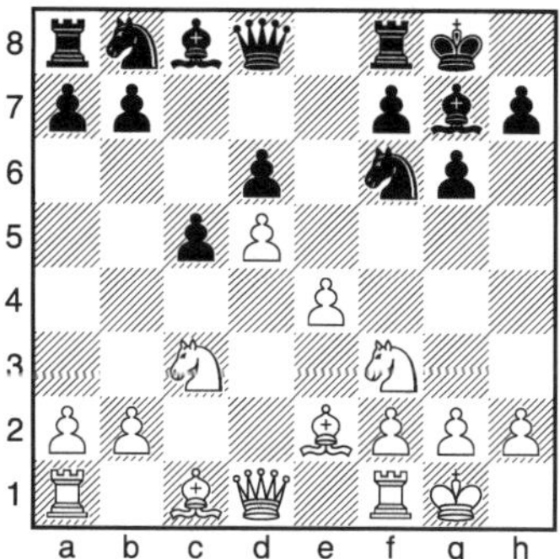

Auch in diesem Abspiel strebt Weiß ein aktives Spiel im Zentrum an. Er bereitet die Überführung des Springers ♘f3–d2–c4 vor, um den Bauern auf d6 anzugreifen und den Vorstoß e4–e5 zu unterstützen. Schwarz setzt dagegen auf b7–(b6)–b5 mit anschließendem Gegenspiel am Damenflügel.

9...♘a6

Auch Schwarz nimmt mehr als einen Zug in Kauf, um eine günstige Position für seinen Springer zu erreichen. Via a6 soll er nach c7, um von dort den programmatischen Vorstoß b7–b5 vorzubereiten.

Hier ein Blick auf einige Alternativen.

I. Mit 9...♖e8 setzt Schwarz sofort e4 unter Druck und nimmt e5 unter Kontrolle.

10.♘d2 ♘bd7 11.a4 ♘e5 12.♕c2 (Verfrüht wäre 12.f4? ♘eg4 13.♘c4 ♘xe4! 14.♗xg4 ♗d4+ 15.♔h1 ♗xg4 16.♕xg4 ♘f2+.)

Mit 12...g5 sichert Schwarz die zentrale Position seines Springers; z.B. 13.♖a3 g4 mit zweischneidigem Spiel und beiderseitigen Chancen.

II. 9...a6 10.a4 ♗g4 (10...♘bd7!?) 11.♗f4 ♗xf3 12.♗xf3 ♕e7 13.♖e1 ♘bd7 14.a5 ♖ab8 (14...♘e8 15.♘a4 ♘c7 16.♗g4±) 15.♕c2 b5 16.axb6 ♖xb6 mit dem Plan ♖f8–b8 und Gegenspiel auf der b–Linie.

10.♘d2

Dieser logische Zug wird am häufigsten gespielt. Der Springer will nach c4, die bequeme Entwicklung ♗c8-g4 wird verhindert und der Weg des f-Bauern freigemacht.

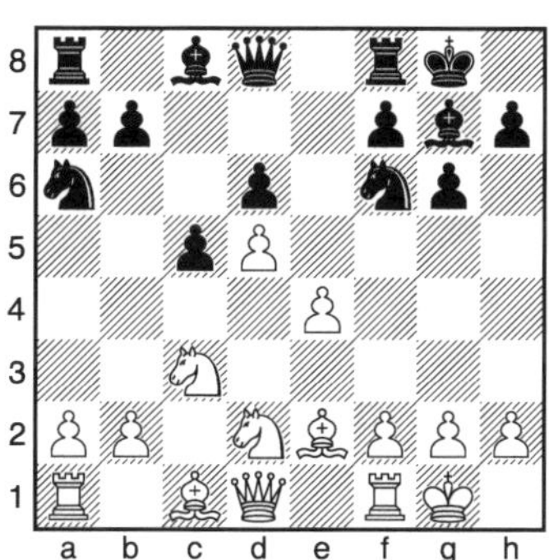

10...♘c7

Eine Alternative ist 10...♖e8 und nach 11.f4 folgt ein Plan mit Gegenspiel am Damenflügel.

(Oder 11.f3 ♘c7 12.a4 b6 13.♘c4 ♗a6 mit der Idee ♗a6xc4, a7-a6 und b6-b5 usw.)

11...♘c7 12.a4 b6 13.♖e1 ♖b8 14.♗f3 ♗a6 15.♘f1 ♘d7 16.♗e3 ♗xf1 17.♖xf1 a6 nebst b6-b5 usw.

11.a4 b6

Der Textzug ist kein Verzicht auf den Vorstoß nach b5, aber Schwarz darf nicht voreilig sein und sich seine Flügelbauern entwerten lassen, denn nach 11...a6 12.a5! hätte er die Kontrolle über das Feld b6 verloren.

12.♘c4 ♗a6 13.♗g5 ♕d7 14.♕d2

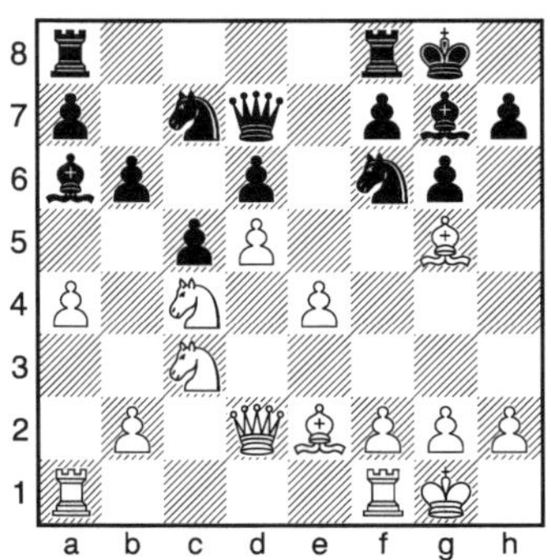

14...♗xc4!

Schwarz gibt seinen Läufer, um sein Hauptziel (b7–b5) durchzusetzen.

15.♗xc4 a6 16.♖fe1 b5

Schwarz hat seinen Plan realisiert und kann auf ausgeglichenes Spiel hoffen.

Zusammenfassung: In dieser Variante strebt der Anziehende aktives Spiel im Zentrum an, indem er sich auf seine Bauernmehrheit stützt und zugleich den Damenflügel blockiert. Schwarz hat seinerseits mehrere Pläne zur Verfügung. Hauptsächlich wird er Vorstoß b7–b5 anstreben. So entsteht ein Spiel mit beiderseitigen Chancen.

Kapitel 39

Altbenoni

1.d4 ♘f6

Regelmäßig anzutreffen ist außerdem die Zugfolge 1...c5 2.d5.

A) 2...d6 3.e4 ♘f6 4.♘c3 g6 5.♘f3 ♗g7 6.♗b5+ (6.♗d3 0–0 7.h3 a6 8.a4±) 6...♗d7 (6...♘bd7 7.a4 0–0 8.0–0 a6 9.♗e2±) 7.a4 0–0 8.h3 und nach 0–0 nebst Vorbereitung von e4–e5 sollte Weiß die besseren Chancen erhalten.

B) 2...e5 3.e4 d6 4.♘c3 ♘f6 5.♗e2 a6 6.a4 ♗e7 7.♘f3 0–0 8.0–0

Der Springer f3 wird in Kürze via d2 nach c4 überführt, wonach Weiß sowohl am Damenflügel (a4–a5) als auch am Königsflügel (f2–f4) aktiv werden kann.

2.c4 c5 3.d5 e5

Im Gegensatz zum *modernen* Benoni, wo Schwarz den weißen Spitzenbauern auf d5 mit e7–e6 angreift, wird Altbenoni (zuweilen auch als 'Klassisches Benoni' bezeichnet) durch die Bildung des zentralen Bauerndreiecks c5–d6–e5 gekennzeichnet. So entsteht ein festgelegtes und geschlossenes Bauernzentrum, die sogenannte 'Vollbenoni-Struktur'.

Eine verhältnismäßig seltene Variante wird mit 3...♘e4 eingeleitet; z.B. 4.♘f3 ♕a5+ 5.♘fd2 g6 6.♕c2 (6.f3!? ♘d6 7.e4 ♗g7 8.♗d3 ♘a6 9.0–0 ♘b4 10.♘b3 ♕a6 11.♘a3±) 6...♘d6 7.♘c3 ♗g7 8.e4 ♘a6 9.♘b3 ♕b6 (9...♕b4 10.a3 ♗xc3+ 11.♔d1! ♕a4 12.♕xc3±) 10.♗f4 mit weißem Raumvorteil.

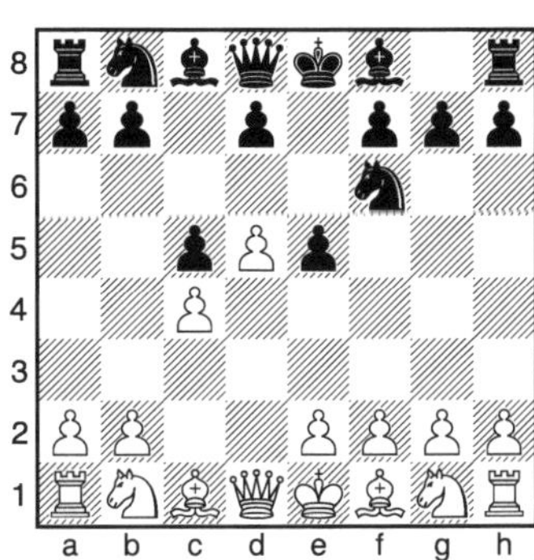

4.♘c3

Der Abtausch 4.dxe6 fxe6 verstärkt den schwarzen Einfluss auf das Zentrum und ist deshalb schwach. Nach anschließendem d7–d5 hätte Weiß die Kontrolle über die Brettmitte völlig verloren.

4...d6 5.e4 ♗e7

Schwarz kann seinen Läufer auch mit 5...g6 usw. fianchettieren. Danach sollte Weiß seine Kräfte nach dem Schema h2–h3, g2–g4, ♘g1-f3, ♗f1-d3, ♗c1-e3, ♕d1-d2 entwickeln und am Königsflügel aktiv werden.

6.h3

Bevor Weiß seinen Springer auf f3 postiert, wird die Möglichkeit ♗c8-g4 ausgeschaltet.

Nach 6.♗d3 0–0 kann Weiß seinen Königsspringer auch mit 7.♘ge2 entwickeln.

6...0–0 7.♘f3 ♘e8 8.♗d3

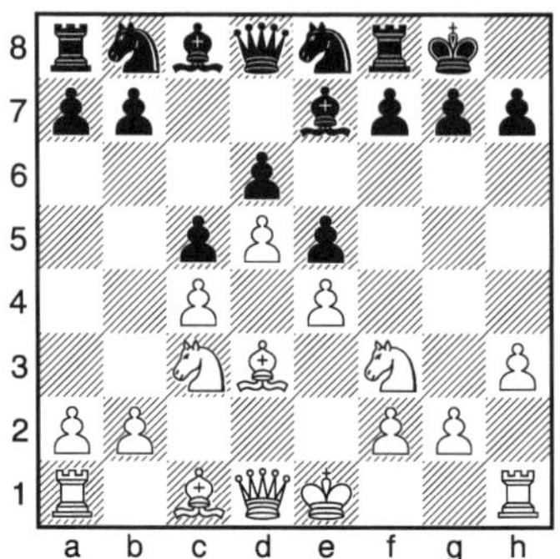

8...g6

Wenn Schwarz den Vorstoß f7–f5 ohne die Vorbereitung mit g7–g6 durchführt, überlässt er dem Gegner das wichtige Feld e4. Übereilt ist also 8...f5 9.exf5 ♗xf5 10.♗xf5 ♖xf5 11.♕d3 ♖f8 12.♗e3 und Weiß kann nun lang rochieren, Angriffsmöglichkeiten am Königsflügel suchen und dabei den zentralen Punkt e4 als Basis bzw. Transferfeld für seine Figuren nutzen.

9.♗h6 ♘g7 10.g4 ♘a6

Wiederum wäre 10...f5? verfrüht und nach 11.gxf5 gxf5 12.♖g1 ♖f7 13.exf5 stünde Schwarz bereits kritisch. Deshalb muss er zunächst seine Kräfte auf der anderen Seite ins Spiel bringen.

11.♕d2 ♘c7

Schwarz realisiert seinen typischen Plan a7-a6, b7-b5 mit Gegenspiel am Damenflügel.

12.0–0–0 a6 13.♖dg1 b5 14.h4 und die weißen Perspektiven am Königsflügel sind besser als die gegnerischen am anderen Flügel.

Zusammenfassung: Die gezeigten Varianten unterstreichen, dass die weißen Perspektiven besser sind, weshalb Altbenoni heutzutage ziemlich selten in der Turnierpraxis anzutreffen ist.

Kapitel 40

Blumenfeld–Gambit

1.d4 ♘f6 2.c4 e6 3.♘f3 c5

In einer modernen Form des Gambits schaltet Schwarz den Zug 3...a6 ein; z.B. 4.♘c3 c5 5.d5 b5 6.♗g5

(Nach 6.dxe6 fxe6 7.cxb5 axb5 8.♘xb5 d5 hat Schwarz Initiative für den Bauern.)

6...b4 7.♘e4 d6 (7...♗e7!?) 8.♘xf6+ (8.g3 ♖a7 9.♗g2 ♗e7∞) 8...gxf6 9.♗d2 (9.♗h4 ♗e7 10.e4 f5∞) 9...f5 10.a3 (10.dxe6 ♗xe6∞) 10...bxa3 11.♖xa3 ♗g7 12.♗c3 ♗xc3+ 13.♖xc3 ♕b6 14.♕c1 ♘d7 15.♘d2 ♗b7 mit scharfer Stellung.

4.d5

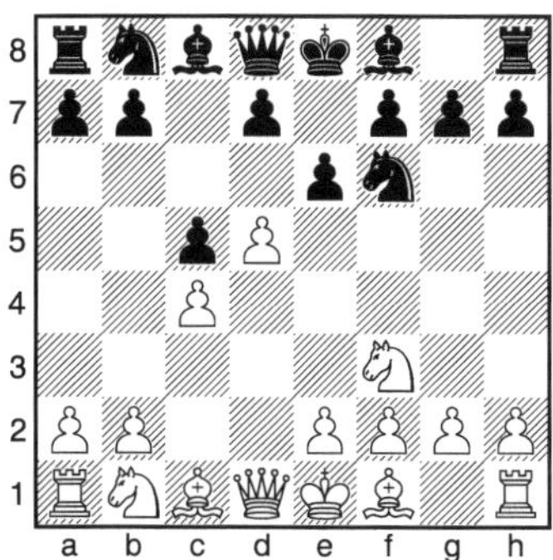

4...b5!?

Diese Eröffnung aus den 20er Jahren des 20. Jahrhunderts, die seinerzeit der Moskauer Meister Benjamin Blumenfeld (1884-1947) kreierte, ist nur ab und zu in Turnieren zu sehen. Das Gambit hat viel Ähnlichkeit mit dem populäreren Wolga–Gambit (siehe nächstes Kapitel).

5.♗g5

Der Textzug ist die beste Erwiderung. Bevor Weiß e2–e3 spielt, entwickelt er seinen Damenläufer.

Dagegen gibt die Annahme des Gambits Schwarz gute Konterchancen; z.B. 5.dxe6 fxe6 6.cxb5 d5

(Interessante Verwicklungen entstehen nach 6...♗b7!? oder 6...a6!?.)

7.e3 ♗d6 8.♘c3 ♗b7 9.♗e2 0–0 10.0–0 ♘bd7 11.b3 ♕e7 12.♗b2 ♖ad8 13.♕c2 e5 mit der Drohung e5–e4 und ausgezeichneten Angriffsmöglichkeiten am Königsflügel.

5...♕a5+

Ein Störmanöver, durch das zugleich der ♘f6 entfesselt wird.

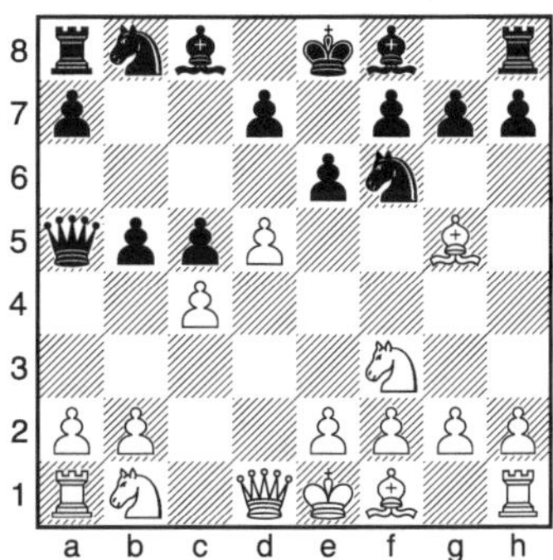

6.♕d2

Hier ein Blick auf einige Alternativen.

I. 6.♗d2 ♕b6 7.♘c3 bxc4 (7...b4 8.♘a4 ♕c7∞) 8.e4 ♗a6 9.♕c2 exd5 10.exd5 ♗e7 11.0–0–0 0–0 12.♖g1 d6 13.g4 ♘bd7 und Schwarz erreicht gute Gegenchancen.

II. 6.♘c3 ♘e4 7.♗d2 ♘xd2 8.♕xd2 b4! (8...bxc4? 9.e4 ♗e7 10.♗xc4 ♗a6 11.♘b5 ♕b6 12.a4±) 9.♘e4 ♗b7

(9...♗e7 10.♘g3 d6 11.e4 ♘d7 12.dxe6 fxe6 13.e5 ♘xe5 14.♘xe5 dxe5 15.♗d3 0–0 16.0–0 g6 mit beiderseitigen Chancen.)

10.e3 ♗e7 11.♗e2 0–0 12.0–0 ♕b6 13.♖fd1 a5 und Schwarz kann auf vollwertiges Spiel hoffen.

III. 6.♘bd2 bxc4 7.♗xf6 gxf6 8.e4 ♖g8 9.g3 ♗a6 10.♕c2 ♗h6 11.♗xc4

(Oder 11.♗g2 e5 12.♘h4 d6 13.♘f5 ♕xd2+ 14.♕xd2 ♗xd2+ 15.♔xd2 ♔d7 16.♖hc1 ♔c7 17.♗f1 ♗c8 18.♘e3 ♘d7 19.♗xc4 a5 mit etwa gleichen Chancen.)

11...♗xc4 12.♕xc4 ♘a6 13.0–0 ♗xd2 14.♘xd2 ♕xd2 15.♕xa6 ♕xb2 16.♖ab1 ♕e5 17.d6 ♔f8 18.♖b7 ♖d8 19.♖xa7 ♔g7 20.♕d3 c4 21.♕xc4 ♕xd6 und in dem entstandenen Schwerfiguren-Endspiel haben beide Seiten gleiche Chancen.

6...♕xd2+ 7.♘bxd2 bxc4 8.♗xf6

Weiß gibt das Läuferpaar auf, um seinen Raumvorteil im Zentrum zu bewahren. Gleichzeitig verschafft er sich wegen der schwarzen Bauernschwächen gute Aussichten im Endspiel.

8...gxf6 9.e4 ♗b7

Damit bereitet Schwarz einen Angriff auf das weiße Zentrum mittels f6-f5 vor.

10.♗xc4 ♘a6 11.0–0–0 ♖g8 12.g3 ♘c7 13.♖he1 d6 14.♘h4

Mit der Absicht, den Punkt f5 zu überdecken.

Auf 14.♔b1 0–0–0 15.♘b3 folgt nämlich 15...f5!⇄.

14...0–0–0

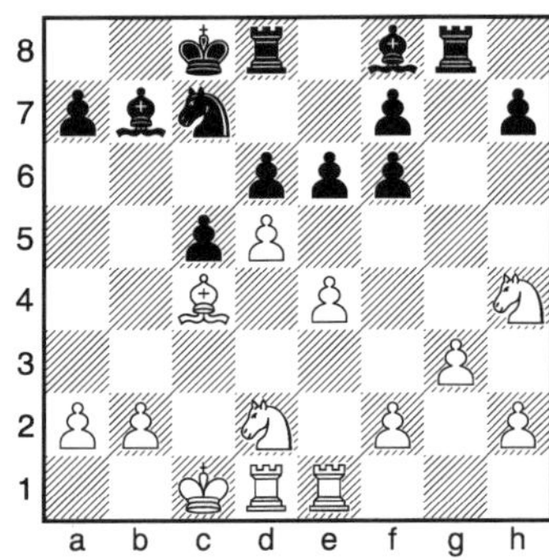

Die Chancen sind verteilt. Schwarz sollte angesichts des potentiellen Hebels f6–f5 gute Perspektiven im Zentrum und am Königsflügel haben.

Zusammenfassung: Das Blumenfeld–Gambit ist eine sehr riskante Eröffnung, die Schwarz jedoch gute Chancen bietet, Gegenspiel zu erhalten. Besondere Aufmerksamkeit sollte der Leser der modernen Form des Gambits schenken, die nach den Zügen 3...a6 4.♘c3 c5 zu reichhaltigen Möglichkeiten führt.

Kapitel 41

Wolga-Gambit

1.d4 ♘f6 2.c4 c5 3.d5 b5!?

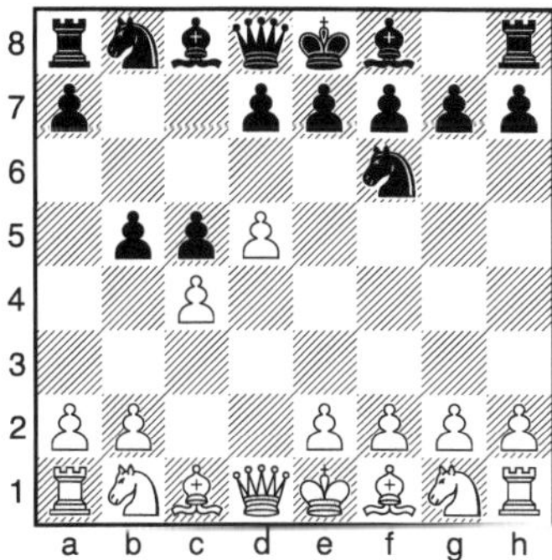

Kaum ein anderes Gambit ist gleichermaßen langfristig und tief positionell angelegt. Schwarz will mit dem Bauernopfer sowohl die b- als auch die a-Linie für seine Schwerfiguren öffnen, um in Verbindung mit dem Läufer auf g7 am Damenflügel starken und kaum abzuschüttelnden Druck auszuüben. Oft gelingt es Schwarz mit diesem aggressiven Plan, die weißen Kräfte so erfolgreich zu binden, dass der Anziehende keine Initiative am Königsflügel entwickeln kann. In englischsprachigen Ländern wird diese Spielweise oft auch als 'Benkö-Gambit' bezeichnet.

4.cxb5

Die prinzipiellste Antwort: Der Gambitbauer wird geschlagen.

Anzutreffen sind auch andere Züge.

I. 4.♘c3 b4 5.♘a4 d6 mit dem Plan e7–e6, g7–g6 und guten Aussichten für Schwarz.

II. 4.♘f3 g6 5.♕c2 ♗g7 6.e4 d6 7.cxb5 a6 8.♘c3 0–0 9.bxa6 ♗xa6 10.♗xa6 ♖xa6 11.0–0 ♘bd7 mit guten Konterchancen auf den halboffenen Linien. Schwarz wird sich nach dem Schema ♕d8–b6, ♖f8–a8 nebst ♘f6–e8–c7–b5 aufstellen. Die Springerwanderung ist dabei wichtig, um letztlich mit dem ♘c3 den letzten Verteidiger des weißen Damenflügels abzutauschen.

4...a6

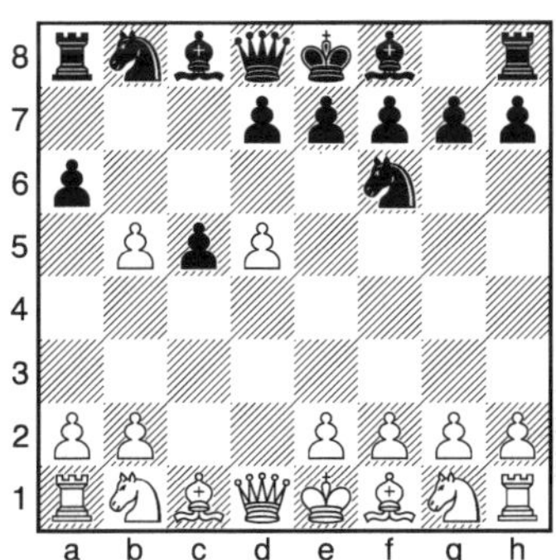

5.bxa6

Danach erhält Schwarz sofort Gegenspiel am linken Flügel. Um dies zu vermeiden, verzichtet Weiß oft (zumindest vorübergehend) auf b5xa6 und wählt andere Fortsetzungen.

I. 5.b6

A) 5...e6 6.♘c3 ♘xd5 7.♘xd5 exd5 8.♕xd5 ♘c6 9.♘f3

A1) 9...♖b8 10.e4 ♗e7 11.♗c4 0–0 12.♕h5 ♖xb6 13.0–0 d6 14.♖d1 ♗e6 15.♗xe6 fxe6 16.♕g4 ♕c8 17.♗d2 (17.♗h6 ♗f6 18.♖xd6? ♘e5∓) 17...e5 18.♕xc8 ♖xc8 19.♗c3 ♘d4 und Schwarz hat das aussichtsreichere Spiel.

A2) 9...♕xb6 10.♘e5 ♘xe5 11.♕xa8 (11.♕xe5+ ♕e6=) 11...♕c7 12.♗f4 ♗d6 13.0–0–0 ♘d3+ 14.♖xd3 ♗xf4+ 15.e3 0–0 16.♕d5

(Aber nicht 16.exf4? ♗b7! mit Eroberung der Dame.)

16...♗e5 17.♖d2 d6 18.♗c4 ♗e6 19.♕e4 mit weißem Vorteil.

B) 5...♕xb6 6.♘c3 d6 (6...g6 7.♘f3 ♗g7 8.e4 d6 9.♗e2 ♘bd7 10.0–0 0–0 11.♘d2 ♖b8 12.♘c4 ♕c7 13.♗f4 ♘b6 14.♘e3±) 7.e4 g6 8.a4 ♗g7

(Nach 8...a5 9.f4 ♗g7 10.♗b5+ ♘fd7 11.♘f3 0–0 12.0–0 ♘a6 13.♘d2 ♘b4 14.♘c4 steht Weiß positionell besser und sein Hauptziel besteht in der Vorbereitung des Vorstoßes e4–e5.)

9.a5 ♕b4 10.♖a4 ♕b7 11.♘f3 0–0 12.♗e2 ♗d7 13.♖a3 ♗b5 14.♘d2 ♘bd7 15.0–0 ♘e8 16.♖b3 ♘c7 17.♘c4 ♖ab8 18.♗g5 ♖fe8 19.f4 ♕a7 mit kompliziertem Spiel.

II. 5.f3 axb5 6.e4 ♕a5+

A) 7.b4!? ♕xb4+

(7...cxb4 8.♘d2 d6 9.♘b3 ♕b6 10.♕d3 ♗d7 11.♗e3 ♕b7 12.♘e2 g6 13.♘ed4 ♗g7 14.♕d2 0 0 15.♗d3 ♖a4 mit unklarer Stellung.)

8.♗d2 ♕a4 9.♕c1 b4 10.♕xc5 ♘a6 11.♕d4 (11.♗xa6!?) 11...e6 12.d6 ♕c6 13.e5 ♘d5 14.♗c4 ♘b6 15.♗xa6 ♗xa6 16.♕xb4 f6 mit schwarzem Konterspiel.

B) 7.♗d2 b4 8.♘a3 d6 9.♘c4 ♕a7

(9...♕c7 10.a3 mit der Drohung a3xb4.)

10.♗d3 (10.a3!?) 10...g6 11.♘e2 ♗g7 12.0–0 ♘fd7 13.a3 (13.♕c1!?) 13...♘e5 14.♘xe5 c4+ 15.♔h1 ♗xe5 16.♗xc4 ♗xb2 17.♗b5+ ♘d7

(Fehlerhaft wäre 17...♗d7? wegen 18.♕c2 0–0 19.♕xb2 ♗xb5 20.axb4 ♕b7 21.♗h6+–.)

18.♗c6 ♗b7

(Nach 18...bxa3 19.♗xa8 ♕xa8 20.♖a2 ♗a6 beurteilt GM Kallai die Stellung als chancenreich für Schwarz. Nach eventuell 21.♗c1! ♕b7 22.♗xb2 axb2 23.♕c2 hat er jedoch keine erkennbare Kompensation für die Qualität.)

19.♗xb4 ♗xa1 20.♕xa1 0–0 21.♗xd7 ♗a6 22.♗c6 ♗xe2 23.♖g1 ♖ab8 24.e5

Obwohl Weiß eine Qualität weniger hat, hat er dank des Läuferpaars starke Initiative.

III. 5.♘c3 axb5 6.e4

(6.♘xb5 e6 mit aktivem Spiel für den Bauern.)

6...b4 7.♘b5 d6

(Ein typischer Eröffnungsreinfall wäre 7...♘xe4? 8.♕e2 f5 9.f3 und der schwarze Springer darf wegen des Matts auf d6 nicht ziehen.)

8.♗f4

A) 8...♘xe4 9.♕e2 g5 10.♗e5 dxe5 11.♕xe4 ♗g7 12.♘f3 ♖a5 (12...f5 13.♕e3 f4 14.♕xc5 ♘a6 15.♕c2 g4 16.♘g5±) 13.♘xe5 ♗a6 14.a4 bxa3 15.♘xa3 ♕d6 16.♗xa6 ♕xe5 17.♗b5+

♔f8 18.♕xe5 ♗xe5 19.0–0–0 mit komplizierter Stellung.

B) 8...g5 9.♗xg5 ♘xe4 10.♗f4 ♗g7 11.♕e2 ♘f6 12.♘xd6+ ♔f8 13.♘xc8 ♕xc8 14.♕f3 e6 15.d6 ♘c6 16.♕h3 h5 17.♗c4 ♘d4 18.♖c1 ♕c6 19.♘e2 ♘xe2 20.♔xe2 und Weiß steht etwas aktiver, zumal sein Freibauer d6 ziemlich störend wirkt.

IV. 5.e3

A) 5...g6 6.♘c3 ♗g7 7.a4 0–0 8.♘f3 ♗b7

(8...d6 9.♖a3 ♘bd7 10.e4 ♘e8 11.♕b3 axb5 12.♗xb5 ♗a6 13.0–0 ♘c7 mit verteilten Chancen. Es ist noch schwer zu sagen, ob Schwarz nachhaltige Kompensation für den Bauern hat.)

9.♖a3 e6 10.dxe6 fxe6 11.♕d6 ♕c8 12.♗e2 ♘e8 13.♕g3 axb5 14.♘xb5 nebst 0–0 mit besseren Perspektiven für Weiß.

B) 5...axb5 6.♗xb5 ♕a5+ 7.♘c3 ♗b7 8.♘ge2 (8.♗d2) 8...♘xd5

(8...♗xd5 9.0–0 ♗c6 10.a4 e6 11.e4 ♗xb5 12.♘xb5 ♘xe4 13.♗f4 ♘a6 14.♘ec3 ♘xc3 15.bxc3 d5 16.c4 ♖d8 17.♕g4 mit gewisser Initiative für den Bauern.)

9.0–0 ♘xc3 10.♘xc3 e6 11.e4 ♗xe4!? 12.♗xd7+ ♘xd7 13.♘xe4 ♕a4 14.♘d6+ ♗xd6 15.♕xd6 ♕d4 16.♗f4 e5 17.♕c6 ♕a4 18.♕xa4 ♖xa4 19.♗e3 ♔e7 20.♖fc1 c4 21.♖c2 ♖b8 22.a3 ♔e6 und Schwarz übt nach wie vor einen Druck aus.

5...♗xa6 6.♘c3 d6

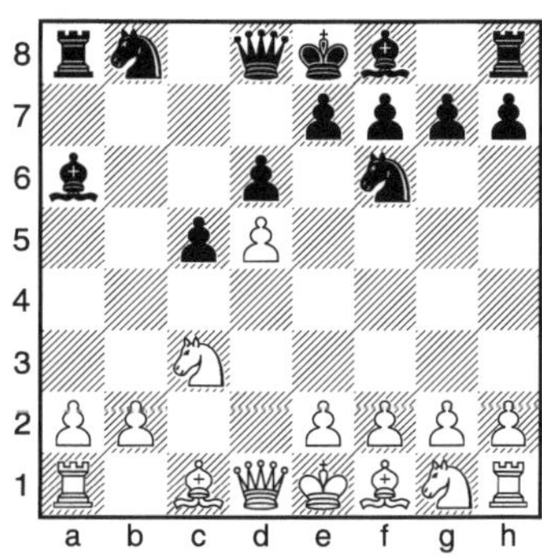

7.e4

Den Verlust der Rochade kann Weiß mit der Fianchettierung des Läufers nach g2 vermeiden; z.B. 7.♘f3 g6 8.g3 ♗g7 9.♗g2 0–0 10.0–0 ♘bd7 11.♕c2 ♕a5

(Gespielt wird auch das Manöver 11...♖a7 12.♖d1 ♕a8 13.♘d2 ♖b8 usw.)

12.♖d1 ♖fb8 13.b3 ♘g4 14.♗b2 ♗c8 15.♘d2 ♘b6 16.h3 ♘e5 17.♔h1 c4 18.f4 ♘ed7 19.bxc4 und Schwarz hat das Spiel noch nicht ausgeglichen.

Oder 7.g3 g6 8.♗g2 ♗g7 9.♘h3 0–0 10.♖b1 ♘bd7 11.0–0 ♕a5 12.♗d2 ♖fb8 13.♕c2 ♘e8 14.b3 ♕a3 15.♘f4 ♘c7 16.♗h3

(16.♗c1! ♕a5 17.♗b2 wäre wohl stärker.)

16...♘e5 mit aktivem Spiel.

7...♗xf1 8.♔xf1 g6 9.g3

Der weiße König rochiert in Raten.

9...♗g7 10.♔g2 0–0 11.♘f3 ♘bd7 12.h3

Auf 12.♖e1 folgt 12...♘g4 13.♕e2 ♘ge5 14.♘xe5 (14.♘d2!? ♘b6 15.f4 usw.) 14...♘xe5 15.f4 ♘d7 16.♗d2 ♘b6 17.b3 c4!? mit vollwertigem Spiel.

12...♖a6

Um all seine Schwerfiguren zu koordinieren, räumt Schwarz das Feld a8 für die Dame.

13.♖e1 ♕a8 14.♗g5

Oder 14.♕c2 e6 15.♗f4 exd5 16.exd5 ♘xd5 17.♘xd5 ♕xd5 18.♖ad1 ♕xa2 (18...♗d4!?) 19.♖xd6 ♖xd6 20.♗xd6 ♖c8 21.♖e7 ♘f8 22.♕e4 und nun könnte Schwarz mittels 22...♗f6 reale Rettungschancen bewahren; z.B. 23.♖e8 ♖xe8 24.♕xe8 ♗g7 25.♗xc5 ♕xb2 und Weiß dürfte kaum noch Fortschritte machen.

14...h6 15.♗d2

Nach 15.♗xf6 ♗xf6 16.♕d2 ♖b8 17.♖e2 ♔h7 18.♖c1 ♖b4 19.♖c2 ♕a7 hat Schwarz gutes Spiel.

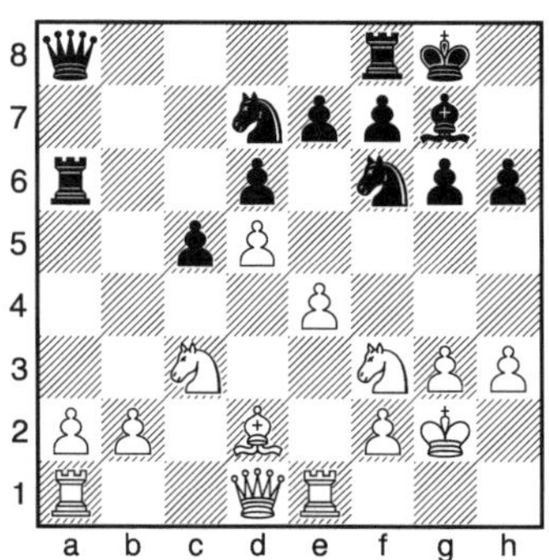

15...♖b8

Eine positionelle Fortsetzung, um den Druck auf der b-Linie aufrechtzuerhalten.

Mit 15...e6 greift Schwarz das weiße Bauernzentrum an, um die Diagonale a8-h1 freizulegen; z.B. 16.dxe6 fxe6 17.♕c2 c4 18.♗e3 d5∞.

16.♕c2 ♘e8 17.a4 ♘c7 18.♖a3 ♖ab6 mit aktivem Spiel am Damenflügel und verteilten Chancen.

Zusammenfassung: Das vorgestellte Gambit gibt Schwarz offenbar starke und dauerhafte Initiative für den geopferten Bauern. Weiß ist von Beginn an gezwungen, die Partie sehr genau zu führen, um nicht schon in der Eröffnungsphase in Schwierigkeiten zu geraten. Das Wolga-Gambit empfehle ich Taktikern, also Spielern, die ein riskantes Gefecht mögen und die bereit sind, Material für die Initiative herzugeben.

Kapitel 42

Altindische Verteidigung

1.d4 ♘f6 2.c4 d6

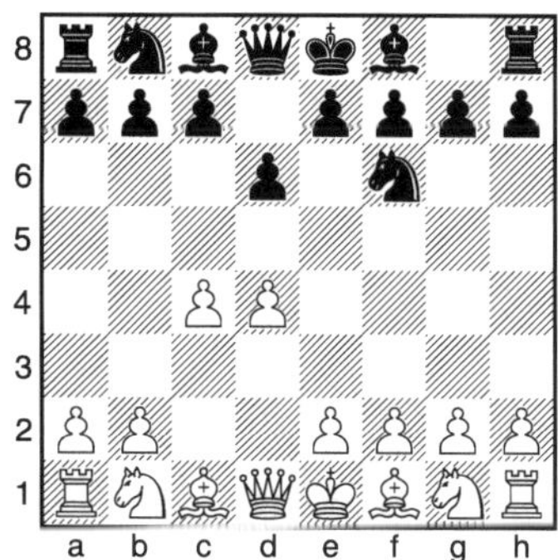

Im Gegensatz zur Königsindischen Verteidigung betrachten wir nunmehr solche Stellungen, in denen Schwarz seinen schwarzfeldrigen Läufer nach e7 entwickelt. Der Verzicht auf dessen Fianchettierung führt zu originellen Stellungen, für die es im populäreren 'Königsinder' keine Entsprechungen gibt.

3.♘c3

Wenn Weiß mit 3.♘f3 e7-e5 verhindert, kann Schwarz diesen Zug mit 3...♘bd7 weiter vorbereiten.

3...e5

Nach 3...♗f5, um den Vorstoß e2-e4 zu erschweren, kann Weiß 4.f3 wählen. Und nach 4...e5 5.e4 exd4 6.♕xd4 ♘c6 7.♕d2 ♗e6 8.b3 ♗e7 9.♗b2 0–0 mit dem Plan ♘g1-e2-g3 und ♗f1-e2 bekommt er mehr Raum im Zentrum und speziell die Zentralfelder d5 und f5 unter Kontrolle.

4.♘f3

Mit 4.d5 kann Weiß die Lage im Zentrum auch sofort klären; z.B. 4...♘bd7 5.e4 ♗e7 6.f3 ♘h5 7.♗e3 ♗g5

Schwarz will seinen schlechten Läufer gegen den guten weißen tauschen.

8.♗f2 g6 9.h4 ♗h6 10.♘ge2 ♘f4

(Nach 10...f5 11.exf5 gxf5 12.g4 ♘f4 13.g5 ♘xe2 14.♗xe2 ♗g7 15.♕c2 0–0 16.0–0–0 a5 17.♖dg1 ♘c5 18.h5 gerät der schwarze König bald in die Schusslinie der weißen Schwerfiguren.)

11.g3 ♘xe2 12.♕xe2 ♘f6 13.g4 ♗g7 14.h5 h6 15.0–0–0 ♘h7 16.c5 0–0 17.♔b1 ♘g5 18.♗e3 ♗d7 mit sehr komplizierter Stellung, in der durchaus auch Schwarz seine Chancen hat.

4...♘bd7

4...e4 5.♘g5 ♗f5 6.g4!? ♗xg4

(6...♗g6 7.♗g2 ♕e7 8.♕b3 b6 9.h4 h6 10.h5 hxg5 11.hxg6 ist klar vorteilhaft für Weiß.)

Nach 7.♗g2 gewinnt Weiß seinen Bauern bei zentraler Überlegenheit zurück, bereitet die lange Rochade vor und erhält die besseren Aussichten.

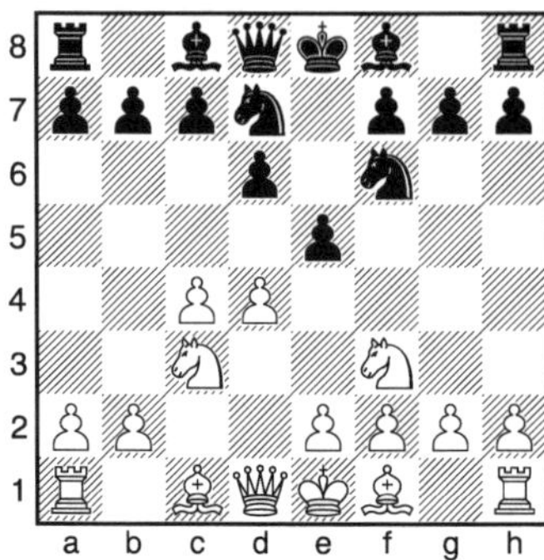

5.e4

Hier ein Blick auf andere Aufmarschpläne.

I. 5.g3 c6 6.♗g2 ♗e7 7.0–0 0–0 8.e4 a6 9.h3 (9.d5!? cxd5 10.cxd5 b5 11.♘e1 b4 12.♘a4 ♘b6 13.♘d3 ♗d7 14.♘xb6 ♕xb6 15.♗e3±) 9...♕c7 10.♗e3 b5 11.cxb5 axb5 12.♕c2 ♕b8 13.a3 c5 14.dxc5 dxc5 15.♖fd1 mit einem kleinen, aber spürbaren Vorteil, denn Weiß kontrolliert das Invasionsfeld d5.

II. 5.♗g5 c6 6.e3 ♕a5 7.♕d2 ♗e7 8.♗d3 0–0 9.0–0 ♖e8 10.a3 ♕c7 11.♗h4 nebst ♗h4–g3 mit Druck auf das schwarze Zentrum.

5...♗e7 6.♗e2

Ein anderer Entwicklungsplan besteht in 6.g3 0–0 7.♗g2 c6 8.0–0 ♖e8 9.h3 ♗f8 10.♗e3 exd4 (10...a6 11.d5 cxd5 12.cxd5 b5 13.♘d2 ♗b7 14.♖c1 ♖c8∞) 11.♘xd4 ♘c5 12.♕c2 a5 13.♖ad1 ♕c7

Schwarz hat eine feste Stellung und kann nun ♗c8-d7 nebst ♖a8-d8 spielen.

6...0–0 7.0–0 c6

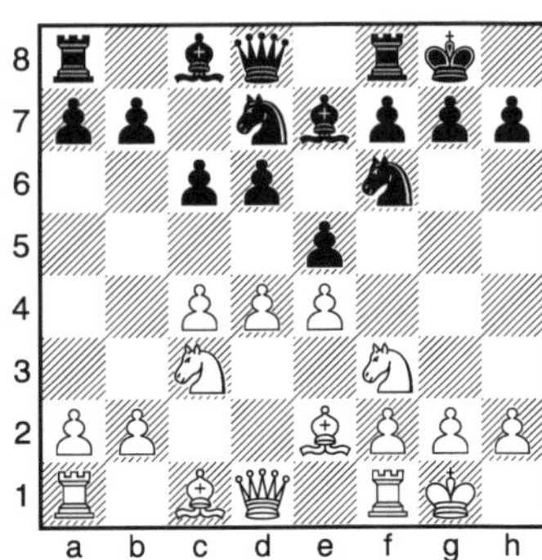

8.♖e1

Weiß kann auch andere Wege beschreiten.

I. 8.♕c2 a6 9.♖d1 ♕c7 10.b4 (10.b3 Δ♗c1-a3) 10...♖e8 11.♗e3 exd4 12.♘xd4 ♗f8 13.♘f5 ♘e5 14.♗g5 ♗xf5 15.exf5 ♗e7 16.♖d2 mit minimalem Vorteil.

II. 8.d5 a6 9.♗e3 cxd5 (9...c5 10.♘e1 Δf2–f4) 10.cxd5 ♘g4 11.♗d2 b5 12.♘e1 ♘gf6 13.♘c2 ♘c5 14.f3 ♗d7 15.b4 ♘a4 16.♘xa4 bxa4 17.♘a3 und Schwarz muss mit dem Manöver ♗e2–d3–c2 mit Belagerung des Bauern a4 rechnen.

8...♖e8 9.♗f1 ♗f8

Mit dieser typischen Umgruppierung signalisiert Schwarz, dass er am Königsflügel aktiv werden möchte.

Die Alternative besteht darin, Gegenspiel am Damenflügel zu suchen; z.B 9...a6 10.h3

Dieser Zug ist in vielen Fällen sehr nützlich.

10...b5 (10...♗f8 11.d5 cxd5 12.cxd5 b5 13.b4 ♘b6 14.a4±) 11.d5

(Auch 11.dxe5 dxe5 12.♕c2 Δb2-b3, ♗c1-b2 ist möglich.)

11...cxd5 12.cxd5 b4 13.♘a4 ♘b6 14.♘xb6 ♕xb6 15.♗e3 und Weiß hat die besseren Perspektiven, denn seine Figuren haben mehr Raum.

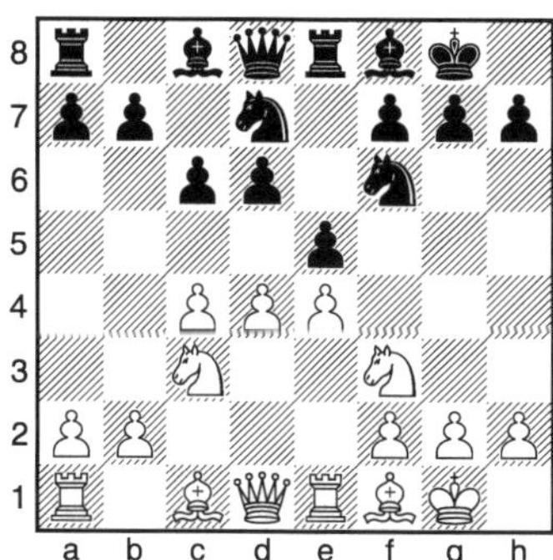

10.d5

Weiß blockiert das Zentrum und setzt auf seinen Raumvorteil.

10...c5 11.a3 g6 12.b4 ♗g7

Auf 12...♘h5 folgt 13.♖b1 ♘g7 14.♘d2 f5 15.♘b3 b6 16.bxc5 bxc5 17.♗d2 und Weiß hat gute Chancen, am Damenflügel in Vorteil zu kommen.

13.♖b1 gefolgt von dem Manöver ♘f3-d2-b3 mit aktivem Spiel am Damenflügel. Schwarz wird Gegenspiel auf der anderen Bretthälfte suchen (♘f6-h5 und f7-f5). In dem bevorstehenden komplizierten Kampf haben beide Seiten ihre Chancen.

Zusammenfassung: In diesem System spielt Schwarz zuerst 2...d6 (anstelle von 2...g6) und entwickelt seinen Läufer nach e7, um so die umfangreichen weißen Möglichkeiten gegen die Königsindische Verteidigung zu umgehen (siehe Kapitel 37). Im weiteren Verlauf kann es jedoch trotzdem dazu kommen, dass er den Läufer auf die lange Diagonale a1-h8 setzt und nach dem Manöver ♘f6-h5 und f7-f5 einen typisch 'königsindischen' Angriff am rechten Flügel folgen lässt.

Kapitel 43
Grünfeld-Indische Verteidigung
1.d4 ♘f6 2.c4 g6 3.♘c3

Dieser Zugfolge kommt besondere Bedeutung zu, sobald sich Schwarz mit seinem folgenden Zug (d7-d5) wirklich für die Grünfeld-Indische Verteidigung entscheidet. Verzichtet der Anziehende nämlich auf diese frühe Springerentwicklung und spielt stattdessen sofort g2-g3 (siehe **Abspiel 1**), so wird Schwarz später keine Abtauschmöglichkeit auf c3 haben.

Mit 3.f3 kann Weiß von bekannten Wegen abweichen und das Spiel in eine andere Richtung lenken; z.B. 3...d5

(Zu 3...♗g7 4.e4 – siehe Kapitel 37, Abspiel 2.)

4.cxd5 ♘xd5 5.e4 ♘b6 6.♘c3 ♗g7 7.♗e3 0–0 8.♕d2 ♘c6 9.0–0–0 mit scharfem Spiel.

3...d5

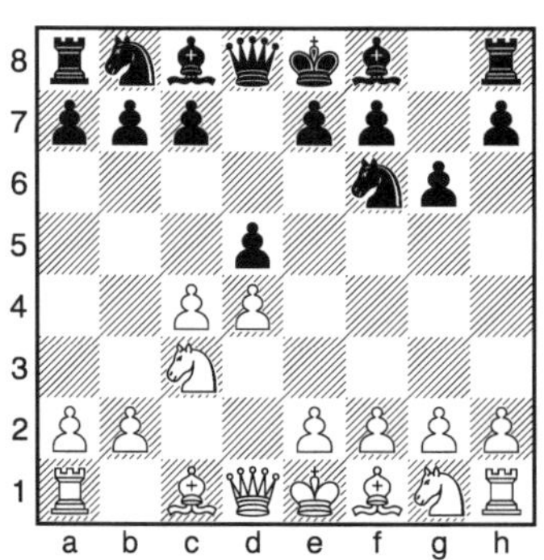

Diese interessante Idee wurde 1922 von dem österreichischen Großmeister Ernst Grünfeld (1893–1962) in die Praxis eingeführt. Schwarz gestattet dem Gegner die Errichtung eines Bauern-Vollzentrum, um es dann mit allen Mitteln anzugreifen.

4.♘f3

Gegenwärtig trifft man häufiger auch die Abtauschvariante 4.cxd5 an (siehe **Abspiel 2**). Nach 4...♘xd5 5.e4 erweist sich dann die Tauschmöglichkeit 5...♘xc3 als notwendiger Tempogewinn.

Außerdem gespielt wird 4.♗f4; z.B. 4...♗g7 5.e3 0–0 6.♘f3

(Nach 6.cxd5 ♘xd5 7.♘xd5 ♕xd5 8.♗xc7 ♘a6 9.♗xa6 ♕xg2 10.♕f3 ♕xf3 11.♘xf3 bxa6 entsteht eine dynamische Stellung. Wegen seines Läuferpaares hat Schwarz trotz der schwachen Bauern am Damenflügel keine schlechten Karten.)

6...c5 7.dxc5 ♕a5

(Oder 7...♘e4!? 8.♖c1 ♘xc3 9.bxc3 dxc4 10.♕xd8 ♖xd8 11.♗xc4 ♘d7 12.♖d1 ♗xc3+ 13.♔e2 ♗a5 mit etwa gleichen Perspektiven.)

8.♖c1 dxc4 9.♗xc4 ♘c6 10.0–0 ♕xc5 11.♘b5 ♕h5 12.♘c7 ♖b8 13.h3 ♗d7 und Schwarz sollte die Stellung im Gleichgewicht halten.

4...♗g7

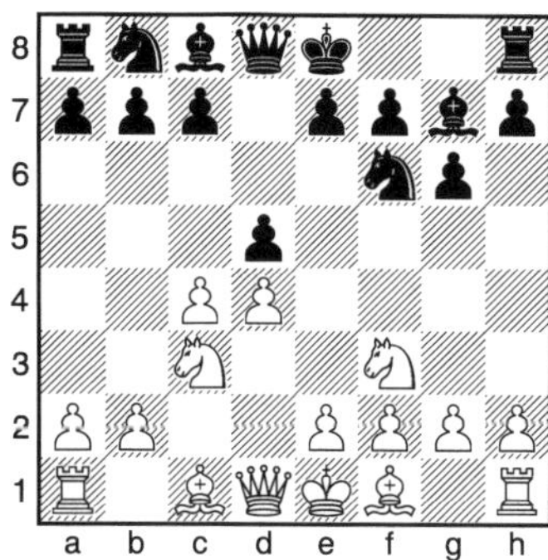

5.♕b3

Im Gegensatz zur Abtauschvariante forciert Weiß das Geschehen in der Mitte nicht, sondern verstärkt zunächst den Druck auf den d-Bauern.

Hier ein Blick auf einige Alternativen.

I. 5.♗g5 ♘e4

A) 6.cxd5 ♘xg5 7.♘xg5 e6 8.♕d2

(Oder 8.♘f3 exd5 9.e3 0–0 10.b4 c6 11.♗e2 a5 mit gleichwertigem Spiel.)

8...exd5 9.♕e3+ ♔f8 10.♕f4 ♗f6 11.h4 h6 12.♘f3 ♗e6 und Schwarz plant nach ♔f8–g7 eine Aktion am Damenflügel, denn dorthin möchte sich der weiße König wenden.

B) 6.♗h4 c5 7.cxd5 ♘xc3 8.bxc3 ♕xd5 9.e3 ♘c6 10.♗e2 cxd4 11.cxd4 0–0 12.0–0 e5 13.dxe5 ♕a5

(13...♕xd1 bringt dem Schwarzen nach 14.♖fxd1 ♘xe5 15.♘d4 keine Entlastung, denn Weiß stünde besser.)

14.♕b3

(14.♗f6 ♗xf6 15.exf6 ♕f5 16.♘d4 ♕xf6 17.♘xc6 ♕xc6 18.♗f3 ♕a6 19.♕b3 ♖b8 20.♗d5 ♗e6 21.♖fd1 ♖fd8 und die schwarze Stellung ist recht solide; z.B. 22.♗xe6 ♕xe6 23.♖xd8+ ♖xd8 24.♕xb7 ♕xa2! und der Freibauer auf der a–Linie kann Weiß sogar Probleme bereiten.)

14...♘xe5 15.♘d4 ♘c6 16.♖ad1 (16.♘xc6 bxc6 17.♖ac1 ♗e6 18.♗c4 ♖ab8=) 16...♘xd4 17.exd4 ♗d7 18.♕xb7 ♗a4 19.♖b1 ♗xd4 20.♗c4 ♖ae8 21.♗e7 ♗c6=

II. 5.e3 0–0

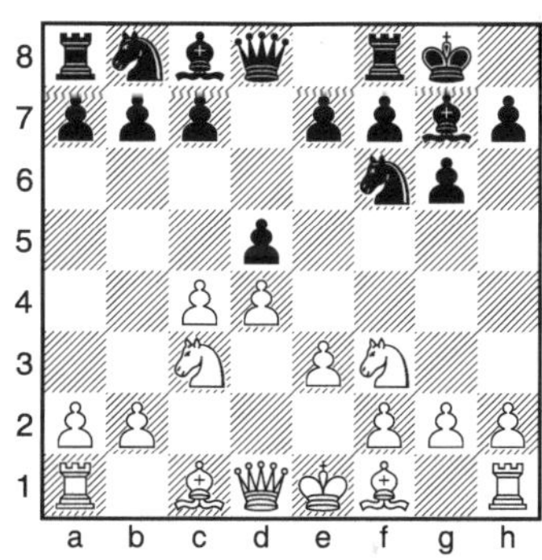

A) 6.b4 b6 (6...♘e4 7.♗b2 c6 8.♗e2 ♘xc3 9.♗xc3 ♗g4 10.♕b3 dxc4 11.♕xc4 ♘d7 12.0–0 ♘b6 13.♕d3 ♗e6=) 7.♕b3 dxc4 8.♗xc4 c5 9.dxc5 bxc5 10.b5 ♘bd7 11.0–0 ♗b7 12.♗b2 ♘b6=

B) 6.♗e2 c5

(Weniger energisch, aber ebenfalls möglich ist 6...c6!?; z.B. 7.0–0 ♗e6 8.cxd5 ♗xd5 9.♘d2 ♗e6 10.♘de4 ♘xe4 11.♘xe4 ♗f5 12.♘c3 e5=.)

7.0–0

(Nach 7.dxc5 ♕a5 8.cxd5 ♘xd5 9.♕xd5 ♗xc3+ 10.♗d2 ♖d8 11.♕xd8+

♕xd8 12.♗xc3 ♕c7 13.b4 a5 muss Weiß schon bangen.)

7...cxd4 8.exd4 ♘c6 Δb7-b6, ♗c8-b7=

III. 5.cxd5 ♘xd5 6.♗d2 0-0 7.♖c1 ♘b6

A) 8.e3 ♘c6 9.♗b5 ♗d7 (9...e5!? 10.♗xc6 exd4 11.♘xd4 ♗xd4! usw.) 10.0-0 e5 11.d5 ♘b4 12.♗xd7 ♕xd7 13.e4 f5! mit Gegenspiel.

B) 8.♗g5 h6 9.♗f4 ♘c6 10.e3 g5 11.♗g3 g4 12.♘d2 e5 13.dxe5 ♘xe5 14.♕c2 ♘d5 und Schwarz darf mit seiner Stellung zufrieden sein.

IV. 5.♗f4 0-0

A) Nach 6.♖c1 dxc4 7.e3 (7.e4!?) 7...♗e6 8.♘e5 c5 gleicht Schwarz das Spiel aus.

B) 6.e3 c6 7.♕c2 ♗g4 8.♘e5 ♗e6 9.♕b3 ♕b6 10.h3 ♘bd7 11.♘xd7 ♘xd7 12.cxd5 ♕xb3 13.axb3 ♗xd5 14.♘xd5 cxd5 mit etwa gleichen Aussichten.

5...dxc4

Die logische Antwort, weil die weiße Dame danach in einigen Varianten unter Beschuss der schwarzen Leichtfiguren und Bauern geraten kann.

Zu passiv ist hingegen 5...c6 wegen 6.cxd5 cxd5 und der Läufer c8 würde zu einer schlechten Figur.

6.♕xc4 0-0 7.e4

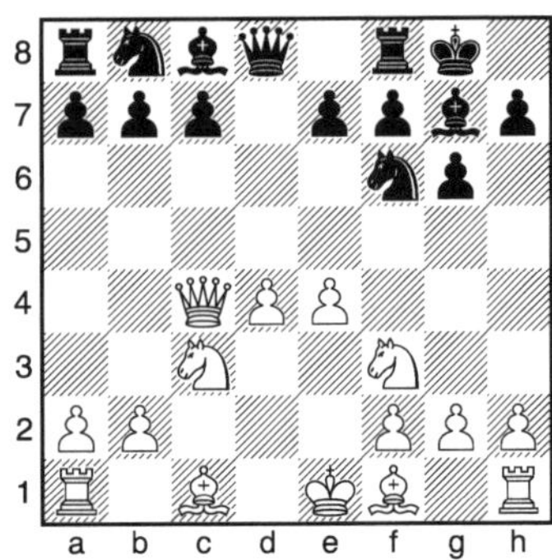

Weiß hat nun ein Vollzentrum, aber es ist nicht unverwundbar.

7...♘a6

Mit der unverkennbaren Absicht c7-c5.

Hier ein Blick auf andere Fortsetzungen.

I. 7...♗g4 8.♗e3 ♘fd7 9.♕b3 ♘b6 10.♖d1 ♘c6 (10...e6 11.♗e2 a5 12.0-0 a4 13.♕c2 ♗xf3 14.♗xf3 ♘c6 15.e5 ♘b4 16.♕c1 ♘4d5 17.♗g5±) 11.d5 ♘e5 12.♗e2 ♘xf3+ 13.gxf3 ♗h5 14.a4 (14.♖g1 ♕c8 15.♖g3 c6∞) 14...♕d7 15.♖g1 ♕h3 mit zweischneidigem Spiel.

II. 7...a6 8.♕b3 (8.a4 b5! 9.♕b3 c5 10.dxc5 ♗e6∞) 8...b5 (8...c5 9.dxc5 ♕a5 10.♕b6 ♕xb6 11.cxb6 ♘bd7 12.♗e2 ♘xb6 13.♗e3 ♘bd7 14.♘d4 ♘c5 15.f3 e5 16.♘c6 bxc6 17.♗xc5 ♖d8 18.♔f2 ♗e6 19.♖hd1±) 9.e5 ♘fd7 10.♗e3 ♘b6 11.a4 ♗e6 12.♕d1 b4 13.♘e4 ♗d5 14.♗d3 a5 15.0-0 ♘c6 und Schwarz hat offenbar genügend Gegenspiel.

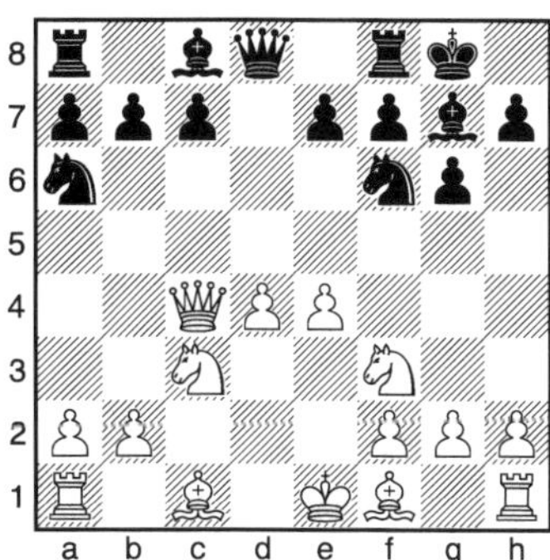

8.♗e2

Oder 8.♗f4 c5 9.d5 e6 10.d6 e5 11.♗xe5 ♘b4 12.♖d1 ♗e6 13.♕xc5 ♘c2+ 14.♔d2 ♘d7 15.♕c7 ♘xc5 16.♕xd8 ♖axd8 17.♔xc2 ♘g4 18.♖d2 ♗h6 19.♖e2 ♖xd6 20.h3 ♘f6 21.g4 ♘d7 22.e5 ♖b6 und für den Bauern hat Schwarz spürbare Initiative. Dieses Beispiel ist charakteristisch für die Grünfeld-Indische Verteidigung. Schwarz darf sich nicht scheuen, im Kampf um die Initiative Material zu opfern.

8...c5

So leitet Schwarz einen unverzüglichen Gegenangriff auf das weiße Zentrum ein.

9.d5

9.dxc5 bringt nach 9...♗e6 10.♕b5 ♖c8! nichts ein, denn nun wäre 11.♕xb7? schwach wegen ♘xc5 12.♕xa7 ♘d3+ 13.♗xd3 ♕xd3 mit schwarzem Vorteil.

9...e6 10.0-0 exd5 11.exd5 ♗f5 12.♖d1

Zu Verwicklungen führt 12.♗f4 ♕b6 13.♗e5 ♖fe8 14.b3 ♕b4 usw.

12...♖e8

Möglich ist ebenfalls 12...♕b6; z.B. 13.h3 ♖fe8 14.g4 ♗d7 15.♗e3 h5 mit Gegenspiel.

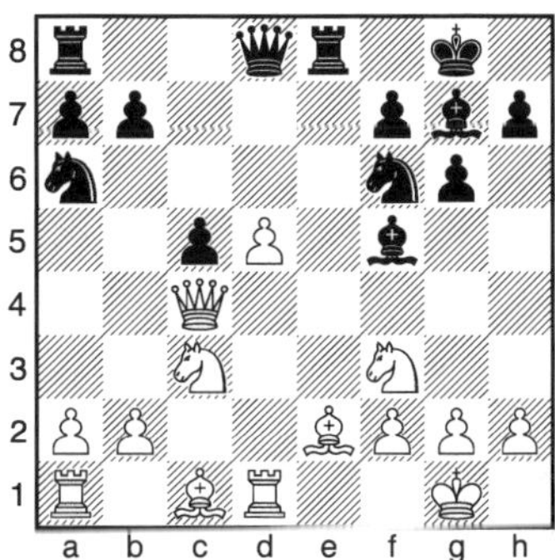

13.d6

Der Freibauer kann die weitere Entwicklung schwarzer Figuren behindern. Andererseits kann er zum Angriffsziel der weißen Streitkräfte werden.

13...h6 14.♗f4 ♘d7 15.♖d2 ♘b4 16.♕b3 ♗e6 17.♗c4 ♘b6 18.♗xe6 ♖xe6 mit scharfem Spiel und beiderseitigen Chancen.

Zusammenfassung: In diesem System erzwingt der Ausfall 5.♕b3 die Antwort 5...dxc4, wonach baldiges e2-e4 zu Raumvorteil in der Mitte führt. Schwarz verfügt jedoch über ausreichende Ressourcen (7...♘a6, 7...♗g4 und 7... a6), um das Bauernzentrum anzugreifen. Somit haben beide Seiten gleiche Chancen im Kampf um einen Positionsvorteil.

Abspiel 1

Die Fortsetzung 3.g3

(1.d4 ♘f6 2.c4 g6)

3.g3

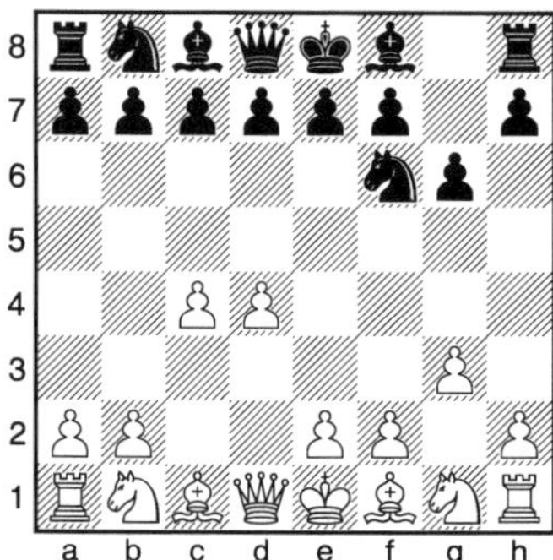

Ein gegenwärtig sehr populärer Aufbau, der den Vorzug hat, sowohl nach d7–d5 als auch nach d7–d6 (Königsindisch) eine gute Stellung für Weiß zu ergeben.

3...d5

Schwarz kann das Zentrum auch mittels 3...c6 stützen und die Wirksamkeit des Läufers g2 einschränken; z.B. 4.♗g2

(Es geht auch 4.d5!? cxd5 5.cxd5 d6 6.♘c3 ♗g7 7.♗g2 ♕a5 8.♗d2 0–0 9.e3 ♘bd7 10.♘ge2 usw.)

4...d5 5.cxd5 cxd5 6.♘f3 ♗g7 7.0–0 0–0

A) 8.♘e5 e6 (8...♘g4 9.♘xg4 ♗xg4 10.♘c3 ♘c6 11.h3 ♗d7 12.e3 e6=) 9.♘c3 ♘fd7 10.f4 ♘c6 11.b3 f6 12.♘xc6 bxc6 13.♗a3 ♖e8 14.♘a4 ♗a6 15.♗h3 ♗b5 16.♘c3 ♕a5=

B) 8.♘c3 ♘e4!? (8...♘c6 9.♘e5!±) 9.♘xe4 dxe4 10.♘e5 ♕d5 11.b3 ♘c6 12.♗b2 ♖d8 13.♘xc6 bxc6 14.♕c2 ♗f5 15.e3 ♖ac8 16.♖ac1 c5 17.dxc5 ♗xb2 18.♕xb2 ♖xc5 19.h3 h5 und Schwarz steht nicht schlechter.

4.cxd5 ♘xd5 5.♗g2 ♗g7 6.♘f3

Oder 6.e4 ♘b6 7.♘e2 0–0 8.0–0 ♗g4 9.f3 ♗d7 10.♘bc3 e5 11.dxe5 ♗xe5 12.♗h6 ♗g7 13.♕c1 ♘c6 14.♗xg7 ♔xg7 15.f4 f6 mit gleichen Chancen, wenn Schwarz sich nach dem Schema ♕d8–e7, ♖a8–d8, ♖f8–e8 aufbaut.

6...0–0 7.0–0 ♘b6 8.♘c3 ♘c6

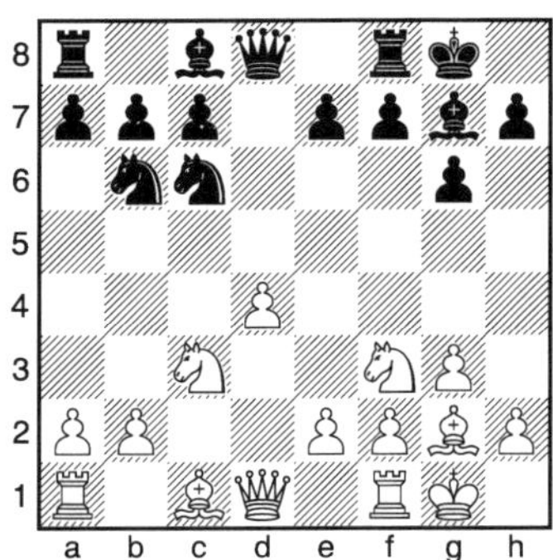

9.e3

Nicht viel verspricht 9.d5 ♘a5 10.e4 (Nach 10.♕c2 c6 11.dxc6 ♘xc6 12.♖d1 ♕e8 steht Schwarz gut; z.B. wäre 13.♘b5? nun schlecht, denn nach 13...♘b4 14.♕c5 ♘a6 15.♕g5 f6 geht der Springer b5 verloren.)

10...c6 11.♗g5 h6 12.♗f4 cxd5 13.exd5 ♘ac4

A) 14.b3 ♗xc3 15.♖c1 ♘xd5!

(Das Spiel nach 15...♘b2 16.♕e2

♗g7 17.♗e5 ist günstig für Weiß.)

16.♗xh6 ♘cb6 17.♗xf8 ♕xf8 mit schwarzem Vorteil.

B) 14.♕e2 ♘xb2 (14...g5 15.♗c1 ♗g4∞) 15.♘e5

(Zu unklarem Spiel führt 15.♕xb2 ♘a4 16.♘xa4 ♗xb2 17.♘xb2 usw.)

15...g5 16.♕xb2 gxf4 17.gxf4 ♗f5 18.♖ad1 ♖c8 und Schwarz kann mit seiner Stellung zufrieden sein.

9...e5

Ein typischer Vorstoß gegen das weiße Bauernzentrum.

10.d5

10.dxe5 ♘xe5 11.♘xe5 ♗xe5 12.♕c2 c6=

10...♘a5 11.e4 c6 12.♗g5 f6 13.♗e3 cxd5 14.♗xb6 ♕xb6 15.♘xd5

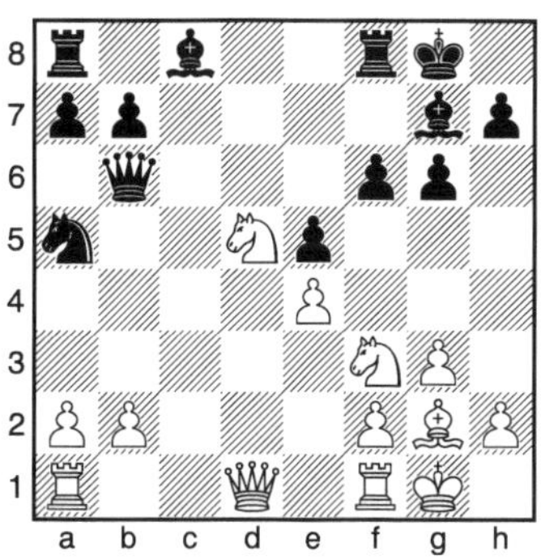

15...♕d8!

Der beste Zug. Es verliert 15...♕xb2?? 16.♘c7 ♖b8 17.♕d5+ ♖f7 18.♕xa5 b6 19.♕b5+ .

16.h3 ♗e6 17.♕a4 ♖f7 18.♖fd1 ♖d7 19.♖d2 ♘c6 mit kompliziertem Spiel und beiderseitigen Möglichkeiten.

Zusammenfassung: Der weiße Springer steht auf d5 zwar aktiv, doch Schwarz hat ausreichende Gegenchancen; z.B. kann er mittels f6–f5 das weiße Zentrum angreifen oder den Springer einfach durch Abtausch liquidieren.

Abspiel 2

Abtauschvariante

(1.d4 ♘f6 2.c4 g6 3.♘c3 d5)

4.cxd5

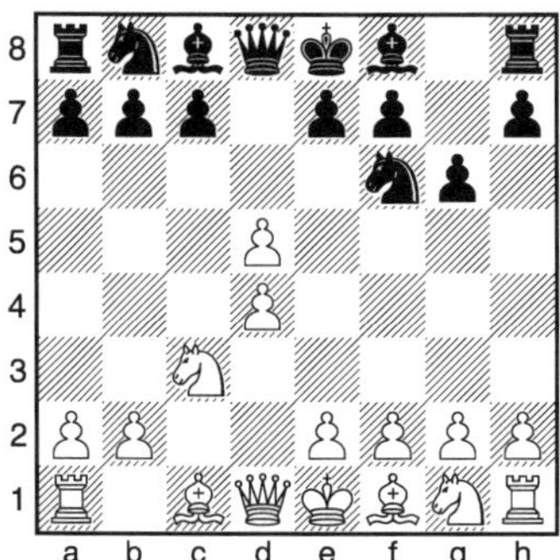

So spielt Weiß derzeit überwiegend gegen die Grünfeld-Indische Verteidigung. Er errichtet unverzüglich eine starke Zentrumsbastion und hofft, daraus im Mittelspiel Kapital zu schlagen. Schwarz muss in der Folge beweisen, wie wirkungsvoll sein Gegenspiel sein kann. Es beruht phasenweise auf fast reinem Figurenspiel gegen die weißen Bauern.

4...♘xd5

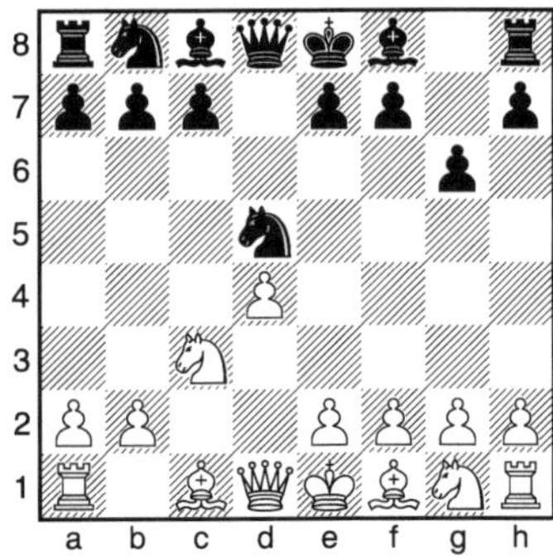

5.e4

Mit diesem prinzipiellen Zug errichtet Weiß unverzüglich ein Bauernzentrum. Schwarz wird nun seinerseits das gegnerische Zentrum mit Figuren und Bauern angreifen.

5.♘f3 führt normalerweise mit Zugumstellung zur Hauptvariante.

Eine interessante Idee des armenischen GM Nadanjan ist 5.♘a4!?, um anschließend den schwarzen Zentralspringer in Verlegenheit zu bringen, der nach e2-e4 nicht mehr zeitsparend und unter Verschlechterung der weißen Bauernstruktur abgetauscht werden kann.

A) 5...♗g7 6.e4 ♘b6 7.♗e3

(7.♘f3 ist Zugumstellung.)

7...0–0 8.♘f3 ♗g4 9.♗e2 ♘c6 10.d5 ♘e5 11.♘xe5 ♗xe2 12.♕xe2 ♘xa4 13.f4 e6 14.0–0–0 ♕e8 15.♖he1 exd5 16.exd5 ♕c8 und Schwarz steht keineswegs schlechter.

B) 5...e5 6.dxe5 ♗b4+ (6...♘c6 7.♘f3 ♘db4 8.a3 ♕xd1+ 9.♔xd1 ♘d5 10.e4 ♘b6=) 7.♗d2 ♘e3 8.fxe3 (8.♕c1 ♕xd2+ 9.♕xd2 ♗xd2+ 10.♔xd2 ♘c4+ 11.♔c3 ♘xe5=) 8...♗xd2+ 9.♕xd2

♕h4+ 10.g3 ♕xa4 11.♕d4 (11.♗g2 0–0 12.♘f3 ♘c6 13.0–0 ♗g4∞) 11...♕a5+ 12.b4 ♕a3 13.e6 0–0 14.exf7+ ♖xf7 15.♗g2 ♗e6 16.♘h3 (16.♗xb7?? c5 17.♕d8+ ♔g7–+) 16...♗xh3 17.♕d8+ ♔g7 18.♕d4+ ♔g8 und Weiß remisiert durch Dauerschach.

Anzutreffen ist auch 5.♗d2!?.

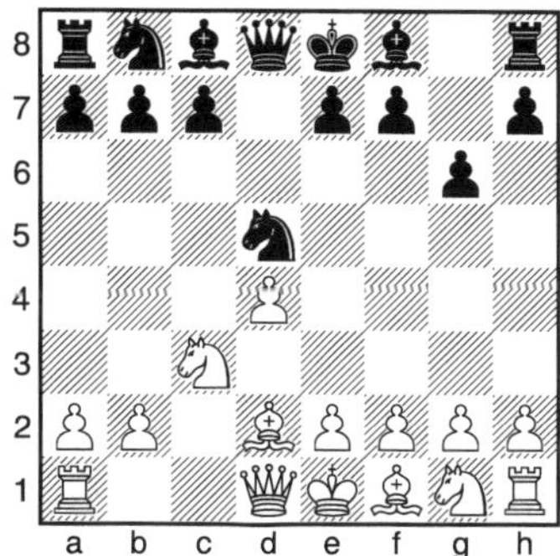

Im Fall des Springertauschs auf c3 soll nun der Läufer wiedernehmen; z.B. 5...♗g7 6.e4 ♘xc3 7.♗xc3 0–0

A) 8.♕d2 c5 9.d5 (9.dxc5 ♕xd2+ 10.♔xd2 ♖d8+ 11.♔c2 ♗xc3 12.♔xc3 ♗e6 13.♘f3 ♘d7 14.b4 a5⇄) 9...e6 10.♗xg7 ♔xg7 11.♗c4 ♘d7 12.♘f3 (12.dxe6 ♘e5 13.♕c3 ♕d4!) 12...♘b6 13.0–0 ♘xc4 14.♕c3+ ♕f6 15.♕xc4 exd5 16.♕xd5 ♗g4 mit gutem Spiel für Schwarz.

B) 8.♖c1 c5 9.d5 ♗xc3+ 10.♖xc3 e6 11.♗c4 exd5 12.♗xd5 ♘d7 13.♘e2 ♘f6 14.0–0 ♘xd5 15.exd5 b6=

5...♘xc3

5...♘b6 wird selten gespielt. Darauf empfiehlt sich 6.h3, um das Gegenspiel mit ♗c8–g4 zu verhindern, und nach der Folge 6...♗g7 7.♘f3 0–0 8.♗e3 steht Weiß aktiver.

6.bxc3 ♗g7

Eine frühe kritische Stellung dieser Variante ist erreicht. Weiß gebietet über ein ideales Bauernzentrum und kontrolliert dadurch viele Punkte in der gegnerischen Hälfte. Doch in Verbindung mit den Vorstößen c7-c5 und f7-f5 wird die weiße Stellung nun unter Figurenbeschuss genommen.

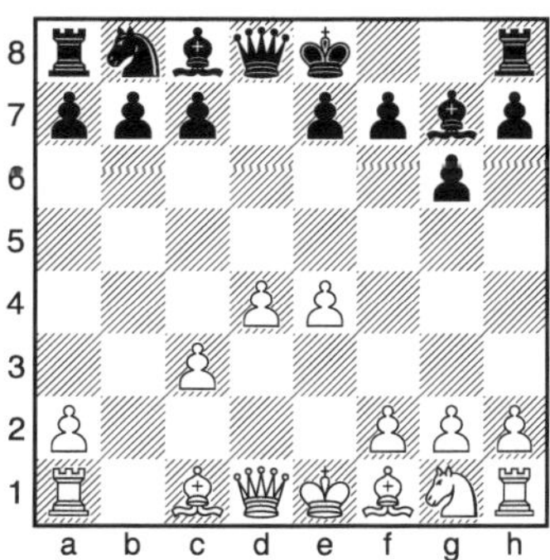

7.♘f3

Außer dem Textzug sind drei Alternativen üblich.

I. 7.♗c4 c5 8.♘e2 ♘c6 9.♗e3 0–0 10.0–0

(10.♖c1 cxd4 11.cxd4 ♕a5+ 12.♔f1!? ♗d7 13.h4 ♖fc8 14.h5 ♘d8 mit scharfem Spiel.)

10...♗g4

(Möglich ist auch 10...♕c7 11.♖c1 ♖d8 12.♕d2 a6 13.♗h6 ♗h8 14.♕e3 b5 15.♗b3 ♘a5 16.dxc5 ♗b7 mit zweischneidiger Stellung.)

11.f3 ♘a5

(Eine gute Alternative ist 11...♗d7!? und nach 12.dxc5 ♕c7 13.♘d4 ♘a5 14.♗e2 ♖fd8 erhält Schwarz gute Aussichten für den Bauern.)

12.♗d3

(Zu unklarem Spiel führt 12.♗xf7+ ♖xf7 13.fxg4 ♖xf1+ 14.♔xf1 cxd4 15.cxd4 e5 16.d5 ♘c4 17.♗f2 ♕f6 18.♔g1 ♖f8 19.♕e1 ♗h6 mit Kompensation für den geopferten Bauern.)

12...cxd4 13.cxd4 ♗e6 und nun hat Weiß erneut die Wahl.

A) 14.♕a4 a6 15.d5 (15.♖ac1 b5 16.♕c2 ♖c8 17.♕d2 ♘c4 18.♗xc4 ♗xc4∞) 15...b5 16.♕b4 ♗xa1 17.♖xa1 ♗d7 18.♕d4 f6 19.e5 fxe5 20.♕xe5 ♕b8 21.♕xe7 ♖e8 22.♕c5 ♘b7 23.♕d4 ♕e5 24.♕xe5 ♖xe5 25.♗d4 ♖e7 26.♘g3

Für die Qualität hat Weiß das Läuferpaar und einen starken Freibauern. Beide Seiten haben etwa gleiche Chancen.

B) 14.♖c1 ♗xa2 15.♕a4 ♗b3

(Dies scheint auch ein günstiger Augenblick für 15...♗e6 zu sein; z.B. 16.d5 ♗d7 17.♕b4 e6 usw.)

16.♕b4 b6 17.♗g5 f6 18.♗f4 (18.♗e3 ♕d6!) 18...e5 19.♗e3 exd4 20.♘xd4 ♗f7 21.♗a6 ♖e8 22.♖fd1 ♕e7 mit etwa gleicher Position. Angesichts des starken weißen Figurendrucks ist der Mehrbauer kaum zu verwerten.

C) Mit 14.d5!? opfert Weiß eine Qualität für Angriffsaussichten am Königsflügel.

14...♗xa1 15.♕xa1 f6 16.♖b1 (16.♗h6 ♖e8 17.♔h1 ♖c8 18.♘f4 ♗d7∞) 16...♗d7 (16...♗f7 17.♗h6 ♖e8 18.♗b5 ♕d6 19.♗xe8 ♗xe8 20.♕c3 b6∞) 17.e5 ♗c6 18.♗e4

(Günstige Komplikationen für Schwarz entstehen nach 18.♘c3 ♗xd5 19.♖d1 ♗c6 20.♗c4+ ♘xc4 21.♖xd8 ♖fxd8 usw.)

18...f5 19.dxc6 fxe4 20.cxb7 ♖b8 21.♗h6 exf3 22.♘d4 fxg2 23.♗xf8 ♕xf8 und in dieser sehr komplizierten Stellung fällt eine verlässliche Beurteilung schwer.

II. 7.♗e3 ist eine solide und eher ruhige Variante; z.B. 7...c5 8.♕d2 (8.♘f3 ♕a5 9.♕d2 ♘c6∞)

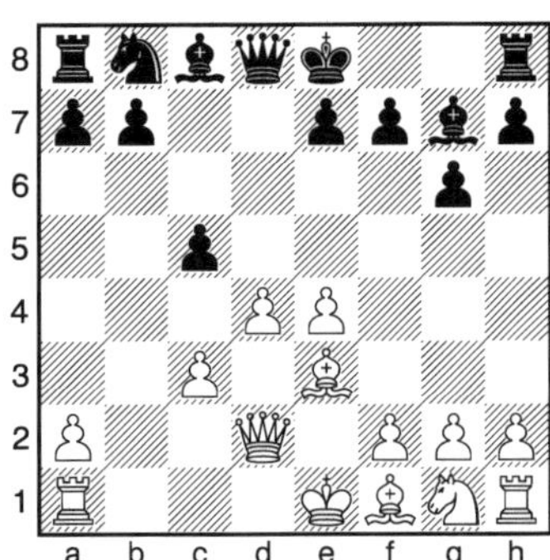

A) 8...cxd4 9.cxd4 ♘c6 10.♖d1

(Auf 10.♗b5 sollte Schwarz mit 10...♗d7 beantworten; z.B. 11.♖b1 0–0 12.♘e2 e6 13.0–0 a6 14.♗d3 b5 15.♖fc1 ♖c8 mit etwa gleichen Aussichten.)

10...0–0 (10...♕a5 11.♕xa5 ♘xa5 12.♘f3 0–0 13.♗e2 ♗d7=) 11.♘f3

♗g4 12.♗e2 ♕a5 13.0–0 ♖ac8 14.♕xa5 ♘xa5 15.♖c1 ♗xf3 16.♗xf3 ♘c4 17.e5 b5 und nun bringt es dem Weißen nicht viel, den schwarzfeldrigen Läufer zu behalten: 18.♗f4 e6 19.♖fd1 ♖fd8=.

B) 8...0–0 9.♖c1 ♕a5 10.♘f3 ♖d8

(Nach 10...e6 11.♗h6 ♘c6 12.h4 cxd4 13.♗xg7 ♔xg7 14.cxd4 ♕xd2+ 15.♔xd2 ♖d8 16.♔e3 steht Weiß mit seinem zentralisierten Königs aktiver.)

11.d5 e6 12.♗g5 f6 13.♗e3 ♘c6 14.♗d3 exd5 15.exd5 ♘e7 16.c4 ♕xd2+ 17.♘xd2 b6 18.0–0 ♘f5 19.♗f4 ♗d7 20.♖fe1 ♗f8 21.♘e4 ♔f7 und Schwarz muss noch um Ausgleich kämpfen.

III. Mit der interessanten Idee 7.♗b5+ will Weiß den typischen Aufbau c7-c5 nebst ♘b8-c6 verhindern.

A) 7...c6 8.♗a4 0–0 (8...b5 9.♗b3 b4 10.♕f3 0–0 11.♘e2 bxc3 12.♕xc3 ♗b7 13.♖b1±) 9.♘e2 c5 10.0–0 ♘c6 11.♗e3 ♘a5 12.♖b1

(12.dxc5 ♘c4 13.♕xd8 ♖xd8 14.♗g5 ♗d7 15.♗b3 ♘a5 16.♖fd1 ♗c6 17.f3 ♗f8 18.e5 ♖xd1+ 19.♖xd1 e6 20.♗e3 ♖c8 und Schwarz steht gut.)

12...b6 13.♗b5 ♗e6 14.d5 ♗d7 15.♗d3 e5 16.f4 f5 17.♘g3 g5 mit beiderseitigen Chancen (Analyse von GM Timman).

B) 7...♗d7 8.♗e2 c5 9.♘f3 cxd4 10.cxd4 ♗c6 11.♕d3 0–0 12.0–0 e6 13.♗g5

(Es wurde auch schon 13.♗a3 gespielt.)

13...♕d6 (13...♕a5!?) 14.♕e3 ♘d7 15.♖ac1 ♖fe8 16.♖fe1 ♖ac8 17.h4 ♕f8 18.♗f1

(Nach 18.h5 h6 19.hxg6 hxg5 20.♘xg5 fxg6 21.♕h3 ♕f6 ist nicht zu entdecken, wie Weiß seinen Angriff fortsetzen kann.)

18...h6 19.♗f4 ♘f6 20.♗e5 ♖ed8 mit etwa ausgeglichener Stellung.

7...c5

Schwarz muss energisch gegen das weiße Zentrum vorgehen.

Zu passiv ist 7...0–0, denn nach 8.♗e3 b6 9.♕d2 ♗b7 10.♗d3 ♘d7 11.h4 hat Weiß Initiative am Königsflügel.

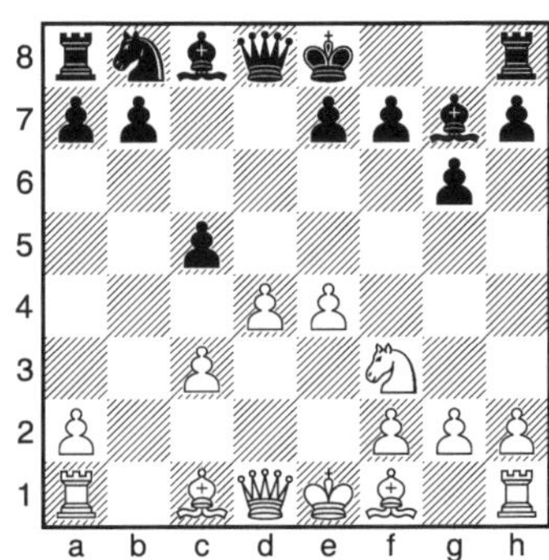

8.♖b1

Dieser Zug wird in dieser modernen Variante favorisiert. Weiß entfernt den Turm aus der langen Diagonale und attackiert zugleich den Bauern b7. Dadurch bekommt Schwarz Probleme mit der Entwicklung seines Damenflügels.

Angesichts des Nachteils, dass der Bauer a2 seine Deckung verliert, sind auch andere Fortsetzungen anzutreffen.

I. 8.♗e3 0–0

(Es geht auch 8...♕a5 9.♕d2 ♘c6 usw.)

9.♗e2 ♘c6 10.0–0 cxd4 11.cxd4 ♗g4 12.d5 ♘e5 13.♘xe5 ♗xe2 14.♕xe2 ♗xe5 15.♖ab1 ♕d7 16.f4 ♗g7 nebst b7-b6, ♖a8-c8 mit etwa gleichen Aussichten.

II. 8.h3 0–0 9.♗e2 b6

(Interessant ist 9...b5 und nun wäre 10.♗xb5? schwach wegen 10...♕a5!.

Hingegen führt 10.♗e3 ♗b7 11.♕d3 cxd4 12.cxd4 ♘d7 13.0–0 ♘b6 zu gleichen Perspektiven.)

10.♗e3 ♗b7 11.♕d3 cxd4 12.cxd4 ♘c6 13.0–0 e6 14.♖ac1 ♖c8=

8...0–0 9.♗e2

9.♗c4 ♘c6 10.♗e3 ♗g4=

9...cxd4 10.cxd4 ♕a5+

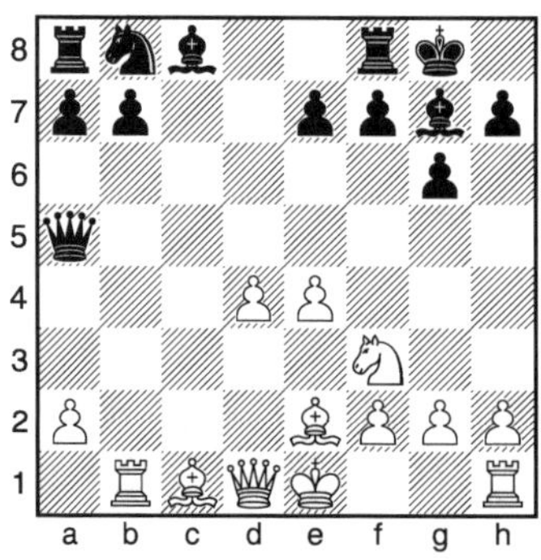

11.♗d2!?

Wenn Weiß keinen Bauern für die Initiative opfern will, sollte er natürlich 11.♕d2 spielen; z.B. 11...♕xd2+ 12.♗xd2 b6 13.d5 ♘a6 14.♗b5

(Auf 14.♗e3 folgt stark f5!∞.)

14...♗b7 15.0 0 ♘c5 16.♖fe1 ♖fc8 17.♗b4 ♖c7 18.a4 f5! und in dieser unklaren Stellung steht Schwarz zumindest zufriedenstellend.

11...♕xa2 12.0–0 ♗g4

Das ist der logische Entwicklungszug.

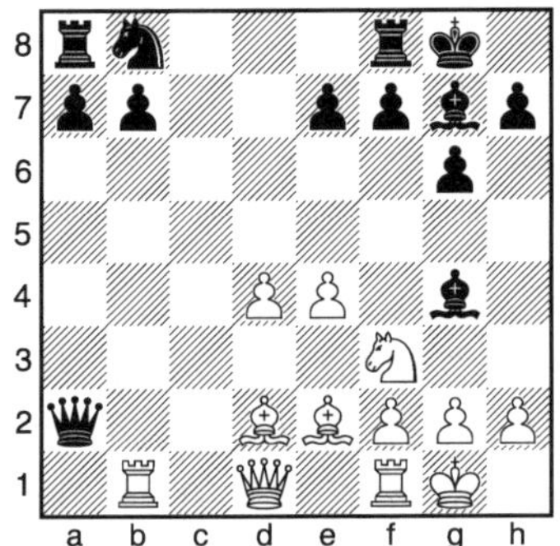

In dieser kritischen Stellung stehen Weiß drei starke Züge zur Verfügung.

I. 13.♗g5 h6 14.♗e3

(14.♗xe7 ist gefährlich wegen 14...♖e8 15.♖xb7 ♘d7 16.♗b4 ♖xe4 17.♖e1 ♗xf3 18.♗xf3 ♖xd4∓.)

14...♘c6 (14...b6 15.♖a1 ♕b2 16.♕d3 ♕b4 17.h3 ♗xf3 18.♗xf3) 15.d5

(Nach 15.♖xb7 ♖ab8 16.♖xb8 ♖xb8 17.h3 ♗d7 18.d5 ♘e5 19.♗f4 ♕b2 verbliebe Schwarz mit einem Freibauern auf der a-Linie, der im Endspiel sehr stark sein kann.)

15...♘e5 16.♖xb7 e6 17.♖e1 ♗xf3 18.gxf3 ♖fd8 19.d6 ♕a5 20.♖f1 (20.f4? ♖xd6!) 20...♗f8 21.d7 ♕a2 22.♗b5 a6 23.♗d4 ♗g7 24.f4 axb5 25.fxe5 ♕a6

(Nach 25...♕c4 26.♗b6 ♕xe4 27.♗xd8 ♖xd8 28.♖c7 ♗xe5 29.♖c8 ♕f4 30.♖xd8+ ♔h7 31.♖e1 ♕xh2+ 32.♔f1 ♕h1+ 33.♔e2 ♕e4+ remisiert Schwarz durch Dauerschach.)

26.♖c7 b4 27.♖e1 ♕a5 28.♖b7 ♕a6

Schwarz behauptet das Gleichgewicht durch dauernde Verfolgung des eingedrungenen Turms. Die vorgestellten Beispiele illustrieren die Möglichkeiten beider Seiten in dieser sehr komplizierten Variante.

II. 13.♗e3 ♘c6 14.♖xb7 (14.d5 ♘a5 15.♗g5 ♕a3 16.♖e1 b6 17.e5 h6∞) 14...♖ab8 15.♖c7 (15.♖xb8 ♖xb8 16.d5 ♘e5 17.♘d2 ♗xe2 18.♕xe2 a5⇄) 15...♖fc8 16.♖xc8+ ♖xc8 17.h3 ♗xf3 18.♗xf3 ♖d8 19.d5 ♘e5 20.♕c1 a5 und der a-Freibauer gibt dem Schwarzen gute Gegenchancen.

III. 13.♖xb7 ♗xf3 14.♗xf3 ♗xd4 15.♗b4 (15.e5 ♘a6 16.♖xe7 ♖ad8∞) 15...♖d8 16.♕c1 ♘a6 17.♗xe7 ♖ac8 18.♕f4 ♘c5 19.♗xd8 ♘xb7 20.♗f6 ♗xf6 21.♕xf6 ♕e6 22.♕d4 ♕b6 und Schwarz hält seine Position.

Zusammenfassung: Die Abtauschvariante (oft auch als 'Hauptsystem' dieser Eröffnung bezeichnet) führt häufig zu scharfen und sehr unklaren Stellungen. Ich habe versucht, dies anhand vieler lehrreicher Beispiele zu zeigen. Das Spiel mit Qualitätsopfer nach 14.d5!? (siehe Nebenvariante nach 7.♗c4), das zu einem interessanten taktischen Kampf führt, wurde noch nicht vollständig erforscht. Hier möchte ich Spieler mit kombinatorischen Fähigkeiten ermutigen, weitere analytische und praktische Forschungen durchzuführen.

Kapitel 44
Holländische Verteidigung
1.d4 f5

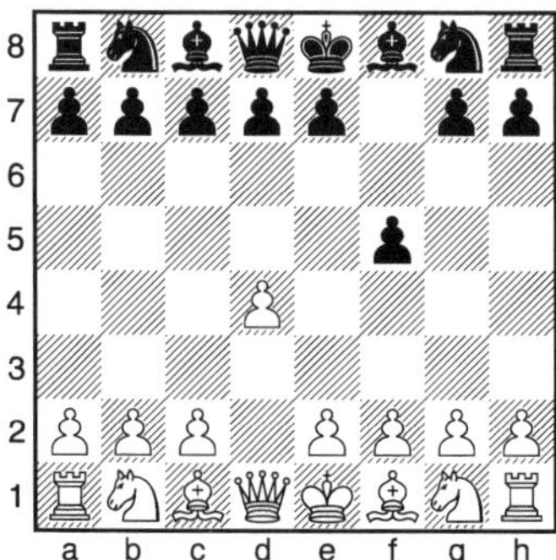

Diese Eröffnung ist nach der niederländischen Wahlheimat ihres ersten Fürsprechers benannt, des Franzosen Elias Stein (1748-1812), der sie 1789 zum ersten Mal in seinem Buch '*Nouvel Essai sur le Jeu des Échecs*' propagierte. Die Holländische Verteidigung war bis zum Aufkommen der 'Hypermodernen Schule' und der Indischen Systeme neben der üblichen Antwort d7-d5 die einzige allgemein akzeptierte Erwiderung auf 1.d4. Bis heute gilt die schwarze Spielidee als aggressiv, denn Schwarz sucht die Kontrolle über den Punkt e4 und möchte langfristig am Königsflügel angreifen. Weiß hingegen strebt nach Zentrumsspiel mit e2-e4 bzw. d4-d5, und zwar oft verbunden mit Aktionen am Damenflügel.

2.c4

Weiß kämpft um die Herrschaft im Zentrum.

Hier ein Blick auf andere Möglichkeiten.

I. Das 'Staunton-Gambit' 2.e4 ist eine sehr scharfe Waffe gegen die Holländische Verteidigung.

2...fxe4 3.♘c3

(Nach 3.f3!? ist 3...d5! stark.)

3...♘f6 4.♗g5

(Oder 4.f3 d5 5.fxe4 dxe4 6.♗g5 ♗f5 7.♗c4 ♘c6 8.♘ge2 ♕d7 mit etwa gleicher Stellung, denn der Bauer auf e4 ist schwach und wird bald zurückerobert.)

A) 4...♘c6 5.d5 ♘e5 6.♕d4 ♘f7 7.♗xf6 exf6 (7...gxf6!? 8.♘xe4 c6∞) 8.♘xe4 ♗e7 9.0–0–0 0–0 10.f4 d6 11.♘g3 c5 12.♕c3 ♘h6 13.♗d3 f5 14.♕d2 g6∞.

B) Ein schwerer Fehler wäre 4...d5? wegen 5.♗xf6 exf6 6.♕h5+ g6 7.♕xd5 mit weißem Vorteil.

C) 4...e6 5.♘xe4 ♗e7 6.♗xf6 ♗xf6 7.♘f3 b6 (7...♗e7!? Δ0–0, b6, ♗b7=) 8.♘e5 0–0 9.♗d3 ♗b7 10.♕h5 und nach 10...♗xe5 11.dxe5 ♖f5 12.♕g4 ♖xe5 13.0–0–0 ♘a6 hat Schwarz gute Verteidigungsmöglichkeiten.

Hingegen verliert 10...♕e7?? 11.♕xh7+!! ♔xh7 12.♘xf6+ ♔h6 13.♘eg4+ ♔g5 14.h4+ ♔f4 15.g3+ ♔f3 16.0–0 gxf6 17.♘h2#.

Dieses Beispiel zeigt, wie überfallartig die schwarze Königsstellung eingenommen werden kann, und zwar nicht zuletzt wegen der Schwächung, die mit dem allerersten Zug von Schwarz einhergeht. Bei genauem Spiel jedoch sollte Schwarz gegen das Staunton-Gambit problemlos Ausgleich erhalten.

II. 2.♗g5 c6

(Schwach ist 2...h6 3.♗h4 g5 4.♗g3 f4 5.e3! mit weißem Vorteil.)

3.♘d2 ♕b6 4.e3!? (4.♘b3 a5⇄) 4...♕xb2 5.♖b1 ♕a3

(Mit 5...♕xa2 6.♗c4! schenkt Schwarz dem Gegner zwei Tempi für einen gefährlichen Angriff.)

6.g4!? fxg4 7.♕xg4 ♕xa2 8.♗d3 ♘f6 9.♕h4 ♕f7 mit scharfer Stellung. Schwarz hat zwar zwei Mehrbauern, aber Weiß verfügt über gewaltigen Entwicklungsvorsprung. Ob dieser ausreicht, muss im Einzelfall die Praxis zeigen.

III. 2.♘c3 d5

(Die Zugumstellung nach 2...♘f6 3.♗g5 d5 ist natürlich auch möglich.)

3.♗g5

(Nach 3.f3 ♘c6 4.♗f4 a6 5.♕d2 g6 6.e3 ♗g7 7.♘a4 ♘f6 8.♘c5 ♘h5 9.♗g5 ♕d6 10.♘d3 e5 hat Schwarz keine Probleme.)

3...♘f6 4.♗xf6 exf6 5.e3 ♗e6 6.♗d3 ♘c6 7.♕f3 ♕d7 8.a3 0-0-0 9.♘ge2 g6 10.♘f4 ♗f7 mit etwa gleichen Chancen.

2...♘f6 3.♘f3

Bezüglich der Entwicklung seines Damenspringers sollte Weiß den Gegner noch im Unklaren lassen. Statt Sb1-c3 erweist sich nämlich gelegentlich auch die Alternative Sb1-d2 als nützlich; z.B. 3.♘d2 e6 4.♘gf3 ♗e7 5.e3 0-0 6.♗d3 b6 7.0-0 ♗b7∞.

3...e6

Die Leningrader Variante nach 3...g6 wird ausführlich in **Abspiel 1** untersucht.

4.g3

Der Aufbau mit dem Fianchetto des Königsläufers wird am meisten gespielt.

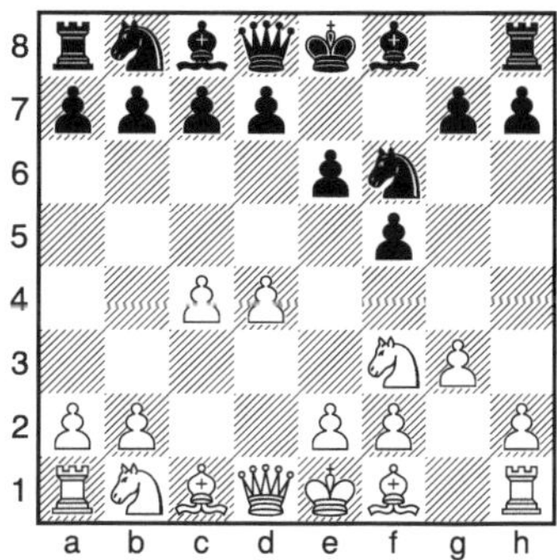

4...d5

Der sogenannte ‘Stonewall’, zu dem sich auch noch ein schwarzer Bauer auf c6 gesellen wird. Der Nachziehende blockiert das Zentrum, um im Schutze der kompakten Mitte einen Königsangriff mittels g7-g5 durchzuführen. Der Nachteil dieses Planes besteht in der Schwächung des Punktes e5.

Die Variante 4...♗e7 wird in **Abspiel 2** besprochen.

5.♗g2 c6 6.0-0 ♗d6

Zu kurzsichtig ist 6...dxc4, denn nach 7.♘e5 bekommt Weiß seinen Bauern vorteilhaft zurück. Die Stellung des Läufers auf d6 ist stärker als die auf e7, weil er größeren Einfluss auf die schwarzen Felder hat, insbesondere auf e5.

7.b3

Weiß verteidigt nicht nur seinen Bauern c4, sondern plant auch ♗c1-a3.

7...♕e7

Nach 7...0–0 8.♗a3! ist der Abtausch der schwarzfeldrigen Läufer günstig für Weiß.

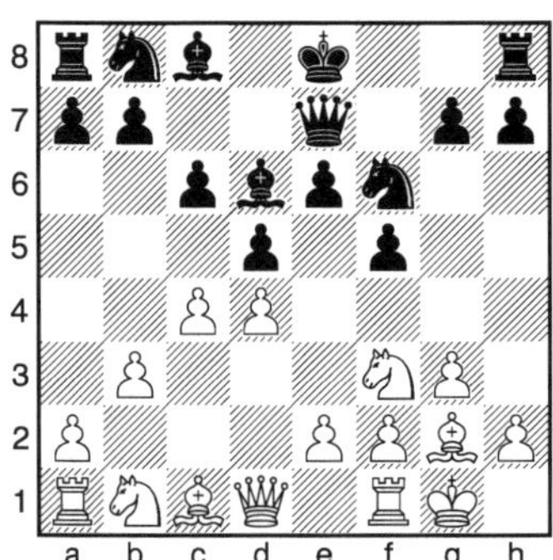

8.♘bd2

Nach 8.♘e5 empfiehlt sich 8...b6, um die Entwicklung des Damenflügels fortzusetzen. Der Läufer wird üblicherweise auf b7 postiert, manchmal zieht er jedoch nach a6; z.B. 9.cxd5 exd5 10.♗b2 ♗b7 11.♕c2 g6 12.♘d2 0–0 13.♖ac1 c5 14.♘df3 ♘a6 15.♖fd1 ♖ac8 mit vollwertigem Spiel.

8...0–0

Ein anderer Plan ist 8...b6; z.B. 9.♘e5 ♗b7 10.♘df3 ♘e4 11.♘d3 ♘d7 12.♗f4 0–0 13.♗xd6 ♕xd6 14.♖c1 ♖ac8

Schwarz steht zufriedenstellend und plant natürlich c6-c5.

9.♗b2

Eine Alternative ist das Manöver 9.♘e5 nebst ♘e5-d3, ♘d2-f3 und ♗c1-f4.

9...b6

Auf 9...♗d7 (Δ♗d7-e8-h5) folgt 10.♘e5 ♗e8 11.♘d3 ♗h5 12.♘f3 mit dem Plan ♘f3-e5, f2-f3 und e2-e4 mit besseren Chancen für Weiß.

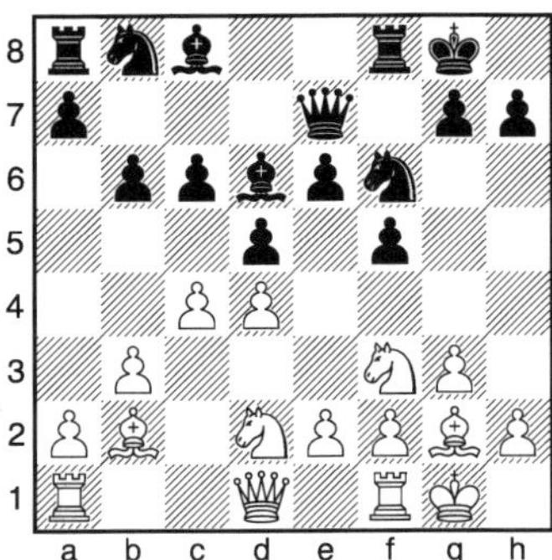

10.cxd5

Damit wird die Lage im Zentrum stabilisiert.

Natürlich kann Weiß mit 10.♘e5 die Spannung noch halten; z.B. 10...♗b7 11.♘df3

Der Springer e5 wird durch seinen Kollegen unterstützt.

11...♘e4 12.♖c1 a5 13.e3 ♘a6 14.♕e2 ♖ac8∞

10...exd5 11.♘e5

Nach 11.♕c2 g6 12.♖ac1 ♗b7 13.♘e5 a5 14.♘df3 ♖c8 nebst ♘b8-d7, c6-c5 kann Schwarz auf vollwertiges Spiel hoffen.

11...♗b7 12.♘df3 a5 13.♖c1 ♘e4 14.e3 c5 15.♘d3 ♘a6 mit gutem Spiel für Schwarz.

Zusammenfassung: Das System nach 4...d5 führt zu sehr kompliziertem Spiel mit beiderseitigen Möglichkeiten und ist für Spieler mit taktischen Fähigkeiten sehr gut geeignet. Der Stonewall wurde von vielen starken Großmeister der Vergangenheit gespielt, aber auch in der Gegenwart erfreut sich das System großer Popularität. Das Staunton-Gambit nach 2.e4 gibt dem Weißen starke Initiative, aber Schwarz sollte bei genauem Spiel Ausgleich halten.

Abspiel 1

Leningrader Variante

(1.d4 f5 2.c4 ♘f6 3.♘f3)

3...g6

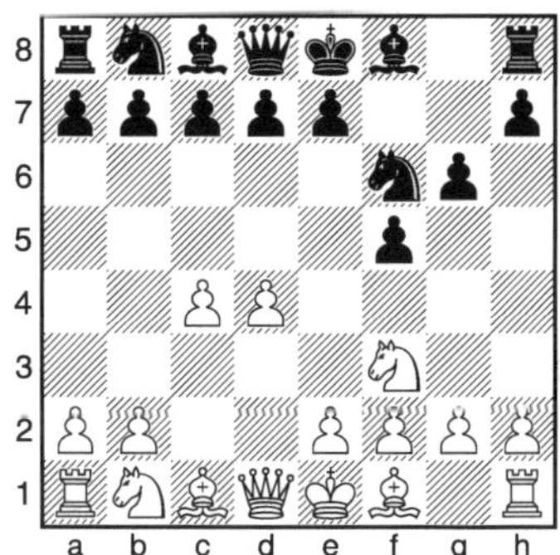

Dieser Entwicklungsplan dominiert in der gegenwärtigen Turnierpraxis. Schwarz versucht Ideen aus der Holländischen und aus der Königsindischen Verteidigung miteinander zu verbinden. Der Läufer übt auf der Diagonale a1-h8 in Verbindung mit c7–c5 oder e7–e5 starken Druck auf d4 aus.

4.g3 ♗g7 5.♗g2 0–0 6.0–0 d6

Auf 6...c6 folgt 7.d5! mit dem Plan ♘b1-c3 und e2–e4.

7.♘c3

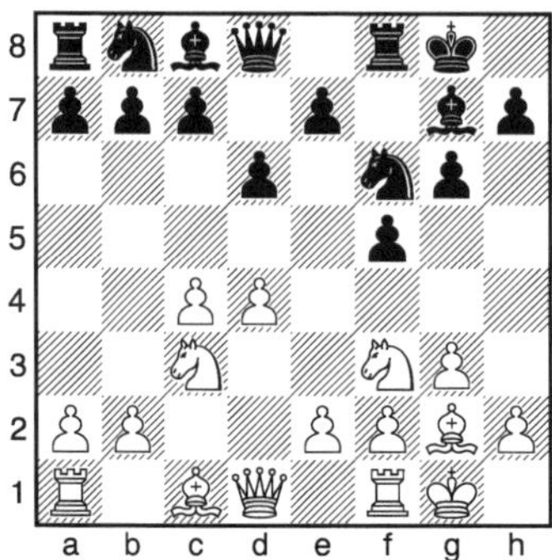

7...♕e8

Eine recht populäre Fortsetzung. Mit dem frühen Stellungswechsel der Dame bereitet Schwarz den Vorstoß e7–e5 vor und plant zugleich deren Überführung zum Königsflügel. In bestimmten Situationen kann es sogar eine Rolle spielen, dass die Dame von e8 aus die weißen Felder des Damenflügels kontrolliert.

Hier ein Blick auf einige Alternativen.

I. 7...c6 8.d5

(Oder 8.♕c2 ♕c7 9.♖d1 e5 10.dxe5 dxe5 11.e4 ♘a6 12.b3 ♘b4 13.♕d2 fxe4 14.♘xe4 ♘xe4 15.♕xb4 ♘xf2! 16.♔xf2 e4 17.♗f4 ♖xf4! 18.gxf4 ♗xa1 mit schwarzem Vorteil.)

8...e5 9.dxe6 ♗xe6 10.b3 ♘a6

(Nach 10...♘e4 11.♘xe4 ♗xa1 12.♕xd6 ♕xd6 13.♘xd6 ♗c8 14.♗g5 ♗f6 15.♗xf6 ♖xf6 16.♘xc8 ♘a6 17.♘e7+ ♔f8 18.♘xc6 bxc6 19.♘e5 hat Weiß klaren Vorteil.)

11.♗b2 ♕e7 12.♘g5 ♖ad8 13.♘xe6 ♕xe6 14.♕d2 ♘c5 15.♖ad1 ♖fe8 und Schwarz steht zufriedenstellend.

II. 7...♘c6 8.d5 ♘e5

(Ebenfalls möglich ist 8...♘a5 9.♘d2 c5 10.♖b1 e5 usw.)

9.♘xe5 dxe5 10.e4

(Oder 10.♕b3 h6 11.♖d1 ♔h8 12.c5 g5 mit der Absicht, die Dame über e8 zum Königsflügel zu überführen.)

10...f4 11.gxf4 ♘h5 12.f5 ♘f4 13.♗xf4 exf4 14.♘e2 ♗xb2 15.♖b1 ♗e5 16.♘d4 gxf5 17.exf5 ♗xd4 18.♕xd4 ♖xf5 19.♖fe1 f3 20.♖b3 e5 (20...fxg2 21.♖g3+ +–) 21.♕g4+ ♖g5 22.♕xf3 ♕d6 23.♖be3 ♗d7 24.♖xe5 ♖g7 25.♔h1 ♖f8 mit voller Kompensation für den Bauern.

8.d5

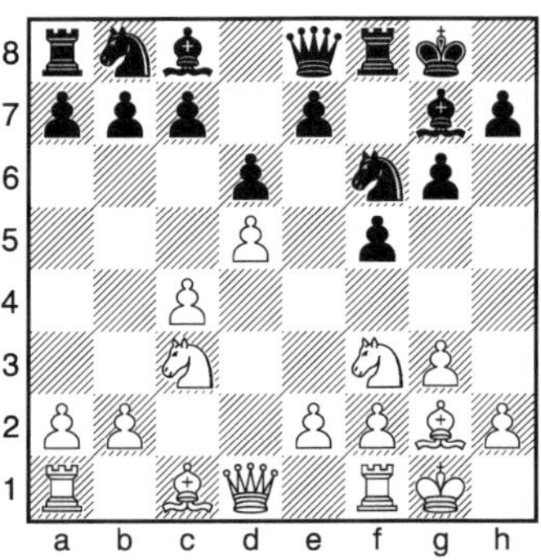

Damit will Weiß nicht nur den Gegner einengen, sondern unmittelbar das Feld d4 für seine Figuren räumen.

Hier ein Blick auf andere Möglichkeiten.

I. 8.♖e1 ♕f7 9.♕d3 h6 10.b3 (10.d5 e5 11.dxe6 ♗xe6 12.c5 ♘c6 13.cxd6 ♖ad8=) 10...♘c6 11.♗a3

(Weiß möchte den Zug e7–e5 verhindern. So könnte z.B. nach 11.♗b2 einfach 11...e5 12.♕c2= geschehen.)

11...♘e4 12.♘xe4 fxe4 13.♕xe4 ♘xd4 14.♘xd4 ♕xf2+ 15.♔h1 ♕xd4 16.♕xe7 ♗f5 17.e4 ♖f7 18.♕h4 ♗e6 19.♖ad1 ♕e5 mit aktivem Spiel für Schwarz. Der Bauer e4 ist schwach und schränkt den Läufer g2 ein.

II. 8.♘d5 ♘a6

(Nach 8...♘xd5 9.cxd5 erhält Weiß für den Doppelbauern die Möglichkeit, Druck auf den Bauern c7 auszuüben.)

9.♘xf6+ ♗xf6 10.♗h6 ♗g7 11.♗xg7 ♔xg7 12.d5 (12.♕d2 c5 13.e3 ♖b8 14.b3 b6∞) 12...e5 13.dxe6 ♕xe6 14.♕d4+ ♕f6 15.♕xf6+ ♔xf6 16.♘d4 c6 17.♖fd1 ♗e6 18.♘xe6 ♔xe6 19.♖d2 ♖ad8 20.♖ad1 ♘c5 21.b4 ♘e4=

III. 8.e4 fxe4 9.♘g5 ♘c6 10.♗e3 e5 11.d5 ♘e7 (11...♘d4!? 12.♗xd4 exd4 13.♘cxe4 ♘xe4 14.♘xe4 ♗f5∞) 12.♘gxe4 ♘xe4 13.♘xe4 ♘f5 14.c5 ♘xe3 15.fxe3 ♖xf1+ 16.♕xf1 ♕e7=

8...a5

Mit der Absicht, b2-b4 zu unterbinden und den Springer auf c5 zu postieren.

Eine Alternative ist 8...c6 9.♖b1 ♘a6 10.b4 ♗d7 11.dxc6 (11.♘d4 c5 12.bxc5 ♘xc5 13.♘b3 b6∞) 11...bxc6 12.b5

(Oder 12.♘d4 ♘xb4!? 13.♖xb4 c5 14.♖b1 cxd4 15.♗xa8 dxc3 mit einem gewissen Äquivalent für die Qualität.)

12...cxb5 13.cxb5 ♘c5 14.a4 ♖c8 mit guten Aussichten für Schwarz in einer interessanten Stellung.

Anzutreffen ist auch 8...♘a6; z.B. 9.♘d4 ♗d7 10.e4 c5 11.dxc6 bxc6 12.exf5 gxf5 13.♗g5 (13.♖e1 e5 14.♘b3 ♕b8⇄) 13...♘c5 mit vollwertigem Spiel.

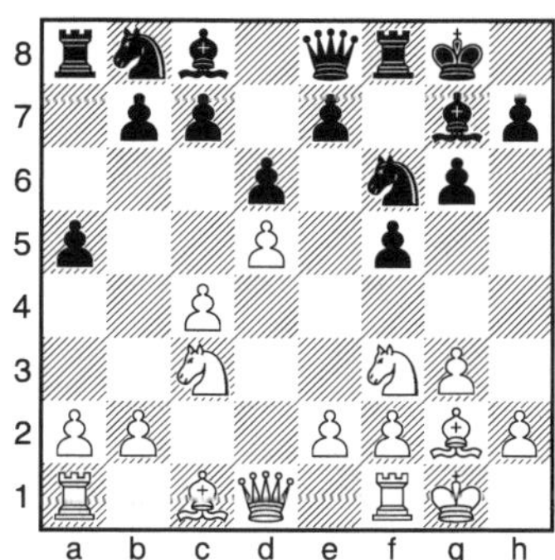

9.♘d4

Ein ideales Feld für den Springer.

Oder 9.♗e3 ♘a6

(Möglich ist auch 9...h6!?, um gelegentlich g6-g5 zu spielen.)

10.♕d2 ♗d7 11.♗h6 ♕f7 12.♗xg7 ♕xg7 13.♘d4 ♘c5 mit zweischneidigem Spiel.

9...♘a6 10.b3 ♗d7 11.♗b2 g5 12.e3 f4 13.exf4 gxf4 mit Gegenspiel am Königsflügel.

Zusammenfassung: Das vorgestellte System führt ohne Zweifel zu einem scharfen Kampf mit guten Konterchancen für Schwarz. Es gibt einige interessante Möglichkeit, das weiße Spiel zu bekämpfen – meiner Meinung nach vorneweg den Plan mit 7...♕e8.

Abspiel 2

Klassische Variante

(1.d4 f5 2.c4 ♘f6 3.♘f3 e6 4.g3)

4...♗e7 5.♗g2 0–0 6.0–0

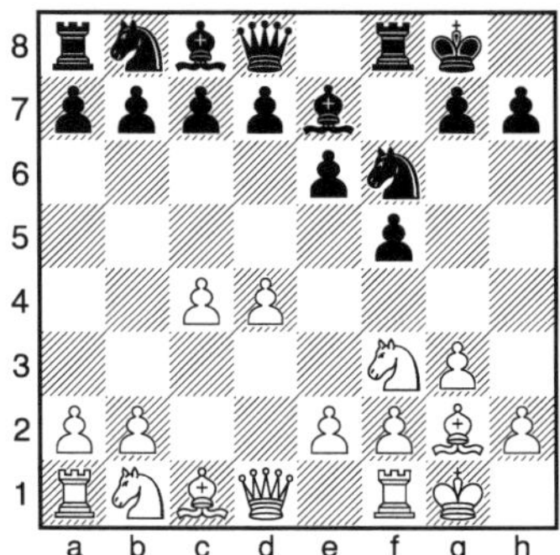

6...d6

Dieser Zug führt zur klassischen Variante. Schwarz plant, nach ♕d8-e8-h5 eine Aktion am Königsflügel zu organisieren. In einigen Positionen erfolgt der Vorstoß e6-e5.

Ein weiterer Plan besteht in 6...♘e4 – der sogenannten 'Aljechin-Variante'.

A) Nach 7.b3 wird der Läufer auf b2 platziert, und nach eventuellem d4-d5 wird er auf der langen Diagonale aktiv wirken.

7...♗f6 8.♗b2 d5 (8...c5 9.e3 ♘c6 10.♕e2 cxd4 11.♘xd4 d5∞) 9.♕c2 ♗d7 10.♘bd2 ♘c6 11.a3 a5 12.♖ac1 ♖c8 13.e3 ♗e8 14.♘e1 ♕e7 15.♘d3 g5 mit aktivem Spiel.

B) Mit 7.d5 will Weiß mehr Raum im Zentrum gewinnen.

7...♗f6 8.♕c2 a5 9.♘bd2 ♘xd2 10.♗xd2 d6 11.e4 (11.dxe6 ♗xe6 12.♖fd1 ♘c6 13.e3 ♕e7 14.♗c3 ♖ae8∞) 11...fxe4 12.♕xe4 ♘a6 13.♗e3

Aufgrund seines Raumvorteils und seiner besser postierten Figuren hat Weiß die aussichtsreichere Stellung (Analyse von GM Taimanow).

C) Mit 7.♘bd2 will Weiß den Springer auf e4 sofort zu einer Klärung zwingen.

7...♗f6 8.♘xe4 fxe4 9.♘e5 d5 10.♘g4 ♗e7 11.b3

(Zu beachten ist 11.♗f4 c6 12.♕c2 ♘d7 13.f3 exf3 14.♗xf3 ♕e8 15.♖ae1 nebst e2-e4 mit besseren Aussichten für Weiß.)

11...c5 12.♗b2 ♘c6 13.dxc5 ♗xc5 14.♘e5 ♕d6 15.♘xc6 bxc6 16.♕c2 ♗b7 17.♖ad1 ♕e7 und Schwarz hält den Ausgleich.

7.♘c3 ♕e8

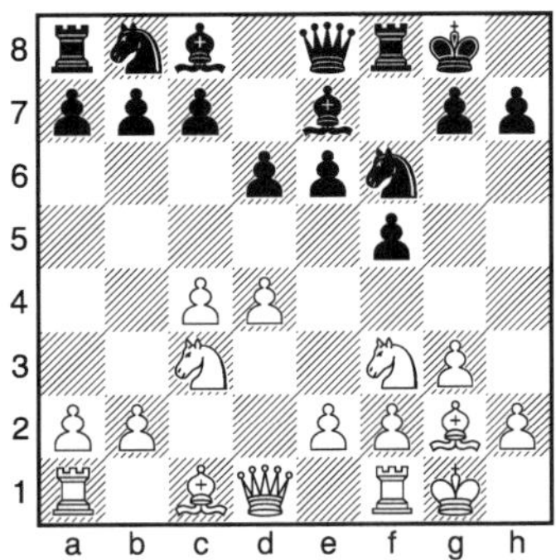

Eine charakteristische Fortsetzung für die Holländische Verteidigung (nicht nur für die klassische Variante). Die Dame wird auf den Königsflügel überführt.

8.b3

Der beste Plan für Weiß: Er möchte den Zug e6-e5 mittels ♗c1-a3 bzw. ♗c1-b2 erschweren.

Nach 8.♖e1 ♕g6 9.e4! fxe4 10.♘xe4 ♘xe4 11.♖xe4 ♘c6 (11...♕xe4? 12.♘h4+-) 12.♖e1 ♗f6 13.♗e3 e5 14.dxe5 dxe5 15.♕b3 ♖b8 16.♗c5 ♖d8 erhält Schwarz aktives Spiel und die Stellung ist etwa ausgeglichen.

8...a5

Schwarz möchte im Fall von ♗c1-a3 mit dem Manöver ♘b8-a6-b4 antworten.

9.♗b2 ♘a6

Der Damenzug nach h5 ist immer möglich: 9...♕h5 10.e3 g5∞.

10.e3 c6 11.♕e2

Weiß bereitet den typischen Vorstoß e3-e4 vor, um die Initiative im Zentrum zu ergreifen.

11...♕h5 12.♖fe1 ♗d7 13.e4 fxe4 14.♘xe4 ♘xe4 15.♕xe4 ♗f6 16.♖ad1 ♖ae8 mit etwa gleichen Chancen. Schwarz plant in einem günstigen Moment den Vorstoß e6-e5 durchzuführen.

Zusammenfassung: Auch hier sollte der Plan mit 7...♕e8 zwecks Überführung der Dame nach h5 dem Nachziehenden ausreichende Gegenchancen garantieren. Zu weiteren analytischen und praktischen Untersuchungen empfehle ich die Aljechin-Variante, die dem Schwarzen viele Möglichkeiten zu bieten hat. Im Allgemeinen führt die Holländische Verteidigung zu einem heftigen Kampf und Schwarz hat gute Möglichkeiten, Gegenspiel zu erzielen. Und der besagte 'heftige Kampf' erfordert von beiden Seiten gute Kenntnisse und auch Konzentration während des Spiels.

Kapitel 45

Polnische Verteidigung

1.d4 b5

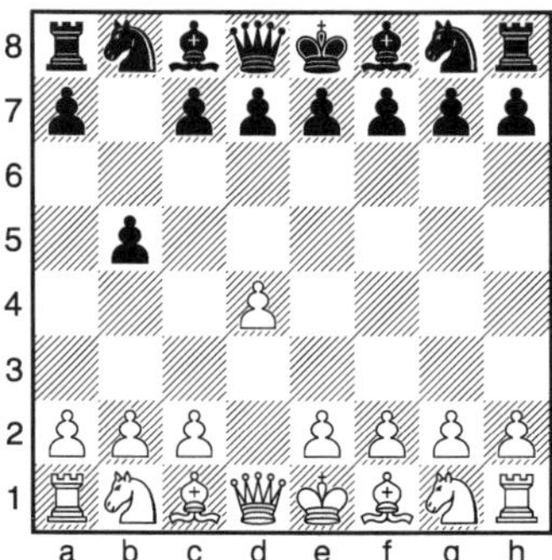

Dieser Zug entstammt einer Korrespondenzpartie des polnischen Meisters Aleksander Wagner (1868 bis um 1942) aus dem Jahre 1913, der seine ausführlichen Analysen ein Jahr später in der Zeitschrift *Deutsches Wochenschach* veröffentlichte.

2.e4 ♗b7 3.♗d3

Hier ein Blick auf andere Möglichkeiten.

I. 3.f3 a6 4.a4 b4 5.c4 e6 6.b3

A) 6...d6 7.♗b2 ♘d7 8.♘h3 e5 9.♘f2 (9.d5 c6!) 9...exd4 10.♗xd4 ♘e7 11.g3 ♘c6 12.♗b2 ♘f6 13.♗g2 ♗e7 14.0–0 0–0 15.f4 ♖e8 16.♘d2 ♘d7 17.♘d3 ♗f6 mit etwa gleichen Chancen.

B) 6...d5 7.exd5 (7.cxd5 exd5 8.e5 c5!) 7...exd5 8.c5 ♘c6 9.♗e3 ♕f6 10.♖a2 0–0–0 mit ausgezeichnetem Spiel.

II. 3.♘d2

A) 3...b4 4.♘gf3 e6 5.♗d3 d5 (5...♘f6 6.e5 ♘d5 7.♘e4 ♗e7 8.0–0 d6 9.♖e1 ♘c6 10.c4 bxc3 11.bxc3 dxe5 12.dxe5 ♘b6 13.♕e2 h6 14.♖d1±) 6.♕e2 ♘f6 7.e5 ♘fd7 8.0–0 c5 9.c4 bxc3 10.bxc3 ♘c6 mit beiderseitigen Perspektiven.

B) 3...a6 4.♘gf3 (4.a4 b4 5.c4 c5 6.d5 e6∞) 4...e6 5.♗d3 c5 6.c3 d6 7.0–0 ♘d7 8.a4 c4 9.♗c2 ♘gf6 10.♖e1 ♗e7 11.e5 ♘d5 12.exd6 ♗xd6 13.♘e4 ♗e7 14.axb5 axb5 15.♖xa8 ♗xa8 16.♘e5 0–0 17.♕h5 (17.♘xd7 ♕xd7=) 17...f5 18.♘g5 ♗xg5 19.♗xg5 ♘5f6 20.♕e2 ♗d5 21.♘c6 ♕a8 22.♘e7+ ♔f7 23.♘xd5 ♕xd5 24.h3 ♖a8 und Schwarz darf mit seiner Stellung zufrieden sein.

III. 3.♗xb5 ♗xe4 4.♘f3

A) 4...c6 5.♗a4 (5.♗d3 ♗xd3 6.♕xd3 g6 7.0–0 ♗g7 8.c4 ♘f6 9.♘c3 0–0 10.♖e1±) 5...♕a5+ 6.♘c3 ♘f6 7.0–0 ♗g6 8.♘e5 e6 9.♕f3 ♗b4 10.♗b3 0–0 11.♗g5 ♗e7 12.♖fe1 und die weiße Stellung gefällt dem Autor besser.

B) 4...♘f6 5.0–0 e6 6.c4 ♗e7 7.♘c3 ♗b7 8.♖e1 0–0 9.♗a4 d6 10.♗c2 ♘bd7 11.♗g5 ♖b8 12.h3 c5 13.dxc5 ♗xf3 (13...♘xc5!?) 14.♕xf3 ♖xb2 15.cxd6 ♗xd6 16.♗xh7+ ♔xh7 17.♕d3+ ♔g8 18.♕xd6 ♕a5 19.♕g3 ♖c8 mit aktivem Spiel für den Bauern.

3...e6 4.♘f3 c5 5.c3 a6 6.0–0 ♘f6 7.♘bd2

Nach 7.♕e2 ♗e7 8.♗g5 d6 9.♘bd2 ♘bd7 10.a4 c4 11.♗c2 0–0 entsteht eine etwa gleiche Position.

7...cxd4 8.cxd4 ♘c6 9.a3

Auf das energische 9.a4 kann Schwarz mit 9...♕b6 reagieren, und nach 10.axb5 axb5 11.♖xa8+ ♗xa8 12.e5 ♘b4 13.♗b1 ♘fd5 nebst ♗f8-e7 und 0–0 erreicht er gute Ausgleichschancen.

9...♘a5

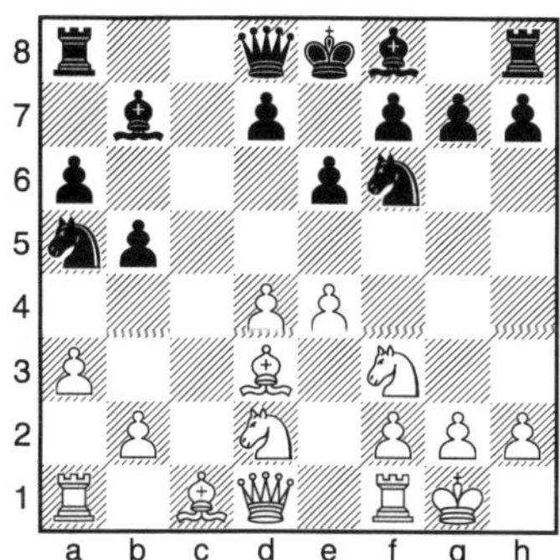

10.♖e1

Nach 10.e5 ♘d5 11.b4 ♘c6 12.♘e4 nutzt Schwarz die Gelegenheit zu 12...a5! mit Gegenchancen am Damenflügel.

10...♖c8 11.♘f1 d5 12.e5 ♘e4 13.♘g3

13.♘1d2 ♘xd2 14.♗xd2 ♘c4=

13...♕c7!

Schwarz ist bereit, einen Bauern zu opfern, allein um die weißen Felder zu erobern.

14.♘xe4

14.♗e3 ♘c4⇄

14...dxe4 15.♗xe4 ♗xe4 16.♖xe4 ♕c2 17.♕xc2 ♖xc2 18.♖e3 ♗e7 19.♖c3 ♖xc3 20.bxc3 ♔d7 nebst ♖h8-c8 und Schwarz hat wegen der zahllosen weißen Einbruchsfelder mehr als ausreichenden Ersatz für den geopferten Bauern.

Zusammenfassung: Die Polnische Verteidigung ist reich an strategisch-taktischen Ideen und aus diesem Grund durchaus empfehlenswert. Sie ist konzeptionell eng verwandt mit dem System 1...a6 (siehe Kapitel 28, Seite 189).

Kapitel 46
Englische Eröffnung
1.c4

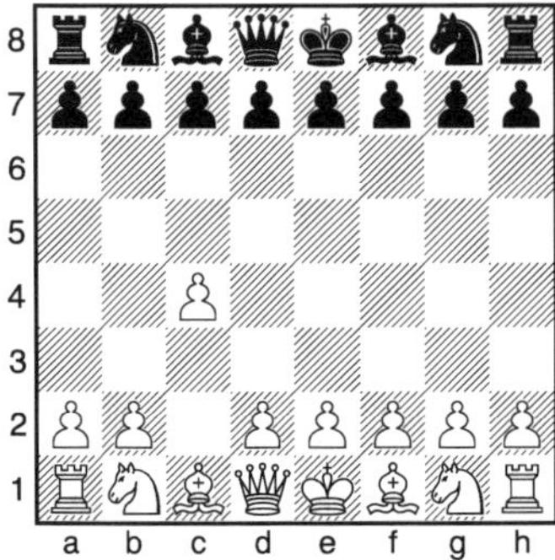

Die Bezeichnung 'Englische Eröffnung' geht auf einen Zweikampf zwischen den beiden herausragenden Vertretern Frankreichs bzw. Englands im Jahr 1843 zurück – nämlich Pierre Charles Fournier de Saint-Amant (1800–1872) und Howard Staunton (1810–1874). Bei diesem Match, das nach heutiger Vorstellung einem Weltmeisterschaftskampf glich, wandte der Engländer den seinerzeit unüblichen Zug 1.c4 nicht weniger als sechs Mal an. Die Eröffnung kam später zwar wieder aus der Mode, doch seit den 1920er Jahren bis heute gewann sie zunehmend neue Anhänger. Viele Spieler mag dabei reizen, dass das Spiel kaum forciert wird und es deshalb erlaubt, den Gegner lange Zeit über die eigentlichen Pläne im Unklaren zu lassen. Auch Zugumstellungen mit Übergang in verschiedene andere Eröffnungen sind an der Tagesordnung, und darum haben die Stellungen, die sich nach dem Textzug ergeben können, viele Gesichter.

1...c5

Schwarz wählt die sogenannte 'Symmetrische Variante'.

Andere typische Züge sind 1...e5 (siehe **Abspiel 1**) und 1...♘f6 (siehe **Abspiel 2).**

Hingegen führt 1...e6 2.d4 d5 3.♘c3 zum Damengambit.

2.♘c3

In Frage kommt auch der natürliche Entwicklungszug 2.♘f3.

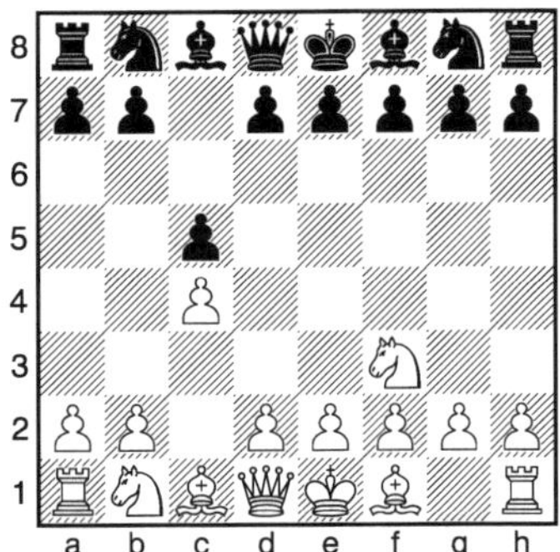

Diese Fortsetzung bedeutet meistens nur eine Zugumstellung, doch das Spiel kann auch einen eigenständigen Charakter annehmen.

2...♘f6

A) 3.♘c3 d5 4.cxd5 ♘xd5 5.e4 (5.g3 g6 6.♗g2 ♗g7 7.0-0 0-0 8.♘xd5 ♕xd5 9.d3 ♘c6=) 5...♘b4

(Nach 5...♘xc3 kann Weiß mit b2xc3 oder d2xc3 zurücknehmen.)

6.♗b5+ ♘8c6 7.d4 cxd4 8.a3 dxc3 9.♕xd8+ ♔xd8 10.axb4 cxb2 11.♗xb2 e6

(Zu gefährlich wäre 11...♘xb4?, denn nach 12.♔e2 hat Weiß für das geopferte Material bedrohliche Initiative; z.B. 12...♗g4 13.♖ac1 e5 14.♖hd1+ ♔e7 15.♖c7+ ♔f6 16.h3 ♗xf3+ 17.gxf3 und Schwarz hat arge Probleme.)

12.0–0 f6 13.e5 f5 14.♖fd1+ ♔e8 15.♘d4 ♗d7 mit komplizierter Position, in der Weiß allerdings noch nachweisen muss, dass er das Material richtig investiert hat.

B) 3.d4 cxd4 4.♘xd4 e5 (4...e6 5.g3 d5 6.♗g2 e5 7.♘f3 d4 8.0–0 ♘c6 9.e3 ♗e7 10.exd4 exd4 11.♗f4 ♗e6 12.♘bd2 0–0=) 5.♘b5 d5 6.cxd5 ♗c5 7.♘5c3

(Ein bekannter Reinfall ist 7.♗g5? a6 8.♘5c3 ♗xf2+! 9.♔xf2 ♘g4+ 10.♔g1 ♕xg5∓.)

7...0–0 8.e3 e4 9.♘d2 (9.♗e2 ♕e7 10.a3 ♖d8 11.b4 ♗d6 12.♗b2 a5⇄) 9...♕e7 (9...♖e8 10.♗e2 ♗b4 11.0–0 ♗xc3 12.bxc3 ♕xd5=) 10.a3 a5 11.d6 (11.♗e2 ♖d8 12.♕c2 ♗f5 13.0–0 ♘a6=) 11...♗xd6 12.♘dxe4 ♘xe4 13.♘xe4 ♖d8 14.♘xd6 ♖xd6 15.♕c2 ♘c6 und für den Bauern hat Schwarz ein freies Spiel und Angriffsmöglichkeiten am Königsflügel.

C) 3.g3 b6 Dieser Aufbau führt zum sogenannten 'Igelsystem'.

(Schwarz kann allerdings einen anderen Plan wählen: 3...d5 4.cxd5 ♘xd5 5.♗g2 ♘c6 6.♘c3 g6 7.0–0 ♗g7 8.♘xd5 ♕xd5 9.d3 0–0 10.♗e3 ♗d7 mit etwa gleichen Chancen.)

4.♗g2 ♗b7 5.0–0 e6 (5...g6 6.♘c3 ♗g7 7.d4 cxd4 8.♕xd4 0–0 9.♕h4 d6 10.♗h6 ♘bd7 11.♖ac1 ♖c8 12.b3 a6∞) 6.♘c3 ♗e7 7.d4 cxd4 8.♕xd4

(Nach 8.♘xd4 sollte Schwarz keine nennenswerten Schwierigkeiten haben, das Spiel auszugleichen; z.B. 8...♗xg2 9.♔xg2 d6 10.b3 ♕c7 11.♗b2 a6 12.e4 ♕b7 nebst 0–0, ♖f8-c8, ♘b8-c6 mit Vorbereitung des Vorstoßes b6-b5.)

8...d6 9.b3 0–0 10.♖d1 ♘bd7 11.♗b2 (11.♗a3 ♘c5 12.♖ac1 a6∞) 11...a6 12.e4 ♕c7 13.♖ac1 ♖ac8 und Schwarz sollte die Stellung im Gleichgewicht halten.

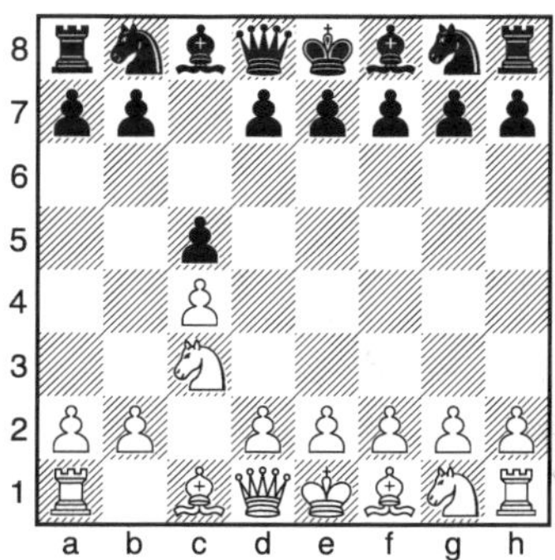

2...♘f6

Schwarz kann mittels 2...♘c6 auch weiterhin symmetrisch spielen; z.B. 3.g3 g6 4.♗g2 ♗g7 5.♘f3

(5.e3 e6 6.♘ge2 ♘ge7 7.0–0 0–0 8.d4 cxd4 9.exd4 d5=)

A) 5...e5 6.0–0 ♘ge7 7.a3 0–0 8.d3 d6 9.♖b1 a5 (sonst b2-b4) 10.♘e1 (10.♗d2 f5!) 10...♗e6 11.♘d5 (11.♘c2 d5!) 11...♖b8 12.♘c2 b5=

B) 5...e6 6.0–0

(Nichts verspricht 6.d4 cxd4 7.♘b5 d5 8.cxd5 ♕a5+ 9.♕d2 ♕xb5 10.dxc6 ♕xc6 11.0–0 ♕b6 12.♖d1 e5 usw.)

6...♘ge7 7.d3 0–0 8.♗d2 d5 9.a3 b6 (9...d4 10.♘a4 b6 11.b4!) 10.♖b1 ♗b7 11.cxd5 (11.b4 cxb4 12.axb4 dxc4 13.dxc4 ♖c8=) 11...♘xd5 (11...exd5!?) 12.♘xd5 ♕xd5 13.♗c3 ♖fd8 14.♘e5 ♕d6=

3.♘f3 ♘c6

Auch 3...d5 ist immer noch möglich.

4.g3

4.d4 cxd4 5.♘xd4 e6

(Nach 5...g6 6.e4 ♗g7 7.♗e3 entsteht eine bekannte Stellung aus der Maroczy-Variante in der Sizilianischen Partie.)

6.a3 (6.♘db5 ♗b4! oder 6.g3 ♕b6 7.♘db5 ♘e5 8.♗g2 a6 9.♕a4 ♘eg4 10.0–0 ♖b8 11.♘a3 ♗c5 12.e3 0–0=) 6...♘xd4 7.♕xd4 b6 8.♗f4 ♗c5 9.♕d2 0–0 10.♖d1 ♗b7 11.♗d6 ♗xd6 12.♕xd6 ♖c8 und Schwarz sollte seine Position halten. Es empfiehlt sich, die Dame nach a8 zu überführen und den Zentrumsvorstoß d7-d5 vorzubereiten.

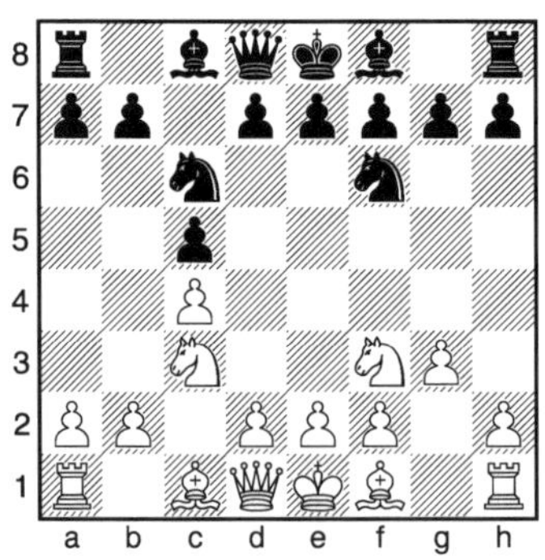

4...d5

Schwarz muss das Zentrum nicht besetzen, sondern darf auch zurückhaltender spielen; z.B. 4...g6 5.♗g2 ♗g7 6.0–0 0–0 7.d4 cxd4 8.♘xd4 ♘xd4 9.♕xd4 d6 10.♕d3 a6 11.♗e3

(11.b3? ♗f5 12.e4 ♘xe4! mit schwarzem Vorteil.)

11...♗f5 12.♕d2 ♕d7 13.♗d4 ♗e6 und Schwarz hat gute Chancen, wenn er am Damenflügel mittels ♖a8-b8 und b7-b5 aktiv wird.

5.cxd5 ♘xd5 6.♗g2 ♘c7

Dieser Entwicklungsplan (mit der Idee e7-e5) geht auf Akiba Rubinstein zurück, der ihn in den 1930er Jahren in die Turnierpraxis einführte.

7.0–0

7.a3 e5 8.b4 f6!

(Günstig für Weiß ist 8...cxb4 9.axb4 ♗xb4 10.♘xe5 ♘xe5 11.♕a4+ ♘c6 12.♗xc6+ bxc6 13.♕xb4 mit klarem Vorteil; z.B. droht unangenehm ♗c1-a3!.)

9.bxc5 ♗xc5 10.0–0 0–0 11.♗b2 ♗e6 12.♘a4 ♗e7 13.d3 ♖c8 und die Stellung ist etwa ausgeglichen.

7...e5 8.d3 ♗e7 9.♘d2 ♗d7

Es geht auch 9...0–0!? 10.♗xc6 bxc6 11.♘c4 f6 12.♗e3 ♗h3 13.♖e1 ♘d5 14.♖c1 ♖b8 und trotz seiner Bauernschwächen hat Schwarz ansehnliches Gegenspiel.

10.♘c4

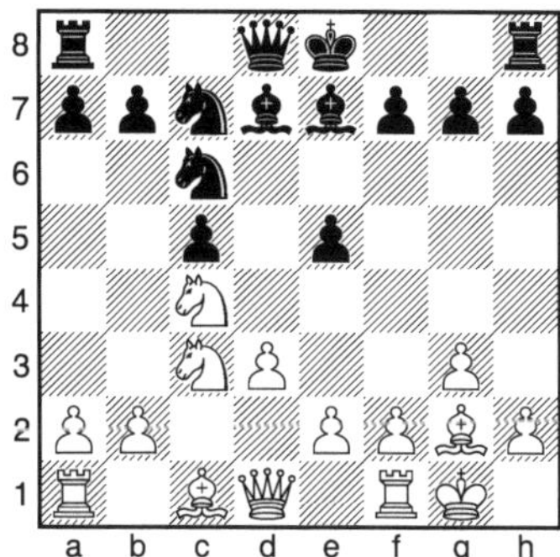

10...f6

Mit der interessanten Idee 10...0–0!? opfert Schwarz einen Bauern und bekommt dafür das Läuferpaar und etwas Initiative; z.B. 11.♗xc6 ♗xc6 12.♘xe5 ♗e8 13.♗e3 ♘e6 14.♕b3 ♗d6 15.♘f3

(Nach 15.f4 ♗xe5 16.fxe5 ♗c6 fehlt der weißen Stellung doch spürbar der Fianchettoläufer, was zu ernsten Schwierigkeiten führen kann.)

15...♗c6 16.♘e4 ♗e7 17.♘e5 ♗d5 18.♕a4 f6 19.♘c4 f5 20.♘c3 f4 21.gxf4 ♘xf4 22.♗xf4 ♖xf4 23.♘xd5 ♕xd5 mit sehr dynamischer Stellung. Schwarz hat trotz des Minusbauern gute Perspektiven; z.B. 24.f3 ♗f6 mit aktivem Spiel.

11.f4 b5 12.♘e3 exf4 13.gxf4 ♖b8 14.♘ed5 ♘xd5 15.♘xd5 0–0 mit gleichen Chancen.

Zusammenfassung:

'Englisch' ist eine flexible Eröffnung, mit der man auch in andere Eröffnungssysteme übergehen kann, z.B. ins Damengambit oder in allerlei Indische Spielweisen. Ohne Zweifel bietet kein anderes Eröffnungssystem solch eine Vielfalt an Möglichkeiten. In den vorgestellten Varianten kann Schwarz auf gleiches Spiel hoffen. Statt 10...f6 hat Schwarz die interessante Alternative 10...0–0!? mit guten Perspektiven.

Abspiel 1

Die Fortsetzung 1...e5

1.c4 e5

Nach diesem Zug entspricht die Stellung formal der Sizilianischen Verteidigung im Anzug. Angesichts der besonders ausgeprägten Dynamik in einem echten Sizilianer leuchtet es jedoch ein, dass das weiße Mehrtempo das Bild des Kampfes hier deutlich verändert.

2.♘c3

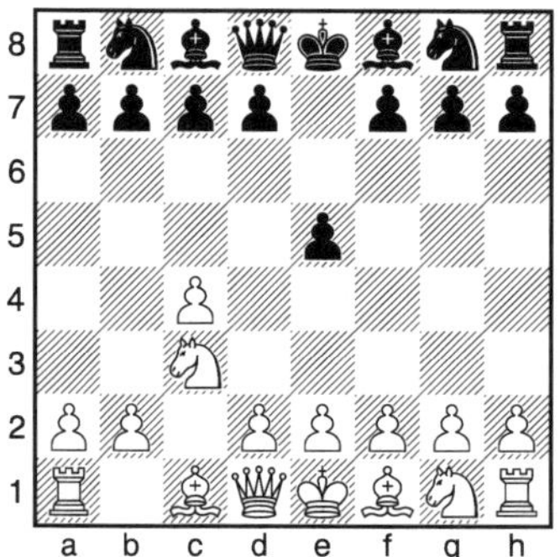

2...♘c6

So verstärkt Schwarz die Kontrolle über den Punkt d4.

Hier ein Blick auf andere Möglichkeiten.

I. 2...♘f6

A) 3.g3 ♗b4

(Logisch ist auch 3...d5 4.cxd5 ♘xd5 5.♗g2 ♘b6 6.♘f3 ♘c6 7.0–0 ♗e7 8.d3 0–0 9.a3 ♗e6 10.b4 f6 11.♗b2 ♕e8 12.♘d2 ♕f7 nebst ♖f8-d8 mit etwa gleichen Chancen.)

4.♗g2 0–0 5.♘f3 (5.e4 ♗xc3 6.bxc3 c6 7.♘e2 d5=) 5...e4 6.♘d4 ♖e8 7.0–0 ♘c6 8.♘c2 ♗xc3 9.dxc3 ♘e5 10.b3 h6 11.♘e3 d6 12.♘d5 ♗f5 13.♕d4 ♘c6 14.♕d2 a5 15.♕f4 ♖e5 und Schwarz hat alles im Griff.

B) 3.♘f3 führt zum Dreispringersystem.

B1) Nach z.B. 3...e4 4.♘g5 b5!? 5.d3 exd3 6.cxb5 dxe2 7.♗xe2 ♗b7 8.0–0 ♗e7 9.♗f3 d5 entsteht eine komplizierte Stellung. Die Turnierpraxis zeigt, dass Schwarz reale Ausgleichschancen hat.

B2) Eine solide Variante ist jedoch 3...d6 nebst ♗f8-e7, ♘b8-d7, 0–0 usw.

II. 2...f5

A) 3.d4 exd4 4.♕xd4 ♘c6 5.♕e3+ ♔f7 (5...♕e7 6.♘d5 ♕xe3 7.♗xe3±) 6.♘h3 ♘f6 7.♕d2 ♗b4 8.a3 ♗xc3 9.♕xc3 d5 10.cxd5 ♘xd5 11.♕b3 mit besseren Perspektiven.

B) 3.♘f3 ♘c6 4.d4 e4 5.♗g5 (5.♘g5 ♘f6 6.e3 ♗b4 7.♗d2 ♕e7∞) 5...♗e7 6.♗xe7 ♘cxe7 7.♘d2 ♘f6 8.e3 0–0 9.♗e2 c6 10.c5 d5 11.cxd6 ♕xd6 12.♘c4 ♕c7 13.♕b3 ♗e6 und Schwarz steht zufriedenstellend.

III. 2...d6

A) 3.♘f3 f5 4.d4 e4

A1) 5.♘g5 ♘f6 6.f3 ♘c6 7.fxe4 h6 8.♘h3 fxe4 9.g3 g5 10.♗g2 ♗g7 11.0–0 0–0 12.e3 ♕e8∞

A2) 5.♘d2 ♘f6 6.e3 g6 7.♗e2 ♗g7 8.f3 exf3 9.♗xf3 0–0 10.0–0 ♘c6 11.♖e1 ♔h8∞

B) 3.d4 exd4 4.♕xd4 ♘c6 5.♕d2 ♘f6 6.b3 ♗e6 7.e4 a5 8.♘ge2 a4 9.♖b1 axb3 10.axb3 g6 11.g3 ♗g7 12.♗g2 0–0 13.0–0 ♘d7 14.♘d5 ♘c5 15.b4 ♘a4 16.♕c2 ♘e5 17.♘df4 c6 18.♘xe6 fxe6 19.♘f4 ♕f6 mit komplizierter Stellung.

3.g3

Weiß möchte durch eine Flankenentwicklung des Läufers den Figurendruck auf die zentralen Felder d5 und e4 verstärken.

Die Fianchettierung kann Weiß allerdings auch in einer anderen Zugfolge realisieren; z.B. mit dem 'Vierspringersystem' nach 3.♘f3 ♘f6.

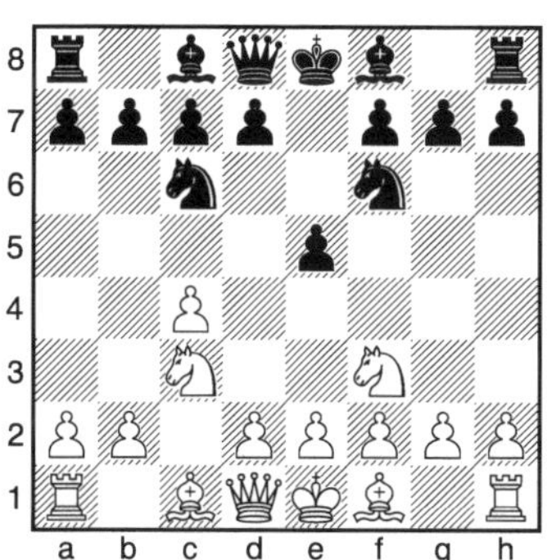

A) 4.d4 exd4 5.♘xd4 ♗b4 6.♗g5 h6 7.♗h4 ♗xc3+ 8.bxc3 d6 9.f3 ♘e5 (9...0–0!? 10.e4 ♘e5 11.♗e2 ♘g6 12.♗f2 ♘d7 13.♕d2 ♘b6 14.♘b3 ♗e6=) 10.e4 ♘g6 11.♗f2 0–0 12.♕d2 c6 13.♗e2 d5 14.exd5 cxd5 15.0–0 dxc4 16.♗xc4 ♕c7 17.♗b3 a6 mit etwa gleichen Chancen.

B) 4.e3 ♗b4 5.♕c2 (5.♘d5 e4!) 5...♗xc3 6.♕xc3 ♕e7 7.a3 d5 8.cxd5 ♘xd5 9.♕b3 ♘b6 10.d3 0–0 und Schwarz kann mit seiner Stellung zufrieden sein.

C) 4.g3

C1) 4...♗b4 5.♗g2 (5.♘d5 ♗c5 6.d3 h6 7.a3 a5 8.♗g2 d6 9.0–0 0–0 10.♘xf6+ ♕xf6 11.♘d2 ♕d8 12.e3 ♘e7 13.♘e4 ♗a7 14.♘c3 c6 15.d4 ♗e6∞) 5...0–0 6.0–0 e4

(6...♖e8!? 7.d3 ♗xc3 8.bxc3 e4 9.♘d4 exd3 10.exd3 h6 11.♖b1 ♘xd4 12.cxd4 d5 13.♗f4 c6 mit etwa gleicher Stellung.)

7.♘g5 ♗xc3 8.bxc3 ♖e8 9.f3 e3!? 10.d3

(10.dxe3 b6 11.f4 h6 12.♘f3 ♗b7 mit ausgezeichneter Stellung.)

10...d5 11.♕b3 ♘a5 12.♕a3 c6 13.cxd5 cxd5 14.f4 ♗g4 mit sehr kompliziertem Spiel. Es scheint jedoch, dass die weiße Stellung mit dem aktiven Läuferpaar etwas vorzuziehen ist.

C2) 4...♘d4 5.♗g2

(Oder 5.♘xe5 ♕e7 6.f4 d6 7.♘d3 ♗f5 mit Kompensation für den Bauern.)

5...♘xf3+ 6.♗xf3 ♗b4 7.♕b3 ♗c5 8.0–0 0–0 9.♘a4 ♗e7 10.♖d1 c6 11.♘c3 d6 12.d4 ♕c7 13.♕c2 ♗h3 mit guten Chancen.

C3) 4...d5 5.cxd5 ♘xd5 6.♗g2 (Δ♘xe5) 6...♘b6 7.0–0 ♗e7 8.a3 (8.d3 0–0 9.♗e3 f5 10.♕c1 ♗f6 11.♖d1 ♘d4 12.♗xd4 exd4 13.♘a4 ♔h8∞) 8...0–0 9.b4 ♗e6 (9...♖e8!?) 10.♖b1 f6 11.d3 a5 12.b5 ♘d4 13.♘d2 ♗d5! 14.♘xd5 ♘xd5 und Schwarz steht aktiv.

3...g6 4.♗g2 ♗g7 5.d3

Auf 5.♖b1 sollte Schwarz am besten

mit 5...a5! reagieren; z.B. 6.a3 f5 7.d3 ♘f6 8.b4 axb4 9.axb4 ♕e7 10.b5 ♘d8 und der Springer kehrt über e6 ins Spiel zurück.

5...d6

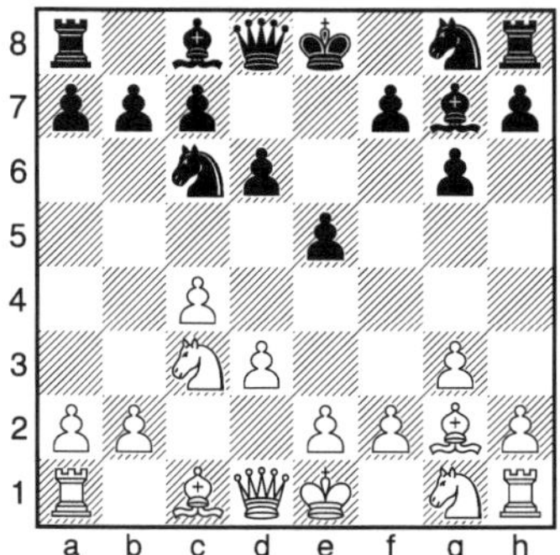

6.♘f3

Der sechste Weltmeister, Michail Botwinnik (1911–1995), baute sich sehr gerne folgendermaßen auf: 6.e4 ♘ge7 (6...♘f6 7.♘ge2 0–0 8.0–0 ♗e6 9.♘d5 usw.) 7.♘ge2 0–0 8.0–0 f5 9.h3 ♗e6 10.♘d5 ♕d7 11.♔h2 ♖f7 12.♗e3 ♖af8 13.f4 mit scharfer Stellung.

6...f5 7.0–0 ♘f6 8.♖b1

Weiß bereitet den typischen Vorstoß b2–b4–b5 vor, mit dem Ziel, nicht nur seinen Raumvorteil auf der linken Seite weiter auszubauen, sondern auch die Aktivität des Läufers g2 auf der langen Diagonale zu erhöhen. Der Nachziehende kann allerdings Gegenspiel am Königsflügel organisieren.

8...h6 9.b4 0–0 10.b5 ♘e7 11.a4 ♗e6 12.♗a3 ♖c8 13.♘d2 b6

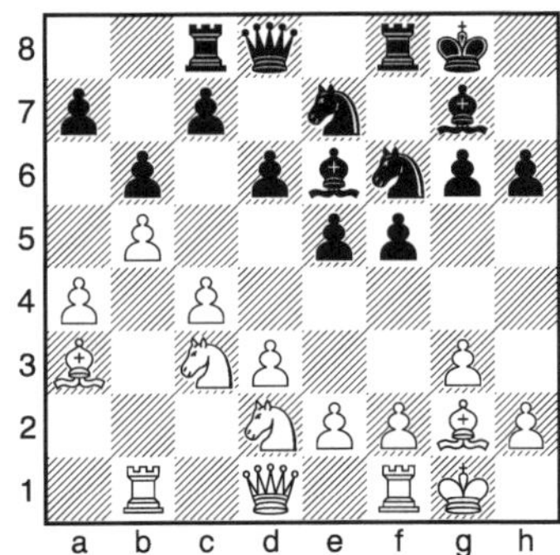

Nun kann Schwarz mit g6-g5 und f5-f4 nach Wegen für einen Angriff am Königsflügel suchen. Weiß wird natürlich auf der anderen Seite bzw. im Zentrum dagegenhalten. Die Chancen sind verteilt; z.B. 14.e3

(Oder 14.a5 g5 15.axb6 axb6 16.e3 ♕e8 17.d4 f4 mit scharfem Spiel.)

14...g5

(Sofort 14...f4 15.exf4 exf4 16.♖e1 ♗f5 ist unklar.)

15.d4 exd4 (15...e4 16.♘a2 ♗f7∞) 16.exd4 f4 17.♖e1 ♗g4 18.♘f3 (18.f3 ♗f5 19.♘de4 ♕d7∞) 18...♕d7 19.c5 ♖ce8 20.♖c1 ♘f5 mit schwarzem Gegenspiel.

Zusammenfassung: Schwarz besetzt mit seinem ersten Zug das zentrale Feld e5 und übt Einfluss auf die wichtigen Punkte d4 und f4 aus. Er gibt damit zu erkennen, sich auf ein Gegenspiel im Zentrum und am Königsflügel zu konzertieren. Weiß wird hingegen auf dem gegenüberliegenden Flügel Druck ausüben. So entwickelt sich der Kampf mit beiderseitigen Möglichkeiten.

Abspiel 2

Die Fortsetzung 1...♘f6

1.c4 ♘f6 2.♘c3 e6

Mit dem unverkennbaren Ziel, d7–d5 folgen zu lassen, was Schwarz allerdings auch ohne weitere Vorbereitung tun kann; z.B. 2...d5 3.cxd5 ♘xd5

A) 4.g3 g6 5.♗g2 ♘b6

(Nach 5...♘xc3 6.bxc3 ♗g7 7.♖b1 ♘d7 8.♘f3 0–0 9.0–0 ♘b6 10.♘g5 plant Weiß ♘g5–e4–c5, wonach drei seiner Figuren gegen den wunden Punkt b7 drücken und er gute Perspektiven hat.)

6.d3 ♗g7 7.♗e3 0–0 8.♕c1 ♖e8 9.♗h6 ♗h8 10.h4 ♘c6 11.h5 mit Angriffschancen am Königsflügel.

B) 4.♘f3 g6 5.♕a4+ ♗d7

(Nach 5...♘c6 6.♘e5 ♘xc3 7.bxc3 ♗d7 8.♘xd7 ♕xd7 9.♖b1 ist die weiße Stellung vorzuziehen.)

6.♕h4 ♘xc3 7.dxc3 ♘c6 8.e4 e5 9.♕g3 (9.♗g5 ♗e7 10.♗c4 h6 11.♗xe7 ♕xe7=) 9...f6 10.h4 ♕e7 11.h5 g5 12.♗e2 ♘d8 13.♘h2 ♘e6 14.♗g4 0–0–0 mit sehr komplizierter Stellung.

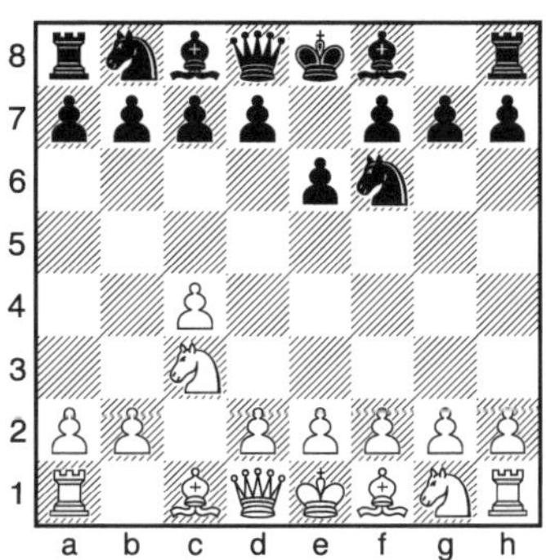

3.e4

Mit dieser Spielweise, die den Namen ‘Flohr–Mikenas–System’ trägt, versucht Weiß eine gewisse Überlegenheit im Zentrum zu erlangen.

Nach 3.♘f3 ♗b4 kann das Spiel entweder in *nimzowitsch–indische* Bahnen einlenken – oder sich anders entwickeln.

A) 4.g3 0–0 (4...b6 5.♗g2 ♗b7 6.0–0 0–0 7.d3 d5∞) 5.♗g2 d5 6.0–0 ♘c6 7.a3 ♗xc3 8.bxc3 dxc4 9.♕a4 ♗d7 10.♕xc4 ♘a5 11.♕a2 ♗a4 mit vollwertigem Spiel.

B) 4.g4!? 0–0 (4...♘xg4 5.♖g1 ♘f6 6.♖xg7±) 5.g5 ♘e8 6.♕c2 d5 7.b3 ♗e7 8.♖g1 c5 9.e3 ♘c6 10.♗d3 f5 (10...g6!?) 11.gxf6 ♘xf6 12.a3 ♕e8 13.♗b2 ♕h5 14.♗e2 d4 15.♘xd4 ♘xd4 16.exd4 ♕xh2 17.0–0–0 cxd4 18.♘e4 und Weiß hat für das Material ausgezeichnete Angriffsmöglichkeiten.

C) 4.♕c2 0–0 5.a3 ♗xc3 6.♕xc3 d6 7.e3 e5 8.b4 ♖e8 9.♗b2 ♘c6 10.♗e2 ♗g4 11.d3 a6 12.0–0–0 d5 mit ausreichenden Konterchancen.

3...d5

Ein Zug im Geiste der Grünfeld-Verteidigung.

Zu kompliziertem Spiel führt 3...c5 4.e5 ♘g8 5.♘f3 (5.d4 cxd4 6.♕xd4 ♘c6 7.♕e4 d6=) 5...♘c6 6.d4 cxd4 7.♘xd4 ♘xe5

A) 8.♕a4 ♘f6 9.♘db5 ♘g6 10.h4 h5 11.♗d3 ♗c5 12.b4 ♗e7 13.♗xg6 fxg6 14.♗f4 0–0 15.♗c7 ♕e8 16.♘d6 ♗xd6 17.♗xd6

Weiß hat für den geopferten Bauern zweifellos starke Initiative, aber Schwarz hat durchaus hinreichende Verteidigungsressourcen.

B) 8.♗f4 ♘g6 9.♗g3 e5 10.♘db5 a6 11.♕a4 ♘f6 12.♗d3 ♗c5 13.0–0 0–0 14.b4 ♗e7 15.c5 d5 16.cxd6 ♗xd6 17.♘xd6 ♕xd6 18.♗xg6 hxg6 19.♖fe1 b5 20.♕b3 (20.♘xb5? ♕c6!) 20...♖e8 21.♖ad1 ♕c7 und Schwarz sollte sich behaupten.

C) 8.♘db5 a6 9.♘d6+ ♗xd6 10.♕xd6 f6 11.♗e3 ♘e7 12.♗b6 ♘f5 13.♕b4 mit Kompensation für den Bauern.

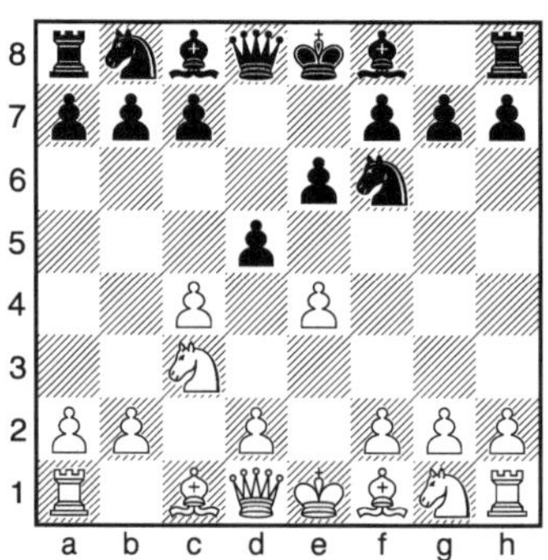

4.e5

Eine natürliche Reaktion.

Weniger beliebt, aber ebenfalls spielbar ist 4.cxd5 exd5 5.e5 ♘e4.

(5...d4 6.exf6 dxc3 7.♕e2+ ♗e6 8.dxc3 ♘d7 9.fxg7 ♗xg7 10.♘f3 0–0 11.♕c2 ♖e8 12.♗e3 und Schwarz hat keinen Gegenwert für den Bauern)

6.♘f3 ♘c6 7.♗b5 ♗d7 8.0–0

(Einen Versuch wert ist 8.♘xd5 ♘xe5 9.♕e2 ♘xf3+ 10.gxf3 c6 11.♕xe4+ ♗e6 12.♘f4 cxb5 13.♕xb7 ♖b8 14.♕xa7 ♗e7 15.♕e3 usw.)

8...a6 9.♗e2 ♗e6 10.d4 ♗e7 11.♗d3 ♗f5 12.♘e2 ♕d7 mit kompliziertem Spiel.

4...d4

Fragwürdig ist das Bauernopfer 4...♘e4 5.♘xe4 dxe4 6.♕g4 ♘c6 7.♕xe4 ♕d4 8.♕xd4 ♘xd4 9.♔d1 mit weißem Vorteil.

5.exf6 dxc3

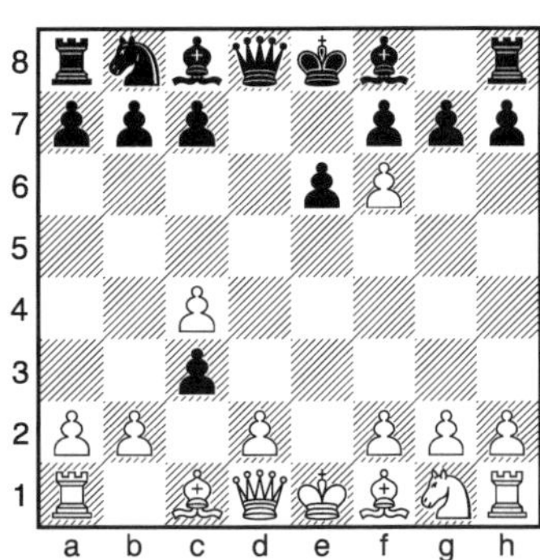

6.bxc3

I) Die Variante mit Damentausch nach 6.dxc3 bringt Weiß keinen Vorteil; z.B. ♕xd1+ (6...♕xf6 7.♘f3 h6 8.♗d3 ♘c6

9.0–0 ♗d6 10.♖e1 0–0=) 7.♔xd1 gxf6 8.g3 ♗d7 9.♗g2 ♗c6=

II) Und auch 6.fxg7 cxd2+ 7.♗xd2 ♗xg7 8.♕c2 ♘c6 9.♘f3 ♕e7 10.♗d3 ♗d7 11.a3 0–0–0 12.0–0–0= ist harmlos.

6...♕xf6 7.d4 e5 8.♘f3

8.♕e2 ♗e7

A) Nach 9.dxe5 ♕g6 10.♕e3 ♘c6 11.♘e2 ♕e6 12.♘d4 ♕xe5 13.♘xc6 ♕xe3+ 14.♗xe3 bxc6 ist das Spiel ausgeglichen.

B) Und nach 9.♕xe5 ♕xe5+ 10.dxe5 ♘c6 11.f4 f6 12.exf6 ♗xf6 13.♗d2 ♗f5 14.0–0–0 0–0–0 hat Schwarz aktives Spiel für den geopferten Bauern.

8...exd4 9.♗g5 ♕e6+ 10.♗e2 f6 11.♘xd4 ♕f7 12.♗f4 ♗c5 13.♘b3 ♘a6 14.♘xc5 ♘xc5 15.♗e3 ♘e4 16.♗d3 f5 mit etwa gleichen Aussichten.

Zusammenfassung: In diesem System gibt Schwarz zwar Raum in der Mitte auf, behält jedoch die Möglichkeiten, mit 3...d5 oder sogar 3...c5 aktiv auf das Zentrum einzuwirken. So entstehen interessante Verwicklungen mit guten Perspektiven für beide Seiten. Da die Englische Eröffnung allgemein als ideenreich gilt und schöpferische Möglichkeiten bietet, nimmt sie in der Praxis einen bedeutenden Platz ein.

Kapitel 47

Reti–Eröffnung

1.♘f3

Dieser Zug ist, soweit sich Weiß in der Folge im Zentrum zurückhält und insbesondere nicht d2–d4 spielt, untrennbar mit dem Namen des hervorragenden Großmeisters und Theoretikers Richard Reti verbunden. Reti (1889-1929) war einer der Vorreiter der *Hypermodernen Bewegung* am Beginn der 20er Jahre des 20. Jahrhunderts. Die damals neue und konsequent verfochtene Idee war, dass sich das Zentrum auch dann kontrollieren lässt, wenn man es nicht in klassischer Manier mit Bauern besetzt. Stattdessen favorisierte man die Flankenentwicklung oft beider Läufer, um mit ihrer Hilfe Figurendruck auf die Brettmitte zu erzeugen. Dabei bildet in unserem Beispiel der e–Bauer die Spitze der weißen Stellung, obwohl diese Rolle typischerweise auch dem c–Bauern (und später gelegentlich auch dem f–Bauern) zufallen kann.

1...d5

1...♘f6 2.g3 g6

(Es geht auch 2...b5!? 3.♗g2 ♗b7 4.0–0 e6 5.d3 c5 mit beiderseitigen Chancen.)

3.♗g2 ♗g7 4.d4 0–0 5.c4 d6 und das Spiel geht zur Königsindischen Verteidigung über – siehe Kapitel 34, Abspiel 2.

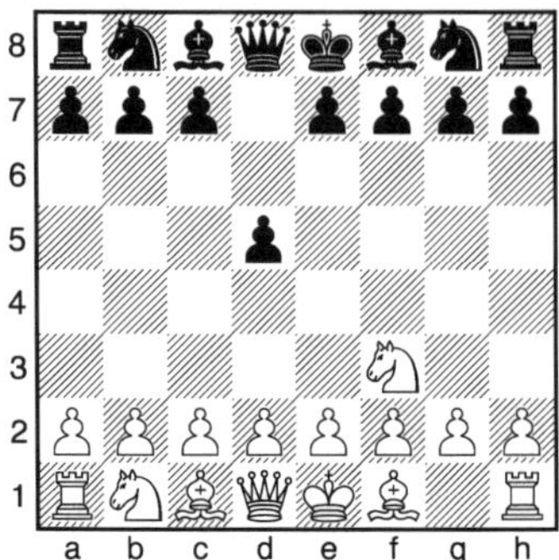

2.g3

Diese Zugfolge ist moderner als Retis Zug 2.c4 (vgl. unten) und kann bedeuten, dass Weiß in der Folge recht bald e2-e4 spielen möchte. In unserem Textbeispiel betrachten wir diese Spielweise, die von einigen Autoren als eigenständige Eröffnung angesehen und 'Königsindischer Angriff' genannt wird.

Betrachten wir zunächst einige Alternativen.

I. Mit 2.d4 lenkt Weiß das Spiel in Richtung Damengambit, was hier natürlich nicht von Interesse ist.

II. 2.c4 ist wie erwähnt die ursprüngliche Form der Reti-Eröffnung. Weiß greift den schwarzen Vorposten d5 mit dem c-Bauernhebel an, was auch durch den fianchettierten Königsläufer unterstützt wird.

A) 2...dxc4 3.e3 (3.♕a4+ ♘d7 4.g3 ♘gf6 5.♗g2 e6 6.0–0 a6 7.♕xc4 c5 8.♕b3 ♗e7 9.d3 0–0∞) 3...♗e6 4.♘g5 ♗d5 5.e4 ♗c6 6.♗xc4 e6 7.d4 (7.d3!?) 7...♗e7 8.h4

(Nach 8.♘xf7 ♔xf7 9.d5 b5! 10.♗b3 ♗b7 hat Schwarz genug Verteidigungsressourcen.)

8...♘f6 9.♘c3 h6 10.♘xe6 fxe6 11.e5 ♘d5 12.♕h5+ ♔d7

(Gefährlich ist 12...♔f8 wegen 13.♖h3! mit sehr starkem Angriff.)

13.♗xd5 ♗xd5 14.♘xd5 exd5 15.♕g4+ mit ewigem Schach.

B) 2...d4 3.g3

(Oder 3.e3 ♘c6 4.exd4 ♘xd4 5.♘xd4 ♕xd4 6.♘c3 e5 mit etwa gleichem Spiel.)

3...♘c6 4.♗g2 e5 5.d3 ♘f6 6.0–0 ♘d7 (6...♗e7 7.b4!) 7.♘a3 ♗e7

(Nach 7...♗xa3 8.bxa3 kann Weiß die offene b-Linie und den Vorteil des Läuferpaars nutzen.)

8.♘c2 0–0 9.♗d2 a5 10.a3 f5 11.b4 ♗f6 12.♖b1 ♘b6=

C) 2...e6 3.g3 ♘f6 4.♗g2 ♗e7 5.0–0 0–0 6.b3

C1) 6...b6 7.♗b2 ♗b7 8.e3 ♘bd7 9.♘c3 ♘e4 10.♘e2

(10.cxd5!? ♘xc3 11.♗xc3 ♗xd5 12.♕e2 ♘f6 13.♖fd1 ♕c8 14.♖ac1 a5 15.d3 c5 16.e4 ♗b7 17.♘e5 a4 18.b4 und Weiß steht besser.)

10...a5 11.d3 ♗f6 12.♕c2 ♗xb2 13.♕xb2 ♘d6 (13...♘ef6!?) 14.cxd5 ♗xd5 15.d4 c5 16.♖fd1 ♖c8 17.♘f4 ♗xf3 18.♗xf3 ♕e7 19.♖ac1 ♖fd8 20.dxc5 ♘xc5 21.b4 axb4 22.♕xb4 mit etwas günstigerer Stellung.

C2) 6...c5 7.♗b2 b6

(7...♘c6 8.e3 b6 9.♘c3 ♗b7 10.d3

♖c8 11.♖c1 ♖c7 12.♕e2 ♖d7 13.♖fd1 mit minimalem Positionsvorteil)

8.e3 ♗b7 9.d3 ♘bd7 10.♘c3

(Beachtenswert ist ferner 10.♘bd2 gefolgt von 11.♕d1-e2 und 12.e3-e4.)

10...♖c8 11.♕e2 ♕c7 12.♖ac1 ♕b8 13.♖fd1 ♖fd8 14.e4 dxe4 15.dxe4 ♕a8=

D) 2...c6

D1) 3.g3 ♘f6 4.♗g2 ♗f5 5.b3 e6 6.♗b2 ♘bd7 7.0–0 ♗e7 8.d3 h6 9.♘bd2 0–0 10.a3 a5 11.♕c2 ♗h7 mit beiderseitigen Chancen.

D2) 3.b3 ♘f6 4.g3 ♗g4 5.♗g2 e6 6.♗b2 ♘bd7 7.0–0 ♗e7 8.d3 0–0 9.♘bd2 a5 10.a3 ♕b6=

III. 2.b3 muss der Vollständigkeit halber kurz erwähnt werden, denn der Zug ist in diesem Augenblick ungenau. Nach 2...f6! mit der Drohung e7-e5 erhält Schwarz umgehend eine gute Stellung.

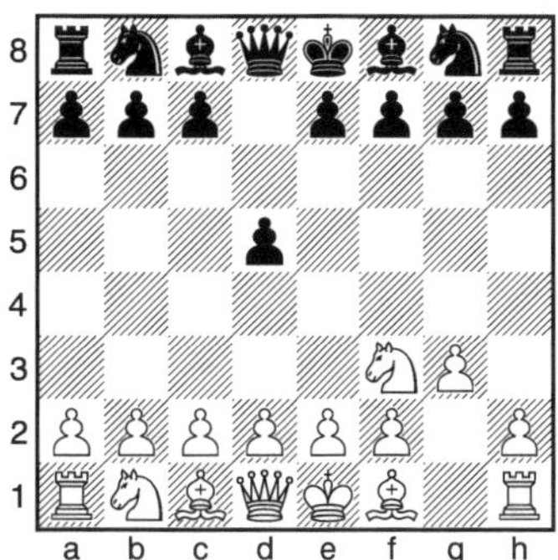

2...c6

Eine der besten Verteidigungsweisen gegen die Reti–Eröffnung. Schwarz verstärkt den Punkt d5 und hält seinem Damenläufer die Diagonale c8-h3 frei.

Nach dem weniger defensiven 2...♘f6 3.♗g2 c5 kann sich ein sehr scharfer und kompromissloser Kampf ergeben, wobei der 'Königsindische Angriff' seinen Namen sehr zu Recht trägt; z.B. 4.0–0 ♘c6 5.d3 e6 6.♘bd2 ♗e7 7.e4 0–0 8.♖e1 ♕c7 9.e5 ♘d7 10.♕e2 b5 11.♘f1 a5 12.h4 b4

(Nach 12...a4 wird mit 13.a3! das Gegenspiel am Damenflügel abgeschwächt.)

13.♗f4 ♗a6 14.♘e3

A) 14...♘b6 15.♘g4 ♕d8

(15...c4? 16.♘f6+! ♗xf6 17.exf6 ♕d8 18.fxg7 ♔xg7 19.♕e3 mit starkem Königsangriff.)

16.h5 Δh5-h6 mit Initiative. Wenn Schwarz 16...h6 antwortet, droht nach 17.♕d2 das Läuferopfer auf h6.

B) 14...a4 15.b3 ♖a7 16.h5 ♖fa8 (16...h6!?) 17.h6 g6?

(17...♕c8! war notwendig, denn nun folgt eine typische Kombination.)

18.♘xd5! exd5 19.e6 ♕d8 20.exf7+! ♔h8 (20...♔xf7 21.♕e6+ ♔f8 22.♘g5+−) 21.♘e5 ♘cxe5 22.♕xe5+! ♘xe5 (22...♗f6 23.♕e8+ ♘f8 24.♗e5+-) 23.♗xe5+ ♗f6 24.♗xf6+ ♕xf6 25.♖e8+ +−

3.♗g2

Unklar ist 3.c4, denn nach 3...dxc4 4.♗g2 kann Schwarz den Bauern verteidigen; z.B. 4...b5!? 5.a4 ♗b7 6.b3 cxb3 7.♕xb3 a6 8.axb5 axb5 9.♖xa8 ♗xa8 10.♘e5 e6 11.♘a3 und es ist fraglich, ob der weiße Druck auf die gegnerische Stellung am Damenflügel (es droht ♘xb5) den Bauern wert ist.

3...♘f6 4.0-0

Weiterhin riskant bleibt 4.c4, denn nach 4...dxc4 5.♘a3 (5.♘e5 ♕d4!) 5...b5 6.♘e5 ♕d6 behauptet Schwarz den Mehrbauern.

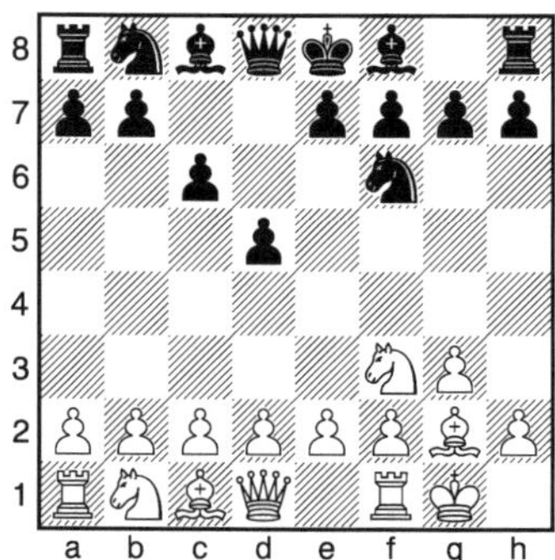

4...♗f5

Auch 4...♗g4 ist nicht schlecht.

A) 5.♘e5 ♗h5 nebst e7-e6, ♗f8-d6, ♘b8-d7 usw.

B) 5.d3 ♘bd7 6.♘bd2 e6 7.h3 ♗h5 8.♕e1 ♗c5 (8...♗e7!?) 9.e4 dxe4 10.dxe4 e5 11.♘c4 ♕e7 12.♘e3 ♗xf3 13.♗xf3 0-0-0 mit scharfem Spiel.

C) 5.b3 ♘bd7 6.♗b2 e6 7.h3 ♗h5 8.d3 ♗d6 (8...♗c5!?) 9.♘bd2 0-0 10.c4

(Keine größeren Probleme sollte 10.e4 e5 11.g4 ♗g6 12.♘h4 ♖e8 13.♘f5 ♗c7 bereiten.)

10...♕e7 11.♖c1 e5 (11...♗a3!?) 12.♖c2 a5 13.♕a1 nebst ♖f1-c1 mit verteilten Chancen.

5.d3

Eine andere Strategie besteht in 5.b3 nebst Damen-Fianchetto; z.B. 5...e6 6.♗b2 ♗e7 7.d3 ♘bd7 8.♘bd2 usw.

5...e6 6.♘bd2 h6

Der weißfeldrige Läufer findet nun ein Versteck auf h7.

7.♕e1 ♗e7 8.e4 ♗h7

Nach 8...dxe4 9.dxe4 ♗h7 10.♕e2 nebst ♖f1-d1 nimmt Weiß die d-Linie in Besitz.

9.♕e2 0-0 10.b3

Nach 10.e5 ♘fd7 nebst c6-c5 und ♘b8-c6 sollte Schwarz keine Schwierigkeiten haben.

10...a5

Schwarz droht, mit a5-a4 aktiv zu werden.

11.a4 ♘a6

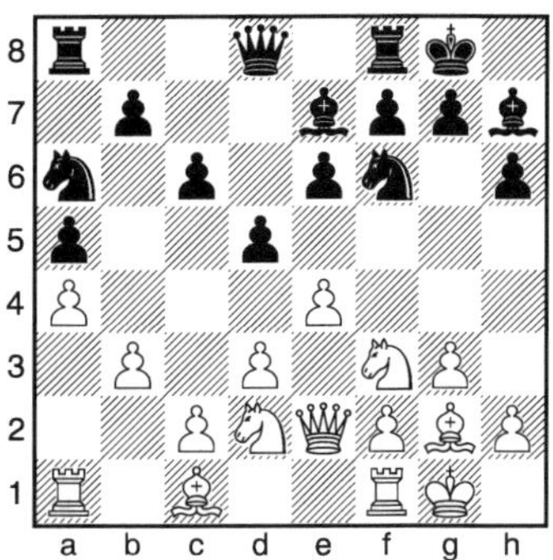

12.e5

Nach 12.♗b2 ♘b4 13.♘e1 ♘d7 14.f4 ♗f6 15.e5 ♗e7 16.g4 ♖e8 17.♔h1 b5! mit recht guten Chancen (Analyse von GM Gligoric).

12...♘d7 13.♗b2 ♘b4 14.♘e1 ♕b6 15.♔h1 ♕a6 mit beiderseitigem Spiel.

Schwarz wird b7-b5 anstreben, Weiß hingegen wird sein Glück im Königsangriff suchen (f2-f4, g2-g4 usw.).

Zusammenfassung: Der Zug 2...c6 mit der Verstärkung des Bauern d5 gehört zu einem soliden Plan gegen die Reti-Eröffnung. Neben der Entwicklung des Läufers nach f5, verspricht auch 4...♗g4 gute Perspektiven.

Kapitel 48

Larsen-Eröffnung

1.b3

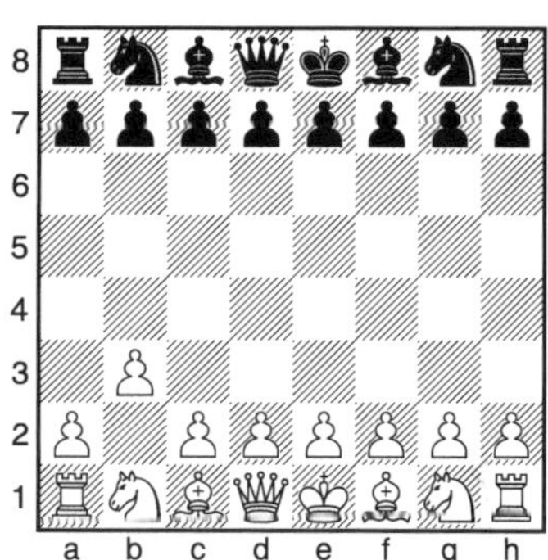

Das frühe Damenfianchetto wurde von dem dänischen Großmeister und langjährigen Weltklassespieler Bent Larsen (1935-2010) populär gemacht. Zwar trägt diese Eröffnung in vielen Fällen einen eigenständigen Charakter, aber sehr oft geht das Spiel auch in die Englische - oder die Reti-Eröffnung über.

1...e5

Mit dieser geradlinigsten Erwiderung besetzt Schwarz das Zentrum auf eine Weise, die zugleich die Wirkung des Läufers b2 einschränkt.

Hier ein Blick auf andere Fortsetzungen.

I. 1...d5 2.♗b2

A) 2...♗g4 3.h3 ♗h5 4.g4 ♗g6 5.♗g2

A1) 5...e6 6.♘f3 ♘d7 7.d3 c6 8.♘bd2 f6 9.a3 ♗d6 10.c4 ♘e7=

A2) 5...h5 6.g5 ♘c6 7.c4 d4 8.b4 (8.d3 ♕d7∞) 8...e5 9.♗xc6+ bxc6 10.♕a4 ♕d7 11.♘f3 f6 mit etwa gleichem Spiel.

B) 2...c5 3.♘f3 ♘c6 4.e3 ♘f6 5.♗b5 ♗d7 6.0–0 e6 7.d3 ♗e7 8.♗xc6 ♗xc6 9.♘e5 ♖c8 10.♘d2 0–0 11.f4 ♗e8

(Schwarz muss sich genau verteidigen, denn nach z.B. 11...♘d7 12.♕g4 erhält Weiß aktives Spiel am Königsflügel.)

12.♖f3 ♘d7 13.♖g3 ♘xe5 14.♗xe5 f6 15.♗b2 ♗d6 und Schwarz steht gut.

C) 2...♘f6 3.♘f3 e6 4.g3 ♗e7 5.♗g2 0–0 6.0–0 c5 7.c4 ♘c6 8.cxd5 ♘xd5 9.♘c3 ♗f6 10.♖c1 b6 (10...♘xc3 11.♗xc3 e5=) 11.♕c2 ♗b7=

II. 1...b5!? 2.e3 ♗b7 3.♘f3 a6 4.♗b2 e6 5.c4 bxc4 6.♗xc4

(Oder 6.bxc4 c5 nebst d7–d5 mit gutem Spiel für Schwarz.)

6...d5 7.♗e2 ♘f6 8.0–0 ♗e7 9.d3 c5 10.♘bd2 0–0 11.♘e5 ♘c6 mit gleichem Spiel.

2.♗b2 ♘c6

3.c4

Nach 3.e3 kann Schwarz zwei Wege wählen.

A) Nach 3...d5 setzt Weiß mit 4.♗b5 den Kampf um e5 fort.

4...♗d6 (4...f6 5.f4 exf4 6.exf4 ♗c5 7.♘c3 ♘ge7=) 5.f4 f6 6.♕h5+

(Nach 6.fxe5 fxe5 7.♘f3 ♕e7 8.♗xc6+ bxc6 9.♘xe5 ♕h4+ 10.g3 ♕h3 hat Schwarz ausreichenden Ersatz für den geopferten Bauern.)

6...g6 7.♕h4 exf4 8.exf4 ♔f7 9.♘c3 ♘ce7 10.0–0–0 c6 11.♗d3 h5 12.♖e1 ♗f5 und Schwarz gleicht das Spiel aus.

B) 3...♘f6 4.♗b5 ♗d6

(Nach 4...d6!? 5.♘e2 g6 6.d4 ♘d7 7.dxe5 ♗g7 8.♘d4 ♘xd4 9.exd4 c6 10.♗e2 dxe5 11.dxe5 ♗xe5 hat Schwarz bereits alles Eröffnungsprobleme gemeistert.)

5.♘a3 ♘a5 6.♗e2 a6 7.c4 0–0 8.♘c2 ♖e8 9.d3 b5 10.♘f3 c5 11.0–0 ♗b7 12.e4 ♖b8 13.♖b1 ♘c6 14.♘e3 ♘d4 und Schwarz steht ausgezeichnet.

3...♘f6 4.e3

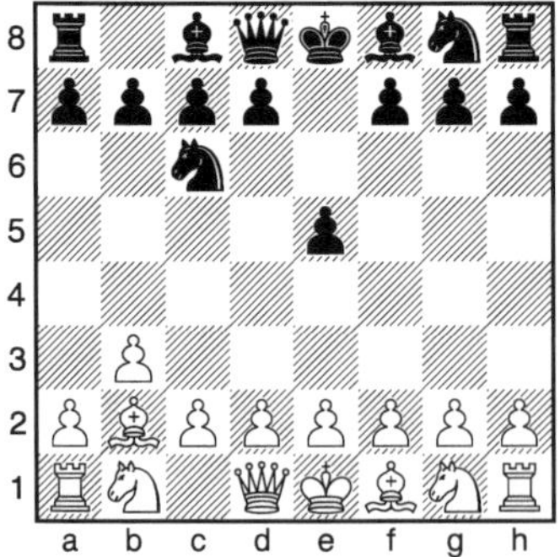

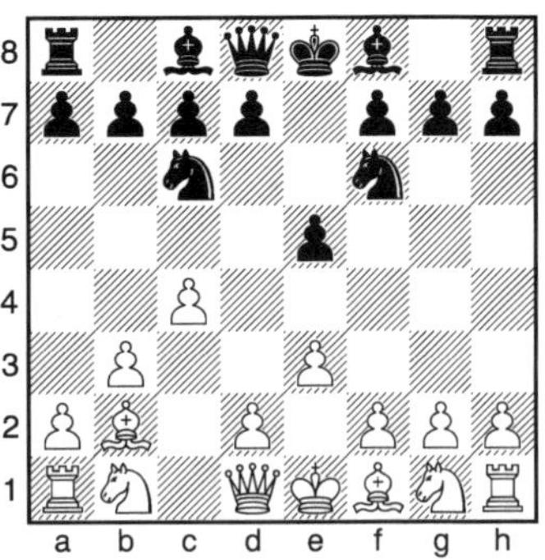

4...d5

Möglich ist auch das zurückhaltende 4...d6 5.♘c3 g6 6.♘f3 ♗g7 7.d4 ♗f5 mit vollwertigem Spiel.

5.cxd5 ♘xd5 6.a3 ♗d6 7.♕c2 0–0 8.♘f3 ♕e7 9.♘c3 ♘xc3 10.♕xc3 f5 11.♗b5 e4 12.♗xc6 bxc6 13.♘e5 c5 14.0–0 ♗e6 mit gleichem Spiel.

Zusammenfassung: Mit dem Fianchetto des Damenläufers wirkt Weiß indirekt auf die Mitte des Schachbretts ein, wobei er seine Kräfte normalerweise zurückhaltend aufbaut und das Zentrum nicht mit Bauern besetzt. Die populärsten und zugleich logischsten Erwiderungen bestehen in der Besetzung des Zentrums mit 1...e7–e5 oder 1...d7–d5.

Kapitel 49

Bird–Eröffnung

1.f4

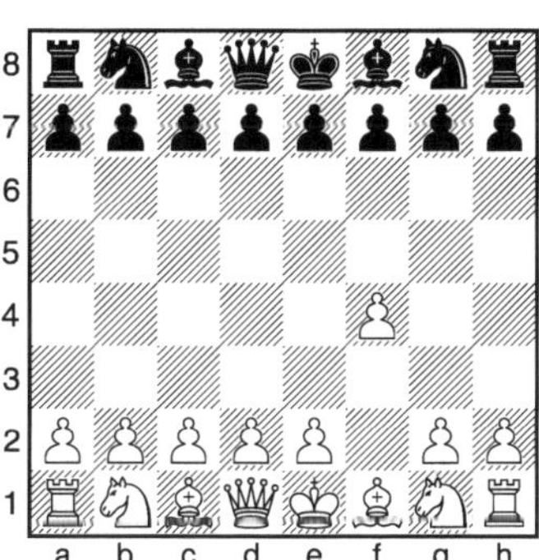

Der englische Schachmeister Henry Edward Bird (1830-1908) propagierte diesen Zug um die Mitte des 19. Jahrhunderts. Im Allgemeinen entwickelt sich das Spiel ähnlich wie in der Holländischen Verteidigung, lediglich mit vertauschten Farben. Da Weiß jedoch trotz Mehrtempo nicht sonderlich viel erreicht, ist diese Spielweise in der modernen Turnierpraxis nur selten anzutreffen.

1...d5

I. Zu scharfem und sehr kompliziertem Spiel führt Froms Gambit 1...e5!? (benannt nach dem dänischen Meister Martin From, 1828-1895.)

2.fxe5

(Hier muss Schwarz auch auf 2.e4 gefasst sein, was zum Königsgambit führt – siehe Kapitel 5.)

2...d6 3.exd6 ♗xd6

(Nun droht bereits ♕d8-h4+ nebst Matt.)

4.♘f3 g5

A) 5.d4 g4 6.♘e5

(Auf 6.♘g5 folgt 6...f5 mit der Drohung h7-h6 und Eroberung des Springers.)

6...♗xe5 7.dxe5 ♕xd1+ 8.♔xd1 ♘c6 9.♗f4 ♗e6 Δ♘g8-e7-g6, 0–0–0 mit gutem Gegenspiel.

B) 5.g3 g4 6.♘h4 ♘e7 7.d4 ♘g6 8.♘xg6

(In Frage kommt auch 8.♘g2!? ♘c6 9.♗h6 usw.)

8...hxg6 9.♕d3 ♘c6 10.c3 ♗f5 11.e4 (11.♕e3+ ♔d7 12.♘d2±) 11...♕e7 12.♗g2 0–0–0 13.♗e3 ♖de8 14.♘d2 ♖xh2 (14...♗d7 15.0–0–0+–) 15.♖xh2 ♗xg3+ 16.♔e2 ♗xh2 17.exf5 ♗f4 18.♘e4 gxf5 19.♗xf4 fxe4 20.♕c4+-.

II. Eine Alternative zum Textzug ist außerdem 1...c5 2.♘f3

(Nach 2.e4 geht das Spiel zur Sizilianischen Verteidigung über.)

2...♘f6

A) 3.e3

A1) 3...♘c6 4.♗e2 d5 5.0–0 e6 6.c3 ♗d6 7.d4 0–0=

A2) 3...g6 4.♗e2 ♗g7 5.0–0 0–0 6.c4 ♘c6 7.♘c3 d5 8.cxd5 ♘xd5=

B) 3.g3 g6

B1) 3...♘c6 4.♗g2 d5 5.0–0 e6 6.d3 ♗e7 7.c3 0–0=

B2) 3...g6 4.♗g2 ♗g7 5.0–0 d6 6.d3 0–0 7.e4 ♘c6 8.c3 ♖b8 9.a4 a6 10.h3 b5 11.axb5 axb5 12.g4 b4 mit zweischneidigem Kampf.

III. Natürlich ist auch 1...♘f6 spielbar. Schwarz verzichtet auf d7-d5 und behält sich stattdessen verschiedene indische Aufbauten vor; z.B. 2.♘f3 g6 3.g3 ♗g7 4.♗g2 0–0 5.0–0 d6 6.d3 c5 7.e4 ♘c6 usw.

2.♘f3

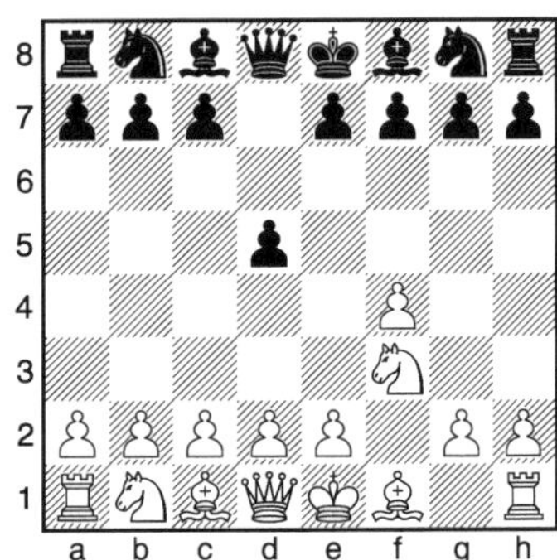

2...c5

I. Gleichwertiges Spiel erhält Schwarz auch nach 2...♘f6 3.e3 g6 4.b4 ♗g7 5.♗b2 0–0 6.♗e2 b6 7.0–0 ♗b7 mit dem Plan c7-c5.

II. Ebenfalls nicht schlecht ist die folgende Entwicklung der schwarzen Kräfte: 2...g6 3.g3 ♗g7 4.♗g2 c5 (4...♘d7 5.♘c3 ♘gf6 6.d3 c5=) 5.d3 b6 6.0–0 ♗b7 mit gutem Spiel.

3.e3 e6

Eine Alternative ist 3...♘c6 4.♗b5 ♗d7 5.b3 (5.0–0 ♘f6 6.d3 e6 7.♗xc6 ♗xc6 8.♘e5 ♖c8=) 5...♘f6 6.♗b2 e6 7.0–0 ♗e7 (7...♗d6 8.d3 0–0=) 8.♗xc6 ♗xc6 9.♘e5 ♖c8 10.d3 0–0=.

4.b3 ♘f6 5.♗b2 ♗e7 6.♗b5+ ♗d7

Spielbar ist auch 6...♘bd7 7.0–0 0–0 usw.

7.a4 a6 8.♗xd7+ ♘bxd7

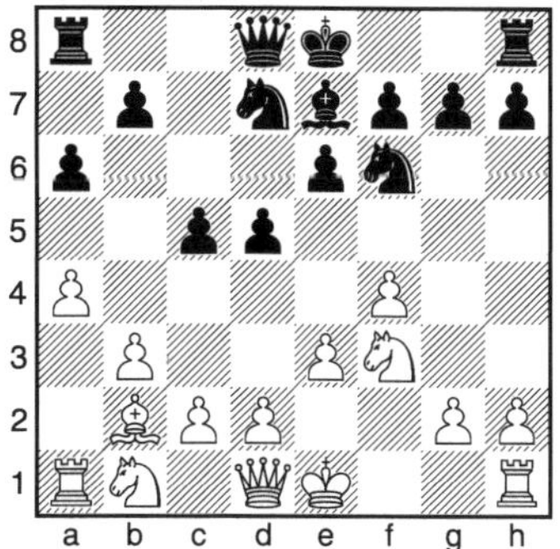

9.♕e2

Der Plan, nach 9.a5 den Damenflügel zu blockieren, ist nicht empfehlenswert. Nach eventuellem 9...0–0 10.♕e2 ♖c8 11.d3 ♘b8 12.♘e5 ♘fd7 13.♘xd7 ♕xd7 14.♘d2 ♘c6 15.0–0 ♗d8 bekommt Weiß Probleme mit der Verteidigung seines Bauern a5.

9...♖c8 10.♘a3 ♘b8 11.0–0 ♘c6 12.♖ae1 0–0 mit gleichen Chancen.

Zusammenfassung: Mit 1.f4 kann Weiß viele komplizierte Varianten vermeiden, die nach 1.e4 oder 1.d4 aufs Brett kommen können. Andererseits kann Schwarz im Grunde genommen ziemlich leicht ausgleichen. Allerdings muss der Anziehende mit der Antwort 1...e5!? rechnen, wonach 2.fxe5 zum scharfen 'Froms Gambit' führt. Allerdings kann Weiß es umgehen, indem er mit 2.e4 zum komplizierten Königsgambit übergeht (siehe Kapitel 5).

Kapitel 50

Orang–Utan–Eröffnung

1.b4

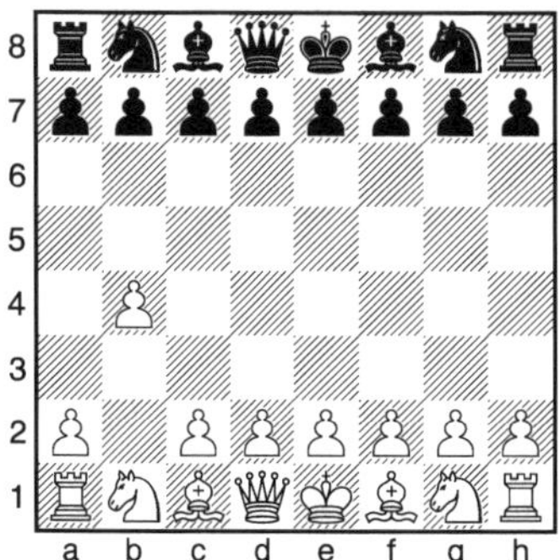

Der sonderbare Eröffnungsname geht auf Savielly Tartakower (1887-1956) zurück, den großen Humoristen unter den Schachgroßmeistern. Nach einem Besuch im New Yorker Zoo während des internationalen Turniers von 1924 war er von dem Orang–Utan Suzan und vermutlich von ihrer Akrobatik so sehr beeindruckt, dass er ihr eine Partie widmen wollte.

Am nächsten Turniertag eröffnete er gegen Maroczy mit dem Doppelschritt des b–Bauern, einem raumgreifenden Zug am Damenflügel, der andeutet, dass der Bauer bei Gelegenheit sogar noch weiter 'emporklettern' will. Ob die Eröffnung wirklich geeignet ist, einen Anzugsvorteil festzuhalten, interessierte Tartakower dabei weniger, lautete doch sein Motto: „Eine Eröffnung ist solange spielbar, wie sie als schlecht gilt."

Weiterreichende Untersuchungen unternahm später der sowjetische Meister Alexej Sokolski (1908-1969), dessen Name heutzutage ebenfalls oft mit dieser Eröffnung in Verbindung gebracht wird.

1...e5

So schränkt Schwarz die Aktivitäten des zukünftigen Fianchetto–Läufers auf einfachste Weise ein.

Hier ein Blick auf einige Alternativen.

I. 1...c6

A) Auf 2.♗b2 folgt stark 2...♕b6! 3.a3 a5 4.c4 axb4 5.c5 ♕c7 6.axb4 ♖xa1 7.♗xa1 d6=.

B) 2.e3 d5 3.♗b2 ♘f6 4.♘f3 ♗g4 5.♗e2 ♘bd7 6.0–0 e6 7.a3 ♗d6 8.d3 a5⇄

II. 1...d5 2.♗b2

A) 2...♘f6 3.e3 e6 4.b5 c5 5.f4 ♗d6 6.♘f3 ♘bd7 7.♗e2 a6 8.a4 axb5 9.axb5 ♖xa1 10.♗xa1 0–0=

B) 2...♗f5 3.♘f3 ♘f6 4.e3 e6 5.b5 h6 6.♗e2 c5 7.0–0 ♘bd7 8.a4 ♗e7 9.c4 0–0=

2.♗b2

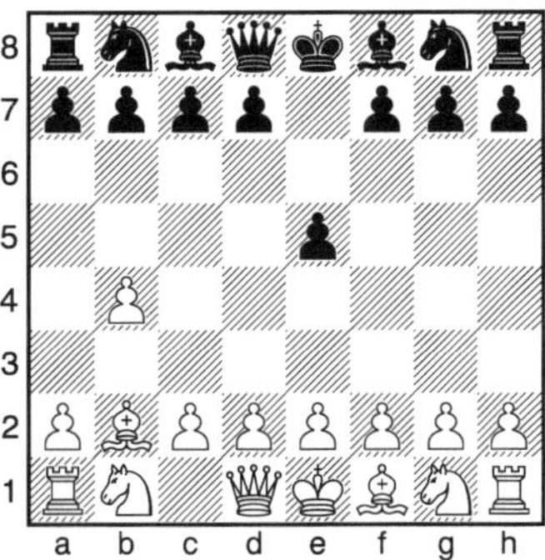

2...f6

Schwarz möchte den Läufer b2 'frustrieren'.

Andere Erwiderungen sind allerdings auch möglich.

I. 2...d6 3.e3 ♘f6 4.♘f3 g6 5.♗e2 ♗g7 Schwarz entwickelt seine Figuren im Stil der Königsindischen Verteidigung.

6.c4 0–0 7.♘c3 ♖e8 8.d3 (8.d4 e4 9.♘d2 h5⇄) 8...♘bd7 9.♕c2 c6 10.0–0 ♘f8 11.a4 a5 12.b5 ♘e6 13.♖fd1 h5 Δ♘f6-h7, ♘e6-g5 mit Konterspiel am Königsflügel. In dieser zweischneidigen Stellung greifen beide Seiten auf ihrem jeweiligen Flügel an. Das folgende Beispiel zeigt die Möglichkeiten von Schwarz: 14.d4 e4 15.♘d2 ♘g5 16.♘b3 ♗f5 17.bxc6 bxc6 18.d5 c5 19.♘b5 ♘g4 20.♗xg7 ♘f3+! 21.gxf3 exf3 22.♗d3 ♕h4 23.♔f1 ♖xe3!–+.

II. 2...♗xb4 3.♗xe5 (3.e4 ♘c6 4.♗c4 ♘f6 5.a3 ♗a5 6.♘f3 d6∓) 3...♘f6 4.c4 0–0 5.e3 ♘c6 6.♗b2 d5 7.cxd5 ♘xd5 8.♘f3 ♗g4 9.♗e2 ♖e8 10.0–0 ♕e7 11.a3 ♗d6 12.h3 ♗h5 13.♕b3 ♘b6 14.d3 ♖ad8

Schwarz hat seine Kräfte elastisch postiert und verfügt über gute Perspektiven.

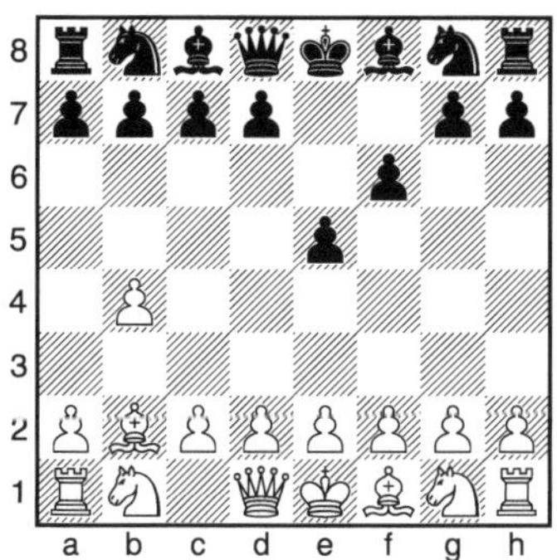

3.b5

So vermeidet Weiß die Komplikationen, die in dem Gambit nach 3.e4 entstehen können.

3...♗xb4 4.♗c4 ♘e7 (4...♘c6!? 5.f4 ♕e7 6.f5 g6 7.♘e2 ♘a5 8.♗b3 ♘xb3 9.axb3 d5∓) 5.♕h5+ (5.f4 d6 6.♕h5+ g6 7.♕h6 ♘bc6 8.♕g7 ♖f8 9.♕xh7 exf4∓) 5...♘g6 6.f4 exf4 7.♘f3 ♕e7 8.e5 d6 9.♘h4 ♖f8 10.♘xg6 hxg6 11.♕xg6+ ♔d8 nebst f6xe5 mit schwarzem Vorteil.

3...d5 4.e3 ♗e6 5.d4 e4 6.♘d2 c6 7.a4 ♗d6 8.c4 f5 9.♘h3 ♘f6 10.♕b3 0–0 und Schwarz hat gute Aussichten am Königsflügel.

Zusammenfassung: Die vorgestellten Varianten beweisen, dass diese Eröffnung normalerweise keine Gefahr für Schwarz darstellt. Natürlich ist genaues Spiel erforderlich, z. B. nach dem Gambit 3.e4 ♗xb4 4.♗c4 usw.

Kapitel 51

Van Geet–Eröffnung

1.♘c3

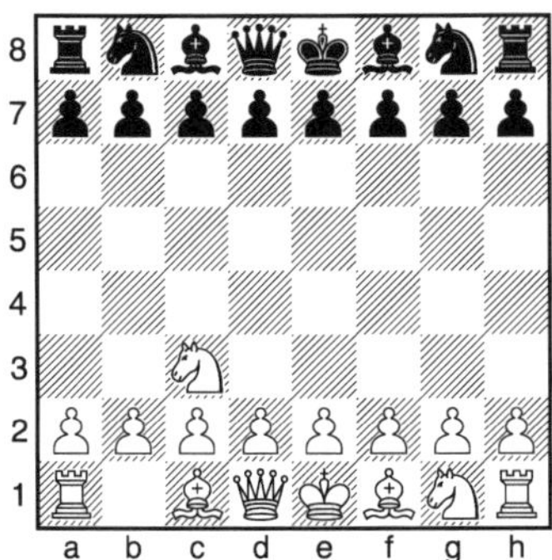

Aus psychologischer Sicht mag dieser Zug sehr geschickt sein, denn er dient dem Zweck, einen möglicherweise gut vorbereiteten Gegner früh von den vertrauten Pfaden der Eröffnungstheorie abzubringen. Zu dem Textzug gibt es nämlich wenig Material und Schwarz ist im Allgemeinen sehr bald auf sich allein gestellt.

1...e6

Weiß muss auch einen kleinen Preis für seine Extravaganz im ersten Zug zahlen, weil er dem Gegner eine ganze Reihe verschiedener Antwortzüge überlässt.

I. 1...d5 2.e4 d4

(Die Alternative ist 2...dxe4 3.♘xe4 ♘f6 4.♘xf6+ exf6 5.d4 ♗d6 6.♗d3 0–0 7.♘e2 ♗g4 8.0–0 ♘c6 9.♖e1 ♕d7 nebst ♖a8-d8 mit etwa gleichem Spiel.)

3.♘ce2

A) 3...c5 4.♘g3 ♘c6 5.♗c4 ♘f6 6.♘f3 h5 7.e5 h4 8.exf6 hxg3 9.fxg3 exf6 10.0–0 ♗e6 (10...♗d6 11.♖e1+ ♔f8 12.d3 g6 13.♗b5 ♗d7∞) 11.♗xe6 fxe6 12.d3 ♕d7 13.♘d2 ♗d6 14.♘c4 ♗c7 15.a4 0–0–0 und die Stellung ist voller Dynamik.

B) 3...e5 4.♘g3 ♗e6 5.♘f3 f6 6.♗b5+ c6 7.♗a4 ♘a6 8.♗b3 ♗xb3 (8...♘c5 9.♗xe6 ♘xe6 10.d3 ♕d7 11.0–0 0–0–0∞) 9.axb3 d3 10.0–0 ♘b4 11.cxd3 ♘xd3 12.♘e1 ♘h6 13.♕c2 ♘xc1 14.♕xc1 ♕b6 15.♕c4 0–0–0 mit scharfem Spiel aufgrund der entgegengesetzten Rochaden.

II. Nach 1...e5 ist 2.♘f3 die logischste Fortsetzung, denn Weiß entwickelt seinen Springer mit Angriff auf e5.

(Nach 2.e4 entsteht die Wiener Partie – siehe Kapitel 6.)

A) 2...d6 3.d4 exd4 4.♘xd4 (4.♕xd4 ♘c6 5.♕a4 ♗d7 6.e3 a6 7.♗d2 ♘f6∞) 4...♘f6 5.♗g5 ♗e7 6.♕d2 0–0 7.0–0–0 ♘c6 8.e4 ♘xd4 9.♕xd4 ♗e6∞

B) 2...♘c6 3.d4 exd4 4.♘xd4 ♘f6 5.♗g5 ♗b4

(Auf 5...♗e7 ist 6.♘f5! stark, denn Schwarz hat Probleme; z.B. 6...0–0 7.♘xe7+ ♕xe7 8.♘d5 ♕e5 9.♗xf6 gxf6 10.c3±.)

6.♕d3 0–0 7.0–0–0 ♗xc3 8.♕xc3 ♘e4 9.♗xd8 ♘xc3 10.bxc3 ♘xd8 (10...♖xd8? 11.♘b5±) 11.e3 d6=

III. 1...f5 2.e4

(2.d4 führt zu einer Variante der Holländischen Eröffnung; z.B. 2...♘f6

3.♗g5 d5 4.♗xf6 exf6 usw. – siehe Kapitel 44.)

2...fxe4

A) Mit 3.d3 kann Weiß analog zu 'Froms Gambit' spielen (siehe Kapitel 49), allerdings mit vertauschten Farben und entsprechendem Mehrtempo; z.B. 3...exd3 4.♗xd3 ♘f6 5.♘f3

(Der Angriff 5.g4 g6 6.g5 ♘h5 7.♘e4 d5 8.♘g3 ♘xg3 9.hxg3 ♕d6 10.♗f4 e5 11.♕e2 ♘c6 12.0–0–0 ♗e7 bringt nichts und Schwarz steht besser.)

5...e6 6.♗g5 ♗e7 7.♕e2 ♘c6 8.0–0–0 0–0 und es ist fraglich, ob Weiß vollen Ersatz für den geopferten Bauern hat.

B) 3.♘xe4 ♘f6 4.♘xf6+ exf6 5.d4 (5.♗c4 ♘c6 6.d4 d5 7.♕h5+ g6 8.♕xd5 ♕xd5 9.♗xd5 ♘xd4 10.♗b3 ♗f5 11.c3 ♘xb3 12.axb3 ♗d6∓) 5...d5 6.♗d3 ♗e6 7.♗f4 ♘c6 8.c3 ♗d6 9.♘e2 ♕d7 10.♗xd6 ♕xd6 11.♘g3 0–0–0 mit scharfer Stellung.

2.f4

Weiß kann seine Entwicklung natürlich mit 2.♘f3 fortsetzen; z.B. 2...d5

(Nach 2...♘f6 3.d4 c5 4.e4 cxd4 5.♘xd4 geht das Spiel zu 'Sizilianisch' über.)

3.d4 (3.e4 ♘f6 4.e5 ♘fd7 5.d4 c5 6.♗e3 ♘c6 7.♗b5 cxd4 8.♗xd4 a6 9.♗xc6 bxc6∓) 3...♘f6 4.♗g5 ♗e7 5.e3 h6 6.♗h4 a6 7.♗d3 ♘bd7 8.0–0 c5=

2...d5

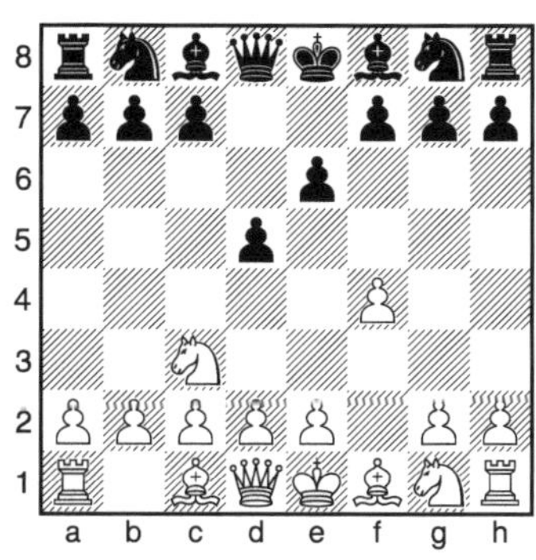

3.♘f3

Nach 3.e3 ♘f6 4.b3 ♘c6 5.♗b2 ♗e7 6.♘f3 0–0 7.a3 b6 8.♗d3 ♗b7 9.0–0 ♘b8 10.♘e5 ♘bd7 nebst c7-c5 gleicht Schwarz problemlos aus.

3...c5 4.d3 ♘c6

Spielbar ist auch 4...d4 5.♘e4 ♗e7 6.g3 ♘f6 7.♗g2 0–0 8.0–0 ♘c6 Δb7-b6, ♗c8-b7.

5.g3 ♘ge7 6.♗g2 g6 7.0–0 ♗g7 8.e4 0–0 und Schwarz kann mit seiner Stellung zufrieden sein.

Zusammenfassung: In gewisser Weise hat die Fortsetzung 1.♘c3 den Vorteil, dass Weiß in verschiedene Eröffnungen einlenken kann. Natürlich ist es unmöglich, alle denkbaren Varianten in diesem Rahmen vollständig zu diskutieren. Daher habe ich nur die wesentlichen Möglichkeiten aufgezeigt, mit denen Schwarz ausgleichen kann.

Kapitel 52

Unregelmäßige Eröffnungen

Im letzten Kapitel wird eine Reihe von ausgesprochen seltenen und teilweise als skurril angesehenen Eröffnungen vorgestellt. Allerdings sorgt die Tatsache, dass sich in letzter Zeit einige davon bei manchem Schachfreund (bis hinauf in Großmeisterkreise) durchaus einer gewissen Beliebtheit erfreuen, für deren praktische Weiterentwicklung.

Abspiel 1

Die Anderssen-Eröffnung 1.a3

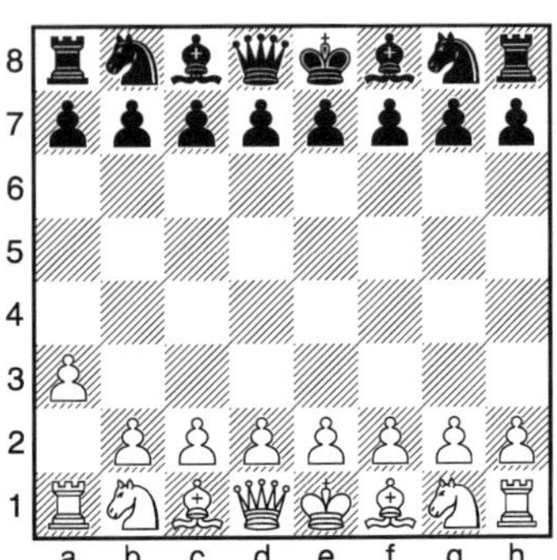

Dieser Eröffnungszug wurde nach dem herausragenden Spieler Adolf Anderssen (1818-1879) benannt, der ihn 1858 dreimal in einem in Paris ausgetragenen Wettkampf gegen Paul Morphy (1837-1884) anwandte. Dieses Herangehen kommt in der heutigen Turnierpraxis nur noch selten aufs Brett, da Weiß in der Anfangsphase des Kampfes darauf verzichtet, Einfluss auf das Zentrum zu nehmen. Manchmal können sich jedoch Stellungen aus anderen Eröffnungen ergeben (z.B. Englisch), in denen der Bauer auf a3 ganz nützlich ist.

1...d5

Der Angriff auf das Zentrum mit Kontrolle der Punkte c4 und e4 gilt als eine der beiden logischsten Reaktionen und kommt deswegen in der Praxis mit am häufigsten zum Einsatz.

Die wichtigsten Alternativen lauten:

I. 1...e5

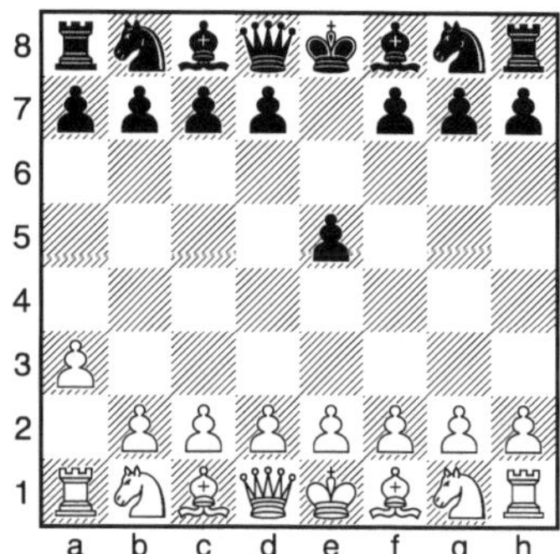

Mit diesem Zug übt Schwarz Einfluss auf die zentralen Punkte d4 und f4 aus.

2.c4

(2.b4 d5 3.♗b2 ♗d6 4.♘f3 ♕e7 5.e3 ♘f6 6.c4 c6 7.♘c3 dxc4 8.♗xc4 b5 9.♗e2 a5⇄)

2...♘f6

(Spielbar ist auch 2...a5, um den Vorstoß b2-b4 zu erschweren.)

3.d3 d5 4.cxd5 ♘xd5 5.♘f3 ♘c6 6.b4 a6 7.♗b2 ♗d6 8.e3 0-0 9.♘bd2 ♗e6

(Mit 9...b5!? kann Schwarz auch a6-a5 nebst Gegenspiel am Damenflügel vorbereiten.)

10.♘c4 f6 11.♗e2 ♖e8 12.0-0 ♗f8 13.♖c1 ♕d7 14.♕c2 ♖ad8

Angesichts seiner harmonisch und flexibel entwickelten Kräfte hat Schwarz gute Aussichten. Beispielsweise kann er nach g7-g6 seinen Läufer auf g7 postieren und f6-f5 folgen lassen. Weiß hingegen strebt mit dem Manöver ♘f3-d2-b3 aktives Spiel am Damenflügel an. Die Stellung ist zweischneidig.

II. 1...g6

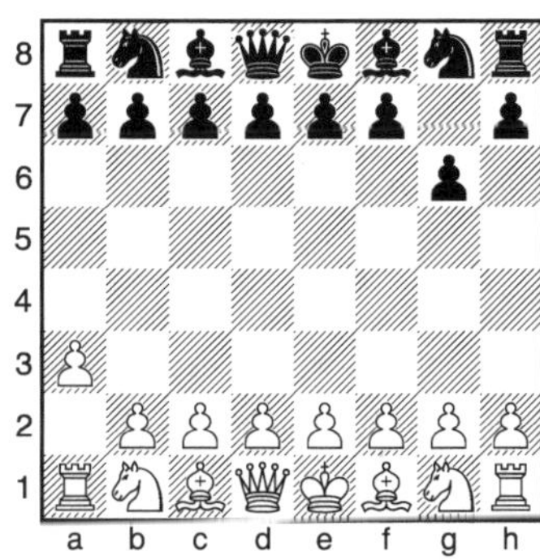

Auch Schwarz verzichtet für den Moment auf den Kampf um das Zentrum und entwickelt stattdessen zunächst den Königsläufer auf die lange Diagonale a1-h8.

A) 2.e4 c5 3.♘c3 ♗g7 4.♗c4

(In der Variante nach 4.f4 ♘c6 5.♘f3 e6 6.d3 d6 7.♗e2 ♘ge7 8.0-0 0-0 9.♗e3 ♘d4 10.♖b1 b5! bekommt Schwarz gute Gegenchancen.)

4...♘c6 5.d3 ♘f6 6.f4

(6.♗g5 d6 7.♕d2 0-0 8.♘f3 a6 9.a4 ♗g4⇄)

6...d6 7.♘f3 0-0 8.0-0 a6 9.a4 b6 10.♗d2 ♗b7 11.♕e1 e6 12.♕h4 d5 13.exd5 ♘xd5 14.♕xd8 ♖fxd8 und Schwarz steht gut.

B) 2.♘f3 ♗g7 3.g3 e5

(Ein anderer Spielplan ist 3...c5 4.♗g2 ♘c6 5.0-0 e6 6.d3 ♘ge7 7.c4 0-0 8.♘bd2 d5 9.♖b1 a5 10.b3 b6 11.♗b2 d4 12.♕c2 ♗b7 13.♖fe1 ♕d7 14.♖bd1

♖ad8 und Schwarz steht ausgezeichnet.)

4.d3 d5 5.♗g2 ♘e7 6.0-0 0-0 7.e4

(7.♘bd2 c5 8.e4 ♘bc6 9.exd5 ♘xd5 10.♖e1 b6 11.♖b1 ♗b7=)

7...c6

(So erhält Schwarz die Spannung im Zentrum aufrecht, obwohl natürlich auch 7...d4!? spielbar ist)

8.♕e2 ♘d7 9.c4 dxc4 (9...d4 10.b4 a5⇄) 10.dxc4 a5 11.b3 ♘c5 12.♖d1 ♕c7 13.♘bd2 h6 (13...f5∞) 14.♖b1 ♗e6 Δ♖a8-d8, f7-f5 mit chancenreichem Spiel für Schwarz.

2.♘f3 ♘f6

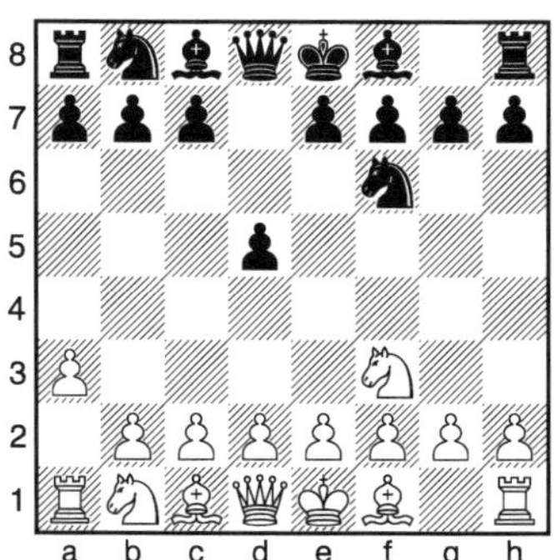

3.g3

Natürlich kann Weiß seine Kräfte auch im Sinne des Damengambits entwickeln: 3.d4 e6 4.♗g5 ♗e7 (4...c5 5.e3 ♘c6∞) 5.e3 0-0 6.c4 b6 7.♘c3 ♗b7 8.♖c1 ♘bd7 9.♗d3 c5 10.0-0 und nun ist 10...dxc4 (oder 10...♖c8!?) zu beachten; z.B. 11.♗xc4 cxd4 12.♘xd4

(Möglich ist auch 12.exd4!? nebst Spiel mit einem isolierten Zentrumsbauern.)

12...♘e5 13.♗e2 ♖c8 14.♕a4 a6 15.♖fd1 ♕e8 16.♕b3 b5∞

3...c5 4.♗g2 ♘c6 5.0-0 e5 6.d3 ♗e7 7.♘bd2 0-0 8.c3

Die Folgen von 8.c4 d4 9.♖b1 a5 sind günstig für Schwarz.

8...a5 9.e4 dxe4 10.♘xe4 ♘xe4 11.dxe4 ♕xd1 12.♖xd1 ♗e6 13.♗e3 ♖fd8 und die Position ist ausgeglichen.

Abspiel 2

Grobs Angriff 1.g4

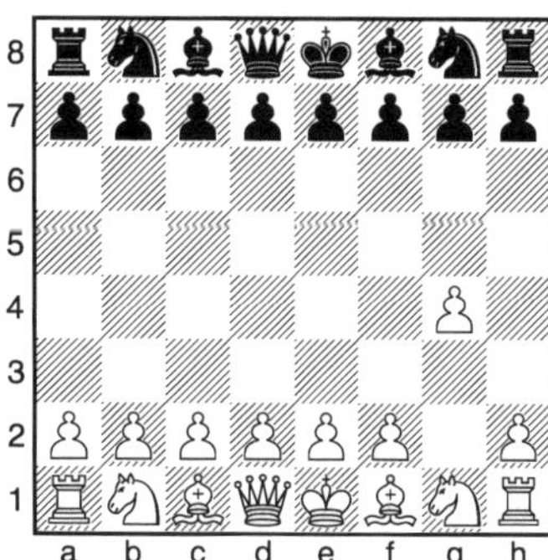

Diese Eröffnung ist nach dem Schweizer Spieler Henry Grob (1904-1974) benannt, der sie lange Zeit analysiert und viele Fernschachpartien damit gespielt hat. Da sie allgemein als minderwertig gilt, wird sie nur äußerst selten in der Turnierpraxis angewandt. Allerdings kann sie eine gefährliche Überraschungswaffe sein, so dass Schwarz mit den richtigen Verteidigungsmöglichkeiten vertraut sein sollte.

1...d5

Die beliebteste Antwort, weil der sofortige Angriff auf den ungedeckten g4-Bauern Weiß vor die Entscheidung stellt, auf die Drohung zu reagieren oder sie zu ignorieren.

Selbstverständlich ist aber auch die Alternative 1...e5 stark, um das Manöver ♘g8-e7-g6 mit Ausnutzung der Schwäche des Feldes h4 folgen zu lassen; z.B. 2.♗g2 ♘e7 3.c4 (3.h4 ♘g6 4.g5 d5 5.c4 ♘f4 usw. ist günstig für Schwarz.)

3...♘g6 4.d3 ♘h4 und Weiß hat Probleme, seinen rechten Flügel weiterzuentwickeln.

2.♗g2

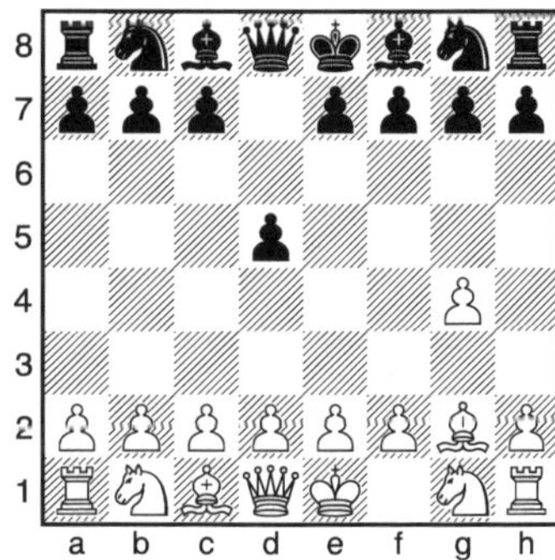

2...c6

Eine solide Fortsetzung: Schwarz stärkt seinen Zentrumsbauern und verzichtet somit auf die Verwicklungen nach 2...♗xg4 3.c4 mit Druckspiel auf der Diagonale h1-a8.

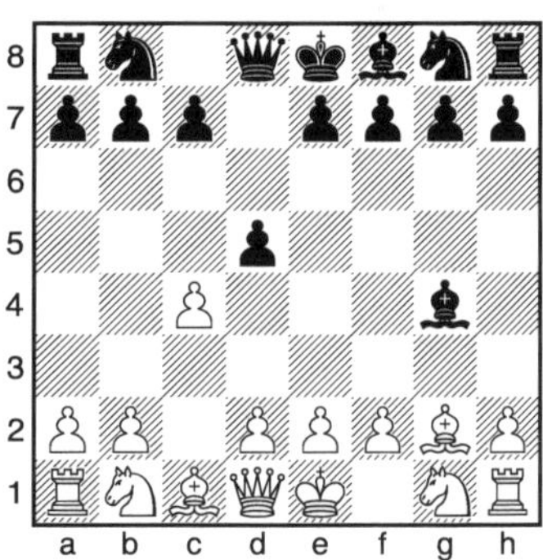

A) 3...c6! 4.cxd5 (4.♕b3 ♕b6!) 4...cxd5 5.♕b3 ♘f6 6.♕xb7 ♘bd7

7.♘c3 e6 8.d4 ♖b8 9.♕a6 (9.♕xa7 ♕c8 10.♕a4 ♗b4 11.♗d2 ♕c4∓) 9...♕c7 10.♕d3 ♗b4 11.♔f1 0-0 und Schwarz steht ausgezeichnet.

B) 3...dxc4 4.♗xb7 ♘d7 5.♗xa8 ♕xa8 6.f3 e5 7.♕a4 ♗e6∞

C) 3...d4 4.♗xb7 ♘d7 5.♗xa8 ♕xa8 6.f3 e5 7.d3 ♗e7

(7...♗e6 8.♘d2 ♘e7 9.♘e4 f5 10.♘g5 ♗g8∞)

8.h4 ♘gf6 9.♘h3 0-0 10.♘f2 ♗e6 mit recht komplizierter Stellung. Für die Qualität bekommt Schwarz freies Figurenspiel und Entwicklungsvorsprung, während die weißen Figuren auf der Grundreihe festsitzen.

3.h3 e5

Damit hat Schwarz eine Idealstellung erreicht, denn sein starkes Bauernzentrum bringt langfristigen Raumvorteil mit sich.

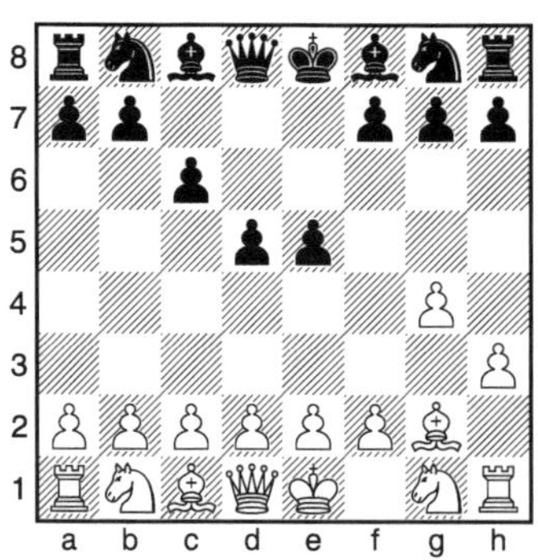

4.d4

Ein kräftiger Schlag in die Mitte.

Hier ein Blick auf die Alternativen:

I. 4.d3

A) 4...♗c5 5.♘f3

(Oder 5.e4 dxe4 6.♗xe4 ♘f6 7.♗g2 0-0 8.♘c3 ♖e8 9.♘ge2 ♘bd7 mit der Absicht ♘d7-f8-g6 usw.)

5...♕c7 6.♘c3 b5 7.♗d2 ♘e7 8.0-0 ♘g6 und nach der kurzen Rochade hat Schwarz gute Aussichten.

B) 4...♗d6 5.c4 ♘e7 6.♘c3 ♗e6 7.♘f3

(Nach 7.♕b3 kann Schwarz mit 7...♕d7 nebst ♘b8-a6 fortsetzen.)

7...h6 8.0-0 0-0 9.a3 ♘a6 10.cxd5 cxd5 11.♗d2 ♖c8 und Schwarz steht gut.

II. 4.e4

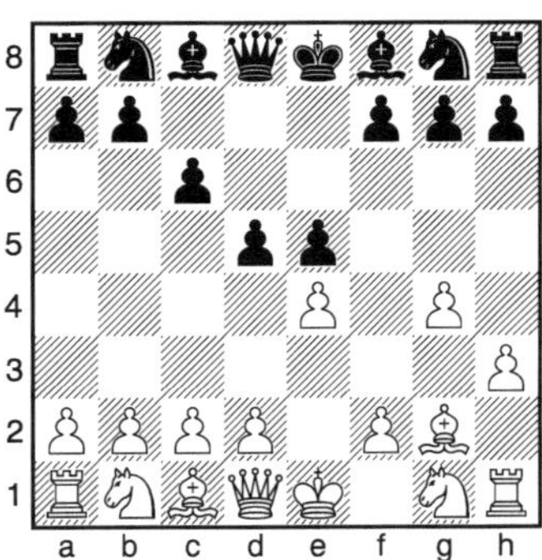

A) 4...d4 5.d3 ♗d6 6.♘e2 c5 7.♘d2 ♗e6 (7...♘c6 8.♘c4 ♗c7 9.0-0 h5⇄) 8.♘g3 g6 9.♘f3 ♘d7 10.♗d2 h6 11.c4 ♕c7∞

B) 4...♗e6 5.d3 dxe4 6.dxe4 ♕xd1+ 7.♔xd1 ♗c5 8.♔e1 ♘d7 9.b3 0-0-0 mit dem Plan ♘g8-e7-g6 und aktivem Spiel.

4...e4 5.c4 ♗d6 6.♘c3 ♘e7 7.♕b3 0-0 8.♗d2 ♗c7 9.e3 a6 10.♘ge2 b5 11.cxd5 cxd5 12.♖c1 ♗e6

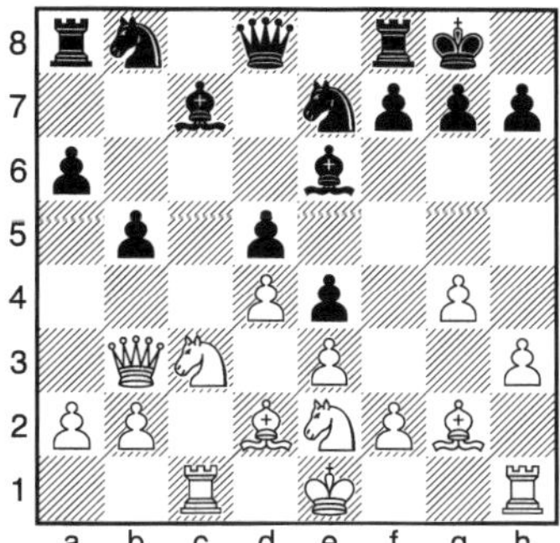

13.♘f4

Nach 13.0-0 kann Schwarz z.B. 13...♘bc6 14.f4 f5 wählen.

13...♗xf4 14.exf4 f5 mit der Absicht ♘b8-c6, ♕d8-b6, ♖a8-c8 und guten weiteren Aussichten.

Abspiel 3

Die Saragossa-Eröffnung 1.c3

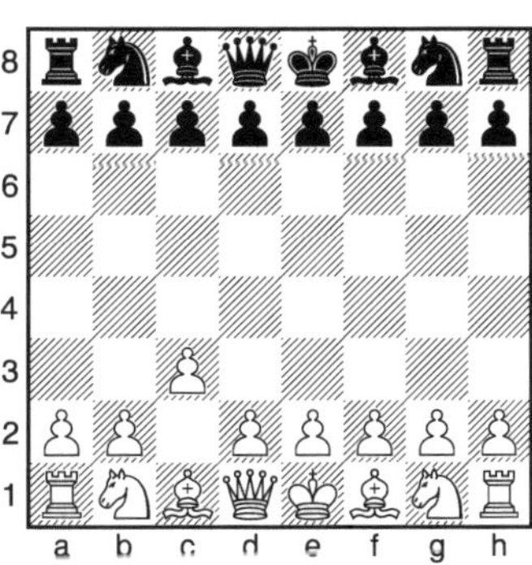

Diese Eröffnung wurde 1919 in einem Schachklub in Saragossa (spanisch *Zaragoza*) gespielt. Im nächsten Jahr analysierte Klubmitglied José Juncosa diese Spielweise in der Schachzeitung 'Revista del Club Argentino'. 1922 wurde in Mannheim ein Thematurnier mit den drei Spieler Siegbert Tarrasch (1862–1934), Paul Leonhardt (1877–1934) und Jacques Mieses (1865–1954) veranstaltet, die ihre Weißpartien mit 1.c3 eröffnen mussten. Das Turnier gewann Tarrasch.

1...d5

Mit diesem logischen Zug kämpft Schwarz um Raumvorteil im Zentrum.

Nach der ebenso starken Alternative 1...e5 kann sich das Spiel wie folgt entwickeln.

2.d4

(Natürlich kann Weiß hier 2.e4 spielen, wonach Schwarz sich mit 2...♘f6 oder sogar 2...d5 gute Aussichten verschaffen kann.)

2...exd4

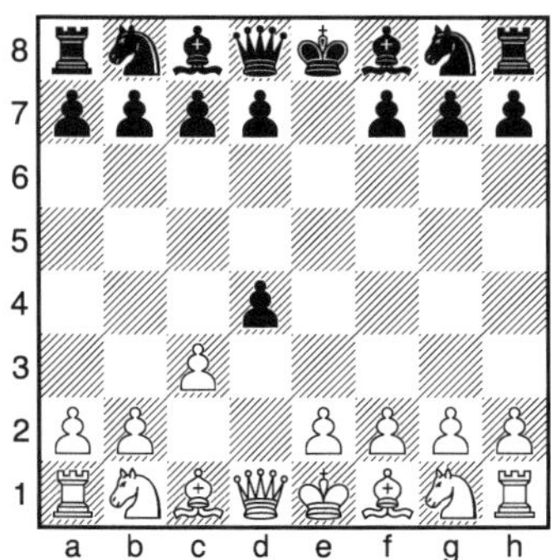

A) 3.♕xd4

(3.e4 führt zum 'Nordischen Gambit' - siehe Seite 17.)

3...♘c6 4.♕a4

(4.♕d3 ♘f6 5.♘f3 d5 6.♗g5 ♗e7 7.e3 h6 8.♗h4 0-0 9.♘bd2 ♖e8=)

4...♘f6 5.♘f3 ♗e7 6.♗f4 0-0 7.e3 d6 8.♘bd2 ♗d7 9.♕c2 g6 10.♗d3 ♖e8 11.0-0 ♗f8 12.♖fe1 ♗g7=

B) 3.cxd4 ♘f6

(Nach 3...d5 entsteht die Ausgangsstellung der Abtauschvariante des Damengambits - siehe Seite 218.)

4.♘c3 ♗b4

(Oder 4...d5!? mit Übergang zum Damengambit.)

5.a3 ♗xc3+ 6.bxc3 0-0 7.♗g5 h6 8.♗h4 d5 9.e3 c5!?

(Spielbar ist auch die ruhigere Entwicklung 9...c6 mit dem typischen Plan ♖f8-e8, ♘b8-d7-f8 usw.)

10.♗d3 c4 11.♗xf6 ♕xf6 12.♗e2 ♗f5 13.♗g4 ♘d7 14.♗xf5 ♕xf5 15.♘f3 ♘f6 16.0-0 ♖fe8 mit ausgeglichener Stellung. So kann es nach beispielsweise 17.a4 mit 17...b6 oder 17...♖ab8!? weitergehen und Schwarz hat alles im Griff.

2.d4

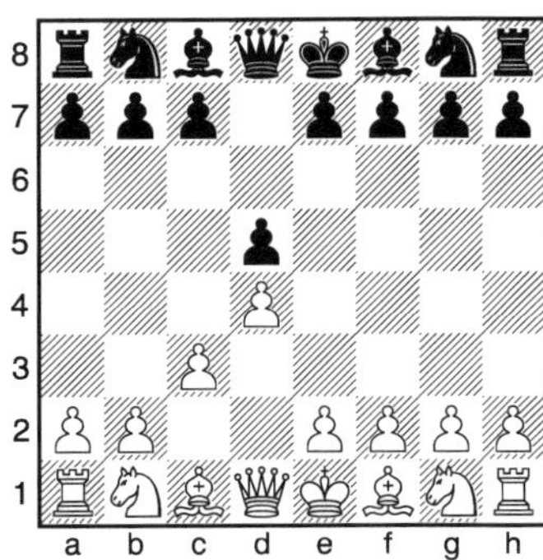

2...♘f6

Mit diesem natürlichen Entwicklungszug lenkt Schwarz das Spiel in die Bahnen der Damenbauernspiele (siehe Seite 235).

Natürlich kann er auch andere Zügen wählen.

I. 2...f5 3.♗f4

(3.♘f3 ♘f6 4.♗g5 e6 5.♘bd2 ♗d6 6.e3 0-0 7.♗d3 ♘bd7 8.0-0 b6 nebst ♗c8-b7, c7-c5 usw.)

3...♘f6 4.♘d2 e6 5.e3 ♗d6 6.♗g3 b6 7.♘gf3 ♗b7 8.♗d3 0-0 9.♕c2 ♘e4 10.♘e5 c5 11.0-0 ♘xg3 12.hxg3 ♘d7 13.f4 ♘f6=

II. 2...e6 3.♘f3 c5

(3...♗d6 4.♗g5 f6 5.♗h4 ♘e7 6.♘bd2

♘g6 7.♗g3 f5 8.♗xd6 cxd6 9.e3 0-0 10.♕c2 ♗d7 11.h4 ♘c6 12.g3 ♖c8 13.♗g2 b5⇄)

4.♗f4 ♘c6 5.e3 ♘f6 6.♘bd2 ♗d6 7.♘e5 ♕c7 8.♘df3 ♘d7 9.♘xd7 ♗xd7 10.♗xd6 ♕xd6 11.♗b5 0-0 12.0-0 a6 13.♗xc6 ♗xc6 14.♘e5 ♗b5 15.♖e1 f6 16.♘f3 ♗c6=

3.♗g5 ♘bd7 4.e3

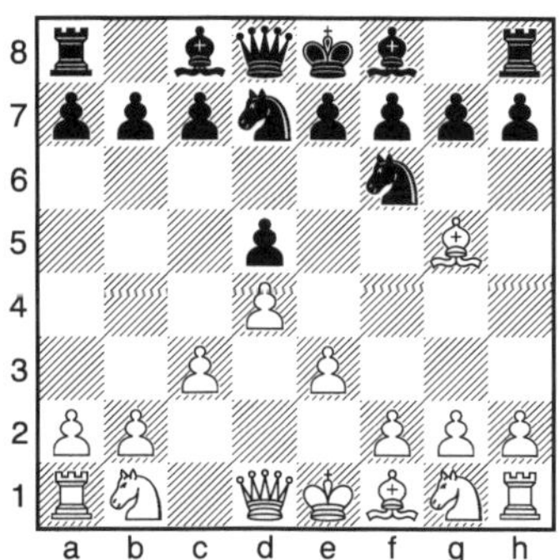

4...g6

Mit diesem soliden Plan kommt Schwarz gut und sicher ins Spiel.

Nach der Entwicklung mit 4...e6 5.♘d2 ♗e7 6.f4 c5 7.♗d3 0-0 8.♘gf3 b6 9.♘e5 ♗b7 10.♕f3 Δ♕f3-h3 erhält Weiß gute Angriffsmöglichkeiten am Königsflügel.

5.♘d2

5.f4 ♘e4 6.♗h4 ♘df6 7.♘d2 ♗g7 8.♗d3 0-0=

5...♗g7 6.f4 c5 7.♗d3 0-0

Sofort 7...♕b6!? ist ebenfalls spielbar.

8.♘gf3 ♕b6

Der Plan 8...b6 9.0-0 ♗b7 10.♘e5 ♘e4 kommt auch in Frage.

9.♖b1 ♘g4 10.♕e2 f6 11.♗h4 e5 12.fxe5 fxe5 13.dxc5 ♘xc5 mit ausgezeichnetem Spiel für Schwarz.

Abspiel 4

Die Amar-Eröffnung 1.♘h3

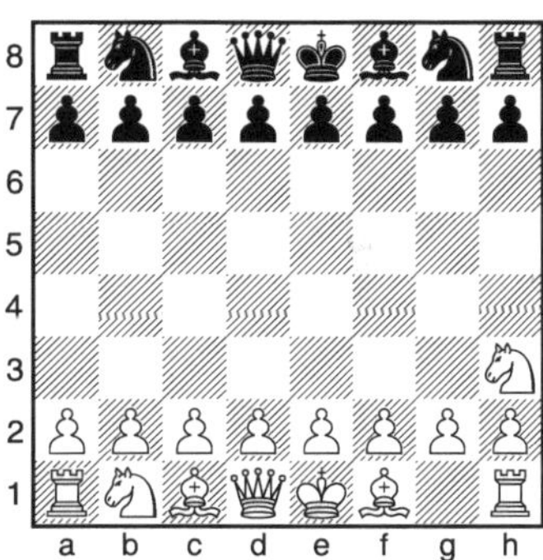

Die Prinzipien der Schachstrategie lassen eigentlich keinen Zweifel: Springer gehören ins Zentrum. Denn dort kontrollieren sie die wichtigsten Felder, und von dort gelangen sie schnellstmöglich an jeden beliebigen Einsatzort. Hingegen sei „ein Springer am Rande immer eine Schande", dozierte schon der bekannte deutsche Schachmeister, Publizist und dogmatische Schachpädagoge Siegbert Tarrasch.

Dennoch, oder gerade deshalb: Wenn Sie Ihren Gegner aus der Fassung bringen wollen, dann probieren Sie doch einfach mal diese Eröffnung. Der absonderlich anmutende Zug wird dem Pariser Spieler Charles Amar zugeschrieben, der ihn in den 1930er

Jahren regelmäßig anwandte und alsbald Nachahmer fand. In der modernen Turnierpraxis ist aus dem ehemals beliebten Sprung an den Rand buchstäblich eine seltene Randerscheinung geworden.

Denn normalerweise sollte sich Schwarz bei richtigem Spiel die besseren Perspektiven sichern. Weiß kann nur dann auf Erfolg hoffen, wenn der Gegner überrascht wird und in der Folge wirklich schwach spielt. Amars Vorschlag kann höchstens in Amateurkreisen Beachtung finden, während sie ambitionierten Wettkampfspielern kaum zu empfehlen ist!

1...d5

Außer dieser meistgespielten Fortsetzung ist auch oft 1...e5 anzutreffen.

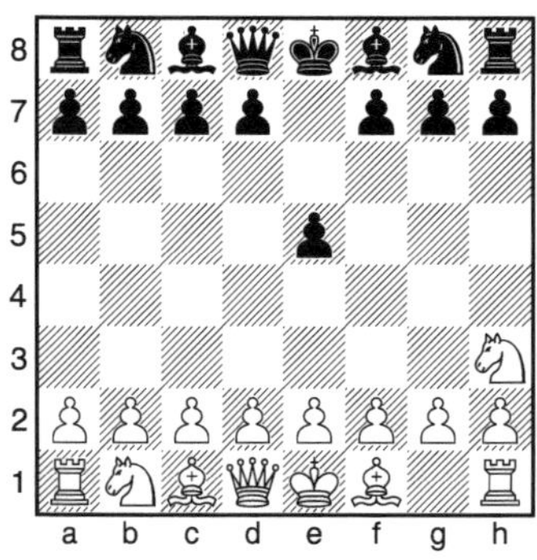

A) 2.f3 d5

(Die Stellung nach 2...♗c5 3.e3 ♘c6 4.♘f2 ♘f6 5.♘c3 0-0 nebst d7-d5 ist bestens spielbar für Schwarz.)

3.♘f2 ♘f6 4.g3 ♗c5 5.e3 ♘c6 6.♗g2 ♗e6 7.d3 ♕d7

(7...♕e7!? 8.c3 0-0 9.0-0 a6∞)

8.a3 a5 9.0-0 0-0

(Mit 9...h5!? kann Schwarz einen aggressiven Plan einleiten.)

10.♕e2 ♖ae8 mit aktivem schwarzem Spiel und weißem Entwicklungsnachteil.

B) 2.g3 ♘c6 3.♗g2 ♗c5

(Natürlich ist auch 3...d5!? stark.)

4.♘c3 a6

(Mit dieser Maßnahme will Schwarz seinen Läufer sichern, denn nach 4...d6 5.♘a4 ♗b6 6.0-0 ♗e6 7.♘xb6 axb6= würde dieser verlorengehen.)

Nach 5.0-0 d6 6.d3 ♘ge7 7.e4 kann Schwarz kurz rochieren oder das Spiel mit 7...h5 in schärfere Bahnen lenken.

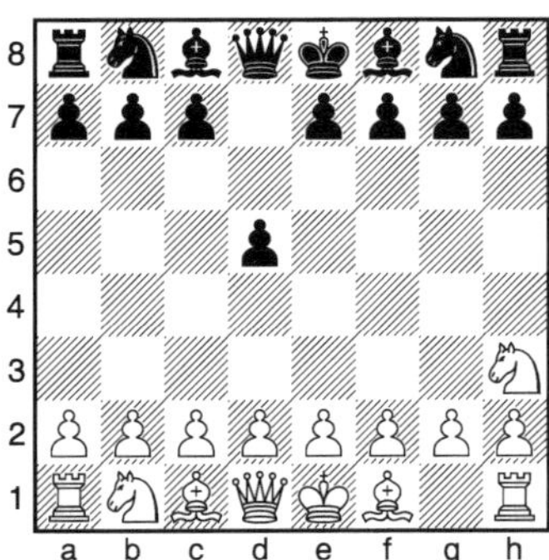

2.g3

Das Fianchetto des Läufers ist empfehlenswert, denn nach 2.d4 ♗xh3 würde die weiße Bauernstruktur am Königsflügel zerstört; z.B. 3.gxh3 e6 4.♗g2 ♘c6

A) 5.c4 ♗b4+ 6.♗d2 (6.♘c3 dxc4

7.♕a4 ♘ge7∓) 6...♗xd2+ 7.♕xd2 ♘ge7 8.e3 ♘g6 9.♘c3 ♘h4 mit schwarzem Vorteil.

B) 5.0-0 ♘ge7 6.c3 ♕d7 (6...♘g6!?) 7.♘d2 ♘g6 8.♘f3 ♗d6 und angesichts der Bauernschwächen auf der rechten Seite hat Schwarz bessere Aussichten.

2...e5

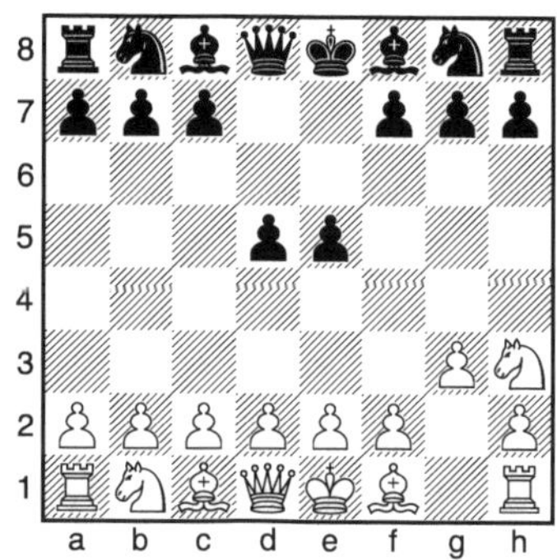

3.♗g2

Nach 3.f4 stehen Weiß zwei gute Antworten zur Auswahl:

A) 3...♗xh3 4.♗xh3 exf4 5.0-0

(5.d4 fxg3 6.hxg3 ♗d6 7.♕d3 ♘c6 8.0-0 ♘f6 9.♗g5 ♗e7∓)

5...fxg3 6.e4 gxh2+ 7.♔h1 dxe4 8.♘c3 ♘f6 9.d3 ♗e7 10.♗f4 exd3 11.♕f3 0-0

(11...c6 12.♖ad1 0-0 13.♖xd3 ♕a5∓)

12.♕xb7 ♘bd7 13.♗xc7 ♕c8 14.♕c6 ♘e5 15.♗xc8 ♘xc6 16.♗b7 ♖ae8−+

B) 3...e4 4.♗g2

(4.c4 d4 5.b3 ♘f6 6.♘a3 ♘c6 7.♘f2 ♗f5 usw. ist vorteilhaft für Schwarz.)

4...♘c6 5.c4 dxc4 6.♕a4 f5 7.♕xc4 ♘f6 8.♘c3 ♕d4 9.♕xd4 ♘xd4 mit dem Plan ♗c8-e6, 0-0-0 und gutem Spiel für Schwarz.

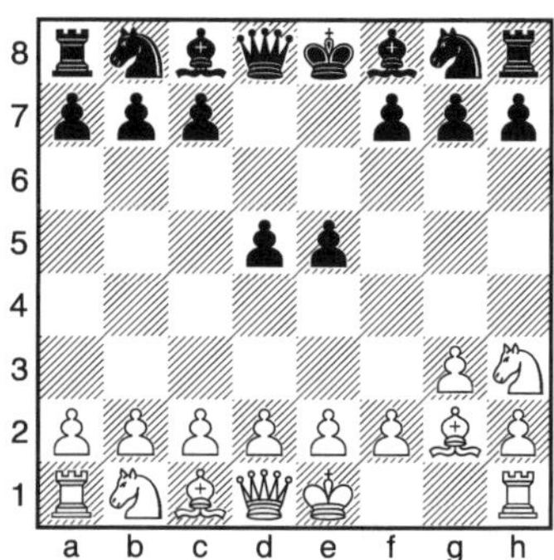

3...♘c6

3...♘f6 läuft nach z.B. 4.0-0 ♘c6 usw. nur auf Zugumstellung hinaus.

4.0-0 ♘f6 5.c3 ♗e7 6.d4 0-0 7.♗g5 h6 8.♗xf6 ♗xf6 9.dxe5 ♘xe5 10.♘f4 c6 11.♘h5 ♗e7 12.♘d2 ♗f5

Angesichts seiner flexibel entwickelten Kräfte hat Schwarz gute Perspektiven.

Abspiel 5

Die Durkin-Eröffnung 1.♘a3

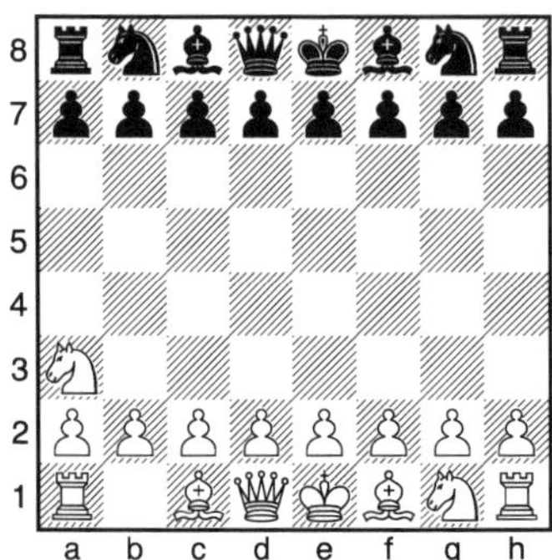

Auch bei dieser Eröffnung, die nach dem amerikanischen Spieler Robert Durkin benannt ist, kommt der Springer sofort ins Spiel, hat aber am Brettrand keinen Einfluss auf den Kampf um einen Positionsvorteil im Zentrum. Allerdings kann er zu einem späteren Zeitpunkt über c4 oder c2 ins Spiel kommen.

In der Diagrammstellung stehen Schwarz zwei aktive Züge zur Wahl:

I. 1...d5

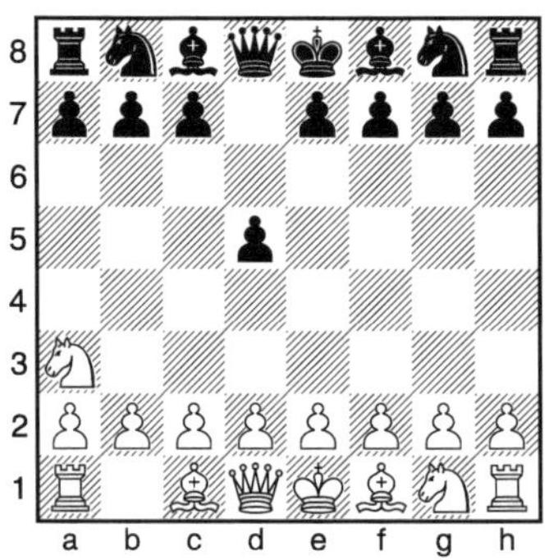

A) 2.♘f3 c5

(2...♘f6 3.e3 c6 4.d4 e6 5.b3 ♗d6 6.♗d3 ♕e7 7.♘b1 ♘bd7∓)

3.c4 d4 4.e3 ♘c6 5.exd4 cxd4 (5...♘xd4 6.♘c2=) 6.♗d3 g6 7.0-0 ♗g7 8.♘c2 a5 9.♖e1 ♘f6 10.b3 0-0 11.♗b2 ♘h5

Im Gegensatz zu den gegnerischen Kräften sind die schwarzen Figuren aktiv platziert.

B) 2.c4 e5

(Spielbar ist auch 2...d4!? 3.d3 e5 usw.)

3.♘f3 e4 4.♘d4 dxc4

(4...♘f6 5.e3 ♗c5 6.♘b3 ♗e7 7.d4 0-0 8.♗e2 c6 9.0-0 ♗f5∓)

5.e3 a6 6.♘xc4 c5 7.♘c2 b5 8.♘e5 ♕d5 9.f4 ♘h6 10.♗e2 f6 11.♘g4 ♗xg4 12.♗xg4 ♘xg4 13.♕xg4 f5 14.♕e2 ♘c6∓

II. 1...e5

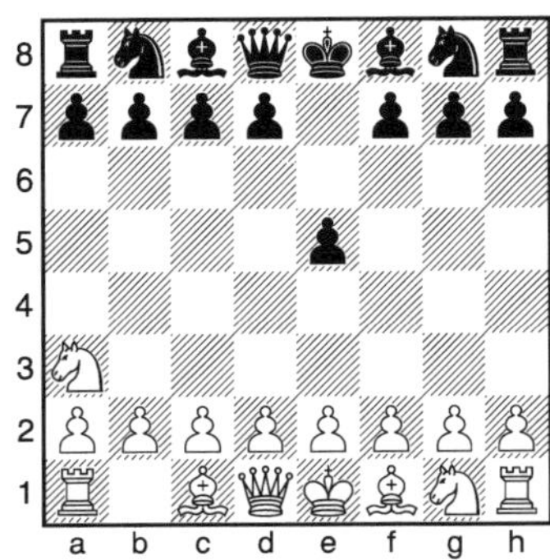

A) 2.b3 d5 3.♗b2 (3.e3 ♘f6 4.♗b2 c6 5.c4 d4∓) 3...♘c6 4.e3 a6 5.d3 ♗d6 6.♘f3 ♘f6 7.♗e2 0-0 8.0-0 ♕e7∓

B) 2.♘c4 ♘c6 3.e4 ♘f6

(Auch die starken Alternativen 3...f5!? und 3...d5!? kommen in Frage.)

4.d3 ♗c5

(4...d5 5.exd5 ♕xd5 6.♗e2 ♗e7 7.♘f3 0-0∓)

5.♗e3 ♗xe3 (5...♕e7!?) 6.♘xe3

(Nach 6.fxe3 kann Schwarz sich für 6...d6 oder sogar 6...d5 entscheiden.)

6...d5

(Möglich ist natürlich auch die Zugumstellung 6...0-0 7.♘f3 und erst jetzt 7...d5.)

7.exd5 ♘xd5 8.♘f3 0-0 und Schwarz ist besser entwickelt.

Abspiel 6

Die Barnes-Eröffnung 1.f3

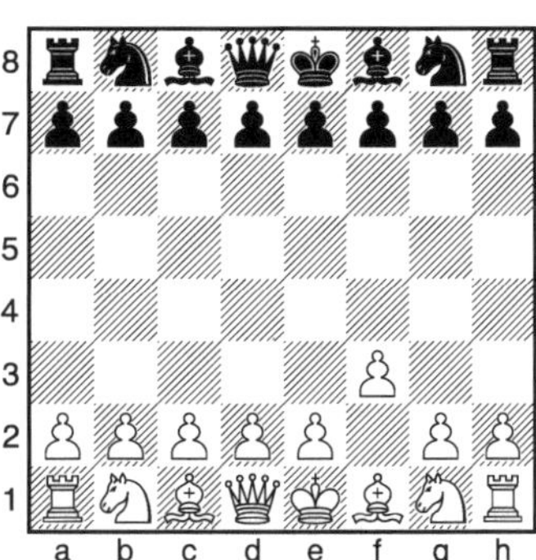

Dieser Zug hat keinen guten Ruf, da er offensichtlich die Entwicklung des Königsflügels deutlich behindert. Trotzdem wird er gelegentlich von Enthusiasten angewendet, die Abenteuer auf dem Schachbrett suchen. Die Eröffnung ist nach dem englischen Spieler Thomas W. Barnes (1825-1874) benannt, der sie regelmäßig gespielt hat.

1...e5

Diese aktive Fortsetzung wird von der Theorie empfohlen.

2.e4

2.g4?? lädt bekanntlich zu dem im Schach schnellstmöglichen Matt 2...♕h4# ein.

Nach der weiterhin exotischen Fortsetzung 2.♔f2 rät die Theorie zu 2...d5! mit folgenden Möglichkeiten.

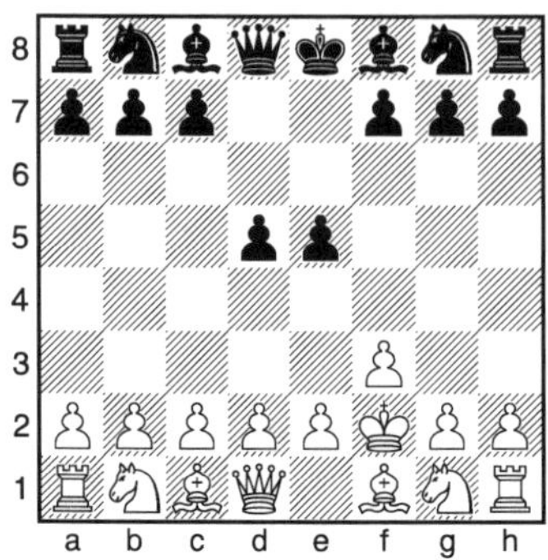

A) 3.♔g3 ♗c5

(3...♘c6 4.e3 ♗e6 5.♗b5 ♗d6 6.♘e2 e4+ 7.f4 g5→)

4.e3 (4.♘c3?? ♕g5#) 4...d4 5.h3 (5.exd4 ♕xd4-+) 5...♘f6 mit starker schwarzer Initiative.

B) 3.e3 ♘f6 4.d4 e4

(4...♘c6 5.♗b5 ♗d6 6.♘e2 0-0 7.♘bc3 ♕e7∓)

5.c4

(5.f4 ♘g4+ 6.♔e1 c5 7.♘e2 ♘c6 8.♘bc3 ♗e6∓)

5...c6 6.♘c3 ♗d6 7.cxd5 cxd5 8.♗b5+ ♘bd7 9.fxe4 ♘xe4+ 10.♘xe4 dxe4 (10...♕h4+!?) 11.♘e2 0-0 12.g3 ♕g5 und Schwarz steht klar besser.

2...♘f6 3.♘c3 ♗c5

Sofort 3...d5!? ist auch empfehlenswert; z.B. 4.d4 exd4 5.♕xd4 ♘c6 6.♗b5 ♗d7 7.♗xc6 ♗xc6 8.e5 ♘d7 9.♘xd5 ♗c5 10.♕d1 ♘xe5 mit schwarzem Vorteil.

4.♘ge2

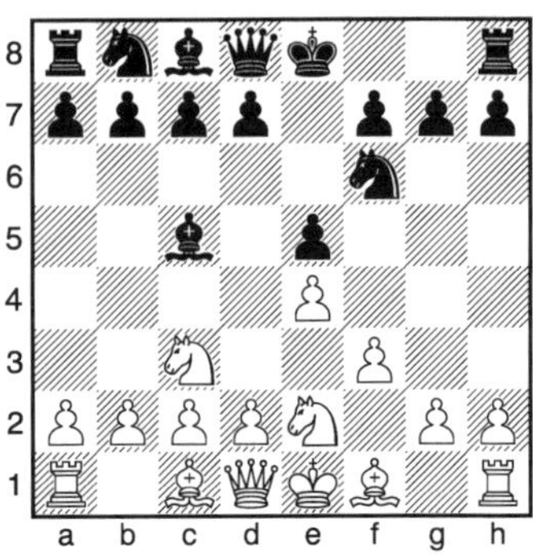

4...d5

Dieser Vorstoß in der Mitte ist energisch und stark, aber Schwarz kann ihn auch etwas später ausführen; z.B. 4...0-0 5.d4 exd4 6.♘xd4 d5! mit guten Aussichten.

5.♘xd5

– 5.d4 exd4 6.♘xd4 dxe4∓

– 5.exd5 ♘xd5 6.♘e4 ♗b6 7.♘2c3 c6∓

5...♘xd5 6.exd5 ♕xd5 7.♘c3 ♕e6 8.♗b5+ c6 9.♗a4 0-0 10.♗b3 ♕g6 11.♕e2 ♗e6 12.d3 ♘d7 13.♗d2

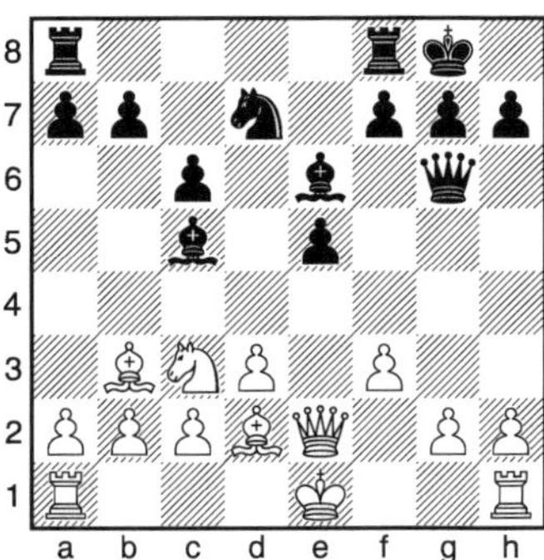

Gegen die offenkundige Absicht, 0-0-0 folgen zu lassen, kann Schwarz sofort aktives Gegenspiel am Damenflügel einleiten.

13...b5!

Dank seiner flexiblen Figurenstellung geht Schwarz mit guten Perspektiven in den Kampf. Die vorgestellten Varianten zeigen, dass es für Weiß schwierig ist, in dieser Eröffnung um einen Vorteil zu kämpfen.

Abspiel 7

Die Clemenz-Eröffnung 1.h3

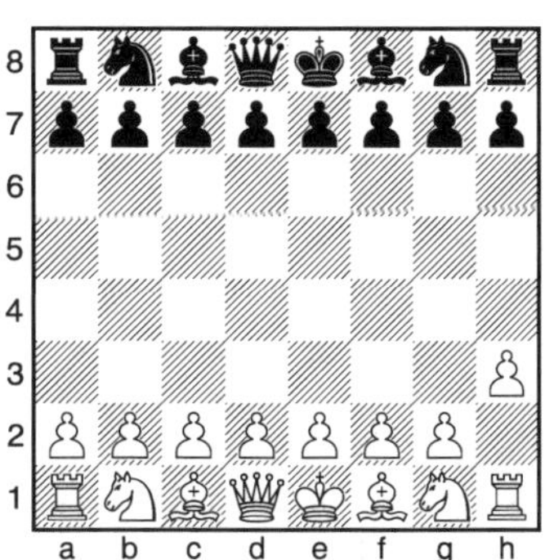

Diese Eröffnung wird dem estnischen Spieler Hermann Clemenz (1846-1908) zugeschrieben. Da Weiß sich mit dem Zug 1.h3 nicht aktiv am Kampf um einen Vorteil im Zentrum beteiligt, ist er in Turniersälen nur selten zu sehen.

Schwarz stehen zwei starke Erwiderungen zur Verfügung:

I. 1...e5 2.e4

(Oder 2.c3 d5 3.d4 e4 4.♗f4 ♘f6 5.e3 ♗e7 6.♘d2 0-0 7.♘e2 ♘c6 8.♕b3 a5 9.a4 ♖a6 nebst ♖a6-b6 mit aktivem Spiel für Schwarz.)

2...♘f6 3.♘c3 ♗c5

(3...♘c6 4.♘f3 d5 5.exd5 ♘xd5 6.♗b5 ♘xc3 7.bxc3 ♗d6 8.0-0 0-0∞)

4.♘f3 d6 5.♗c4 0-0 6.0-0 ♘c6 7.d3 h6 8.♗e3 ♗b6 9.♕d2 ♗e6 10.♗b3 ♕d7 11.♖ad1 ♖fe8 12.♖fe1 ♖ad8=

II. 1...d5

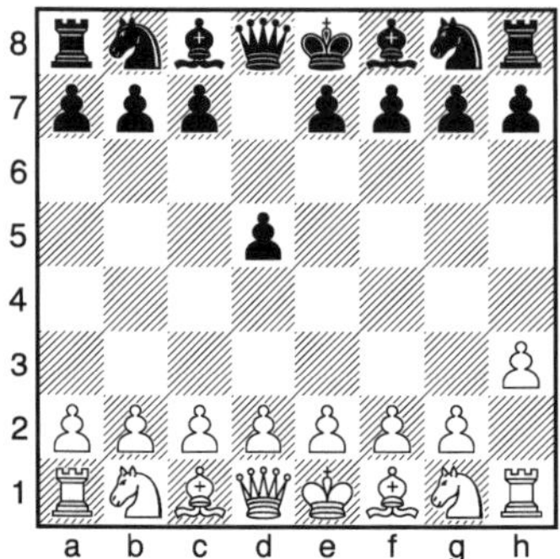

2.d4

(Möglich ist auch die alternative Entwicklung mit 2.♘f3 c5 3.e3 ♘c6 4.♗b5 ♘f6 5.d3 e6 6.♗xc6+ bxc6 7.b3 ♗d6 8.♗b2 0-0 9.0-0 ♕e7 10.♘bd2 e5∞.)

2...♘f6 3.♘f3 e6 4.♗f4 ♗d6 5.♗xd6 ♕xd6 6.c3 ♘bd7 7.e3 0-0 8.♗d3 e5 9.dxe5 ♘xe5 10.♘xe5 ♕xe5 11.♘d2 c5 12.♘f3 ♕e7 13.0-0 b6 14.♕e2 ♗b7 und Schwarz steht gut; z.B. 15.♗a6 ♖ad8 16.♗xb7 ♕xb7=.

Abspiel 8

Die Desprez–Eröffnung 1.h4

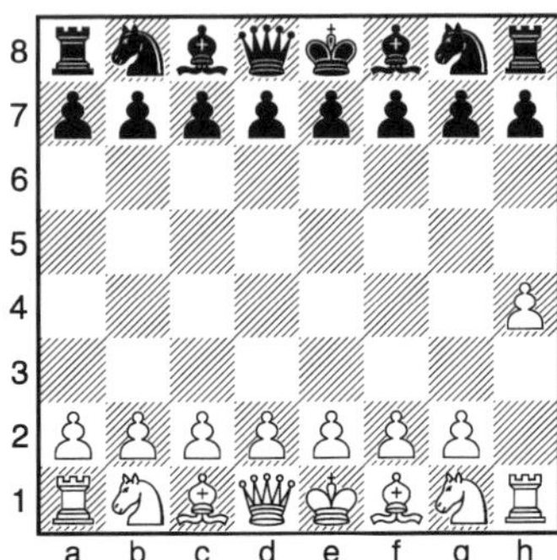

Der Name dieser Eröffnung geht auf den Franzosen Marcel Desprez zurück, der sie gegen schwächere Spieler einzusetzen pflegte. In neuerer Zeit ist dieser Zug allerdings auch in den Duellen der Großmeister anzutreffen, wenngleich auch nur im Schnell- und Blitzschach.

Schwarz hat eine große Auswahl an Antworten, aber die Theorie empfiehlt vor allem die folgenden Fortsetzungen:

I. 1...e5 2.h5 h6

(Es ist ratsam, den weiteren Vormarsch des Bauern zu stoppen, denn nach 2...d5 3.h6 ♘xh6 4.d4 e4 5.♗xh6 gxh6 6.e3 ♗e6 7.♘e2 ♘d7 8.♘f4 ♕e7 9.c4 c6 10.♕b3 0-0-0 11.cxd5 cxd5 12.♘c3 ♘b6 13.a4 erhält Weiß Initiative am Damenflügel.)

3.♘c3 d5 4.e4 d4 5.♘ce2 ♘f6 6.♘g3 c5 7.♗c4 ♘c6 8.d3 b5 9.♗b3

(Nach dem Bock 9.♗xb5?? ♕a5+ geht der Läufer verloren.)

9...♗d6 (9...a6!?) 10.a4 ♘a5 11.axb5 (11.♗a2 b4∓) 11...♘xb3 12.cxb3 ♗e6

Angesichts der Bauernschwäche hat Schwarz klaren Stellungsvorteil.

II. 1...d5 2.h5

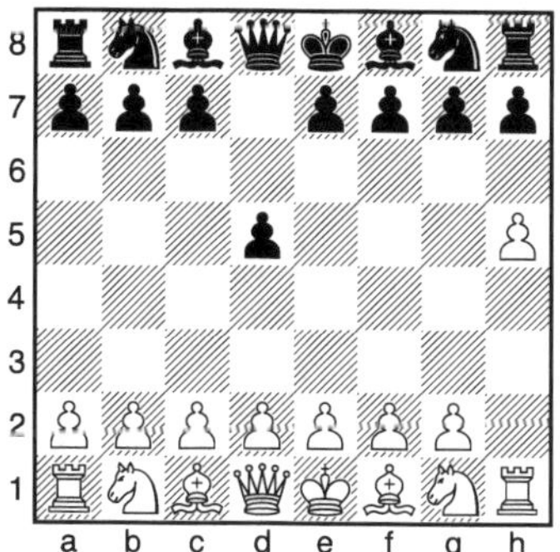

2...h6

(Auf 2...e5 folgt 3.h6 ♘xh6 4.d4 e4 5.♗xh6 gxh6 6.e3 ♗g7∞.)

3.d4 ♘f6 4.♘f3 c5 5.c3 ♘c6 6.♗f4 ♗f5 7.e3 e6 8.♗d3 ♗xd3 9.♕xd3 ♗d6 10.♗xd6 ♕xd6 11.♘bd2 0-0

Angesichts der Schwäche des Bauern h5 kann Weiß nicht kurz rochieren. Aber andererseits erhält Schwarz starke Angriffsmöglichkeiten, wenn Weiß seinen Monarchen im Zentrum lässt oder ihn mit 0-0-0 am Damenflügel unterbringt.

Abspiel 9

Die Mieses-Eröffnung 1.d3

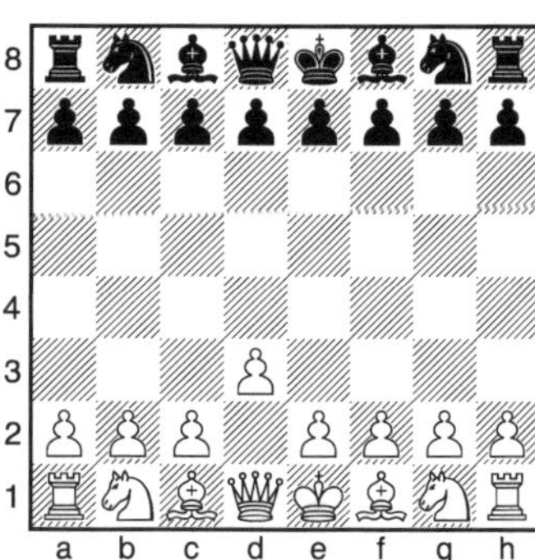

Schon im Jahre 1856 hat der britische Spieler Samuel Standidge Boden (1826-1882) in London eine Partie gegen John Owen (1827-1901) mit diesem Zug eröffnet. Benannt wurde diese Spielweise allerdings nach dem starken deutsch-britischen Meister Jacques Mieses (1865-1954), der 1910 in Berlin in einem Wettkampf gegen Richard Teichmann (1868-1925) zwei Partien mit 1.d3 eröffnete.

Bis zur Mitte des 20. Jahrhunderts verschwand die Mieses-Eröffnung (zumindest auf höherem Niveau) aus der Turnierpraxis. In letzter Zeit ist sie allerdings wieder populär geworden, weil Weiß durch ihre Anwendung viele ausgiebig ausgearbeitete Varianten umgehen kann. Auch hier kann das Spiel über Zugumstellung zu verschiedenen gängigen Eröffnungen führen.

Die Fortsetzung 1.d3 lässt Schwarz die freie Wahl seines ersten Zuges und des weiteren Aufbaus seiner Figuren. Die meistgespielten Erwiderungen sind:

I. 1...e5 2.♘f3 ♘c6 3.g3 ♘f6 4.♗g2 ♗e7

(Stark ist auch 4...d5!? 5.0-0 ♗e7 6.♘bd2 0-0 7.c4 d4 8.a3 a5 usw.)

5.0-0 0-0 6.c4 d6

So ist eine typische Struktur aus der 'Englischen Eröffnung' entstanden.

7.♘c3 h6 8.♖b1 a5 9.a3 ♗e6 10.b4 axb4 11.axb4 ♕d7 12.b5 ♘d4 13.e3 ♘xf3+ 14.♗xf3 (14.♕xf3 ♖ab8=) 14...d5 (14...c6!?) 15.cxd5 ♘xd5 16.♘xd5 ♗xd5 17.♗xd5 ♕xd5 mit ausgeglichener Stellung.

II. 1...d5 2.g3

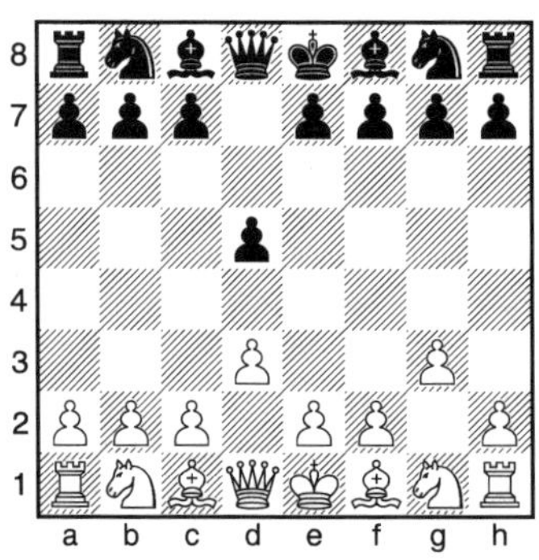

2...e5

(Die Stellung nach 2...♘f6 3.♗g2 e6 4.♘f3 ♗e7 5.0-0 0-0 6.♘bd2 c5 7.e4 ♘c6 8.e5 ♘d7 9.♕e2 b5 10.♖e1 a5∞ wird dem 'Königsindischen Angriff' zugeordnet – siehe Seite 154.)

3.♗g2 ♘f6 4.♘d2 ♘c6 5.e4 dxe4

(5...d4 6.♘gf3 ♗e7 7.0-0 0-0 8.♘c4 ♘d7 9.a4 a5 10.b3 b6∞)

6.dxe4 ♗c5 7.♘gf3 0-0 8.0-0 h6 9.c3 a5 10.♕c2 ♗e6 11.♖d1 ♕e7 12.♘f1 ♖ad8 13.♗e3 b5 mit aktivem Spiel am Damenflügel.

Abspiel 10

Das Königsfianchetto 1.g3

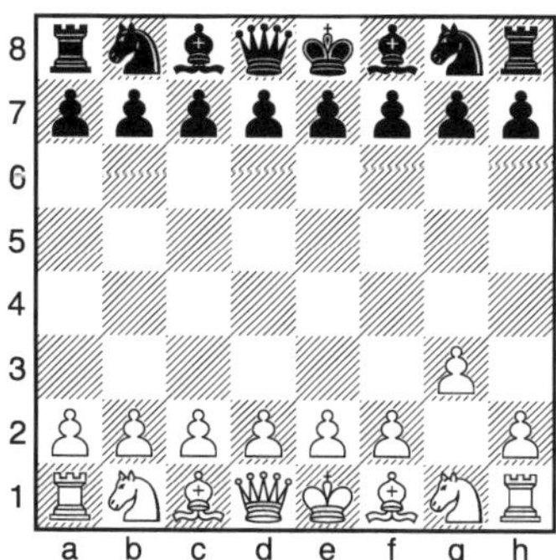

Weiß beabsichtigt offenbar, den Königsläufer nach g2 zu fianchettieren. Dieser Aufbau mündet meist über Zugumstellung in andere Eröffnungen wie z.B. die Königsindische Verteidigung, die Englische Partie, den Königsindischen Angriff usw. Nun kann Schwarz verschiedene Züge wählen, die dann zu einer der genannten Eröffnungen bzw. Varianten führen: 1...d5; 1...d6; 1...♘f6; 1...g6 usw.

Abspiel 11

Die Van't-Kruijs-Eröffnung 1.e3

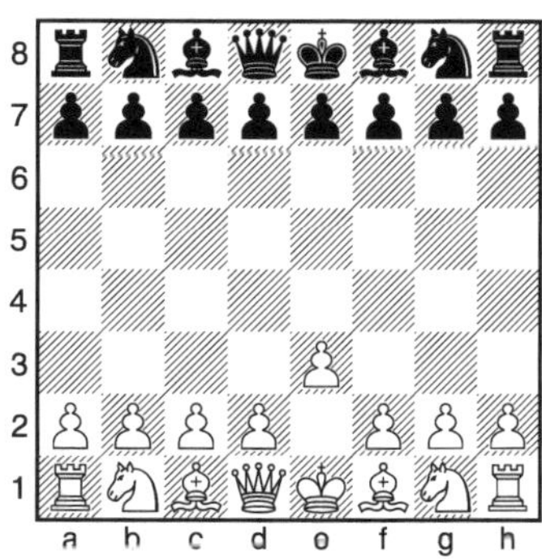

Diese Eröffnung ist nach dem Amsterdamer Spieler Marten van't Kruijs (1813-1885) benannt, der die 1878 ausgetragene sechste niederländische Meisterschaft gewann. 1.e3 ist eine ruhige Spielweise, die über Zugumstellung zu vielen verschiedenen Eröffnungen führen kann, z.B. Englisch, Damenbauernspiel, Damengambit usw. Üblicherweise setzt Schwarz mit 1...d5, 1...e5 oder 1...♘f6 aktiv im Zentrum, wonach der Übergang in bekannte Abspiele folgen kann.

Abspiel 12

Die Ware–Eröffnung 1.a4

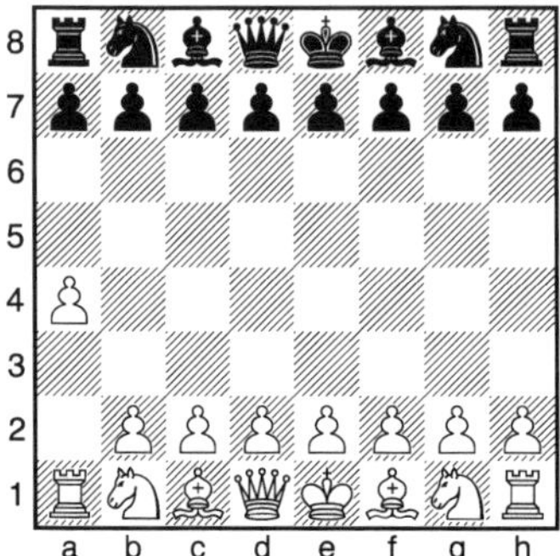

Diese Eröffnung, die nach dem US-amerikanischen Spieler Preston Ware (1821-1891) benannt wurde, ist nicht zu empfehlen, denn damit nimmt Weiß keinerlei Einfluss auf das Zentrum, sondern schwächt nur seinen Damenflügel.

Durch den Vorstoß eines seiner Zentralbauern mit 1...e5 oder 1...d5 kann Schwarz Raumvorteil erzielen.

Zusammenfassung: Obwohl die in diesem Kapitel vorgestellten sogenannten „Unregelmäßigen Eröffnungen" in der Turnierpraxis äußerst selten zu sehen sind, sollte jeder Schachfreund zumindest bis zu einem gewissen Grade mit darin anzutreffenden allgemeinen taktischen Motiven und strategischen Plänen vertraut sein. Die Theorie der Anfangsphase des Schachspiels entwickelt sich systematisch und verändert sich ständig. Es ist daher zu erwarten, dass auch die hier diskutierten Ideen zum Gegenstand zukünftiger Forschung und Analyse werden, was zu ihrer dynamischen Weiterentwicklung führen wird.

Nachwort

Nachdem ich in 52 Kapiteln alle wichtigen Eröffnungen vorgestellt habe, ist meine Arbeit beendet. Eine ausführlichere Besprechung aller Spielsysteme und Varianten in einem einzigen Buch ist vollkommen unmöglich, denn dafür entwickelt sich die Eröffnungstheorie heutzutage viel zu schnell. Diese Entwicklung wird dadurch begünstigt, dass es weltweit eine riesige Anzahl von Turnieren gibt, bei denen die Spieler die neuen Ideen systematisch ausprobieren können.

Die Eröffnung bereitet vielen Spielern Probleme, da die große Menge an Informationen sie abschreckt und sie oft davon abhält, auf diesem Gebiet zu trainieren. Allerdings ist es ohne ausreichende Eröffnungskenntnisse kaum möglich, gute Resultate zu erzielen. Die Aufgabe des 'Schnellkurses der Schacheröffnungen' besteht also darin, Ihnen die Arbeit auf diesem Gebiet zu erleichtern.

Für besonders ambitionierte Spieler, denen das Material in diesem Buch nicht ausreicht, verweise ich auf die umfangreiche Spezialliteratur, insbesondere die äußerst zahlreich erschienenen Eröffnungsmonographien (siehe Literaturverzeichnis).

Ich wünsche Ihnen viel Spaß beim Studium meines Buches und hoffe, dass es Ihnen helfen wird, interessante Partien zu spielen und gute Erfolge zu erzielen.

Literaturverzeichnis

Uhlmann, W.: Französisch – richtig gespielt (4. Auflage), Joachim Beyer Verlag, Eltmann 2017

Konikowski, J., Soszynski, M.: The Fearsome Four Pawns Attack, Russell Enterprises, Milford 2005

Konikowski, J.: Schnellkurs der Schacheröffnungen – Praxis (2. Auflage), Joachim Beyer Verlag, Eltmann 2006

Konikowski, J.: Skandinavisch – richtig gespielt (2. Auflage), Joachim Beyer Verlag, Eltmann 2006

Rasuwajew, J., Mazukewitsch, A., Gambits – richtig gespielt (2. Auflage), Joachim Beyer Verlag, Eltmann 2015

Konikowski, J.: Modernes Damengambit – richtig gespielt (3. Auflage), Joachim Beyer Verlag, Eltmann 2015

Konikowski, J., Soszynski, M.: The Sokolsky Opening, 1.b4 in Theory & Practice, Russell Enterprises, Milford 2009

Alexejew, J., Nesis, G.: Königsindische Verteidigung – richtig gespielt, Joachim Beyer Verlag, Eltmann 2010

Kohlmeyer, D., Konikowski, J.: Von Schachgiganten lernen, Joachim Beyer Verlag, Eltmann 2011

Vigus, J.: The Pirc, Everyman Chess, London 2012

Watson, J.: Play the French (4. Auflage), Everyman Chess, London 2012

Konikowski, J., Bekemann, U.: Königsgambit – richtig gespielt, Joachim Beyer Verlag, Eltmann 2012

Konikowski, J., Bekemann, U.: Italienische Partie – richtig gespielt, Joachim Beyer Verlag, Eltmann 2013

Konikowski, J., Heinzel, O.: Holländisch – richtig gespielt (2. Auflage), Joachim Beyer Verlag, Eltmann 2014

Konikowski, J., Bekemann, U.: Reti-Eröffnung – richtig gespielt, Joachim Beyer Verlag, Eltmann 2016

Konikowski, J., Bekemann, U.: Eröffnungen – Sizilianische Verteidigung, lesen – verstehen – spielen, Joachim Beyer Verlag, Eltmann 2017

Konikowski, J., Bekemann, U.: Eröffnungen – Halboffene Spiele, lesen – verstehen – spielen, Joachim Beyer Verlag, Eltmann 2018

Konikowski, J., Ullrich, R.: Königsindischer Angriff – richtig gespielt, Joachim Beyer Verlag, Eltmann 2018

Konikowski, J., Bekemann, U.: Eröffnungen – Königsindische Verteidigung, lesen – verstehen – spielen, Joachim Beyer Verlag, Eltmann 2019

Konikowski, J., Bekemann, U.: Eröffnungen – Damengambit, lesen – verstehen – spielen, Joachim Beyer Verlag, Eltmann 2020

Konikowski, J., Bekemann, U.: Eröffnungen – Offene Spiele, (2. Auflage), lesen – verstehen – spielen, Joachim Beyer Verlag, Eltmann 2020

Konikowski, J.: Modernes Sizilianisch – richtig gespielt (3. Auflage), Joachim Beyer Verlag, Eltmann 2020

Konikowski, J.: Eröffnungen – richtig gespielt (6. Auflage), Joachim Beyer Verlag, Eltmann 2020

Konikowski, J., Bekemann, U.: 1.e4 siegt! (2. Auflage), Joachim Beyer Verlag, Eltmann 2020

Konikowski, J., Bekemann, U.: 1.d4 siegt! (2. Auflage), Joachim Beyer Verlag, Eltmann 2020

Konikowski, J.: Quick Course of Chess Openings, JBV Chess Books, Eltmann 2021

Konikowski, J., Bekemann, U.: Eröffnungen - Damenbauernspiele, lesen - verstehen - spielen, Joachim Beyer Verlag, Eltmann 2022

Konikowski, J., Soszynski, M.: The Polish Defence, Systems for Black based on ...b5, Russell Enterprises, LLC Portsmouth, NH 2022

Datenbanken und elektronische Bücher:

Mega Database, Corr Database, Fernschach-CD (Herbert Bellmann), Eröffnungslexikon

Periodika:

Sahovski Informator, New in Chess, Chess Base Magazine, Rochade Europa, Schach, Schach-Magazin 64, Panorama Szachowa, Fernschachpost

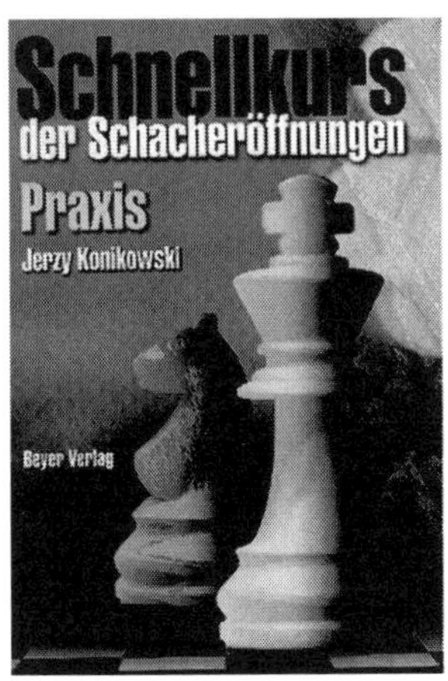

Jerzy Konikowski

Schnellkurs der Schacheröffnungen

– Praxis –

272 Seiten, 210 Diagramme, gebunden

Mit diesem Band wird die Untersuchung aller wichtigen Varianten und Eröffnungen der modernen Theorie abgeschlossen.

Im Unterschied zum ersten Band ***Schnellkurs der Schacheröffnungen – Theorie***, werden hier praktische Beispiele aus der gegenwärtigen Turnierpraxis vorgestellt und analysiert. 210 vollständige und spannende Partien mit taktischen Momenten aus der Zeit von 1990 bis 2002 wurden hier zusammengetragen, um an ihnen die praktische Umsetzung von Eröffnungsideen und der mit ihnen verknüpften typischen kombinatorischen Elemente vorzustellen.

Die vorliegende Arbeit ist mit ***Schnellkurs der Schacheröffnungen – Theorie*** eng verbunden. In jeder analysierten Partie wird darauf hingewiesen, auf welcher Seite der Leser die genaue Untersuchung der vorgestellten Variante im ersten Band finden kann.

- Dem Leser muss bewusst sein, dass die Eröffnungsphase sehr wichtig ist.
- Deshalb muss man an das Studium schöpferisch und mit analytischer Beharrlichkeit herangehen.